SOCRATES'

ECCLESIASTICAL HISTORY

ΣΩΚΡΑΤΟΥΣ ΣΧΟΛΑΣΤΙΚΟΥ

ΕΚΚΛΗΣΙΑΣΤΙΚΗ ΙΣΤΟΡΙΑ

SOCRATES'
ECCLESIASTICAL HISTORY

ACCORDING TO THE TEXT OF HUSSEY

WITH AN INTRODUCTION

BY

WILLIAM BRIGHT, D.D.

CANON OF CHRIST CHURCH

REGIUS PROFESSOR OF ECCLESIASTICAL HISTORY

SECOND EDITION

Wipf and Stock Publishers
EUGENE, OREGON

Wipf and Stock Publishers
199 West 8th Avenue, Suite 3
Eugene, Oregon 97401

Socrates' Ecclesiastical History
According to the Text of Hussey
By Socrates, Scholasticus
ISBN: 1-59244-175-0
Publication date: March, 2003
Previously published by Oxford at the Clarendon Press, January, 1893 .

CONTENTS

Introduction . . . . xiii *Page*

BOOK I.

The purpose of the work stated. Deficiencies in Eusebius's account of the Arian controversy to be filled up; the history to be continued to the Author's own time, on the basis of authenticated documents and the best information accessible: literary affectation to be eschewed (1). The circumstances of Constantine's conversion (2). The Licinian persecution, an occasion of war between Constantine and Licinius (3, 4). The rise of the Arian controversy: bishop Alexander deposes Arius (5, 6). Constantine's attempt to reconcile them to each other (7). The Nicene Council, and its Creed: criticism of Sabinus's attack on it: Eusebius's letter to the church of Cæsarea, explaining his acceptance of the Homoousion (8). Synodal letter on the Arians and Meletians: letters of Constantine against the Arians, on the Easter question, on the repairing and erection of churches, on the preparation of new copies of Scriptures, on the discovery of the Holy Sepulchre. He orders the election of a new bishop in place of Eusebius of Nicomedia (9). Anecdote of his interview with the Novatian bishop Acesius (10). Paphnutius' influence prevents the adoption by the Council of a new restriction as to married men in holy orders (11). Anecdotes about Spyridon (12) and Eutychian: Canons passed by the Council: names of some of its members; its date (13). Recantation of Eusebius of Nicomedia and of Theognis; their restoration to their sees (14). Athanasius succeeds Alexander: story of his boyhood (15). Byzantium enlarged by Constantine into Constantinople: churches built there: Pagan images turned into city ornaments (16). Helena discovers the Sepulchre and in it three crosses; ascertains one to be the sacred Cross: churches built at Jerusalem, Bethlehem, Mount Olivet (17). Various proceedings of Constantine in repression of Paganism at Alexandria, Mamre, Heliopolis, Aphaca, in Cilicia, &c. Reference to fallacious disputation as employed by Arians (18). Conversion of the 'interior Indians' (Abyssinians) by Frumentius (19), of the 'Iberians' (Georgians), by Nonna (20): Antony; Athanasius's 'Life' of him (21). Account of Manes: mysteriousness of the Divine permission of movements powerful for error (22). Bitter hostility of Eusebius of Nicomedia against Athanasius: disputes about the Homoousion compared to a 'battle in the dark': Eustathius and Eusebius of Cæsarea contend against each other, yet seem to have agreed in substantial belief (23). Deposition of Eustathius: uncertainty as to its cause: faction at Antioch in consequence: vacancy of see: Euphronius appointed (24). Constantine persuaded by an Arian priest (recommended to him by his dying sister) to recall Arius as in fact orthodox: he sends for Arius, who, with Euzoius, presents a formula of faith which satisfies the emperor (26). Athanasius refusing to receive Arius, Eusebius of Nicomedia and other Arians, hatch plots against him: charges about linen vestments, gold sent to a rebel, sacrilege in Ischyras's church, the murder of Arsenius (a severed hand shown: 27). Council at Tyre: charges examined; Arsenius found to be alive, and produced before the Council: case of Ischyras proceeded with: objections taken by Athanasius: he is condemned in his absence (28–32). Council adjourns to Jerusalem, and admits Arius to communion (33). Constantine's letter about Athanasius's appeal to him (34). A new charge as to Alexandrian corn-fleet: Athanasius banished to Gaul (35). Marcellus, in opposing the Arian Asterius, falls into an opposite error, and is condemned: Basil placed in his see (36). Disturbances caused by Arius at Alexandria: he is summoned to Constantinople: bishop Alexander prays against his being brought by force into church communion: sudden death of Arius (37, 38). Death and burial of Constantine (39, 40)   1–63

BOOK II.

Errors in Rufinus's History: first two books of the present History revised by the Author after reading Athanasius: the new edition dedicated to Theodore (1). An Arian intrigue secures Constantine and his empress for Arianism: controversy rekindled (2). Constantine II sends Athanasius back to Alexandria: Arian movement against him (3). Acacius succeeds Eusebius of Cæsarea (4). Death of Constantine II (5). Contested election of a successor to Alexander of Constantinople: Paul succeeds, but is deposed; Eusebius of Nicomedia substituted (6, 7). Council 'of the Dedication' at Antioch; Eusebius intrigues against Athanasius: charges against him; another Eusebius proposed for, but dares not accept, the see of Alexandria: his difficulties in regard

Contents. vii

to Emisa (9). Gregory chosen for Alexandria: two creeds of Council of Antioch (10). Gregory's intrusion: narrow escape of Athanasius: he flies to Rome (11). Death of Eusebius: Paul reinstated by the people, but again expelled: murder of Hermogenes: Macedonius not recognised by Constantius as bishop (13). Alexandrian Arians substitute George of Cappadocia for Gregory (14). Exiled bishops at Rome, restored to their sees by Julius: an Eastern Council complains of his interference: Sabinus's unfairness towards Athanasius criticised (15). Philip the prefect sent to expel Paul, who is ordered to reside at Thessalonica: Macedonius installed—a massacre the result: church called 'Sophia' built (16). New charge against Athanasius about the corn-allowance: Julius receives letters from both parties: rebukes the Easterns, and asserts his own prerogative: Sabinus's *suppressio veri* again criticised: Paul in Italy (17). Deputation of bishops with a new creed to Constans: rise of Photinus's heresy (18). Another deputation with another creed (the Macrostich, 19). Council of Sardica: secession of Easterns: bishops at Sardica pronounce in favour of Athanasius, Paul, Marcellus (20). Mention of Marcellus suggests a defence of his adversary Eusebius of Cæsarea against charge of Arianism (21). Open schism between East and West: Constans peremptorily requires Constantine to receive Athanasius and Paul: Paul returns to Constantinople: Constantius from policy writes three favourable letters to Athanasius, who goes to Rome (22). Julius congratulates the Alexandrians: Athanasius's conference with Constantius, who writes in his favour to Alexandrians and to provinces of Egypt (23). Athanasius at the Council of Jerusalem: Ursacius and Valens recant their Arianism: Athanasius on his way home consecrates bishops in some cities (24). Persian war: death of Constans, and usurpation of Magnentius: pretensions of Vetranio and Nepotian (25). Constantius again expels Paul, who is slain at Cucusus, and Marcellus: flight of Athanasius (26). Persecution prompted by Macedonius (27). Athanasius 'on his Flight' quoted as to cruelties of George (28). Council of Sirmium deposes Photinus (29). Long creed of Sirmium: another published; its framers try to suppress it: Photinus disputes with Basil, is condemned and exiled (30). Hosius coerced into accepting a Sirmian creed (31). Overthrow of Magnentius (32). Jews of Diocæsarea revolt; are put down by Gallus, who plots for the sovereignty and is slain: a synod called in the West (33, 34). Account of Aetius (35). Council at Milan (36). Plan of two councils for East and West: Eudoxius gets possession of see of Antioch: 'Dated creed' of Sirmium proposed to Council of Ariminum, not accepted: Athanasius's criticism of it: Council deposes five Arians, writes to Constantius: he postpones the matter: they write again: Dated creed imposed on Italy: Liberius exiled, Felix substituted, Liberius reinstated: Dated creed revised at Nicè in Thrace: artifice of Arians (37). Persecution of Catholics and of Novatians by Macedonius: Novatians remove their church: cordial relations between the two oppressed parties: tumult as to removal of Constantine's body (38). Council of Seleucia; Semi-Arian majority, Acacian minority; Acacian creed read: rejected by Semi-Arians, on grounds which condemn their own rejection of the Nicene: case of Cyril of Jerusalem: Acacians deposed, enlist Constantius on their side, hold a council at Constantinople: Dated creed with some additions adopted: list of Arian creeds (40, 41). Semi-Arians deposed: account of Eustathius—the Council of Gangræ: Eudoxius translated to Constantinople: his profane jest (43). Meletius translated to Antioch by Arians, avows Catholic faith, is exiled: division among orthodox at Antioch (44). Macedonian heresy: Acacian council at Antioch turns Anomœan, employs a quibble invented by George of Laodicea, returns to Homœan formula: persecution at Alexandria (45). Apollinarian heresy (46). Death of Constantius (47) 64–135

BOOK III.

Early life of Julian: his command in Gaul: his open profession of Paganism after accession to the empire: his patronage of philosophers, and reform of abuses (1). Tumult at Alexandria: murder of George: Julian's letter of remonstrance (2, 3). Return of Athanasius (4). Recall of Lucifer and Eusebius of Vercellæ (5). Lucifer consecrates Paulinus for one of the parties of orthodox at Antioch (6). Council of Alexandria: its doctrinal conclusions in accordance with tradition: question of 'ousia' and 'hypostasis' (7). Athanasius's defence of his 'flight' (8). Meletius returns to Antioch: the schism aggravated: origin of Luciferians: healing measures of Eusebius (9). Hilary of Poictiers: inconsistent position of Semi-Arians (10). Julian shows hostility towards the Church (11). Story of Julian and Maris (12). Julian excludes Christians from public office: story of Ecebolius; fines on Christians: cruelty of Pagan rites (13). Athanasius again expelled (14). Christian zealots in Phrygia (15). Julian's law about schools: attempts at a Christian literature in classic form: general question of Greek literature: Christians ought to study it, though with discrimination (16). Julian unpopular at Antioch; writes the 'Beard-hater' (17). The bones of Babylas disinterred, removed to Antioch by Christians: the torturing of Theodore (18, 19). Attempt to rebuild the Temple at Jerusalem miraculously frustrated (20). Julian's invasion of Persia, and death (21). Accession of Jovian (22). Remarks on Julian's treatise against Christianity : Gregory Nazianzen's description of Julian when at Athens : criticism on Libanius : Pagan myths demoralising (23). Jovian a Catholic emperor (24). Various parties seek his favour : his tolerant policy : Meletius joins with Acacians in a letter accepting the Nicene creed (25). Death of Jovian (26) . . 136-172

BOOK IV.

Valentinian I. emperor: takes his brother Valens as colleague: their different positions as to doctrine (1). Valens, under misapprehension, allows Semi-Arians to hold a synod : persecutes Catholics (Paulinus excepted) in the East (2). Revolt of Procopius : earthquake in (3). Synod meets at Lampsacus, condemns Acacians (4). Death of Procopius (5). Semi-Arians persecuted by Valens : case of Eleusius (6). Eunomius made bishop of Cyzicus : account of him : his sophistry and empty verbosity, and gross irreverence (7). Removal of walls of Chalcedon to Constantinople : an oracle fulfilled (8). Persecution of Novatians (9). Birth of Valentinian II (10). Huge hailstones, and earthquake (11). Semi-Arians send envoys to Liberius with a profession of Nicene faith : his reply : plan of a Reunion Synod at Tarsus frustrated (12). Eufiomius breaks with Eudoxius in the cause of Aetius : Athanasius goes for a time into hiding : Valens writes in his favour (13). Eudoxius dies : Demophilus succeeds : Catholics elect Evagrius and are persecuted (14, 15). Eighty clerics burnt in a ship (16). Persecution at Antioch (17). Boldness of a woman at Edessa stops persecution there (18). Divination as to Valens's successor : he puts to death those whom he suspects (19). Athanasius dies : Peter succeeds him : Valens allows Lucius to be installed : persecution of Catholics : Peter flees to Rome (20-22). Account of eminent Egyptian monks (23). Lucius attacks monasteries (24). Account of Didymus (25) : of Basil and Gregory Nazianzen (26) : of Gregory of Neocæsarea (27). Novatianism described (28). Disputed election at Rome : Ursinus unsuccessful, Damasus elected : bloody conflicts (29). Disputed election at Milan : Ambrose elected as if under special inspiration (30). Death of Valentinian I : story of his bigamy (31). Themistius pleads with Valens for toleration of religious diversities (32). Fritigern and his Goths embrace Christianity in Arian form : Ulfilas's translation of Scripture (33). Goths lodged in Thrace to guard the frontier devastate districts within it : Valens, in anxiety, gives up persecution : death of Euzoius (35). Moses, chosen as bishop for Saracens by their queen Mavia, refuses to be consecrated by

Lucius (36). Lucius expelled from Alexandria on Peter's return: Peter succeeded by Timothy (37). Battle of Hadrianople: death of Valens (38) 173-214

BOOK V.

Preface: Reasons for combining secular history with ecclesiastical. Goths' attack on Constantinople repelled (1). Gratian, emperor with Valentinian II. recalls all the exiles, takes Theodosius as colleague (2). Chief bishops of the period (3). Semi-Arians retract their acceptance of Nicene creed (4). Compact of clergy at Antioch in order to heal the schism (5). Theodosius baptized by a Catholic bishop; comes to Constantinople (6). Gregory at Constantinople; Theophilus expels Arians from churches there (7). Council at Constantinople: its proceedings (8). Remains of Paul brought home; death of Meletius: Flavian elected in breach of the compact (9). Leaders of various religious communities meet at Constantinople; Nectarius, the bishop, takes advice from Sisinnius, a Novatian: its successful result; various doctrinal statements handed in; Theodosius approves the catholic (10). Maximus invades Gaul; causes murder of Gratian: is accepted as colleague of Valentinian; Justina gives up her design against Ambrose (11). Birth of Honorius; Theophilus bishop of Alexandria; death of Demophilus; Theodosius prepares to attack Maximus (12). Arians, misled by rumour, break out into violence at Constantinople (13). Death of Maximus; Theodosius, at request of a Novatian bishop, pardons Symmachus (14). Evagrius rival of Flavian; Egypt and Rome recognise Flavian (15). Theophilus destroys the Serapeum and other temples: account of two Pagan fugitives from Alexandria: hieroglyphics found in the Serapeum (16, 17). Scandalous abuses done away at Rome (18). Office of penitentiary abolished by Nectarius (19). Sects subdivide: Theodosius practically tolerant (20). Dissension among Novatians: Sabbatius: council of Sangarum, canon 'of the Open Question' (21). Remarks on diversities of Christian usage; reference to Apostolic council of Jerusalem (22). Dissensions among Arians (23) and Eunomians (24). Murder of Valentinian II.: battle of the Frigidus: Theodosius defeats Eugenius: death of Theodosius (25, 26) 215-248

BOOK VI.

Preface: Reasons for simple style adopted in previous books, and for absence of conventional titles in remaining books; exact truth aimed at, though at cost of laborious inquiry; Arcadius and Honorius emperors of East and West; Rufinus slain by soldiery

Contents. xi

Page

(1). John Chrysostom chosen to succeed Nestorius; Theophilus compelled to consecrate him (2). Early life of Chrysostom, his rectitude, moral zeal, freedom of speech, irritability: unpopular with the clergy, loved by the people: his excellence as a preacher (3, 4). He offends men of rank; Eutropius, taking sanctuary, intrigues against Chrysostom (5). Revolt of Gainas the Goth; he threatens Constantinople: supernatural interposition: his retreat and death (6). Theophilus and the 'Anthropomorphist' monks: he persecutes the 'Tall Brothers' as Origenisers (7). Hymn-singing by rival processions at Constantinople causes tumult; story of the origin of chanting (8). Theophilus's quarrel with Isidore: Chrysostom's cautious treatment of the 'Brothers': Theophilus denounces 'Origenism,' and enlists Epiphanius against it (9, 10). Quarrel between Severian and Serapion: Chrysostom alienated from Severian (11). Epiphanius's irregular conduct at Constantinople (12). Defence of Origen's orthodoxy (13). Epiphanius leaves Constantinople (14). Council of the Oak: Chrysostom deposed and banished, but recalled for fear of tumult (15, 16). Theophilus returns home: his language as to Origen's works (17). The silver statue: Chrysostom's sermon provokes Eudoxia, he is condemned for having resumed his see, and again expelled: Arsacius placed in the see: various opinions as to the justice of Chrysostom's deposition: Atticus succeeds Arsacius (19, 20). Death of Chrysostom: remark on his anti-Novatian language (21). Anecdotes about Sisinnius (22). Death of Arcadius (23). [Another version of the story of Severian, probably by an admirer of Chrysostom] 249–282

BOOK VII.

Anthemius administers government for Theodosius II (1). Virtues of Atticus: his preaching (2). Theodosius of Synada persecutes adherents of Agapetus (3). Story of a paralytic Jew, baptised by Atticus (4). Sabbatius secedes from the Novatians, Judaises as to Easter (5). Two scholarly and moderate Arian priests (6). Cyril bishop of Alexandria: grasps at secular power, persecutes Novatians (7). Successful mission of Maruthas to Persia (8). Bishops of Antioch and Rome (9). Rome taken by Alaric (10). Roman bishops, having gained secular power, use it oppressively: contrast with Constantinopolitan bishops (11). Chrysanthus, a good Novatian bishop; Sabbatius's perjury in obtaining the episcopate (12). Factiousness of Alexandrian Jews: case of Hierax: Jews plot expulsion of Christians: Cyril expels them, and incurs enmity of Orestes (13). Ammonius wounds Orestes, is tortured to death, unduly honoured (14). Murder of Hypatia (15).

Story of a Christian boy slain by Jews (16). Story of a Jewish impostor applying for baptism (17). Persecution of Christians in Persia: successful war against Persia: Palladius the swift courier (18, 19). Persia constrained to make peace with the empire (20). Acacius sells sacred vessels for relief of captive Persians: learning of empress Eudocia (21). Piety and amiability of Theodosius II (22). Usurpation of John in the West: his overthrow: devout conduct of Theodosius (23). Valentinian III. emperor of the West (24). Atticus places Chrysostom's name on the diptychs: his charity to deserving poor: anecdotes about him: his death (25). Sisinnius succeeds him (26). Criticism on 'Christian History' of Philip of Side (27). Proclus consecrated for Cyzicus, but not received (28). Nestorius bishop of Constantinople: begins as a persecutor (29). Conversion of Burgundians (30). Nestorius persecutes the Semi-Arians (31). Nestorian controversy begins: the Author's opinion of Nestorius: authority for term 'Theotocos' (32). An abuse of the privilege of sanctuary (33). Proceedings of Council of Ephesus (34). Maximian succeeds Nestorius (35). Translation of bishops not absolutely against church rule (36). Miracle wrought by Bishop Silvanus: he appoints a lay arbiter for litigants (37). Account of a Jewish impostor in Crete: many Jews converted (38). A Novatian church preserved from fire (39). Proclus bishop of Constantinople: his kindness and tolerance (40, 41). Gentleness of Theodosius (42). Calamities of barbarians preparing to invade the Empire (43). Marriage of Valentinian III. (44). Remains of Chrysostom brought back by Proclus (45). Paul, Novatian bishop, recommends Marcianus as his successor (46). Eudocia visits Jerusalem (47). Thalassius bishop of Cæsarea in Cappadocia (48) 283–330

INTRODUCTION

SOCRATES, as he himself tells us (v. 24), was 'born and bred at Constantinople.' The time of his birth may be approximately ascertained from the fact that, 'while quite young' (v. 16), he attended the lectures of two Pagan grammarians, Helladius and Ammonius, who had fled from Alexandria in consequence of the destruction of the Serapeum,—an event which may be referred to A.D. 390 or 391. If, as Valesius says (*De Vita et Scriptis Socratis*, &c.), it was usual for boys to begin their grammar-studies about their tenth year, we may suppose our historian to have been born shortly before the Second General Council, which met at Constantinople in the spring of 381, and in the third year of Theodosius the Great. Socrates must have been young when he heard the story about Acesius from the aged Auxanon (i. 13). From his frequent allusions to Troilus, a celebrated professor of rhetoric, it has been inferred by Valesius that he was one of that teacher's pupils. He afterwards adopted the profession of an advocate, or *scholasticus*,—an appellation by which, like the historian Evagrius, he is distinguished, and which, properly meaning a student, had come to be applied to one who had passed from the rhetorical schools to practise at the bar[1].

We can trace the effect of this lay calling in several characteristics of our author's work.

For one thing, he never forgets the Empire, its interests, or

---

[1] See the tenth canon of the Council of Sardica, '... scholasticus de foro'; a law of Constantius, A.D. 344, prohibiting exactions on the part of covetous scholastici, Cod. Theodos. iii. 626, 7; and St. Augustine in Joan. Ev. tract. 7, 11, 'Qui volunt supplicare imperatori, quaerunt aliquem scholasticum jurisperitum.' Socrates himself uses the word, vi. 6.

its history. He habitually reckons years by consulships. More than once, indeed, he intimates his disapproval of excessive courtliness towards Emperors: he will not follow the base fashions derived from a Pagan Cæsar-worship (i. 1. vi. pref.); although, it must be added, he virtually deviates from his own rule by inserting into the last book of his History what we know from his successor Sozomen to be an over-coloured eulogy on the reigning prince, the pious but feeble Theodosius II. (vii. 22)[1]. But he anticipates the objection, 'Why should a Church historian dwell upon wars?' by dwelling on the tendency of secular and ecclesiastical affairs to interlace, so that the Church, 'by a kind of sympathy,' shares in the disquietudes of the realm: and he adds that 'since first the Emperors became Christian, Church matters have been dependent on them, and the greatest synods have been, and are, held at their bidding' (v. pref.). For such reasons, he gives a cursory narrative of all the imperial wars as to which he could obtain trustworthy information: and in a later passage he restrains himself, as if reluctantly, from pursuing the detail of a Persian campaign, 'lest he should seem to diverge too far from his subject' (vii. 18).

Again, his want of professional training, in matters theological and ecclesiastical, betrays him into some expressions of crude or hasty opinion, for which he has been censured by Tillemont[2]. He takes, indeed, a lively interest in the fortunes of Catholic theology: he says plainly that 'Arius fell away from the right faith' (iv. 33) and that disputatiousness and vain deceit had been baneful to true Christianity (i. 18); he speaks with scorn and severity of such heretics as Aetius and Eunomius; pronouncing the latter incompetent to interpret or to understand St. Paul (iv. 7): he touches on the deep question, Why heresies are allowed to spring up? (i. 22). But, in his dislike of the 'self-assertion which attaches itself to belief' (ib.), and of that polemical temper which he had found productive of manifold unfairness (iii. 23) and apt to aggra-

---

[1] See Sozomen, ix. 1; compare Gibbon, iv. 163.
[2] See Tillemont, Mémoires, x. 233. Cp. Photius, Bibl. 28.

vate instead of healing divisions (v. 10), he seems occasionally to underrate the momentousness of the Arian controversy, eulogising as 'admirably wise' the shallow and pretentious letter of Constantine to Alexander and Arius (i. 8), and failing to understand why some of those who objected to the Homoousion were charged with going back towards 'Polytheism' (i. 23); the fact being that the Son, on the Arian hypothesis, was a creature decorated with the title of deity. He thinks that a term capable of definition is, as such, inapplicable to the incomprehensible Deity (iii. 7), as if any such term were supposed to be strictly adequate. In his zeal for the memory of the greatest of Ante-Nicene writers, he will not allow that those who took part against 'Origenism' had any solid case, or even any creditable motive (vi. 13), whereas, as Valesius says, 'altior fuit quaestio de Origene, et alias habuit causas, praeter ea quae Socrates narrat.' And, although he can compress the doctrine of the 'Hypostatic Union' into a simple and untechnical formula [1], and draws a just distinction between the Nestorian and the Photinian stand-points, he does not appear to understand that the issue raised by Nestorius was not in fact about the word 'Theotocos,' but about the entire idea of the Incarnation, inasmuch as Nestorianism, in effect, substituted for the Incarnation a specially close association between the Son of God and a pre-eminent saint (vii. 32).

But, once more, the habits of his life would naturally foster an independence of judgment on the conduct of great ecclesiastics, which occasionally led him into an asperity that was not justice, but on the whole must be considered a healthy feature of his work. 'The zealots of the Churches,' he remarks, may say what they will of him for not having given to bishops, when he had to mention them, the titles of 'most dear to God,' 'most holy' (vi. pref.). It is not in him to 'use flattering titles': on the contrary, his aversion for hierarchical pride or contentiousness finds vent in several sharply worded passages, as v. pref.; v. 15, 23; vi. 6; vii. 11, 29. After mentioning the

[1] 'That the Man in Christ is acknowledged to be Divine, and that He was visibly Man, but invisibly God, and that both (these things) are true,' &c. iii. 23. Cp. vii. 34, 'calling Christ God.'

deposition of Eustathius by a synod which met fifty years before he was born, he adverts with startling abruptness to time present, 'But this is what bishops are wont to do in regard to all whom they depose,—calling them impious, and not saying wherein consists their impiety' (i. 24): and elsewhere he describes the cabals among prelates as 'an insult to Christianity' (vi. 6). He asserts that at a certain date 'the Alexandrian episcopate' began, as the Roman had begun long before, to domineer in civil affairs (vii. 7, 11, 13). He mentions the ambitious cabals of clergy at the vacancy of a great see (vii. 29), and praises a bishop for having superseded some corrupt clerical judges or arbiters by appointing 'one of the faithful laity whom he knew to be a lover of justice' (vii. 37). He is adverse, on principle, to all 'persecution' on account of religion (cp. iii. 25; v. 10; vii. 3, 42), emphatically affirms that 'it is not the wont of the orthodox Church to persecute' (vii. 3; cp. vii. 29, 41), takes care to remark that Theodosius I. 'persecuted no one save Eunomius, whom he banished' (v. 20), and when speaking of Julian's policy, explains 'persecution' to include 'all harassing of those who keep themselves quiet' (iii. 12). He adduces in one chapter a number of precedents (some of them, indeed, not strictly relevant) in refutation of those who gave too strict an interpretation to the canon forbidding translations of bishops (vii. 36). He shows himself strongly opposed to a narrow rigorism on such matters as the study of heathen classics: and this leads him to make, perhaps, the noblest of all comments on the text, 1 Thess. v. 21 (to which he adds the traditional sacred dictum, 'Be ye approved bankers,' and combines with both Col. ii. 8), by urging that whatever is really excellent in non-Christian literature may and must be severed from what is unworthy, and be utilised in the service of Christ: 'for what is excellent, wherever it exists, is the property of the Truth' (iii. 16). Once more,—on the question of the calculation of Easter he advocates extremely liberal views, blaming a quasi-Judaical precision in regard to the observance of a festival which he traces not to any Apostolic enactment, but to custom formed by Christian piety; and illustrates in rich detail, from varieties of existing usage on many other points, the essentially secondary

Introduction. xvii

position of ceremonial under a dispensation which is to the Mosaic law as liberty is to bondage (v. 22).

His own 'great city' (v. 8) was his lifelong home; and he is never weary of alluding to the scenes with which he was thus familiar. He mentions the abundant resources of the New Rome for the support of its vast population (iv. 16); and refers, in various places, to localities and objects within or near its circuit, as the 'thirteenth region' called Sycæ (ii. 38), the old walls (vii. 31), the great walls built under Theodosius II., the Forums of three emperors, the Amphitheatre, the Hippodrome adorned with Delphic tripods, the Constantinian and Anastasian baths, 'the bath named Zeuxippus' (ii. 16), the granaries, 'the public prison called Achilleus' (vii. 39), the Porphyry Pillar, 'the shambles in the colonnade, still pointed out' as the scene of the death of Arius (i. 38), the 'Strategium' or City 'Mansion-house' (i. 16); the great church of St. Sophia (literally, 'which is now called Sophia,' ii. 16) with the church of Irene enclosed in the same precinct; the church of the Apostles, the burial place of emperors and bishops (i. 40); the precinct and portico of the church of St. Acacius (ii. 38), the chapel and large house connected with it (vi. 23), the church of St. John seven miles outside the city (vi. 6), the tomb of Alexander the Paphlagonian (a victim of Arian cruelties) 'visible on the right hand as you sail into the bay of Byzantium which is called Ceras' (ii. 38). He probably travelled a good deal; he had visited Thessaly (v. 22), and, apparently, Paphlagonia and Cyprus (ii. 38; i. 12).

After some time spent at the bar, Socrates, as Valesius expresses it, ' gave up his practice, and betook himself to the task of writing a Church History,' at the request of a priest named Theodore. The work before us is the result. It extends from the accession of Constantine the Great as Emperor in A.D. 306 to the seventeenth consulate of Theodosius II., A.D. 439. When he laid down his pen, the general condition of the Churches was prosperous (vii. 48): the memory of St. Chrysostom had at last received its due honour at Constantinople through the 'prudence' of the bishop Proclus, who caused his remains to be brought home, and thus terminated the schism which had been caused by his deposition. The Nestorian controversy had abated : its unhappy author was in exile at the Oasis (vii. 34): the Eutychian controversy had not begun. Our historian ends by praying that the continuance of peaceful times may deprive his class of their occupation; for, says he with a touch of humour, and as if anticipating a modern dictum, 'while peace lasts, those who have a mind to write history will have no materials.'

The work has obvious and solid merits. The style, although slightingly described by Photius (*Biblioth.* 28) as 'having nothing remarkable about it,' will be a welcome relief to readers who have been wearied by the affectations of Eusebius, to which our author alludes in his significant disclaimers of rhetorical parade and artifice (i. pref., 16 ; cp. iii. 1 ; vi. pref., 22 ; vii. 27). His own purpose, he says, is to 'maintain a style at once clear and simple'; and this purpose he has attained. He writes like a sensible man, and tells his tale in a straightforward fashion : he knows that digressions require something like an apology (vii. 37); but we must not be surprised if he lightly credits some reports about visions and miracles. His own observations are often shrewd enough, as when he refers to reactions in popular feeling (vi. 16), and to the tendency of false rumours to seem true in proportion as they grow and circulate (v. 13). He seizes on the weak point in a Semi-Arian speech which claimed the authority of 'fathers' for the Antiochene Council rather than the Nicene (ii 40), and is gently sarcastic on the changed tone of sectarian leaders who found themselves in a minority (v. 10). He is fond of quoting proverbs (ii. 8 ; iii. 21 ; v. 15 ; vi. pref.; vii. 29, 31). The wide extent of his reading is shown by citations not only from Christian writers, but from Sophocles, Menander, Xenophon, Porphyry, Julian, Libanius, Themistius, &c. He professes to fill up defects in Eusebius's accounts of Arianism and Manicheism. He repeatedly assures us that he has taken all possible pains to ascertain facts from extant records or from competent informants (i. pref.; v. 19 ; vi. pref.) : and so conscientious was he on this head, that having written his first two books with Rufinus for his authority, he re-wrote them after becoming aquainted with the historical tracts of Athanasius, and with the letters of Julius of Rome and others (ii. pref., 17). He refers to 'Athanasius's Synodicon' for the names of the Nicene fathers. But he is no mere copyist of Athanasius: in fact, in some cases (as we shall see) he errs by not following more closely that supreme authority on the history of the Church between the rise of Arianism and the death of Constantius. Athanasius would have thought him wrong about Constantine's letter to Alexander and Arius, about Constantine's being moved by a desire of what was 'profitable' in his mandate for the reception of Arius at Alexandria, and wrong too in his favourable judgment of the opinions of Eusebius: on the other hand Socrates speaks of Marcellus and Apollinaris as heretics, which Athanasius forbore to do, out of tenderness to old friends. He gives in ii. 22 a letter of Constans which Athanasius does not give: and in ii. 23 a passage in Julius's letter to the Alexandrians, which Athanasius out of modesty withholds. He differs from the Athanasian 'History of the Arians' as to the date of the prefect Philip's instrumentality in the sufferings of Paul of Constantinople. He mistakes Athanasius's language in one passage, and ignores the language of another, as to the numbers of the council of Sardica. He gives an anecdote about Arius with the caution that it is matter of hearsay, and then adds that on another point he can speak with confidence, having examined the letters of Constantine (i. 38): and having told the story of the unfriendly parting of Chrysostom and Epiphanius, he says, 'I cannot tell whether my informants have told me the truth' (vi. 14). For various particulars he refers to the testimony of inhabitants of Constantinople, Cyprus, or Paphlagonia (i. 12, 17; ii. 38), or of individuals, such as the aged Auxanon, who had been present at the Nicene Council, and with whom he had conversed in his youth (i. 10, 13; ii. 38), or an old man who had been present, when young, at a small Novatian synod (iv. 28). He notes an inconsistency in the narrative of George of Laodicea (i. 24). He thinks it right to say that some acquit Felix of Arianism (ii. 37). He complains that historians often suppress facts, through prejudice or partiality (i. 10); and repeatedly censures Sabinus, the 'Macedonian' compiler of a 'Collection of Councils,' for unfairness of this sort (i. 8; ii. 15, 17; iv. 22). In some cases he gives a simple form of a story which

Sozomen, with his love of detail, amplifies (i. 15); yet elsewhere he assumes the lawfulness of omitting what would not be creditable to Christianity (i. 27; vi. 18), and of using pious stratagems—or in his phrase, 'a good deceit'—for a religious object (vii. 46); he is silent about the sacrilegious outrages against Chrysostom's adherents; and Gibbon describes him as 'cautiously suppressing the merits of Pulcheria,' an omission which Sozomen was evidently determined to correct.

That the 'History' has faults, is undeniable. Its dates for such important events as the Council of Sardica and the death of St. Athanasius are now generally rejected; some of the statements of periods, and of Olympic years, are wrong; St. Polycarp's martyrdom is dated about a century too late (v. 22); the alliance of the Meletians with the Arians, the exile of Eusebius and Theognis, the sojourn of Valens at Antioch, and probably the consecration of Frumentius, are dated too early (i. 6, 14; iv. 7); the banishment of Liberius, the meeting at Nicè in Thrace, the appointment of Eunomius to Cyzicus, too late (ii. 37; iv. 7). The recantation of Eusebius of Nicomedia and of Theognis, given in i. 14, is probably spurious. The life of Eustathius of Antioch, and the episcopate of Eudoxius, are both unduly protracted (iv. 14). The appointment of Paulinus to succeed Eustathius is overlooked (i. 24). Again, our historian is not accurate (as we have seen) on the somewhat intricate subject of the sufferings of Paul of Constantinople, nor on the duration of Arian predominance in that capital (v. 7); and he says nothing about any surrender of principle on the part of Liberius. He wrongly ascribes the creed signed by Hosius under duress (otherwise called the 'Blasphemia' of Potamius) to the Sirmian Council of 351; and he is mistaken as to the bishops who attended that Council, and as to the authorship of the long Sirmian Creed[1] (ii. 30). His list of Arian creeds is imperfect (ii. 41). He exaggerates the Roman primacy or precedency, and infers, from a Roman bishop's claim of authority in regard to the Alexandrian church, that a 'canon' gave him control over all ecclesiastical regulations

---

[1] Mark of Arethusa was not the author of it, but of the 'Dated' or 'Consular' Sirmian Creed of May 22, 359, which became more 'Homœan' in the recension made at Nicè.

(ii. 8, 15, 17; cp. Athan. Apol. c. Arian. 35). It is more strange that, with the writings of Athanasius before him, he should have assigned to the usurpation of Gregory the midnight attack on the church of St. Theonas, which preceded the intrusion of George sixteen years later (ii. 11), and referred so curtly to the third exile in ii. 26. He dates the first deputation of Eusebians to Rome after that intrusion instead of before it. He gets into confusion by making out two journeys of Athanasius to Rome. In one passage he confounds the Sardican with the previous Roman Synod, and makes the seceders to Philippopolis profess Anomœanism, whereas they adopted the 'fourth Antiochene creed.' He brings Paul to the Council of Sardica, and George the usurper to the Council of Sirmium in 351. He did not know what we learn from Jerome and Sulpicius as to the 'shameful conclusion of the Council of Ariminum'; we should not gather from his account that it was misled into accepting 'Homœan' Arianism in the form of the 'Dated' creed as revised for the nonce at Nicè, and 'explained' by equivocal statements from a very untrustworthy quarter. His statement about the perversion of Ulfilas from Catholicism to Arianism is now known to be incorrect, for Ulfilas had been from the first an Arian. He so far misapprehends Athanasius's 'Tomus ad Antiochenos' as to make the Alexandrian Council of 362 proscribe the theological use of 'ousia' (iii. 7),—a mistake (like some others) corrected by Sozomen. He confounds Valentinian son of Valens, born in 366, with Valentinian II. born in 371 (iv. 10). He is incorrect on several particulars of the lives of Basil and Gregory of Nazianzus (e.g. as to the date of Basil's monastic work), and on some proceedings of the Council of Constantinople in 381, as to which Theodoret is a better authority. Other instances might be added, but these may well suffice.

Like Eusebius, Socrates was less well acquainted with Western than with Eastern affairs. Although he tells his readers something about St. Ambrose, he is totally silent as to that greater name which holds its own peerless place among the lights of ancient Latin Christendom. Nor does he even touch on that momentous controversy in which St. Augustine determined the direction of Western thought: although the visit of Pelagius to

Palestine, and that of Cœlestius to Constantinople, might have awakened the interest of a Greek Church historian. The Greek version of the Ariminian Council's letter to Constantius, which he took from Athanasius, needs to be checked by a reference to the Latin original in Hilary (fragment 8).

There are three points of special interest, on which the position taken up by Socrates demands a few words.

1. He assigns a remarkable prominence—it may well be called an excessive prominence—to the Novatian sect and its affairs. He loses no opportunity of describing the persecutions endured by Novatians, of proclaiming their Nicene orthodoxy, of celebrating the sanctity of their bishops, of mentioning instances of good will and respect shown towards them; and even so far departs from what Cave calls his habitual 'gravity' as to fill a chapter with the smart sayings of one of these prelates (vi. 22). Was he, it has been asked, himself a member of their body? Such a notion is inconsistent with the passages in which he distinguishes 'Novatians' from 'members of the Church,' describes Catholic communion as 'the Church' or 'the orthodox Church,' and the Novatian body as 'the church of the Novatians' (ii. 38; iv. 28; v. 19; vii. 3). But he evidently looked up with strong personal respect and regard to individual Novatian ecclesiastics; he had received, in youth, strong impressions from a venerable Novatian presbyter (i. 13); he thought that the sect as a whole was harshly treated under the influence of prelates who seemed to him despotic and worldly-minded; he appreciated the motive of their 'austere rule' of discipline (i. 10; iv. 28), and while approving, as they could not, of the Penitentiary's office at Constantinople, he regretted its abolition as 'giving an excuse for *not* rebuking sins' (v. 19).

2. What was our author's mind in regard to the character of St. Chrysostom? He fully acknowledges the lofty aims of the great bishop's ministry, his ' zeal for virtue,' his ' rectitude of life,' his purpose of correcting the lives of his clergy (vi. 3, 4, 21); but dilates at the same time on his 'superciliousness, austerity, and excessive harshness in rebuking' (vi. 4. 5), his 'fiery temper' and his 'impetuosity of speech' (vi. 15, 18); and, while setting aside as 'extravagant' the charges brought forward at the Synod

Introduction. xxiii

of the Oak, he expressly leaves undecided the question whether the deposition of 'John' was just (vi. 15, 19). He not only assumes that the burning of the great church and the senate-house was the work of 'some of the Joannites' (vi. 18), but seriously misrepresents the action of Chrysostom at an earlier period of his episcopate, when he uttered a discourse, called by Socrates an 'invective,' while Eutropius, having taken sanctuary in the church, 'was crouching terror-struck under the altar' (vi. 5). 'By this act,' we are told, 'he appeared to give great offence to some persons, in that he was not only not pitying the fallen man, but on the contrary was rebuking him.' Gibbon is more just than our Church historian when he describes the sermon as 'seasonable and pathetic,' as prompted by a humane wish to 'assuage the fury of the people,' and as effectual in procuring at least a promise that the suppliant's life should be spared (vol. iv. p. 147). Perhaps we may better understand the *animus* of Socrates against 'the most eloquent of the saints' if we observe that Chrysostom had, as he expresses it, 'deprived many Novatians of their churches,' and had incurred the indignation of the witty Novatian bishop Sisinnius for 'venturing to say in his sermons, "Approach, though you may have repented a thousand times,"'—a phrase which Socrates apparently misapprehended as if it had related to public penance[1] (vi. 21).

3. And perhaps, also, this case may throw light on another and a more frequently quoted series of censures, bestowed by Socrates on Cyril of Alexandria. This prelate is represented as suppressing the Novatian worship, menacing the Jews of his city, retaliating on them for their outrages by expelling them and exposing their goods to plunder, and as canonising a man who had died by torture for wounding the prefect,—although, it is added, he afterwards allowed this ill-bestowed honour to be forgotten. We may easily see that Socrates was disposed to put a very unfavourable construction on Cyril's doings on account of the action which the latter had taken against the Novatians. But is that action fairly represented? Bingham says plainly enough, that the 'invidious' account given of it, 'as if Cyril had done all this by his own private usurped authority,

---

[1] See Fleury, b. xxi. c. 20; Tillemont, xi. 136.

will hardly gain credit with any one that considers that the laws of Honorius against the sect were published before Cyril came to the episcopal throne' (b. v. c. 4. s. 11). It cannot, indeed, be said that Cyril was free of blame in the quarrel with the Jews and with the prefect; but prejudice, clearly active on one point, might lead to exaggeration upon others. Yet it is manifest that in regard to the murder of Hypatia, perpetrated by brutal fanatics within the Cæsarean church, the words of Socrates give no warrant for the statement, that 'of the guilt' of that hideous deed 'a deep suspicion attached to Cyril[1].' His words are, 'This brought no small disgrace on Cyril and the Church of the Alexandrians' (vii. 15). In other words, the local Church and its chief pastor were compromised by the scandal of such a crime as had been perpetrated by some members of their community. There was, so to speak, 'an accursed thing' in their midst; but as for the actual guilt, our historian, unfriendly as he is to Cyril, makes it attach as much, or as little, to the bishop as to 'the Church,'—in truth, to neither. He might have said more, if, as is too probable, 'Peter the reader' and his fellows had been encouraged by Cyril to think that violence might be used in the cause of the faith, and had let their fierce passions 'better the instruction.'

The headings to the chapters are not by Socrates himself. This appears from ii. 42 and iii. 25, where the headings are incorrect; from the significant wording of the heading of vii. 36; from the term 'impiety,' applied to Nestorius's theory in that of vii. 32, &c.

The text of the History is reprinted from Professor Hussey's edition of 1853, in three volumes. Some changes have been made in punctuation, and some various readings and emendations have been transferred from the foot of the page to the margin, with the addition of a few references.

[1] Milman, Lat. Christ. i. 190.

ΣΩΚΡΑΤΟΥΣ

ΣΧΟΛΑΣΤΙΚΟΥ

ΕΚΚΛΗΣΙΑΣΤΙΚΗ ΙΣΤΟΡΙΑ

LIB. I.

CAP. I.

Τὸ τοῦ βιβλίου προοίμιον.

Εὐσέβιος ὁ Παμφίλου ἐν ὅλοις δέκα βιβλίοις τὴν ἐκκλησιαστικὴν ἱστορίαν ἐκθέμενος, κατέπαυσεν εἰς τοὺς χρόνους τοῦ βασιλέως Κωνσταντίνου, ἐν οἷς καὶ ὁ παρὰ τοῦ Διοκλητιανοῦ κατὰ Χριστιανῶν γενόμενος διωγμὸς ἀπεπαύσατο. Γράφων δὲ ὁ αὐτὸς εἰς τὸν βίον Κωνσταντίνου, τῶν κατ' Ἄρειον μερικῶς μνήμην πεποίηται, τῶν ἐπαίνων τοῦ βασιλέως, καὶ τῆς πανηγυρικῆς ὑψη- Cp. c. 16. γορίας τῶν λόγων μᾶλλον, ὡς ἐν ἐγκωμίῳ φροντίσας, ἢ περὶ τοῦ ἀκριβῶς περιλαβεῖν τὰ γενόμενα. Ἡμεῖς δὲ προθέμενοι συγγράψαι τὰ ἐξ ἐκείνου μέχρι τῶν τῇδε περὶ τὰς ἐκκλησίας γενόμενα, τῆς ὑποθέσεως ἀρχὴν, ἐξ ὧν ἐκεῖνος ἀπέλιπε, ποιησόμεθα· οὐ φράσεως ὄγκου φροντίζοντες, ἀλλ' ὅσα ἢ ἐγγράφως εὕρομεν, ἢ παρὰ τῶν ἱστορησάντων ἠκούσαμεν διηγουμένων. Καὶ ἐπειδὴ πρὸς τὸ προκείμενον συλλαμβάνεται ἡμῖν μνημονεῦσαι, τίνα τρόπον ὁ βασιλεὺς Κωνσταντῖνος ἐπὶ τὸ Χριστιανίζειν ἐλήλυθε, μικρὰ περὶ τούτου ὡς οἷόν τε μνημονεύσωμεν, ἐνθένδε πόθεν τὴν ἀρχὴν ποιησάμενοι.

CAP. II.

Τίνα τρόπον ὁ βασιλεὺς Κωνσταντῖνος ἐπὶ τὸ Χριστιανίζειν ἐλήλυθεν.

Ἡνίκα Διοκλητιανὸς, καὶ Μαξιμιανὸς ὁ ἐπικληθεὶς Ἡρκούλιος, A.D. 305. ἐκ συνθέματος τὴν βασιλείαν ἀποθέμενοι, τὸν ἰδιωτικὸν ἐπανείλοντο

B

βίον· καὶ Μαξιμιανὸς ὁ ἐπικληθεὶς Γαλέριος, ὁ συμβασιλεύσας αὐτοῖς, ἐπιβὰς τῆς Ἰταλίας, δύο κατέστησε Καίσαρας, Μαξιμῖνον μὲν ἐν τοῖς κατὰ τὴν ἑῴαν, Σεβῆρον δὲ ἐν τοῖς κατὰ τὴν Ἰταλίαν· κατὰ δὲ τὰς Βρεττανίας Κωνσταντῖνος ἀνηγορεύθη βασιλεὺς,

Euseb. Vit. Con. i. 21.
εἰς τόπον Κωνσταντίου τοῦ πατρὸς αὐτοῦ, τεθνηκότος τῷ πρώτῳ

A.D. 306. ἐνιαυτῷ τῆς διακοσιοστῆς ἑβδομηκοστῆς πρώτης Ὀλυμπιάδος, τῇ πέμπτῃ καὶ εἰκάδι τοῦ Ἰουλίου μηνός· ἐν Ῥώμῃ δὲ ὑπὸ τῶν στρατιωτῶν τῶν πραιτωρίων, Μαξέντιος ὁ υἱὸς Μαξιμιανοῦ τοῦ Ἡρκουλίου, ἤρθη τύραννος μᾶλλον ἢ βασιλεύς· ἐκ τούτων ὁ Ἡρκούλιος εἰς ἐπιθυμίαν πάλιν βασιλείας ἀρθεὶς, ἐπεχείρησεν ἀπολέσαι τὸν υἱὸν Μαξέντιον· ἀλλὰ τοῦτο μὲν ποιῆσαι ὑπὸ τῶν στρατιωτῶν διεκωλύθη· ὕστερον δὲ ἐν Ταρσῷ τῆς Κιλικίας ἐτελεύτα τὸν βίον· Σεβῆρος δὲ ὁ Καῖσαρ ὑπὸ τοῦ Γαλερίου Μαξιμίνου

A.D. 307. πεμφθεὶς εἰς τὴν Ῥώμην ἐπὶ τὴν Μαξεντίου σύλληψιν, ἀνῃρέθη, τῶν στρατιωτῶν προδεδωκότων αὐτόν· καὶ τὰ τελευταῖα πάντα Μαξι-

A.D. 310. μιανὸς ὁ Γαλέριος περιέπων τελευτᾷ, Λικίννιον πρότερον βασιλέα καταστήσας· ὃς ἦν ἐκ παλαιῶν τῶν χρόνων συστρατιώτης αὐτῷ καὶ φίλος, ἀπὸ Δακίας ὁρμώμενος. Μαξέντιος δὲ κακῶς τοὺς Ῥωμαίους ἐπέτριβε, τυραννικῷ μᾶλλον ἢ βασιλικῷ τρόπῳ χρώμενος κατ' αὐτῶν· μοιχεύων ἀνέδην τὰς τῶν ἐλευθέρων γυναῖκας, καὶ πολλοὺς ἀναιρῶν, καὶ ποιῶν τὰ τούτοις ἀκόλουθα. Τοῦτο γνοὺς ὁ βασιλεὺς Κωνσταντῖνος, ῥύσασθαι Ῥωμαίους τῆς ὑπ' αὐτὸν δουλείας ἐσπούδαζεν· εὐθύς τε φροντίδας ἐτίθη, τίνα τρόπον καθέλοι τὸν τύραννον· καὶ ὡς ἦν ἐν τηλικαύτῃ φροντίδι, ἐπενόει τίνα Θεὸν ἐπίκουρον πρὸς τὴν μάχην καλέσειε· κατὰ νοῦν τε ἐλάμβανεν, ὡς οὐδὲν ὤναντο οἱ περὶ Διοκλητιανὸν, περὶ τοὺς Ἑλλήνων θεοὺς διακείμενοι· ηὕρισκέν τε ὡς ὁ αὐτοῦ πατὴρ Κωνστάντιος, ἀποστραφεὶς τὰς Ἑλλήνων θρησκείας, εὐδαιμονέστερον τὸν βίον διήγαγεν. Ἐν τοιαύτῃ τοίνυν ἀμφισβητήσει τυγχάνοντι, καί που ἅμα τοῖς στρατιώταις ὁδεύοντι, συνέβη θαυμάσιόν τι καὶ λόγου κρεῖττον θεάσασθαι. Περὶ γὰρ μεσημβρινὰς ἡλίου ὥρας, ἤδη τῆς ἡμέρας ἀποκλινούσης, εἶδεν ἐν τῷ οὐρανῷ στύλον φωτὸς

Eus. V. C. i. 28.
σταυροειδῆ, ἐν ᾧ γράμματα ἦν λέγοντα, 'Ἐν τούτῳ νίκα.' Τοῦτο φανὲν τὸ σημεῖον τὸν βασιλέα ἐξέπληττεν· αὐτός τε τοῖς οἰκείοις σχεδὸν ἀπιστῶν ὀφθαλμοῖς, ἠρώτα καὶ τοὺς παρόντας, εἰ καὶ αὐτοὶ τῆς αὐτῆς ἀπολαύουσιν ὄψεως. Τῶν δὲ συμφωνησάντων, ἀνερ-

ρώννυτο μὲν ὁ βασιλεὺς ἐπὶ τῇ θείᾳ καὶ θαυμαστῇ φαντασίᾳ. Νυκτὸς δὲ ἐπιλαβούσης, κατὰ τοὺς ὕπνους ὁρᾷ τὸν Χριστὸν λέγοντα αὐτῷ, κατασκευάσαι κατὰ τὸν τύπον τοῦ ὀφθέντος σημείου, καὶ τούτῳ κατὰ τῶν πολεμίων, ὡς ἑτοίμῳ κεχρῆσθαι τροπαίῳ. Τούτῳ πεισθεὶς τῷ χρησμῷ, κατασκευάζει μὲν τὸ σταυροειδὲς τρόπαιον, ὃ μέχρι νῦν τοῖς βασιλείοις φυλάττεται· σὺν προθυμίᾳ δὲ μείζονι πρὸς τὰς πράξεις ἐχώρει, συμβαλών τε αὐτῷ πρὸ τῆς Ῥώμης περὶ τὴν καλουμένην Μουλβίαν γέφυραν νικᾷ, Μαξεντίου εἰς τὸν ποταμὸν ἀποπνιγέντος· ἦν δὲ τοῦτο ἕβδομον ἔτος τῆς βασιλείας αὐτοῦ, ἡνίκα τὴν κατὰ Μαξεντίου ἤρατο νίκην. Μετὰ ταῦτα Λικιννίου τοῦ συμβασιλεύοντος αὐτῷ, τοῦ καὶ γαμβροῦ αὐτοῦ τυγχάνοντος ἐπὶ τῇ ἀδελφῇ αὐτοῦ Κωνσταντίᾳ, κατὰ τὴν ἑῴαν διάγοντος, αὐτὸς ἀπολαύσας τῶν τηλικούτων εὐεργεσιῶν τοῦ Θεοῦ, χαριστήρια τῷ εὐεργέτῃ προσέφερε. Ταῦτα δὲ ἦν, ἀνεῖναι τοὺς Χριστιανοὺς τοῦ διώκεσθαι, καὶ τοὺς ἐν ἐξορίᾳ ὄντας ἀνακαλεῖσθαι, τοὺς δὲ ἐν δεσμωτηρίῳ ἀφίεσθαι, καὶ τοῖς δημευθεῖσιν αὐτῶν τὰς οὐσίας ἀποκαθίστασθαι· τάς τε ἐκκλησίας ἀνώρθου, καὶ πάντα ἐποίει σὺν προθυμίᾳ πολλῇ. Ἐν τούτῳ δὲ καὶ Διοκλητιανός, ὁ τὴν βασιλείαν ἀποθέμενος, ἐν Σαλῶνι τῆς Δαλματίας ἐτελεύτα.

Eus. V. C. i. 38.
A.D. 312.

A.D. 313.

CAP. III.

Πῶς Κωνσταντίνου τὰ Χριστιανῶν αὔξοντος, Λικίννιος ὁ συμβασιλεύων αὐτῷ Χριστιανοὺς ἐδίωκεν.

Ἀλλὰ Κωνσταντῖνος μὲν ὁ βασιλεύς, τὰ τοῦ Χριστοῦ φρονῶν, πάντα ὡς Χριστιανὸς ἔπραττεν, ἀνεγείρων τὰς ἐκκλησίας, καὶ πολυτελέσι τιμῶν ἀναθήμασιν· ἔτι δὲ καὶ τοὺς Ἑλλήνων ναοὺς κλείων καὶ καθαιρῶν, καὶ δημοσιεύων τὰ ἐν αὐτοῖς ἀγάλματα· Λικίννιος δὲ ὁ συμβασιλεύων αὐτῷ, τὰς Ἑλληνικὰς ἔχων δόξας, ἐμίσει Χριστιανούς. Καὶ διωγμὸν μὲν προφανῆ, φόβῳ τοῦ βασιλέως Κωνσταντίνου, κινεῖν ὑπεστέλλετο· λεληθότως δὲ πολλοὺς ἐσκευωρεῖτο· προϊὼν δέ, καὶ φανερῶς αὐτοὺς βλάπτειν ἐπεχείρει. Καὶ γίνεται οὗτος ὁ διωγμὸς τοπικός· ἔνθα γὰρ ἦν Λικίννιος, ἐκεῖ μόνον ἐγένετο. Ἐπεὶ δὲ ταῦτά τε καὶ ἄλλα τυραννικῶς ποιῶν, οὐδαμῶς Κωνσταντῖνον ἐλάνθανεν, ἔγνω τε ἐπὶ τούτοις χαλεπαίνοντα, πρὸς ἀπολογίαν ἐτρέπετο. Καὶ θεραπεύων αὐτόν, πλαστὴν

Eus. V. C. i. 51.

φιλίαν ἐσπένδετο, πολλοὺς ὅρκους ὀμνὺς, μηδὲν τυραννικὸν φρονήσειν ποτέ· ἅμα τε ὀμνὺς, καὶ ἐπιορκῶν· οὐ γὰρ μετετίθετο τοῦ φρονεῖν τε τὰ τυραννικὰ, καὶ κατὰ Χριστιανῶν κινεῖν διωγμόν. Νόμῳ γὰρ ἐκέλευσε, τοὺς ἐπισκόπους μὴ φοιτᾶν παρ' Ἕλλησιν, ὡς ἂν μὴ ἔχῃ πρόφασιν αὔξεσθαι τὰ Χριστιανῶν. Ἦν δὲ ὁ διωγμὸς θρυλούμενος ἐν ταὐτῷ, καὶ ἀπόρρητος· ἐκρύπτετό τε τῷ λόγῳ, καὶ ἔργῳ ἦν φανερός· ἀνήκεστα γὰρ οἱ διωκόμενοι, εἴς τε τὸ σῶμα, καὶ εἰς τὰ χρήματα ἔπασχον.

CAP. IV.

Ὅτι πόλεμος μεταξὺ Κωνσταντίνου καὶ Λικιννίου διὰ Χριστιανοὺς ἐγένετο.

Ἐκ δὲ τούτου, πρὸς ἀπέχθειαν μεγίστην τὸν βασιλέα Κωνσταντῖνον ἐκίνησεν· ἦσάν τε πολέμιοι, διακοπείσης αὐτοῖς τῆς ἐπιπλάστου φιλίας. Οὐκ εἰς μακράν τε εἰς τὸ πολεμεῖν ἀλλήλους ἐτράπησαν. Καὶ πολλῶν γενομένων συμβολῶν καὶ κατὰ γῆν καὶ κατὰ θάλατταν, τέλος πρὸς Χρυσόπολιν τῆς Βιθυνίας, ἐπίνειον δὲ τοῦτο τῆς Χαλκηδόνος ἐστὶν, ἡττηθεὶς ἐξέδωκεν ἑαυτόν. Ζῶντα οὖν συλλαβὼν φιλανθρωπεύεται· καὶ κτείνει μὲν οὐδαμῶς, οἰκεῖν δὲ τὴν Θεσσαλονικὴν προσέταξεν ἡσυχάζοντα. Ὁ δὲ πρὸς ὀλίγον ἡσυχάσας, ὕστερον βαρβάρους τινὰς συναγαγὼν, ἀναμαχέσασθαι τὴν ἧτταν ἐσπούδαζεν. Τοῦτο γνοὺς ὁ βασιλεὺς, ἀναιρεθῆναι αὐτὸν προσέταξε· καὶ κελεύσαντος αὐτοῦ ἀνῃρέθη. Κωνσταντῖνος τοίνυν πάντων γενόμενος ἐγκρατὴς, αὐτοκράτωρ τε βασιλεὺς ἀναδειχθεὶς, τὰ Χριστιανῶν αὖθις αὔξειν ἐσπούδαζεν· ἐποίει τε τοῦτο διαφόρως· καὶ ἦν ἐν βαθείᾳ εἰρήνῃ τὰ τοῦ Χριστιανισμοῦ δι' αὐτόν. Ἀλλὰ δὴ τὴν τηλικαύτην εἰρήνην ἐμφύλιος τῶν Χριστιανῶν πόλεμος διαδέχεται· τίς δὲ ἦν οὗτος, καὶ ὅπως ἔλαβε τὴν ἀρχὴν, ὡς οἷόν τε διηγήσομαι.

CAP. V.

Περὶ τῆς Ἀρείου πρὸς Ἀλέξανδρον τὸν ἐπίσκοπον φιλονεικίας.

Μετὰ Πέτρον τὸν γενόμενον ἐπίσκοπον Ἀλεξανδρείας, τὸν καὶ ἐπὶ Διοκλητιανοῦ μαρτυρήσαντα, διαδέχεται τὴν ἐπισκοπὴν Ἀχιλλᾶς· μετὰ δὲ Ἀχιλλᾶν, Ἀλέξανδρος ἐπὶ τῆς μνημονευθείσης εἰρήνης· καὶ ἀδεέστερον διάγων, τὴν ἐκκλησίαν συνεκρότει· καί ποτε παρόντων τῶν ὑπ' αὐτῷ πρεσβυτέρων καὶ τῶν λοιπῶν κληρικῶν, φιλοτιμότερον περὶ τῆς ἁγίας Τριάδος, ἐν Τριάδι μονάδα εἶναι φιλοσοφῶν, ἐθεολόγει. Ἄρειος δέ τις πρεσβύτερος τῶν ὑπ' αὐτῷ ταττομένων, ἀνὴρ οὐκ ἄμοιρος διαλεκτικῆς λέσχης, οἰόμενος τὸ Σαβελλίου τοῦ Λίβυος δόγμα εἰσηγεῖσθαι τὸν ἐπίσκοπον, ἐκ φιλονεικίας κατὰ διάμετρον εἰς τὸ ἐναντίον τῆς τοῦ Λίβυος δόξης ἀπέκλινε, καὶ ὡς ἐδόκει, γοργῶς ὑπαπήντησε πρὸς τὰ παρὰ τοῦ ἐπισκόπου λεχθέντα· καὶ φησὶν, 'εἰ ὁ Πατὴρ ἐγέννησε τὸν Υἱὸν, ἀρχὴν ὑπάρξεως ἔχει ὁ γεννηθείς· καὶ ἐκ τούτου δῆλον, ὅτι ἦν ὅτε οὐκ ἦν ὁ Υἱός· ἀκολουθεῖ τε ἐξ ἀνάγκης, ἐξ οὐκ ὄντων ἔχειν αὐτὸν τὴν ὑπόστασιν.'

Cp. iv. 33.

CAP. VI.

Ὡς ἐκ τῆς φιλονεικίας ἀρχὴν διαιρέσεως ἡ ἐκκλησία ἔλαβε· καὶ ὡς Ἀλέξανδρος ὁ Ἀλεξανδρείας καθεῖλεν Ἄρειον, καὶ τοὺς περὶ αὐτόν.

Ταῦτα τῷ καινοπρεπεῖ λόγῳ συλλογισάμενος, ἀναρριπίζει τοὺς πολλοὺς πρὸς τὸ ζήτημα. Καὶ ἀνάπτεται ἀπὸ σμικροῦ σπινθῆρος μέγα πῦρ. Ἀρξάμενόν τε τὸ κακὸν ἀπὸ τῆς Ἀλεξανδρέων ἐκκλησίας, διέτρεχε τὴν σύμπασαν Αἴγυπτόν τε καὶ Λιβύην, καὶ τὴν ἄνω Θηβαΐδα· ἤδη δὲ καὶ τὰς λοιπὰς ἐπενέμετο ἐπαρχίας τε καὶ πόλεις. Συνελαμβάνοντο τῇ Ἀρείου δόξῃ πολλοὶ μὲν καὶ ἄλλοι, μάλιστα δὲ Εὐσέβιος αὐτῆς ἀντείχετο, οὐχ ὁ Καισαρεὺς, ἀλλ' ὁ πρότερον μὲν τῆς Βηρυτίων ἐκκλησίας ἐπίσκοπος, τότε δὲ τῆς ἐν Βιθυνίᾳ Νικομηδείας τὴν ἐπισκοπὴν ὑποδύς. Ταῦτα ἀκούων καὶ ὁρῶν τε γινόμενα ὁ Ἀλέξανδρος, πρὸς ὀργὴν ἐξάπτεται· καὶ συνέδριον πολλῶν ἐπισκόπων καθίσας, τὸν μὲν Ἄρειον, καὶ τοὺς ἀποδεχομένους τὴν δόξαν αὐτοῦ καθαιρεῖ· γράφει δὲ τοῖς κατὰ πόλιν τοιάδε.

Cp. Athan. Apol. c. Ari. 6.

Ἐπιστολὴ Ἀλεξάνδρου Ἀλεξανδρείας.

Τοῖς ἀγαπητοῖς καὶ τιμιωτάτοις συλλειτουργοῖς τοῖς ἁπανταχοῦ τῆς καθολικῆς ἐκκλησίας, Ἀλέξανδρος ἐν Κυρίῳ χαίρειν.

Ἑνὸς σώματος ὄντος τῆς καθολικῆς ἐκκλησίας, ἐντολῆς τε οὔσης ἐν ταῖς θείαις γραφαῖς, 'τηρεῖν τὸν σύνδεσμον τῆς ὁμονοίας καὶ εἰρήνης,' ἀκόλουθόν ἐστι γράφειν ἡμᾶς, καὶ σημαίνειν ἀλλήλοις τὰ παρ' ἑκάστοις γιγνόμενα, ἵνα 'εἴτε πάσχει, εἴτε χαίρει ἓν μέλος, ἢ συμπάσχωμεν, ἢ συγχαίρωμεν ἀλλήλοις.'

Eph. iv. 3.

Ἐν τῇ ἡμετέρᾳ τοίνυν παροικίᾳ, ἐξῆλθον νῦν ἄνδρες παράνομοι καὶ Χριστόμαχοι, διδάσκοντες ἀποστασίαν, ἣν εἰκότως ἄν τις πρόδρομον τοῦ Ἀντιχρίστου

1 Cor. xii. 26.

νομίσειε καὶ καλέσειε. Καὶ ἐβουλόμην μὲν σιωπῇ παραδοῦναι τὸ τοιοῦτον, ἵν' ἴσως ἐν τοῖς ἀποστάταις μόνοις ἀναλωθῇ τὸ κακὸν, καὶ μὴ εἰς ἑτέρους τόπους διαβὰν, ῥυπώσῃ τινῶν ἀκεραίων τὰς ἀκοάς· ἐπειδὴ δὲ Εὐσέβιος, ὁ νῦν ἐν τῇ Νικομηδείᾳ, νομίσας ἐπ' αὐτῷ κεῖσθαι τὰ τῆς ἐκκλησίας, ὅτι καταλείψας τὴν Βηρυτὸν, καὶ ἐποφθαλμίσας τῇ ἐκκλησίᾳ Νικομηδέων, οὐκ ἐκδεδίκηται κατ' αὐτοῦ, προΐσταται καὶ τούτων τῶν ἀποστατῶν, καὶ γράφειν ἐπεχείρησε πανταχοῦ, συνιστῶν αὐτοὺς, εἴπως ὑποσύρῃ τινὰς ἀγνοοῦντας εἰς τὴν ἐσχάτην καὶ Χριστομάχον αἵρεσιν, ἀνάγκην ἔσχον, εἰδὼς τὸ ἐν τῷ νόμῳ γεγραμμένον, μηκέτι μὲν σιωπῆσαι, ἀναγγεῖλαι δὲ πᾶσιν ὑμῖν, ἵνα γινώσκητε τούς τε ἀποστάτας γενομένους, καὶ τὰ τῆς αἱρέσεως αὐτῶν δύστηνα ῥημάτια, καὶ ἐὰν γράφῃ Εὐσέβιος, μὴ προσέχητε. Τὴν πάλαι γὰρ αὐτοῦ κακόνοιαν τὴν χρόνῳ σιωπηθεῖσαν, νῦν διὰ τούτων ἀνανεῶσαι βουλόμενος, σχηματίζεται μὲν ὡς ὑπὲρ τούτων γράφων· ἔργῳ δὲ δείκνυσιν, ὡς ὅτι ὑπὲρ ἑαυτοῦ σπουδάζων, τοῦτο ποιεῖ. Οἱ μὲν οὖν ἀποστάται γενόμενοι εἰσὶν, Ἄρειος, Ἀχιλλᾶς, Ἀειθαλῆς καὶ Καρπώνης, καὶ ἕτερος Ἄρειος, καὶ Σαρμάτης, καὶ Εὐζώϊος, καὶ Λούκιος, καὶ Ἰουλιανὸς, καὶ Μηνᾶς, καὶ Ἑλλάδιος, καὶ Γάϊος, καὶ σὺν αὐτοῖς Σεκοῦνδος καὶ Θεωνᾶς, οἱ ποτὲ λεχθέντες ἐπίσκοποι. Ποῖα δὲ παρὰ τὰς γραφὰς ἐφευρόντες λαλοῦσιν, ἐστὶ ταῦτα. 'Οὐκ ἀεὶ ὁ Θεὸς Πατὴρ ἦν, ἀλλ' ἦν ὅτε ὁ Θεὸς Πατὴρ οὐκ ἦν· οὐκ ἀεὶ ἦν ὁ τοῦ Θεοῦ Λόγος, ἀλλ' ἐξ οὐκ ὄντων γέγονεν. Ὁ γὰρ ὢν Θεὸς τὸν μὴ ὄντα ἐκ τοῦ μὴ ὄντος πεποίηκε· διὸ καὶ ἦν ποτὲ ὅτε οὐκ ἦν. Κτίσμα γάρ ἐστι καὶ ποίημα ὁ Υἱός. Οὔτε δὲ ὅμοιος κατ' οὐσίαν τῷ Πατρὶ ἐστιν, οὔτε ἀληθινὸς καὶ φύσει τοῦ Πατρὸς Λόγος ἐστὶν, οὔτε ἀληθινὴ σοφία αὐτοῦ ἐστι· ἀλλ' εἷς μὲν τῶν ποιημάτων καὶ γενητῶν ἐστί· καταχρηστικῶς δὲ λόγος καὶ σοφία, γενόμενος καὶ αὐτὸς δὲ τῷ ἰδίῳ τοῦ Θεοῦ Λόγῳ, καὶ τῇ ἐν τῷ Θεῷ Σοφίᾳ, ἐν ᾗ καὶ τὰ πάντα καὶ αὐτὸν πεποίηκεν ὁ Θεός· διὸ καὶ τρεπτός ἐστι καὶ ἀλλοιωτὸς τὴν φύσιν, ὡς καὶ πάντα τὰ λογικά· ξένος τε καὶ ἀλλότριος, καὶ ἀπεσχοινισμένος ἐστὶν ὁ Λόγος τῆς τοῦ Θεοῦ οὐσίας. Καὶ ἄρρητός ἐστιν ὁ Πατὴρ τῷ Υἱῷ· οὔτε γὰρ τελείως καὶ ἀκριβῶς γινώσκει ὁ Λόγος τὸν Πατέρα, οὔτε τελείως ὁρᾶν αὐτὸν δύναται. Καὶ γὰρ ἑαυτοῦ τὴν οὐσίαν οὐκ οἶδεν ὁ Υἱὸς ὡς ἔστι· δι' ἡμᾶς γὰρ πεποίηται, ἵνα ἡμᾶς δι' αὐτοῦ ὡς δι' ὀργάνου κτίσῃ ὁ Θεός· καὶ οὐκ ἂν ὑπέστη, εἰ μὴ ἡμᾶς ὁ Θεὸς ἤθελεν ποιῆσαι.' Ἠρώτησε γοῦν τις αὐτοὺς, εἰ δύναται ὁ τοῦ Θεοῦ Λόγος τραπῆναι ὡς ὁ διάβολος ἐτράπη· καὶ οὐκ ἐφοβήθησαν εἰπεῖν, 'Ναὶ δύναται· τρεπτῆς γὰρ φύσεώς ἐστι, γενητὸς καὶ τρεπτὸς ὑπάρχων.' Ταῦτα λέγοντας τοὺς περὶ Ἄρειον, καὶ ἐπὶ τούτοις ἀναισχυντοῦντας, αὐτούς τε καὶ τοὺς συνακολουθήσαντας αὐτοῖς, ἡμεῖς μὲν μετὰ τῶν κατ' Αἴγυπτον ἐπισκόπων καὶ τὰς Λιβύας, ἐγγὺς ἑκατὸν ὄντων, συνελθόντες ἀνεθεματίσαμεν. Οἱ δὲ περὶ Εὐσέβιον προσεδέξαντο, σπουδάζοντες συγκαταμίξαι τὸ ψεῦδος τῇ ἀληθείᾳ, καὶ τῇ εὐσεβείᾳ τὴν ἀσέβειαν. Ἀλλ' οὐκ ἰσχύσουσι, νικᾷ γὰρ ἡ ἀλήθεια·

Letter of Alexander.

καὶ οὐδεμία ἐστὶ 'κοινωνία φωτὶ πρὸς σκότος, οὐδὲ συμφώνησις Χριστῷ πρὸς 2 Cor. vi. 14.
Βελίαρ.' Τίς γὰρ ἤκουσε πώποτε τοιαῦτα; ἦ τίς νῦν ἀκούων οὐ ξενίζεται, Cp. Ath.
καὶ τὰς ἀκοὰς βύει, ὑπὲρ τοῦ μὴ τὸν ῥύπον τούτων τῶν ῥημάτων ψαῦσαι τῆς Apol. c. Ari. 49.
ἀκοῆς; Τίς ἀκούων Ἰωάννου λέγοντος, ''Εν ἀρχῇ ἦν ὁ Λόγος,' οὐ καταγινώσκει John i. 1–3,
τούτων λεγόντων, ''Ην ποτὲ ὅτε οὐκ ἦν'; ἦ τίς ἀκούων ἐν τῷ εὐαγγελίῳ, ''Ο 18.
μονογενὴς Υἱὸς,' καὶ, 'Δι' αὐτοῦ ἐγένετο τὰ πάντα,' οὐ μισήσει τούτους φθεγγο-
μένους, ὅτι εἷς ἐστι τῶν ποιημάτων ὁ Υἱός; Πῶς δὲ δύναται εἷς εἶναι τῶν δι'
αὐτοῦ γενομένων; ἢ πῶς μονογενὴς, ὁ τοῖς πᾶσι κατ' ἐκείνους συναριθμούμε-
νος; πῶς δὲ ἐξ οὐκ ὄντων ἂν εἴη, τοῦ Πατρὸς λέγοντος, ''Εξηρεύξατο ἡ καρ- Ps. xliv.
δία μου λόγον ἀγαθόν·' καὶ, ''Εκ γαστρὸς πρὸ ἑωσφόρου ἐγέννησα σέ'; ἦ πῶς (Lxx.) 1;
ἀνόμοιος τῇ οὐσίᾳ τοῦ Πατρὸς, ὁ ὢν εἰκὼν τελεία καὶ 'ἀπαύγασμα' τοῦ Πατρὸς, Heb. i. 3.
καὶ λέγων, ''Ο ἐμὲ ἑωρακὼς, ἑώρακε τὸν Πατέρα'; Πῶς δὲ εἰ Λόγος καὶ Σοφία John xiv. 9, 10.
ἐστὶ τοῦ Θεοῦ ὁ Υἱὸς, ἦν ποτὲ ὅτε οὐκ ἦν; ἴσον γὰρ ἐστὶν αὐτοὺς λέγειν, ἄλογον
καὶ ἄσοφόν ποτε τὸν Θεόν. Πῶς δὲ τρεπτὸς ἢ ἀλλοιωτὸς, ὁ λέγων δι' ἑαυτοῦ·
'Ἐγὼ ἐν τῷ Πατρὶ, καὶ ὁ Πατὴρ ἐν ἐμοί·' καὶ, 'Ἐγὼ καὶ ὁ Πατὴρ ἕν ἐσμεν·' John x. 30.
διὰ δὲ τοῦ προφήτου, ''Ιδετέ με ὅτι ἐγώ εἰμι, καὶ οὐκ ἠλλοίωμαι'; Εἰ δὲ καὶ Mal. iii. 6.
ἐπ' αὐτόν τις τὸν Πατέρα τὸ ῥητὸν δύναται ἀναφέρειν, ἀλλὰ ἁρμοδιώτερον ἂν
εἴη περὶ τοῦ Λόγου νῦν λεγόμενον, ὅτι καὶ γενόμενος ἄνθρωπος οὐκ ἠλλοίω-
ται, ἀλλ' ὡς ὁ Ἀπόστολος, 'Ἰησοῦς Χριστὸς χθὲς καὶ σήμερον ὁ αὐτὸς, καὶ Heb. xiii. 8.
εἰς τοὺς αἰῶνας.' Τί δὲ ἄρα εἰπεῖν αὐτοὺς ἔπεισεν, ὅτι δι' ἡμᾶς γέγονε,
καίτοι τοῦ Παύλου γράφοντος, 'Δι' ὃν τὰ πάντα,' καὶ 'δι' οὗ τὰ πάντα'; Περὶ Cp.Col.i.16;
μὲν οὖν τοῦ βλασφημεῖν αὐτοὺς, ὅτι οὐκ οἶδε τελείως ὁ Υἱὸς τὸν Πατέρα, οὐ 1 Cor. viii. 6.
δεῖ θαυμάζειν. Ἅπαξ γὰρ προθέμενοι Χριστομαχεῖν, παρακρούονται καὶ τὰς
φωνὰς αὐτοῦ Κυρίου λέγοντος, 'Καθὼς γινώσκει με ὁ Πατὴρ, κἀγὼ γινώσκω John x. 15.
τὸν Πατέρα.' Εἰ μὲν οὖν ἐκ μέρους γινώσκει ὁ Πατὴρ τὸν Υἱὸν, δῆλον ὅτι καὶ
ὁ Υἱὸς ἐκ μέρους γινώσκει τὸν Πατέρα. Εἰ δὲ τοῦτο λέγειν οὐ θέμις, οἶδε δὲ
τελείως ὁ Πατὴρ τὸν Υἱὸν, δῆλον ὅτι καθὼς γινώσκει ὁ Πατὴρ τὸν ἑαυτοῦ
Λόγον, οὕτω καὶ ὁ Λόγος γινώσκει τὸν ἑαυτοῦ Πατέρα, οὗ καὶ ἔστι Λόγος.
Καὶ ταῦτα λέγοντες, καὶ ἀναπτύσσοντες τὰς θείας γραφὰς, πολλάκις ἀνετρέ-
ψαμεν αὐτούς. Καὶ πάλιν ὡς χαμαιλέοντες μετεβάλλοντο, φιλονεικοῦντες
εἰς ἑαυτοὺς ἐφελκύσαι τὸ γεγραμμένον, ''Οτ' ἂν ἔλθῃ ὁ ἀσεβὴς εἰς βάθη Prov. xviii. 3,
κακῶν, καταφρονεῖ.' Πολλαὶ γοῦν αἱρέσεις πρὸ αὐτῶν γεγόνασιν, αἵτινες (Lxx.)
πλέον τοῦ δέοντος τολμήσασαι, πεπτώκασιν εἰς ἀφροσύνην· οὗτοι δὲ διὰ
πάντων αὐτῶν τῶν ῥημάτων, ἐπιχειρήσαντες ταῖς ἀναιρέσεσι τῆς τοῦ Λόγου
θεότητος, ἐδικαίωσαν ἐξ ἑαυτῶν ἐκείνας, ὡς ἐγγύτεροι τοῦ Ἀντιχρίστου
γενόμενοι." Διὸ καὶ ἀπεκηρύχθησαν ἀπὸ τῆς ἐκκλησίας, καὶ ἀνεθεματίσθη-
σαν. Λυπούμεθα μὲν οὖν ἐπὶ τῇ ἀπωλείᾳ τούτων, καὶ μάλιστα ὅτι μαθόντες
ποτὲ καὶ αὐτοὶ τὰ τῆς ἐκκλησίας, νῦν ἀπεπήδησαν. Οὐ ξενιζόμεθα δέ·
τοῦτο γὰρ καὶ Ὑμέναιος καὶ Φιλητὸς πεπόνθασι· καὶ πρὸ αὐτῶν Ἰούδας.

ἀκολουθήσας τῷ Σωτῆρι, ὕστερον δὲ προδότης καὶ ἀποστάτης γενόμενος. Καὶ περὶ τούτων δὲ αὐτῶν, οὐκ ἀδίδακτοι μεμενήκαμεν· ἀλλ' ὁ μὲν Κύριος προείρηκε, ' Βλέπετε μή τις ὑμᾶς πλανήσῃ· πολλοὶ γὰρ ἐλεύσονται ἐπὶ τῷ ὀνόματί μου λέγοντες, Ἐγὼ εἰμὶ, καὶ ὁ καιρὸς ἤγγικε· καὶ πολλοὺς πλανή- σουσι· μὴ πορευθῆτε ὀπίσω αὐτῶν.' Ὁ δὲ Παῦλος μαθὼν ταῦτα παρὰ τοῦ Σωτῆρος, ἔγραψεν, '"Οτι ἐν ὑστέροις καιροῖς ἀποστήσονταί τινες τῆς πίστεως τῆς ὑγιαινούσης, προσέχοντες πνεύμασι πλάνοις, καὶ διδασκα- λίαις δαιμονίων, ἀποστρεφομένων τὴν ἀλήθειαν.' Τοῦ τοίνυν Κυρίου καὶ Σωτῆρος ἡμῶν Ἰησοῦ Χριστοῦ, διά τε αὐτοῦ παραγγέλλοντος, καὶ διὰ τοῦ Ἀποστόλου σημαίνοντος περὶ τῶν τοιούτων, ἀκολούθως ἡμεῖς αὐτή- κοοι τῆς ἀσεβείας αὐτῶν γενόμενοι, ἀνεθεματίσαμεν, καθὰ προείπομεν, τοὺς τοιούτους, ἀποδείξαντες αὐτοὺς ἀλλοτρίους τῆς καθολικῆς ἐκκλησίας τε καὶ πίστεως. Ἐδηλώσαμεν δὲ καὶ τῇ ὑμετέρᾳ θεοσεβείᾳ, ἀγαπητοὶ καὶ τιμιώ- τατοι συλλειτουργοί, ἵνα μήτε τινας ἐξ αὐτῶν, εἰ προπετεύσαιντο καὶ πρὸς ὑμᾶς ἐλθεῖν, μὴ προσδέξησθε, μήτε Εὐσεβίῳ, ἢ ἑτέρῳ τινὶ γράφοντι περὶ αὐτῶν πεισθῆτε. Πρέπει γὰρ ὑμᾶς ὡς Χριστιανοὺς ὄντας, πάντας τοὺς κατὰ Χριστοῦ λέγοντάς τε καὶ φρονοῦντας, ὡς Θεομάχους καὶ φθορέας τῶν ψυχῶν ἀποστρέφεσθαι, καὶ μηδὲ κἂν χαίρειν τοῖς τοιούτοις λέγειν, ἵνα μή ποτε καὶ ταῖς ἁμαρτίαις αὐτῶν κοινωνοὶ γενώμεθα, ὡς παρήγγειλεν ὁ μακάριος Ἰωάννης. Προσείπατε τοὺς παρ' ὑμῖν ἀδελφούς. Ὑμᾶς οἱ σὺν ἐμοὶ προσαγορεύουσι.

Τοιαῦτα τοῖς ἁπανταχοῦ κατὰ πόλιν Ἀλεξάνδρου γράφοντος, χεῖρον ἐγένετο τὸ κακὸν, εἰς φιλονεικίαν ἐξαπτομένων, οἷς τὰ γρα- φέντα ἐγνωρίζετο. Καὶ οἱ μὲν τοῖς γραφεῖσι σύμψηφοι γινόμενοι, καὶ προσυπέγραφον· οἱ δὲ τοὐναντίον ἐποίουν. Μάλιστα δὲ πρὸς ἀντιπάθειαν ἐκεκίνητο ὁ τῆς Νικομηδείας Εὐσέβιος, ὅτι αὐτοῦ κακῶς Ἀλέξανδρος ἐν τοῖς γραφεῖσι μνήμην πεποίητο. Ἴσχυε δὲ κατ' ἐκεῖνο τοῦ καιροῦ μάλιστα ὁ Εὐσέβιος, ὅτι κατὰ τὴν Νικο- μήδειαν ὁ βασιλεὺς τότε διέτριβε· καὶ γὰρ ἐκεῖ τὰ βασίλεια μικρὸν ἔμπροσθεν οἱ περὶ Διοκλητιανὸν ἐπεποιήντο. Διατοῦτο οὖν πολλοὶ τῶν ἐπισκόπων τῷ Εὐσεβίῳ ὑπήκουον· κἀκεῖνος συνε- χῶς ἐπέστελλεν, Ἀλεξάνδρῳ μὲν, ἵνα καθυφεὶς τὸ κινούμενον ζήτημα, δέξηται τοὺς περὶ Ἄρειον· τοῖς δὲ κατὰ πόλιν, ὅπως ἂν μὴ γένοιντο σύμψηφοι Ἀλεξάνδρῳ. Ὅθεν τὰ πάντα ἦν ταραχῆς ἀνάμεστα· οὐ γὰρ μόνους ἦν ἰδεῖν τοὺς τῶν ἐκκλησιῶν προέδρους λόγοις διαπληκτιζομένους, ἀλλὰ καὶ πλήθη τεμνόμενα· τῶν μὲν, ὡς τούτοις· τῶν δὲ, θατέροις ἐπικλινομένων. Εἰς τοσοῦτον δὲ

I. 6.] Arian Controversy. 9

ἀτοπίας προέβη τὸ πρᾶγμα, ὥστε δημοσίᾳ καὶ ἐν αὐτοῖς θεάτροις τὸν Χριστιανισμὸν γελᾶσθαι. Οἱ μὲν οὖν περὶ αὐτὴν τὴν Ἀλεξάνδρειαν, νεανικῶς περὶ τῶν ἀνωτάτω δογμάτων διεπληκτίζοντο, διεπρεσβεύοντο δὲ πρὸς τοὺς κατ᾽ ἐπαρχίαν ἐπισκόπους· οἱ δὲ, εἰς θάτερον τεμνόμενοι μέρος, τῆς ἐκείνων ὁμοίας στάσεως ἐγίνοντο. Συνανεμίγνυντο δὲ τοῖς Ἀρειανίζουσι Μελιτιανοί, οἱ μικρὸν ἔμπροσθεν τῆς ἐκκλησίας χωρισθέντες, τίνες δέ εἰσιν οὗτοι, λεκτέον. Ὑπὸ Πέτρου τοῦ ἐπισκόπου Ἀλεξανδρείας, τοῦ ἐπὶ Διοκλητιανοῦ μαρτυρήσαντος, Μελίτιός τις μιᾶς τῶν ἐν Αἰγύπτῳ πόλεων ἐπίσκοπος καθῃρέθη, δι᾽ ἄλλας τε πολλὰς αἰτίας, καὶ μάλιστα ὅτι ἐν τῷ διωγμῷ, ἀρνησάμενος τὴν πίστιν, ἐπέθυσεν. Οὗτος καθαιρεθεὶς, πολλούς τε ἐσχηκὼς τοὺς ἑπομένους αὐτῷ, αἱρεσιάρχης κατέστη τῶν ἄχρι νῦν ἐξ αὐτοῦ κατὰ τὴν Αἴγυπτον Μελιτιανῶν καλουμένων. Ἀπολογίαν τε οὐδὲ μίαν εὔλογον ἔχων τοῦ κεχωρίσθαι τῆς ἐκκλησίας, ἠδικῆσθαι μὲν ἔλεγεν ἑαυτὸν ἁπλῶς· ἐκακηγόρει δὲ καὶ ἐλοιδόρει τὸν Πέτρον. Ἀλλὰ Πέτρος μὲν ἐν τῷ διωγμῷ μαρτυρήσας, ἐτελεύτησεν· ὁ δὲ μεταφέρει τὰς λοιδορίας ἐπὶ Ἀχιλλᾶν, ὃς μετὰ Πέτρον ἐπίσκοπος ἦν· καὶ αὖθις ἐπὶ τὸν μετὰ Ἀχιλλᾶν γεγενημένον Ἀλέξανδρον. Ἐν τούτοις δὴ καθεστώτων αὐτῶν, ἐπιγίνεται τὸ κατὰ Ἄρειον ζήτημα. Καὶ ὁ Μελίτιος ἅμα τοῖς αὐτοῦ, συνελαμβάνετο τῷ Ἀρείῳ, κατὰ τοῦ ἐπισκόπου συμφατριάζων αὐτῷ. Καὶ ὅσοις μὲν ἄτοπος ἦν ἡ Ἀρείου δόξα, ἀπεδέχοντο τοῦ Ἀλεξάνδρου τὴν ἐπὶ Ἀρείῳ κρίσιν, καὶ ὡς δικαία εἴη ἡ κατὰ τῶν οὕτω φρονούντων ψῆφος. Ἔγραφον δὲ καὶ οἱ περὶ τὸν Νικομηδέα Εὐσέβιον, καὶ ὅσοι τὴν Ἀρείου δόξαν ᾐσμένιζον, ὥστε λύειν μὲν τὴν φθάσασαν ἀποκήρυξιν, ἐπανάγειν δὲ εἰς τὴν ἐκκλησίαν τοὺς ἀποκηρυχθέντας· μήτε γὰρ δοξάζειν κακῶς. Οὕτως ἐναντίων τῶν γραμμάτων πρὸς τὸν ἐπίσκοπον τὸν Ἀλεξανδρείας πεμπομένων, πεποίηνται τῶν ἐπιστολῶν τούτων συναγωγὰς, Ἄρειος μὲν τῶν ὑπὲρ αὐτοῦ, Ἀλέξανδρος δὲ τῶν ἐναντίων· καὶ τοῦτο πρόφασις γέγονεν ἀπολογίας ταῖς νῦν ἐπιπολαζούσαις αἱρέσεσιν Ἀρειανῶν, Εὐνομιανῶν, καὶ ὅσοι τὴν ἐπωνυμίαν ἀπὸ Μακεδονίου ἔχουσιν· ἕκαστοι γὰρ μάρτυσι ταῖς ἐπιστολαῖς ἐχρήσαντο τῆς οἰκείας αἱρέσεως.

CAP. VII.

Ὡς ὁ βασιλεὺς Κωνσταντῖνος λυπηθεὶς ἐπὶ τῇ ταραχῇ τῶν ἐκκλησιῶν, ἔπεμψεν Ὅσιον τὸν Ἱσπανὸν εἰς Ἀλεξάνδρειαν, εἰς ὁμόνοιαν παρακαλῶν τὸν ἐπίσκοπον καὶ τὸν Ἄρειον.

Ταῦτα δὲ πυθόμενος ὁ βασιλεὺς, καὶ τὴν ψυχὴν ὑπεραλγήσας, συμφοράν τε οἰκείαν εἶναι τὸ πρᾶγμα ἡγησάμενος, παραχρῆμα τὸ ἀναφθὲν κακὸν κατασβέσαι σπουδάζων, γράμματα πρὸς Ἀλέξανδρον καὶ Ἄρειον πέμπει, δι' ἀνδρὸς ἀξιοπίστου, ᾧ ὄνομα μὲν ἦν Ὅσιος, μιᾶς δὲ τῶν ἐν τῇ Ἱσπανίᾳ πόλεων, ὄνομα Κουδρούβης, ὑπῆρχεν ἐπίσκοπος· πάνυ τε αὐτὸν ἠγάπα καὶ διὰ τιμῆς ἦγεν ὁ βασιλεύς. Ὧν γραμμάτων μέρος ἐνταῦθα κεῖσθαι οὐκ ἄκαιρον ἡγοῦμαι. Ἡ γὰρ ὅλη ἐπιστολὴ ἐν τοῖς Εὐσεβίου εἰς τὸν Κωνσταντίνου βίον κεῖται βιβλίοις.

Eus. V. C. ii. 64-72.

Νικητὴς Κωνσταντῖνος, Μέγιστος, Σεβαστὸς, Ἀλεξάνδρῳ καὶ Ἀρείῳ.

Μανθάνω ἐκεῖθεν ὑπῆρχθαι τοῦ παρόντος ζητήματος τὴν καταβολήν· ὅτε γὰρ σὺ, ὦ Ἀλέξανδρε, ἐζήτεις παρὰ τῶν πρεσβυτέρων, τί δήποτε ἕκαστος αὐτῶν ὑπέρ τινος τόπου τῶν ἐν τῷ νόμῳ γεγραμμένων, μᾶλλον δὲ ὑπέρ τινος ματαίου ζητήματος μέρους, πυνθάνοιτο· σύ τε, ὦ Ἄρειε, ὅπερ ἢ μήτε τὴν ἀρχὴν ἐνθυμηθῆναι, ἢ ἐνθυμηθέντα, σιωπῇ παραδοῦναι προσῆκον ἦν, ἀπροόπτως ἀντέθηκας· ὅθεν τῆς ἐν ὑμῖν διχονοίας ἐγερθείσης, ἡ μὲν σύνοδος ἠρνήθη, ὁ δὲ ἁγιώτατος λαὸς εἰς ἀμφοτέρους σχισθεὶς, ἐκ τῆς τοῦ κοινοῦ σώματος ἁρμονίας ἐχωρίσθη. Οὐκοῦν ἑκάτερος ὑμῶν ἐξίσου τὴν γνώμην παρασχὼν, ὅπερ ἂν ὁ συνθεράπων ὑμῶν δικαίως παραινεῖ, δέξασθε. Τί δὲ τοῦτό ἐστιν; οὔτε ἐρωτᾶν ὑπὲρ τῶν τοιούτων ἐξ ἀρχῆς προσῆκον ἦν, οὔτε ἐρωτώμενον ἀποκρίνασθαι. Τὰς γὰρ τοιαύτας ζητήσεις, ὁπόσας οὐ νόμου τινὸς ἀνάγκῃ προστάττει, ἀλλὰ ἀνωφελοῦς ἀργίας ἐρεσχελία προστίθησιν, εἰ καὶ φυσικῆς τινος γυμνασίας ἕνεκα γίνοιτο, ὅμως ὀφείλομεν εἴσω τῆς διανοίας ἐγκλείειν, καὶ μὴ προχείρως εἰς δημοσίας συνόδους ἐκφέρειν, μηδὲ ταῖς πάντων ἀκοαῖς ἀπρονοήτως πιστεύειν· πόσος γάρ ἐστιν ἕκαστος, ὥς τε πραγμάτων οὕτω μεγάλων, καὶ λίαν δυσχερῶν δύναμιν, ἢ πρὸς τὸ ἀκριβὲς συνιδεῖν, ἢ κατ' ἀξίαν ἑρμηνεῦσαι; εἰ δὲ καὶ τοῦτο ποιεῖν τις εὐχερῶς νομισθείη, πόσον μέρος τοῦ δήμου πείσει; ἢ τίς ταῖς τῶν τοιούτων ζητημάτων ἀκριβείαις, ἔξω τῆς ἐπικινδύνου παρολισθήσεως, ἀντισταίη; Οὐκοῦν ἐφεκτέον ἐν τοῖς τοιούτοις τὴν πολυλογίαν, ἵνα μήπως ἡ ἡμῶν ἀσθένεια τῆς φύσεως, τὸ προτεθὲν ἑρμηνεῦσαι μὴ δυνηθέντων, ἢ ἡ τῶν διδασκομένων ἀκροατῶν βραδυτέρα σύνεσις, πρὸς ἀκριβῆ τοῦ ῥηθέντος κατάληψιν ἐλθεῖν μὴ χωρησάντων, αὖθις ἐξ ἑκατέ-

Eus. ἀσθενείᾳ ... συνέσει.

I. 7.] *Letter of Constantine.* 11

ρου τούτων ἢ βλασφημίας, ἢ σχίσματος εἰς ἀνάγκην ὁ δῆμος περισταίη. Διόπερ καὶ ἐρώτησις ἀπροφύλακτος, καὶ ἀπόκρισις ἀπρονόητος, τὴν ἴσην ἀλλήλαις ἐπιδιδότωσαν ἐφ᾽ ἑκατέρῳ συγγνώμην· οὐδὲ γὰρ ὑπὲρ τοῦ κορυφαίου τῶν ἐν τῷ νόμῳ παραγγελμάτων ὑμῖν ἐξήφθη πρόφασις, οὐδὲ καινή τις ὑμῖν ὑπὲρ τῆς τοῦ Θεοῦ θρησκείας αἵρεσις ἀντεισήχθη· ἀλλ᾽ ἕνα καὶ τὸν αὐτὸν ἔχετε λογισμὸν, ὥσπερ τὸ τῆς κοινωνίας σύνθημα. Ὑμῶν γὰρ ἐν ἀλλήλοις ὑπὲρ μικρῶν καὶ λίαν ἐλαχίστων φιλονεικούντων, τοσοῦτον τὸν τοῦ Θεοῦ λαὸν ταῖς ὑμετέραις ἰθύνεσθαι φρεσὶν οὐ προσήκει, διὰ τὸ διχονοεῖν· ἀλλ᾽ οὔτε πρέπον, οὔτε ὅλως θεμιτὸν εἶναι πιστεύεται· ἵνα δὲ μικρῷ παραδείγματι τὴν ὑμετέραν σύνεσιν ὑπομνήσω, λέξω. Ἴστε δὴ καὶ τοὺς φιλοσόφους αὐτοὺς, ὡς ἑνὶ μὲν ἅπαντες δόγματι συντίθενται. Πολλάκις δὲ ἐπειδὰν ἔν τινι τῶν ἀποφάσεων μέρει διαφωνῶσιν, εἰ καὶ τῇ τῆς ἐπιστήμης ἀρετῇ χωρίζονται, τῇ μέντοι τοῦ σώματος ἑνώσει πάλιν εἰς ἀλλήλους συμπνέουσιν. Εἰ δὲ τοῦτό ἐστι, πῶς οὐ πολλῷ δικαιότερον ὑμᾶς, τοὺς τοῦ μεγάλου Θεοῦ θεράποντας καθεστῶτας, ἐν τοιαύτῃ προαιρέσει θρησκείας ὁμοψύχους ἀλλήλοις εἶναι; Ἐπισκεψώμεθα δὲ λογισμῷ μείζονι, καὶ πλείονι συνέσει τὸ ῥηθὲν ἐνθυμηθῶμεν, εἴπερ ὀρθῶς ἔχει δι᾽ ὀλίγας καὶ ματαίας ῥημάτων ἐν ὑμῖν φιλονεικίας, ἀδελφοὺς ἀδελφοῖς ἀντικεῖσθαι, καὶ τὸ τῆς συνόδου τίμιον ἀσεβεῖ διχονοίᾳ χωρίζεσθαι δι᾽ ἡμῶν, οἱ πρὸς ἀλλήλους ὑπὲρ μικρῶν οὕτω καὶ μηδαμῶς ἀναγκαίων φιλονεικοῦμεν; δημώδη ταῦτ᾽ ἐστὶ, καὶ παιδικαῖς ἀνοίαις ἁρμόττοντα μᾶλλον, ἢ τῇ τῶν ἱερέων καὶ φρονίμων ἀνδρῶν συνέσει προσήκοντα. Ἀποστῶμεν ἑκόντες τῶν διαβολικῶν πειρασμῶν. Ὁ μέγας ἡμῶν Θεὸς ὁ Σωτὴρ πάντων κοινὸν ἅπασι τὸ φῶς ἐξέτεινεν· ἐφ᾽ οὗ τῇ προνοίᾳ, ταύτην ἐμοὶ τῷ θεραπευτῇ τοῦ κρείττονος τὴν σπουδὴν εἰς τέλος ἐνεγκεῖν συγχωρήσατε, ὅπως ὑμᾶς τοὺς ἐκείνου δήμους ἐμῇ προσφωνήσει καὶ ὑπηρεσίᾳ καὶ νουθεσίας ἐνστάσει πρὸς τὴν τῆς συνόδου κοινωνίαν ἐπανάγοιμι. Ἐπειδὴ γὰρ, ὡς ἔφην, μία τίς ἐστι πίστις ἐν ὑμῖν, καὶ μία τῆς καθ᾽ ὑμᾶς αἱρέσεως σύνεσις, τό τε τοῦ νόμου παράγγελμα, τοῖς δι᾽ ἑαυτοῦ μέρεσιν εἰς μίαν ψυχῆς πρόθεσιν, τὸ ὅλον συγκλείει, τοῦτο ὅπερ ὑμῖν ἐν ἀλλήλοις φιλονεικίαν ἤγειρεν, ἐπειδὴ μὴ πρὸς τὴν τοῦ παντὸς νόμου δύναμιν ἀνήκει, χωρισμόν τινα καὶ στάσιν ἐν ὑμῖν μηδαμῶς ἐμποιείτω. Καὶ λέγω ταῦτα, οὐχ ὡς ἀναγκάζων ὑμᾶς ἐξάπαντος τῇ λίαν εὐήθει, καὶ οἵα δήποτέ ἐστιν ἐκείνῃ, ζητήσει συντίθεσθαι· δύναται γὰρ καὶ τὸ τῆς συνόδου τίμιον ὑμῖν ἀκέραιον φυλάττεσθαι, καὶ ἡ αὐτὴ κατὰ πάντων κοινωνία τηρεῖσθαι, κἂν [τὰ μάλιστά τις ἐν μέρει πρὸς ἀλλήλους ὑπὲρ ἐλαχίστου διαφωνία γένηται· ἐπεὶ μηδὲ πάντες ἐν πᾶσι ταὐτὸ βουλόμεθα, μηδὲ μία τις ἐν ἡμῖν φύσις ἢ γνώμη πολιτεύεται. Περὶ μὲν οὖν τῆς θείας προνοίας, μία τις ἐν ὑμῖν ἔστω πίστις, μία σύνεσις, μία συνθήκη τοῦ κρείττονος· ἃ δὲ ὑπὲρ τῶν ἐλαχίστων τούτων ζητήσεων ἐν ἀλλήλοις ἀκριβολογεῖσθε, κἂν μὴ πρὸς μίαν γνώμην συμφέρητε, μένειν εἴσω λογισμῶν προσήκει, τῷ τῆς διανοίας ἀπορρήτῳ τηρούμενα. Τὴ μέντοι τῆς κοινῆς φιλίας ἀπόρρητόν τε καὶ ἐξαίρετον, καὶ ἡ τῆς ἀληθείας πίστις, ἥτε περὶ τὸν Θεὸν καὶ τὴν τοῦ νόμου θρησκείαν τιμὴ, μενέτω παρ' ὑμῖν ἀσάλευτος· ἐπανέλθετε δὴ πρὸς τὴν ἀλλήλων φιλίαν τε καὶ χάριν. Ἀπόδοτε τῷ σύμπαντι λαῷ τὰς οἰκείας περιπλοκάς· ὑμεῖς τε αὐτοὶ, καθάπερ τὰς ἑαυτῶν ψυχὰς ἐκκαθάραντες, αὖθις ἀλλήλους ἐπίγνωτε. Ἡδίων γὰρ πολλάκις γίνεται φιλία μετὰ τὴν τῆς ἔχθρας ὑπόθεσιν αὖθις εἰς καταλλαγὴν ἐπανελθοῦσα. Ἀπόδοτε οὖν μοι γαληνὰς μὲν ἡμέρας, νύκτας δὲ ἀμερίμνους, ἵνα κἀμοί τις ἡδονὴ καθαροῦ φωτὸς, καὶ βίου λοιπὸν ἥσυχος εὐφροσύνη σώζηται· εἰ δὲ μὴ, στένειν ἀνάγκη, καὶ δακρύοις δι' ὅλου συνέχεσθαι, καὶ μηδὲ τὸν τοῦ ζῆν αἰῶνα πραέως ὑφίστασθαι. Τῶν γάρ τοι τοῦ Θεοῦ λαῶν, τῶν συνθεραπόντων λέγω τῶν ἐμῶν, οὕτως ἀδίκῳ καὶ βλαβερᾷ πρὸς ἀλλήλους φιλονεικίᾳ κεχωρισμένων, ἐμὲ πῶς ἐγχωρεῖ τῷ λογισμῷ συνεστάναι λοιπόν; ἵνα δὲ τῆς ἐπὶ τούτῳ λύπης τὴν ὑπερβολὴν αἴσθησθε, ἀκούσατε. Πρώην ἐπιστὰς τῇ Νικομηδέων πόλει, παραχρῆμα εἰς τὴν ἑῴαν ἠπειγόμην τῇ γνώμῃ· σπεύδοντι δέ μοι πρὸς ὑμᾶς ἤδη, καὶ τῷ πλείονι μέρει σὺν ὑμῖν ὄντι, ἡ τοῦδε τοῦ πράγματος ἀγγελία πρὸς τὸ ἔμπαλιν τὸν λογισμὸν ἀνεχαίτισεν· ἵνα μὴ τοῖς ὀφθαλμοῖς ὁρᾶν ἀναγκασθείην, ἃ μηδὲ ταῖς ἀκοαῖς προσέσθαι δυνατὸν ἡγούμην. Ἀνοίξατε δή μοι λοιπὸν ἐν τῇ καθ' ὑμᾶς ὁμονοίᾳ τῆς ἑῴας τὴν ὁδὸν, ἣν ταῖς πρὸς ἀλλήλους φιλονεικίαις ἀπεκλείσατε. Καὶ συγχωρήσατε θᾶττον ὑμᾶς τε ὁμοῦ καὶ τοὺς ἄλλους ἅπαντας δήμους ἐπιδεῖν χαίροντας, καὶ τὴν ὑπὲρ τῆς κοινῆς ἁπάντων ὁμονοίας τε καὶ ἐλευθερίας ὀφειλομένην χάριν, ἐπ' εὐφήμοις λόγων συνθήμασιν, ὁμολογῆσαι τῷ κρείττονι.

CAP. VIII.

Περὶ τῆς γεγενημένης Συνόδου ἐν Νικαίᾳ τῆς Βιθυνίας, καὶ περὶ τῆς ἐκεῖ ἐκτεθείσης πίστεως.

Τοιαῦτα μὲν οὖν θαυμαστὰ καὶ σοφίας μεστὰ παρῄνει ἡ τοῦ βασιλέως ἐπιστολή· τὸ δὲ κακὸν ἐπικρατέστερον ἦν καὶ τῆς τοῦ βασιλέως σπουδῆς, καὶ ἀξιοπιστίας τοῦ διακονησαμένου τοῖς γράμμασιν· οὔτε γὰρ Ἀλέξανδρος, οὔτε Ἄρειος ὑπὸ τῶν γραφέντων ἐμαλάσσοντο. Ἀλλά τις ἦν ἄκριτος καὶ παρὰ τοῖς λαοῖς ἔρις καὶ ταραχή· προϋπῆρχε δὲ καὶ ἄλλη τις προτέρα νόσος τοπικὴ, τὰς ἐκκλησίας ταράττουσα, ἡ διαφωνία τῆς τοῦ Πάσχα ἑορτῆς, ἥτις περὶ τὰ τῆς ἑῴας μέρη μόνον ἐγένετο· τῶν μὲν Ἰουδαϊκώτερον ἑορτὴν ποιεῖν ἐσπουδακότων, τῶν δὲ μιμουμένων σύμπαντας τοὺς κατὰ τὴν οἰκουμένην Χριστιανούς. Διαφωνοῦντες δὲ οὕτω περὶ τῆς ἑορτῆς, τῆς κοινωνίας μὲν οὐδαμῶς ἐχωρίζοντο· στυγνοτέραν δὲ τὴν ἑορτὴν τῇ διαφωνίᾳ εἰργάζοντο. Δι' ἀμφότερα τοίνυν ὁρῶν ὁ βασιλεὺς ταραττομένην τὴν ἐκκλησίαν, σύνοδον οἰκουμενικὴν συνεκρότει, τοὺς πανταχόθεν ἐπισκόπους διὰ γραμμάτων εἰς Νίκαιαν τῆς Βιθυνίας ἀπαντῆσαι παρακαλῶν. Παρῆσάν τε ἐκ πολλῶν ἐπαρχιῶν καὶ πόλεων οἱ ἐπίσκοποι· περὶ ὧν ὁ Παμφίλου Εὐσέβιος ἐν τῷ τρίτῳ βιβλίῳ τῶν εἰς τὸν Κωνσταντίνου βίον, τάδε κατὰ λέξιν φησίν.

Τῶν γοῦν ἐκκλησιῶν ἁπασῶν, αἳ τὴν Εὐρώπην ἅπασαν, Λιβύην τε καὶ τὴν Ἀσίαν ἐπλήρουν, ὁμοῦ συνῆκτο τῶν τοῦ Θεοῦ λειτουργῶν τὰ ἀκροθίνια· εἷς τε οἶκος εὐκτήριος, ὥσπερ ἐκ Θεοῦ πλατυνόμενος, ἔνδον ἐχώρει κατὰ τὸ αὐτὸ Σύρους τε καὶ Κίλικας, Φοίνικάς τε καὶ Ἀραβίους, καὶ Παλαιστινοὺς, καὶ ἐπὶ τούτοις Αἰγυπτίους, Θηβαίους, Λίβυας, τούς τε ἐκ μέσης τῶν ποταμῶν ὁρμωμένους· ἤδη δὲ καὶ Πέρσης ἐπίσκοπος τῇ συνόδῳ παρῆν· οὔτε Σκύθης ἀπελιμπάνετο τῆς χορείας· Πόντος τε καὶ Ἀσία, Φρυγία τε καὶ Παμφυλία, τοὺς παρ' αὐτοῖς παρεῖχον ἐκκρίτους. Ἀλλὰ καὶ Θρᾷκες καὶ Μακεδόνες, Ἀχαιοί τε καὶ Ἠπειρῶται, τούτων τε οἱ ἔτι προσωτάτω οἰκοῦντες ἀπήντων, αὐτός τε Ἰσπανῶν ὁ πάνυ βοώμενος εἷς ἦν τοῖς πολλοῖς ἅμα συνεδρεύων· τῆς δέ γε βασιλευούσης πόλεως ὁ μὲν προεστὼς διὰ γῆρας ὑστέρει· πρεσβύτεροι δὲ αὐτοῦ παρόντες τὴν αὐτοῦ τάξιν ἐπλήρουν. Τοιοῦτον μόνος ἐξ αἰῶνος εἷς βασιλεὺς Κωνσταντῖνος Χριστῷ στέφανον δεσμῷ συνάψας εἰρήνης, τῷ αὐτοῦ Σωτῆρι τῆς κατ' ἐχθρῶν καὶ πολεμίων νίκης θεοπρεπὲς ἀνετίθη χαριστήριον, εἰκόνα χορείας ἀποστολικῆς ταύτην καθ' ἡμᾶς συστησάμενος. Ἐπεὶ κατ' ἐκείνους συνῆχθαι λόγος 'ἀπὸ παντὸς ἔθνους τῶν ὑπὸ τὸν οὐρανὸν ἄνδρας εὐλαβεῖς,' ἐν οἷς ἐτύγχανον 'Πάρθοι καὶ Μῆδοι καὶ Ἐλαμῖται, καὶ οἱ κατοικοῦντες Μεσοποταμίαν, Ἰουδαίαν τε καὶ Καππαδοκίαν, Πόντον τε καὶ τὴν Ἀσίαν, Φρυγίαν τε καὶ Παμφυλίαν, Αἴγυπτον, καὶ τὰ μέρη τῆς Λιβύης τῆς κατὰ Κυρήνην, οἵ τε ἐπιδημοῦντες Ῥωμαῖοι, Ἰουδαῖοί τε καὶ Προσήλυτοι, Κρῆτες καὶ Ἄραβες.' Πλὴν ὅσον ἐκείνοις μὲν ὑστέρει, τὸ μὴ ἐκ Θεοῦ λειτουργῶν συνεστάναι τοὺς πάντας· ἐπὶ δὲ τῆς παρούσης χορείας, ἐπισκόπων μὲν πληθὺς τριακοσίων ἀριθμὸν ὑπερακοντίζουσα ἦν· ἑπομένων δὲ τούτοις πρεσβυτέρων καὶ διακόνων, ἀκολούθων τε πλείστων ὅσων ἑτέρων, οὐδὲ ἦν ἀριθμός. Τῶν δὲ τοῦ Θεοῦ λειτουργῶν οἱ μὲν διέπρεπον σοφίας λόγῳ, οἱ δὲ βίου στερρότητι καὶ καρτερίας ὑπομονῇ, οἱ δὲ τῷ μέσῳ τρόπῳ κατεκοσμοῦντο. Ἦσαν δὲ τούτων οἱ μὲν χρόνου μήκει τετιμημένοι, οἱ δὲ νεότητι καὶ ψυχῆς ἀκμῇ διαλάμποντες, οἱ δὲ ἄρτι παρελθόντες ἐπὶ τὸν τῆς λειτουργίας δρόμον. οἷς δὴ πᾶσι βασιλεὺς ἐφ' ἑκάστης ἡμέρας τὰ σιτηρέσια δαψιλῶς χορηγεῖσθαι διετάξατο.

Eus. V. C. iii. 7, 8, 9.

Acts ii. 5 ff.

Καὶ τοιαῦτα μὲν περὶ τῶν ἐκεῖ συνελθόντων Εὐσέβιος. Ἐπιτελέσας δὲ ὁ βασιλεὺς ἐπινίκιον κατὰ Λικιννίου ἑορτὴν, ἀπήντα καὶ αὐτὸς εἰς τὴν Νίκαιαν. Διέπρεπον δὲ ἐν τοῖς ἐπισκόποις Παφνούτιός τε ὁ ἐκ τῆς ἄνω Θηβαΐδος, καὶ Σπυρίδων ὁ ἐκ Κύπρου. Ὅτου χάριν δὲ τούτων ἐμνημονεύσαμεν, μετὰ ταῦτα ἐρῶ. Συμπαρῆσαν δὲ λαϊκοὶ πολλοὶ διαλεκτικῆς ἔμπειροι, ἐν ἑκατέρῳ μέρει συνηγορεῖν προθυμούμενοι· ἀλλὰ τὴν μὲν Ἀρείου δόξαν συνεκρότουν Εὐσέβιός τε Νικομηδεὺς, ὥς μοι καὶ πρότερον εἴρηται, καὶ Θέογνις, καὶ Μάρις· ὧν ὁ μὲν Νικαίας ἐπίσκοπος ἦν, Μάρις δὲ τῆς ἐν Βιθυνίᾳ Χαλκηδόνος· τούτοις δὲ γενναίως ἀντηγωνίζετο Ἀθανάσιος, διάκονος μὲν τῆς Ἀλεξανδρέων ἐκκλησίας· σφόδρα δὲ αὐτὸν διὰ τιμῆς ἦγεν Ἀλέξανδρος ὁ ἐπίσκοπος· διὸ καὶ φθόνος ὡπλίσατο κατ' αὐτοῦ, ὡς ὕστερον λέξομεν. Μικρὸν οὖν πρὸ τῆς εἰς ἕνα τόπον συνελεύσεως τῶν ἐπισκόπων, οἱ διαλεκτικοὶ πρὸς τοὺς πολλοὺς προαγῶνας ἐποιοῦντο τῶν λόγων. Ἑλκομένων δὲ πολλῶν πρὸς τὸ τοῦ λόγου τερπνὸν, εἷς τις τῶν ὁμολογητῶν λαϊκὸς, ἀκέραιον ἔχων τὸ φρόνημα, ἀντιπίπτει τοῖς διαλεκτικοῖς, καὶ φησὶ πρὸς αὐτούς· 'ὡς ἄρα ὁ Χριστὸς, καὶ οἱ Ἀπόστολοι, οὐ διαλεκτικὴν ἡμῖν παρέδοσαν τέχνην, οὐδὲ κενὴν ἀπάτην, ἀλλὰ γυμνὴν γνώμην, πίστει καὶ καλοῖς ἔργοις φυλαττομένην.' Ταῦτα εἰπόντος, οἱ μὲν παρόντες πάντες ἐθαύμασαν καὶ ἀπεδέξαντο· οἱ δὲ διαλεκτικοὶ εὐγνωμονέστερον ποιοῦντες ἡσύχασαν, τὸν ἁπλοῦν λόγον τῆς ἀληθείας ἀκούσαντες. Τότε μὲν οὖν οὕτως ὁ ἐκ τῆς διαλεκτικῆς γινόμενος θόρυβος κατεστάλη, τῇ δὲ ἑξῆς, πάντες ἅμα οἱ ἐπίσκοποι εἰς ἕνα τόπον συνήρχοντο. Παρῄει δὲ καὶ ὁ βασιλεὺς μετ' αὐτούς· καὶ ἐπεὶ παρῆλθεν, εἰς μέσους ἔστη· καὶ οὐ πρότερον καθίζειν ᾑρεῖτο, πρὶν ἂν οἱ ἐπίσκοποι ἐπινεύσειαν. Τοσαύτη τις εὐλάβεια καὶ αἰδῶς τῶν ἀνδρῶν τὸν βασιλέα κατεῖχεν. Ἐπεὶ δὲ καὶ ἡ πρέπουσα τῷ καιρῷ ἡσυχία ἐγένετο, ἤρξατο ὁ βασιλεὺς αὐτόθεν ἐκ τῆς καθέδρας παραινετικοῖς πρὸς αὐτοὺς χρῆσθαι λόγοις, πρὸς συμφωνίαν καὶ ὁμόνοιαν προτρέπων αὐτούς· καὶ τὴν μὲν ἑκάστου ἰδιάζουσαν λύπην πρὸς τὸν πλησίον, παραχωρεῖν συνεβούλευε· καὶ γὰρ ἀντεγκαλοῦντες ἦσαν ἀλλήλοις οἱ πλείονες· πολλοί τε ἐξ αὐτῶν βιβλία δεήσεων τῷ βασιλεῖ τῇ προτεραίᾳ ἦσαν ὀρέξαντες. Ἐπὶ δὲ τὸ προκείμενον, διὸ καὶ συνεληλύθεισαν, χωρεῖν παρακαλέσας, τὰ βιβλία καυθῆναι ἐκέλευσεν, ἐπειπὼν

1. 8.] Constantine in the Council. 15

μόνον· 'Κελεύει Χριστὸς ἀφιέναι τῷ ἀδελφῷ τὸν ἀφέσεως τυχεῖν ἐπειγόμενον.' Τότε οὖν τοὺς περὶ ὁμονοίας καὶ εἰρήνης λόγους εἰς πλάτος διεξελθών, αὖθις περὶ τῶν δογμάτων ἐπιμελέστερον ἐπισκέψασθαι τῇ αὐτῶν γνώμῃ ἐπέτρεψεν. Οἷα δὲ καὶ περὶ τούτων ἐν τῷ αὐτῷ τρίτῳ βιβλίῳ τῶν εἰς τὸν βίον Κωνσταντίνου ὁ αὐτός φησιν Εὐσέβιος, ἐπακοῦσαι καλόν· ἔστι δὲ ταῦτα.

Πλείστων δὴ τῶν ὑφ' ἑκατέρῳ τάγματι προτεινομένων, πολλῆς τε ἀμ- Eus. V. C. φιλογίας τὰ πρῶτα συνισταμένης, ἀνεξικάκως ἐπηκροᾶτο ὁ βασιλεὺς τῶν iii. 13. πάντων, σχολῇ τε εὐτόνῳ τὰς προτάσεις ὑπεδέχετο. Ἐν μέρει τε ἀντιλαμβανόμενος τῶν παρ' ἑκατέρου τάγματος λεγομένων, ἠρέμα συνῆγε τοὺς φιλονείκως ἐνισταμένους, πρᾴως τε ποιούμενος τὰς πρὸς ἕκαστον ὁμιλίας· ἑλληνίζων τε τῇ φωνῇ, ὅτι μηδὲ ταύτης ἀμαθῶς εἶχε, γλυκύτερός τις ἦν καὶ ἡδύς, τοὺς μὲν συμπείθων, τοὺς δὲ καὶ δυσωπῶν τῷ λόγῳ· τοὺς δὲ εὖ λέγοντας ἐπαινῶν. Πάντας δὲ εἰς ὁμόνοιαν ἐλαύνων, ὁμογνώμονάς τε καὶ ὁμοδόξους αὐτοὺς ἐπὶ τοῖς ἀμφισβητουμένοις ἅπασιν ἐπὶ τὸ αὐτὸ κατεστήσατο· ὡς ὁμοφώνως μὲν κρατῆσαι τὴν πίστιν, τῆς δὲ σωτηρίου ἑορτῆς τὸν αὐτὸν παρὰ τοῖς πᾶσιν ὁμολογηθῆναι καιρόν. Ἐκυροῦτό τε ἤδη καὶ ἐγγράφως δι' ὑποσημειώσεως ἑκάστου τὰ κοινῇ δεδογμένα.

Τοιαῦτα καὶ περὶ τούτων ταῖς ἑαυτοῦ φωναῖς ὁ Εὐσέβιος ἐγγραφως κατέλιπεν. Ἡμεῖς δὲ οὐκ ἀκαίρως αὐτοῖς ἐχρησάμεθα· ἀλλὰ μάρτυσι χρώμενοι τοῖς ὑπ' αὐτοῦ λεχθεῖσι, τῇδε αὐτὰ κατετάξαμεν τῇ γραφῇ· ἵν' ὅταν τινὲς τῆς ἐν Νικαίᾳ συνόδου ὡς περὶ τὴν πίστιν σφαλείσης καταγινώσκωσι, μὴ αὐτῶν ἀνεχώμεθα, μηδὲ πιστεύσωμεν Σαβίνῳ τῷ Μακεδονιανῷ, ἰδιώτας αὐτοὺς καὶ ἀφελεῖς καλοῦντι τοὺς ἐκεῖ συνελθόντας. Σαβῖνος γάρ, ὁ τῶν ἐν Ἡρακλείᾳ τῆς Cp. ii. 15, 17; Θρᾴκης Μακεδονιανῶν ἐπίσκοπος, συναγωγὴν ὧν διάφοροι ἐπισκόπων σύνοδοι ἐγγράφως ἐξέδωκαν ποιησάμενος, τοὺς μὲν ἐν Νικαίᾳ ὡς ἀφελεῖς καὶ ἰδιώτας διέσυρε, μὴ αἰσθανόμενος, ὅτι καὶ αὐτὸν Εὐσέβιον, τὸν μετὰ πολλῆς δοκιμασίας τὴν πίστιν ὁμολογήσαντα, ὡς ἰδιώτην διαβάλλει. Καὶ τινὰ μὲν ἑκὼν παρέλιπεν, τινὰ δὲ παρέτρεψεν· πάντα δὲ πρὸς τὸν οἰκεῖον σκοπὸν μᾶλλον ἐξείληφεν. Καὶ ἐπαινεῖ μὲν τὸν Παμφίλου Εὐσέβιον, ὡς ἀξιόπιστον μάρτυρα· ἐπαινεῖ δὲ καὶ τὸν βασιλέα, ὡς τὰ Χριστιανῶν δογματίζειν δυνάμενον· μέμφεταί τε τῇ ἐκτεθείσῃ ἐν Νικαίᾳ πίστει, ὡς ὑπὸ ἰδιωτῶν καὶ οὐδὲν ἐπισταμένων ἐκδεδομένῃ· καὶ ὃν ὡς σοφὸν καὶ ἀψευδῆ καλεῖ μάρτυρα, τούτου τὰς φωνὰς ἑκουσίως ὑπερορᾷ. Ψησὶ γὰρ ὁ Εὐσέβιος, ὅτι τῶν παρόντων ἐν τῇ Νικαίᾳ τοῦ Θεοῦ λειτουργῶν οἱ μὲν διέπρεπον σοφίας λόγῳ, οἱ δὲ βίου στερρότητι· καὶ ὅτι ὁ βασιλεὺς παρών, πάντας εἰς ὁμόνοιαν ἄγων, ὁμογνώμονας καὶ ὁμοδόξους κατέστησεν. Ἀλλὰ Σαβίνου μέν, εἴ που χρεία καλέποι, ποιησόμεθα μνήμην· ἡ δὲ ἐν Νικαίᾳ παρὰ τῆς μεγάλης συνόδου μεγαλοφώνως ἐξενεχθεῖσα συμφωνία τῆς πίστεως ἔστιν αὕτη.

Πιστεύομεν εἰς ἕνα Θεὸν Πατέρα παντοκράτορα, πάντων ὁρατῶν τε καὶ ἀοράτων ποιητήν. Καὶ εἰς ἕνα Κύριον Ἰησοῦν Χριστὸν τὸν Υἱὸν τοῦ Θεοῦ, γεννηθέντα ἐκ τοῦ Πατρός, μονογενῆ, τουτέστιν ἐκ τῆς οὐσίας τοῦ Πατρός, Θεὸν ἐκ Θεοῦ καὶ φῶς ἐκ φωτός, Θεὸν ἀληθινὸν ἐκ Θεοῦ ἀληθινοῦ· γεννηθέντα, οὐ ποιηθέντα· ὁμοούσιον τῷ Πατρί· δι' οὗ τὰ πάντα ἐγένετο, τά τε ἐν τῷ οὐρανῷ καὶ τὰ ἐν τῇ γῇ· δι' ἡμᾶς τοὺς ἀνθρώπους καὶ διὰ τὴν ἡμετέραν σωτηρίαν κατελθόντα, καὶ σαρκωθέντα, καὶ ἐνανθρωπήσαντα· παθόντα, καὶ ἀναστάντα τῇ τρίτῃ ἡμέρᾳ, ἀνελθόντα εἰς τοὺς οὐρανούς, ἐρχόμενον κρῖναι ζῶντας καὶ νεκρούς. Καὶ εἰς τὸ Ἅγιον Πνεῦμα. Τοὺς δὲ λέγοντας ὅτι ' ἦν ποτὲ ὅτε οὐκ ἦν,' καὶ 'πρὶν γεννηθῆναι οὐκ ἦν,' καὶ ὅτι 'ἐξ οὐκ ὄντων ἐγένετο,' ἢ 'ἐξ ἑτέρας ὑποστάσεως ἢ οὐσίας φάσκοντας εἶναι, ἢ κτιστόν, ἢ τρεπτόν, ἢ ἀλλοιωτὸν τὸν Υἱὸν τοῦ Θεοῦ,' ἀναθεματίζει ἡ ἁγία καθολικὴ καὶ ἀποστολικὴ ἐκκλησία.

Ταύτην τὴν πίστιν τριακόσιοι μὲν πρὸς τοῖς δεκαοκτὼ ἔγνωσάν τε καὶ ἔστερξαν· καί, ὡς φησὶν ὁ Εὐσέβιος, ὁμοφωνήσαντες καὶ ὁμοδοξήσαντες ἔγραφον· πέντε δὲ μόνοι οὐ προσεδέξαντο, τῆς λέξεως τοῦ ὁμοουσίου ἐπιλαβόμενοι, Εὐσέβιός τε ὁ Νικομηδείας ἐπίσκοπος, καὶ Θέογνις Νικαίας, Μάρις Χαλκηδόνος, Θεωνᾶς Μαρμαρικῆς, Σεκοῦνδος Πτολεμαΐδος. Ἐπεὶ γὰρ ἔφασαν ὁμοούσιον εἶναι, ὃ ἔκ τινος ἐστίν, ἢ κατὰ μερισμόν, ἢ κατὰ ῥεῦσιν, ἢ κατὰ προβολήν· κατὰ προβολὴν μέν, ὡς ἐκ ῥιζῶν βλάστημα· κατὰ δὲ ῥεῦσιν, ὡς οἱ πατρικοὶ παῖδες· κατὰ μερισμὸν δέ, ὡς βώλου χρυσίδες δύο ἢ τρεῖς· κατ' οὐδὲν δὲ τούτων ἔστιν ὁ Υἱός· διὰ τοῦτο οὐ συγκατατίθεσθαι τῇ πίστει ἔλεγον· πολλὰ οὖν τὴν λέξιν τοῦ ὁμοουσίου σκώψαντες, τῇ καθαιρέσει Ἀρείου ὑπογράψαι οὐκ ἠβουλήθησαν. Διόπερ ἡ σύνοδος Ἄρειον μὲν καὶ τοὺς ὁμοδόξους αὐτοῦ ἀνεθεμάτισεν ἅπαντας, προσθέντες μήτε ἐπιβαίνειν τῆς Ἀλεξανδρείας αὐτόν· βασιλέως δὲ πρόσταγμα, καὶ αὐτὸν καὶ τοὺς περὶ Εὐσέβιον καὶ Θέογνιν, εἰς ἐξορίαν ἀπέστειλεν. Εὐσέβιος μὲν οὖν καὶ Θέογνις μικρὸν ὕστερον μετὰ τὴν ἐξορίαν βιβλίον

I. 8.] Letter of Eusebius of Cæsarea. 17

μετανοίας ἐπιδόντες, τῇ πίστει τοῦ ' ὁμοουσίου ' συνέθεντο, ὡς προϊόντες δηλώσομεν· τότε δὲ ἐν τῇ συνόδῳ, Εὐσέβιος ὁ τὴν Παμφίλου προσωνυμίαν ἔχων, καὶ τῆς ἐν Παλαιστίνῃ Καισαρείας τὴν ἐπισκοπὴν κεκληρωμένος, μικρὸν ἐπιστήσας, καὶ διασκεψάμενος εἰ δεῖ προσδέξασθαι τὸν ὅρον τῆς πίστεως, οὕτως ἅμα τοῖς πολλοῖς πᾶσι συνῄνεσέν τε καὶ συνυπέγραψεν· και τῷ ὑπ' αὐτὸν λαῷ ἔγγραφον τὸν ὅρον τῆς πίστεως διεπέμψατο, τὴν τοῦ ' ὁμοουσίου ' λέξιν ἑρμηνεύσας, ἵνα μηδὲ ὅλως τις ὑπόνοιαν ἀνθ' ὧν ἐπέστησεν ἔχῃ περὶ αὐτοῦ. Ἔστι δὲ αὐτὰ τοῦ Εὐσεβίου τὰ γραφέντα, κατὰ λέξιν τάδε.

Τὰ περὶ τῆς ἐκκλησιαστικῆς πίστεως πραγματευθέντα κατὰ τὴν μεγάλην σύνοδον τὴν ἐν Νικαίᾳ συγκροτηθεῖσαν εἰκὸς μὲν καὶ ὑμᾶς, ἀγαπητοί, μεμαθηκέναι, τῆς φήμης προτρέχειν εἰωθυίας τὸν περὶ τῶν πραττομένων ἀκριβῆ λόγον. Ἀλλ' ἵνα μὴ ἐκ μόνης τοιαύτης ἀκοῆς τὰ τῆς ἀληθείας ἑτεροίως ὑμῖν ἀπαγγέλληται, ἀναγκαίως διεπεμψάμεθα ὑμῖν πρῶτον μὲν τὴν ὑφ' ἡμῶν προτεθεῖσαν περὶ τῆς πίστεως γραφὴν, ἔπειτα τὴν δευτέραν, ἣν ταῖς ἡμετέραις φωναῖς προσθήκας ἐπιβαλόντες ἐκδεδώκασι. Τὸ μὲν οὖν παρ' ἡμῶν γράμμα, ἐπὶ παρουσίᾳ τοῦ θεοφιλεστάτου ἡμῶν βασιλέως ἀναγνωσθὲν, εὖ τε ἔχειν καὶ δοκίμως ἀποφανθὲν, τοῦτον ἔχει τὸν τρόπον· ' Καθὼς παρελάβομεν παρὰ τῶν πρὸ ἡμῶν ἐπισκόπων, καὶ ἐν τῇ κατηχήσει, καὶ ὅτε τὸ λουτρὸν ἐλαμβάνομεν, καὶ καθὼς ἀπὸ τῶν θείων γραφῶν μεμαθήκαμεν, καὶ ὡς ἐν τῷ πρεσβυτερίῳ, καὶ ἐν αὐτῇ τῇ ἐπισκοπῇ ἐπιστεύσαμέν τε καὶ ἐδιδάσκομεν, οὕτω καὶ νῦν πιστεύοντες, τὴν ἡμετέραν πίστιν ὑμῖν προσαναφέρομεν. Ἔστι δὲ αὕτη· " Πιστεύομεν εἰς ἕνα Θεὸν, Πατέρα παντοκράτορα, τὸν τῶν ἁπάντων ὁρατῶν τε καὶ ἀοράτων ποιητήν· καὶ εἰς ἕνα Κύριον Ἰησοῦν Χριστὸν, τὸν τοῦ Θεοῦ Λόγον, Θεὸν ἐκ Θεοῦ, φῶς ἐκ φωτός, ζωὴν ἐκ ζωῆς, Υἱὸν μονογενῆ, πρωτότοκον πάσης κτίσεως, πρὸ πάντων τῶν αἰώνων ἐκ τοῦ Col. i. 15. Θεοῦ Πατρὸς γεγεννημένον· δι' οὗ καὶ ἐγένετο τὰ πάντα, τὸν διὰ τὴν ἡμετέραν σωτηρίαν σαρκωθέντα, καὶ ἐν ἀνθρώποις πολιτευσάμενον· καὶ παθόντα, καὶ ἀναστάντα τῇ τρίτῃ ἡμέρᾳ· καὶ ἀνελθόντα πρὸς τὸν πατέρα, καὶ ἥξοντα πάλιν ἐν δόξῃ κρῖναι ζῶντας καὶ νεκρούς. Πιστεύομεν καὶ εἰς ἓν Πνεῦμα Ἅγιον. Τούτων ἕκαστον εἶναι καὶ ὑπάρχειν πιστεύοντες, Πατέρα ἀληθῶς Πατέρα, καὶ Υἱὸν ἀληθῶς Υἱὸν, καὶ Πνεῦμα Ἅγιον ἀληθῶς Ἅγιον Πνεῦμα· καθὼς καὶ ὁ Κύριος ἡμῶν ἀποστέλλων εἰς τὸ κήρυγμα τοὺς ἑαυτοῦ μαθητὰς, εἶπε· ' Πορευθέντες μαθητεύσατε πάντα τὰ ἔθνη, βαπτίζοντες αὐτοὺς εἰς τὸ ὄνομα Matt. xxviii. τοῦ Πατρὸς, καὶ τοῦ Υἱοῦ, καὶ τοῦ Ἁγίου Πνεύματος.' " Περὶ ὧν καὶ διαβεβαιούμεθα οὕτως ἔχειν, καὶ οὕτω φρονεῖν, καὶ πάλαι οὕτως ἐσχηκέναι, καὶ μέχρι θανάτου οὕτω σχήσειν, καὶ ἐν αὐτῇ ἐνίστασθαι τῇ πίστει, ἀναθεματίζοντες πᾶσαν αἵρεσιν ἄθεον· ταῦτα ἀπὸ καρδίας καὶ ψυχῆς

C

πάντα πεφρονηκέναι, ἐξ οὗπερ ἴσμεν ἑαυτούς, καὶ νῦν φρονεῖν τε καὶ λέγειν ἐξ ἀληθείας, ἐπὶ τοῦ Θεοῦ τοῦ παντοκράτορος, καὶ τοῦ Κυρίου ἡμῶν Ἰησοῦ Χριστοῦ μαρτυρούμεθα· δεικνύναι ἔχοντες δι' ἀποδείξεων, καὶ πείθειν ὑμᾶς, ὅτι καὶ τοὺς παρεληλυθότας χρόνους οὕτως ἐπιστεύομέν τε καὶ ἐκηρύσσομεν ὁμοίως. Ταύτης ὑφ' ἡμῶν ἐκτεθείσης τῆς πίστεως, οὐδενὶ παρῆν ἀντιλογίας τόπος. Ἀλλ' αὐτός τε πρῶτος ὁ θεοφιλέστατος ἡμῶν βασιλεύς, ὀρθότατα περιέχειν αὐτὴν ἐμαρτύρησεν· οὕτω τε καὶ ἑαυτὸν φρονεῖν ἐμαρτύρατο, καὶ ταύτῃ τοὺς πάντας συγκαταθέσθαι, καὶ ὑπογράφειν τοῖς δόγμασι, καὶ συμφωνεῖν τούτοις αὐτοῖς παρεκελεύετο, ἑνὸς μόνου προσεγγραφέντος ῥήματος τοῦ 'ὁμοουσίου.' Ὃ καὶ αὐτὸς ἡρμήνευσε λέγων, ὅτι μὴ κατὰ τὰ τῶν σωμάτων πάθη λέγοι τὸ 'ὁμοούσιον,' οὔτε οὖν κατὰ διαίρεσιν, οὔτε κατά τινα ἀποτομὴν ἐκ τοῦ πατρὸς ὑποστῆναι· μήτε γὰρ δύνασθαι τὴν ἄϋλον καὶ νοερὰν καὶ ἀσώματον φύσιν σωματικόν τι πάθος ὑφίστασθαι· θείοις δὲ καὶ ἀπορρήτοις ῥήμασι προσήκει τὰ τοιαῦτα νοεῖν. Καὶ ὁ μὲν σοφώτατος καὶ εὐσεβὴς ἡμῶν βασιλεὺς τοιάδε ἐφιλοσόφει· οἱ δὲ, προφάσει τοῦ 'ὁμοουσίου,' τήνδε τὴν γραφὴν πεποιήκασι.

ΤΟ ΜΑΘΗΜΑ.

Πιστεύομεν εἰς ἕνα Θεὸν Πατέρα παντοκράτορα, πάντων ὁρατῶν τε καὶ ἀοράτων ποιητήν· καὶ εἰς ἕνα Κύριον Ἰησοῦν Χριστόν, τὸν Υἱὸν τοῦ Θεοῦ, γεννηθέντα ἐκ τοῦ Πατρὸς μονογενῆ, τουτέστιν ἐκ τῆς οὐσίας τοῦ Πατρός· Θεὸν ἐκ Θεοῦ, φῶς ἐκ φωτός, Θεὸν ἀληθινὸν ἐκ Θεοῦ ἀληθινοῦ· γεννηθέντα, οὐ ποιηθέντα· ὁμοούσιον τῷ Πατρί· δι' οὗ τὰ πάντα ἐγένετο, τά τε ἐν τῷ οὐρανῷ, καὶ τὰ ἐν τῇ γῇ· τὸν δι' ἡμᾶς τοὺς ἀνθρώπους, καὶ διὰ τὴν ἡμετέραν σωτηρίαν κατελθόντα, καὶ σαρκωθέντα, ἐνανθρωπήσαντα, παθόντα, καὶ ἀναστάντα τῇ τρίτῃ ἡμέρᾳ· ἀνελθόντα εἰς τοὺς οὐρανούς· ἐρχόμενον κρῖναι ζῶντας καὶ νεκρούς. Καὶ εἰς τὸ Πνεῦμα τὸ Ἅγιον. Τοὺς δὲ λέγοντας, 'ἦν ποτὲ ὅτε οὐκ ἦν,' ἢ 'οὐκ ἦν πρὶν γεννηθῆναι,' ἢ 'ἐξ οὐκ ὄντων ἐγένετο,' ἢ 'ἐξ ἑτέρας ὑποστάσεως ἢ οὐσίας φάσκοντας εἶναι, ἢ κτιστὸν, ἢ τρεπτὸν, ἢ ἀλλοιωτὸν τὸν Υἱὸν τοῦ Θεοῦ,' τούτους ἀναθεματίζει ἡ καθολικὴ καὶ ἀποστολικὴ τοῦ Θεοῦ ἐκκλησία.

Καὶ δὴ ταύτης τῆς γραφῆς ὑπ' αὐτῶν ὑπαγορευθείσης, ὅπως εἴρηται αὐτοῖς τὸ 'ἐκ τῆς οὐσίας τοῦ Πατρός,' καὶ τὸ 'τῷ Πατρὶ ὁμοούσιον,' οὐκ ἀνεξέταστον αὐτοῖς καταλιμπάνομεν. Ἐπερωτήσεις τοιγαροῦν καὶ ἀποκρίσεις ἐντεῦθεν ἀνεκινοῦντο, ἐβασάνιζέ τε ὁ λόγος τὴν διάνοιαν τῶν εἰρημένων· καὶ δὴ καὶ τὸ 'ἐκ τῆς οὐσίας' ὡμολόγητο πρὸς αὐτῶν, δηλωτικὸν εἶναι τοῦ ἐκ μὲν τοῦ Πατρὸς εἶναι, οὐ μὴν ὡς μέρος ὑπάρχειν τοῦ Πατρός· ταύτῃ δὲ καὶ ἡμῖν ἐδόκει καλῶς ἔχειν συγκατατίθεσθαι τῇ διανοίᾳ, τῆς εὐσεβοῦς διδασκαλίας ὑπαγορευούσης ἐκ τοῦ Πατρὸς εἶναι τὸν υἱόν, οὐ μὴν μέρος τῆς οὐσίας αὐτοῦ τυγχάνειν. Διόπερ τῇ διανοίᾳ καὶ αὐτοὶ συντιθέμεθα, οὐδὲ τὴν φωνὴν τοῦ 'ὁμοουσίου' παραιτούμενοι, τοῦ τῆς εἰρήνης σκοποῦ πρὸ ὀφθαλμῶν ἡμῖν κειμένου, καὶ τοῦ μὴ τῆς ὀρθῆς ἐκπεσεῖν διανοίας. Κατὰ τὰ αὐτὰ δέ, καὶ τὸ 'γεννηθέντα καὶ οὐ ποιηθέντα' κατεδεξάμεθα, ἐπειδὴ τὸ ποιηθὲν κοινὸν ἔφασκον εἶναι πρόσρημα τῶν λοιπῶν κτισμάτων, τῶν διὰ τοῦ Υἱοῦ γενομένων, ὧν οὐδὲν ὅμοιον ἔχειν τὸν Υἱόν· διὸ δὴ μὴ εἶναι αὐτὸν ποίημα, τοῖς δι' αὐτοῦ γενομένοις ὅμοιον· κρείττονος δὲ ἢ κατὰ πᾶν ποίημα τυγχάνειν οὐσίας, ἣν ἐκ τοῦ Πατρὸς γεγεννῆσθαι διδάσκει τὰ θεῖα λόγια, τοῦ τρόπου τῆς γεννήσεως ἀνεκφράστου καὶ ἀνεπιλογίστου πάσῃ γενητῇ φύσει τυγχάνοντος. Οὕτω δὲ καὶ τὸ 'ὁμοούσιον εἶναι τοῦ Πατρὸς' τὸν Υἱὸν ἐξεταζόμενος ὁ λόγος συνίστησιν, οὐ κατὰ τὸν τῶν σωμάτων τρόπον, οὐδὲ τοῖς θνητοῖς ζῴοις παραπλησίως· οὔτε γὰρ κατὰ διαίρεσιν τῆς οὐσίας, οὔτε κατὰ ἀποτομήν, ἢ ἀλλοίωσιν τῆς τοῦ Πατρὸς οὐσίας τε καὶ δυνάμεως· τούτων γὰρ πάντων ἀλλοτρίαν εἶναι τὴν ἀγέννητον φύσιν τοῦ Πατρός· παραστατικὸν δὲ εἶναι 'τῷ Πατρὶ τὸ ὁμοούσιον,' τὸ μηδεμίαν ἐμφέρειαν πρὸς τὰ γενητὰ κτίσματα τὸν Υἱὸν τοῦ Θεοῦ ἐμφαίνειν· μόνῳ δὲ τῷ Πατρὶ τῷ γεγεννηκότι κατὰ πάντα τρόπον ἀφωμοιῶσθαι, καὶ μὴ εἶναι ἐξ ἑτέρας τέ ὑποστάσεως καὶ οὐσίας, ἀλλ' ἐκ τοῦ Πατρός. Ὧι καὶ αὐτῷ τούτων ἑρμηνευθέντι τὸν τρόπον, καλῶς ἔχειν ἐφάνη συγκαταθέσθαι· ἐπεὶ καὶ τῶν παλαιῶν τινὰς λογίους καὶ ἐπιφανεῖς ἐπισκόπους καὶ συγγραφέας ἔγνωμεν, ἐπὶ τῆς τοῦ Πατρὸς καὶ Υἱοῦ θεολογίας τῷ τοῦ 'ὁμοουσίου' συγχρησαμένους ὀνόματι. Ταῦτα μὲν οὖν περὶ τῆς ἐκτεθείσης εἰρήσθω πίστεως, ᾗ συνεφωνήσαμεν οἱ πάντες οὐκ ἀνεξετάστως, ἀλλὰ κατὰ τὰς ἀποδοθείσας διανοίας, ἐπ' αὐτοῦ τοῦ θεοφιλεστάτου βασιλέως ἐξετασθείσας, καὶ τοῖς εἰρημένοις λογισμοῖς συνομολογηθείσας· καὶ τὸν ἀναθεματισμὸν δὲ τὸν μετὰ τὴν πίστιν πρὸς αὐτῶν ἐκτεθέντα, ἄλυπον εἶναι ἡγησάμεθα, διὰ τὸ ἀπείργειν ἀγράφοις χρήσασθαι φωναῖς· διὸ σχεδὸν ἡ πᾶσα γέγονε σύγχυσίς τε καὶ ἀκαταστασία τῶν ἐκκλησιῶν. Μηδεμιᾶς γοῦν θεοπνεύστου γραφῆς τῷ 'ἐξ οὐκ ὄντων,' καὶ τῷ 'ἦν ποτὲ ὅτε οὐκ ἦν,' καὶ τοῖς ἑξῆς ἐπιλεγομένοις κεχρημένης, οὐκ εὔλογον ἐφάνη ταῦτα λέγειν καὶ διδάσκειν· ᾧ καὶ αὐτῷ καλῶς δόξαντι συνεθέμεθα, ἐπεὶ μηδὲ ἐν τῷ πρὸ τούτου χρόνῳ, τούτοις εἰώθαμεν χρῆσθαι τοῖς ῥήμασι.... Ταῦτα ὑμῖν ἀναγκαίως διεπεμψάμεθα, ἀγαπητοί, τὸ κεκριμένον τῆς ἡμετέρας ἐξετάσεώς τε καὶ συγκαταθέσεως φανερὸν ὑμῖν καθιστῶντες· καὶ, ὡς εὐλόγως, τότε μὲν καὶ μέχρι ὑστάτης ὥρας ἐνιστάμεθα, ὅθ' ἡμῖν τὰ ἑτεροίως γραφέντα προσέκοπτεν· τότε δὲ ἀφιλονείκως τὰ μὴ λυποῦντα κατεδεξάμεθα, ὅτε ἡμῖν εὐγνωμόνως ἐξετάζουσι τῶν λόγων τὴν διάνοιαν ἐφάνη συντρέχειν τοῖς ὑφ' ἡμῶν αὐτῶν ἐν τῇ προεκτεθείσῃ πίστει ὡμολογημένοις.

Cp. Theod. H. E. i. 12. s. 16, 17.

Τοιαῦτα μὲν ὁ τοῦ Παμφίλου Εὐσέβιος εἰς τὴν Παλαιστίνης

Καισάρειαν διεπέμψατο. Καὶ τῇ ᾿Αλεξανδρέων δὲ ἐκκλησίᾳ, καὶ τοῖς ἐν Αἰγύπτῳ καὶ Λιβύῃ καὶ Πενταπόλει, κοινῇ ψήφῳ τάδε ἡ σύνοδος ἔγραψεν.

CAP. IX.

Ἐπιστολὴ τῆς συνόδου, περὶ ὧν ὥρισεν ἡ σύνοδος· καὶ ὡς καθῃρέθη Ἄρειος, καὶ οἱ ὁμοφρονοῦντες αὐτῷ.

Τῇ ἁγίᾳ Θεοῦ χάριτι, καὶ μεγάλῃ ᾿Αλεξανδρέων ἐκκλησίᾳ, καὶ τοῖς κατ' Αἴγυπτον, καὶ Λιβύην καὶ Πεντάπολιν ἀγαπητοῖς ἀδελφοῖς, οἱ ἐν Νικαίᾳ συναχθέντες, καὶ τὴν μεγάλην καὶ ἁγίαν σύνοδον συγκροτήσαντες ἐπίσκοποι, ἐν Κυρίῳ χαίρειν.

Ἐπειδὴ τῆς τοῦ Θεοῦ χάριτος, καὶ τοῦ θεοφιλεστάτου βασιλέως Κωνσταντίνου συναγαγόντος ἡμᾶς ἐκ διαφόρων πόλεών τε καὶ ἐπαρχιῶν, μεγάλη καὶ ἁγία σύνοδος ἐν Νικαίᾳ συνεκροτήθη, ἐξ ἅπαντος ἀναγκαῖον ἐφάνη, παρὰ τῆς ἱερᾶς συνόδου καὶ πρὸς ὑμᾶς ἐπιστεῖλαι γράμματα· ἵν' εἰδέναι ἔχοιτε τίνα μὲν ἐκινήθη καὶ ἐξητάσθη, τίνα δὲ ἔδοξε καὶ ἐκρατύνθη. Πρῶτον μὲν οὖν ἐξ ἁπάντων ἐξητάσθη τὰ κατὰ τὴν ἀσέβειαν καὶ τὴν παρανομίαν Ἀρείου καὶ τῶν σὺν αὐτῷ ἐπὶ παρουσίᾳ τοῦ θεοφιλεστάτου βασιλέως Κωνσταντίνου· καὶ παμψηφεὶ ἔδοξεν ἀναθεματισθῆναι τὴν ἀσεβῆ αὐτοῦ δόξαν, καὶ τὰ ῥήματα καὶ τὰ ὀνόματα τὰ βλάσφημα, οἷς ἐκέχρητο βλασφημῶν, τὸν Υἱὸν τοῦ Θεοῦ λέγων ' ἐξ οὐκ ὄντων,' καὶ ' εἶναι ποτὲ ὅτε οὐκ ἦν,' καὶ αὐτεξουσιότητι κακίας καὶ ἀρετῆς δεκτικὸν τὸν Υἱὸν τοῦ Θεοῦ λέγοντος, καὶ κτίσμα καὶ ποίημα ὀνομάζοντος, ἅπαντα ταῦτα ἀνεθεμάτισεν ἡ ἁγία σύνοδος, οὐδὲ ὅσον ἀκοῦσαι τῆς ἀσεβοῦς δόξης ἢ ἀπονοίας, καὶ τῶν βλασφήμων ῥημάτων, ἀνασχομένη. Καὶ τὰ μὲν κατ' ἐκεῖνον οἵου τέλους τετύχηκε, πάντως ἢ ἀκηκόατε ἢ ἀκούσεσθε, ἵνα μὴ δόξωμεν ἐπεμβαίνειν ἀνδρὶ δι' οἰκείαν ἁμαρτίαν ἄξια τὰ ἐπίχειρα κομισαμένῳ. Τοσοῦτον δὲ ἴσχυσε αὐτοῦ ἡ ἀσέβεια, ὡς καὶ παραπολέσαι Θεωνᾶν ἀπὸ Μαρμαρικῆς, καὶ Σεκοῦνδον ἀπὸ Πτολεμαΐδος· τῶν γὰρ αὐτῶν κἀκεῖνοι τετυχήκασιν. Ἀλλ' ἐπειδὴ ἡ τοῦ Θεοῦ χάρις τῆς μὲν κακοδοξίας ἐκείνης καὶ ἀσεβείας καὶ τῆς βλασφημίας, καὶ τῶν προσώπων τῶν τολμησάντων διάστασιν καὶ διαίρεσιν ποιήσασθαι τοῦ εἰρηνευομένου ἄνωθεν λαοῦ, ἠλευθέρωσεν ἡμᾶς, ἐλείπετο δὲ τὸ κατὰ τὴν προπέτειαν Μελιτίου, καὶ τῶν ὑπ' αὐτοῦ χειροτονηθέντων· καὶ περὶ τούτου τοῦ μέρους ἃ ἔδοξε τῇ συνόδῳ, ἐμφανίζομεν ὑμῖν, ἀγαπητοὶ ἀδελφοί. Ἔδοξεν οὖν Μελίτιον μὲν, φιλανθρωπότερον κινηθείσης τῆς συνόδου,—κατὰ γὰρ τὸν ἀκριβῆ λόγον οὐδεμιᾶς συγγνώμης ἄξιος ἦν,— μένειν ἐν τῇ πόλει ἑαυτοῦ, καὶ μηδεμίαν ἐξουσίαν ἔχειν αὐτὸν μήτε χειροθετεῖν, μήτε προχειρίζεσθαι, μήτε ἐν χώρᾳ μήτε ἐν πόλει ἑτέρᾳ φαίνεσθαι, ταύτης τῆς προφάσεως ἕνεκα· ψιλὸν δὲ τὸ ὄνομα τῆς τιμῆς κεκτῆσθαι. Τοὺς δὲ ὑπ' αὐτοῦ καταστάθεντας, μυστικωτέρᾳ χειροτονίᾳ βεβαιωθέντας

Synodal Letter.

κοινωνῆσαι ἐπὶ τούτοις, ἐφ᾽ ᾧτε ἔχειν μὲν αὐτοὺς τὴν τιμὴν καὶ λειτουργίαν, δευτέρους δὲ εἶναι ἐξάπαντος πάντων τῶν ἐν ἑκάστῃ παροικίᾳ τε καὶ ἐκκλησίᾳ ἐξεταζομένων, τῶν ὑπὸ τοῦ τιμιωτάτου καὶ συλλειτουργοῦ ἡμῶν Ἀλεξάνδρου προκεχειρισμένων· ὥστε τούτοις μηδεμίαν ἐξουσίαν εἶναι τοὺς ἀρέσκοντας αὐτοῖς προχειρίζεσθαι, ἢ ὑποβάλλειν ὀνόματα, ἢ ὅλως ποιεῖν τι χωρὶς γνώμης τῶν τῆς καθολικῆς ἐκκλησίας ἐπισκόπων, τῶν ὑπὸ Ἀλέξανδρον. Τοὺς δὲ χάριτι Θεοῦ καὶ εὐχαῖς ὑμετέραις ἐν μηδενὶ σχίσματι εὑρεθέντας, ἀλλὰ ἀκηλιδώτους ἐν τῇ καθολικῇ ἐκκλησίᾳ ὄντας, καὶ ἐξουσίαν ἔχειν προχειρίζεσθαι καὶ ὀνόματα ἐπιλέγεσθαι τῶν ἀξίων τοῦ κλήρου, καὶ ὅλως πάντα ποιεῖν κατὰ νόμον καὶ θεσμὸν τὸν ἐκκλησιαστικόν. Εἰ δέ τινας συμβαίη ἀναπαύσασθαι τῶν ἐν τῇ ἐκκλησίᾳ, τηνικαῦτα προσαναβαίνειν εἰς τὴν τιμὴν τοῦ τετελευτηκότος τοὺς ἄρτι προσληφθέντας, μόνον εἰ ἄξιοι φαίνοιντο, καὶ ὁ λαὸς αἱροῖτο, συνεπιψηφίζοντος αὐτῷ καὶ ἐπισφραγίζοντος τοῦ τῆς Ἀλεξανδρείας ἐπισκόπου. Τοῦτο δὲ τοῖς μὲν ἄλλοις πᾶσι συνεχωρήθη· ἐπὶ δὲ τοῦ Μελιτίου προσώπου οὐκέτι τὰ αὐτὰ ἔδοξε, διὰ τὴν ἀνέκαθεν αὐτοῦ ἀταξίαν, καὶ διὰ τὸ πρόχειρον καὶ προπετὲς τῆς γνώμης, ἵνα μηδεμία ἐξουσία ἢ αὐθεντία αὐτῷ δοθείη, ἀνθρώπῳ δυναμένῳ πάλιν τὰς αὐτὰς ἀταξίας ἐμποιῆσαι. Ταῦτα ἐστὶ τὰ ἐξαίρετα καὶ διαφέροντα Αἰγύπτῳ, καὶ τῇ ἁγιωτάτῃ Ἀλεξανδρέων ἐκκλησίᾳ. Εἰ δέ τι ἄλλο ἐκανονίσθη ἢ ἐδογματίσθη, συμπαρόντος τοῦ κυρίου καὶ τιμιωτάτου συλλειτουργοῦ καὶ ἀδελφοῦ ἡμῶν Ἀλεξάνδρου, αὐτὸς παρὼν ἀκριβέστερον ἀνοίσει πρὸς ὑμᾶς, ἅτε δὴ καὶ κύριος καὶ κοινωνὸς τῶν γεγενημένων τυγχάνων. Εὐαγγελιζόμεθα δὲ ὑμῖν, περὶ τῆς συμφωνίας τοῦ ἁγιωτάτου Πάσχα, ὅτι ὑμετέραις εὐχαῖς κατωρθώθη καὶ τοῦτο τὸ μέρος· ὥς τε πάντας τοὺς ἐν τῇ ἑῴᾳ ἀδελφοὺς, τοὺς μετὰ τῶν Ἰουδαίων τὸ πρότερον ποιοῦντας, συμφώνως Ῥωμαίοις καὶ ἡμῖν, καὶ πᾶσιν ὑμῖν τοῖς ἐξ ἀρχαίου μεθ᾽ ἡμῶν φυλάττουσι τὸ Πάσχα, ἐκ τοῦ δεῦρο ἄγειν. Χαίροντες οὖν ἐπὶ τοῖς κατορθώμασι, καὶ τῇ τῆς εἰρήνης συμφωνίᾳ, καὶ ἐπὶ τῷ πᾶσαν αἵρεσιν ἐκκοπῆναι, ἀποδέξασθε μὲν μετὰ μείζονος τιμῆς καὶ πλείονος ἀγάπης τὸν συλλειτουργὸν ἡμῶν, ὑμῶν δὲ ἐπίσκοπον Ἀλέξανδρον, τὸν εὐφράναντα ἡμᾶς ἐν τῇ παρουσίᾳ, καὶ ἐν ταύτῃ τῇ ἡλικίᾳ τοσοῦτον πόνον ὑποστάντα ὑπὲρ τοῦ εἰρήνην γενέσθαι καὶ παρ᾽ ὑμῖν. Εὔχεσθε δὲ ὑπὲρ ἡμῶν ἁπάντων, ἵνα τὰ καλῶς ἔχειν δόξαντα, ταῦτα βέβαια μένῃ, διὰ τοῦ παντοκράτορος Θεοῦ, καὶ διὰ τοῦ Κυρίου ἡμῶν Ἰησοῦ Χριστοῦ, σὺν Ἁγίῳ Πνεύματι· ᾧ ἡ δόξα εἰς τοὺς αἰῶνας, ἀμήν.

Ἐν ταύτῃ τῇ τῆς συνόδου ἐπιστολῇ φανερὸν καθίστησιν, ὅτι οὐ μόνον Ἄρειον καὶ τοὺς ὁμοδόξους αὐτοῦ ἀνεθεμάτισαν, ἀλλὰ καὶ τὰς λέξεις τῆς δόξης αὐτοῦ· καὶ ὅτι περὶ τοῦ Πάσχα ὁμοφρονήσαντες, ἐδέξαντο τὸν αἱρεσιάρχην Μελίτιον, τὴν μὲν ἀξίαν τῆς ἐπισκοπῆς ἔχειν αὐτὸν συγχωρήσαντες, τὴν δὲ ἐξουσίαν τοῦ πράττειν αὐτὸν τινὰ ὡς ἐπίσκοπον, περιελόντες· δι' ἣν αἰτίαν νομίζω, ἄχρι νῦν κεχωρίσθαι τῆς ἐκκλησίας τοὺς ἐν Αἰγύπτῳ Μελιτιανοὺς, ὅτι περιεῖλεν ἡ σύνοδος Μελιτίου τὸ δύνασθαι. Ἰστέον δὲ, ὅτι Ἄρειος βιβλίον συνέγραψε περὶ τῆς ἑαυτοῦ δόξης, ὃ ἐπέγραψε Θάλειαν· ἔστι δὲ ὁ χαρακτὴρ τοῦ βιβλίου χαῦνος καὶ διαλελυμένος, τοῖς Σωταδίοις ᾄσμασιν, ἤτοι μέτροις, παραπλήσιος· ὅπερ καὶ αὐτὸ τότε ἡ σύνοδος ἀπεκήρυξεν. Οὐ μόνη δὲ ἡ σύνοδος τοῦ γράψαι περὶ τῆς γενομένης εἰρήνης ἐφρόντισεν, ἀλλὰ γὰρ καὶ ὁ βασιλεὺς Κωνσταντῖνος δι' οἰκείων γραμμάτων τῇ Ἀλεξανδρέων ἐκκλησίᾳ τάδε ἐπέστειλεν.

Ἡ ἐπιστολὴ τοῦ βασιλέως.

Κωνσταντῖνος Σεβαστὸς, τῇ καθολικῇ Ἀλεξανδρέων ἐκκλησίᾳ. Χαίρετε ἀγαπητοὶ ἀδελφοί. Τελείαν παρὰ τῆς θείας προνοίας εἰλήφαμεν χάριν, ἵνα πάσης πλάνης ἀπαλλαγέντες, μίαν καὶ τὴν αὐτὴν ἐπιγινώσκωμεν πίστιν. Οὐδὲν λοιπὸν τῷ διαβόλῳ ἔξεστι καθ' ἡμῶν· πᾶν εἴ τι δ' ἂν κακοτεχνησάμενος ἐπεχείρησεν, ἐκ βάθρων ἀνῄρηται· τὰς διχονοίας, τὰ σχίσματα, τοὺς θορύβους ἐκείνους, καὶ τὰ τῶν διαφωνιῶν, ἵν' οὕτως εἴπω, θανάσιμα φάρμακα, κατὰ τὴν τοῦ Θεοῦ κέλευσιν, ἡ τῆς ἀληθείας ἐνίκησε λαμπρότης. Ἕνα τοιγαροῦν ἅπαντες καὶ τῷ ὀνόματι προσκυνοῦμεν, καὶ εἶναι πεπιστεύκαμεν. Ἵνα δὲ τοῦτο γένηται, ὑπομνήσει Θεοῦ συνεκάλεσα εἰς τὴν Νικαέων πόλιν τοὺς πλείστους τῶν ἐπισκόπων, μεθ' ὧν περ εἷς ἐξ ὑμῶν ἐγὼ, ὁ συνθεράπων ὑμέτερος καθ' ὑπερβολὴν εἶναι χαίρων, καὶ αὐτὸς τὴν τῆς ἀληθείας ἐξέτασιν ἀνεδεξάμην. Ἠλέγχθη γοῦν ἅπαντα, καὶ ἀκριβῶς ἐξῄτασται, ὅσα δὴ ἀμφιβολίαν ἢ διχονοίας πρόφασιν ἐδόκει γεννᾶν. Καὶ φεισάσθω ἡ θεία μεγαλειότης, ἡλίκα καὶ ὡς δεινὰ τὰ περὶ τοῦ μεγάλου Σωτῆρος, περὶ τῆς ἐλπίδος καὶ ζωῆς ἡμῶν, ἀπρεπῶς ἐβλασφήμουν τινες, τἀναντία ταῖς θεοπνεύστοις γραφαῖς καὶ τῇ ἁγίᾳ πίστει φθεγγόμενοί τε καὶ πιστεύειν ὁμολογοῦντες. Τριακοσίων γοῦν καὶ πλειόνων ἐπισκόπων, ἐπὶ σωφροσύνῃ τε καὶ ἀγχινοίᾳ θαυμαζομένων, μίαν καὶ τὴν αὐτὴν πίστιν, ἣ καὶ ταῖς ἀληθείαις καὶ ἀκριβείαις τοῦ θείου νόμου πέφυκε πίστις εἶναι, βεβαιούντων, μόνος Ἄρειος ἐφωράθη τῆς διαβολικῆς ἐνεργείας ἡττημένος, καὶ τὸ κακὸν τοῦτο πρῶτον μὲν παρ' ὑμῖν, ἔπειτα καὶ παρ' ἑτέροις ἀσεβεῖ γνώμῃ διασπείρας. Ἀναδεξώμεθα τοιγαροῦν, ἣν ὁ παντοκράτωρ παρέσχε γνώμην· ἐπανέλθωμεν ἐπὶ τοὺς ἀγαπητοὺς ἡμῶν ἀδελφοὺς, ὧν ἡμᾶς τοῦ διαβόλου ἀναιδής τις ὑπηρέτης ἐχώρισεν· ἐπὶ τὸ κοινὸν σῶμα, καὶ τὰ γνήσια ἡμῶν μέλη, σπουδῇ πάσῃ ἴωμεν. Τοῦτο γὰρ καὶ τῇ ἀγχινοίᾳ, καὶ τῇ πίστει, καὶ τῇ ὁσιότητι τῇ ὑμετέρᾳ πρέπει, ἵνα τῆς πλάνης ἐλεγχθείσης ἐκείνου, ὃν τῆς ἀληθείας εἶναι ἐχθρὸν συνέστηκεν, πρὸς τὴν θείαν ἐπανέλθητε χάριν. Ὃ γὰρ τοῖς τριακοσίοις ἤρεσεν ἐπισκόποις, οὐδὲ ἔστιν ἕτερον, ἢ

His Letter against Arius.

τοῦ Θεοῦ γνώμη, μάλιστά γε ὅπου τὸ ἅγιον Πνεῦμα τοιούτων καὶ τηλικούτων ἀνδρῶν ταῖς διανοίαις ἐγκείμενον τὴν θείαν βούλησιν ἐξεφώτισεν. Διὸ μηδεὶς ἀμφιβαλλέτω, μηδεὶς ὑπερτιθέσθω· ἀλλὰ προθύμως πάντες εἰς τὴν ἀληθεστάτην ὁδὸν ἐπάνιτε· ἵν᾿ ἐπειδὰν ὅσον οὐδέπω πρὸς ὑμᾶς ἀφίκωμαι, τὰς ὀφειλομένας τῷ παντεφόρῳ Θεῷ μεθ᾿ ὑμῶν ὁμολογήσω χάριτας, ὅτι τὴν εἰλικρινῆ πίστιν ἐπιδείξας, τὴν εὐκταίαν ὑμῖν ἀγάπην ἀποδέδωκεν. Ὁ Θεὸς ὑμᾶς διαφυλάξοι, ἀγαπητοὶ ἀδελφοί.

Ὁ μὲν δὴ βασιλεὺς τοιαῦτα ἔγραφε τῷ ᾿Αλεξανδρέων δήμῳ, μηνύων ὅτι οὐχ ἁπλῶς, οὐδὲ ὡς ἔτυχε, γέγονεν ὁ ὅρος τῆς πίστεως· ἀλλ᾿ ὅτι μετὰ πολλῆς συζητήσεως καὶ δοκιμασίας αὐτὸν ὑπηγόρευσαν· καὶ οὐχ ὅτι τινὰ μὲν ἐλέχθη, τινὰ δὲ ἀπεσιγήθη, ἀλλ᾿ ὅτι ὅσα πρὸς σύστασιν τοῦ δόγματος λεχθῆναι ἥρμοζε, πάντα ἐκινήθη· καὶ ὅτι οὐχ ἁπλῶς ὡρίσθη, ἀλλ᾿ ἀκριβῶς ἐξητάσθη πρότερον· ὥστε πάντα ὅσα ἢ ἀμφιβολίας, ἢ διχονοίας πρόφασιν ἐδόκει γεννᾶν, ταῦτα ἐκποδὼν γεγενῆσθαι. Τὸ κεφάλαιον δὲ, ʽγνώμην Θεοῦʼ τὴν πάντων τῶν ἐκεῖ συνελθόντων γνώμην καλεῖ, καὶ Πνεύματι ἁγίῳ τῶν τοσούτων καὶ τηλικούτων ἐπισκόπων τὴν ὁμοφωνίαν γενέσθαι οὐκ ἀπιστεῖ. Σαβῖνος δὲ, ὁ τῆς Μακεδονίου αἱρέσεως προεστὼς, τούτοις μὲν ἑκὼν οὐ προσέχει· ἀλλ᾿ ʽἰδιώτας, καὶ μὴ ἔχειν γνῶσιν,ʼ τοὺς ἐκεῖ συνελθόντας φησίν, κινδυνεύων καὶ αὐτὸν τὸν Καισαρέα Εὐσέβιον ἐπὶ ἀγνωσίᾳ διαβάλλειν· καὶ οὐκ ἐνθυμεῖται ὡς, εἰ καὶ ἰδιῶται ἦσαν οἱ τῆς συνόδου, κατελάμποντο δὲ ὑπὸ τοῦ Θεοῦ, καὶ τῆς χάριτος τοῦ ἁγίου Πνεύματος, οὐδαμῶς ἀστοχῆσαι τῆς ἀληθείας ἐδύναντο. Ἐπάκουσον γοῦν, οἷα καὶ δι᾿ ἑτέρας ἐπιστολῆς ὁ βασιλεὺς, κατά τε Ἀρείου καὶ τῶν ὁμοδόξων αὐτοῦ νομοθετήσας, τοῖς πανταχοῦ ἐπισκόποις τε καὶ λαοῖς διεπέμψατο.

Ἄλλη ἐπιστολὴ Κωνσταντίνου.

Νικητὴς Κωνσταντῖνος, μέγιστος, Σεβαστὸς, ἐπισκόποις καὶ λαοῖς.

Τοὺς πονηροὺς καὶ ἀσεβεῖς μιμησάμενος Ἄρειος, δίκαιός ἐστι τὴν αὐτὴν ἐκείνοις ὑπέχειν ἀτιμίαν. Ὥσπερ τοίνυν Πορφύριος ὁ τῆς θεοσεβείας ἐχθρὸς, συντάγματα παράνομα κατὰ τῆς θρησκείας συστησάμενος, ἄξιον εὕρετο μισθὸν, καὶ τοιοῦτον ὥστε ἐπονείδιστον μὲν αὐτὸν πρὸς τὸν ἑξῆς γενέσθαι χρόνον καὶ πλείστης ἀναπλησθῆναι κακοδοξίας, ἀφανισθῆναι δὲ τὰ ἀσεβῆ αὐτοῦ συγγράμματα· οὕτω καὶ νῦν ἔδοξεν Ἄρειόν τε καὶ τοὺς Ἀρείου ὁμογνώμονας Πορφυριανοὺς μὲν καλεῖσθαι, ἵν᾿ ὧν τοὺς τρόπους μεμίμηνται, τούτων ἔχωσι καὶ τὴν προσηγορίαν. Πρὸς δὲ τούτοις, καὶ εἴ τι σύγγραμμα ὑπὸ Ἀρείου συντεταγμένον εὑρίσκοιτο, τοῦτο πυρὶ παραδίδοσθαι· ἵνα μὴ μόνον τὰ φαῦλα αὐτοῦ τῆς διδασκαλίας ἀφανισθείη, ἀλλὰ μηδὲ ὑπόμνημα αὐτοῦ ὅλως ὑπολείποιτο. Ἐκεῖνο μέντοι προαγορεύω, ὡς εἴ τις σύγγραμμα ὑπὸ Ἀρείου συνταγὲν φωραθείη κρύψας, καὶ μὴ εὐθέως προσενεγκὼν πυρὶ καταναλώσῃ, τούτῳ θάνατος ἔσται ἡ ζημία· παραχρῆμα γὰρ ἁλοὺς ἐπὶ τούτῳ, κεφαλικὴν ὑποστήσεται τιμωρίαν. Ὁ Θεὸς ὑμᾶς διαφυλάξοι.

Ἄλλη ἐπιστολή.

Κωνσταντῖνος Σεβαστὸς ταῖς ἐκκλησίαις.

Πεῖραν λαβὼν ἐκ τῆς τῶν κοινῶν εὐπραξίας, ὅση τῆς θείας δυνάμεως πέφυκε χάρις, τοῦτον πρὸ πάντων ἔκρινα εἶναί μοι προσήκειν σκοπὸν, ὅπως παρὰ τοῖς μακαριωτάτοις τῆς καθολικῆς ἐκκλησίας πλήθεσι πίστις μία, καὶ εἰλικρινὴς ἀγάπη, ὁμογνώμων τε περὶ τὸν παγκρατῆ Θεὸν εὐσέβεια τηρῆται. Ἀλλ' ἐπειδὴ τοῦτο ἑτέρως οὐχ οἷόν τε ἦν ἀκλινῆ καὶ βεβαίαν τάξιν λαβεῖν, εἰ μὴ εἰς ταὐτὸ πάντων ὁμοῦ, ἢ τῶν γοῦν πλειόνων ἐπισκόπων συνελθόντων, ἑκάστου τῶν προσηκόντων τῇ ἁγιωτάτῃ θρησκείᾳ διάκρισις γένοιτο· τούτου ἕνεκεν πλείστων ὅσων συναθροισθέντων, καὶ αὐτὸς δὲ καθάπερ εἷς ἐξ ὑμῶν ἐτύγχανον συμπαρών,—οὐ γὰρ ἀρνησαίμην ἂν ἐφ' ᾧ μάλιστα χαίρω, συνθεράπων ὑμέτερος πεφυκέναι,—ἄχρι τοσούτου ἅπαντα τῆς προσηκούσης τετύχηκεν ἐξετάσεως, ἄχρις οὗ ἡ τῷ πάντων ἐφόρῳ ἀρέσκουσα γνώμη πρὸς τὴν τῆς ἑνότητος συμφωνίαν εἰς φῶς προήχθη· ὡς μηδὲν ἔτι πρὸς διχόνοιαν ἢ πίστεως ἀμφισβήτησιν ὑπολείπεσθαι. Ἔνθα καὶ περὶ τῆς τοῦ Πάσχα ἁγιωτάτης ἡμέρας γενομένης ζητήσεως, ἔδοξε κοινῇ γνώμῃ καλῶς ἔχειν, ἐπὶ μιᾶς ἡμέρας πάντας τοὺς ἁπανταχοῦ ἐπιτελεῖν. Τί γὰρ ἡμῖν κάλλιον, τί δὲ σεμνότερον ὑπάρξαι δυνήσεται, τοῦ τὴν ἑορτὴν ταύτην, παρ' ἧς τὴν τῆς ἀθανασίας εἰλήφαμεν ἐλπίδα, μιᾷ τάξει καὶ φανερῷ λόγῳ, παρὰ πᾶσιν ἀδιαπτώτως φυλάττεσθαι; καὶ πρῶτον μὲν, ἀνάξιον ἔδοξεν εἶναι τὴν ἁγιωτάτην ἐκείνην ἑορτὴν τῇ τῶν Ἰουδαίων ἑπομένους συνηθείᾳ πληροῦν, οἳ τὰς ἑαυτῶν χεῖρας ἀθεμίτῳ πλημμελήματι χράναντες, εἰκότως τὰς ψυχὰς οἱ μιαροὶ τυφλώττουσιν· ἔξεστι γὰρ τοῦ ἐκείνων ἔθους ἀποβληθέντος, ἀληθεστέρᾳ τάξει, ἣν ἐκ πρώτης τοῦ πάθους ἡμέρας μέχρι τοῦ παρόντος ἐφυλάξαμεν, καὶ ἐπὶ τοὺς μέλλοντας αἰῶνας τὴν τῆς ἐπιτηρήσεως ταύτης συμπλήρωσιν ἐγγίνεσθαι. Μηδὲν τοίνυν ἔστω ὑμῖν κοινὸν μετὰ τοῦ ἐχθίστου τῶν Ἰουδαίων ὄχλου. Εἰλήφαμεν παρὰ τοῦ Σωτῆρος ἑτέραν ὁδόν· πρόκειται γὰρ δρόμος τῇ ἱερωτάτῃ ἡμῶν θρησκείᾳ καὶ νόμιμος καὶ πρέπων· τοῦτον συμφώνως ἀντιλαμβανόμενοι, τῆς αἰσχρᾶς ἐκείνης ἑαυτοὺς συνειδήσεως ἀποσπάσωμεν, ἀδελφοὶ τιμιώτατοι. Ἔστι γὰρ ὡς ἀληθῶς ἀτοπώτατον ἐκείνους αὐχεῖν, ὡς ἄρα παρεκτὸς τῆς αὐτῶν διδασκαλίας ταῦτα φυλάττειν οὐκ ἦμεν ἱκανοί. Τί δὲ φρονεῖν ἐκεῖνοι ὀρθὸν δυνήσονται, οἳ μετὰ τὴν Κυριοκτονίαν ἐκείνην ἐκστάντες τῶν φρενῶν, ἄγονται

Constantine's Circular.

οὐ λογισμῷ τινὶ, ἀλλ' ὁρμῇ ἀκατασχέτῳ, ὅποι ἂν αὐτοὺς ἡ ἔμφυτος αὐτῶν ἀγάγῃ μανία; ἐκεῖθεν τοίνυν κἂν τούτῳ τῷ μέρει τὴν ἀλήθειαν οὐχ ὁρῶσιν, ὡς ἀεὶ κατὰ πλεῖστον αὐτοὺς πλανωμένους, ἀντὶ τῆς προσηκούσης ἐπανορθώσεως, ἐν τῷ αὐτῷ ἔτει δεύτερον τὸ Πάσχα ἐπιτελεῖν. Τίνος οὖν χάριν τούτοις ἑπόμεθα, οἳ δεινὴν πλάνην νοσεῖν ὡμολόγηνται; δεύτερόν γε τὸ Πάσχα ἐν ἑνὶ ἐνιαυτῷ οὐκ ἄν ποτε ποιεῖν ἀνεξόμεθα. Ἀλλ' εἰ καὶ ταῦτα μὴ προύκειτο, τὴν ὑμετέραν ἀγχίνοιαν ἐχρῆν καὶ διὰ σπουδῆς καὶ δι' εὐχῆς ἔχειν πάντοτε, ἐν μηδενὸς ὁμοιότητι τὸ καθαρὸν τῆς ἡμετέρας ψυχῆς κοινωνεῖν, ἢ δοκεῖν, ἀνθρώπων ἔθεσι παγκάκων. Πρὸς τούτοις, κἀκεῖνο πάρεστι συνορᾶν, ὡς ἐν τηλικούτῳ πράγματι καὶ τοιαύτης θρησκείας ἑορτῇ διαφωνίαν ὑπάρχειν, ἐστὶν ἀθεώτατον· μίαν γὰρ ἡμῖν τὴν τῆς ἡμετέρας ἐλευθερίας ἡμέραν, τουτέστι τὴν τοῦ ἁγιωτάτου πάθους, ὁ ἡμέτερος παρέδωκε Σωτήρ, μίαν εἶναι τὴν καθολικὴν αὐτοῦ ἐκκλησίαν βεβούληται· ἧς εἰ καὶ ταμάλιστα εἰς πολλούς τε καὶ διαφόρους τόπους τὰ μέρη διήρηται, ἀλλ' ὅμως ἑνὶ πνεύματι, τουτέστι τῷ θείῳ βουλήματι, θάλπεται. Λογισάσθω δὲ ἡ τῆς ὑμετέρας ὁσιότητος ἀγχίνοια, ὅπως ἐστὶ δεινόν τε καὶ ἀπρεπὲς, κατὰ τὰς αὐτὰς ἡμέρας ἑτέρους μὲν ταῖς νηστείαις σχολάζειν, ἑτέρους δὲ συμπόσια τελεῖν· καὶ μετὰ τὰς τοῦ Πάσχα ἡμέρας, ἄλλους μὲν ἐν ἑορταῖς καὶ ἀνέσεσιν ἐξετάζεσθαι, ἄλλους δὲ ταῖς ὡρισμέναις ἐκδεδόσθαι νηστείαις. Διὰ τοῦτο γοῦν τῆς προσηκούσης ἐπανορθώσεως τυχεῖν, καὶ πρὸς μίαν διατύπωσιν ἄγεσθαι τοῦτο, ἡ θεία πρόνοια βούλεται, ὡς ἔγωγε ἅπαντας ἡγοῦμαι συνορᾶν. Ὅθεν ἐπειδὴ τοῦτο οὕτως ἐπανορθοῦσθαι προσῆκεν, ὡς μηδὲν μετὰ τῶν πατροκτόνων τε καὶ Κυριοκτόνων ἐκείνων εἶναι κοινόν· ἔστι τε τάξις εὐπρεπὴς, ἣν ἅπασαι τῶν δυτικῶν τε καὶ μεσημβρινῶν καὶ ἀρκτῴων τῆς οἰκουμένης μερῶν παραφυλάττουσιν αἱ ἐκκλησίαι, καί τινες τῶν κατὰ τὴν ἑῴαν τόπων· ὧν ἕνεκεν ἐπὶ τοῦ παρόντος καλῶς ἔχειν ἅπαντες ἡγήσαντο, καὶ αὐτὸς δὲ τῇ ὑμετέρᾳ ἀγχινοίᾳ ἀρέσειν ὑπεσχόμην· ἵν' ὅπερ ἂν κατὰ τὴν Ῥωμαίων πόλιν, Ἰταλίαν τε καὶ Ἀφρικὴν, ἅπασαν Αἴγυπτον, Ἱσπανίας, Γαλλίας, Βρεττανίας, Λιβύην, ὅλην Ἑλλάδα, Ἀσιανήν τε διοίκησιν καὶ Ποντικὴν καὶ Κιλικίαν, μιᾷ καὶ συμφώνῳ φυλάττεται γνώμῃ, ἀσμένως τοῦτο καὶ ἡ ὑμετέρα προσδέξηται σύνεσις· λογιζομένη ὡς οὐ μόνον πλείων ἐστὶν ὁ τῶν κατὰ τοὺς προειρημένους τόπους ἐκκλησιῶν ἀριθμός, ἀλλὰ καὶ ὡς τοῦτο μάλιστα κοινῇ πάντας ὁσιώτατόν ἐστι βούλεσθαι, ὅπερ καὶ ὁ ἀκριβὴς ἀπαιτεῖν δοκεῖ λόγος, καὶ οὐδεμίαν μετὰ τῆς Ἰουδαίων ἐπιορκίας ἔχειν κοινωνίαν. Ἵνα δὲ τὸ κεφαλαιωδέστατον συντόμως εἴπω, κοινῇ πάντων ἤρεσε κρίσει, τὴν ἁγιωτάτην τοῦ Πάσχα ἑορτὴν μιᾷ καὶ τῇ αὐτῇ ἡμέρᾳ συντελεῖσθαι. Οὐδὲ γὰρ πρέπει ἐν τοιαύτῃ ἁγιότητι εἶναι τινὰ διαφοράν· καὶ κάλλιον ἕπεσθαι τῇ γνώμῃ ταύτῃ, ἐν ᾗ οὐδεμία ἔσται ἀλλοτρίας πλάνης καὶ ἁμαρτήματος ἐπιμιξία. Τούτων οὖν οὕτω στοιχούντων, ἀσμένως δέχεσθε τὴν οὐρανίαν καὶ θείαν ὡς ἀληθῶς ἐντολήν· πᾶν γὰρ ὅ τι δ' ἂν ἐν τοῖς ἁγίοις τῶν ἐπισκόπων συνεδρίοις πράττηται, τοῦτο πρὸς τὴν θείαν βούλησιν ἔχει τὴν ἀναφοράν. Διὰ πάντι, τοῖς ἀγαπητοῖς ἡμῶν ἀδελφοῖς ἐμφανίσαντες τὰ προγεγραμμένα, ἤδη καὶ τὸν προειρημένον λόγον, καὶ τὴν παρατήρησιν τῆς ἁγιωτάτης ἡμέρας ὑποδέχεσθαι τε καὶ διατάττειν ὀφείλετε· ἵν' ἐπειδὰν πρὸς τὴν πάλαι μοι ποθουμένην τῆς ὑμετέρας διαθέσεως ὄψιν ἀφίκωμαι, ἐν μιᾷ καὶ τῇ αὐτῇ ἡμέρᾳ, τὴν ἁγίαν μεθ' ὑμῶν ἑορτὴν ἐπιτελέσαι δυνηθῶ· καὶ πάντων ἕνεκεν μεθ' ὑμῶν εὐδοκήσω, συνορῶν τὴν διαβολικὴν ὠμότητα ὑπὸ τῆς θείας δυνάμεως διὰ τῶν ἡμετέρων πράξεων ἀνῃρημένην, ἀκμαζούσης πανταχοῦ τῆς ὑμετέρας πίστεως καὶ εἰρήνης καὶ ὁμονοίας. Ὁ Θεὸς ὑμᾶς διαφυλάξοι, ἀδελφοὶ ἀγαπητοί.

Ἄλλη ἐπιστολὴ πρὸς Εὐσέβιον.

Νικητὴς Κωνσταντῖνος, μέγιστος, Σεβαστὸς, Εὐσεβίῳ.

Eus. V. C. ii. 46.

Ἕως τοῦ παρόντος χρόνου, τῆς ἀνοσίου βουλήσεως καὶ τυραννίδος τοὺς ὑπηρέτας τοῦ Σωτῆρος Θεοῦ διωκούσης, πεπίστευκα καὶ ἀκριβῶς ἐμαυτὸν πέπεικα, πασῶν τῶν ἐκκλησιῶν τὰ ἔργα ἢ ὑπὸ ἀμελείας διεφθάρθαι ἢ φόβῳ τῆς ἐπικειμένης ἐνεργείας ἐλάττονα τῆς ἀξίας γεγενῆσθαι, ἀδελφὲ προσφιλέστατε. Νυνὶ δὲ τῆς ἐλευθερίας ἀποδοθείσης, καὶ τοῦ δράκοντος ἐκείνου Λικιννίου τοῦ διώκτου ἀπὸ τῆς τῶν κοινῶν διοικήσεως Θεοῦ τοῦ μεγίστου προνοίᾳ ἡμετέρᾳ δὲ ὑπηρεσίᾳ διωχθέντος, ἡγοῦμαι καὶ πᾶσι φανερὰν γενέσθαι τὴν θείαν δύναμιν, καὶ τοὺς ἢ φόβῳ ἢ ἀπιστίᾳ ἢ ἁμαρτήμασί τισι περιπεσόντας, ἐπιγνόντας δὲ τὸν ὄντως ὄντα Θεόν, ἥξειν ἐπὶ τὴν ἀληθῆ καὶ ὀρθὴν τοῦ βίου κατάστασιν. Ὅσων τοίνυν ἢ αὐτὸς προΐστασαι ἐκκλησιῶν, ἢ ἄλλους τοὺς κατὰ τόπον προϊσταμένους ἐπισκόπους πρεσβυτέρους τε ἢ διακόνους οἶσθα, ὑπόμνησον σπουδάζειν περὶ τὰ ἔργα τῶν ἐκκλησιῶν, ἢ ἐπανορθοῦσθαι τὰ ὄντα, ἢ εἰς μείζονα αὔξειν, ἢ ἔνθα ἂν ἡ χρεία ἀπαιτῇ, καινὰ ποιεῖν. αἰτήσεις δὲ καὶ αὐτὸς, καὶ διὰ σοῦ οἱ λοιποὶ τὰ ἀναγκαῖα, παρά τε τῶν ἡγεμονευόντων καὶ τῆς ἐπαρχικῆς τάξεως· τούτοις γὰρ ἐπεστάλη, πάσῃ σπουδῇ ἐξυπηρετήσασθαι τοῖς ὑπὸ τῆς σῆς ὁσιότητος λεγομένοις. Ὁ Θεὸς διαφυλάξοι σε, ἀγαπητὲ ἀδελφέ.

Ταῦτα μὲν οὖν περὶ τῆς τῶν ἐκκλησιῶν οἰκοδομῆς πρὸς τοὺς καθ' ἑκάστην ἐναρχίαν ἐπισκόπους ἐπέστειλεν. Ὁποῖα δὲ καὶ περὶ τῆς τῶν ἱερῶν βιβλίων κατασκευῆς πρὸς Εὐσέβιον ἔγραψε τὸν Παλαιστῖνον, ἐξ αὐτῶν τῶν γραμμάτων καταμαθεῖν εὐπετές.

Νικητὴς Κωνσταντῖνος, μέγιστος, Σεβαστὸς, Εὐσεβίῳ Καισαρείας.

Eus. V. C. iv. 36.

Κατὰ τὴν ἐπώνυμον ἡμῖν πόλιν, τῆς τοῦ Σωτῆρος Θεοῦ συναιρομένης προνοίας, μέγιστον πλῆθος ἀνθρώπων τῇ ἁγιωτάτῃ ἐκκλησίᾳ ἀνατέθεικεν ἑαυτὸν ὡς πάντων ἐκεῖσε πολλὴν λαβόντων αὔξησιν. Σφόδρα τοίνυν ἄξιον καταφαίνεται, καὶ ἐκκλησίας ἐν αὐτῇ κατασκευασθῆναι πλείους· τοιγάρτοι δέδεξο προθυμότατα τὸ δόξαν τῇ ἡμετέρᾳ προαιρέσει· πρέπον γὰρ κατεφάνη δηλῶσαι τοῦτο τῇ σῇ συνέσει, ὅπως ἂν πεντήκοντα σωμάτια ἐν διφθέραις ἐγκατασκεύοις εὐανάγνωστά τε καὶ πρὸς τὴν χρῆσιν εὐπαρακόμιστα, ὑπὸ τεχνιτῶν καλλιγράφων καὶ ἀκριβῶς τὴν τέχνην ἐπισταμένων, γραφῆναι κελεύσειας· τῶν θείων δηλαδὴ γραφῶν, ὧν μάλιστα τὴν ἐπισκευὴν καὶ τὴν χρῆσιν τῷ τῆς ἐκκλησίας λόγῳ ἀναγκαίαν εἶναι γινώσκεις. Ἀπέσταλται δὲ γράμματα παρὰ τῆς ἡμετέρας ἡμερότητος πρὸς τὸν τῆς διοικήσεως καθολικόν, ὅπως ἂν πάντα τὰ πρὸς τὴν ἐπισκευὴν αὐτῶν ἐπιτήδεια παρασχεῖν φροντίσειεν. Ἵνα γὰρ ὡς τάχιστα τὰ γραφέντα σωμάτια κατασκευασθείη, τῆς σῆς ἐπιμελείας ἔργον τοῦτο γενήσεται· καὶ γὰρ δύο δημοσίων ὀχημάτων ἐξουσίαν εἰς διακομιδὴν, ἐκ τῆς αὐθεντίας τοῦ γράμματος ἡμῶν τούτου λαβεῖν σε προσήκει. Οὕτω γὰρ ἂν μάλιστα τὰ καλῶς γραφέντα καὶ μέχρι τῶν ἡμετέρων ὄψεων ῥᾷστα διακομισθείη, ἑνὸς δηλαδὴ τοῦτο πληροῦντος τῶν ἐκ τῆς σῆς ἐκκλησίας διακόνων· ὃς ἐπειδὰν ἀφίκηται πρὸς ἡμᾶς, τῆς ἡμετέρας πειραθήσεται φιλανθρωπίας. Ὁ Θεός σε διαφυλάξοι, ἀδελφὲ ἀγαπητέ.

Ἄλλη ἐπιστολὴ πρὸς Μακάριον.

Νικητὴς Κωνσταντῖνος, μέγιστος, Σεβαστός, Μακαρίῳ Ἱεροσολύμων.

Τοσαύτη τοῦ Σωτῆρος ἡμῶν ἐστὶν ἡ χάρις, ὡς μηδεμίαν λόγων χορηγίαν Eus. V. C. τοῦ παρόντος πράγματος ἀξίαν εἶναι δοκεῖν. Τὸ γὰρ γνώρισμα τοῦ ἁγιωτάτου iii. 30. ἐκείνου πάθους ὑπὸ τῇ γῇ πάλαι κρυπτόμενον τοσαύταις ἐτῶν περιόδοις λαθεῖν, ἄχρις οὗ διὰ τῆς τοῦ κοινοῦ πάντων ἐχθροῦ ἀναιρέσεως, ἐλευθερωθεῖσι τοῖς ἑαυτοῦ θεράπουσιν ἀναλάμπειν ἔμελλε, πᾶσαν ἔκπληξιν ὡς ἀληθῶς ὑπερβαίνει. Εἰ γὰρ πάντες οἱ διὰ πάσης τῆς οἰκουμένης εἶναι δοκοῦντες σοφοὶ εἰς ἓν καὶ τὸ αὐτὸ συνελθόντες ἄξιόν τι τοῦ πράγματος ἐθελήσωσιν εἰπεῖν, οὐδ' ἂν πρὸς τὸ βραχύτατον ἀμιλληθῆναι δυνήσονται· ἐπὶ τοσούτῳ πᾶσαν ἀνθρωπίνου λογισμοῦ χωρητικὴν φύσιν ἡ τοῦ θαύματος τούτου πίστις ὑπερβαίνει, ὅσῳ τῶν ἀνθρωπίνων τὰ οὐράνια συνέστηκεν εἶναι δυνατώτερα. Διὰ τοῦτο γοῦν οὗτος ἀεὶ καὶ πρῶτος καὶ μόνος ἔστι μοι σκοπός, ἵν' ὥσπερ ἑαυτὴν ὁσημέραι καινοτέροις θαύμασιν, ἡ τῆς ἀληθείας πίστις ἐπιδείκνυσιν, οὕτω καὶ αἱ ψυχαὶ πάντων ἡμῶν περὶ τὸν ἅγιον νόμον σωφροσύνῃ καὶ ὁμογνώμονι προθυμίᾳ σπουδαιότεραι γίγνοιντο. Ὅπερ ἐπειδὴ πᾶσιν εἶναι νομίζω φανερόν, ἐκεῖνο μάλιστά σε πεπεῖσθαι βούλομαι, ὡς ἄρα πάντων μοι μέλει μᾶλλον, ὅπως τὸν ἱερὸν ἐκεῖνον τόπον, ὃν Θεοῦ προστάγματι αἰσχίστης εἰδώλου προσθήκης, ὥσπερ τινὸς ἐπικειμένου βάρους, ἐκούφισα, ἅγιον μὲν ἐξ ἀρχῆς Θεοῦ κρίσει γεγενημένον, ἁγιώτερον δὲ ἀποφανθέντα ἀφ' οὗ τὴν τοῦ σωτηρίου πάθους πίστιν εἰς φῶς προήγαγεν, οἰκοδομημάτων κάλλει κοσμήσωμεν. Προσήκει τοίνυν τὴν σὴν ἀγχίνοιαν οὕτω διατάξαι τε καὶ ἑκάστων τῶν ἀναγκαίων ποιήσασθαι πρόνοιαν, ὡς οὐ μόνον βασιλικὴν τῶν πανταχοῦ βελτίονα, ἀλλὰ καὶ τὰ λοιπὰ τοιαῦτα γενέσθαι, ὡς πάντα τὰ ἐφ' ἑκάστης πόλεως καλλιστεύοντα ὑπὸ τοῦ κτίσματος τούτου νικᾶσθαι. Καὶ περὶ μὲν τῆς τῶν τοίχων ἐργασίας τε καὶ καλλιεργίας, Δρακιλλιανῷ τῷ ἡμετέρῳ φίλῳ διέποντι των λαμπροτάτων επάρχων τὰ μέρη, καὶ τῷ τῆς ἐπαρχίας ἄρχοντι, παρ' ἡμῶν ἐγκεχειρίσθαι τὴν φροντίδα γίνωσκε. Κεκέλευσται γὰρ ὑπὸ τῆς ἐμῆς εὐσεβείας, καὶ τεχνίτας καὶ ἐργάτας, καὶ πάνθ' ὅσα περὶ τὴν οἰκοδομὴν ἀναγκαῖα τυγχάνειν παρὰ τῆς σῆς καταμάθοιεν ἀγχινοίας, παραχρῆμα διὰ τῆς ἐκείνων προνοίας ἀποσταλῆναι. Περὶ δὲ τῶν κιόνων, ἢ τῶν μαρμάρων, ἃ δ' ἂν νομίσῃς εἶναι τιμιώτερά τε καὶ χρησιμώτερα, αὐτὸς συνόψεως γενομένης πρὸς ἡμᾶς γράψαι σπούδασον· ἵν' ὅσων δ' ἂν καὶ ὁποίων χρείαν εἶναι διὰ τοῦ γράμματος ἐπιγνῶμεν, ταῦτα πανταχόθεν μετενεχθῆναι δυνηθῇ. Τὸν γὰρ τοῦ κόσμου θαυμασιώτερον τόπον κατ' ἀξίαν φαιδρύνεσθαι δίκαιον. Τὴν δὲ τῆς βασιλικῆς καμάραν. πότερον λακωναριαν ἢ διά τινος ἑτέρας ἐργασίας γενέσθαι δοκεῖ, παρὰ σοῦ γνῶναι βούλομαι· εἰ γὰρ λακωναρία μέλλοι εἶναι, δυνήσεται καὶ χρυσῷ καλλωπισθῆναι. Τὸ λειπόμενον, ἵνα ἡ σὴ ὁσιότης τοῖς προειρημένοις δικασταῖς ᾗ τάχος γνωρισθῆναι ποιήσῃ, ὅσων τε καὶ ἐργατῶν καὶ τεχνιτῶν καὶ ἀναλωμάτων χρεία· καὶ πρὸς ἐμὲ εὐθέως ἀνενεγκεῖν σπουδασον, οὐ μόνον περὶ τῶν μαρμάρων τε καὶ κιόνων, ἀλλὰ καὶ περὶ τῶν λακωναριῶν, εἴγε τοῦτο κάλλιον ἐπικρίνειας. Ὁ Θεός σε διαφυλάξοι, ἀδελφὲ ἀγαπητέ.

Καὶ ἄλλας δὲ ἐπιστολὰς ὁ βασιλεὺς κατὰ Ἀρείου καὶ τῶν ὁμοδόξων αὐτοῦ παρηγυρικώτερον γράψας πανταχοῦ κατὰ πόλεις προσέθηκε, διακωμῳδῶν καὶ τῷ τῆς εἰρωνείας ἤθει διαβάλλων αὐτόν. Οὐ μὴν ἀλλὰ καὶ Νικομηδεῦσι κατὰ Εὐσεβίου καὶ Θεόγνιδος γράφων, καθάπτεται μὲν τῆς Εὐσεβίου κακοτροπίας, οὐ μόνον ἐπὶ τῷ Ἀρειανισμῷ, ἀλλ' ὅτι καὶ τῷ τυράννῳ ἤδη πρότερον εὐνοῶν τοῖς αὐτοῦ πράγμασιν ἐπεβούλευσε· παραινεῖ δὲ ἕτερον ἑλέσθαι ἐπίσκοπον ἀντ' αὐτοῦ. Ἀλλὰ τὰς περὶ τούτων ἐπιστολὰς, διὰ τὸ ἐν αὐταῖς μῆκος, ἐνταῦθα προσγράψαι περιττὸν εἶναι ἐνόμισα· ἔξεστι δὲ τοῖς βουλομένοις ἀναζητῆσαι καὶ ἐντυγχάνειν αὐταῖς. Καὶ περὶ τούτων τοσαῦτα εἰρήσθω.

CAP. X.

Ὅτι καὶ τὸν Ναυατιανῶν ἐπίσκοπον Ἀκέσιον κεκλήκει εἰς τὴν σύνοδον ὁ βασιλεύς.

Κινεῖ δέ με ἡ τοῦ βασιλέως σπουδὴ καὶ ἑτέρου πράγματος μνήμην ποιήσασθαι τῆς αὐτοῦ γνώμης, ὅπως ἐφρόντιζε τῆς εἰρήνης.

Constantine and Acesius.

Τῆς γὰρ ἐκκλησιαστικῆς ὁμονοίας πρόνοιαν ποιούμενος, κέκληκε πρὸς τὴν σύνοδον καὶ Ἀκέσιον τῆς τῶν Ναυατιανῶν θρησκείας ἐπίσκοπον. Μετὰ οὖν τὸ γραφῆναι καὶ ὑπογραφῆναι παρὰ τῆς συνόδου τὸν ὅρον τῆς πίστεως, ἠρώτα ὁ βασιλεὺς τὸν Ἀκέσιον, εἰ καὶ αὐτὸς τῇ πίστει συντίθεται καὶ τῷ ὁρισμῷ τῆς τοῦ Πάσχα ἑορτῆς· ὁ δὲ, 'Οὐδὲν καινὸν,' ἔφη, 'ὦ βασιλεῦ, ἡ σύνοδος ὥρισεν· οὕτω γὰρ ἄνωθεν καὶ ἐξ ἀρχῆς ἐκ τῶν ἀποστολικῶν χρόνων παρείληφα καὶ τὸν ὅρον τῆς πίστεως καὶ τὸν χρόνον τῆς τοῦ Πάσχα ἑορτῆς.' Ἐπανερομένου οὖν τοῦ βασιλέως, 'Διὰ τί οὖν τῆς κοινω- Cp. iv. 28; νίας χωρίζῃ;' ἐκεῖνος τὰ ἐπὶ Δεκίου γενόμενα κατὰ τὸν διωγμὸν vii. 23. ἐδίδασκε· καὶ τὴν ἀκρίβειαν τοῦ αὐστηροῦ κανόνος ἔλεγεν, ὡς ἄρα οὐ χρὴ τοὺς μετὰ τὸ βάπτισμα ἡμαρτηκότας ἁμαρτίαν, ἣν ' πρὸς 1 John v. 16. θάνατον' καλοῦσιν αἱ θεῖαι γραφαὶ, τῆς κοινωνίας τῶν θείων μυστηρίων ἀξιοῦσθαι· ἀλλ' ἐπὶ μετάνοιαν μὲν αὐτοὺς προτρέπειν, ἐλπίδα δὲ τῆς ἀφέσεως μὴ παρὰ τῶν ἱερέων, ἀλλὰ παρὰ τοῦ Θεοῦ ἐκδέχεσθαι, τοῦ δυναμένου καὶ ἐξουσίαν ἔχοντος συγχωρεῖν ἁμαρτήματα. Ταῦτα εἰπόντος τοῦ Ἀκεσίου, ἐπειπεῖν τὸν βασιλέα, ' Θὲς, ὦ Ἀκέσιε, κλίμακα, καὶ μόνος ἀνάβηθι εἰς τὸν οὐρανόν.' Τούτων οὔτε ὁ Παμφίλου Εὐσέβιος, οὔτε ἄλλος τις ἐμνημόνευσε πώποτε· ἐγὼ δὲ παρὰ ἀνδρὸς ἤκουσα οὐδαμῶς ψευδομένου, ὃς παλαιός τε ἦν σφόδρα, καὶ ὡς ἱστορήσας τὰ κατὰ τὴν σύνοδον ἔλεγεν. Ὅθεν καὶ τεκμαίρομαι τοῦτο πεπονθέναι τοὺς σιωπῇ ταῦτα παραπεμψαμένους, ὃ πολλοὶ τῶν ἱστορίας συγγραψαμένων πεπόνθασιν· ἐκεῖνοι γὰρ πολλὰ παραλείπουσιν, ἢ προσπάσχοντές τισιν, ἢ προσώποις χαριζόμενοι. Τὰ μὲν οὖν Ἀκεσίου τοσαῦτα.

CAP. XI.

Περὶ Παφνουτίου τοῦ ἐπισκόπου.

Ἐπεὶ δὲ Παφνουτίου καὶ Σπυρίδωνος ποιήσασθαι μνήμην ἀνω- Supra c. 8. τέρω ἐπηγγειλάμεθα, εὔκαιρον ἐνταῦθα περὶ αὐτῶν εἰπεῖν. Παφνούτιος γὰρ μιᾶς πόλεως τῶν ἄνω Θηβῶν ἐπίσκοπος ἦν· οὕτω δὲ ἦν ἀνὴρ θεοφιλὴς, ὡς καὶ σημεῖα θαυμαστὰ γίνεσθαι ὑπ' αὐτοῦ. Οὗτος ἐν καιρῷ τοῦ διωγμοῦ τὸν ὀφθαλμὸν ἐξεκόπη· σφόδρα δὲ ὁ βασιλεὺς ἐτίμα τὸν ἄνδρα, καὶ συνεχῶς ἐπὶ τὰ βασίλεια μετεπέμπετο, καὶ τὸν ἐξορωρυγμένον ὀφθαλμὸν κατεφίλει. Τοσαύτη προσῆν τῷ βασιλεῖ Κωνσταντίνῳ εὐλάβεια. Ἐν μὲν οὖν τοῦτο περὶ Παφνουτίου εἰρήσθω· ὃ δὲ πρὸς λυσιτέλειαν τῆς ἐκκλησίας καὶ κόσμον τῶν ἱερωμένων διὰ τῆς αὐτοῦ συμβουλῆς τότε γέγονε, διηγήσομαι. Ἐδόκει τοῖς ἐπισκόποις νόμον νεαρὸν εἰς τὴν ἐκκλησίαν εἰσφέρειν, ὥστε τοὺς ἱερωμένους, λέγω δὲ ἐπισκόπους καὶ πρεσβυτέρους καὶ διακόνους, μὴ συγκαθεύδειν ταῖς γαμεταῖς, ἃς ἔτι λαϊκοὶ ὄντες ἠγάγοντο. Καὶ ἐπεὶ περὶ τούτου βουλεύεσθαι προὔκειτο, διαναστὰς ἐν μέσῳ τοῦ συλλόγου τῶν ἐπισκόπων ὁ Παφνούτιος ἐβόα μακρὰ, μὴ βαρὺν ζυγὸν ἐπιθεῖναι τοῖς ἱερωμένοις ἀνδράσι, 'τίμιον εἶναι τὸν γάμον αὐτὸν καὶ τὴν κοίτην ἀμίαντον' παρὰ τῷ Θεῷ λέγων, μὴ τῇ ὑπερβολῇ τῆς ἀκριβείας μᾶλλον τὴν ἐκκλησίαν προσβλάψωσιν· οὐ γὰρ πάντας δύνασθαι φέρειν τῆς ἀπαθείας τὴν ἄσκησιν, οὐδὲ ἴσως φυλαχθήσεσθαι τὴν σωφροσύνην τῆς ἑκάστου γαμετῆς· 'σωφροσύνην' δὲ ἐκάλει καὶ τῆς νομίμου γυναικὸς τὴν συνέλευσιν· ἀρκεῖσθαί τε τὸν φθάσαντα κλήρου τυχεῖν μηκέτι ἐπὶ γάμον ἔρχεσθαι, κατὰ τὴν τῆς ἐκκλησίας ἀρχαίαν παράδοσιν, μὴ μὴν ἀποζεύγνυσθαι ταύτης, ἣν ἅπαξ ἤδη πρότερον λαϊκὸς ὢν ἠγάγετο. Καὶ ταῦτ' ἔλεγεν ἄπειρος ὢν γάμου, καὶ ἁπλῶς εἰπεῖν, γυναικός· ἐκ παιδὸς γὰρ ἐν ἀσκητηρίῳ ἀνετέθραπτο, καὶ ἐπὶ σωφροσύνῃ, εἰ καί τις ἄλλος, περιβόητος ὤν. Πείθεται πᾶς ὁ τῶν ἱερωμένων σύλλογος τοῖς Παφνουτίου λόγοις. Διὸ καὶ τὴν περὶ τούτου ζήτησιν ἀπεσίγησαν, τῇ γνώμῃ τῶν βουλομένων ἀπέχεσθαι τῆς ὁμιλίας τῶν γαμετῶν καταλείψαντες. Καὶ τοσαῦτα μὲν περὶ Παφνουτίου.

CAP. XII.

Περὶ Σπυρίδωνος τοῦ Κυπρίων ἐπισκόπου.

Περὶ δὲ Σπυρίδωνος, τοσαύτη τῷ ποιμένι προσῆν ὁσιότης, ὡς καὶ ἀξιωθῆναι αὐτὸν καὶ ἀνθρώπων ποιμένα γενέσθαι· ὃς μιᾶς τῶν ἐν Κύπρῳ πόλεων ὀνόματι Τριμιθοῦντος τὴν ἐπισκοπὴν ἐκεκλήρωτο, διὰ δὲ ἀτυφίαν πολλὴν ἐχόμενος τῆς ἐπισκοπῆς ἐποίμαινε καὶ τὰ πρόβατα. Πολλὰ μὲν οὖν τὰ περὶ αὐτοῦ λεγόμενα· ἑνὸς δὲ ἢ δύο ἐπιμνησθήσομαι, ἵνα μὴ ἔξω τοῦ προκειμένου δόξω πλανᾶσθαι. Μεσούσης ποτὲ τῆς νυκτὸς, κλέπται ταῖς ἐπαύλεσι τῶν προβάτων λαθραίως ἐπελθόντες ἀφαιρεῖσθαι τῶν προβάτων ἐσπούδαζον. Ὁ Θεὸς δὲ ἄρα ὁ τὸν ποιμένα σώζων ἔσωζε καὶ τὰ πρόβατα. Οἱ γὰρ κλέπται ἀοράτῳ δυνάμει παρὰ ταῖς ἐπαύλεσιν ἐδέδεντο. Ὄρθρος τε ἦν, καὶ ἧκε παρὰ τὰ ποίμνια· ὡς δὲ εὗρεν ὀπίσω τὰς χεῖρας ἔχοντας, ἔγνω τὸ γεγονός· καὶ εὐχόμενος λύει τοὺς κλέπτας, πολλά τε νουθετήσας, καὶ παραινέσας ἐκ δικαίων πόνων σπουδάζειν, μὴ μὴν ἐξ ἀδικίας λαμβάνειν, κριόν τε αὐτοῖς χαρισάμενος, ἀπέλυσε, καὶ χαριέντως ἐπιφθεγξάμενος, ‘ἵνα μὴ,’ φησὶ, ‘μάτην ἠγρυπνηκότες φανείητε.’ Ἐν μὲν δὴ τοῦτο τῶν περὶ Σπυρίδωνος θαυμάτων. Ἕτερον δὲ τοιοῦτο· ἦν αὐτῷ θυγάτηρ παρθένος, τῆς τοῦ πατρὸς εὐλαβείας μετέχουσα, τοὔνομα Εἰρήνη. Ταύτῃ γνώριμός τις πολύτιμον παρέθετο κόσμιον· ἡ δὲ ἀσφαλέστερον ποιοῦσα, γῇ τὴν παρακαταθήκην ἔκρυψε· μετ᾿ οὐ πολὺ δὲ τὸν βίον ἀπέλιπεν. Ἧκει μετὰ χρόνον ὁ παραθέμενος· μὴ εὑρών τε τὴν παρθένον, ἐμπλέκεται τῷ πατρὶ, νῦν μὲν ἐγκαλῶν, ἔστιν δὲ ὅτε καὶ παρακαλῶν. Ἐπεὶ δὲ συμφορὰν ἐποιεῖτο τὴν τοῦ παραθεμένου ζημίαν ὁ γέρων, ἐλθὼν ἐπὶ τὸ μνῆμα τῆς θυγατρὸς, ἐπεκαλεῖτο τὸν Θεὸν, πρὸ καιροῦ δεῖξαι αὐτῷ τὴν ἐπαγγελλομένην ἀνάστασιν· καὶ τῆς ἐλπίδος οὐχ ἥμαρτε. Ζῶσα γὰρ αὖθις ἡ παρθένος, φαίνεται τῷ πατρὶ, καὶ τὸν τόπον σημάνασα, ἔνθα τὸ κόσμιον ἀπεκέκρυπτο, αὖθις ἀπεχώρει. Τοιοῦτοι ἄνδρες ἐν τοῖς χρόνοις τοῦ βασιλέως Κωνσταντίνου κατὰ τὰς ἐκκλησίας ἐξέλαμπον. Ταῦτα δὲ ἐγὼ καὶ ἀκοῇ παρὰ πολλῶν Κυπρίων παρέλαβον, καὶ συντάγματι Ῥουφίνου τινὸς πρεσβυτέρου ἐνέτυχον, Ῥωμαϊκῇ λέξει συγγεγραμμένῳ, ἀφ᾿ ὧν ταῦτα καὶ ἕτερά τινὰ τῶν μετ᾿ οὐ πολὺ ῥηθησομένων συνήγαγον.

CAP. XIII.

Περὶ Εὐτυχιανοῦ τοῦ μοναχοῦ.

Ἤκουσα δὲ ἐγὼ καὶ περὶ Εὐτυχιανοῦ, θεοφιλοῦς ἀνδρὸς κατὰ τοὺς αὐτοὺς χρόνους ἀκμάσαντος· ὃς καὶ αὐτὸς τῆς ἐκκλησίας τῶν Ναυατιανῶν τυγχάνων, παραπλήσια ἔργα ποιῶν ἐθαυμάζετο. Τίς τε ὁ περὶ τούτου διηγησάμενος, ἐρῶ μετὰ ἀκριβείας, καὶ οὐκ ἀποκρύψομαι, κἂν δόξω τισὶν ἀπεχθάνεσθαι. Αὐξάνων τις τῆς Ναυατιανῶν ἐκκλησίας πρεσβύτερος μακροβιώτατος γέγονεν· ὃς καὶ τῇ ἐν Νικαίᾳ συνόδῳ, κομιδῇ νήπιος ὢν, ἅμα τῷ Ἀκεσίῳ παρέβαλλε, καὶ τὰ κατὰ Ἀκέσιον ἐμοὶ διηγήσατο. Οὗτος ἐξ ἐκείνων τῶν χρόνων ἄχρι τῆς βασιλείας τοῦ νέου Θεοδοσίου ἐξέτεινε, καὶ νεωτέρῳ μοι σφόδρα τυγχάνοντι τὰ περὶ Εὐτυχιανοῦ διηγήσατο, πολλὰ μὲν διεξελθὼν περὶ τῆς προσούσης αὐτῷ θείας χάριτος· ἐν δὲ κἀκεῖνο μνήμης ἄξιον ἐπὶ τοῦ βασιλέως ἔφη Κωνσταντίνου. Τῶν δορυφόρων τις, οὓς 'οἰκείους' καλεῖ ὁ βασιλεὺς, τυραννικά τινα πράττειν ὑποπτευθεὶς, φυγῇ ἐχρήσατο. Ὁ βασιλεὺς δὲ ἐκέλευσεν ἀπειλῇ ἀναιρεῖσθαι αὐτὸν, ἔνθα ἂν εὑρίσκοιτο. Ὃς περὶ τὸν Βιθυνὸν Ὄλυμπον εὑρεθεὶς, βαρυτάτοις καὶ χαλεποῖς σιδήροις ἐν εἰρκτῇ κατεκέκλειστο περὶ τὰ μέρη τοῦ Ὀλύμπου, ἔνθα ἦν καὶ ὁ Εὐτυχιανὸς, τὸν μονήρη βίον ἀσκῶν, πολλῶν τε τὰ σώματα καὶ τὰς ψυχὰς ἐθεράπευεν· συνῆν δὲ αὐτῷ καὶ ὁ μακροβιώτατος Αὐξάνων, νέος ὢν πάνυ, καὶ τὰ τοῦ μοναχικοῦ βίου ὑπ' αὐτῷ παιδευόμενος. Παρὰ τοῦτον τὸν Εὐτυχιανὸν ἧκον πολλοὶ, παρακαλοῦντες ῥύεσθαι τὸν δέσμιον βασιλεῖ παρακλήσεις προσφέροντα. Καὶ γὰρ ἐληλύθει εἰς τὰς ἀκοὰς τοῦ βασιλέως τὰ παρὰ τοῦ Εὐτυχιανοῦ γινόμενα θαύματα. Ὁ δὲ ἑτοίμως ὑπέσχετο παρὰ τὸν βασιλέα πορεύεσθαι. Ἐπεὶ δὲ ὁ δεσμώτης ἐκ τῶν δεσμῶν ἀνήκεστα ἔπασχεν, οἱ παρακαλοῦντες ὑπὲρ αὐτοῦ φθάνειν ἔλεγον καὶ τὴν παρὰ βασιλέως τιμωρίαν καὶ τὰς ὑπὲρ αὐτοῦ παρακλήσεις τὸν ἐκ τῶν δεσμῶν ἐπικείμενον θάνατον. Εὐτυχιανὸς δὲ πέμψας παρακαλεῖ τοὺς δεσμοφύλακας ἀνεῖναι τὸν ἄνθρωπον. Τῶν δὲ λεγόντων κίνδυνον φέρειν αὐτοῖς τὴν ἄνεσιν τοῦ δεσμώτου, αὐτὸς δι' ἑαυτοῦ ἅμα τῷ Αὐξάνοντι πρὸς τὸ δεσμωτήριον παραγίνεται. Ἐκείνων δὲ μὴ βουλομένων ἀνοίγειν τὴν εἰρκτὴν, ἡ προσοῦσα χάρις Εὐτυχιανῷ φανερωτέρα ἐγίνετο· αὐτόματοι γὰρ αἱ πύλαι τοῦ δεσμωτηρίου ἠνοίγοντο, τῶν δεσμοφυλάκων τὰς κλεῖς ἐχόντων παρ' ἑαυτοῖς. Εἰσελθόντος δὲ τοῦ Εὐτυχιανοῦ ἅμα τῷ Αὐξάνοντι, καὶ πολλῆς τοῖς τότε παροῦσιν ἐκπλήξεως γενομένης, αὐτόματοι οἱ δεσμοὶ τὸν δεσμώτην ἀπέλιπον. Μετὰ ταῦτα ἐπὶ τὸ πάλαι μὲν Βυζάντιον, ὕστερον δὲ Κωνσταντινούπολιν, ἅμα τῷ Αὐξάνοντι παρεγένετο. Δεχθείς τε εἰς τὰς βασιλικὰς αὐλὰς τοῦ θανάτου ἐρρύσατο τὸν ἄνθρωπον. Ἑτοίμως γὰρ ὁ βασιλεὺς τιμῶν τὸν ἄνδρα κατένευσε πρὸς τὴν αἴτησιν. Τοῦτο μὲν οὖν ὕστερον ἐγένετο. Τότε δὲ οἱ ἐν τῇ συνόδῳ ἐπίσκοποι καὶ ἄλλα τινὰ ἐγγράψαντες, ἃ κανόνας ὀνομάζειν εἰώθασιν, αὖθις κατὰ πόλιν τὴν ἑαυτῶν ἀνεχώρησαν. Φιλομαθὲς δὲ εἶναι νομίζω καὶ τὰ ὀνόματα τῶν ἐν Νικαίᾳ συνελθόντων ἐπισκόπων, ἃ εὑρεῖν ἐδυνήθημεν, καὶ ἧς ἕκαστος ἐπαρχίας τε καὶ πόλεως ἦν, καὶ τὸν χρόνον ἐν ᾧ συνῆλθον, παραθέσθαι ἐνταῦθα. "Ὅσιος ἐπίσκοπος Κουδρούβης Ἱσπανίας, οὕτως πιστεύω ὡς προγέγραπται· Ῥώμης Βίτων καὶ Βικεντῖνος πρεσβύτεροι· Αἰγύπτου Ἀλέξανδρος· Ἀντιοχείας τῆς μεγάλης Εὐστάθιος· Ἱεροσολύμων Μακάριος· Ἀρποκρατίων Κύνων·' καὶ τῶν λοιπῶν· ὧν εἰς πλῆρες τὰ ὀνόματα κεῖται ἐν τῷ 'Συνοδικῷ' Ἀθανασίου τοῦ Ἀλεξανδρείας ἐπισκόπου. Καὶ ὁ χρόνος δὲ τῆς συνόδου, ὡς ἐν παρασημειώσεσιν εὕρομεν, ὑπατείας Παυλίνου καὶ Ἰουλιανοῦ τῇ εἰκάδι τοῦ Μαΐου μηνός· τοῦτο δὲ ἦν ἑξακοσιοστὸν τριακοστὸν ἕκτον ἔτος, ἀπὸ τῆς Ἀλεξάνδρου τοῦ Μακεδόνος βασιλείας. Τὰ μὲν οὖν τῆς συνόδου τέλος εἶχεν· ἰστέον δέ, ὅτι μετὰ τὴν σύνοδον ὁ βασιλεὺς ἐπὶ τὰ ἑσπέρια μέρη ἀφίκετο.

A.D. 325, May 20.

CAP. XIV.

Ὅτι Εὐσέβιος ὁ Νικομηδείας καὶ Θέογνις ὁ Νικαίας ἐξορισθέντες διὰ τὸ συμφρονῆσαι Ἀρείῳ, ὕστερον βιβλίον μετανοίας διαπεμψάμενοι, καὶ συνθέμενοι τῇ ἐκθέσει τῆς πίστεως, τοὺς ἑαυτῶν ἀπέλαβον θρόνους.

Εὐσέβιος δὲ καὶ Θέογνις, βιβλίον μετανοίας τοῖς κορυφαίοις τῶν ἐπισκόπων ἀποστείλαντες, ἀνεκλήθησάν τε τῆς ἐξορίας ἐκ βασιλικοῦ προστάγματος, καὶ τὰς ἐκκλησίας ἑαυτῶν ἀπέλαβον· τοὺς εἰς τόπον ἑαυτῶν χειροτονηθέντας ἐξωθήσαντες, Ἀμφίωνα μὲν Εὐσέβιος, Χρῆστον δὲ Θέογνις. Οὗ βιβλίον τὸ ἀντίγραφον ἔστι τόδε.

Ἤδη μὲν οὖν καταψηφισθέντες πρὸ κρίσεως παρὰ τῆς εὐλαβείας ὑμῶν, ἐν ἡσυχίᾳ φέρειν τὰ κεκριμένα παρὰ τῆς ἁγίας ὑμῶν ἐπικρίσεως ὀφείλομεν. Ἀλλ' ἐπειδὴ ἄτοπον καθ' ἑαυτῶν δοῦναι τῶν συκοφαντῶν τὴν ἀπόδειξιν τῇ σιωπῇ, τούτου ἕνεκα ἀναφέρομεν ὡς ἡμεῖς καὶ τῇ πίστει συνεδράμομεν, καὶ τὴν ἔννοιαν ἐξετάσαντες ἐπὶ τῷ ὁμοουσίῳ ὅλοι ἐγενόμεθα τῆς εἰρήνης, οἱ μηδαμοῦ τῇ αἱρέσει ἐξακολουθήσαντες. Ὑπομνήσαντες δὲ ἐπὶ ἀσφαλείᾳ τῶν ἐκκλησιῶν ὅσα τὸν λογισμὸν ἡμῶν ὑπέτρεχε, καὶ πληροφορήσαντες τοὺς δι' ἡμῶν πεισθῆναι ὀφείλοντας, ὑπεσημηνάμεθα τῇ πίστει· τῷ δὲ ἀναθεματισμῷ οὐχ ὑπεγράψαμεν, οὐχ ὡς τῆς πίστεως κατηγοροῦντες, ἀλλ' ὡς ἀπιστοῦντες τοιοῦτον εἶναι τὸν κατηγορηθέντα, ἔκ τε τῶν ἰδίᾳ πρὸς ἡμᾶς παρ' αὐτοῦ διά τε ἐπιστολῶν καὶ τῶν εἰς πρόσωπον διαλέξεων πεπληροφορημένοι μὴ τοιοῦτον εἶναι. Εἰ δὲ ἐπείσθη ἡ ἁγία ὑμῶν σύνοδος, οὐκ ἀντιτείνοντες, ἀλλὰ συντιθέμενοι τοῖς παρ' ὑμῖν κεκριμένοις, καὶ διὰ τούτου τοῦ γράμματος πληροφοροῦμεν τὴν συγκατάθεσιν· οὐ τὴν ἐξορίαν βαρέως φέροντες, ἀλλὰ τὴν ὑπόνοιαν τῆς αἱρέσεως ἀποδυόμενοι. Εἰ γὰρ καταξιώσητε νῦν γοῦν εἰς πρόσωπον ἐπαναλαβεῖν ἡμᾶς, ἔχετε ἐν πᾶσι συμψύχους, ἀκολουθοῦντας τοῖς παρ' ὑμῖν κεκριμένοις· ὁπότε αὐτὸν τὸν ἐπὶ τούτοις ἐναγόμενον, ᾶξα τῇ ὑμῶν εὐλαβείᾳ φιλανθρωπεύσασθαι καὶ ἀνακαλέσασθαι. Ἄτοπον δὲ, τοῦ δοκοῦντος εἶναι ὑπευθύνου ἀνακεκλημένου καὶ ἀπολογησαμένου ἐφ' οἷς διεβάλλετο, ἡμᾶς σιωπᾶν, καθ' ἑαυτῶν διδόντας τὸν ἔλεγχον. Καταξιώσατε γοῦν, ὡς ἁρμόζει τῇ φιλοχρίστῳ ὑμῶν εὐλαβείᾳ καὶ τὸν θεοφιλέστατον βασιλέα ὑπομνῆσαι, καὶ τὰς δεήσεις ἡμῶν ἐγχειρίσαι, καὶ θᾶττον βουλεύσασθαι τὰ ὑμῖν ἁρμόζοντα ἐφ' ἡμῖν.

Καὶ τοῦτο μὲν τὸ τῆς παλινῳδίας βιβλίον Εὐσεβίου καὶ Θεόγνιδός ἐστιν· ἀπὸ δὲ τῶν ῥημάτων αὐτοῦ τεκμαίρομαι, ὅτι οὗτοι μὲν τῇ ὑπαγορευθείσῃ πίστει ὑπεσημήναντο, τῇ δὲ καθαιρέσει Ἀρείου σύμψηφοι γενέσθαι οὐκ ἐβουλήθησαν· καὶ ὅτι Ἄρειος πρὸ τούτων φαίνεται ἀνακληθείς. Ἀλλ' εἰ καὶ τοῦτο οὕτως ἔχειν δοκεῖ, ὅμως τῆς Ἀλεξανδρείας ἐπιβαίνειν κεκώλυτο· τοῦτο δὲ δείκνυται, ἀφ' ὧν ὕστερον ἑαυτῷ κάθοδον εἰς τὴν ἐκκλησίαν καὶ εἰς τὴν Ἀλεξάνδρειαν ἐπενόησεν, ἐπιπλάστῳ μετανοίᾳ χρησάμενος, ὡς κατὰ χώραν ἐροῦμεν.

CAP. XV.

Ὅτι μετὰ τὴν σύνοδον, Ἀλεξάνδρου τελευτήσαντος, Ἀθανάσιος καθίσταται τῆς Ἀλεξανδρέων πόλεως ἐπίσκοπος.

Μετὰ ταῦτα δὲ εὐθέως Ἀλεξάνδρου τοῦ ἐπισκόπου τῆς Ἀλεξανδρείας τελευτήσαντος, προΐσταται τῆς ἐκκλησίας Ἀθανάσιος. Τοῦτον φησὶν ὁ Ῥουφῖνος κομιδῇ νήπιον ὄντα, παίζειν σὺν ἑτέροις ἡλικιώταις ἱερὸν παίγνιον. Τοῦτο δὲ ἦν μίμησις ἱερωσύνης καὶ τοῦ καταλόγου τῶν ἱερωμένων ἀνδρῶν. Ἐν δὴ οὖν τῷ παιγνίῳ τούτῳ Ἀθανάσιος μὲν τῆς ἐπισκοπῆς ἐκεκλήρωτο τὸν θρόνον· τῶν δὲ ἄλλων νέων ἕκαστος ἢ πρεσβύτερον ἢ διάκονον ἐμιμεῖτο. Ταῦτα ἔπαιζον οἱ παῖδες κατὰ τὴν ἡμέραν, ἐν ᾗ τοῦ μάρτυρος καὶ ἐπισκόπου Πέτρου ἐπετελεῖτο μνήμη. Τότε δὴ καὶ Ἀλέξανδρος ὁ τῆς Ἀλεξανδρείας ἐπίσκοπος διαβαίνων, ὁρᾷ τὸ γιγνόμενον παίγνιον· καὶ μεταπεμψάμενος τοὺς παῖδας, ἐπύθετο παρ' αὐτῶν τὸν ἐν τῷ παιγνίῳ κληρωθέντα τόπον ἑκάστῳ, προμηνύεσθαί τι διὰ τοῦ γεγονότος ἡγησάμενος. Ἐκέλευσέν τε ἐν τῇ ἐκκλησίᾳ ἄγεσθαι τοὺς παῖδας, καὶ παιδείας μεταλαμβάνειν, ἐξαιρέτως δὲ τὸν Ἀθανάσιον· εἶτα ἐν τελείᾳ γενόμενον ἡλικίᾳ καὶ διάκονον χειροτονήσας, ἦλεν

I. 17.] Foundation of Constantinople. 35

ἐπὶ τὴν Νίκαιαν, συναγωνιζόμενον αὐτῷ ἐκεῖ, ὅτε συνεκροτεῖτο ἡ σύνοδος. Ταῦτα μὲν ὁ Ῥουφῖνος περὶ αὐτοῦ Ἀθανασίου ἐν τοῖς συντάγμασιν ἑαυτοῦ εἴρηκεν. Οὐκ ἀπεικὸς δὲ γενέσθαι· καὶ γὰρ πολλὰ τοιαῦτα γενόμενα πολλάκις ἐφεύρηται. Περὶ οὗ τέως τοσαῦτα εἰρήσθω μοι.

CAP. XVI.

Ὡς βασιλεὺς Κωνσταντῖνος τὸ πάλαι Βυζάντιον αὐξήσας, Κωνσταντίνου πόλιν ἐπωνόμασεν.

Ὁ βασιλεὺς δὲ μετὰ τὴν σύνοδον ἐν εὐφροσύνῃ διῆγεν· ἐπιτελέσας οὖν δημοτελῆ τῆς εἰκοσαετηρίδος αὐτοῦ ἑορτὴν, εὐθέως περὶ A. D. 326. τὸ ἀνορθοῦν τὰς ἐκκλησίας ἐσπούδαζεν· ἐποίει τε τοῦτο κατὰ τὰς ἄλλας πόλεις καὶ ἐν τῇ αὐτοῦ ἐπωνύμῳ, ἣν Βυζάντιον καλουμένην τὸ πρότερον ηὔξησε, τείχη μεγάλα περιβαλὼν, καὶ διαφόροις κοσμήσας οἰκοδομήμασιν· ἴσην τε τῇ βασιλευούσῃ Ῥώμῃ ἀποδείξας, καὶ 'Κωνσταντινούπολιν' μετονομάσας, χρηματίζειν 'δευτέραν Ῥώμην' νόμῳ ἐκύρωσεν· ὃς νόμος ἐν λιθίνῃ γέγραπται στήλῃ, καὶ δημοσίᾳ ἐν τῷ καλουμένῳ στρατηγίῳ πλησίον τοῦ ἑαυτοῦ ἐφίππου παρέθηκε. Καὶ ἐν ταύτῃ τῇ πόλει, δύο μὲν οἰκοδομήσας ἐκκλησίας, μίαν ἐπωνόμασεν Εἰρήνην, ἑτέραν δὲ τὴν τῶν Ἀποστόλων ἐπώνυμον. Καὶ οὐ μόνον, ὡς ἔφην, ηὔξει τὰ τῶν Χριστιανῶν, ἀλλὰ καὶ τὰ τῶν Ἑλλήνων καθῄρει. Τὰ γοῦν ἀγάλματα κόσμον τῇ Κωνσταντίνου πόλει προὐτίθει δημοσίᾳ, καὶ τοὺς Δελφικοὺς τρίποδας ἐν τῷ ἱπποδρομίῳ δημοσιεύσας προὔθηκε. Ταῦτα μὲν οὖν δόξει περιττὰ λέγεσθαι νῦν· ὁρᾶται γὰρ πρότερον ἢ ἀκούεται. Τότε δὲ ὅμως μεγίστην ἐπίδοσιν ἔλαβε τὰ τοῦ Χριστιανισμοῦ· καὶ γὰρ ἐν τοῖς καιροῖς τοῦ βασιλέως Κωνσταντίνου, καὶ ἄλλα πλεῖστα ἡ τοῦ Θεοῦ [Vales. conj. τά τε ἄλλα ἐφύλαττε πρόνοια. Οὕτω τῶν τοῦ βασιλέως ἐγκωμίων μετὰ μεγα- πλεῖστα καὶ τοῦτο μά- λοφώνου φράσεως ὁ Παμφίλου Εὐσέβιος μνήμην πεποίηται· οὐκ λιστα.] ἄκαιρον δὲ ἡγοῦμαι καὶ ἡμᾶς περὶ τῶν αὐτῶν, ὡς οἷόν τε, διὰ βραχέων εἰπεῖν.

CAP. XVII.

Ὡς τοῦ βασιλέως μήτηρ Ἑλένη, ἐπὶ τὰ Ἱεροσόλυμα παραγενομένη, τὸν σταυρὸν τοῦ Χριστοῦ ἀναζητήσασα εὗρε, καὶ ἐκκλησίαν ἀνῳκοδόμησεν.

Ἡ τοῦ βασιλέως μήτηρ Ἑλένη, ἧς ἐπ' ὀνόματι τὴν ποτὲ κώμην Δρεπάνην πόλιν ποιήσας ὁ βασιλεὺς Ἑλενούπολιν ἐπωνόμασε,

D 2

δι' ὀνείρων χρηματισθεῖσα εἰς τὰ Ἱεροσόλυμα παρεγένετο· καὶ τὴν ποτὲ Ἱερουσαλὴμ ἔρημον 'ὡς ὀπωροφυλάκιον' κατὰ τὸν προφήτην εὑροῦσα, τὸ τοῦ Χριστοῦ μνῆμα, ἔνθα ταφεὶς ἀνέστη, σπουδαίως ἐζήτει· καὶ δυσχερῶς μὲν, σὺν Θεῷ δὲ εὑρίσκει. Τίς δὲ ἡ αἰτία τῆς δυσχερείας, διὰ βραχέων ἐρῶ· ὅτι οἱ μὲν τὰ τοῦ Χριστοῦ φρονοῦντες μετὰ τὸν καιρὸν τοῦ πάθους ἐτίμων τὸ μνῆμα· οἱ δὲ φεύγοντες τὰ τοῦ Χριστοῦ, χώσαντες τὸν τόπον, Ἀφροδίτης κατ' αὐτοῦ ναὸν κατασκευάσαντες ἐπέστησαν ἄγαλμα, μὴ ποιοῦντες μνήμην τοῦ τόπου. Τοῦτο μὲν οὖν πάλαι προὐχώρει. Τῇ δὲ μητρὶ τοῦ βασιλέως φανερὸν τοῦτο ἐγένετο. Καθελοῦσα οὖν τὸ ξόανον, καὶ τὸν τόπον ἐκχώσασα καὶ καθαρὸν ἐργασαμένη, τρεῖς εὑρίσκει σταυροὺς ἐν τῷ μνήματι· ἕνα μὲν τὸν μακαριστὸν, ἐν ᾧ Χριστὸς ἐξετανύσθη· τοὺς δὲ ἑτέρους, ἐν οἷς οἱ συσταυρωθέντες δύο λῃσταὶ τεθνήκεσαν. Σὺν αὐτοῖς δὲ εὕρητο καὶ ἡ τοῦ Πιλάτου σανὶς, ἐν ᾗ βασιλέα τῶν Ἰουδαίων τὸν σταυρωθέντα Χριστὸν προσγράφων, ἐν διαφόροις γράμμασι ἐκήρυττεν. Ἐπεὶ δὲ ἀμφίβολος ἦν ὁ σταυρὸς ὁ ζητούμενος, οὐχ ἡ τυχοῦσα λύπη κατεῖχε τὴν τοῦ βασιλέως μητέρα. Οὐκ εἰς μακρὰν δὲ παύει τὰ τῆς λύπης ὁ τῶν Ἱεροσολύμων ἐπίσκοπος, ᾧ ὄνομα ἦν Μακάριος· λύει δὲ πίστει τὸ ἀμφίβολον· σημεῖον γὰρ ᾔτει παρὰ τοῦ Θεοῦ, καὶ ἐλάμβανε. Τὸ δὲ σημεῖον ἦν τοιοῦτο· γυνή τις τῶν ἐγχωρίων, νόσῳ χρονίᾳ ληφθεῖσα, πρὸς αὐτῷ λοιπὸν τῷ θανάτῳ ἐγένετο. Προσάγεσθαι οὖν τῇ ἀποθνησκούσῃ τῶν σταυρῶν ἕκαστον ὁ ἐπίσκοπος παρεσκεύασε, πιστεύσας ἀναρρωσθῆναι τὴν γυναῖκα ἀψαμένην τοῦ τιμίου σταυροῦ· καὶ τῆς ἐλπίδος οὐκ ἥμαρτε· προσενεχθέντων γὰρ τῶν μὴ κυρίων δύο σταυρῶν, ἔμενεν οὐδὲν ἧττον ἡ γυνὴ ἀποθνήσκουσα. Ὡς δὲ ὁ τρίτος ὁ γνήσιος προσηνέχθη, ἡ ἀποθνήσκουσα εὐθὺς ἀνερρώσθη, καὶ ἐν τοῖς ὑγιαίνουσιν ἦν. Τοῦτον μὲν οὖν τὸν τρόπον τὸ τοῦ σταυροῦ ξύλον ηὕρηται. Ἡ δὲ τοῦ βασιλέως μήτηρ οἶκον μὲν εὐκτήριον ἐν τῷ τοῦ μνήματος τόπῳ πολυτελῆ κατεσκεύασεν, 'Ἱερουσαλήμ τε νέαν' ἐπωνόμασεν, ἀντιπρόσωπον τῇ παλαιᾷ ἐκείνῃ καὶ καταλελειμμένῃ ποιήσασα. Τοῦ δὲ σταυροῦ μέρος μέν τι θήκῃ ἀργυρᾷ περικλείσασα, μνημόσυνον τοῖς ἱστορεῖν βουλομένοις αὐτόθι κατέλιπε· τὸ δὲ ἕτερον μέρος ἀποστέλλει τῷ βασιλεῖ. Ὅπερ δεξάμενος, καὶ πιστεύσας τελείως σωθήσεσθαι τὴν πόλιν ἔνθα ἂν ἐκεῖνο φυλάττηται, τῷ ἑαυτοῦ ἀνδριάντι κατέκρυψεν, ὃς ἐν τῇ αὐτῇ Κωνσταντίνου πόλει, ἐν τῇ ἐπιλεγομένῃ ἀγορᾷ Κωνσταντίνου, ἐπὶ τοῦ πορφυροῦ καὶ μεγάλου κίονος ἵδρυται. Τοῦτο μὲν ἀκοῇ γράψας ἔχω· πάντες δὲ σχεδὸν οἱ τὴν Κωνσταντίνου πόλιν οἰκοῦντες, ἀληθὲς εἶναι φασί. Καὶ τοὺς ἥλους δὲ, οἳ ταῖς χερσὶ τοῦ Χριστοῦ κατὰ τὸν σταυρὸν ἐνεπάγησαν, ὁ Κωνσταντῖνος λαβὼν, (καὶ γὰρ καὶ τούτους ἡ μήτηρ ἐν τῷ μνήματι εὑροῦσα ἀπέστειλεν), χαλινούς τε καὶ περικεφαλαίαν ποιήσας, ἐν τοῖς πολέμοις ἐκέχρητο. Ἐχορήγει μὲν οὖν πάσας τὰς ὕλας ὁ βασιλεὺς εἰς τὴν κατασκευὴν τῶν ἐκκλησιῶν· ἔγραφε δὲ καὶ Μακαρίῳ τῷ ἐπισκόπῳ, ἐπισπεύδειν τὰς οἰκοδομάς. Ἡ δὲ τοῦ βασιλέως μήτηρ, ποιήσασα τὴν νέαν Ἰερουσαλὴμ, καὶ ἐν τῷ ἄντρῳ τῆς Βηθλεὲμ, ἔνθα ἡ κατὰ σάρκα γέννησις τοῦ Χριστοῦ, ἑτέραν ἐκκλησίαν οὐχ ἧττω κατεσκεύαζεν· οὐ μὴν ἀλλὰ καὶ ἐν τῷ ὄρει τῆς ἀναλήψεως. Οὕτω δὲ εἶχεν εὐλαβῶς περὶ ταῦτα, ὡς καὶ συνεύχεσθαι ἐν τῷ τῶν γυναικῶν τάγματι· καὶ τὰς παρθένους τὰς ἀναγεγραμμένας ἐν τῷ τῶν ἐκκλησιῶν κανόνι ἐπὶ ἑστίασιν προτρεπομένη, δι' ἑαυτῆς λειτουργοῦσα, τὰ ὄψα ταῖς τραπέζαις προσέφερε. Πολλὰ δὲ καὶ ἐδωρεῖτο ταῖς ἐκκλησίαις καὶ τοῖς πένησιν· εὐσεβῶς τε διανύσασα τὴν ζωὴν, ἐτελεύτησε περὶ ὀγδοηκοστὸν ἔτος· καὶ τὸ σῶμα αὐτῆς εἰς τὴν βασιλεύουσαν νέαν Ῥώμην διακομισθὲν ἐν τοῖς βασιλικοῖς μνήμασιν ἀπετέθη.

CAP. XVIII.

Ὡς καὶ ὁ βασιλεὺς Κωνσταντῖνος τὰ μὲν Ἑλλήνων καθῄρει, πολλὰς δὲ ἐκκλησίας ἐν διαφόροις τόποις ἵδρυσεν.

Καὶ μετὰ ταῦτα δὲ ὁ βασιλεὺς ἐπιμελέστερος ὢν περὶ τὰ Χριστιανῶν ἀπεστράφη τὰς Ἑλληνικὰς θρησκείας. Καὶ παύει μὲν τὰ μονομάχια· εἰκόνας δὲ τὰς ἰδίας ἐν τοῖς ναοῖς ἐναπέθετο. Λεγόντων δὲ τῶν Ἑλλήνων, ὡς ἄρα ὁ Σάραπις εἴη ὁ τὸν Νεῖλον ἀνάγων ἐπὶ ἀρδείᾳ τῆς Αἰγύπτου, τῷ τὸν πῆχυν εἰς τὸν ναὸν τοῦ Σαράπιδος κομίζεσθαι, αὐτὸς εἰς τὴν ἐκκλησίαν τὸν πῆχυν Ἀλεξανδρέων μετατιθέναι ἐκέλευσε. Τῶν δὲ φημιζόντων, ὡς οὐκ ἀναβήσεται ὁ Νεῖλος ὀργῇ τοῦ Σαράπιδος, ἥτε ἄνοδος τοῦ ποταμοῦ τῷ τε ἐξῆς ἔτει καὶ εἰς τὸ μετὰ ταῦτα ἐγένετό τε καὶ γίνεται· ἔργῳ τε δείκνυται ὡς οὐ διὰ θρησκείαν, ἀλλὰ διὰ τοὺς ὅρους τῆς προνοίας, ἡ τοῦ Νείλου ἀνάβασις γίνεται. Ὑπὸ δὲ τοὺς αὐτοὺς χρόνους καὶ βαρβάρων Σαρματῶν καὶ Γότθων κατατρεχόντων τὴν Ῥωμαίων γῆν, οὐδαμῶς ἡ περὶ τὰς ἐκκλησίας τοῦ βασιλέως πρόθεσις ἐνεκόπτετο· ἀλλ' ἀμφοτέρων τὴν ἁρμόζουσαν ἐποιήσατο πρόνοιαν· τοὺς μὲν γὰρ τῷ Χριστιανικῷ τροπαίῳ πεπιστευκὼς κατὰ κράτος ἐνίκα, ὡς καὶ τὸ εἰωθὸς παρὰ τῶν πάλαι βασιλέων δίδοσθαι χρυσίον τοῖς βαρβάροις περιελεῖν, ἐκείνους τε ἐκπεπληγμένους τῷ παραλόγῳ τῆς ἥττης πιστεῦσαι τότε πρῶτον τῇ Χριστιανισμοῦ θρησκείᾳ, δι' ἧς καὶ Κωνσταντῖνος ἐσώζετο. Αὖθις δὲ ἑτέρας ἐκκλησίας ἐποίει· καὶ μίαν μὲν ἐν τῇ καλουμένῃ δρυῒ τῇ Μαμβρῇ, ὑφ' ἣν τοὺς ἀγγέλους ἐξενίσθαι πρὸς τοῦ Ἀβραὰμ οἱ ἱεροὶ λόγοι μηνύουσι, κατεσκεύαζε. Μαθὼν γὰρ ὁ βασιλεὺς βωμοὺς ὑπὸ τῇ δρυῒ ἱδρύσθαι, καὶ θυσίας Ἑλληνικὰς τελεῖσθαι ἐπ' αὐτῷ, μέμφεται μὲν δι' ἐπιστολῆς Εὐσεβίῳ τῷ τῆς Καισαρείας ἐπισκόπῳ· κελεύει δὲ, τὸν μὲν βωμὸν ἀνατραπῆναι, πρὸς δὲ τὴν δρῦν κατασκευασθῆναι οἶκον εὐκτήριον. Ἑτέραν δὲ ἐκκλησίαν ἐν Ἡλιουπόλει τῆς Φοινίκης κατασκευασθῆναι προσέταξε, δι' αἰτίαν τοιαύτην· οἱ Ἡλιουπολῖται, τίνα μὲν ἔσχον ἐξ ἀρχῆς νομοθέτην οὐκ ἔχω εἰπεῖν, ὁποῖος ἦν τὸ ἦθος· τὸ δὲ ἦθος ἐκ τῆς πόλεως δείκνυται. Κοινὰς γὰρ εἶναι παρ' αὐτοῖς τὰς γυναῖκας ἐγχώριος νόμος ἐκέλευε· καὶ διὰ τοῦτο, ἀμφίβολα μὲν ἦν παρ' αὐτοῖς τὰ τικτόμενα· γονέων γὰρ καὶ τέκνων οὐδεμία διάκρισις ἦν· τὰς γὰρ παρθένους τοῖς παριοῦσι ξένοις παρεῖχον πορνεύεσθαι. Καὶ τοῦτο ἐξ ἀρχαίου κρατοῦν παρ' αὐτοῖς, λῦσαι ἐσπούδασε. Νόμῳ γὰρ σεμνῷ τῶν αἰσχρῶν ἀνελὼν τὸ μύσος, τὰ γένη ἑαυτὰ ἐπιγινώσκειν παρεσκεύασεν. Ἐκκλησίας τε κτίσας, καὶ ἐπίσκοπον χειροτονηθῆναι παρεσκεύασε, καὶ κλῆρον ἱερόν. Οὕτω τὰ Ἡλιουπολιτῶν κακὰ μετριώτερα ἀπειργάσατο. Παραπλησίῳ δὲ τρόπῳ καὶ τὸ ἐν Ἀφάκοις τοῦ Λιβάνου ἱερὸν τῆς Ἀφροδίτης καθελὼν, τὰς ἐκεῖ γιγνομένας ἀνέδην ἀρρητοποιίας ἐξέκοψε. Τί δ' ἂν εἴποιμι ὅπως τὸν ἐν Κιλικίᾳ Πυθωνικὸν ἐξήλασε δαίμονα, τὸν οἶκον ἐν ᾧ ἐνεφώλευεν ἐκ θεμελίων ἀνατραπῆναι κελεύσας; Τοσοῦτος δὲ ἦν ὁ τοῦ βασιλέως περὶ τὸν Χριστιανισμὸν πόθος, ὡς καὶ Περσικοῦ μέλλοντος κινεῖσθαι πολέμου, κατασκευάσας σκηνὴν ἐκ ποικίλης ὀθόνης ἐκκλησίας τύπον ἀποτελοῦσαν, ὥσπερ Μωϋσῆς ἐν τῇ ἐρήμῳ πεποιήκει, καὶ ταύτην φέρεσθαι, ἵνα ἔχοι κατὰ τοὺς ἐρημοτάτους τόπους εὐκτήριον ηὐτρεπισμένον. Ἀλλ' οὐ προέβη τότε ὁ πόλεμος· ἔφθη γὰρ δέει τοῦ βασιλέως σβεσθῆναι.

Ὅτι δὲ καὶ περὶ τὸ ἀνορθοῦν τὰς πόλεις σπουδαῖος ἦν ὁ βασιλεύς, καὶ ὅπως κώμας πολλὰς πόλεις ἀπέδειξεν, ὡς τὴν Δρεπάνην ἐπώνυμον τῆς μητρός, καὶ ἐν Παλαιστίνῃ Κωνσταντίαν ἐπ' ὀνόματι τῆς ἑαυτοῦ ἀδελφῆς Κωνσταντίας, οὐκ εὔκαιρον ἡγοῦμαι γράφειν. Οὐ γὰρ πρόκειται τὰς πράξεις τοῦ βασιλέως ἀριθμεῖν, ὅτι μὴ ὅσαι πρὸς Χριστιανισμὸν ἁρμόζουσιν, ἀλλ' ὅσαι μόνον περὶ τὰς ἐκκλησίας ἐγένοντο· διὸ τὰ κατορθώματα τοῦ βασιλέως ἑτέρας ὑποθέσεως ὄντα, ἰδίας τε δεόμενα πραγματείας, ἑτέροις ἀφίημι, τοῖς τὰ τοιαῦτα συγγράφειν δυναμένοις. Ἐγὼ δέ, εἰ μὲν ἀδιαίρετος ἡ ἐκκλησία μεμενήκει, καὶ αὐτὸς ἡσυχίαν ἂν ἦγον. Ὅπου γὰρ ὑπόθεσις μὴ χορηγεῖ τὰ γινόμενα, περιττὸς ὁ λέγων ἐστίν. Ἐπειδὴ δὲ τὴν ἀποστολικὴν τοῦ Χριστιανισμοῦ πίστιν ἡ διαλεκτικὴ καὶ κενὴ ἀπάτη συνέχεεν ἐν ταὐτῷ καὶ διέσπειρεν, ᾠήθην δεῖν γραφῇ ταῦτα παραδοῦναι, ὅπως ἂν μὴ ἀφανῆ γένηται τὰ κατὰ τὰς ἐκκλησίας γενόμενα· ἡ γὰρ περὶ τούτων γνῶσις παρὰ μὲν τοῖς πολλοῖς καὶ εὔκλειαν φέρει, αὐτὸν δὲ τὸν ἐπιστάμενον ἀσφαλέστερον ἀπεργάζεται, διδάσκει τε μὴ σαλεύεσθαι, κενοφωνίας τινὸς ἐμπεσούσης ἐκ λέξεων.

CAP. XIX.

Τίνα τρόπον ἐπὶ τῶν χρόνων Κωνσταντίνου τὰ ἐνδοτέρω ἔθνη τῶν Ἰνδῶν ἐχριστιάνισαν.

Αὖθις οὖν μνημονευτέον καὶ ὅπως ἐπὶ τῶν καιρῶν τοῦ βασιλέως ὁ Χριστιανισμὸς ἐπλατύνετο· τηνικαῦτα γὰρ Ἰνδῶν τε τῶν ἐνδοτέρω καὶ Ἰβήρων τὰ ἔθνη πρὸς τὸ Χριστιανίζειν ἐλάμβανε τὴν ἀρχήν. Τίνος δὲ ἕνεκεν τῇ προσθήκῃ τῶν ἐνδοτέρω ἐχρησάμην, διὰ βραχέων ἐρῶ. Ἡνίκα οἱ ἀπόστολοι κλήρῳ τὴν εἰς τὰ ἔθνη πορείαν ἐποιοῦντο, Θωμᾶς μὲν τὴν Πάρθων ἀποστολὴν ὑπεδέχετο, Ματθαῖος δὲ τὴν Αἰθιοπίαν, Βαρθολομαῖος δὲ ἐκληροῦτο τὴν συνημμένην ταύτῃ Ἰνδίαν· τὴν μέντοι ἐνδοτέρω Ἰνδίαν, ᾗ προσοικεῖ βαρβάρων ἔθνη πολλά, διαφόροις χρώμενα γλώσσαις, οὐδέ πω πρὸ τῶν Κωνσταντίνου χρόνων ὁ τοῦ Χριστιανισμοῦ λόγος ἐφώτιζε. Τίς δὲ ἡ αἰτία τοῦ καὶ αὐτοὺς Χριστιανίσαι, νῦν ἔρχομαι καταλέξων. Μερόπιός τις φιλόσοφος, τῷ γένει Τύριος, ἱστορῆσαι τὴν Ἰνδῶν χώραν ἔσπευσεν, ἁμιλλησάμενος πρὸς τὸν φιλόσοφον Μητρόδωρον, ὃς πρὸ αὐτοῦ τὴν Ἰνδῶν χώραν ἱστόρησεν. Παραλαβὼν οὖν δύο παιδάρια συγγενῆ ὁ Μερόπιος, Ἑλληνικῆς οὐκ ἄμοιρα διαλέκτου, καταλαμβάνει πλοίῳ τὴν χώραν· ἱστορήσας τε ὅσα ἐβούλετο, προσορμίζει χρείᾳ τῶν ἐπιτηδείων τόπῳ λιμένα ἔχοντι ἀσφαλῆ. Συμβεβήκει δὲ τότε πρὸς ὀλίγον τὰς σπονδὰς διεσπᾶσθαι τὰς μεταξὺ Ῥωμαίων τε καὶ Ἰνδῶν. Συλλαβόντες δὲ οἱ Ἰνδοὶ τὸν φιλόσοφον καὶ τοὺς συμπλέοντας, πλὴν τῶν δύο συγγενῶν παιδαρίων, ἅπαντας διεχρήσαντο· τοὺς δὲ δύο παῖδας, οἴκτῳ τῆς ἡλικίας διασώσαντες, δῶρον τῷ Ἰνδῶν βασιλεῖ προσκομίζουσιν. Ὁ δὲ ἡσθεὶς τῇ προσόψει τῶν νέων, ἕνα μὲν αὐτῶν, ᾧ ὄνομα ἦν Αἰδέσιος, οἰνοχόον τῆς αὐτοῦ τραπέζης καθίστησι· τὸν δὲ ἕτερον, Φουρμέντιος ὄνομα αὐτῷ, τῶν βασιλικῶν γραμματοφυλάκων φροντίζειν προσέταξεν. Μετ' οὐ πολὺ δὲ τελευτῶν ὁ βασιλεὺς ἐπὶ υἱῷ κομιδῇ νηπίῳ καὶ γυναικί, ἐλευθέρους τούτους ἀφίησιν. Ἡ δὲ γυνὴ τοῦ βασιλέως, υἱὸν ἔχουσα καταλελειμμένον ἐν ἡλικίᾳ μικρᾷ, εἶπεν αὐτοῖς πρόνοιαν αὐτοῦ ποιήσασθαι, ἄχρις οὗ εἰς ἄνδρα τελέσῃ. Πεισθέντες οὖν οἱ νεανίσκοι πρόνοιαν ποιοῦνται τῶν τοῦ βασιλέως πραγμάτων. Φουρμέντιος δὲ ἦν μάλιστα ὁ διοικῶν σύμπαντα· ἔργον δὲ ἐποιεῖτο, τοὺς ἐπιδημοῦντας τῇ χώρᾳ Ῥωμαίους ἐμπόρους ζητεῖν, εἴπου τινὰ τῶν Χριστιανιζόντων ἐφεύροι. Εὑρὼν δὲ, καὶ τὰ καθ' ἑαυτὸν διδάσκων, παρεκάλει τόπους καταλαμβάνειν ἰδιάζοντας ἐπὶ τῷ τὰς Χριστιανικὰς ἐκτελεῖν εὐχάς. Κατὰ βραχὺ δὲ προϊόντος τοῦ χρόνου, καὶ εὐκτήριον κατεσκεύασε, καί τινας τῶν Ἰνδῶν κατηχοῦντες συνεύχεσθαι αὐτοῖς παρεσκεύασαν. Ἐπεὶ δὲ ὁ τοῦ βασιλέως παῖς τῆς τελείας ἡλικίας ἐπέβη, οἱ περὶ τὸν Φουρμέντιον παραδόντες τὰ καλῶς ὑπ' αὐτῶν διοικηθέντα πράγματα, ᾔτουν ἐπὶ τὴν ἑαυτῶν ἀποχωρῆσαι πατρίδα· τοῦ δὲ βασιλέως καὶ τῆς ἑαυτοῦ μητρὸς ἐπιμένειν παρακαλούντων καὶ μὴ πεισάντων, ἀνεχώρουν ἐπιθυμίᾳ τῆς ἐνεγκαμένης. Αἰδέσιος μὲν οὖν ὡς ἐπὶ τὴν Τύρον ἐσπουδάζεν, ὀψόμενος γονέας τε καὶ συγγενεῖς· Φουρμέντιος δὲ καταλαβὼν τὴν Ἀλεξάνδρειαν, τῷ ἐπισκόπῳ Ἀθανασίῳ τότε νεωστὶ τῆς ἐπισκοπῆς ἀξιωθέντι, ὑπαναφέρει τὸ πρᾶγμα, διδάξας τά τε τῆς ἑαυτοῦ ἀποδημίας, καὶ ὡς ἐλπίδας ἔχουσιν Ἰνδοὶ τὸν Χριστιανισμὸν παραδέξασθαι· ἐπίσκοπόν τε καὶ κλῆρον ἀποστέλλειν, καὶ μηδαμῶς περιορᾶν τοὺς δυναμένους σωθῆναι. Ἀθανάσιος δὲ λαβὼν εἰς ἔννοιαν τὸ λυσιτελές, αὐτὸν Φουρμέντιον τὴν ἐπισκοπὴν ἀναδέξασθαι παρεσκεύασεν, εἰπὼν μὴ ἔχειν αὐτοῦ ἐπιτηδειότερον. Γίνεται δὴ τοῦτο· καὶ Φουρμέντιος ἀξιωθεὶς τῆς ἐπισκοπῆς αὖθις ἐπὶ τὴν Ἰνδῶν παραγίνεται χώραν, καὶ κῆρυξ τοῦ Χριστιανισμοῦ γίνεται, εὐκτήριά τε πολλὰ ἱδρύει, ἀξιωθείς τε θείας χάριτος, πολλὰ μὲν σημεῖα, πολλῶν δὲ σὺν τῇ ψυχῇ καὶ τὰ σώματα ἐθεράπευε. Ταῦτα δὲ ὁ Ῥουφῖνος παρὰ τοῦ Αἰδεσίου, ὕστερον καὶ αὐτοῦ ἱερωσύνης ἀξιωθέντος ἐν τῇ Τύρῳ, ἀκηκοέναι φησίν.

CAP. XX.

Τίνα τρόπον Ἴβηρες ἐχριστιάνισαν.

Καιρὸς δὲ ἤδη λέγειν, ὅπως καὶ Ἴβηρες ὑπὸ τὸν αὐτὸν χρόνον ἐχριστιάνισαν. Γυνή τις, βίον σεμνὸν καὶ σώφρονα μετερχομένη, θείᾳ τινὶ προνοίᾳ ὑπ' Ἰβήρων αἰχμάλωτος γίνεται. Ἴβηρες δὲ οὗτοι προσοικοῦσι μὲν τὸν Εὔξεινον πόντον, ἄποικοι δὲ εἰσὶν Ἰβήρων τῶν ἐν Ἱσπανίᾳ. Ἡ γυνὴ τοίνυν ἡ αἰχμάλωτος ἐν μέσοις οὖσα τοῖς βαρβάροις ἐφιλοσόφει· σὺν γὰρ τῇ πολλῇ τῆς σωφροσύνης ἀσκήσει, νηστείᾳ τε βαθυτάτῃ καὶ συντόνοις προσέκειτο ταῖς εὐχαῖς· τοῦτο δὲ ὁρῶντες οἱ βάρβαροι τὸν ξενισμὸν τοῦ πραττομένου ἐθαύμαζον. Συμβαίνει δὴ τὸν τοῦ βασιλέως παῖδα νήπιον ὄντα ἀρρωστίᾳ περιπεσεῖν· καὶ ἔθει τινὶ ἐγχωρίῳ, παρὰ τὰς ἄλλας γυναῖκας ἡ τοῦ βασιλέως γυνὴ ἔπεμπε τὸν παῖδα θεραπευθησόμενον, εἴπου τι βοήθημα πρὸς τὴν νόσον ἐκ πείρας ἐπίστανται. Ὡς δὲ περιαχθεὶς ὁ παῖς ὑπὸ τῆς τροφοῦ, παρ' οὐδεμιᾶς τῶν γυναικῶν θεραπείας ἐτύγχανε, τέλος ἄγεται πρὸς τὴν αἰχμάλωτον. Ἡ δέ, ἐπὶ παρουσίᾳ πολλῶν γυναικῶν, ὑλικὸν μὲν βοήθημα προσέφερεν οὐδέν· οὐδὲ γὰρ ἠπίστατο· δεξαμένη δὲ τὸν παῖδα, καὶ εἰς τὸ ἐκ τριχῶν ὑφασμένον αὐτῇ στρωμάτιον ἀνακλίνασα, λόγον εἶπεν ἁπλοῦν· 'Ὁ Χριστός,' φησίν, 'ὁ πολλοὺς ἰασάμενος, καὶ τοῦτο τὸ βρέφος ἰάσεται.' Ἐπευξαμένης τε ἐπὶ τῷ λόγῳ τούτῳ, καὶ ἐπικαλεσαμένης Θεόν, παραχρῆμα ὁ παῖς ἀνερρώννυτο, καὶ εἶχεν ἐξ ἐκείνου καλῶς· φήμη τε ἐντεῦθεν τὰς τῶν βαρβάρων γυναῖκας καὶ αὐτὴν τὴν τοῦ βασιλέως διέτρεχε· καὶ φανερωτέρα ἡ αἰχμάλωτος ἐγίνετο. Μετ' οὐ πολὺ δὲ καὶ ἡ τοῦ βασιλέως γυνὴ ἀρρωστίᾳ περιπεσοῦσα τὴν αἰχμάλωτον γυναῖκα μετεπέμπετο. Τῆς δὲ παραιτησαμένης μετριαζούσης τε ἐν τοῖς ἤθεσιν, αὐτὴ φέρεται παρ' αὐτήν· ποιεῖ δὲ ἡ αἰχμάλωτος ἃ καὶ ἐπὶ τοῦ παιδὸς πεποιήκει πρότερον· παραχρῆμα δὲ ἡ νοσοῦσα ἐρρώσθη καὶ ηὐχαρίστει τῇ γυναικί. Ἡ δὲ, 'Οὐκ ἐμὸν,' ἔφη, 'τὸ ἔργον, ἀλλὰ Χριστοῦ, ὃς Υἱός ἐστι τοῦ Θεοῦ, τοῦ τὸν κόσμον ποιήσαντος·' τοῦτόν τε ἐπικαλεῖσθαι παρῄνει, καὶ ἀληθῆ γνωρίζειν Θεόν. Θαυμάσας δὲ ὁ βασιλεὺς τῶν Ἰβήρων τὴν ἐκ τῆς νόσου εἰς ὑγιείαν ταχυτῆτα, πυθόμενός τε τίς εἴη ὁ θεραπεύσας, δώροις ἠμείβετο τὴν αἰχμάλωτον. Ἡ δὲ οὐκ ἔφη δεῖσθαι πλούτου· ἔχειν γὰρ πλοῦτον τὴν εὐσέβειαν, καὶ δέχεσθαι μέγα δῶρον, εἰ ἐπιγνώσειε τὸν Θεὸν, τὸν ὑπ' αὐτῆς γινωσκόμενον. Ταῦτα εἰποῦσα, τὰ δῶρα ἀντέπεμπεν· ὁ δὲ βασιλεὺς τὸν μὲν λόγον ἐταμιεύσατο. Μεθ' ἡμέραν δὲ ἐξελθόντι αὐτῷ εἰς θήραν, συμβαίνει τοιοῦτό τι. Τὰς κορυφὰς τῶν ὀρέων καὶ τὰς νάπας ἔνθα ἐθήρα κατέχεεν ὁμίχλη σκότος τε πολύ. καὶ ἦν ἄπορος μὲν ἡ θήρα, ἀδιεξίτητος δὲ ἡ ὁδός· ἐν ἀμηχανίᾳ δὲ γενόμενος πολὺ τοὺς θεοὺς ἐπεκαλεῖτο οὓς ἔσεβεν. Ὡς δὲ οὐδὲν ἤνυε πλέον, τέλος εἰς ἔννοιαν τῆς αἰχμαλώτου λαμβάνει τὸν Θεὸν, καὶ τοῦτον καλεῖ βοηθόν· καὶ ἅμα γε εὔχετο, καὶ τὸ ἐκ τῆς ὁμίχλης διελύετο σκότος. Θαυμάζων δὲ τὸ γενόμενον, χαίρων ἐπὶ τὰ οἰκεῖα ἀνεχώρει, καὶ τὸ συμβεβηκὸς διηγεῖτο τῇ γυναικί. Καὶ τὴν αἰχμάλωτον εὐθὺς μεταπέμπεται, καὶ τίς εἴη ὃν σέβει Θεὸν ἐπυνθάνετο· ἡ δὲ εἰς πρόσωπον ἐλθοῦσα, κήρυκα τοῦ Χριστοῦ τὸν τῶν Ἰβήρων βασιλέα ἐποίησε γενέσθαι. Πιστεύσας γὰρ τῷ Χριστῷ διὰ τῆς εὐσεβοῦς γυναικὸς, πάντας τοὺς ὑπ' αὐτὸν Ἴβηρας συγκαλεῖ· καὶ τὰ συμβάντα περί τε τῆς θεραπείας τῆς γυναικὸς καὶ τοῦ παιδίου, οὐ μὴν ἀλλὰ καὶ τὰ κατὰ τὴν θήραν ἐκθέμενος, παρῄνει σέβεσθαι τὸν τῆς αἰχμαλώτου Θεόν. Ἐγένοντο οὖν ἀμφότεροι κήρυκες τοῦ Χριστοῦ· ὁ μὲν βασιλεὺς τοῖς ἀνδράσιν, ἡ δὲ γυνὴ ταῖς γυναιξί· μαθὼν δὲ παρὰ τῆς αἰχμαλώτου τὸ σχῆμα τῶν παρὰ Ῥωμαίοις ἐκκλησιῶν, εὐκτήριον οἶκον ἐκέλευσε γενέσθαι· εὐθύς τε τὰ πρὸς οἰκοδομὴν προσέταξεν εὐτρεπίζεσθαι. Καὶ ὁ οἶκος ἠγείρετο. Ἐπεὶ δὲ καὶ τοὺς στύλους ἀνορθοῦν ἐπειρῶντο, οἰκονομεῖ τι πρὸς πίστιν τοὺς ἐνοικοῦντας ἡ τοῦ Θεοῦ ἕλκουσα πρόνοια. Εἷς γὰρ τῶν στύλων ἀκίνητος ἔμενε· καὶ οὐδεμία εὑρίσκετο μηχανὴ δυναμένη κινῆσαι αὐτὸν, ἀλλὰ τὰ μὲν καλώδια διερρήγνυτο, τὰ δὲ μηχανήματα κατεάγνυτο· ἀπεγνωκότες οὖν οἱ ἐργαζόμενοι ἀπεχώρουν. Τότε δείκνυται τῆς αἰχμαλώτου ἡ πίστις· νυκτὸς γὰρ μηδενὸς ἐγνωκότος καταλαμβάνει τὸν τόπον, καὶ διανυκτερεύει τῇ εὐχῇ σχολάζουσα.

Προνοία τε Θεοῦ ὁ στῦλος ἀνορθοῦται, καὶ ὑψηλότερος τῆς βάσεως ἐν τῷ ἀέρι ἐστήρικτο, μηδαμῶς τῆς κρηπῖδος ἁπτόμενος. Ἡμέρα δὲ ἦν, καὶ ὁ βασιλεὺς ἔμφρων τις ὢν ἐπὶ τὴν οἰκοδομὴν παρῆν, ὁρᾷ τε τὸν στῦλον ἐπὶ τὴν ἰδίαν κρεμάμενον βάσιν· καὶ ἐκπλήττεται μὲν αὐτὸς ἐπὶ τῷ γεγονότι, ἐκπλήττονται δὲ καὶ οἱ παρόντες σὺν αὐτῷ. Μετ' οὐ πολὺ γὰρ ἐπ' ὀφθαλμοῖς αὐτῶν τῇ ἰδίᾳ βάσει ὁ στῦλος κατιὼν ἱδρύεται· βοή τε ἐντεῦθεν τῶν ἀνθρώπων βοώντων, καὶ ἀληθῆ τὴν πίστιν ἀνακαλούντων τοῦ βασιλέως, καὶ ὑμνούντων τὸν τῆς αἰχμαλώτου Θεόν· ἐπίστευόν τε λοιπόν, καὶ σὺν προθυμίᾳ πολλῇ τοὺς ὑπολοίπους στύλους ἀνώρθουν· καὶ οὐκ εἰς μακρὰν τὸ ἔργον τετέλεστο. Πρεσβεία ἐντεῦθεν πρὸς τὸν βασιλέα Κωνσταντῖνον ἐγένετο· παρεκάλουν τε τοῦ λοιποῦ ὑπόσπονδοι Ῥωμαίων γίνεσθαι, λαμβάνειν τε ἐπίσκοπον καὶ ἱερὸν κλῆρον· πιστεύειν γὰρ εἰλικρινῶς ἔλεγον τῷ Χριστῷ. Ταῦτα φησὶν ὁ Ῥουφῖνος παρὰ Βακουρίου μεμαθηκέναι, ὃς πρότερον μὲν ἦν βασιλίσκος Ἰβήρων, ὕστερον δὲ Ῥωμαίοις προσελθών, ταξίαρχος τοῦ ἐν Παλαιστίνῃ στρατιωτικοῦ κατέστη· καὶ μετὰ ταῦτα στρατηλατῶν τὸν κατὰ Μαξίμου τοῦ τυράννου πόλεμον τῷ βασιλεῖ Θεοδοσίῳ συνηγωνίσατο. Τοῦτον μὲν τὸν τρόπον καὶ Ἴβηρες ἐχριστιάνισαν ἐπὶ τῶν Κωνσταντίνου χρόνων.

CAP. XXI.

Περὶ Ἀντωνίου τοῦ μοναχοῦ.

Ὁποῖος δὲ ἦν ἐπὶ τῶν αὐτῶν χρόνων καὶ ὁ μοναχὸς Ἀντώνιος ἐν τῇ ἐρήμῳ τῆς Αἰγύπτου, ὃς φανερῶς τοῖς δαίμοσιν ἀντεπάλαιεν, ἐφευρίσκων τε ἁπλῶς τὰς τέχνας αὐτῶν καὶ τοὺς ἄθλους, καὶ ὅπως πολλὰ ἐποίει τεράστια, περιττὸν λέγειν ἡμᾶς· ἔφθασε γὰρ Ἀθανάσιος ὁ Ἀλεξανδρείας ἐπίσκοπος, μονόβιβλον εἰς τὸν αὐτοῦ βίον ἐκθέμενος. Τοιούτων ἀγαθῶν εὐφορία κατὰ ταὐτὸν ὑπὸ τοὺς χρόνους Κωνσταντίνου τοῦ βασιλέως ἐγένετο.

CAP. XXII.

Περὶ Μάνεντος τοῦ ἀρχηγοῦ τῆς αἱρέσεως τῶν Μανιχαίων, καὶ ὅθεν ἦν τὴν ἀρχήν.

Ἀλλὰ μεταξὺ τοῦ χρηστοῦ σίτου εἴωθε καὶ ζιζάνια φύεσθαι· Matt. xiii. 25. φθόνος γὰρ τοῖς ἀγαθοῖς ἐφεδρεύειν φιλεῖ. Παρεφύη γὰρ μικρὸν ἔμπροσθεν τῶν Κωνσταντίνου χρόνων τῷ ἀληθεῖ Χριστιανισμῷ Ἑλληνίζων Χριστιανισμὸς, καθάπερ καὶ τοῖς προφήταις ψευδοπροφῆται, καὶ ἀποστόλοις ψευδαπόστολοι παρεφύοντο. Τηνικαῦτα γὰρ τὸ Ἐμπεδοκλέους τοῦ παρ' Ἕλλησι φιλοσόφου δόγμα διὰ τοῦ Μανιχαίου Χριστιανισμὸν ὑπεκρίνατο· περὶ οὗ Εὐσέβιος μὲν ὁ Παμφίλου ἐν τῇ ἑβδόμῃ τῆς ἐκκλησιαστικῆς ἱστορίας ἐπεμνήσθη· οὐ μὴν ἀκριβῶς διηγήσατο. Διόπερ τὸ παραλειφθὲν ἐκείνῳ ἀναπληρῶσαι ἀναγκαῖον ἡγοῦμαι· γνωσθήσεται γὰρ, τίς τε ὢν ὁ Μανιχαῖος καὶ πόθεν, τοιαῦτα ἐτόλμησε. Σκυθιανός τις Σαρακηνὸς γυναῖκα εἶχεν αἰχμάλωτον ἐκ τῶν ἄνω Θηβῶν· δι' ἣν τὴν Αἴγυπτον οἰκήσας, καὶ τὴν Αἰγυπτίων παιδείαν μαθὼν, τὴν Ἐμπεδοκλέους καὶ Πυθαγόρου δόξαν εἰς τὸν Χριστιανισμὸν παρεισήγαγε· δύο φύσεις εἰπὼν, ἀγαθήν τε καὶ πονηρὰν, ὡς καὶ Ἐμπεδοκλῆς, νεῖκος ὀνομάζων τὴν πονηρὰν, φιλίαν δὲ τὴν ἀγαθήν. Τούτου δὲ τοῦ Σκυθιανοῦ μαθητὴς γίνεται Βούδδας, πρότερον Τερέβινθος καλούμενος· ὅς τις ἐπὶ τὴν Βαβυλωνίαν χώραν ὁρμήσας, ἥ τις ὑπὸ Περσῶν οἰκεῖται, πολλὰ περὶ ἑαυτοῦ ἐτερατεύετο, φάσκων ἐκ παρθένου γεγενῆσθαι, καὶ ἐν ὄρεσιν ἀνατετράφθαι. Εἶτα συγγράφει βιβλία τέσσαρα, ἓν μὲν ἐπονομάσας 'τῶν Μυστηρίων,' ἕτερον δὲ, 'τὸ Εὐαγγέλιον' καὶ 'τὸν Θησαυρὸν' τρίτον, καὶ 'τὰ Κεφάλαια' τέταρτον. Τελετὰς δέ τινας ποιεῖν σχηματιζόμενος, ἐδισκεύθη ὑπὸ πνεύματος, καὶ οὕτως ἀπώλετο. Γυνὴ δέ τις, παρ' ᾗ κατέλυεν, ἔθαψεν αὐτόν· καὶ τὰ ἐκείνου χρήματα κατασχοῦσα, παιδάριον ὠνήσατο, περὶ ἑπτὰ ἔτη τὴν ἡλικίαν, ὀνόματι Κούβρικον· τοῦτον ἐλευθερώσασα, καὶ γράμματα ἐκδιδάξασα, μετὰ χρόνον ἐτελεύτησε, πάντα αὐτῷ τὰ χρήματα τοῦ Τερεβίνθου καταλείψασα, καὶ τὰ βιβλία ἅπερ ἦν συντάξας ἐκεῖνος, ὑπὸ Σκυθιανῷ παιδευόμενος. Ταῦτα λαβὼν ὁ ἀπελεύθερος Κούβρικος, καὶ ἐπὶ τὰ Περσῶν μέρη χωρήσας, μετονομάζει μὲν ἑαυτὸν Μάνην· τὰ δὲ τοῦ Βούδδα ἤτοι Τερεβίνθου βιβλία, ὡς οἰκεῖα, τοῖς ὑπ' αὐτοῦ πλανηθεῖσιν ἐξέδωκεν. Αἱ τῶν βίβλων τοίνυν ὑποθέσεις Χριστιανίζουσι μὲν τῇ φωνῇ, τοῖς δὲ δόγμασιν Ἑλληνίζουσι· καὶ γὰρ πολλοὺς θεοὺς σέβειν ὁ Μανιχαῖος προτρέπεται ἄθεος ὢν, καὶ τὸν ἥλιον προσκυνεῖν διδάσκει· καὶ εἱμαρμένην εἰσάγει, καὶ τὸ ἐφ' ἡμῖν ἀναιρεῖ· καὶ μετενσωμάτωσιν δογματίζει, φανερῶς Ἐμπεδοκλέους καὶ Πυθαγόρου καὶ Αἰγυπτίων ταῖς δόξαις ἀκολουθήσας· καὶ τὸν Χριστὸν ἐν σαρκὶ γεγονέναι οὐ βούλεται, φάντασμα αὐτὸν λέγων εἶναι· καὶ νόμον καὶ προφήτας ἀθετεῖ· καὶ ἑαυτὸν ὀνομάζει Παράκλητον· ἅπερ πάντα ἀλλότρια τῆς ὀρθοδόξου ἐκκλησίας καθέστηκεν. Ἐν δὲ ταῖς ἐπιστολαῖς, καὶ ἀπόστολον ἑαυτὸν ὀνομάζειν ἐτόλμησεν. Ἀλλὰ τοῦ τηλικούτου ψεύδους ἀξίαν εὕρετο δίκην διὰ τοιάνδε αἰτίαν. Τοῦ βασιλέως Περσῶν υἱὸς νόσῳ περιπεπτώκει· ὁ δὲ πατήρ, τὸ δὴ λεγόμενον, πάντα λίθον ἐκίνει, τὸν υἱὸν σωθῆναι βουλόμενος· μαθών τε περὶ τοῦ Μανιχαίου, καὶ τὰς τερατείας αὐτοῦ νομίσας εἶναι ἀληθεῖς, ὡς ἀπόστολον μεταπέμπεται, πιστεύσας δι' αὐτοῦ σωθήσεσθαι τὸν υἱόν. Ὁ δὲ παραγενόμενος μετὰ τοῦ ἐπιπλάστου σχήματος ἐγχειρίζεται τὸν τοῦ βασιλέως υἱόν· ὁ δὲ βασιλεὺς ἑωρακὼς ὅτι ὁ παῖς ἐν ταῖς χερσὶν αὐτοῦ ἐτεθνήκει, συγκλείσας αὐτὸν, τιμωρεῖσθαι ἕτοιμος ἦν· ὁ δὲ διαδρὰς ἐπὶ τὴν Μεσοποταμίαν διασώζεται. Μαθών τε αὐτὸν ὁ τῶν Περσῶν βασιλεὺς ἐκεῖ διατρίβειν, ἀνάρπαστον ποιήσας, ζῶντα ἐξέδειρεν· καὶ ἀχύρων τὴν δορὰν πληρώσας, πρὸ τῆς πύλης τῆς πόλεως προὔθηκε. Ταῦτα δὲ ἡμεῖς, οὐ πλάσαντες λέγομεν, ἀλλὰ διαλόγῳ Ἀρχελάου τοῦ ἐπισκόπου Κασχάρων, μιᾶς τῶν ἐν Μεσοποταμίᾳ πόλεων, ἐντυχόντες συνηγάγομεν. Αὐτὸς γὰρ Ἀρχέλαος διαλεχθῆναι αὐτῷ φησὶ κατὰ πρόσωπον, καὶ τὰ προγεγραμμένα εἰς τὸν βίον αὐτοῦ ἐκτίθεται. Τοῖς οὖν ἀγαθοῖς ἐνακμάζουσιν ὁ φθόνος, καθὰ ἔφην, ἐφεδρεύειν φιλεῖ. Τίς δὲ ἡ αἰτία, δι' ἣν ὁ ἀγαθὸς Θεὸς τοῦτο γίνεσθαι συγχωρεῖ, πότερον γυμνάσαι τὰ ἀγαθὰ τῶν δογμάτων βουλόμενος τῆς ἐκκλησίας, καὶ τὴν ἐπὶ τῇ πίστει προσγινομένην ἀλαζονείαν ἐκκόπτειν, ἢ ὅπως ποτὲ ἔχοι, δυσχερὴς μὲν καὶ μακρὰ ἡ ἀπόδοσις, οὐκ εὐκαίρως δὲ νῦν· ἐξετάζεται· οὔτε γὰρ δόγματα πρόκειται γυμνάζειν ἡμῖν, οὔτε τοὺς περὶ προνοίας καὶ κρίσεως τοῦ Θεοῦ δυσευρέτους λόγους κινεῖν, ἀλλ' ἱστορίαν γεγονότων περὶ τὰς ἐκκλησίας πραγμάτων ὡς οἷόν τε διηγήσασθαι. Ὅπως μὲν οὖν μικρὸν ἔμπροσθεν τῶν Κωνσταντίνου χρόνων ἡ Μανιχαίων παρεφύη θρησκεία, εἴρηται· ἐπανέλθωμεν δὲ ἐπὶ τοὺς χρόνους τῆς προκειμένης ἱστορίας.

CAP. XXIII.

Ὡς Εὐσέβιος ὁ Νικομηδείας καὶ Θέογνις ὁ Νικαίας ἀναθαρσήσαντες σπουδὴν πεποίηνται παρατρέψαι τὴν ἐν Νικαίᾳ πίστιν, διὰ τὸ σκευωρήσασθαι Ἀθανάσιον.

Οἱ περὶ Εὐσέβιον καὶ Θέογνιν τῆς ἐξορίας ἐπανελθόντες τὰς μὲν ἐκκλησίας κατέλαβον, ἐξωθήσαντες, ὡς ἔφην, τοὺς χειροτονηθέντας εἰς τὸν τόπον αὐτῶν· παρρησίαν τε οὐ τὴν τυχοῦσαν ἐκτήσαντο παρὰ τῷ βασιλεῖ, ὃς πάνυ διὰ τιμῆς ἦγεν αὐτοὺς, ὡς ἀπὸ κακοδοξίας εἰς τὴν ὀρθοδοξίαν ἐπιστρέψαντας. Οἱ δὲ, τῇ δοθείσῃ παρρησίᾳ καταχρησάμενοι, μείζονα τῆς προλαβούσης ταραχὴν τῇ οἰκουμένῃ ἐκίνησαν, διχόθεν ὁρμώμενοι, ἔκ τε τῆς προκατασχούσης αὐτοὺς Ἀρειανῆς δόξης, καὶ ἐκ τῆς πρὸς Ἀθανάσιον ἀπεχθείας· ἐπειδὴ αὐτοῖς ἐκεῖνος ἐν τῇ συνόδῳ γενναίως περὶ τῶν ζητουμένων δογμάτων ἀντέπεσεν. Πρῶτον μὲν τὴν Ἀθανασίου χειροτονίαν διέβαλλον, καὶ ὡς ἀναξίου πρὸς τὴν ἐπισκοπὴν, καὶ μὴ ὡς ὑπὸ ἀξιοπίστων γεγενημένου· ἐπεὶ δὲ ἐκεῖνος κρείττων τῆς διαβολῆς ἐδείκνυτο, (ἐγκρατὴς γὰρ τῆς Ἀλεξανδρέων ἐκκλησίας γενόμενος, διαπύρως ὑπὲρ τῆς ἐν Νικαίᾳ πίστεως ἠγωνίζετο), τότε δὴ οἱ περὶ Εὐσέβιον σπουδὴν ἐτίθεντο, Ἀθανάσιον μὲν σκευωρήσασθαι, Ἄρειον δὲ καταγαγεῖν εἰς τὴν Ἀλεξάνδρειαν· οὕτω γὰρ μόνως δυνήσεσθαι τὴν τοῦ ʼὁμοουσίουʼ πίστιν ἐκβαλεῖν, παρεισάγειν δὲ τὴν Ἀρειανίζουσαν. Ἔγραφεν οὖν Εὐσέβιος Ἀθανασίῳ, δέχεσθαι Ἄρειον καὶ τοὺς ἀμφʼ αὐτόν· καὶ γράφων μὲν παρεκάλει, ἔξωθεν δὲ διηπείλει. Ἐπεὶ δὲ Ἀθανάσιος οὐδενὶ τρόπῳ ἐπείθετο, κατασκευάζει πεισθῆναι τὸν βασιλέα, δέξασθαι μὲν εἰς πρόσωπον τὸν Ἄρειον, καὶ κάθοδον αὐτῷ εἰς τὴν Ἀλεξάνδρειαν παρασχεῖν· καὶ ταῦτα μὲν ὅπως ἐξίσχυσε κατεργάσασθαι, κατὰ χώραν ἐρῶ. Πρὸ τούτων δὲ ἑτέρα ταῖς ἐκκλησίαις ἐπιγίνεται ταραχή· καὶ γὰρ πάλιν τὴν εἰρήνην οἱ οἰκεῖοι τῆς ἐκκλησίας ἐτάραττον. Εὐσέβιος μὲν οὖν ὁ Παμφίλου φησὶν, εὐθὺς μετὰ τὴν σύνοδον πρὸς ἑαυτὴν στασιάζειν τὴν Αἴγυπτον, τὴν αἰτίαν μὴ προστιθείς· ἐξ ὧν καὶ διγλώσσου δόξαν ἐκτήσατο, ὅτι τὰς αἰτίας λέγειν ἐκκλίνων, μὴ συνευδοκεῖν τοῖς ἐν Νικαίᾳ συνέθετο· ὡς δὲ ἡμεῖς ἐκ διαφόρων ἐπιστολῶν εὑρήκαμεν, ἃς μετὰ τὴν σύνοδον οἱ ἐπίσκοποι πρὸς ἀλλήλους ἔγραφον, ἡ τοῦ ʼὁμοουσίουʼ λέξις τινὰς διετάραττε· περὶ ἣν κατατριβόμενοι καὶ ἀκρι-

βολογούμενοι τὸν κατὰ ἀλλήλων πόλεμον ἤγειραν· νυκτομαχίας τε
οὐδὲν ἀπεῖχε τὰ γινόμενα· οὐδὲ γὰρ ἀλλήλους ἐφαίνοντο νοοῦντες,
ἀφ' ὧν ἀλλήλους βλασφημεῖν ὑπελάμβανον. Οἱ μὲν γὰρ τοῦ
'ὁμοουσίου' τὴν λέξιν ἐκκλίνοντες, τὴν Σαβελλίου καὶ Μοντανοῦ
δόξαν εἰσηγεῖσθαι τοὺς αὐτὴν προσδεχομένους ἐνόμιζον· καὶ διὰ
τοῦτο βλασφήμους ἐκάλουν, ὡς ἀναιροῦντας τὴν ὕπαρξιν τοῦ Υἱοῦ
τοῦ Θεοῦ· οἱ δὲ πάλιν τῷ 'ὁμοουσίῳ' προσκείμενοι, πολυθεΐαν εἰσ-
άγειν τοὺς ἑτέρους νομίζοντες, ὡς Ἑλληνισμὸν εἰσάγοντας ἐξετρέ-
ποντο. Καὶ Εὐστάθιος μὲν ὁ Ἀντιοχείας ἐπίσκοπος διασύρει τὸν
Παμφίλου Εὐσέβιον, ὡς τὴν ἐν Νικαίᾳ πίστιν παραχαράττοντα·
Εὐσέβιος δὲ τὴν μὲν ἐν Νικαίᾳ πίστιν οὔ φησι παραβαίνειν,
διαβάλλει δὲ Εὐστάθιον, ὡς τὴν Σαβελλίου δόξαν εἰσάγοντα· διὰ
ταῦτα ἕκαστοι ὡς κατὰ ἀντιπάλων τοὺς λόγους συνέγραφον· ἀμφό-
τεροί τε λέγοντες ἐνυπόστατόν τε καὶ ἐνυπάρχοντα τὸν Υἱὸν εἶναι
τοῦ Θεοῦ, ἕνα τε Θεὸν ἐν τρισὶν ὑποστάσεσιν εἶναι ὁμολογοῦντες,
ἀλλήλοις, οὐκ οἶδ' ὅπως, συμφωνῆσαι οὐκ ἴσχυον· καὶ διὰ ταῦτα
ἡσυχάζειν οὐδενὶ τρόπῳ ἠνείχοντο.

CAP. XXIV.

Περὶ τῆς γενομένης συνόδου ἐν Ἀντιοχείᾳ, ἣ καθεῖλεν Εὐστάθιον τὸν Ἀντιοχείας
ἐπίσκοπον· ἐφ' ᾧ στάσεως γενομένης, μικροῦ ἀνετράπη ἡ πόλις.

Σύνοδον οὖν ἐν Ἀντιοχείᾳ ποιήσαντες, καθαιροῦσιν Εὐστάθιον,
ὡς τὰ Σαβελλίου μᾶλλον φρονοῦντα, ἢ ἅπερ ἡ ἐν Νικαίᾳ σύνοδος
ἐδογμάτισεν· ὡς μὲν οὖν τινες φασὶν, δι' ἄλλας οὐκ ἀγαθὰς αἰτίας·
φανερῶς γὰρ οὐκ εἰρήκασι. Τοῦτο δὲ ἐπὶ πάντων εἰώθασι τῶν
καθαιρουμένων ποιεῖν οἱ ἐπίσκοποι, κατηγοροῦντες μὲν καὶ ἀσεβεῖν
λέγοντες, τὰς δὲ αἰτίας τῆς ἀσεβείας οὐ προστιθέντες. Ὅτι μέντοι
ὡς Σαβελλίζοντα καθεῖλον Εὐστάθιον, Κύρου τοῦ Βεροίας ἐπισκόπου
κατηγοροῦντος αὐτοῦ, Γεώργιος ὁ Λαοδικείας τῆς ἐν Συρίᾳ ἐπίσκο-
πος, εἷς ὢν τῶν μισούντων τὸ 'ὁμοούσιον,' ἐν τῷ ἐγκωμίῳ τῷ εἰς
Εὐσέβιον τὸν Ἐμισηνὸν ἔγραψεν [εἰρηκέναι]. Καὶ περὶ μὲν τοῦ
Ἐμισηνοῦ Εὐσεβίου κατὰ χώραν ἐροῦμεν. Γεώργιος δὲ περὶ
Εὐσταθίου γράφει· φάσκων γὰρ Εὐστάθιον ὑπὸ τοῦ Κύρου κατη-
γορεῖσθαι ὡς Σαβελλίζοντα, αὖθις τὸν Κῦρον ἐπὶ τοῖς αὐτοῖς ἁλόντα
καθῃρῆσθαί φησί. Καὶ πῶς οἷόν τε, Κῦρον τὰ Σαβελλίου φρο-
νοῦντα κατηγορεῖν Εὐσταθίου ὡς Σαβελλίζοντος; Ἔοικεν οὖν

Εὐστάθιον δι' ἑτέρας καθῃρῆσθαι προφάσεις. Τότε δὲ ἐν ᾗ Ἀντιοχείᾳ δεινὴ στάσις ἐπὶ τῇ αὐτοῦ καθαιρέσει γεγένηται· καὶ μετὰ ταῦτα πολλάκις περὶ ἐπιλογῆς ἐπισκόπου τοσοῦτος ἐξήφθη πυρσὸς, ὡς μικροῦ δεῆσαι τὴν πᾶσαν ἀνατραπῆναι πόλιν, εἰς δύο τμήματα διαιρεθέντος τοῦ λαοῦ· τῶν μὲν Εὐσέβιον τὸν Παμφίλου ἐκ τῆς ἐν Παλαιστίνῃ Καισαρείας μεταφέρειν φιλονεικούντων ἐπὶ τὴν Ἀντιόχειαν, τῶν δὲ σπευδόντων ἐπαναγαγεῖν Εὐστάθιον. Συνελαμβάνετο δὲ ἑκατέρῳ μέρει καὶ τὸ κοινὸν τῆς πόλεως· καὶ στρατιωτικὴ χεὶρ, ὡς κατὰ πολεμίων κεκίνητο, ὡς καὶ ξιφῶν μέλλειν ἅπτεσθαι, εἰ μὴ ὁ Θεός τε καὶ ὁ παρὰ τοῦ βασιλέως φόβος τὰς ὁρμὰς τοῦ πλήθους ἀνέστειλεν. Ὁ μὲν γὰρ βασιλεὺς δι' ἐπιστολῶν τὰ γεγενημένα καὶ τὰς στάσεις κατέπαυσεν, Εὐσέβιος δὲ παραιτησάμενος· ἐφ' ᾧ καὶ θαυμάσας αὐτὸν ὁ βασιλεὺς, γράφει τε αὐτῷ καὶ τὴν πρόθεσιν αὐτοῦ ἐπαινέσας, μακάριον ἀποκαλεῖ, ὅτι οὐ μιᾶς πόλεως, ἀλλὰ πάσης σχεδὸν τῆς οἰκουμένης ἐπίσκοπος ἄξιος εἶναι ἐκρίθη. Ἐφεξῆς οὖν ἐπὶ ἔτη ὀκτὼ λέγεται τὸν ἐν Ἀντιοχείᾳ θρόνον τῆς ἐκκλησίας σχολάσαι· ὀψὲ δέ ποτε σπουδῇ τῶν τὴν ἐν Νικαίᾳ πίστιν παρατρέπειν σπουδαζόντων, χειροτονεῖται Εὐφρόνιος. Τοσαῦτα μὲν περὶ τῆς συνόδου, ἡ κατὰ τὴν Ἀντιόχειαν δι' Εὐστάθιον γέγονεν, ἱστορείσθω. Μετὰ ταῦτα δὲ εὐθὺς καὶ ὁ τὴν Βηρυτὸν μὲν πάλαι καταλιπὼν Εὐσέβιος, τότε δὲ τῆς ἐν Νικομηδείᾳ κρατῶν ἐκκλησίας, σπουδὴν ἔθετο σὺν τοῖς ἀμφ' αὐτὸν, Ἄρειον καταγαγεῖν εἰς τὴν Ἀλεξάνδρειαν· πῶς δὲ ἐξίσχυσαν τοῦτο κατεργάσασθαι, καὶ πῶς ἐπείσθη ὁ βασιλεὺς εἰς πρόσωπον δέξασθαι Ἄρειον καὶ τὸν σὺν αὐτῷ Εὐζώιον, ἤδη λεκτέον.

CAP. XXV.

Περὶ τοῦ πρεσβυτέρου τοῦ σπουδάσαντος ἀνακληθῆναι Ἄρειον.

Ἦν ἀδελφὴ τῷ βασιλεῖ Κωνσταντίνῳ, τοὔνομα Κωνσταντία· γυνὴ δὲ ἐγεγόνει Λικιννίου, τοῦ πρότερον μὲν συμβασιλεύσαντος αὐτῷ Κωνσταντίνῳ, μετὰ ταῦτα δὲ τυραννήσαντος, καὶ διὰ τοῦτο ἀναιρεθέντος. Ταύτῃ πρεσβύτερός τις τῷ Ἀρειανῶν προσκείμενος δόγματι γνώριμος ἦν, καὶ ἐν τοῖς οἰκείοις ἐτάττετο. Ὑποβαλόντος οὖν Εὐσεβίου καὶ τῶν σὺν αὐτῷ, λόγους περὶ Ἀρείου πρὸς τὴν γυναῖκα παρέσπειρεν, ἠδικῆσθαι φάσκων αὐτὸν ὑπὸ τῆς συνόδου, καὶ μὴ φρονεῖν ὡς περὶ αὐτοῦ λόγος κατέχει. Ταῦτα ἀκούσασα ἡ

Arius invited to Court.

Κωνσταντία τῷ μὲν πρεσβυτέρῳ ἐπίστευεν, τῷ δὲ βασιλεῖ λέγειν οὐκ ἐτόλμα. Συμβαίνει δὲ χαλεπῇ νόσῳ περιπεσεῖν τὴν Κωνσταντίαν· ὁ δὲ βασιλεὺς συνεχῶς ἀρρωστοῦσαν αὐτὴν ἐπεσκέπτετο. Ἐπειδὴ δὲ ἡ γυνὴ ἐκ τῆς νόσου χαλεπώτερον διετέθη, θνήσκειν δὲ προσεδόκα, παρακατατίθεται τῷ βασιλεῖ τὸν πρεσβύτερον, μαρτυροῦσα αὐτῷ σπουδὴν καὶ εὐλάβειαν, καὶ ὡς εὔνους εἴη περὶ τὴν βασιλείαν αὐτοῦ. Ἡ μὲν οὖν μετ' οὐ πολὺ τεθνήκει· ὁ δὲ πρεσβύτερος ἐν τοῖς οἰκειοτάτοις τοῦ βασιλέως ἐτάττετο· καὶ δὴ κατὰ βραχὺ τὴν παρρησίαν αὐξήσας, τοὺς αὐτοὺς ἀναφέρει λόγους περὶ τοῦ Ἀρείου τῷ βασιλεῖ, οἷς πρὸς τὴν ἀδελφὴν ἐχρήσατο πρότερον· φάσκων μὴ ἄλλως φρονεῖν Ἄρειον, ἢ ὃ τῇ συνόδῳ δοκεῖ· ἐλθόντα τε αὐτὸν κατὰ πρόσωπον, συντίθεσθαι τούτοις, καὶ ἀλόγως συκοφαντεῖσθαι τούτοις. Ξένα καταφαίνεται τῷ βασιλεῖ τὰ παρὰ τοῦ πρεσβυτέρου λεγόμενα· καὶ 'εἰ Ἄρειος,' ἔφη, 'συντίθεται τῇ συνόδῳ, καὶ εἰ τὰ ἐκείνης φρονεῖ, δέξομαί τε αὐτὸν εἰς πρόσωπον, καὶ σὺν τιμῇ ἐκπέμψω ἐπὶ τὴν Ἀλεξάνδρειαν.' Ταῦτα ἔλεγε, καὶ αὐτίκα πρὸς αὐτὸν ἔγραφε τάδε.

Νικητὴς Κωνσταντῖνος μέγιστος σεβαστὸς Ἀρείῳ.

Πάλαι μὲν ἐδηλώθη τῇ στερρότητί σου, ὅπως ἂν εἰς τὸ ἐμὸν στρατόπεδον ἀφίκοιο, ἵνα τῆς ἡμετέρας θέας ἀπολαῦσαι δυνηθείης. Θαυμάζομεν δὲ σφόδρα, μὴ παραχρῆμα τοῦτο πεποιηκότα. Διόπερ νῦν ἐπιβὰς ὀχήματος δημοσίου εἰς τὸ ἡμέτερον στρατόπεδον ἀφικέσθαι ἐπείχθητι· ὅπως ἂν τῆς παρ' ἡμῶν εὐμενείας τε καὶ ἐπιμελείας τυχὼν, ἐπὶ τὴν πατρίδα ἀφικέσθαι δυνηθῇς. Ὁ Θεός σε διαφυλάττοι, ἀγαπητέ. Ἐδόθη τῇ πρὸ πέντε καλανδῶν Δεκεμβρίων.

Καὶ αὕτη μὲν ἡ πρὸς Ἄρειον τοῦ βασιλέως ἐπιστολή. Θαυμάσαι δέ μοι ἔπεισι τὴν σπουδὴν καὶ τὸν ζῆλον, ὃν εἶχεν ὁ βασιλεὺς περὶ τὴν θεοσέβειαν· φαίνεται γὰρ διὰ τῆς ἐπιστολῆς, ὡς πλειστάκις αὐτὸν ἐπὶ μετάνοιαν προτρεψάμενος, ἀφ' ὧν μέμφεται ὅτι πολλάκις αὐτοῦ γράψαντος, μὴ ταχέως Ἄρειος ἐπανῆλθεν εἰς τὴν ἀλήθειαν. Ἄρειος μὲν οὖν δεξάμενος τοῦ βασιλέως τὰ γράμματα, μετ' οὐ πολὺ παρῆν ἐπὶ τὴν Κωνσταντινούπολιν· συμπαρῆν δὲ αὐτῷ καὶ Εὐζώϊος, ὃν καθεῖλεν Ἀλέξανδρος ὄντα διάκονον, ὅτε καθῄρει τοὺς περὶ Ἄρειον. Δέχεται οὖν αὐτοὺς ὁ βασιλεὺς εἰς πρόσωπον, καὶ διεπυνθάνετο εἰ τῇ πίστει συντίθενται· τῶν δὲ συνθεμένων ἑτοίμως, ὁ βασιλεὺς ἔγγραφον αὐτοὺς ἐπιδιδόναι τὴν πίστιν ἐκέλευσεν.

CAP. XXVI.

Ὡς Ἄρειος ἀνακληθεὶς, βιβλίον μετανοίας δοὺς τῷ βασιλεῖ, τὴν ἐν Νικαίᾳ πίστιν ὑπεκρίνατο.

Οἱ δὲ βιβλίον συντάξαντες, τῷ βασιλεῖ προσκομίζουσι, τοῦτον ἔχον τὸν τρόπον.

Τῷ εὐλαβεστάτῳ καὶ θεοφιλεστάτῳ δεσπότῃ ἡμῶν βασιλεῖ Κωνσταντίνῳ Ἄρειος καὶ Εὐζώϊος· καθὼς προσέταξεν ἡ θεοφιλής σου εὐσέβεια, δέσποτα βασιλεῦ, ἐκτιθέμεθα τὴν ἑαυτῶν πίστιν, καὶ ἐγγράφως ὁμολογοῦμεν ἐπὶ Θεοῦ, οὕτως πιστεύεις καὶ αὐτοὶ καὶ οἱ σὺν ἡμῖν, ὡς ὑποτέτακται. Πιστεύομεν εἰς ἕνα Θεὸν, Πατέρα παντοκράτορα· καὶ εἰς Κύριον Ἰησοῦν Χριστὸν τὸν Υἱὸν αὐτοῦ, τὸν ἐξ αὐτοῦ πρὸ πάντων τῶν αἰώνων γεγεννημένον Θεὸν Λόγον, δι' οὗ τὰ πάντα ἐγένετο, τά τε ἐν τοῖς οὐρανοῖς, καὶ τὰ ἐπὶ τῆς γῆς· τὸν κατελθόντα, καὶ σαρκωθέντα, καὶ παθόντα, καὶ ἀναστάντα, ἀνελθόντα εἰς τοὺς οὐρανούς, καὶ πάλιν ἐρχόμενον κρῖναι ζῶντας καὶ νεκρούς· καὶ εἰς τὸ Ἅγιον Πνεῦμα, καὶ εἰς σαρκὸς ἀνάστασιν, καὶ εἰς ζωὴν τοῦ μέλλοντος αἰῶνος, καὶ εἰς βασιλείαν οὐρανῶν, καὶ εἰς μίαν καθολικὴν ἐκκλησίαν τοῦ Θεοῦ, τὴν ἀπὸ περάτων ἕως περάτων. Ταύτην δὲ τὴν πίστιν παρειλήφαμεν ἐκ τῶν ἁγίων εὐαγγελίων, λέγοντος τοῦ Κυρίου τοῖς ἑαυτοῦ μαθηταῖς· ʽ Πορευθέντες μαθητεύσατε πάντα τὰ ἔθνη, βαπτίζοντες αὐτοὺς εἰς ὄνομα τοῦ Πατρὸς καὶ τοῦ Υἱοῦ καὶ τοῦ Ἁγίου Πνεύματος.ʼ Εἰ δὲ μὴ ταῦτα οὕτως πιστεύομεν καὶ ἀποδεχόμεθα ἀληθῶς, Πατέρα, Υἱὸν, καὶ Πνεῦμα Ἅγιον, ὡς πᾶσα ἡ καθολικὴ ἐκκλησία καὶ αἱ γραφαὶ διδάσκουσιν, αἷς κατὰ πάντα πιστεύομεν, κριτὴς ἡμῶν ἐστὶν ὁ Θεὸς καὶ νῦν καὶ ἐν τῇ μελλούσῃ κρίσει. Διὸ παρακαλοῦμέν σου τὴν θεοσέβειαν, θεοφιλέστατε βασιλεῦ, ἐκκλησιαστικοὺς ἡμᾶς ὄντας, καὶ τὴν πίστιν καὶ τὸ φρόνημα τῆς ἐκκλησίας καὶ τῶν ἁγίων γραφῶν ἔχοντας, ἑνοῦσθαι ἡμᾶς διὰ τῆς εἰρηνοποιοῦ σου καὶ θεοσεβοῦς εὐσεβείας, τῇ μητρὶ ἡμῶν, τῇ ἐκκλησίᾳ δηλαδὴ, περιῃρημένων τῶν ζητημάτων καὶ περισσολογιῶν· ἵνα καὶ ἡμεῖς καὶ ἡ ἐκκλησία εἰρηνεύσαντες μετ' ἀλλήλων τὰς συνήθεις εὐχὰς, ὑπὲρ τῆς εἰρηνικῆς σου βασιλείας καὶ παντὸς τοῦ γένους σου, κοινῇ πάντες ποιησώμεθα.

Matt. xxviii. 19.

CAP. XXVII.

Ὡς Ἀρείου εἰς τὴν Ἀλεξάνδρειαν γνώμῃ τοῦ βασιλέως κατελθόντος, καὶ μὴ δεχθέντος ὑπὸ Ἀθανασίου, οἱ περὶ Εὐσέβιον διαφόρους κατὰ Ἀθανασίου διαβολὰς πρὸς τὸν βασιλέα πεποίηνται.

Οὕτω μὲν οὖν Ἄρειος τὸν βασιλέα πείσας, ἐχώρει ἐπὶ τὴν Ἀλεξάνδρειαν. Οὐ μέντοι γε κρείσσων ἡ κατασκευὴ τῆς σιωπωμένης ἀληθείας ἐγίνετο· ὡς γὰρ καταλαμβάνοντα αὐτὸν τὴν Ἀλεξάνδρειαν Ἀθανάσιος οὐκ ἐδέχετο (ὡς μῦσος γὰρ αὐτὸν ἐξετρέπετο), αὖθις ἀνακινεῖν ἐπεχείρει τὴν Ἀλεξάνδρειαν, παρεμβαλὼν τὴν αἵρεσιν. Τότε δὴ καὶ οἱ περὶ Εὐσέβιον αὐτοί τε ἔγραφον, καὶ τὸν βασιλέα γράφειν παρεσκεύαζον, ὅπως ἂν προσδεχθῶσιν οἱ περὶ Ἄρειον. Ἀθανάσιος μὲν οὖν πάντῃ τοῦ δέξασθαι αὐτοὺς ἀπηγόρευσε· καὶ τὸν βασιλέα γράφων ἐδίδασκεν, ἀδύνατον εἶναι τοὺς ἅπαξ τὴν πίστιν ἀθετήσαντας καὶ ἀναθεματισθέντας αὖθις ἐξ ὑποστροφῆς συλλαμβάνεσθαι. Ὁ δὲ βασιλεὺς βαρέως ἐνεγκὼν, τάδε Ἀθανασίῳ γράφων ἠπείλησε.

Μέρος ἐπιστολῆς τοῦ βασιλέως.

Ἔχων τοίνυν τῆς ἐμῆς βουλῆς τὸ γνώρισμα, πᾶσι τοῖς βουλομένοις εἰς τὴν ἐκκλησίαν εἰσελθεῖν ἀκώλυτον παράσχου τὴν εἴσοδον. Ἐὰν γὰρ γνῶ ὡς κεκώλυκας τινὰς αὐτῶν τῆς ἐκκλησίας μεταποιουμένους, ἢ ἀπείρξας τῆς εἰσόδου, ἀποστελῶ παραχρῆμα τὸν καθαιρήσοντά σε ἐξ ἐμῆς κελεύσεως, καὶ τῶν τόπων μεταστήσοντα.

Ταῦτα ἔγραφεν ὁ βασιλεὺς, τοῦ λυσιτελοῦντος γινόμενος, καὶ μὴ βουλόμενος τὴν ἐκκλησίαν διασπᾶσθαι· τοὺς γὰρ πάντας ἐπὶ τὴν ὁμόνοιαν ἄγειν ἐσπούδαζε. Τότε δὴ καιρὸν εὔκαιρον οἱ περὶ Εὐσέβιον εὑρηκέναι νομίσαντες, ἀπεχθῶς πρὸς Ἀθανάσιον ἔχοντες, τὴν τοῦ βασιλέως λύπην ὑπουργὸν ἐλάμβανον τοῦ ἰδίου σκοποῦ· καὶ διὰ τοῦτο ἐκύκων πάντα, ἀποκινῆσαι αὐτὸν τῆς ἐπισκοπῆς σπουδάζοντες· οὕτω γὰρ ἤλπιζον μόνως τὴν Ἀρειανὴν δόξαν κρατήσειν, Ἀθανασίου ἐκποδὼν γινομένου. Συμπαρατάττονται οὖν κατ' αὐτοῦ Εὐσέβιος ὁ Νικομηδείας, Θέογνις Νικαίας, Μάρις Χαλκηδόνος, Οὐρσάκιος Σιγγιδόνος τῆς ἄνω Μυσίας, καὶ Οὐάλης Μουρσῶν τῆς Παννονίας. Οὗτοι μισθοῦνται τινὰς τῆς Μελιτίου αἱρέσεως καὶ διαφόρους κατὰ Ἀθανασίου κατηγορίας ἐκίνησαν· καὶ πρῶτον μὲν διὰ Ἰσίωνος καὶ Εὐδαίμονος καὶ Καλλινίκου, Μελιτιανῶν, διαβολὴν ἐργάζονται, ὡς Ἀθανασίου λινῆν ἐσθῆτα τελεῖν τοὺς Αἰγυπτίους τῇ Ἀλεξανδρέων ἐκκλησίᾳ κελεύσαντος. Ἀλλὰ ταύτην μὲν τὴν διαβολὴν Ἀλύπιος καὶ Μακάριος πρεσβύτεροι τῆς Ἀλεξανδρέων, τότε τυχηρῶς ἐν Νικομηδείᾳ τυγχάνοντες, κατέσβεσαν, ψευδῆ τὰ κατὰ Ἀθανασίου λεχθέντα διδάξαντες εἶναι τὸν βασιλέα. Διὸ τῶν μὲν κατηγόρων διὰ γραμμάτων ὁ βασιλεὺς καθήψατο, Ἀθανάσιον δὲ πρὸς ἑαυτὸν ἐλθεῖν προετρέψατο. Πρὶν ἢ δὲ ἐπιστῇ, φθάσαντες οἱ περὶ Εὐσέβιον ἑτέραν ἐπισυνάπτουσι τῇ προτέρᾳ διαβολῇ καὶ πολλῷ τῆς προτέρας χείρονα· ὡς Ἀθανάσιος ἐπιβουλεύων τοῖς βασιλέως πράγμασι Φιλουμένῳ τινὶ ἔπεμψε γλωσσόκομον πλῆρες χρυσίου. Ἀλλὰ περὶ μὲν τούτου ὁ βασιλεὺς ἐν Ψαμαθίᾳ—προάστειον δὲ τοῦτο τῆς Νικομηδείας ἐστὶ—διαγνούς, καὶ ἀθῷον εὑρὼν Ἀθανάσιον μετὰ τιμῆς ἐξέπεμψε, γράψας τῇ Ἀλεξανδρέων ἐκκλησίᾳ, ὅτι αὐτῶν ἐπίσκοπος Ἀθανάσιος ψευδῶς διεβέβλητο. Οἷα μέντοι μετὰ ταῦτα οἱ περὶ Εὐσέβιον κατὰ Ἀθανασίου συνέθεσαν, καλὸν μὲν ἦν καὶ πρέπον σιγῇ παραδοῦναι, ἵνα μὴ ἡ τοῦ Χριστοῦ ἐκκλησία ὑπὸ τῶν μὴ φρονούντων τὰ τοῦ Χριστοῦ καταγινώσκηται. Ἐπειδὴ δὲ ἐγγράφως ἐπιδοθέντα φανερὰ τοῖς πᾶσιν ἐγένετο, διὰ τοῦτο ἀναγκαῖον ἡγησάμην ὡς οἷόν τε διὰ βραχέων· εἰπεῖν τὰ ἰδιαζούσης πραγματείας δεόμενα· ὅθεν δὲ ἡ τῆς συκοφαντίας ὑπόθεσις καὶ οἱ τὰς συκοφαντίας κινήσαντες ἔλαβον τὴν ἀρχὴν, διὰ βραχέων ἐρῶ. Μαρεώτης χώρα τῆς Ἀλεξανδρείας ἐστί· κῶμαι δέ εἰσιν ἐν αὐτῇ πολλαὶ σφόδρα καὶ πολυάνθρωποι, καὶ ἐν αὐταῖς ἐκκλησίαι πολλαὶ καὶ λαμπραί· τάττονται δὲ αὗται αἱ ἐκκλησίαι ὑπὸ τῷ τῆς Ἀλεξανδρείας ἐπισκόπῳ, καὶ εἰσὶν ὑπὸ τὴν αὐτοῦ πόλιν ὡς παροικίαι. Ἐν δὲ τῷ Μαρεώτῃ τούτῳ Ἰσχύρας τις οὕτω καλούμενος πρᾶγμα ὑπέδυ πολλῶν θανάτων ἄξιον· οὐδὲ πώποτε γὰρ ἱερωσύνης τυχὼν, τὸ τοῦ πρεσβυτέρου ὄνομα ἑαυτῷ περιθέμενος τὰ ἱερέως πράττειν ἐτόλμησε. Φωραθεὶς τοίνυν ἐπὶ τοῖς λεγομένοις ὁ Ἰσχύρας ἀποδρὰς ἐκεῖθεν, καὶ καταλαβὼν τὴν Νικομήδειαν, προσφεύγει τοῖς περὶ Εὐσέβιον. Οἱ δὲ μίσει τῷ πρὸς Ἀθανάσιον, δέχονται μὲν αὐτὸν ὡς πρεσβύτερον, ἐπαγγέλλονται δὲ καὶ τῇ τῆς ἐπισκοπῆς ἀξίᾳ τιμῆσαι, εἰ κατηγορίαν ἐνστήσεται κατὰ Ἀθανασίου, πρόφασιν λαμβάνοντες ὅσα ὁ Ἰσχύρας ἐπλάττετο· ἐφήμιζε γὰρ, ὡς εἴη τὰ πάνδεινα ἐξ ἐφόδου πεπονθώς· καὶ ὅτι Μακάριος εἰσπηδήσας εἰς τὸ θυσιαστήριον ἀνέτρεψε μὲν τὴν τράπεζαν, ποτήριον δὲ κατέαξε μυστικόν· καὶ ὅτι τὰ ἱερὰ βιβλία κατέκαυσε. Μισθὸν οὖν αὐτῷ, ὡς ἔφην, τῆς κατηγορίας τὴν ἐπισκοπὴν ἐπηγγείλαντο, γινώσκοντες ὡς ἡ κατὰ Μακαρίου κατηγορία σὺν τῷ κατηγορουμένῳ καὶ τὸν πέμψαντα καθαιρεῖ Ἀθανάσιον. Ταύτην μὲν οὖν τὴν κατηγορίαν ὕστερον συνεστήσαντο· πρὸ δὲ ταύτης τὴν παντὸς πεπληρωμένην μύσους, περὶ ἧς ἤδη λεκτέον. Χεῖρα ἀνθρώπου οὐκ οἶδα πόθεν λαβόντες, πότερον ἀνελόντες τινα καὶ χειροκοπήσαντες, ἢ ἤδη νεκροῦ ὄντος ἀπέκοψαν, ὁ Θεὸς οἶδε, καὶ οἱ αὐθένται τῆς πράξεως· προεχειρίζοντο δ' οὖν ὅμως αὐτὴν, ὡς Ἀρσενίου τινὸς ἐπισκόπου τῆς Μελιτιανῶν θρησκείας τυγχάνουσαν· καὶ ταύτην ἔφερον ἐν μέσῳ, τὸν Ἀρσένιον ἀποκρύψαντες· καὶ ἔλεγον τὴν χεῖρα ταύτην Ἀθανάσιον ἐσχηκέναι πρὸς μαγείας τινάς. Τὸ μὲν οὖν μέγιστον κεφάλαιον, ὃ οἱ συκοφάνται συνέθεσαν, τοιοῦτον ἦν. Οἷα δὲ φιλεῖ ἐν τοῖς τοιούτοις γίνεσθαι, ἄλλοι ἄλλα κατηγόρουν αὐτοῦ· ἐπετίθεντο γὰρ τότε μάλιστα οἱ πρὸς αὐτὸν ἀπεχθανόμενοι. Ταῦτα γνοὺς ὁ βασιλεὺς, γράφει τῷ κήνσορι Δαλματίῳ, τῷ ἀδελφιδῷ ἑαυτοῦ ἐν Ἀντιοχείᾳ τῆς Συρίας διάγοντι, ἀγωγίμους ποιῆσαι τοὺς κατηγορουμένους, καὶ διαγνόντα δίκην τοὺς ἐλεγχθέντας εἰσπράξασθαι. Ἔπεμπε δὲ καὶ Εὐσέβιον ἅμα Θεόγνιδι, ἵνα ἐπὶ παρουσίᾳ αὐτῶν κρίνοιτο Ἀθανάσιος· ὁ δὲ ὡς ἔγνω καλεῖσθαι ὑπὸ τοῦ κήνσορος, πέμπει εἰς Αἴγυπτον ἀναζητῆσαι τὸν Ἀρσένιον· καὶ μανθάνει μὲν αὐτὸν κρύπτεσθαι, συλλαβεῖν δὲ οὐ δεδύνηται ἄλλοτε ἀλλαχοῦ μεθιστάμενον. Παύει δὲ ὁ βασιλεὺς τὸ ἐπὶ τοῦ κήνσορος δικαστήριον δι' αἰτίαν τοιαύτην.

CAP. XXVIII.

Ὡς διὰ τὰς κατηγορίας τὰς κατὰ Ἀθανασίου σύνοδον ἐπισκόπων ἐν τῇ Τύρῳ ὁ βασιλεὺς γενέσθαι παρεσκεύασεν.

Σύνοδον ἐπισκόπων ἐκήρυξε γενέσθαι ἐπὶ τῇ καθιερώσει τοῦ εὐκτηρίου οἴκου, ὃν ἐν τοῖς Ἱεροσολύμοις ἀνήγειρεν. Ὁδοῦ οὖν πάρεργον, πρότερον ἐν τῇ Τύρῳ συναχθέντας τοὺς ἐπισκόπους τὰ κατὰ Ἀθανάσιον γυμνάσαι προσέταξεν· ὅπως ἂν ἐκεῖ πρότερον ἐκποδὼν γενομένης τῆς ἐρεσχελίας, εἰρηνικώτερον τὰ ἐπιβατήρια τῆς ἐκκλησίας ἐπιτελέσωσι καθιεροῦντες αὐτὴν τῷ Θεῷ. Τριακοστὸν δὲ ἔτος ἦν τοῦτο τῆς βασιλείας Κωνσταντίνου· καὶ παρῆσαν ἐπὶ τὴν Τύρον ἐκ διαφόρων τόπων ἐπίσκοποι τὸν ἀριθμὸν ἑξήκοντα, Διονυσίου τοῦ ἀπὸ ὑπατικῶν συναγαγόντος αὐτούς. Καὶ ἤγετο μὲν Μακάριος ὁ πρεσβύτερος ἐκ τῆς Ἀλεξανδρείας σιδηροδέσμιος διὰ στρατιωτικῆς χειρός. Ἀθανάσιος δὲ ἀπαντῆσαι οὐκ ἐβούλετο, οὐ τοσοῦτον τὰς κατηγορίας εὐλαβούμενος, οὐδὲν γὰρ τῶν κατηγορουμένων ἐγίνωσκεν, ἀλλὰ φοβούμενος μή τι καινοτομηθῇ παρὰ τὰ ἐν Νικαίᾳ τῇ τότε συνόδῳ συναρέσαντα· ἐδεδοίκει γὰρ τὰ τοῦ βασιλέως ἀπειλητικὰ γράμματα· ἐγέγραπτο γὰρ αὐτῷ, ὡς εἰ μὴ ἑκὼν ἀπαντήσοι, ἀνάγκῃ ἀχθήσεσθαι. Παρῆν οὖν ἐξ ἀνάγκης καὶ Ἀθανάσιος.

CAP. XXIX.

Περὶ Ἀρσενίου καὶ τῆς κεκόφθαι λεγομένης αὐτοῦ χειρός.

Cp. Ath. Apol. c. Ari. 65.

Θεοῦ δέ τις πρόνοια τὸν Ἀρσένιον ἐπὶ τὴν Τύρον ἤλαυνεν· ἀμελήσας γὰρ τῶν ἐντολῶν, ὧν αὐτῷ οἱ τὰ χρήματα συκοφάνται παρασχόντες δεδώκασι, καθ᾽ ἱστορίαν τῶν γενησομένων κεκρυμμένως παρῆν. Ἔτυχε δέ πως τοῦ ὑπατικοῦ Ἀρχελάου οἰκέτας ἐν καπηλείῳ ἀκοῦσαι λεγόντων τινῶν, ὡς Ἀρσένιος ὁ λεγόμενος ἀνῃρῆσθαι πάρεστιν ἔν τινος οἰκίᾳ κρυπτόμενος. Ταῦτα ἀκούσαντες, καὶ τοὺς εἰπόντας σημειωσάμενοι, καταφανῆ τὰ ἀκουσθέντα τῷ δεσπότῃ ποιοῦσιν. Ὁ δέ, ὡς εἶχε, μὴ μελλήσας ἀνεζήτησε καὶ εὗρε, καὶ εὑρὼν ἠσφαλίσατο· καὶ τῷ Ἀθανασίῳ δηλοῖ μηδὲν ταράσσεσθαι, παρεῖναι γὰρ ζῶντα τὸν Ἀρσένιον. Συλληφθεὶς οὖν Ἀρσένιος ἠρνεῖτο εἶναι ὃς ἦν· ἀλλ᾽ αὐτὸν Παῦλος ὁ τῆς Τύρου ἐπίσκοπος πάλαι γινώσκων ἐξήλεγξεν. Ταῦτα τῆς προνοίας προευτρεπισάσης, μετ᾽ οὐ πολὺ ἐκαλεῖτο ὑπὸ τῆς συνόδου ὁ Ἀθανάσιος· καὶ παρόντος, οἱ συκοφάνται τὴν χεῖρα εἰς μέσον ἦγον, καὶ τὴν κατηγορίαν ἐνίσταντο. Ὁ δὲ σοφῶς μετῆλθε τὸ πρᾶγμα· ἠρώτησε γὰρ τοὺς παρόντας καὶ τοὺς κατηγόρους, 'τίνες εἶεν οἱ γινώσκοντες τὸν Ἀρσένιον;' πολλῶν δὲ εἰπόντων γινώσκειν αὐτόν, εἰσάγεσθαι ποιεῖ τὸν Ἀρσένιον, ἔνδον τοῦ ἱματίου τὰς χεῖρας αὐτοῦ ἔχοντα. Εἶτα αὖθις ἐρωτᾷ· 'Οὗτός ἐστιν ὁ τὴν χεῖρα ἀπολωλεκώς;' οἱ δὲ ἐπὶ μὲν τῷ παραδόξῳ κατεπλάγησαν, πλὴν τῶν εἰδότων ὅθεν ἡ χεὶρ ἡ κοπεῖσα· οἱ δὲ λοιποὶ ἀληθῶς ᾤοντο λείπειν τῷ Ἀρσενίῳ τὴν χεῖρα, καὶ προσεδόκων ἐξ ἑτέρας ὑποθέσεως ἀπολογεῖσθαι τὸν Ἀθανάσιον. Ὁ δέ, ἀνελίξας τὸ ἱμάτιον τοῦ Ἀρσενίου καθ᾽ ἕτερον τῶν μερῶν δείκνυσι τοῦ ἀνθρώπου τὴν χεῖρα. Πάλιν δὲ νομιζόντων τινῶν τῆς ἑτέρας ἐστερῆσθαι αὐτόν, μικρὸν παρεκλύσας ἀμφιβόλους αὐτοὺς κατέστησεν. Εἶτα μὴ μελλήσας, καὶ τὸ ἕτερον ἀνελίξας μέρος, καὶ τὴν ἑτέραν τοῦ Ἀρσενίου χεῖρα ἐπέδειξεν· οὕτω τε εἶπε πρὸς τοὺς παρόντας· 'Ἀρσένιος μέν, ὡς ὁρᾶτε, τὰς δύο

Protest of Athanasius.

χεῖρας ἔχων ἐφεύρηται· τῆς τρίτης δὲ τὸν τόπον ὅθεν ἀφῄρηται, δεικνύτωσαν οἱ κατήγοροι.'

CAP. XXX.

Ὡς Ἀθανασίου ἐπὶ τῇ κατηγορίᾳ ἀθῴου εὑρεθέντος, οἱ κατήγοροι φυγῇ ἐχρήσαντο.

Τούτων οὕτως ἐπὶ Ἀρσενίῳ πραχθέντων, ἐν ἀμηχανίᾳ μὲν οἱ ῥάψαντες τὸν δόλον κατέστησαν· Ἀχαὰβ δὲ, ὁ καὶ Ἰωάννης, ὁ κατήγορος, τοῦ δικαστηρίου διαδὺς ἐν τῷ θορύβῳ διέφυγε. Καὶ οὕτω μὲν ταύτην τὴν κατηγορίαν Ἀθανάσιος ἀπεδύσατο μηδεμιᾷ χρησάμενος παραγραφῇ, ἐθάρρει γὰρ, ὡς καταπλήξει τοὺς συκοφάντας καὶ μόνη τοῦ Ἀρσενίου ἡ ζωή.

CAP. XXXI.

Ὅτι τὰς ἐπὶ τῇ δευτέρᾳ κατηγορίᾳ ἀπολογίας Ἀθανασίου μὴ καταδεξαμένων τῶν ἐπισκόπων, Ἀθανάσιος πρὸς τὸν βασιλέα ἀνέδραμεν.

Ἐπὶ δὲ ταῖς κατὰ Μακαρίου συκοφαντίαις ταῖς νομικαῖς ἐχρήσατο παραγραφαῖς· καὶ πρῶτον μὲν τοὺς περὶ Εὐσέβιον ὡς ἐχθροὺς παρεγράφετο, φάσκων μὴ δεῖν ἐπὶ ἀντιδίκων κρίνεσθαι· ἔπειτα δὲ καὶ δείκνυσθαι, εἰ ὁ κατήγορος Ἰσχύρας ἀληθῶς πρεσβυτέρου ἔχει ἀξίαν· οὕτω γὰρ καὶ ἐν τῇ κατηγορίᾳ ἐγέγραπτο. Ἐπεὶ δὲ τούτων οὐδένα λόγον οἱ κριταὶ προσεδέξαντο, εἰσήχθη μὲν ἡ κατὰ Μακαρίου δίκη· ἀτονησάντων δὲ τῶν κατηγόρων, ὑπέρθεσιν ἐλάμβανεν ἡ ἀκρόασις, ἐφ' ᾧ παραγενέσθαι εἰς τὸν Μαρεώτην τινὰς, ἵνα ἐπὶ τῶν τόπων ζητηθῇ τὰ ἀμφίβολα. Ὡς δὲ Ἀθανάσιος πεμπομένους Ath. Apol. c. Ari. 77-81. εἶδεν οὓς παρεγράψατο,—ἐπέμπετο γὰρ Θέογνις, Μαρὶς, Θεόδωρος, Μακεδόνιος, Οὐάλης, Οὐρσάκιος,—ἐβόα 'σκευωρίαν εἶναι καὶ δόλον τὰ γινόμενα· οὐδὲ γὰρ δίκαιον εἶναι Μακάριον μὲν τὸν πρεσβύτερον ἐν δεσμοῖς εἶναι, τὸν δὲ κατήγορον ἅμα τοῖς ἐχθροῖς δικασταῖς εἶναι, ἐφ' ᾧ τε ἐκ μονομεροῦς πρᾶξιν ὑπομνημάτων ποιήσασθαι.' Ταῦτα βοῶντος τοῦ Ἀθανασίου, καὶ διαμαρτυρομένου τό τε κοινὸν τῆς συνόδου, καὶ τὸν ἀπὸ ὑπατικῶν Διονύσιον, ὡς οὐδεὶς αὐτοῦ λόγον ἐποιεῖτο, διαλαθὼν ἀνεχώρησεν. Οἱ μὲν οὖν ἀποσταλέντες εἰς τὸν Μαρεώτην ἐκ μονομεροῦς ὑπομνήματα ποιήσαντες, ὡς ἀληθῶς γενομένων ἃ ὁ κατήγορος ἔλεγεν, εἶχον.

CAP. XXXII.

Ὅτι Ἀθανασίου ἀναχωρήσαντος οἱ τῆς συνόδου καθαίρεσιν αὐτοῦ ἐψηφίσαντο.

Ath. Apol. c.
Ari. 9, 86.

Καὶ Ἀθανάσιος μὲν ἀναχωρήσας πρὸς τὸν βασιλέα ἀνέδραμεν· ἡ σύνοδος δὲ πρῶτον μὲν ἐρήμην αὐτοῦ κατεδιῄτησεν. Ὡς δὲ καὶ τὰ ἐν τῷ Μαρεώτῃ πεπραγμένα συνέφθασε, καθαίρεσιν ἐψηφίσαντο, πολλὰ ἐν τοῖς καθαιρετικοῖς αὐτὸν λοιδορήσαντες, καὶ τῆς ἐπὶ τῷ φόνῳ κατηγορίας τῶν συκοφαντῶν τὴν ἧτταν ἀποσιγήσαντες. Ἐδέξαντο δὲ καὶ αὐτὸν Ἀρσένιον τὸν ἀνῃρῆσθαι λεγόμενον· ὃς πρότερον μὲν τῆς Μελιτιανῶν θρησκείας ἐπίσκοπος ἦν, τότε δὲ εἰς τὴν κατὰ Ἀθανασίου καθαίρεσιν ὡς τῆς Ὑψηλοπολιτῶν πόλεως ἐπίσκοπος καθυπέγραψε· καὶ, τὸ παράδοξον, ὁ λεγόμενος ἀνῃρῆσθαι ὑπὸ Ἀθανασίου ζῶν καθαιρεῖ τὸν Ἀθανάσιον.

CAP. XXXIII.

Ὅπως ἡ σύνοδος ἀπὸ τῆς Τύρου ἐπὶ τὰ Ἱεροσόλυμα παραγέγονε, καὶ τὰ ἐγκαίνια ποιησαμένη τῆς νέας Ἱερουσαλήμ, τοὺς περὶ Ἄρειον εἰς κοινωνίαν ἐδέξαντο.

Παρῆν δὲ εὐθὺς γράμματα τοῦ βασιλέως σημαίνοντα ἐπὶ τὴν 'νέαν Ἱερουσαλὴμ' σπεύδειν τὴν σύνοδον· εὐθύς τε, ὡς εἶχον, ἐκ τῆς Τύρου σπουδαίως ἐπὶ τὰ Ἱεροσόλυμα ἐπορεύοντο· πάνδημον δὲ ποιήσαντες ἑορτὴν ἐπὶ τῇ καθιερώσει τῶν τόπων, Ἄρειον μὲν καὶ τοὺς περὶ αὐτὸν ἐδέξαντο, τοῖς βασιλέως γράμμασι πειθαρχεῖν λέγοντες, δι᾿ ὧν δεδηλώκει αὐτοῖς πεπεῖσθαι περὶ τῆς πίστεως

Ath. Apol. c.
Ari. 84.

Ἀρείου καὶ Εὐζωΐου. Ἔγραφον δὲ καὶ τῇ Ἀλεξανδρέων ἐκκλησίᾳ, ὡς παντὸς ἐξορισθέντος φθόνου ἐν εἰρήνῃ τὰ τῆς ἐκκλησίας καθέστηκε πράγματα· καὶ ὅτι Ἄρειος ἐκ μετανοίας ἐπιγνοὺς τὴν ἀλήθειαν, ὡς λοιπὸν τῆς ἐκκλησίας ὤν, δικαίως καὶ λοιπὸν παρ᾿

[προσδεχθείη.]

αὐτῶν προσεδέχθη, ἐξορισθέντα τὸν Ἀθανάσιον αἰνιττόμενοι. Οὐ μὴν ἀλλὰ καὶ τῷ βασιλεῖ τὰ περὶ τῶν αὐτῶν γνώριμα καθίστων. Ταῦτα δὴ τῶν ἐπισκόπων διατεθέντων, ἐπικαταλαμβάνει ἕτερα τοῦ βασιλέως γράμματα σημαίνοντα, Ἀθανάσιον μὲν ἀναδεδραμηκέναι πρὸς αὐτόν, αὐτοὺς δὲ ἀναγκαῖον εἶναι δι᾿ αὐτὸν παραγενέσθαι ἐν Κωνσταντινουπόλει. Ἔστι δὲ τὰ ἐπικαταλαβόντα γράμματα τοῦ βασιλέως τάδε.

I. 34.]   *Constantine writes to the Council.*   57

CAP. XXXIV.

Ὅτι ὁ βασιλεὺς τὴν σύνοδον ἐκάλει πρὸς ἑαυτὸν δι' ἐπιστολῆς, ἵν' ἐπὶ ἑαυτοῦ τὰ κατὰ 'Αθανάσιον ἀκριβῶς ἐξετασθῇ.

Νικητὴς Κωνσταντῖνος, μέγιστος, σεβαστὸς, τοῖς ἐν Τύρῳ συνελθοῦσιν ἐπισκόποις. Ath. Apol. c. Ari. 86.

Ἐγὼ μὲν ἀγνοῶ τίνα ἐστὶ τὰ ὑπὸ τῆς ὑμετέρας συνόδου μετὰ θορύβου καὶ χειμῶνος κριθέντα· δοκεῖ δέ πως ὑπό τινος ταραχώδους ἀταξίας ἡ ἀλήθεια διεστράφθαι, ὑμῶν δηλαδὴ διὰ τὴν πρὸς τὸν πλησίον ἐρεσχελίαν, ἣν ἀήττητον εἶναι βούλεσθε, τὰ τῷ Θεῷ ἀρέσκοντα μὴ συνορώντων. Ἀλλ' ἔσται τῆς θείας προνοίας ἔργον καὶ τὰ τῆς φιλονεικίας ταύτης κακὰ φανερῶς ἁλόντα διασκεδάσαι, καὶ ἡμῖν διαρρήδην, εἴτινα τῆς ἀληθείας αὐτοὶ οἱ συνελθόντες ἐποιήσασθε φροντίδα, καὶ εἰ τὰ κεκριμένα χωρίς τινος χάριτος καὶ ἀπεχθείας ἐκρίνατε, φανερῶσαι. Τοιγαροῦν ἠπειγμένως πάντας ὑμᾶς πρὸς τὴν ἐμὴν εὐσέβειαν ἀνελθεῖν δεῖ, ἵνα τὴν τῶν πεπραγμένων ὑμῖν ἀκρίβειαν δι' ὑμῶν αὐτῶν παραστήσητε. Τίνος δὲ ἕνεκεν ταῦτα γράψαι πρὸς ὑμᾶς ἐδικαίωσα, καὶ ὑμᾶς πρὸς ἐμαυτὸν διὰ τοῦ γράμματος καλῶ, ἐκ τῶν ἑπομένων γνώσεσθε. Ἐπιβαίνοντί μοι λοιπὸν τῆς ἐπωνύμου ἡμῶν καὶ πανευδαίμονος πατρίδος τῆς Κωνσταντινουπόλεως,—συνέβαινε δὲ τηνικαῦτα ἐφ' ἵππου με ὀχεῖσθαι,— ἐξαίφνης Ἀθανάσιος ὁ ἐπίσκοπος ἐν μέσῳ τῆς λεωφόρου, μετὰ ἱερῶν τινῶν οὓς περὶ αὐτὸν εἶχεν, ἀπροσδοκήτως οὕτω προσῆλθεν ὡς καὶ παρασχεῖν ἐκπλήξεως ἀφορμήν. Μαρτυρεῖ γάρ μοι ὁ πάντων ἔφορος Θεὸς, ὡς οὐδὲ ἐπιγνῶναι αὐτὸν ὅς τις ἦν παρὰ τὴν πρώτην ὄψιν ἐδυνήθην, εἰ μὴ τῶν ἡμετέρων τινες, καὶ ὅς τις ἦν καὶ τὴν ἀδικίαν ἣν πέπονθε διηγήσασθαι πυνθανομένοις, ὥσπερ εἰκὸς, ἀνήγγειλαν ἡμῖν. Ἐγὼ μὲν οὖν οὔτε διελέχθην αὐτῷ κατ' ἐκεῖνο καιροῦ, οὔτε ὁμιλίας ἐκοινώνησα. Ὡς δὲ ἐκεῖνος μὲν ἀκουσθῆναι ἠξίου, ἐγὼ δὲ παρῃτούμην καὶ μικροῦ δεῖν ἀπελαύνειν αὐτὸν ἐκέλευον, μετὰ πλείονος παρρησίας οὐδὲν ἕτερον παρ' ἡμῶν ἢ τὴν ὑμετέραν ἄφιξιν ἠξίωσεν ὑπάρξαι, ἵνα ὑμῶν παρόντων ἃ πέπονθεν ἀναγκαίως ἀποδύρασθαι δυνηθῇ. Ὅθεν ἐπειδὴ εὐλογόν μοι εἶναι φαίνεται καὶ τοῖς καιροῖς πρέπον καταφαίνεται, ἀσμένως ταῦτα γραφῆναι πρὸς ὑμᾶς προσέταξα, ἵνα πάντες, ὅσοι τὴν σύνοδον τὴν ἐν Τύρῳ γενομένην ἀνεπληρώσατε, ἀνυπερθέτως εἰς τὸ στρατόπεδον τῆς ἡμετέρας ἡμερότητος ἐπειχθῆτε, τοῖς ἔργοις αὐτοῖς ἐπιδεικζοντες τὸ τῆς ὑμετέρας κρίσεως καθαρόν τε καὶ ἀδιάστροφον, ἐπ' ἐμοῦ δηλαδὴ, ὃν τοῦ Θεοῦ γνήσιον εἶναι θεράποντα οὐδ' ἂν ὑμεῖς ἀρνηθείητε. Τοιγαροῦν διὰ τῆς ἐμῆς πρὸς τὸν Θεὸν λατρείας τὰ πανταχοῦ εἰρηνεύεται, καὶ ὑπὸ τῶν βαρβάρων αὐτῶν τὸ τοῦ Θεοῦ ὄνομα γνησίως εὐλογούμενον, οἳ μέχρι νῦν τὴν ἀλήθειαν ἠγνόουν. Δῆλον δὲ ὅτι ὁ τὴν ἀλήθειαν ἀγνοῶν οὐδὲ τὸν Θεὸν ἐπιγινώσκει. Πλὴν ὅμως, καθὰ προείρηται, καὶ οἱ βάρβαροι δι' ἐμὲ τὸν τοῦ Θεοῦ θεράποντα γνήσιον ἐπέγνωσαν τὸν Θεόν, καὶ εὐλαβεῖσθαι μεμαθήκασιν, ὃν ὑπερασπίζειν μου πανταχοῦ καὶ προνοεῖσθαι, τοῖς ἔργοις αὐτοῖς ᾔσθοντο· ὅθεν μάλιστα καὶ ἴσασι τὸν Θεόν, ὃν ἐκεῖνοι μὲν διὰ τὸν πρὸς ἡμᾶς φόβον εὐλαβοῦνται. Ἡμεῖς δέ, οἱ τὰ ἅγια μυστήρια τῆς ἐκκλησίας αὐτοῦ δοκοῦντες προβάλλεσθαι (οὐ γὰρ εἴποιμι φυλάττειν), ἡμεῖς, φημὶ, οὐδὲν πράττομεν ἢ τὰ πρὸς διχόνοιαν καὶ μῖσος συντείνοντα, καὶ ἁπλῶς εἰπεῖν, τὰ πρὸς ὄλεθρον τοῦ ἀνθρωπίνου γένους συντείνοντα. Ἀλλ' ἐπείχθητε, καθὰ προεῖπον, πρὸς ἡμᾶς πάντες ᾗ τάχος· πεπεισμένοι ὡς παντὶ σθένει κατορθῶσαι πειρασόμεθα, ὅπως ἐν τῷ νόμῳ τοῦ Θεοῦ ταῦτα ἐξαιρέτως ἀδιάπτωτα φυλάττηται, οἷς οὔτε ψόγος οὔτε κακοδοξία τις δυνήσεται προσπλακῆναι, διασκεδασθέντων δηλαδὴ καὶ συντριβέντων ἄρδην καὶ παντελῶς ἀφανισθέντων τῶν ἐχθρῶν τοῦ νόμου, οἵ τινες ἐπὶ προσχήματι τοῦ ἁγίου ὀνόματος ποικίλας καὶ διαφόρους βλασφημίας ἐμβάλλουσιν.

CAP. XXXV.

Ὅτι τῆς συνόδου μὴ ἐλθούσης παρὰ τὸν βασιλέα, οἱ περὶ Εὐσέβιον διέβαλλον Ἀθανάσιον ὡς ἀπειλήσαντα ἀποστρέφειν τὸν σῖτον τὸν ἐκ τῆς Ἀλεξανδρείας τῇ Κωνσταντίνου πόλει χορηγούμενον· ἐφ' οἷς κινηθεὶς ὁ βασιλεὺς εἰς ἐξορίαν ἐξέπεμψε τὸν Ἀθανάσιον κελεύσας τὰς Γαλλίας οἰκεῖν.

Ταῦτα τὰ γράμματα εἰς ἀγῶνα τοὺς ἐν τῇ συνόδῳ κατέστησε· καθὸ οἱ μὲν πλείους ἐπὶ τὰς ἑαυτῶν ἐχώρησαν πόλεις. Οἱ δὲ περὶ Εὐσέβιον καὶ Θέογνιν καὶ Μάριν, Πατρόφιλόν τε καὶ Οὐρσάκιον καὶ Οὐαλέντα εἰς τὴν Κωνσταντινούπολιν ἐλθόντες οὐκέτι περὶ ποτηρίου κατεαγότος, ἢ τραπέζης, ἢ Ἀρσενίου ἀναιρεθέντος ζήτησιν γενέσθαι συνεχώρησαν· ἀλλ' ἐπὶ ἑτέραν χωροῦσι διαβολὴν διδάξαντες τὸν βασιλέα, ὡς εἴη Ἀθανάσιος ἀπειλήσας κωλύσειν πεμφθῆναι τὸν σῖτον τὸν ἐξ ἔθους ἐκ τῆς Ἀλεξανδρείας εἰς τὴν Κωνσταντινούπολιν κομιζόμενον· καὶ τούτων λεγομένων παρὰ Ἀθανασίου ἀκηκοέναι Ἀδαμάντιον, Ἀνουβίωνα, Ἀρβαθίωνα, καὶ Πέτρον, τοὺς ἐπισκόπους. Ἀλλὰ γὰρ ἰσχύει διαβολὴ, ὅταν ὁ διαβάλλων ἀξιόπιστος ᾖ. Τούτῳ γὰρ συναρπαγεὶς ὁ βασιλεὺς καὶ εἰς θυμὸν ἀχθεὶς ἐξορίᾳ ὑποβάλλει τὸν Ἀθανάσιον, τὰς Γαλλίας κελεύσας οἰκεῖν. Φασὶ δέ τινες τοῦτο πεποιηκέναι τὸν βασιλέα σκοπῷ τοῦ ἑνωθῆναι τὴν ἐκκλησίαν, ἐπειδὴ Ἀθανάσιος πάντῃ κοινωνῆσαι τοῖς περὶ Ἄρειον ἐξετρέπετο. Ἀλλ' οὗτος μὲν ἐν Τριβέρει τῆς Γαλλίας διήγαγεν.

CAP. XXXVI.

Περὶ Μαρκέλλου τοῦ Ἀγκύρας καὶ Ἀστερίου τοῦ σοφιστοῦ.

Οἱ δὲ ἐν Κωνσταντινουπόλει συναχθέντες ἐπίσκοποι καὶ Μάρκελλον τὸν Ἀγκύρας τῆς ἐν τῇ μικρᾷ Γαλατίᾳ καθεῖλον δι' αἰτίαν τοιαύτην. Ἀστέριός τις ἐν Καππαδοκίᾳ σοφιστικὴν μετιών, τὴν μὲν κατέλειπε, Χριστιανίζειν δὲ ἐπηγγέλλετο· ἐπεχείρει δὲ καὶ λόγους συγγράφειν, οἳ μέχρι νῦν φέρονται, δι' ὧν τὸ Ἀρείου συνίστη δόγμα, τὸν Χριστὸν οὕτω λέγων εἶναι Θεοῦ δύναμιν, ὡς εἴρηται παρὰ Μωϋσῇ τὴν ἀκρίδα καὶ τὴν κάμπην 'δύναμιν' εἶναι Θεοῦ, καὶ ἕτερα τούτοις παραπλήσια. Συνῆν δὲ ὁ Ἀστέριος συνεχῶς καὶ τοῖς ἐπισκόποις τοῖς μάλιστα τὴν Ἀρειανῶν δόξαν μὴ ἀθετοῦσι. Καὶ δὴ καὶ εἰς τὰς συνόδους ἀπήντα, ὑποδῦναι μιᾶς πόλεως ἐπισκοπὴν προθυμούμενος· ἀλλ' ἱερωσύνης μὲν ἠστόχησε διὰ τὸ ἐπιτεθυκέναι κατὰ τὸν διωγμόν. Περιιὼν δὲ τὰς ἐν Συρίᾳ πόλεις οὓς συνέταξε λόγους ἐπεδείκνυτο. Ταῦτα γνοὺς ὁ Μάρκελλος, ἀντιπράττειν αὐτῷ βουλόμενος, κατὰ διάμετρον πολὺ εἰς τὸ ἐναντίον ἐξέπεσε· ψιλὸν γὰρ ἄνθρωπον, ὡς ὁ Σαμοσατεὺς, ἐτόλμησεν εἰπεῖν τὸν Χριστόν. Ταῦτα γνόντες οἱ τότε ἐν Ἱεροσολύμοις συνελθόντες Ἀστερίου μὲν οὐδένα λόγον ἐτίθεντο, ἐπεὶ μηδὲ εἰς τὸν κατάλογον τῶν ἱερέων ἐτέτακτο· Μάρκελλον δὲ, ὡς ἱερωμένον, λόγον ἀπῄτουν τοῦ συγγραφέντος αὐτῷ βιβλίου. Ὡς δὲ ηὕρισκον αὐτὸν τὰ τοῦ Σαμοσατέως φρονοῦντα, ἐκέλευον αὐτὸν μεταθέσθαι τῆς δόξης· ὁ δὲ καταισχυνθεὶς ἐπηγγέλλετο κατακαύσειν τὸ βιβλίον. Ὡς δὲ σπουδῇ διελύθη ὁ τῶν ἐπισκόπων σύλλογος, τοῦ βασιλέως εἰς τὴν Κωνσταντινούπολιν καλοῦντος αὐτοὺς, τότε δὴ τῶν περὶ Εὐσέβιον ἐν τῇ Κωνσταντινουπόλει παρόντων, αὖθις τὰ κατὰ Μάρκελλον ἀνεζητεῖτο. Ὡς δὲ ὁ Μάρκελλος οὐχ ᾑρεῖτο κατακαῦσαι, καθὰ ὑπέσχετο, τὴν ἄκαιρον συγγραφὴν, οἱ παρόντες τὸν μὲν καθεῖλον, Βασίλειον δὲ ἀντ' αὐτοῦ εἰς τὴν Ἄγκυραν ἔπεμψαν. Ἀλλὰ τοῦτο μὲν τὸ σύγγραμμα Εὐσέβιος ἐν τρισὶ βιβλίοις ἀνέτρεψεν, ἐξελέγξας τὴν κακοδοξίαν αὐτοῦ. Μάρκελλος δὲ ὕστερον ἐν τῇ κατὰ Σαρδικὴν συνόδῳ τὴν ἐπισκοπὴν ἀνέλαβεν, εἰπὼν μὴ νενοῆσθαι αὐτοῦ τὸ σύγγραμμα, καὶ διὰ τοῦτο τοῦ Σαμοσατέως δόξαν λαβεῖν. Περὶ μὲν οὖν τούτου κατὰ χώραν ἐροῦμεν.

CAP. XXXVII.

Ὅπως Ἄρειος μετὰ τὴν Ἀθανασίου ἐξορίαν ἐκ τῆς Ἀλεξανδρείας ὑπὸ τοῦ βασιλέως μεταπεμφθεὶς ταραχὰς ἐκίνησεν Ἀλεξάνδρῳ τῷ ἐπισκόπῳ Κωνσταντίνου πόλεως.

Τριακοστὸν δὲ ἔτος τῆς βασιλείας Κωνσταντίνου τούτων γινομένων ἐπληροῦτο· καὶ Ἄρειος σὺν τοῖς περὶ αὐτὸν καταλαβὼν τὴν Ἀλεξάνδρειαν αὖθις ὅλην ἐτάραττε, τοῦ Ἀλεξανδρέων λαοῦ δυσφοροῦντος ἐπί τε τῇ Ἀρείου καθόδῳ καὶ τῶν ἀμφ' αὐτὸν, καὶ ὅτι ὁ ἐπίσκοπος αὐτῶν Ἀθανάσιος εἰς ἐξορίαν ἀπέσταλτο. Ὡς δὲ ὁ βασιλεὺς ἐπυνθάνετο διεστράφθαι τὴν Ἀρείου γνώμην, μετάπεμπτον αὖθις εἰς τὴν Κωνσταντινούπολιν ἥκειν αὐτὸν ἐκέλευσε, λόγον δώσοντα ὧν αὖθις ἀνακινεῖν ἐπεχείρει. Ἐτύγχανε δὲ τότε τῆς ἐν Κωνσταντινουπόλει προεστὼς Ἀλέξανδρος ἐκκλησίας, Μητροφάνην πάλαι διαδεξάμενος. Τοῦτον τὸν ἄνδρα θεοφιλῆ ὄντα ἡ πρὸς Ἄρειον τότε γενομένη μάχη ἀνέδειξεν· ὡς γὰρ ἧκε τότε Ἄρειος, καὶ ὁ λαὸς εἰς δύο πάλιν τμήματα ἐμερίζετο, ταραχή τε κατὰ τὴν πόλιν ἐγένετο, τῶν μὲν τὴν ἐν Νικαίᾳ πίστιν μηδαμῶς παρασαλεύειν λεγόντων, τῶν δὲ εὔλογα λέγειν τὸν Ἄρειον φιλονεικούντων, εἰς ἀγῶνα μέγιστον κατέστη ὁ Ἀλέξανδρος· καὶ μάλιστα μὲν, ὅτι Εὐσέβιος ὁ Νικομηδείας πολλὰ διηπείλει αὐτῷ, λέγων ὅσον οὐδέπω καθαιρήσειν αὐτὸν, εἰ μὴ εἰς κοινωνίαν δέξηται τὸν Ἄρειον καὶ τοὺς ἀμφ' αὐτόν. Ἀλεξάνδρῳ δὲ οὐ τοσοῦτον περὶ καθαιρέσεως ἔμελεν, ὅσον ἐδεδίει ἐπὶ τῇ σπουδαζομένῃ παραλύσει τοῦ δόγματος· φύλακα γὰρ ἑαυτὸν τῶν ὅρων τῆς συνόδου νομίζων, παντοῖος ἐγίνετο μὴ παρατρωθῆναι τοὺς τύπους αὐτῆς. Ἐν ταύτῃ τοίνυν τῇ ἀγωνίᾳ καθεστὼς, χαίρειν πολλὰ φράσας τῇ διαλεκτικῇ προσφεύγει Θεῷ· καὶ νηστείαις μὲν συνεχέσιν ἐσχόλαζε, καὶ τοῦ προσεύχεσθαι οὐδένα τρόπον παρέλειπε· καὶ δὴ τοιοῦτο ἐνθύμιον εἶχε, καὶ λαθὼν ἐπετέλει τὰ δόξαντα. Ἐν τῇ ἐκκλησίᾳ ᾗ ἐπώνυμον Εἰρήνη μόνον ἑαυτὸν κατακλειστὸν ποιήσας, καὶ εἰς τὸ θυσιαστήριον εἰσελθὼν, ὑπὸ τὴν ἱερὸν τράπεζαν ἑαυτὸν ἐπὶ στόμα ἐκτείνας εὔχεται δακρύων. Νύκτας τε πολλὰς ἐφεξῆς καὶ ἡμέρας τοῦτο ποιῶν διετέλει· ᾐτεῖτο γὰρ παρὰ Θεοῦ, καὶ ἐλάμβανεν. Ἡ δὲ αἴτησις ἦν τοιαύτη· 'Εἰ μὲν ἀληθὴς ἡ Ἀρείου δόξα, ἑαυτὸν τὴν ὡρισμένην ἡμέραν τῇ συζητήσει μὴ ὄψεσθαι· εἰ δὲ ἦν αὐτὸς ἔχει πίστιν ἀληθὴς, Ἄρειον τῆς ἀσεβείας δίκην διδόναι τὸν πάντων αἴτιον τῶν κακῶν.'

CAP. XXXVIII.

Περὶ τοῦ θανάτου Ἀρείου.

Τοιαῦτα μὲν οὖν Ἀλέξανδρος ηὔχετο. Ὁ βασιλεὺς δὲ ἀπόπειραν Ἀρείου ποιήσασθαι βουληθεὶς, ἐπὶ τὰ βασίλεια αὐτὸν μεταπέμπεται, ἠρώτα τε εἰ τοῖς ὅροις στοιχεῖ τῆς ἐν Νικαίᾳ συνόδου. Ὁ δὲ ἑτοίμως μηδὲν μελλήσας ἐπ' αὐτοῦ ὑπέγραφε τὰ περὶ τῆς πίστεως ὁρισθέντα σοφισάμενος. Καὶ ὁ μὲν βασιλεὺς θαυμάσας καὶ ὅρκον ἐπέφερεν. Ὁ δὲ καὶ τοῦτο σοφιζόμενος ἐποίει· τίνα δὲ τρόπον ἐτεχνάζετο γράφων, ὡς ἤκουσα, ἔστι ταῦτα. Καταγράψας, φησὶν, ὁ Ἄρειος ἐν χάρτῃ ἣν εἶχε δόξαν, ὑπὸ μάλης ἔφερεν· ὤμνυ τε ἀληθῶς οὕτω φρονεῖν ὡς καὶ γεγραφηκὼς εἴη. Τοῦτο μὲν οὖν οὕτω γεγενῆσθαι, ἀκοῇ γράψας ἔχω· ὅτι μέντοι καὶ ὅρκον ἐπέθηκε τοῖς γραφεῖσιν, ἐκ τῶν ἐπιστολῶν τοῦ βασιλέως ἀνελεξάμην. Πιστεύσας δὲ ὁ βασιλεὺς δεχθῆναι αὐτὸν ὑπὸ τοῦ ἐπισκόπου Κωνσταντινουπόλεως Ἀλεξάνδρου εἰς κοινωνίαν ἐκέλευσεν. Σαββάτου δὲ ἦν τότε ἡμέρα, καὶ τῇ ἐξῆς προσεδόκα συνάγεσθαι. Δίκη δὲ ἐπηκολούθει τοῖς Ἀρείου τολμήμασιν. Ὡς γὰρ ἐξῆλθε τῆς βασιλικῆς αὐλῆς, ἐδορυφορεῖτο μὲν ὑπὸ τῶν περὶ Εὐσέβιον διὰ μέσης τότε τῆς πόλεως, περίοπτός τε ἦν· καὶ ἐπεὶ ἐγένετο πλησίον τῆς ἐπιλεγομένης ἀγορᾶς Κωνσταντίνου, ἔνθα ὁ πορφυροῦς ἵδρυται κίων, φόβος ἔκ τινος συνειδότος κατεῖχε τὸν Ἄρειον· σύν τε τῷ φόβῳ τῆς γαστρὸς ἐκινεῖτο χαύνωσις· ἐρόμενός τε εἰ ἀφεδρών που πλησίον, μαθών τε εἶναι ὄπισθεν τῆς ἀγορᾶς Κωνσταντίνου, ἐκεῖσε ἐβάδιζεν. Λαμβάνει οὖν λιποθυμία τὸν ἄνθρωπον· καὶ ἅμα τοῖς διαχωρήμασιν ἡ ἕδρα τότε παραυτίκα παρεκπίπτει, καὶ αἵματος πλῆθος ἐπηκολούθει, καὶ τὰ λεπτὰ τῶν ἐντέρων, συνέτρεχε δὲ αἷμα αὐτῷ σπληνί τε καὶ ἥπατι· αὐτίκα οὖν ἐτεθνήκει. Ὁ δὲ ἀφεδρὼν ἄχρι νῦν ἐν τῇ Κωνσταντινουπόλει δείκνυται, ὡς ἔφην, ὄπισθεν τῆς ἀγορᾶς Κωνσταντίνου καὶ τοῦ ἐν τῇ στοᾷ μακέλλου, πάντων τε τῶν παριόντων ἐγειρόντων δάκτυλον κατ' αὐτοῦ, ἀειμνημόνευτον τοῦ θανάτου τὸν τρόπον ἀπεργαζόμενος. Τούτου γενομένου φόβος καὶ ἀγωνία κατεῖχε τοὺς περὶ τὸν Νικομηδέα Εὐσέβιον· διέτρεχέ τε ἡ φήμη δι' ὅλης τῆς πόλεως, ὡς δὲ εἰπεῖν, καὶ τῆς συμπάσης οἰκουμένης. Ὡς δὲ ὁ βασιλεὺς τῷ Χριστιανισμῷ μᾶλλον προσετίθετο, καὶ ἀληθῶς ἐκ Θεοῦ μεμαρτυρῆσθαι τὴν ἐν Νικαίᾳ πίστιν ἔφησεν, εὐφραίνετο ἐπὶ τοῖς γεγονόσι· καὶ ἐπὶ τρισὶν υἱοῖς οὓς Καίσαρας ἀνηγορεύκει, ἕκαστον κατὰ δεκάδα ἐνιαυτῶν τῆς βασιλείας αὐτοῦ, τὸν μὲν πρῶτον ὁμώνυμον ἑαυτοῦ Κωνσταντῖνον τῶν ἑσπερίων μερῶν ἄρχειν καταστήσας ἐν τῇ πρώτῃ δεκάδι τῆς βασιλείας αὐτοῦ. Τῶν δὲ πρὸς τῇ ἑῴᾳ μερῶν τὸν τῷ πάππῳ ἐπώνυμον Κωνστάντιον ἐν τῇ εἰκοσαετηρίδι κατέστησε Καίσαρα· τὸν δὲ νεώτερον Κώνσταντα ἐν τῇ τριακονταετηρίδι τῆς ἑαυτοῦ βασιλείας ἐχειροτόνησεν.

CAP. XXXIX.

Ὡς ὁ βασιλεὺς ἀρρωστίᾳ περιπεσὼν τέλει τοῦ βίου ἐχρήσατο.

Eus. V. C. iv. 61 sq.

Ἐνιαυτοῦ δὲ μετὰ ταῦτα παραδραμόντος ἐπιβὰς ἑξηκονταπέντε ἐνιαυτῶν ὁ βασιλεὺς Κωνσταντῖνος ἀρρωστίᾳ περιπίπτει· καὶ ἐκ τῆς Κωνσταντινουπόλεως ἐκπλεῖ ἐπὶ τὴν Ἑλενούπολιν, ὡς φυσικοῖς θερμοῖς χρησόμενος τοῖς ἐκεῖ γειτνιάζουσιν. Ἐπεὶ δὲ σφοδροτέρου τοῦ νοσήματος ᾔσθετο, τὰ μὲν λουτρὰ ὑπερέθετο· ἀπαίρει δὲ ἐκ τῆς Ἑλενουπόλεως εἰς τὴν Νικομήδειαν· κἀκεῖ ἐν προαστείῳ διάγων τοῦ Χριστιανικοῦ μεταλαμβάνει βαπτίσματος. Εὔθυμός τε ἐπὶ τούτῳ γενόμενος διαθήκας ποιεῖται, ἐν αἷς τοὺς μὲν τρεῖς υἱοὺς κληρονόμους τῆς βασιλείας ἐνίσταται, καθὰ καὶ ζῶν αὐτοῖς τοὺς κλήρους διένειμε. Πολλὰ δὲ τῇ Ῥωμαίων πόλει καὶ τῇ ἑαυτοῦ ἐπωνύμῳ πρεσβεῖα καταλιπών, τὰς διαθήκας ἐκείνῳ παρατίθεται τῷ πρεσβυτέρῳ δι᾽ ὅν περ Ἄρειος ἀνακέκληται, οὗ καὶ μικρὸν ἔμπροσθεν πεποιήμεθα μνήμην· ἐντειλάμενος μηδενὶ ἑτέρῳ ἢ τῷ υἱῷ τῷ τῆς ἀνατολῆς ἄρχοντι Κωνσταντίῳ εἰς τὰς χεῖρας βαλεῖν. Μετὰ δὲ τὸ θέσθαι τὰς διαθήκας ὀλίγας ἡμέρας ἐπιβιοὺς τὸν βίον ἀπέλιπε· τῶν μέντοι υἱῶν αὐτοῦ ἐπὶ τῇ τελευτῇ παρῆν οὐδείς· πέμπεται οὖν εὐθὺς πρὸς τὴν ἑῴαν ὁ Κωνσταντίῳ μηνύσων τὴν τελευτήν.

CAP. XL.

Περὶ τῆς κηδείας τοῦ βασιλέως Κωνσταντίνου.

Τὸ δὲ σῶμα τοῦ βασιλέως οἱ ἐπιτήδειοι χρυσῇ ἐνθέμενοι λάρνακι ἐπὶ τὴν Κωνσταντινούπολιν διεκόμισαν· ἀπέθεντό τε ἐν τοῖς βασιλείοις ἐφ' ὑψηλοῦ, καὶ διὰ τιμῆς ἦγον καὶ δορυφορίας πολλῆς, ὡς καὶ ζῶντος ἐγίνετο· καὶ τοῦτο ἐποίουν ἕως τις τῶν υἱῶν αὐτοῦ παραγένηται. Μετὰ δὲ ταῦτα ἐκ τῶν ἀνατολικῶν μερῶν ἐπιστάντος Κωνσταντίου, κηδείας τῆς βασιλικῆς ἠξιοῦτο ἀποτεθεὶς ἐν τῇ ἐκκλησίᾳ τῇ ἐπωνύμῳ τῶν ἀποστόλων, ἣν δι' αὐτὸ τοῦτο πεποιήκει, ὅπως ἂν οἱ βασιλεῖς τε καὶ οἱ ἱερεῖς τῶν ἀποστολικῶν λειψάνων μὴ ἀπολιμπάνοιντο. Ἔζησε δὲ ὁ βασιλεὺς Κωνσταντῖνος ἔτη ἑξηκονταπέντε, ἐβασίλευσε δὲ ἔτη τριάκοντα ἕν· ἐτελεύτησε δὲ ἐν A.D. 337. ὑπατίᾳ Φιλικιανοῦ καὶ Τατιανοῦ, τῇ δευτέρᾳ καὶ εἰκάδι τοῦ Μαΐου μηνός· τοῦτο δὲ ἦν δεύτερον ἔτος τῆς διακοσιοστῆς ἑβδομηκοστῆς ὀγδόης Ὀλυμπιάδος. Περιέχει δὲ ἡ βίβλος χρόνον ἐτῶν ἑνὸς πρὸς τοῖς τριάκοντα.

LIB. II.

CAP. I.

Προοίμιον, δι' ἣν αἰτίαν τὸ πρῶτον καὶ τὸ δεύτερον βιβλίον ἄνωθεν ἐλέχθη.

Ῥουφῖνος, ὁ τῇ Ῥωμαίων γλώττῃ τὴν ἐκκλησιαστικὴν ἱστορίαν συντάξας, περὶ τοὺς χρόνους ἐπλανήσθη. Τὰ γὰρ κατὰ Ἀθανάσιον νομίζει μετὰ τὴν τελευτὴν τοῦ βασιλέως Κωνσταντίνου γεγενῆσθαι· ἀγνοεῖ δὲ καὶ τὴν ἐν Γαλλίαις γενομένην αὐτοῦ ἐξορίαν καὶ ἕτερα πλείονα. Ἡμεῖς οὖν πρότερον Ῥουφίνῳ ἀκολουθήσαντες τὸ πρῶτον καὶ τὸ δεύτερον τῆς ἱστορίας βιβλίον ᾗ ἐκείνῳ ἐδόκει συνεγράψαμεν. Ἀπὸ δὲ τοῦ τρίτου ἄχρι τοῦ ἑβδόμου βιβλίου τὰ μὲν παρὰ Ῥουφίνου λαβόντες, τὰ δὲ ἐκ διαφόρων συναγαγόντες, τινὰ δὲ καὶ παρὰ τῶν ἔτι ζώντων ἀκούσαντες ἐπληρώσαμεν. Ὕστερον μέντοι συντυχόντες Ἀθανασίου συντάγμασιν, ἐν οἷς τὰ καθ' ἑαυτὸν ὀδύρεται πάθη καὶ ὅπως διὰ τὴν διαβολὴν τῶν περὶ Εὐσέβιον ἐξωρίσθη, ἔγνωμεν δεῖν πιστεύειν μᾶλλον τῷ πεπονθότι καὶ τοῖς γινομένων τῶν πραγμάτων παροῦσιν, ἢ τοῖς καταστοχασαμένοις αὐτῶν καὶ διὰ τοῦτο πλανηθεῖσιν. Ἔτι μὴν καὶ ἐπιστολῶν τῶν τότε διαφόρων ἐπιτετυχηκότες, ὡς οἷόν τε τὴν ἀλήθειαν ἀνιχνεύσαμεν. Διὸ ἠναγκάσθημεν τὸ πρῶτον καὶ τὸ δεύτερον βιβλίον ἄνωθεν ὑπαγορεῦσαι, συγχρώμενοι καὶ ἐν οἷς ὁ Ῥουφῖνος οὐκ ἐκπίπτει τοῦ ἀληθοῦς. Οὐ μὴν ἀλλὰ καὶ τοῦτο ἰστέον, ὅτι οὐ παρεθήκαμεν ἐν τῇ πρώτῃ ὑπαγορεύσει τὸ καθαιρετικὸν Ἀρείου οὔτε μὴν τὰς βασιλέως ἐπιστολάς, ἀλλὰ τὰ γυμνὰ μόνον πράγματα, ὑπὲρ τοῦ μὴ πολυστίχου γενομένης τῆς ἱστορίας ὀκνηροὺς τοὺς ἀναγινώσκοντας ἀπεργάσασθαι. Ἐπεὶ δὲ πρὸς σὴν χάριν, ὦ ἱερὲ τοῦ Θεοῦ ἄνθρωπε Θεόδωρε, καὶ τοῦτο ἔδει ποιῆσαι, ὥστε μὴ ἀγνοεῖν καὶ ὅσα αὐταῖς λέξεσιν οἱ βασιλεῖς ἐπέστειλαν, ἢ κατὰ διαφόρους συνόδους οἱ ἐπίσκοποι τὴν πίστιν καταβραχὺ μεταποιοῦντες ἐξέδωκαν, διὰ τοῦτο ὅσα ἀναγκαῖα ἡγησάμεθα ἐν τῇδε τῇ

Revival of the Arian Question.

μετὰ ταῦτα ὑπαγορεύσει μετατεθείκαμεν. Καὶ τοῦτο ἐν τῷ πρώτῳ βιβλίῳ ποιήσαντες, καὶ ἐν τῷ μετὰ χεῖρας, λέγω δὲ τῷ δευτέρῳ, ποιῆσαι σπουδάζομεν. Ἀρκτέον δὲ ἤδη τῆς ἱστορίας.

CAP. II.

Ὡς οἱ περὶ Εὐσέβιον τὸν Νικομηδείας ἐπίσκοπον αὖθις τὸ Ἀρείου σπουδάσαντες εἰσαγαγεῖν δόγμα ταραχὰς ταῖς ἐκκλησίαις ἐκίνησαν.

Τοῦ βασιλέως Κωνσταντίνου τελευτήσαντος, οἱ περὶ Εὐσέβιον τὸν Νικομηδέα καὶ Θέογνιν Νικαίας ἐπίσκοπον, καιροῦ δεδράχθαι εὐκαίρου νομίσαντες, ἀγῶνα ἔθεντο τὴν τοῦ ' ὁμοουσίου' πίστιν ἐκβαλεῖν, ἀντεισάγειν δὲ τὴν Ἀρειανίζουσαν. Περιέσεσθαι δὲ τούτου οὐκ ἂν δύναιντο, εἰ μὴ ὑπονοστήσῃ Ἀθανάσιος. Ταῦτα [qu. om. μή.] δὲ κατεσκεύαζον ὑπουργῷ χρώμενοι τῷ πρεσβυτέρῳ, ὃς τῆς Ἀρείου Cp. i. 25. ἀνακλήσεως αἴτιος μικρὸν ἔμπροσθεν ἐγεγόνει. Πῶς δὲ τοῦτο ἐπράχθη λεκτέον. Τὴν διαθήκην ὁ πρεσβύτερος καὶ τὰ ἐνταλθέντα παρὰ τοῦ κατοιχομένου βασιλέως προσφέρει Κωνσταντίῳ τῷ τοῦ βασιλέως υἱῷ· ὁ δὲ τοῦθ᾽ εὑρηκὼς γεγραμμένον ὅπερ ἐβούλετο,— τῆς γὰρ ἑῴας βασιλεύειν αὐτὸν ἐπέτρεπεν ἡ διαθήκη,—διὰ τιμῆς ἦγε τὸν πρεσβύτερον, παρρησίας τε μετεδίδου πολλῆς, εἴς τε τὰ βασίλεια θαρροῦντα εἰσιέναι ἐκέλευεν. Ἡ τοίνυν δοθεῖσα παρρησία γνώριμον αὐτὸν ταχέως κατέστησε τῇ τε τοῦ βασιλέως γαμετῇ καὶ τοῖς εὐνούχοις αὐτῆς. Ἦν δὲ ἐν τῷ χρόνῳ τούτῳ πρωτότυπος τῶν κοιτώνων τοῦ βασιλέως εὐνοῦχος, ᾧ ὄνομα ἦν Εὐσέβιος· τοῦτον ὁ πρεσβύτερος συνθέσθαι τῇ Ἀρείου δόξῃ συνέπεισεν. Ἐκ δὲ τούτου καὶ οἱ λοιποὶ τῶν εὐνούχων τὰ αὐτὰ φρονεῖν ἀνεπείθοντο· οὐ μὴν ἀλλὰ καὶ ἡ τοῦ βασιλέως γαμετὴ διὰ τῶν εὐνούχων καὶ τοῦ πρεσβυτέρου τῇ Ἀρείου δόξῃ προστίθεται. Μετ' οὐ πολὺ δὲ καὶ ἐπ' αὐτὸν διέβαινε τὸν βασιλέα τὸ ζήτημα. Τοῦτο γίνεται φανερὸν κατὰ βραχὺ πρῶτον μὲν τοῖς κατὰ τὰ βασίλεια στρατευομένοις· ἔπειτα δὲ διεδόθη καὶ εἰς τὰ πλήθη τῆς πόλεως. Διελέγοντο δὲ περὶ τῆς δόξης ἐν μὲν τοῖς βασιλείοις οἱ ἐπικοιτωνῖται ἅμα ταῖς γυναιξίν· ἐν δὲ τῇ πόλει καθ᾽ ἑκάστην οἰκίαν διαλεκτικὸς πόλεμος ἦν. Διέτρεχεν οὖν ταχέως τὸ κακὸν καὶ ἐπὶ τὰς ἄλλας ἐπαρχίας τε καὶ πόλεις. Καὶ ὡς σπινθὴρ ἐκ μικροῦ λαμβάνον τὴν ἀρχὴν, τὸ ζήτημα εἰς φιλονεικίαν τοὺς ἀκούοντας ἤγειρεν. Ἕκαστος

F

γὰρ τῶν πυνθανομένων τῆς ταραχῆς τὴν αἰτίαν πρόφασιν εὐθὺς εἶχε ζητήσεως· καὶ ἅμα τῇ ἐρωτήσει ἐρίζειν ἐβούλετο, ἐκ δὲ τῆς ἔριδος πάντα ἀνατέτραπτο. Ταῦτα μὲν οὖν κατὰ τὰς ἀνατολικὰς πόλεις ἐγένετο· αἱ γὰρ ἐν Ἰλλυριοῖς καὶ τὰ ἑσπέρια μέρη ἕως ἡσύχαζον· τοὺς ὅρους γὰρ τοὺς τῆς ἐν Νικαίᾳ συνόδου παρασαλεύειν οὐκ ἤθελον. Ὡς οὖν ἐξαφθὲν τὸ πρᾶγμα ἐπὶ τὸ χεῖρον ἐπέδωκε, τηνικαῦτα οἱ περὶ Εὐσέβιον τὸν Νικομηδέα ἕρμαιον ἡγοῦντο τὴν τῶν πολλῶν ταραχήν. Οὕτω γὰρ μόνως δύνασθαι τῆς Ἀλεξανδρείας ἐπίσκοπον ἀναδεῖξαι τῆς αὐτῶν δόξης ὁμόφρονα· ἀλλὰ τότε μὲν ἔφθασεν ἐπανελθὼν εἰς αὐτὴν Ἀθανάσιος ἑνὸς τῶν Αὐγούστων ὠχυρωμένος γράμμασιν, ἅπερ τῷ Ἀλεξανδρέων λαῷ Κωνσταντῖνος ὁ νέος, ὁ τῷ πατρὶ ὁμώνυμος, ἐκ τῆς ἐν Γαλλίᾳ Τριβέρεως ἔπεμψεν. Ἔστι δὲ τάδε τὰ γράμματα τὰ ὑποτεταγμένα.

CAP. III.

Ὅπως Ἀθανάσιος Κωνσταντίνου τοῦ νεωτέρου γράμμασι θαρρήσας τὴν Ἀλεξάνδρειαν κατέλαβεν.

Κωνσταντῖνος Καῖσαρ τῷ λαῷ τῆς καθολικῆς Ἀλεξανδρέων ἐκκλησίας.

Οὐδὲ τῆς ὑμετέρας ἱερᾶς ἐννοίας ἀποπεφευγέναι τὴν γνῶσιν οἶμαι, διὰ τοῦτο Ἀθανάσιον τὸν τοῦ προσκυνητοῦ νόμου ὑποφήτην πρὸς καιρὸν εἰς τὰς Γαλλίας ἀπεστάλθαι, ἵνα ἐπειδὴ ἡ ἀγριότης τῶν αἱμοβόρων καὶ πολεμίων αὐτοῦ ἐχθρῶν εἰς κίνδυνον τῆς ἱερᾶς αὐτοῦ κεφαλῆς ἐπέμενε, μὴ ἄρα διὰ τῆς τῶν φαύλων διαστροφῆς ἀνήκεστα ὑποστῇ. Πρὸς τὸ διαπαῖξαι τοίνυν ταύτην ἀφῃρέθη τῶν φαρύγγων τῶν ἐπικειμένων αὐτῷ ἀνδρῶν, ὑπ' ἐμοὶ διάγειν κελευσθεὶς οὕτως, ὡς ἐν ταύτῃ τῇ πόλει ἐν ᾗ διέτριβεν πᾶσι τοῖς ἀναγκαίοις ἐμπλεονάζειν, εἰ καὶ τὰ μάλιστα αὐτοῦ ἡ ἀοίδιμος ἀρετὴ, ταῖς θείαις πεποιθυῖα βοηθείαις, καὶ τὰ τῆς τραχυτέρας τύχης ἄχθη ἐξουθενεῖ. Τοιγαροῦν εἰ καὶ τὰ μάλιστα πρὸς τὴν προσφιλεστάτην ὑμῶν θεοσέβειαν ὁ δεσπότης ἡμῶν, ὁ τῆς μακαρίας μνήμης Κωνσταντῖνος ὁ σεβαστὸς ὁ ἐμὸς πατὴρ, τὸν αὐτὸν ἐπίσκοπον τῷ ἰδίῳ τόπῳ παρασχεῖν προῄρητο, ὅμως ἐπειδὴ ἀνθρωπίνῳ κλήρῳ προληφθεὶς πρὸ τοῦ τὴν εὐχὴν πληρῶσαι ἀνεπαύσατο, ἀκόλουθον ἡγησάμην τὴν προαίρεσιν τοῦ τῆς θείας μνήμης βασιλέως, διαδεξάμενος πληρῶσαι. Ὅστις ἐπειδὰν τῆς ὑμετέρας τύχῃ προσόψεως, ὅσης παρ' ἐμοῦ αἰδοῦς τετύχηκε γνώσεσθε· οὐ γὰρ θαυμαστὸν, εἴ τι δ' ἂν ὑπὲρ αὐτοῦ πεποίηκα. Καὶ γὰρ τὴν ἐμὴν ψυχὴν ἡ τοῦ ὑμετέρου πόθου εἰκὼν, καὶ τὸ τοῦ τηλικούτου ἀνδρὸς σχῆμα εἰς τοῦτο ἐκίνει καὶ προέτρεπεν. Ἡ θεία πρόνοια ὑμᾶς διαφυλάξοι, ἀδελφοὶ ἀγαπητοί.

Τούτοις θαρρῶν τοῖς γράμμασιν ὁ Ἀθανάσιος καταλαμβάνει τὴν Ἀλεξάνδρειαν· καὶ ἥδιστα μὲν αὐτὸν ἀνεδέξατο ὁ τῶν Ἀλεξανδρέων λαός· ὅσοι δὲ ἐτύγχανον Ἀρειανίζοντες ἐν αὐτῇ φατρίας συνίσταντο κατ' αὐτοῦ, δι' ὧν συνεχεῖς στάσεις ἐγίνοντο, αἵτινες ὑπόθεσιν παρεῖχον τοῖς περὶ Εὐσέβιον τοῦ διαβάλλειν αὐτὸν βασιλεῖ, ὅτι μὴ κρίναντος τοῦ κοινοῦ συνεδρίου τῶν ἐπισκόπων, ἑαυτῷ ἐπιτρέψας τὴν ἐκκλησίαν κατελάμβανεν. Ἐπὶ τοσοῦτον δὲ τὰς διαβολὰς ἐξέτεινον, ὡς ὀργισθέντα τὸν βασιλέα τῆς Ἀλεξανδρείας ἐκβαλεῖν. Πῶς μὲν οὖν τοῦτο ἐγένετο, μικρὸν ὕστερον λέξω.

CAP. IV.

Ὡς τελευτήσαντος Εὐσεβίου τοῦ Παμφίλου Ἀκάκιος τὴν ἐπισκοπὴν Καισαρείας διεδέξατο.

Ἐν δὲ τῷδε τῷ χρόνῳ τελευτήσαντος Εὐσεβίου, ὃς τῆς ἐν Παλαιστίνῃ Καισαρείας ἐπίσκοπος ἦν καὶ τὴν Παμφίλου προσωνυμίαν ἐκέκτητο, Ἀκάκιος μαθητὴς αὐτοῦ τὴν ἐπισκοπὴν διαδέχεται· Cp. c. 40. ὃς ἄλλα μὲν βιβλία πολλὰ ἐξέθετο, καὶ εἰς τὸν βίον δὲ τοῦ διδασκάλου αὐτοῦ συνέγραψεν.

CAP. V.

Περὶ τῆς Κωνσταντίνου τοῦ νεωτέρου τελευτῆς.

Μετ' οὐ πολὺ δὲ ὁ τοῦ βασιλέως Κωνσταντίου ἀδελφὸς ὃς ἦν ὁμώνυμος τῷ πατρί, ὁ νέος Κωνσταντῖνος, ἐπιὼν τοῖς μέρεσι τοῦ νέου ἀδελφοῦ Κώνσταντος, συμβαλών τε τοῖς στρατιώταις αὐτοῦ, ἀναι- A.D. 340. ρεῖται ὑπ' αὐτῶν ἐν ὑπατείᾳ Ἀκινδύνου καὶ Πρόκλου.

CAP. VI.

Ὡς Ἀλέξανδρος ὁ Κωνσταντίνου πόλεως ἐπίσκοπος τελευτῶν ὑπόψηφον πεποίηκε Παῦλον καὶ Μακεδόνιον.

Ὑπὸ δὲ τὸν αὐτὸν τοῦτον χρόνον κατὰ τὴν Κωνσταντινούπολιν ἑτέρα ταῖς προτέραις ἐπισυμπλέκεται ταραχὴ ἐξ αἰτίας τοιαύτης. Ἀλέξανδρος ὁ κατὰ τήνδε τὴν πόλιν τῶν ἐκκλησιῶν προεστώς, ὁ τὴν πρὸς Ἄρειον μάχην ἀγωνισάμενος, τὸν ἐνθάδε βίον ἀπέλειπεν, εἰκοσιτρία μὲν ἔτη κατὰ τὴν ἐπισκοπὴν διατρίψας, ἐνενήκοντα καὶ ὀκτὼ δὲ ἔτη τὰ πάντα βιούς, οὐδένα εἰς τὸν αὐτοῦ τόπον χειροτονήσας. Ἐνετείλατο δὲ τοῖς καθήκουσιν ἑλέσθαι δυοῖν τὸν ἕτερον ὧν ἂν αὐτὸς ὀνομάσειεν· καὶ εἰ μὲν βούλοιντο διδασκαλικὸν ἐν ταὐτῷ καὶ βίου χρηστοῦ μαρτυρούμενον, Παῦλον τὸν ὑπ' αὐτοῦ χειροτονηθέντα πρεσβύτερον, ἄνδρα νέον μὲν τὴν ἡλικίαν, προβεβηκότα δὲ ταῖς φρεσίν· εἰ δὲ μόνον ἐκ τοῦ προσχήματος τῆς εὐλαβείας δεικνύμενον, αἱρεῖσθαι Μακεδόνιον, διάκονον τυγχάνοντα μὲν ἤδη πάλαι τῆς ἐκκλησίας, τῇ ἡλικίᾳ δὲ γέροντα. Ἐκ τούτου μείζων φιλονεικία περὶ χειροτονίας γίνεται ἐπισκόπου, καὶ τὴν ἐκκλησίαν διετάραττεν. Ἐπεὶ γὰρ ὁ λαὸς εἰς δύο διετέτμητο μέρη, τῶν μὲν προσκειμένων τῷ Ἀρειανῷ δόγματι, τῶν δὲ φρονούντων καθ' ἃ ἡ ἐν Νικαίᾳ σύνοδος ὥρισε· καὶ ἕως μὲν Ἀλέξανδρος περιῆν, κατεκράτουν οἱ φρονοῦντες τὸ 'ὁμοούσιον,' τῶν Ἀρειανιζόντων διακρινομένων καὶ ὁσημέραι διαπληκτιζομένων περὶ τοῦ δόγματος, ἐπεὶ δὲ ἐκεῖνος τετελευτήκει, ἀμφήριστος ἡ τοῦ λαοῦ μάχη καθίστατο· διὸ οἱ μὲν τοῦ 'ὁμοουσίου' τὴν πίστιν φυλάττοντες Παῦλον εἰς τὴν ἐπισκοπὴν προχειρίζονται, οἱ δὲ Ἀρειανίζοντες Μακεδόνιον ἔσπευδον. Καὶ ἐν μὲν τῇ τῆς Εἰρήνης ἐπωνύμῳ ἐκκλησίᾳ καὶ ἐχομένῃ τῆς νῦν μεγάλης καὶ Σοφίας ὀνομαζομένης χειροτονεῖται Παῦλος, ἐφ' οὗ καὶ μᾶλλον ἡ τοῦ ἀπελθόντος ψῆφος ἐδόκει κρατεῖν.

CAP. VII.

Ὡς ὁ βασιλεὺς Κωνστάντιος Παῦλον τὸν προσβληθέντα ἐπίσκοπον ἐκβάλλει· Εὐσεβίῳ δὲ ἐκ τῆς Νικομηδείας μεταπεμφθέντι τὴν ἐπισκοπὴν Κωνσταντίνου πόλεως ἐνεχείρισεν.

Μετ' οὐ πολὺ δὲ ἐπιστὰς ὁ βασιλεὺς τῇ Κωνσταντινουπόλει πρὸς ὀργὴν ἐκκάεται ἐπὶ τῇ γενομένῃ χειροτονίᾳ. Καὶ καθιστὰς συνέδριον τῶν τὰ Ἀρείου φρονούντων ἐπισκόπων, τὸν μὲν Παῦλον σχολάζειν ἐποίησεν, Εὐσέβιον δὲ ἐκ τῆς Νικομηδείας μεταστήσας τῆς Κωνσταντινουπόλεως ἐπίσκοπον ἀναδείκνυσι. Καὶ ὁ μὲν βασιλεὺς ταῦτα πράξας ἐπὶ τὴν Ἀντιόχειαν ὥρμησεν.

CAP. VIII.

Ὡς Εὐσέβιος ἑτέραν σύνοδον ποιησάμενος ἐν Ἀντιοχείᾳ τῆς Συρίας ἑτέραν ἔκθεσιν πίστεως ὑπαγορευθῆναι ἐποίησε.

Εὐσέβιος δὲ οὐδενὶ τρόπῳ ἡσυχάζειν ἐβούλετο, ἀλλὰ, τὸ τοῦ λόγου, 'πάντα λίθον ἐκίνει,' ὅπως ἂν ὃ προέθετο κατεργάσηται. Κατασκευάζει οὖν σύνοδον ἐν Ἀντιοχείᾳ τῆς Συρίας γενέσθαι, προφάσει μὲν τῶν ἐγκαινίων τῆς ἐκκλησίας, ἣν ὁ πατὴρ μὲν τῶν

Αὐγούστων κατασκευάζειν ἤρξατο, μετὰ τελευτὴν δὲ αὐτοῦ ὁ υἱὸς Κωνστάντιος δεκάτῳ ἔτει ἀπὸ τῆς θεμελιώσεως συνετέλεσεν, τὸ δὲ ἀληθὲς ἐπὶ τῇ ἀνατροπῇ καὶ καθαιρέσει τῆς ' ὁμοουσίου ' πίστεως. Ἐν ταύτῃ δὲ τῇ συνόδῳ συνῆλθον ἐκ διαφόρων πόλεων ἐπίσκοποι ἐνενήκοντα. Μάξιμος μέντοι ὁ τῶν Ἱεροσολύμων ἐπίσκοπος, ὃς Μακάριον διεδέξατο, οὐ παρεγένετο ἐν αὐτῇ, ἐπιλογισάμενος ὡς εἴη συναρπαγεὶς καὶ τῇ καθαιρέσει ὑπογράψας Ἀθανασίου. Ἀλλὰ μὴν οὐδὲ Ἰούλιος παρῆν ὁ τῆς μεγίστης Ῥώμης ἐπίσκοπος· οὐδὲ μὴν εἰς τὸν τόπον αὐτοῦ ἀπεστάλκει τινα· καίτοι κανόνος ἐκκλησι- Cp. c. 17. αστικοῦ κελεύοντος, μὴ δεῖν παρὰ τὴν γνώμην τοῦ ἐπισκόπου Ῥώμης τὰς ἐκκλησίας κανονίζειν. Συγκροτεῖται οὖν αὕτη ἡ σύνοδος ἐν τῇ Ἀντιοχείᾳ παρουσίᾳ Κωνσταντίου τοῦ βασιλέως, ἐν ὑπατείᾳ Μαρκέλλου καὶ Προβίνου· ἦν δὲ πέμπτον ἔτος τοῦτο A.D. 341. τῆς τελευτῆς τοῦ τῶν Αὐγούστων πατρὸς Κωνσταντίνου. Προειστήκει δὲ τότε τῆς ἐν Ἀντιοχείᾳ ἐκκλησίας Πλάκιτος διαδεξάμενος Εὐφρόνιον. Οἱ περὶ Εὐσέβιον οὖν ἔργον τίθενται προηγουμένως Ἀθανάσιον διαβάλλειν, πρῶτον μὲν ὡς παρὰ κανόνα πράξαντα ὃν αὐτοὶ ὥρισαν τότε, ὅτι μὴ γνώμῃ κοινοῦ συνεδρίου τῶν ἐπισκόπων τὴν τάξιν τῆς ἱερωσύνης ἀνέλαβεν, ἐπανελθὼν γὰρ ἀπὸ τῆς ἐξορίας, ἑαυτῷ ἐπιτρέψας, εἰς τὴν ἐκκλησίαν εἰσεπήδησε· καὶ ὅτι ἐν τῇ εἰσόδῳ αὐτοῦ ταραχῆς γενομένης πολλοὶ ἐν τῇ στάσει ἀπέθανον· καὶ ὥς τινων αἰκισθέντων ὑπὸ Ἀθανασίου, τινῶν δὲ δικαστηρίοις παραδοθέντων. Οὐ μὴν ἀλλὰ καὶ τὰ ἐν τῇ Τύρῳ πεπραγμένα κατὰ Ἀθανασίου εἰς μέσον ἦγον.

CAP. IX.

Περὶ Εὐσεβίου τοῦ Ἐμισηνοῦ.

Ἐπὶ τούτοις τότε τῆς διαβολῆς γενομένης, προχειρίζονται τῆς Ἀλεξανδρείας ἐπίσκοπον, πρῶτον μὲν Εὐσέβιον τὸν ἐπικληθέντα Ἐμισηνόν. Τίς δὲ οὗτος ἦν διδάσκει Γεώργιος ὁ Λαοδικείας, ὃς τότε παρῆν ἐν τῇ συνόδῳ. Φησὶ γὰρ ἐν τῷ εἰς αὐτὸν πεπονημένῳ βιβλίῳ, ὡς εἴη Εὐσέβιος ἐκ τῶν εὐπατριδῶν τῆς ἐν Μεσοποταμίᾳ Ἐδέσης καταγόμενος· ἐκ νέας τε ἡλικίας τὰ ἱερὰ μαθὼν γράμματα. Εἶτα τὰ Ἑλλήνων παιδευθεὶς παρὰ τῷ τηνικαῦτα τῇ Ἐδέσῃ ἐπιδημήσαντι παιδευτῇ, τέλος ὑπὸ Πατροφίλου καὶ Εὐσεβίου τὰ ἱερὰ ἡρμηνεύσθη βιβλία· ὧν ὁ μὲν τῶν ἐν Καισαρείᾳ, ὁ δὲ τῆς ἐν Σκυθοπόλει προΐστατο ἐκκλησίας. Μετὰ ταῦτα δὲ ἐπιδημήσαντος αὐτοῦ τῇ Ἀντιοχείᾳ, συνέβη Εὐστάθιον ὑπὸ Κύρου κατηγορηθέντα τοῦ Βεροιέως καθαιρεθῆναι ὡς Σαβελλίζοντα. Εἶτα αὖθις τὸν Εὐσέβιον συνεῖναι Εὐφρονίῳ τῷ διαδεξαμένῳ Εὐστάθιον, φεύγοντά τε τὴν ἱερωσύνην καταλαβεῖν τὴν Ἀλεξάνδρειαν, κἀκεῖ μαθεῖν τὰ φιλόσοφα· ἐπανελθόντα τε εἰς τὴν Ἀντιόχειαν Πλακίτῳ τῷ μετὰ Εὐφρόνιον συνεῖναι, ὑπό τε Εὐσεβίου τοῦ Κωνσταντινουπόλεως ἐπισκόπου προβληθῆναι εἰς τὴν Ἀλεξανδρείας ἐπισκοπήν· ἀλλ' ἐκεῖ μὲν μηκέτι ὁρμῆσαι, διὰ τὸ σφόδρα ὑπὸ τοῦ Ἀλεξανδρέων λαοῦ ἀγαπᾶσθαι Ἀθανάσιον, πεμφθῆναι δὲ εἰς τὴν Ἐμισηνῶν πόλιν. Διαστασιασάντων δὲ τῶν Ἐμισηνῶν ἐπὶ τῇ χειροτονίᾳ αὐτοῦ— ἐλοιδορεῖτο γὰρ ὡς μαθηματικὴν ἀσκούμενος—φυγῇ χρῆται, καὶ ἄπεισιν εἰς Λαοδίκειαν πρὸς τὸν περὶ αὐτοῦ πολλὰ εἰπόντα Γεώργιον. Οὗτος δὲ αὐτὸν εἰς τὴν Ἀντιόχειαν καταστήσας, παρεσκεύασεν αὖθις ὑπὸ Πλακίτου καὶ Ναρκίσσου καταχθῆναι εἰς τὴν Ἔμισαν· πάλιν τε μέμψιν ὑπομεῖναι ὡς τὰ Σαβελλίου φρονοῦντα αὐτόν. Καὶ τὰ μὲν περὶ τῆς καταστάσεως αὐτοῦ πλατύτερον διεξῆλθεν ὁ Γεώργιος· τελευταῖον δὲ ἐπάγει, ὅτι καὶ ὁ βασιλεὺς αὐτὸν ἐπὶ τοὺς βαρβάρους ἀπιὼν ἀπῆγε, καὶ ὅτι τεράστια ἐν ταῖς χερσὶν αὐτοῦ ἐγένετο. Τὰ μὲν δὴ Γεωργίῳ εἰρημένα περὶ τοῦ Ἐμισηνοῦ Εὐσεβίου ἐπὶ τοσοῦτον λελέχθω μοι.

CAP. X.

Ὡς οἱ ἐν Ἀντιοχείᾳ συνελθόντες ἐπίσκοποι, διὰ τὸ παραιτήσασθαι τὴν Ἀλεξάνδρειαν Εὐσέβιον τὸν Ἐμισηνὸν, Γρηγόριον χειροτονήσαντες τὴν τῆς ἐν Νικαίᾳ πίστεως φράσιν μετεποίησαν.

Τότε δὲ τοῦ Εὐσεβίου ἐν τῇ Ἀντιοχείᾳ προβληθέντος καὶ δεδοικότος τὴν εἰς Ἀλεξάνδρειαν ἄφιξιν, προχειρίζονται Γρηγόριον εἰς τὴν Ἀλεξανδρείας ἐπισκοπήν. Καὶ τοῦτο κατεργασάμενοι μεταποιοῦσι τὴν πίστιν, οὐδὲν μὲν τῶν ἐν Νικαίᾳ μεμψάμενοι, τὸ δὲ ἀληθὲς, ἐπὶ καθαιρέσει καὶ παρατροπῇ τῆς 'ὁμοουσίου' πίστεως διὰ τοῦ συνεχεῖς ποιεῖσθαι συνόδους καὶ ἄλλοτε ἄλλως ὑπαγορεύειν τὸν ὅρον τῆς πίστεως, ὥστε κατὰ βραχὺ εἰς τὴν Ἀρειανὴν δόξαν παρατρέψωσι. Ταῦτα μὲν οὖν ὅπως ἐγένετο, προϊόντος τοῦ λόγου δηλώσομεν. Ἡ δὲ ὑπαγορευθεῖσα περὶ τῆς πίστεως ἐπιστολὴ ἔστιν ἥδε·

Ἡμεῖς οὔτε ἀκόλουθοι Ἀρείου γεγόναμεν· πῶς γὰρ ἐπίσκοποι ὄντες ἀκο- Athan. de
λουθήσομεν πρεσβυτέρῳ; οὔτε ἄλλην τινα πίστιν παρὰ τὴν ἐξ ἀρχῆς ἐκτε- Syn. 22.
θεῖσαν ἐδεξάμεθα. Ἀλλὰ καὶ ἡμεῖς ἐξετασταὶ καὶ δοκιμασταὶ τῆς πίστεως
αὐτοῦ γενόμενοι, μᾶλλον αὐτὸν προσηκάμεθα ἤπερ ἠκολουθήσαμεν. Καὶ
γνώσεσθε ἀπὸ τῶν λεγομένων. Μεμαθήκαμεν γὰρ ἐξ ἀρχῆς, εἰς ἕνα τὸν
τῶν ὅλων Θεὸν πιστεύειν, τῶν πάντων νοητῶν τε καὶ αἰσθητῶν δημιουργόν
τε καὶ προνοητήν· καὶ εἰς ἕνα Υἱὸν τοῦ Θεοῦ μονογενῆ, πρὸ πάντων τῶν
αἰώνων ὑπάρχοντα, καὶ συνόντα τῷ γεγεννηκότι αὐτὸν Πατρί, δι' οὗ καὶ τὰ
πάντα ἐγένετο τὰ ὁρατὰ καὶ τὰ ἀόρατα· τὸν καὶ ἐπ' ἐσχάτων τῶν ἡμερῶν
κατ' εὐδοκίαν τοῦ Πατρὸς κατελθόντα, καὶ σάρκα ἐκ τῆς ἁγίας παρθένου ἀνει-
ληφότα, καὶ πᾶσαν τὴν πατρικὴν αὐτοῦ βουλὴν συνεκπεπληρωκότα, πεπον-
θέναι, καὶ ἐγηγέρθαι, καὶ εἰς οὐρανοὺς ἀνεληλυθέναι, καὶ ἐν δεξιᾷ τοῦ Πατρὸς
καθέζεσθαι· καὶ ἐρχόμενον κρῖναι ζῶντας καὶ νεκρούς, καὶ διαμένοντα βασιλέα
καὶ Θεὸν εἰς τοὺς αἰῶνας. Πιστεύομεν καὶ εἰς τὸ Ἅγιον Πνεῦμα. Εἰ δὲ
δεῖ προσθεῖναι, πιστεύομεν καὶ περὶ σαρκὸς ἀναστάσεως, καὶ ζωῆς αἰωνίου.

Ταῦτα μὲν ἐν τῇ πρώτῃ ἐπιστολῇ γράψαντες τοῖς κατὰ πόλιν
ἔπεμπον. Ἐπιμείναντες δὲ μικρὸν ἐν τῇ Ἀντιοχείᾳ, καὶ ὥσπερ
καταγνόντες ταύτης, αὖθις ἑτέραν ὑπαγορεύουσιν ἐν τοῖσδε τοῖς
ῥήμασι·

Ἄλλη ἔκθεσις.

Πιστεύομεν ἀκολούθως τῇ εὐαγγελικῇ καὶ ἀποστολικῇ παραδόσει, εἰς ἕνα Cp. Ath. de
Θεὸν Πατέρα παντοκράτορα, τὸν τῶν ὅλων δημιουργόν τε καὶ ποιητήν· καὶ Syn. 23;
εἰς ἕνα Κύριον Ἰησοῦν Χριστόν, τὸν Υἱὸν αὐτοῦ τὸν μονογενῆ Θεόν, δι' οὗ τὰ Syn. 31.
πάντα ἐγένετο· τὸν γεννηθέντα πρὸ πάντων τῶν αἰώνων ἐκ τοῦ Πατρός, c. 40.
Θεὸν ἐκ Θεοῦ, ὅλον ἐξ ὅλου, μόνον ἐκ μόνου, τέλειον ἐκ τελείου, βασιλέα ἐκ
βασιλέως, Κύριον ἀπὸ Κυρίου, λόγον ζῶντα, σοφίαν, ζωήν, φῶς ἀληθινόν,
ὁδὸν ἀληθείας, ἀνάστασιν, ποιμένα, θύραν, ἄτρεπτόν τε καὶ ἀναλλοίωτον, τὴν
τῆς θεότητος, οὐσίας τε καὶ δυνάμεως, καὶ βουλῆς καὶ δόξης τοῦ Πατρὸς ἀπαρ-
άλλακτον εἰκόνα, τὸν 'πρωτότοκον πάσης κτίσεως,' τὸν ὄντα ἐν ἀρχῇ πρὸς
τὸν Θεόν, Λόγον Θεόν, κατὰ τὸ εἰρημένον ἐν τῷ εὐαγγελίῳ, 'καὶ Θεὸς ἦν ὁ Col. i. 17.
Λόγος·' δι' οὗ 'τὰ πάντα ἐγένετο,' καὶ ἐν ᾧ 'τὰ πάντα συνέστηκε,' τὸν ἐπ' John i. 1, 3.
ἐσχάτων τῶν ἡμερῶν κατελθόντα ἄνωθεν, καὶ γεννηθέντα ἐκ παρθένου κατὰ
τὰς γραφάς, καὶ ἄνθρωπον γενόμενον, μεσίτην Θεοῦ καὶ ἀνθρώπων, ἀπόστο-
λόν τε τῆς πίστεως ἡμῶν, καὶ 'ἀρχηγὸν τῆς ζωῆς,' ὥς φησι, '"Ὅτι καταβέβηκα Acts iii. 15.
ἐκ τοῦ οὐρανοῦ, οὐχ ἵνα ποιῶ τὸ θέλημα τὸ ἐμόν, ἀλλὰ τὸ θέλημα τοῦ πέμ- John vi. 38.
ψαντός με·' τὸν παθόντα ὑπὲρ ἡμῶν, καὶ ἀναστάντα ὑπὲρ ἡμῶν τῇ τρίτῃ
ἡμέρᾳ, καὶ ἀνελθόντα εἰς οὐρανούς, καὶ καθεσθέντα ἐν δεξιᾷ τοῦ Πατρός, καὶ
πάλιν ἐρχόμενον μετὰ δόξης καὶ δυνάμεως, κρῖναι ζῶντας καὶ νεκρούς. Καὶ

εἰς τὸ Πνεῦμα τὸ Ἅγιον, τὸ εἰς παράκλησιν καὶ ἁγιασμὸν καὶ εἰς τελείωσιν τοῖς πιστεύουσι διδόμενον· καθὼς καὶ ὁ Κύριος ἡμῶν Ἰησοῦς Χριστὸς διετάξατο τοῖς μαθηταῖς λέγων, 'Πορευθέντες μαθητεύσατε πάντα τὰ ἔθνη, βαπτίζοντες αὐτοὺς εἰς τὸ ὄνομα τοῦ Πατρὸς, καὶ τοῦ Υἱοῦ, καὶ τοῦ Ἁγίου Πνεύματος·' δηλονότι Πατρὸς ἀληθῶς ὄντος Πατρὸς, καὶ Υἱοῦ ἀληθῶς Υἱοῦ ὄντος, καὶ Πνεύματος Ἁγίου ἀληθῶς ὄντος Πνεύματος Ἁγίου· τῶν ὀνομάτων οὐχ ἁπλῶς οὐδὲ ἀργῶν κειμένων, ἀλλὰ σημαινόντων ἀκριβῶς τὴν ἰδίαν ἑκάστου τῶν ὀνομαζομένων ὑπόστασίν τε καὶ τάξιν καὶ δόξαν· ὡς εἶναι τῇ μὲν ὑποστάσει τρία, τῇ δὲ συμφωνίᾳ ἕν. Ταύτην οὖν ἔχοντες τὴν πίστιν, ἐνώπιον τοῦ Θεοῦ καὶ τοῦ Χριστοῦ, πᾶσαν αἱρετικὴν ἀναθεματίζομεν κακοδοξίαν. Καὶ εἴ τις παρὰ τὴν ὑγιῆ τῶν γραφῶν ὀρθὴν πίστιν διδάσκει λέγων, ἢ καιρὸν ἢ αἰῶνα εἶναι ἢ γεγονέναι, πρὸ τοῦ τὸν Υἱὸν τοῦ Θεοῦ, ἀνάθεμα ἔστω. Καὶ εἴ τις λέγει τὸν Υἱὸν κτίσμα ὡς ἓν τῶν κτισμάτων, ἢ γέννημα ὡς ἓν τῶν γεννημάτων, καὶ μὴ ὡς αἱ θεῖαι γραφαὶ παραδεδώκασι τῶν προειρημένων ἕκαστα, ἢ εἴ τις ἄλλο διδάσκει ἢ εὐαγγελίζεται παρ' ὃ παρελάβομεν, ἀνάθεμα ἔστω. Ἡμεῖς γὰρ πᾶσι τοῖς ἐκ τῶν θείων γραφῶν παραδεδομένοις ὑπό τε τῶν προφητῶν καὶ ἀποστόλων ἀληθινῶς τε καὶ ἐμφανῶς καὶ πιστεύομεν καὶ ἀκολουθοῦμεν.

Τοιαῦται μὲν αἱ τῶν ἐν Ἀντιοχείᾳ τότε συνελθόντων περὶ τῆς πίστεως ἐκθέσεις ἐγένοντο· αἷς καὶ Γρηγόριος, μήπω τῆς Ἀλεξανδρείας ἐπιβὰς, ὡς ἐπίσκοπος αὐτῆς καθυπέγραψε. Καὶ ἡ μὲν ἐκεῖ τότε γενομένη σύνοδος ταῦτα πράξασα καὶ ἄλλα τινὰ νομοθετήσασα διελύθη. Ἐν δὲ τῷδε τῷ χρόνῳ καὶ τὰ δημόσια πράγματα συνέβη ταράσσεσθαι· ἔθνος, οἳ Φράγκοι καλοῦνται, τοῖς περὶ Γαλλίαν κατέτρεχον Ῥωμαίοις. Ἐν ταὐτῷ δὲ καὶ σεισμοὶ μέγιστοι ἐν τῇ ἑῴᾳ ἐγένοντο· μάλιστα δὲ ἡ Ἀντιόχεια ἐπὶ ἐνιαυτὸν ὅλον ἐσείετο.

CAP. XI.

Ὡς Γρηγορίου μετὰ χειρὸς στρατιωτικῆς εἰς Ἀλεξάνδρειαν κατελθόντος Ἀθανάσιος ἔφυγεν.

Τούτων γινομένων καὶ Γρηγόριον κατήγαγον ἐν Ἀλεξανδρείᾳ Συριανός τε ὁ στρατηγὸς, καὶ οἱ σὺν αὐτῷ ὁπλῖται στρατιῶται ἀριθμὸς ὄντες πεντακισχίλιοι. Συνελαμβάνοντο δὲ αὐτοῖς καὶ οἱ ἐκεῖ τὰ Ἀρείου φρονοῦντες. Ὅπως δὲ Ἀθανάσιος τῆς ἐκκλησίας ἐξωθούμενος τοῦ συλληφθῆναι αὐτὸν διέφυγε, λεκτέον. Ἑσπέρα μὲν ἦν· ὁ δὲ λαὸς ἐπαννύχιζε προσδοκωμένης συνάξεως. Ἧκει δὲ ὁ στρατηγὸς κατὰ φάλαγγα τοὺς στρατιώτας τάξας πανταχόθεν τῆς ἐκκλησίας. Ἀθανάσιος δὲ ἑωρακὼς τὰ γινόμενα φροντίδα ἔθετο ὅπως ἂν τῷ λαῷ μηδαμῶς βλάβη γένηται δι' αὐτόν· καὶ προστάξας διακόνῳ κηρύξαι εὐχήν, αὖθις ψαλμὸν λέγεσθαι παρεσκεύασε. Συμφωνίας δὲ ἐκ τῆς ψαλμῳδίας γενομένης, διὰ μιᾶς τῶν πυλῶν τῆς ἐκκλησίας πάντες ἐξῄεσαν. Τούτου γινομένου οἱ στρατιῶται ἀπόμαχοι ἔμενον· ὁ δὲ Ἀθανάσιος ἐν μέσοις τοῖς ψαλμῳδοῦσιν ἀβλαβὴς διεσώζετο. Τοῦτον δὲ τὸν τρόπον διεκφυγὼν ἐπὶ τὴν Ῥώμην ἀνέδραμε· καὶ Γρηγόριος μὲν τότε τῆς ἐκκλησίας ἐκράτησεν. Ὁ δὲ Ἀλεξανδρέων λαός, οὐκ ἐνεγκόντες τὸ γεγονός, τὴν καλουμένην Διονυσίου ἐκκλησίαν ἐνέπρησαν. Τοσαῦτα μὲν οὖν περὶ τούτων εἰρήσθω. Εὐσέβιος δὲ ὅσα ἐβούλετο κατεργασάμενος, διεπρεσβεύετο πρὸς Ἰούλιον τὸν Ῥώμης ἐπίσκοπον, αὐτὸν κριτὴν τῶν κατὰ Ἀθανάσιον γενέσθαι παρακαλῶν, καὶ πρὸς ἑαυτὸν καλεῖν τὴν δίκην.

CAP. XII.

Ὡς Εὐσεβίου τελευτήσαντος ὁ ἐν Κωνσταντινουπόλει λαὸς Παῦλον αὖθις ἐνεθρόνισε· καὶ ὡς οἱ Ἀρειανοὶ Μακεδόνιον προεβάλλοντο.

Ἀλλ' οὐκ ἔφθασε μαθεῖν Εὐσέβιος τὰ παρὰ Ἰουλίου περὶ Ἀθανασίου κριθέντα· μικρὸν γὰρ μετὰ τὴν σύνοδον ἐπιβιοὺς ἐτελεύτησε. Διόπερ καὶ ὁ ἐν Κωνσταντινουπόλει λαὸς αὖθις εἰς τὴν ἐκκλησίαν τὸν Παῦλον εἰσάγουσι. Κατὰ ταὐτὸν δὲ καὶ οἱ Ἀρειανίζοντες ἐν τῇ λεγομένῃ ἐπὶ Παῦλον ἐκκλησίᾳ χειροτονοῦσι τὸν Μακεδόνιον. Καὶ τοῦτο δὲ ἐποίησαν οἱ πρώην Εὐσεβίῳ τῷ πάντα κυκῶντι συμπράττοντες, τότε δὴ τὴν αὐθεντίαν διαδεξάμενοι· εἰσὶ δὲ οὗτοι Θέογνις Νικαίας, Μάρις Χαλκηδόνος, Θεόδωρος Ἡρακλείας τῆς ἐν Θρᾴκῃ, Οὐρσάκιος Σιγγιδόνος τῆς ἄνω Μυσίας, Οὐάλης Μουρσῶν τῆς ἄνω Παννονίας. Οὐρσάκιος μὲν οὖν καὶ Οὐάλης ὕστερον μεταγνόντες, βιβλίον μετανοίας τῷ ἐπισκόπῳ Ἰουλίῳ ἐπιδόντες, τῇ 'ὁμοουσίῳ' τε δόξῃ συντιθέμενοι ἐκοινώνησαν. Τότε δὲ διαπύρως τὴν Ἀρειανὴν συγκροτοῦντες θρησκείαν οὐ τοὺς τυχόντας κατὰ τῶν ἐκκλησιῶν πολέμους ἐτύρευσαν, ὧν εἷς ἦν ὁ διὰ Μακεδονίου ἐν τῇ Κωνσταντινουπόλει γενόμενος. Ὑπὸ γὰρ τοῦδε τοῦ ἐμφυλίου τῶν Χριστιανῶν πολέμου συνεχεῖς ἐγίνοντο κατὰ τὴν πόλιν στάσεις, πολλοί τε ἐκ τῶν γινομένων συντριβέντες ἀπώλοντο.

CAP. XIII.

Περὶ τῆς Ἑρμογένους τοῦ στρατηλάτου ἀναιρέσεως, καὶ ὅπως πάλιν διὰ τοῦτο ἐξεώθη ὁ Παῦλος τῆς ἐκκλησίας.

Ἦλθε δὲ τὰ γινόμενα εἰς ἀκοὰς Κωνσταντίου τοῦ βασιλέως κατὰ τὴν Ἀντιόχειαν διατρίβοντος. Ἐντέλλεται οὖν Ἑρμογένει τῷ στρατηλάτῃ, ἐπὶ τὰ Θράκια πεμπομένῳ μέρη, ὁδοῦ πάρεργον ποιῆσαι, καὶ ἐξωθῆσαι τῆς ἐκκλησίας τὸν Παῦλον. Ὃς καταλαβὼν τὴν Κωνσταντινούπολιν, ὅλην διετάραξε βιαζόμενος ἐκβαλεῖν τὸν ἐπίσκοπον· στάσις γὰρ εὐθὺς ἐκ τοῦ δήμου παρηκολούθει, καὶ ἕτοιμοι ἦσαν ἀμύνεσθαι. Ὡς δὲ ἐπέκειτο ὁ Ἑρμογένης διὰ στρατιωτικῆς χειρὸς ἀπελάσαι τὸν Παῦλον, παροξυνθὲν τότε τὸ πλῆθος, οἷα ἐν τοῖς τοιούτοις φιλεῖ γίνεσθαι, ἀλογωτέρας ἐποιεῖτο κατ' αὐτοῦ τὰς ὁρμάς· καὶ ἐμπίπρησι μὲν αὐτοῦ τὴν οἰκίαν, αὐτὸν δὲ σύραντες ἀπέκτειναν. Ταῦτα δὲ πέπρακται ἐν ὑπατείᾳ τῶν δύο Αὐγούστων Κωνσταντίου τὸ τρίτον καὶ Κώνσταντος τὸ δεύτερον. Καθ' ὃν χρόνον Κώνστας μὲν Φράγκων ἔθνος νικήσας ὑποσπόνδους Ῥωμαίοις ἐποίησε. Κωνστάντιος δὲ ὁ βασιλεὺς περὶ τῆς ἀναιρέσεως Ἑρμογένους πυθόμενος, ἐκ τῆς Ἀντιοχείας ἱππεὺς ἐλάσας καταλαμβάνει τὴν Κωνσταντινούπολιν· καὶ τὸν μὲν Παῦλον ἐξελαύνει τῆς πόλεως, ἐζημίωσε δὲ τὴν πόλιν ἀφελὼν τοῦ σιτηρεσίου τοῦ παρασχεθέντος παρὰ τοῦ πατρὸς αὐτοῦ ἡμερησίου ὑπὲρ τέσσαρας μυριάδας· ὀκτὼ γὰρ ἐγγὺς μυριάδες ἐχορηγοῦντο πρότερον τοῦ σίτου ἐκ τῆς Ἀλεξανδρέων κομιζομένου πόλεως. Μακεδόνιον δὲ ἀναδεῖξαι τῆς πόλεως ἐπίσκοπον ὑπερέθετο· ὠργίζετο γὰρ οὐ μόνον περὶ αὐτοῦ, ὅτι παρὰ γνώμην αὐτοῦ κεχειροτόνητο, ἀλλ' ὅτι καὶ διὰ τὰς μεταξὺ αὐτοῦ τε καὶ Παύλου γενομένας στάσεις πολλοί τε ἄλλοι καὶ ὁ στρατηλάτης Ἑρμογένης ἀνῄρητο. Ἐάσας οὖν αὐτὸν ἐν ᾗ ἐχειροτονήθη ἐκκλησίᾳ συνάγειν, αὖθις ἐπὶ τὴν Ἀντιόχειαν ἀνεχώρησεν.

CAP. XIV.

Ὅτι οἱ Ἀρειανοὶ Γρηγόριον τῆς Ἀλεξανδρείας μεταστήσαντες Γεώργιον ἀνταπέστειλαν.

Ἐν δὲ τῷδε καὶ οἱ Ἀρειανίζοντες μεθιστῶσιν ἐκ τῆς Ἀλεξανδρείας Γρηγόριον ὡς μισούμενον ἐν ταὐτῷ δὲ καὶ διὰ τὸν τῆς ἐκκλησίας ἐμπρησμὸν, καὶ ὅτι ἧττον τὴν αὐτῶν δόξαν συνεκρότει. Ἀντέπεμπον δὲ Γεώργιον, ὃς ἐκ Καππαδοκίας μὲν ὡρμᾶτο, δόξαν δὲ δεινοῦ περὶ τὴν αὐτῶν θρησκείαν ἐκέκτητο.

CAP. XV.

Ὡς Ἀθανάσιος καὶ Παῦλος εἰς τὴν Ῥώμην παραγενόμενοι καὶ γράμμασιν ὀχυρωθέντες τοῦ ἐπισκόπου Ἰουλίου κατέλαβον αὖθις τοὺς ἰδίους θρόνους.

Ἀθανάσιος μέντοι ὀψέποτε διαβῆναι ἐπὶ τὴν Ἰταλίαν ἐξίσχυσε. Τῶν δὲ ἑσπερίων τηνικαῦτα μερῶν Κώνστας ὁ νεώτερος τῶν Κωνσταντίνου παίδων μόνος ἐκράτει, Κωνσταντίνου τοῦ ἀδελφοῦ αὐτοῦ ὑπὸ τῶν στρατιωτῶν ἀναιρεθέντος, καθὰ καὶ ἤδη φθάσαντες προείπομεν. Κατ' αὐτὸ δὲ καὶ Παῦλος ὁ τῆς Κωνσταντινουπόλεως, καὶ Ἀσκληπᾶς Γάζης, καὶ Μάρκελλος Ἀγκύρας τῆς μικρᾶς Γαλατίας, καὶ Λούκιος Ἀδριανουπόλεως, ἄλλος δι' ἄλλο κατηγορηθέντες καὶ τῶν ἐκκλησιῶν ἐξελαθέντες, ἐν τῇ βασιλευούσῃ Ῥώμῃ εὑρίσκονται. Γνωρίζουσιν οὖν τῷ ἐπισκόπῳ Ῥώμης Ἰουλίῳ τὰ καθ' ἑαυτούς· ὁ δὲ, ἅτε προνόμια τῆς ἐν Ῥώμῃ ἐκκλησίας ἐχούσης, παρρησιαστικοῖς γράμμασιν ὠχύρωσεν αὐτούς, καὶ ἐπὶ τὴν ἀνατολὴν ἀποστέλλει τὸν οἰκεῖον ἑκάστῳ τόπον ἀποδιδοὺς, καὶ καθαπτόμενος τῶν προπετῶς καθελόντων αὐτούς. Οἱ δὲ ἀναζεύξαντες ἐκ τῆς Ῥώμης, καὶ τοῖς τύποις τοῦ ἐπισκόπου Ἰουλίου θαρροῦντες, τάς τε ἑαυτῶν ἐκκλησίας καταλαμβάνουσι, καὶ τὰς ἐπιστολὰς πρὸς οὓς ἐγράφησαν διαπέμπονται. Οἱ δὲ δεξάμενοι ὕβριν ἐποιοῦντο τὴν ἐπίπληξιν· καὶ σύνοδον ἐν τῇ Ἀντιοχείᾳ κηρύξαντες, συνελθόντες ἐν αὐτῇ γνώμῃ κοινῇ σφοδρότερον δι' ἐπιστολῆς ἀντεγκαλοῦσι τῷ Ἰουλίῳ, δηλοῦντες μὴ δεῖν κανονίζεσθαι παρ' αὐτοῦ, εἰ βούλοιντο ἐξελαύνειν τινὰς τῶν ἐκκλησιῶν· μηδὲ γὰρ αὐτοὺς ἀντειπεῖν, ὅτε Ναύατον τῆς ἐκκλησίας ἤλαυνον. Ταῦτα μὲν οἱ τῆς ἑῴας ἐπίσκοποι τῷ ἐπισκόπῳ Ῥώμης Ἰουλίῳ διεπέμποντο. Ἐπειδὴ δὲ Ἀθανασίου εἰς τὴν Ἀλεξάνδρειαν εἰσιόντος, ὠθισμὸς τῶν ὑπὸ Γεωργίου τοῦ Ἀρειανοῦ ἐγένετο, ἐκ δὲ τούτου φασὶ ταραχὰς καὶ διαφθορὰς ἀνθρώπων γεγονέναι, οἵ τε Ἀρειανίζοντες τὴν βλασφημίαν καὶ τὰ ἐκ τούτων ἐγκλήματα ἐπὶ Ἀθανάσιον ὡς αἴτιον ἀναφέρουσι, βραχέα περὶ τούτων λεκτέον. Τὰς μὲν γὰρ ἀληθεῖς αἰτίας ὁ Θεὸς οἶδεν, ὁ αὐτῆς τῆς ἀληθείας κριτής. Ὅτι δὲ ταῦτα κατὰ τὸ πλεῖστον εἴωθε γίνεσθαι ὅταν καθ' ἑαυτῶν στασιάζῃ τὰ πλήθη, οὐκ ἄγνωστα τοῖς εὖ φρονοῦσι καθέστηκεν. Ὥστε μάτην Ἀθανασίῳ τὴν αἰτίαν ἀνάπτουσιν οἱ λοιδοροῦντες αὐτὸν, καὶ μάλιστα Σαβῖνος ὁ τῆς Μακεδονίου προεστὼς αἱρέσεως· ὃς εἰ διελογίζετο, πόσα κακὰ κατὰ Ἀθανασίου οἱ Ἀρειανίζοντες καὶ τῶν τὸ 'ὁμοούσιον' φρονούντων εἰργάσαντο, ἢ ὅσαι δι' Ἀθανάσιον γενόμεναι σύνοδοι ἀπωδύραντο, ἢ ὅσα αὐτὸς ὁ αἱρεσιάρχης Μακεδόνιος κατὰ πασῶν τῶν ἐκκλησιῶν διεπράξατο, ἡσυχίαν ἦγεν ἄν, ἢ φθεγγόμενος εὔφημα ἂν πρὸ τούτων ἐφθέγγετο. Νῦν δὲ ταῦτα πάντα ἀποσιγήσας, ἐκεῖνα διαβάλλει· ἀλλ' οὐδ' ὅλως τοῦ αἱρεσιάρχου μνήμην πεποίηται, πάντως που τὰ τῆς δραματουργίας αὐτοῦ τολμήματα καλύπτειν βουλόμενος. Καὶ τὸ δὴ θαυμαστότερον, οὓς πέφευγεν Ἀρειανοὺς οὐκ εἶπε κακῶς· ᾧ δὲ ἠκολούθησε Μακεδονίῳ τούτου καὶ τὴν χειροτονίαν ἀπέκρυψεν. Εἰ γὰρ αὐτῆς ἐμέμνητο, ἐμέμνητο ἂν πάντως καὶ τῶν ἀδικημάτων αὐτοῦ, ὡς τὰ ἐπ' αὐτῆς γενόμενα δείκνυσι. Τοσαῦτα μὲν περὶ τούτου.

CAP. XVI.

Ὡς ὁ βασιλεὺς παρεσκεύασε διὰ Φιλίππου τοῦ ἐπάρχου ἐξωσθῆναι τὸν Παῦλον καὶ εἰς ἐξορίαν πεμφθῆναι, Μακεδόνιον δὲ ἐνθρονισθῆναι.

Ὁ μέντοι βασιλεὺς Κωνστάντιος ἐν Ἀντιοχείᾳ διάγων, πυθόμενος πάλιν τὸν Παῦλον ἀπειληφέναι τὸν θρόνον, δι' ὀργῆς ἐτίθετο τὸ γιγνόμενον. Πρόσταγμα οὖν ἔγγραφον ἀποστέλλει τῷ ἐπάρχῳ Φιλίππῳ, ὡς μείζονα μὲν τῶν ἄλλων ἀρχόντων τὴν ἐξουσίαν κεκληρωμένῳ, δευτέρῳ δὲ μετὰ βασιλέα χρηματίζοντι, ὅπως ἂν τὸν μὲν Παῦλον τῆς ἐκκλησίας ἐκβάλλῃ, ἀντεισάγῃ δὲ εἰς αὐτὴν Μακεδόνιον. Ὁ οὖν ἔπαρχος Φίλιππος, εὐλαβηθεὶς τὴν ἀπὸ τοῦ πλήθους στάσιν, τέχνῃ μετῆλθε τὸν Παῦλον· καὶ κρύπτει μὲν παρ' ἑαυτῷ τὴν τοῦ βασιλέως βουλήν· πλασάμενος δὲ δημοσίων πραγμάτων ποιεῖσθαι φροντίδα, πρόεισιν εἰς τὸ λουτρὸν τὸ δημόσιον ᾧ ἐπώνυμον Ζεύξιππος· κἀκεῖθεν μεταπέμπεται μετὰ τιμῆς δῆθεν τὸν Παῦλον, ὡς ἀναγκαῖον ἐλθεῖν παρ' αὐτόν. Καὶ ἦλθεν· ἐπεὶ δὲ ἐκεῖνος ἦλθε μεταπεμφθείς, ἐπεδείκνυεν εὐθὺς ὁ ἔπαρχος τοῦ βασιλέως τὸ πρόσταγμα. Καὶ ὁ μὲν ἐπίσκοπος εὐγνωμόνως ἔφερε τὴν ἄκριτον καταδίκην. Ὁ δὲ, δείσας τοὺς περιεστηκότας καὶ τοῦ

II. 16.] *Macedonius bishop of Constantinople.* 77

πλήθους τὴν ὁρμήν,—καὶ γὰρ πολλοὶ συνεληλύθεισαν ἐκ φήμης ὑπόπτου περὶ τὸ δημόσιον,—ἐκφραγῆναι μίαν τοῦ λουτροῦ θυρίδα κελεύει· δι' ἧς ἐπὶ τὰς βασιλικὰς αὐλὰς ἀπαχθεὶς ὁ Παῦλος, ἐμβληθείς τε εἰς πλοῖον ἐπὶ τοῦτο εὐτρεπισθὲν, ταχέως ἐπ' ἐξορίαν ἐπέμπετο. Προσέταξέν τε ὁ ἔπαρχος ἐπὶ τὴν Μακεδονίας μητρόπολιν Θεσσαλονίκην ἐλθεῖν, ἧς καὶ ἐκ προγόνων ὁ Παῦλος ἐτύγχανεν ὤν, ἐν ᾗ τὰς διατριβὰς ποιεῖσθαι, ἀδεῶς τε ἐπιβαίνειν καὶ κατὰ τὰς ἄλλας τῶν ἐν Ἰλλυριοῖς πόλεις· μὴ μὴν ἐξεῖναι αὐτῷ ἐπὶ τὰ ἀνατολικὰ μέρη διαβῆναι. Ὁ μὲν οὖν Παῦλος, παρὰ προσδοκίαν ἐκβληθεὶς τῆς ἐκκλησίας ἐν ταυτῷ καὶ τῆς πόλεως, μετὰ σπουδῆς ἀπήγετο. Ὁ δὲ τοῦ βασιλέως ἔπαρχος Φίλιππος ἐκ τοῦ δημοσίου ἐπὶ τὴν ἐκκλησίαν ἠπείγετο. Σὺν αὐτῷ δὲ ὡς ἐκ μηχανῆς τινος παρὼν ὁ Μακεδόνιος ἐν τῷ ὀχήματι σύνθρονος τῷ ἐπάρχῳ ἐν πᾶσιν ἐδείκνυτο· στρατιωτική τε χεὶρ ξιφήρης περὶ αὐτοὺς ἐτύγχανε. Δέος δὲ ἐντεῦθεν καταλαμβάνει τὰ πλήθη· καὶ πάντες εἰς τὴν ἐκκλησίαν συνέρρεον οἵ τε τῆς 'ὁμοουσίου' πίστεως καὶ οἱ τοῦ Ἀρειανοῦ δόγματος, ἕκαστοι καταλαμβάνειν τὴν ἐκκλησίαν σπουδάζοντες. Ἐπεὶ δὲ ὁ ἔπαρχος ἅμα τῷ Μακεδονίῳ πλησίον τῆς ἐκκλησίας ἐγένετο, τότε δὴ ἄλογος φόβος καταλαμβάνει τὰ πλήθη, ἀλλὰ γὰρ καὶ τοὺς στρατιώτας αὐτούς. Ἐπεὶ γὰρ οἱ παρόντες ὄχλος ἦσαν πολὺς, πάροδος δὲ τῷ ἐπάρχῳ κατάγοντι τὸν Μακεδόνιον οὐδεμία ἐγίνετο, ὠθισμὸς παρὰ τῶν στρατιωτῶν ἐτολμᾶτο βίαιος. Ἐπεὶ δὲ συνωθούμενον τὸ πλῆθος διὰ τὴν στενοχωρίαν ὑποχωρεῖν οὐχ οἷόν τε ἦν, ἀνθίστασθαι τοὺς ὄχλους οἱ στρατιῶται νομίζοντες καὶ ἑκόντας κωλύειν τὴν πάροδον, γυμνοῖς τοῖς ξίφεσιν ὡς ἀντεπιόντες ἐκέχρηντο, καὶ δὴ καὶ τοῦ ἔργου εἴχοντο. Ἀπέθανον οὖν, ὡς λέγεται, περὶ τοὺς τρισχιλίους ἑκατὸν πεντήκοντα· οἱ μὲν ὑπὸ τῶν στρατιωτῶν σφαγέντες, οἱ δὲ ὑπὸ τοῦ πλήθους φθαρέντες. Ἐπὶ τοῖς τοιούτοις δὴ τοῖς κατορθώμασιν ὁ Μακεδόνιος, ὡς οὐδὲν φαῦλον πεπραχὼς, ἀλλὰ καθαρὸς καὶ ἀθῷος τῶν γενομένων τυγχάνων, ὑπὸ τοῦ ἐπάρχου μᾶλλον ἢ ὑπὸ ἐκκλησιαστικοῦ κανόνος ἐνθρονίζεται. Οὕτως μὲν οὖν Μακεδόνιος καὶ οἱ Ἀρειανοὶ διὰ τοσούτων φόνων τῆς ἐκκλησίας ἐκράτησαν. Κατὰ δὲ τὸν καιρὸν τοῦτον καὶ ὁ βασιλεὺς τὴν μεγάλην ἐκκλησίαν ἔκτιζεν, ἥτις 'Σοφία' μὲν προσαγορεύεται νῦν· συνῆπται δὲ τῇ ἐπωνύμῳ Εἰρήνῃ, ἣν ὁ πατὴρ τοῦ βασιλέως μικρὰν οὖσαν τὸ πρότερον εἰς κάλλος καὶ μέγεθος ηὔξησε, καὶ νῦν εἰσὶν εἰς ἕνα περίβολον ἄμφω ὁρώμεναι μιᾶς τὴν προσωνυμίαν ἔχουσαι.

CAP. XVII.

Ὡς Ἀθανάσιος φοβηθεὶς τὰς τοῦ βασιλέως ἀπειλὰς ἐπὶ τὴν Ῥώμην ἀνέδραμεν.

Ἐν τούτῳ δὲ τῷ καιρῷ, καὶ ἑτέρα διαβολὴ κατὰ Ἀθανασίου παρὰ τῶν Ἀρειανιζόντων συρράπτεται, πρόφασιν ἐφευρόντων τοιαύτην. Τῇ Ἀλεξανδρέων ἐκκλησίᾳ σιτηρέσιον ἤδη πρότερον δεδώρητο ὁ τῶν Αὐγούστων πατὴρ εἰς διατροφὴν τῶν πτωχῶν. Τοῦτο ἔφασαν ἐξαργυρίζειν τὸν Ἀθανάσιον καὶ εἰς οἰκεῖον ἀποφέρεσθαι κέρδος. Πιστεύσας οὖν ὁ βασιλεὺς θάνατον αὐτῷ τὴν ζημίαν ἠπείλησεν. Ὁ δὲ προαισθόμενος τῆς βασιλέως ἀπειλῆς χρῆται φυγῇ καὶ ἦν ἀφανής. Τότε δὴ καὶ Ἰούλιος ὁ τῆς Ῥώμης ἐπίσκοπος γνοὺς τὰ παρὰ τῶν Ἀρειανιζόντων κατὰ Ἀθανασίου γινόμενα, δεξάμενος δὲ καὶ τὰ Εὐσεβίου τοῦ τετελευτηκότος γράμματα, καλεῖ πρὸς ἑαυτὸν τὸν Ἀθανάσιον, πυθόμενος τὸν τόπον ἔνθα κέκρυπται. Φθάνει δὲ ἐν ταυτῷ καὶ τὰ γράμματα, ἅπερ οἱ ἐν Ἀντιοχείᾳ πρότερον συναχθέντες ἀπεστάλκεισαν. Ἐπέμπετο δὲ καὶ ἕτερα γράμματα πρὸς αὐτὸν παρὰ τῶν ἐν Αἰγύπτῳ ἐπισκόπων, διδάσκοντα ψευδῆ εἶναι τὰ κατὰ Ἀθανασίου λεγόμενα. Οὕτως ἐναντίων πεμπομένων τῶν γραμμάτων, ὁ Ἰούλιος τοῖς ἐν Ἀντιοχείᾳ συναχθεῖσιν ἀντιγράφων ἐμέμψατο, πρῶτον μὲν οὖν τὸ ἐπαχθὲς τῆς αὐτῶν ἐπιστολῆς, ἔπειτα παρὰ κανόνας ποιοῦντας, διότι εἰς τὴν σύνοδον αὐτὸν οὐκ ἐκάλεσαν, τοῦ ἐκκλησιαστικοῦ κανόνος κελεύοντος, μὴ δεῖν παρὰ γνώμην τοῦ ἐπισκόπου Ῥώμης κανονίζειν τὰς ἐκκλησίας, καὶ ὅτι τὴν πίστιν λεληθότως παραχαράττουσιν· ἔτι δὲ ὡς καὶ τὰ ἐν Τύρῳ πάλαι πραχθέντα ἐκ συναρπαγῆς ἐγεγόνει διὰ τὸ ἐκ μονομερείας τὰ ἐν τῷ Μαρεώτῃ ὑπομνήματα πεπρᾶχθαι· οὐ μὴν ἀλλὰ καὶ τὰ κατὰ Ἀρσένιον φανερῶς συκοφαντία ἐδέδεικτο. Ταῦτα καὶ τὰ τοιαῦτα διὰ πλειόνων ὁ Ἰούλιος τοῖς ἐν Ἀντιοχείᾳ συναχθεῖσιν ἔγραφε. Παρεθέμεθα δ᾽ ἂν καὶ τὰς πρὸς Ἰούλιον ἐπιστολὰς καὶ τὴν παρ᾽ αὐτοῦ, εἰ μὴ τὸ πολυεπὲς αὐτῶν μῆκος ἐκώλυσε. Σαβῖνος μέντοι ὁ τῆς Μακεδονίου αἱρέσεως, οὗ καὶ ἤδη πρότερον ἐμνημονεύσαμεν, τὰς παρὰ Ἰουλίου ἐπιστολὰς ἐν τῇ 'Συναγωγῇ τῶν συνόδων' οὐκ ἔθηκεν· καίτοι τὴν παρὰ τῶν ἐν Ἀντιοχείᾳ πρὸς Ἰούλιον οὐ παρέλειπε. Τοῦτο δὲ σύνηθες αὐτῷ ποιεῖν· ἐν οἷς μὲν γὰρ αἱ τῶν συνόδων ἐπιστολαὶ σιγῶσιν ἢ ἀθετοῦσι τὸ 'ὁμοούσιον,' ταύτας σπουδαίως παρατίθεται, τὰς δὲ ἐναντίας ἑκὼν ὑπερβαίνει. Τοσαῦτα μὲν περὶ τούτων. Μετ' οὐ πολὺ δὲ καὶ Παῦλος ἐκ τῆς Θεσσαλονίκης ὑποκρινόμενος εἰς τὴν Κόρινθον ἀπαίρειν, ἐπὶ τὴν Ἰταλίαν ἀφίκετο. Ἄμφω οὖν τὰ καθ' ἑαυτοὺς γνώριμα καθιστῶσι τῷ ἐκεῖ βασιλεῖ.

CAP. XVIII.

Ὡς ὁ τῶν ἑσπερίων βασιλεὺς ἐζήτησε παρὰ τοῦ ἀδελφοῦ πεμφθῆναι τοὺς λόγον δώσοντας περὶ Ἀθανασίου καὶ Παύλου· καὶ ὅτι ἑτέραν οἱ πεμφθέντες ὑπηγόρευσαν ἔκθεσιν πίστεως.

Ὁ δὲ τῶν ἑσπερίων μερῶν βασιλεὺς γνοὺς τὰ κατ' αὐτοὺς ἰδιοπαθεῖ· καὶ πρὸς τὸν ἀδελφὸν γράμματα διαπέμπεται, δηλῶν τρεῖς ἐπισκόπους πεμφθῆναι παρ' αὐτὸν τοὺς λόγον δώσοντας τῆς Παύλου καὶ Ἀθανασίου καθαιρέσεως. Καὶ πέμπονται Νάρκισσος ὁ Κίλιξ, καὶ Θεόδωρος ὁ Θρᾷξ, καὶ Μᾶρις Χαλκηδόνος, καὶ Μάρκος ὁ Σύρος· οἵ τινες παραγενόμενοι τοῖς μὲν περὶ Ἀθανάσιον οὐδαμῶς εἰς λόγους ἐλθεῖν κατεδέξαντο· τὴν δὲ ἐν Ἀντιοχείᾳ ἐκτεθεῖσαν πίστιν ἀποκρυψάμενοι, ἑτέραν δὲ συγκαττύσαντες ἐπιδεδώκασι τῷ βασιλεῖ Κώνσταντι ἐν τούτοις οὖσαν τοῖς ῥήμασιν·

Ἄλλη ἔκθεσις.

Cp. Ath. de Syn. 25.

Πιστεύομεν εἰς ἕνα Θεὸν Πατέρα παντοκράτορα, κτίστην καὶ ποιητὴν τῶν πάντων, 'ἐξ οὗ πᾶσα πατριὰ ἐν οὐρανοῖς καὶ ἐπὶ γῆς ὀνομάζεται.' Καὶ εἰς τὸν Eph. iii. 15. μονογενῆ αὐτοῦ Υἱόν, τὸν Κύριον ἡμῶν Ἰησοῦν Χριστόν, τὸν πρὸ πάντων τῶν αἰώνων ἐκ τοῦ Πατρὸς γεννηθέντα, Θεὸν ἐκ Θεοῦ, φῶς ἐκ φωτός, δι' οὗ ἐγένετο τὰ πάντα ἐν τοῖς οὐρανοῖς καὶ ἐπὶ τῆς γῆς, τά τε ὁρατά, καὶ τὰ ἀόρατα, λόγον ὄντα, καὶ σοφίαν, καὶ δύναμιν, καὶ ζωήν, καὶ φῶς ἀληθινόν, τὸν ἐπ' ἐσχάτων τῶν ἡμερῶν δι' ἡμᾶς ἐνανθρωπήσαντα, καὶ γεννηθέντα ἐκ τῆς ἁγίας παρθένου, τὸν σταυρωθέντα, καὶ ἀποθανόντα, καὶ ταφέντα, ἀναστάντα ἐκ νεκρῶν τῇ τρίτῃ ἡμέρᾳ, καὶ ἀνεληλυθότα εἰς τοὺς οὐρανούς, καὶ καθεσθέντα ἐν δεξιᾷ τοῦ Πατρός, καὶ ἐρχόμενον ἐπὶ συντελείᾳ τῶν αἰώνων κρῖναι ζῶντας καὶ νεκρούς καὶ ἀποδοῦναι ἑκάστῳ κατὰ τὰ ἔργα αὐτοῦ· οὗ ἡ βασιλεία ἀκατάπαυστος οὖσα διαμενεῖ εἰς τοὺς ἀπείρους αἰῶνας· ἔσται γὰρ καθεζόμενος ἐν δεξιᾷ τοῦ Πατρός, οὐ μόνον ἐν τῷ αἰῶνι τούτῳ, ἀλλὰ καὶ ἐν τῷ μέλλοντι. Καὶ εἰς τὸ Πνεῦμα τὸ Ἅγιον, τουτέστι τὸν Παράκλητον, ὅπερ ἐπαγγειλάμενος τοῖς ἀποστόλοις μετὰ τὴν εἰς οὐρανοὺς αὐτοῦ ἄνοδον ἀπέστειλε διδάξαι καὶ ὑπομνῆσαι πάντα, δι' οὗ καὶ ἁγιασθήσονται αἱ τῶν εἰλικρινῶς εἰς αὐτὸν πεπιστευκότων ψυχαί. Τοὺς δὲ λέγοντας ἐξ οὐκ ὄντων τὸν Υἱὸν, ἢ ἐξ ἑτέρας ὑποστάσεως καὶ μὴ ἐκ τοῦ Θεοῦ, καὶ ἦν ποτε χρόνος ὅτε οὐκ ἦν, ἀλλοτρίους οἶδεν ἡ καθολικὴ ἐκκλησία.

Ταῦτα ἐπιδεδωκότες τῷ βασιλεῖ, καὶ πολλοῖς ἑτέροις ἐκδόντες, οὐδὲν πλέον ἀνύσαντες ἀνεχώρησαν. Ἀδιαφόρου τοίνυν ἔτι τυγχανούσης τῆς μεταξὺ τῶν δυτικῶν τε καὶ ἀνατολικῶν κοινωνίας, ἐπεφύη ἐν Σιρμίῳ, πόλις δὲ αὕτη τῶν Ἰλλυριῶν, αἵρεσις ἑτέρα. Φωτεινὸς γὰρ τῶν ἐκεῖ ἐκκλησιῶν προεστὼς, γένος τῆς μικρᾶς Γαλατίας, Μαρκέλλου τε τοῦ καθηρημένου μαθητὴς, ἀκολουθῶν τῷ διδασκάλῳ, ψιλὸν ἄνθρωπον τὸν Υἱὸν ἐδογμάτισε. Καὶ περὶ μὲν τούτων κατὰ χώραν ἐροῦμεν.

Cp. c. 29.

CAP. XIX.

Περὶ τῆς μακροστίχου ἐκθέσεως.

Τριετοῦς δὲ ἐν τῷ μέσῳ διαδραμόντος χρόνου, αὖθις οἱ ἀνατολικοὶ ἐπίσκοποι συνέδριον ποιησάμενοι, καὶ ἑτέραν πίστιν συντάξαντες, τοῖς ἐν Ἰταλίᾳ ἀποστέλλουσι δι' Εὐδοξίου τοῦ τότε ἐπισκόπου Γερμανικείας καὶ Μαρτυρίου καὶ Μακεδονίου, ὃς Μοψουεστίας τῆς ἐν Κιλικίᾳ ἐπίσκοπος ἦν. Ἡ δὲ πίστις διὰ μακροτέρων γραφεῖσα, προσθήκας τε πλείστας παρὰ τὰ προλαβόντα περιέχουσα, ἐν τούτοις ἐξετέθη τοῖς ῥήμασι·

Cp. Ath. de Syn. 2, 6; Suz. iii. 11.

Πιστεύομεν εἰς ἕνα Θεὸν Πατέρα παντοκράτορα, κτίστην καὶ ποιητὴν τῶν πάντων, ἐξ οὗ πᾶσα πατριὰ ἐν οὐρανοῖς καὶ ἐπὶ γῆς ὀνομάζεται. Καὶ εἰς τὸν μονογενῆ αὐτοῦ Υἱὸν Ἰησοῦν Χριστὸν τὸν Κύριον ἡμῶν, τὸν πρὸ πάντων τῶν αἰώνων γεννηθέντα ἐκ τοῦ Πατρός, Θεὸν ἐκ Θεοῦ, φῶς ἐκ φωτὸς, δι' οὗ ἐγένετο τὰ πάντα τὰ ἐν τοῖς οὐρανοῖς καὶ τὰ ἐπὶ τῆς γῆς, τὰ ὁρατὰ καὶ τὰ ἀόρατα, λόγον ὄντα, καὶ σοφίαν, καὶ δύναμιν, καὶ ζωὴν, καὶ φῶς ἀληθινὸν, τὸν ἐπ' ἐσχάτου τῶν ἡμερῶν δι' ἡμᾶς ἐνανθρωπήσαντα, καὶ γεννηθέντα ἐκ τῆς ἁγίας παρθένου, τὸν σταυρωθέντα, καὶ ἀποθανόντα, καὶ ταφέντα, καὶ ἀναστάντα ἐκ νεκρῶν τῇ τρίτῃ ἡμέρᾳ, καὶ ἀναληφθέντα εἰς οὐρανὸν, καὶ καθεσθέντα ἐκ δεξιῶν τοῦ Πατρὸς, ἐρχόμενον ἐπὶ συντελείᾳ τῶν αἰώνων κρῖναι ζῶντας καὶ νεκροὺς καὶ ἀποδοῦναι ἑκάστῳ κατὰ τὰ ἔργα αὐτοῦ, οὗ ἡ βασιλεία ἀκατάπαυστος οὖσα διαμένει εἰς ἀπείρους αἰῶνας· καθέζεται γὰρ ἐν δεξιᾷ τοῦ Πατρὸς, οὐ μόνον ἐν τῷ αἰῶνι τούτῳ, ἀλλὰ καὶ ἐν τῷ μέλλοντι. Πιστεύομεν δὲ καὶ εἰς τὸ Πνεῦμα τὸ Ἅγιον, τουτέστιν εἰς τὸν Παράκλητον· ὅπερ ἐπαγγειλάμενος τοῖς ἀποστόλοις, μετὰ τὴν εἰς οὐρανὸν ἄνοδον ἀπέστειλε διδάξαι καὶ ὑπομνῆσαι αὐτοὺς πάντα, δι' οὗ καὶ ἁγιάζονται αἱ τῶν εἰλικρινῶς εἰς αὐτὸν πιστευόντων ψυχαί. Τοὺς δὲ λέγοντας ἐξ οὐκ ὄντων τὸν Υἱόν, ἢ ἐξ ἑτέρας ὑποστάσεως, καὶ μὴ ἐκ τοῦ Θεοῦ, καὶ ὅτι ἦν ποτε χρόνος ἢ αἰὼν ὅτε μὴ ἦν, ἀλλοτρίους οἶδεν ἡ ἁγία καθολικὴ ἐκκλησία. Ὁμοίως καὶ τοὺς λέγοντας τρεῖς εἶναι Θεούς, ἢ τὸν Χριστὸν μὴ εἶναι Θεὸν πρὸ τῶν αἰώνων, μήτε Χριστόν, μήτε Υἱὸν Θεοῦ εἶναι αὐτόν, ἢ τὸν αὐτὸν εἶναι Πατέρα καὶ Υἱὸν καὶ Ἅγιον Πνεῦμα, καὶ ἀγέννητον τὸν Υἱόν, ἢ ὅτι οὐ βουλήσει οὐδὲ θελήσει ἐγέννησεν ὁ Πατὴρ τὸν Υἱόν, ἀναθεματίζει ἡ ἁγία καὶ καθολικὴ ἐκκλησία. Οὔτε γὰρ ἐξ οὐκ ὄντων λέγειν τὸν Υἱὸν ἀσφαλές, ἐπεὶ μηδαμοῦ τοῦτο τῶν θεοπνεύστων γραφῶν ἐμφέρεται περὶ αὐτοῦ· οὔτε μὴν ἐξ ἑτέρας ὑποστάσεως παρὰ τὸν Πατέρα προϋποκειμένης, ἀλλ' ἐκ μόνου τοῦ Θεοῦ γνησίως αὐτὸν γεγεννῆσθαι διδασκόμεθα· ἓν γὰρ τὸ ἀγέννητον καὶ ἄναρχον, τὸν Χριστοῦ Πατέρα, ὁ θεῖος διδάσκει λόγος. Ἀλλ' οὐδὲ τὸ 'ἦν ποτε ὅτε οὐκ ἦν' ἐξ ἀγράφων ἐπισφαλῶς λέγοντας, χρονικὸν διάστημα προενθυμητέον αὐτοῦ, ἀλλ' ἢ μόνον τὸν ἀχρόνως αὐτὸν γεγεννηκότα Θεόν· καὶ χρόνοι γὰρ καὶ αἰῶνες γεγόνασι δι' αὐτοῦ. Οὔτε μὴν συνάναρχον, οὔτε συναγέννητον τὸν Υἱὸν τῷ Πατρὶ εἶναι, νομιστέον· συνανάρχου γὰρ καὶ συναγεννήτου οὐδεὶς κυρίως πατὴρ ἢ υἱὸς λεχθήσεται· ἀλλὰ τὸν μὲν Πατέρα μόνον ἄναρχον ὄντα καὶ ἀνέφικτον γεγεννηκέναι ἀνεφίκτως καὶ πᾶσιν ἀκαταλήπτως οἴδαμεν· τὸν δὲ Υἱὸν γεγεννῆσθαι πρὸ τῶν αἰώνων, καὶ μηκέτι ὁμοίως τῷ Πατρὶ ἀγέννητον εἶναι καὶ αὐτόν, ἀλλ' ἀρχὴν ἔχειν τὸν γεννήσαντα Πατέρα· 'κεφαλὴ γὰρ Χριστοῦ, ὁ Θεός.' Οὔτε μὴν τρία ὁμολογοῦντες 1 Cor. xi. 3. πράγματα, καὶ τρία πρόσωπα, τοῦ Πατρὸς καὶ τοῦ Υἱοῦ καὶ τοῦ Ἁγίου Πνεύματος κατὰ τὰς γραφάς, τρεῖς διὰ τοῦτο τοὺς Θεοὺς ποιοῦμεν. Ἐπειδὴ τὸν αὐτοτελῆ καὶ ἀγέννητον ἄναρχόν τε καὶ ἀόρατον Θεόν, ἕνα μόνον οἴδαμεν τὸν Θεόν, καὶ Πατέρα τοῦ μονογενοῦς, τὸν μόνον μὲν ἐξ ἑαυτοῦ τὸ εἶναι ἔχοντα, μόνον δὲ τοῖς ἄλλοις πᾶσιν ἀφθόνως τὸ εἶναι παρεχόμενον. Οὔτε μὴν ἕνα Θεὸν μόνον λέγοντες εἶναι τὸν τοῦ Κυρίου Ἰησοῦ Χριστοῦ Πατέρα, τὸν μόνον ἀγέννητον, διὰ τοῦτο ἀρνούμεθα τὸν Χριστὸν Θεὸν εἶναι προαιώνιον· ὁποῖοι εἰσὶν οἱ ἀπὸ Παύλου τοῦ Σαμοσατέως, ὕστερον αὐτὸν μετὰ τὴν ἐνανθρώπησιν ἐκ προκοπῆς τεθεοποιῆσθαι λέγοντες, τῷ τὴν φύσιν ψιλὸν ἄνθρωπον γεγονέναι. Οἴδαμεν γὰρ καὶ αὐτόν, εἰ καὶ ὑποτέτακται τῷ Πατρὶ καὶ τῷ Θεῷ ἀλλ' ὅμως γεννηθέντα ἐκ τοῦ Θεοῦ, Θεὸν κατὰ φύσιν τέλειον εἶναι καὶ ἀληθῆ, καὶ μὴ ἐξ ἀνθρώπων μετὰ ταῦτα Θεόν, ἀλλ' ἐκ Θεοῦ ἐνανθρωπῆσαι δι' ἡμᾶς, καὶ μηδὲ πώποτε ἀπολωλεκότα τὸ εἶναι Θεόν. Βδελυσσόμεθα δὲ πρὸς τούτοις καὶ ἀναθεματίζομεν καὶ τοὺς λόγῳ μὲν μόνον αὐτὸν τοῦ Θεοῦ ψιλὸν καὶ ἀνύπαρκτον ἐπιπλάστως καλοῦντας, ἐν ἑτέρῳ τὸ εἶναι ἔχοντα, νῦν μὲν ὡς τὸν προφορικὸν λεγόμενον ὑπό τινων, νῦν δὲ ὡς τὸν ἐνδιάθετον, Χριστὸν δὲ αὐτὸν καὶ Υἱὸν τοῦ Θεοῦ, καὶ μεσίτην, καὶ εἰκόνα τοῦ Θεοῦ, μὴ εἶναι πρὸ αἰώνων θέλοντας, ἀλλ' ἔκτοτε Χριστὸν αὐτὸν γεγονέναι καὶ Υἱὸν τοῦ Θεοῦ ἐξ οὗ τὴν ἡμετέραν ἐκ τῆς παρθένου σάρκα ἀνείληφε, πρὸ τετρακοσίων ὅλων ἐτῶν· ἔκτοτε γὰρ τὸν Χριστὸν ἀρχὴν βασιλείας ἐσχηκέναι θέλουσι, καὶ τέλος ἕξειν αὐτὴν μετὰ τὴν συντέλειαν καὶ κρίσιν. Τοιοῦτοι δέ εἰσιν οἱ ἀπὸ Μαρκέλλου καὶ Φωτεινοῦ, τῶν Ἀγκυρογαλατῶν· οἳ τὴν προαιώνιον ὕπαρξίν τε καὶ θεότητα τοῦ Χριστοῦ καὶ τὴν ἀτελεύτητον αὐτοῦ βασιλείαν ὁμοίως Ἰουδαίοις ἀθετοῦσιν, ἐπὶ προφάσει τοῦ συνίστασθαι δοκεῖν τὴν μοναρχίαν. Ἴσμεν γὰρ αὐτὸν ἡμεῖς οὐχ ἁπλῶς λόγον προφορικὸν ἢ ἐνδιάθετον τοῦ Θεοῦ, ἀλλὰ ζῶντα Θεὸν Λόγον, καθ' ἑαυτὸν ὑπάρχοντα καὶ Υἱὸν Θεοῦ καὶ Χριστὸν, καὶ οὐ προγνωστικῶς συνόντα καὶ συνδιατρίβοντα πρὸ αἰώνων τῷ ἑαυτοῦ Πατρὶ, καὶ πρὸς πᾶσαν διακονησάμενον αὐτῷ τὴν δημιουργίαν, εἴτε τῶν ὁρατῶν, εἴτε τῶν ἀοράτων· ἀλλ' ἐνυπόστατον Λόγον ὄντα τοῦ Πατρὸς, καὶ Θεὸν ἐκ Θεοῦ. Οὗτος γάρ

Gen. i. 26. ἐστι πρὸς ὃν εἶπεν ὁ Πατὴρ, ὅτι 'ποιήσωμεν ἄνθρωπον κατ' εἰκόνα ἡμετέραν καὶ καθ' ὁμοίωσιν·' ὃς καὶ τοῖς πατράσιν αὐτοπροσώπως ὤφθη δεδωκὼς τὸν νόμον, καὶ λαλήσας διὰ τῶν προφητῶν, καὶ τὰ τελευταῖα ἐνανθρωπήσας, καὶ τὸν ἑαυτοῦ Πατέρα πᾶσιν ἀνθρώποις φανερώσας, καὶ βασιλεύων εἰς τοὺς ἀτελευτήτους αἰῶνας, οὐδὲν γὰρ πρόσφατον ὁ Χριστὸς προσείληφεν ἀξίωμα· ἀλλ' ἄνωθεν τέλειον αὐτὸν, καὶ τῷ Πατρὶ κατὰ πάντα ὅμοιον πεπιστεύκαμεν. Καὶ τοὺς λέγοντας δὲ τὸν αὐτὸν εἶναι Πατέρα καὶ Υἱὸν καὶ Ἅγιον Πνεῦμα, καθ' ἑνὸς καὶ τοῦ αὐτοῦ πράγματός τε καὶ προσώπου τὰ τρία ὀνόματα ἀσεβῶς ἐκλαμβάνοντας, εἰκότως ἀποκηρύσσομεν τῆς ἐκκλησίας, ὅτι τὸν ἀχώρητον καὶ ἀπαθῆ Πατέρα χωρητὸν ἅμα καὶ παθητὸν διὰ τῆς ἐνανθρωπήσεως ὑποτίθενται.

Cypr. Ep. 73. Τοιοῦτοι γάρ εἰσιν οἱ Πατροπασιανοὶ παρὰ Ῥωμαίοις, Σαβελλιανοὶ δὲ παρ'
4. ἡμῖν λεγόμενοι. Οἴδαμεν γὰρ ἡμεῖς, τὸν μὲν ἀποστείλαντα Πατέρα ἐν τῷ οἰκείῳ τῆς ἀναλλοιώτου θεότητος ἤθει μεμενηκέναι· τὸν δὲ ἀποσταλέντα Χριστὸν τὴν τῆς ἐνανθρωπήσεως οἰκονομίαν πεπληρωκέναι. Ὁμοίως δὲ καὶ τοὺς οὐ βουλήσει οὐδὲ θελήσει γεγεννῆσθαι τὸν Χριστὸν εἰρηκότας ἀνευλαβῶς, ἀνάγκην δὲ δηλονότι ἀβούλητον οὖσαν καὶ ἀπροαίρετον περιτεθεικότας τῷ Θεῷ ἵνα ἄκων γεννήσῃ τὸν Υἱὸν, δυσσεβεστάτους καὶ τῆς ἀληθείας ξένους ἐπιγινώσκομεν· ὅτι τε παρὰ τὰς κοινὰς ἐννοίας περὶ Θεοῦ, καὶ δὴ παρὰ τὸ βούλημα τῆς θεοπνεύστου γραφῆς, τοιαῦτα τετολμήκασι περὶ αὐτοῦ διορίσασθαι. Αὐτοκράτορα γὰρ ἡμεῖς τὸν Θεὸν καὶ Κύριον αὐτὸν ἑαυτοῦ εἰδότες, ἑκουσίως αὐτὸν καὶ θέλοντα τὸν Υἱὸν γεγεννηκέναι, εὐσεβῶς ὑπειλήφαμεν·

Prov. viii. 22. πιστεύοντες δὲ ἐμφόβως καὶ τὸ περὶ αὐτοῦ λεγόμενον, 'Κύριος ἔκτισέ με
(Lxx.) ἀρχὴν ὁδῶν αὐτοῦ εἰς ἔργα αὐτοῦ,' οὐχ ὁμοίως αὐτὸν τοῖς δι' αὐτοῦ γενομένοις κτίσμασιν ἢ ποιήμασι γεγενῆσθαι νοοῦμεν. Ἀσεβὲς γὰρ, καὶ τῆς ἐκκλησιαστικῆς πίστεως ἀλλότριον, τὸ τὸν κτίστην τοῖς δι' αὐτοῦ ἐκτισμένοις δημιουργήμασι παραβάλλειν, καὶ τὸν αὐτὸν τῆς γενέσεως τοῖς ἀλλοτρίοις τρόπον ἔχειν καὶ αὐτὸν νομίζειν. Μόνον γὰρ καὶ μόνως τὸν μονογενῆ Υἱὸν γνησίως τε καὶ ἀληθῶς διδάσκουσιν ἡμᾶς αἱ θεῖαι γραφαὶ γεγενῆσθαι· ἀλλ' οὐδὲ τὸν Υἱὸν καθ' ἑαυτὸν εἶναι ζῆν τε καὶ ὑπάρχειν ὁμοίως τῷ Πατρὶ λέγοντες, διὰ

τοῦτο χωρίζομεν αὐτὸν τοῦ Πατρὸς, τόπους καὶ διαστήματά τινα μεταξὺ τῆς συναφείας αὐτῶν σωματικῶς ἐπινοοῦντες. Πεπιστεύκαμεν γὰρ ἀμεσιτεύτως αὐτοὺς καὶ ἀδιαστάτως ἐπισυνῆφθαι, καὶ ἀχωρίστως ὑπάρχειν ἑαυτῶν· ὅλον [ὅλου] μὲν τοῦ Πατρὸς ἐνεστερνισμένου τὸν Υἱὸν, ὅλου δὲ τοῦ Υἱοῦ ἐξηρτημένου καὶ προσπεφυκότος τῷ Πατρὶ, καὶ μόνον τοῖς πατρῴοις κόλποις ἀναπαυόμενον διηνεκῶς. Πιστεύοντες οὖν εἰς τὴν παντέλειον Τριάδα τὴν ἁγιωτάτην, τὸν Πατέρα λέγοντες Θεὸν, καὶ τὸν Υἱὸν, οὐ δύο τούτους Θεοὺς, ἀλλ' ἕνα ὁμολογοῦμεν, μετὰ τὸ τῆς θεότητος ἀξίωμα, καὶ μίαν ἀκριβῆ τῆς βασιλείας τὴν συνάφειαν· πανταρχοῦντος μὲν καθόλου τοῦ Πατρὸς πάντων, καὶ αὐτοῦ τοῦ Υἱοῦ· τοῦ δὲ Υἱοῦ ὑποτεταγμένου τῷ Πατρὶ, ἐκτὸς δὲ αὐτοῦ, πάντων τῶν μετ' αὐτὸν βασιλεύοντος τῶν δι' αὐτοῦ γενομένων, καὶ τὴν τοῦ Ἁγίου Πνεύματος χάριν ἀφθόνως τοῖς ἁγίοις δωρουμένου πατρικῷ βουλήματι· οὕτως γὰρ τὸν περὶ τῆς ἐν Χριστῷ μοναρχίας συνίστασθαι λόγον παραδεδώκασιν ἡμῖν οἱ ἱεροὶ λόγοι. Ταῦτα ἠναγκάσθημεν μετὰ τὴν ἐν ἐπιτομῇ ἐκτεθεῖσαν πίστιν πλατύτερον ἐπεξεργάσασθαι, οὐ κατὰ περιττὴν φιλοτιμίαν, ἀλλ' ἵνα πᾶσαν τὴν κατὰ τῆς ἡμετέρας ὑπολήψεως ἀλλοτρίαν ἀποκαθάρωμεν ὑποψίαν παρὰ τοῖς τὰ καθ' ἡμᾶς ἀγνοοῦσι· καὶ γνῶσιν οἱ κατὰ τὴν δύσιν πάντες ὁμοῦ μὲν τῆς συκοφαντίας τῶν ἑτεροδόξων τὴν ἀναίδειαν, ὁμοῦ δὲ τῶν ἀνατολικῶν τὸ ἐκκλησιαστικὸν ἐν Χριστῷ φρόνημα, μαρτυρούμενον ἀβιάστως ὑπὸ τῶν θεοπνεύστων γραφῶν παρὰ τοῖς ἀδιαστρόφοις.

CAP. XX.

Περὶ τῆς ἐν Σαρδικῇ συνόδου.

Ταῦτα οἱ κατὰ τὰ ἑσπέρια μέρη ἐπίσκοποι διὰ τὸ ἀλλογλώσσους εἶναι καὶ διὰ τὸ μὴ συνιέναι οὐ προσεδέχοντο, ἀρκεῖν τὴν ἐν Νικαίᾳ πίστιν λέγοντες, καὶ μηδὲν περαιτέρω περιεργάζεσθαι. Ἐπεὶ οὖν πάλιν γράψαντος τοῦ βασιλέως, ὥστε ἀποδοθῆναι Παύλῳ καὶ Ἀθανασίῳ τοὺς οἰκείους τόπους, οὐδὲν πλέον ἠνύετο—στάσις γὰρ μεταξὺ τοῦ πλήθους ἐγίνετο συνεχὴς—σύνοδον ἄλλην παρακαλοῦσι γενέσθαι οἱ περὶ Παῦλον καὶ Ἀθανάσιον, ὥστε καὶ τὰ κατ' αὐτοὺς καὶ τὰ τῆς πίστεως ἐπὶ οἰκουμενικῆς συνόδου πέρας λαβεῖν, διδάσκοντες ἐπὶ καταλύσει τῆς πίστεως τὰς καθαιρέσεις γίνεσθαι. Κηρύσσεται οὖν αὖθις οἰκουμενικὴ σύνοδος ὡς ἐπὶ τὴν Σαρδικὴν—πόλις δὲ αὕτη Ἰλλυριῶν—γνώμῃ τῶν δυεῖν βασιλέων, τοῦ μὲν διὰ γραμμάτων αἰτήσαντος, τοῦ δὲ τῆς ἑῴας ἑτοίμως ὑπακούσαντος. Ἑνδέκατον ἔτος ἦν ἀπὸ τῆς τελευτῆς τοῦ πατρὸς τῶν δύο Αὐγού- A.D. 347. στων, ὕπατοι δὲ ἦσαν Ῥουφῖνος καὶ Εὐσέβιος, ὅτε ἡ ἐν Σαρδικῇ [Rather, 343] συνεκροτήθη σύνοδος. Ἐκ μὲν οὖν τῶν ἑσπερίων μερῶν περὶ τοὺς τριακοσίους συνῆλθον ἐπίσκοποι, ὥς φησιν Ἀθανάσιος· ἐκ δὲ τῶν ἑῴων ἑβδομήκοντα ἐξ μόνον ὁ Σαβῖνος φησὶν, ἐν οἷς κατηριθμεῖτο καὶ Ἰσχύρας ὁ τοῦ Μαρεώτου ἐπίσκοπος, ὃν οἱ καθελόντες Ἀθανάσιον εἰς τὴν ἐπισκοπὴν τῆσδε τῆς χώρας χειροτονοῦσι. Προὐβάλλοντο δὲ οἱ μὲν ἀσθένειαν τοῦ σώματος, ἄλλοι δὲ τὸ στενὸν τῆς προθεσμίας ἐμέμφοντο, τὴν αἰτίαν ἐπὶ Ἰούλιον τὸν ἐπίσκοπον Ῥώμης ἀναφέροντες· καίτοι ἐνιαυτοῦ καὶ ἐξ μηνῶν διαγενομένων, ἀφ' οὗ ἥ τε σύνοδος ἐκεκήρυκτο, καὶ οἱ περὶ Ἀθανάσιον ἐν τῇ Ῥώμῃ διέτριβον τὴν σύνοδον περιμένοντες. Ὡς οὖν συνῆλθον ἐν τῇ Σαρδικῇ, οἱ μὲν ἀνατολικοὶ εἰς πρόσωπον τῶν ἑσπερίων ἐλθεῖν οὐκ ἐβούλοντο, φάσκοντες μὴ ἄλλως εἰς λόγους ἐλθεῖν, εἰ μὴ τοὺς περὶ Ἀθανάσιον καὶ Παῦλον ἐξελάσωσι τοῦ συλλόγου. Ὡς δὲ Πρωτογένης ὁ Σαρδικῆς ἐπίσκοπος καὶ Ὅσιος ὁ Κουδρούβης—πόλις δὲ αὕτη τῆς Ἱσπανίας, ὡς καὶ πρότερον εἴρηται—οὐκ ἠνείχοντο μὴ παρεῖναι τοὺς περὶ Παῦλον καὶ Ἀθανάσιον, ἀπεχώρουν εὐθέως· καὶ γενόμενοι ἐν τῇ Φιλιππουπόλει τῆς Θρᾴκης, ἰδίαζον ποιοῦντες συνέδριον, καὶ φανερῶς λοιπὸν τὸ μὲν 'ὁμοούσιον' ἀναθεματίζουσι, τὴν δὲ τοῦ 'ἀνομοίου' δόξαν ἐπιστολὰς συγγράψαντες πανταχοῦ διαπέμπονται. Οἱ δὲ ἐν Σαρδικῇ πρῶτον μὲν τούτων ἐρήμην κατεψηφίσαντο, ἔπειτα τοὺς κατηγόρους Ἀθανασίου τῆς ἀξίας ἀφείλοντο, τὸν ὅρον τε τῆς πίστεως τῆς ἐν Νικαίᾳ κρατύναντες, καὶ τὸ 'ἀνόμοιον' ἐκβαλόντες, τὸ 'ὁμοούσιον' φανερώτερον ἐκδιδόασι· καὶ ἐγγράψαντές τε καὶ αὐτοὶ πανταχοῦ διαπέμπονται. Γνώμῃ μὲν οὖν ἑκάτεροι τοιάδε δικαίως πεποιηκέναι νομίσαντες, οἱ μὲν ἀνατολικοί, ὅτι τοὺς ὑπ' αὐτῶν καθαιρεθέντας οἱ ἑσπέριοι προσεδέξαντο· οἱ δὲ ἑσπέριοι, ὅτι πρὸ διαγνώσεως οἱ καθελόντες ἀπέφυγον, καὶ ὅτι αὐτοὶ μὲν τὴν ἐν Νικαίᾳ πίστιν ἐφύλαττον, ἐκεῖνοι δὲ παραχαράττειν ἐτόλμησαν. Ἀποδιδόασιν οὖν τὸν τόπον τοῖς περὶ Παῦλον καὶ Ἀθανάσιον· ἔτι μὴν καὶ Μαρκέλλῳ τῷ Ἀγκύρας, τῆς πρὸς τῇ μικρᾷ Γαλατίᾳ, ὃς πάλαι μὲν καθῄρητο, ὡς ἐν τῷ πρὸ τούτου βιβλίῳ πεποιήμεθα μνήμην· τότε δὲ ἐν τῷ τὴν καταδίκην ἀναπαλαῖσαι ἐσπούδασε, διδάξας ὡς οὐ νοηθείη ἡ ὑπ' αὐτοῦ ἐν τῷ βιβλίῳ φράσις, καὶ διὰ τοῦτο ὑπόνοιαν τοῦ Σαμοσατέως λαβεῖν. Οὐκ ἀγνοητέον μέντοι ὅτι τὸ Μαρκέλλου βιβλίον ὁ Παμφίλου Εὐσέβιος ἀνεσκεύασεν ἐν ὅλοις τρισὶ βιβλίοις πρὸς αὐτὸν διαλεγόμενος, ἃ 'πρὸς Μάρκελλον' ἐπέγραψε· καὶ τίθησι μὲν τὰ ῥήματα Μαρκέλλου,

II. 21.] *Eusebius not an Arian.* 85

πρὸς αὐτὰ δὲ διαγωνίζεται, ὡς ψιλὸν ἄνθρωπον τὸν Κύριον, καθὰ Σαβέλλιος ὁ Λίβυς καὶ Παῦλος ὁ Σαμοσατεὺς, τοῦ Μαρκέλλου εἰσάγοντος.

CAP. XXI.

Ἀπολογία ὑπὲρ Εὐσεβίου τοῦ Παμφίλου.

Ἐπειδὴ δέ τινες ἐπεχείρησαν καὶ αὐτὸν λοιδορῆσαι, φημὶ δὴ τὸν Παμφίλου Εὐσέβιον, ὡς Ἀρειανίζοντα ἐν οἷς λόγοις ἐξέδωκε, μικρὰ καὶ περὶ αὐτοῦ εἰπεῖν οὐκ ἄκαιρον ἡγοῦμαι. Πρῶτον μὲν γὰρ τῇ ἐν Νικαίᾳ συνόδῳ τὸ 'ὁμοούσιον' ὁριζούσῃ καὶ παρῆν καὶ συνέθετο· λέγει δὲ καὶ αὐτὸς ἐν τῷ τρίτῳ βιβλίῳ τῷ εἰς τὸν βίον Κωνσταντίνου κατὰ λέξιν ταῦτα·

Πάντας δὲ ὁ βασιλεὺς εἰς ὁμόνοιαν ἐλαύνων, εἰς ὅτε ὁμογνώμονας καὶ ὁμοδόξους αὐτοὺς ἐπὶ τοῖς ἀμφισβητουμένοις ἅπασι τὸ ἐπ' αὐτῷ κατέστησεν· ὡς ὁμόφωνον κρατῆσαι τὴν (ἐν Νικαίᾳ, Soc.) πίστιν. Eus. V. C. iii. 13.

Εἰ τοίνυν Εὐσέβιος, τῆς ἐκεῖσε συνόδου μνήμην ποιούμενος, λελύσθαι μὲν τὰ τότε ἀμφισβητούμενα λέγει, πάντας δὲ ὁμοφρονῆσαι καὶ ὁμοδοξῆσαι, πῶς Ἀρειανίζειν αὐτόν τινες ὑπολαμβάνουσιν; πλανῶνται δὲ καὶ Ἀρειανοὶ φρονεῖν αὐτὸν νομίζοντες τὰ αὐτῶν. Ἀλλ' ἐρεῖ τις ὡς ἐν τοῖς λόγοις αὐτοῦ Ἀρειανίζειν δοκεῖ τῷ συνεχῶς λέγειν 'διὰ Χριστοῦ.' Πρὸς ὃν ἀποκρινούμεθα, ὅτι τῇ λέξει ταύτῃ πολλάκις καὶ οἱ τῆς ἐκκλησίας ἐχρήσαντο, καὶ ταῖς ἄλλαις ταῖς μηνυούσαις τὴν οἰκονομίαν τῆς ἀνθρωπότητος τοῦ Σωτῆρος ἡμῶν. Καὶ πρό γε ἁπάντων τούτων ὁ ἀπόστολος ταῖς λέξεσι E. g. Eph. ταύταις ἐχρήσατο· καὶ οὐδὲ πώποτε ὡς κακοδοξίας διδάσκαλος iii. 9. ἐνομίσθη. Ἔτι μὴν καὶ Ἀρείου κτίσμα τὸν Υἱὸν ὡς ἓν τῶν ἄλλων τολμήσαντος εἰπεῖν, ἐπάκουσον οἷα Εὐσέβιος περὶ τούτου ἐν τῷ πρώτῳ βιβλίῳ τῷ πρὸς Μάρκελλον κατὰ λέξιν φησίν·

Ὁ μονογενὴς Υἱὸς τοῦ Θεοῦ μόνος αὐτὸς, καὶ οὐ δὲ ἄλλος ἀνηγόρευταί τε Eus. de καὶ ἔστιν· ὅθεν εἰκότως ἄν τις μέμψαιτο τοῖς κτίσμα αὐτὸν φᾶναι τετολμη- Eccl. Theol. κόσιν, ἐξ οὐκ ὄντων ὅμοιον τοῖς λοιποῖς κτίσμασι γενόμενον. Καὶ πῶς γὰρ i. 8, 9. ἔτι ἔσται Υἱὸς, πῶς δὲ μονογενὴς τοῦ Θεοῦ, ὁ τὴν αὐτὴν τοῖς λοιποῖς κτίσμασιν ἐπιγραφόμενος φύσιν; .... τῶν τε πολλῶν γενητῶν ἔσται εἷς, ἅτε τῆς ἐξ οὐκ ὄντων κτίσεως ὁμοίως αὐτοῖς μετασχὼν κοινωνίας· ἀλλ' οὐχ ὧδε περὶ αὐτοῦ τὰ θεῖα παιδεύει λόγια.

Εἶτα μετ' ὀλίγα πάλιν ἐπιφέρει·

Eus. Eccl. Theol. i. 9.

Ὁ τοίνυν γενητὸν ἐξ οὐκ ὄντων καὶ κτίσμα προηγμένον ἐκ τοῦ μὴ ὄντος τὸν Υἱὸν ὁριζόμενος, λέληθε τοὔνομα μὲν αὐτῷ μόνον χαριζόμενος, τὸ δὲ ἀληθῶς, Υἱὸς εἶναι ἀρνούμενος· ὁ γὰρ ἐξ οὐκ ὄντων γεγονὼς οὐκ ἀληθῶς γένοιτ' ἂν Υἱὸς τοῦ Θεοῦ, ὅτι μηδὲ ἄλλο τι τῶν γενητῶν. Ἀλλ' ἀληθῶς Υἱὸς τοῦ Θεοῦ ὁ ἐξ αὐτοῦ, ὡς, ἅτε ἐκ Πατρὸς ἀποτεχθείς, εἰκότως ἂν καὶ μονογενὴς καὶ ἀγαπητὸς χρηματίσειε τοῦ Πατρός· οὕτω δὲ, καὶ Θεὸς ἂν εἴη. Τί γὰρ ἂν καὶ Θεοῦ γέννημα, ἢ τὸ τῷ γεγεννηκότι ἀφωμοιωμένον; Κτίζει μὲν οὖν βασιλεὺς πόλιν, ἀλλ' οὐ γεννᾷ πόλιν· γεννᾷν δὲ υἱὸν, ἀλλ' οὐ κτίζειν λέγεται. Καὶ τεχνίτης 'δημιουργὸς,' ἀλλ' οὐ πατὴρ γένοιτ' ἂν τοῦ πρὸς αὐτοῦ δημιουργουμένου· τοῦ δὲ ἐξ αὐτοῦ φύντος υἱοῦ οὐκ ἂν 'δημιουργὸς' λεχθείη. Καὶ δὴ καὶ ὁ τῶν ὅλων Θεὸς τοῦ μὲν Υἱοῦ Πατὴρ, τοῦ δὲ κόσμου κτίστης ἂν εἰκότως καὶ ποιητὴς λέγοιτο. Εἰ δὲ ἅπαξ που τῆς γραφῆς εὑρίσκοι τις

Prov. viii. 22. εἰρημένον τὸ, 'Κύριος ἔκτισέ με ἀρχὴν ὁδῶν αὐτοῦ εἰς ἔργα αὐτοῦ,' τὸν νοῦν ἐπισκοπεῖν χρὴ τοῦ λόγου, ὃν μικρὸν ὕστερον ἐκθήσομαι, ἀλλὰ μὴ κατὰ Μάρκελλον ἐκ μιᾶς λέξεως τὸ κυριώτατον τῆς ἐκκλησίας παρασαλεύειν δόγμα.

Τοιαῦτα μὲν καὶ ἕτερα πλείονα ὁ Παμφίλου Εὐσέβιος ἐν τῷ πρώτῳ λόγῳ τῷ πρὸς Μάρκελλον φησίν. Καὶ ἐν τρίτῳ δὲ ὁ αὐτὸς, διδάσκων πῶς δεῖ τὸ κτίσμα τὴν λέξιν ἐκδέχεσθαι, τοιάδε φησίν·

Eus. ib. iii. 2. Τούτων τοίνυν ὧδε ἐπικατασκευαζομένων, ἀκόλουθον ἐστὶ μετὰ τῶν προεκτεθέντων ἁπάντων, καὶ τὸ, 'Κύριος ἔκτισέ με ἀρχὴν ὁδῶν αὐτοῦ εἰς ἔργα αὐτοῦ,' λελέχθαι. Εἰ δὲ λέγει ἐκτίσθαι ἑαυτὸν, οὐχ ὡς ἐκ τοῦ μὴ ὄντος εἰς τὸ εἶναι παρελθὼν ταῦτα ἂν εἴποι, οὐδ' ὡς τοῖς λοιποῖς κτίσμασι καὶ αὐτὸς ἐκ τοῦ μὴ ὄντος ὁμοίως γεγονὼς, ὅ τινες οὐκ ὀρθῶς ὑπειλήφασιν· ἀλλ' ὡς ὑφεστὼς μὲν καὶ ζῶν, προών τε καὶ προϋπάρχων τῆς τοῦ παντὸς κόσμου συστάσεως, ἄρχειν δὲ τῶν ὅλων ὑπὸ τοῦ Κυρίου τοῦ ἑαυτοῦ Πατρὸς κατατεταγμένος· τοῦ 'ἔκτισεν' ἐνταῦθα ἀντὶ τοῦ 'κατέταξεν' ἢ 'κατέστησεν' εἰρημένου. Διαρρήδην οὖν τοὺς ἐν ἀνθρώποις ἄρχοντας καὶ ἡγεμόνας

1 Pet. ii. 13. 'κτίσιν' ὠνόμασεν ὁ εἰπὼν ἀπόστολος, 'Ὑποτάγητε οὖν πάσῃ ἀνθρωπίνῃ κτίσει διὰ τὸν Κύριον, εἴτε βασιλεῖ, ὡς ὑπερέχοντι, εἴτε ἡγεμόσιν, ὡς δι' αὐτοῦ

Amos iv. 12, 13. πεμπομένοις.' Καὶ ὁ εἰπὼν δὲ προφήτης, 'Ἑτοιμάζου τοῦ ἐπικαλεῖσθαι τὸν Θεόν σου Ἰσραήλ· διότι ἰδοὺ στερεῶν βροντὴν, καὶ κτίζων πνεῦμα, καὶ ἀναγγέλλων εἰς ἀνθρώπους τὸν Χριστὸν αὐτοῦ'· . . . . τὸ 'κτίζων' οὐκ ἐκ τοῦ γεγονότος ἐξ ἀνυπαρξίας παρείληφεν· οὐ γὰρ τότε ἔκτισεν ὁ Θεὸς τὸ πνεῦμα,

Eccles. i. 9. ὅτε τὸν Χριστὸν αὐτοῦ πᾶσιν ἀνθρώποις κατήγγειλεν, 'Οὐδὲν γὰρ πρόσφατον ὑπὸ τὸν ἥλιον'· ἀλλ' ἦν μὲν καὶ προϋπῆρχεν, ἀπεστέλλετο δὲ καθ' ὃν καιρὸν

Acts ii. 2, 4. ἦσαν οἱ ἀπόστολοι συνηγμένοι, ὅτε δίκην βροντῆς 'Ἐγένετο ἦχος ἐκ τοῦ

II. 22.] *Eusebius not an Arian.* 87

οὐρανοῦ, ὥσπερ φερομένης πνοῆς βιαίας, ἐπληρώθησαν δὲ Πνεύματος Ἁγίου.' Καὶ οὕτως εἰς πάντας ἀνθρώπους τὸν Χριστὸν τοῦ Θεοῦ κατήγγειλαν ἀκολούθως τῇ προφητείᾳ φησάσῃ, ' Διότι ἰδοὺ στερεῶν βροντὴν, καὶ κτίζων πνεῦμα, καὶ ἀπαγγέλλων εἰς ἀνθρώπους τὸν Χριστὸν αὐτοῦ,' τοῦ ' κτίζων' ἀντὶ τοῦ ' καταπέμπων' ἢ ' κατατάσσων' εἰρημένου, τῆς δὲ βροντῆς καθ' ἕτερον τρόπον τὸ εὐαγγελικὸν κήρυγμα δηλούσης. Καὶ ὁ λέγων δὲ, ' Καρδίαν καθαρὰν Psal. li. κτίσον ἐν ἐμοὶ ὁ Θεὸς,' οὐχ ὡς μὴ ἔχων καρδίαν τοῦτο ἔλεγε, καθαρὰν δὲ ^{(Lxx.) 11.} αὐτῷ τὴν διάνοιαν ἀποτελεσθῆναι ηὔχετο. Οὕτως εἴρηται καὶ, ' Ἵνα τοὺς δύο Eph. ii. 15. κτίσῃ εἰς ἕνα καινὸν ἄνθρωπον,' ἀντὶ τοῦ ' συναγάγῃ.' Ὅρα μήποτε τοιοῦτόν ἐστι καὶ τὸ, ' Ἐνδύσασθε τὸν καινὸν ἄνθρωπον, τὸν κατὰ Θεὸν κτισθέντα' Eph. iv. 24. καὶ τὸ, ' Εἴ τις οὖν ἐν Χριστῷ, καινὴ κτίσις·' καὶ ὅσα ἄλλα εὕροι τις ἂν 2 Cor. v. 17. τοιούτῳ τρόπῳ τὴν θεόπνευστον γραφὴν διερευνώμενος· μὴ θαυμάσῃς εἰ μεταφορικῶς καὶ ἐν τῷ, ' Κύριος ἔκτισέ με ἀρχὴν ὁδῶν αὐτοῦ,' τὸ ' ἔκτισεν' ἀντὶ τοῦ ' κατέστησεν' ἢ ' κατέταξε.'

Τοιαῦτα μὲν ὁ Εὐσέβιος ἐν τοῖς πρὸς Μάρκελλον διέξεισιν· ἡμεῖς δὲ αὐτὰ παρεθέμεθα διὰ τοὺς μάτην ἐρεσχελοῦντας καὶ βλασφημεῖν τὸν ἄνδρα ἐπιχειρήσαντας. Οὔτε γὰρ ἔχουσι δεῖξαι ὅτι Εὐσέβιος ἀρχὴν τῆς ὑπάρξεως δίδωσι τῷ Υἱῷ τοῦ Θεοῦ, κἂν ταῖς τῆς οἰκονομίας λέξεσιν ἐν τοῖς βιβλίοις εὑρίσκουσιν αὐτὸν καταχρώμενον· μάλιστα δὲ ὅτι ζηλωτὴς καὶ θαυμαστὴς τῶν Ὠριγένους βιβλίων ἐστὶν, ἐν οἷς πανταχοῦ τὸν Υἱὸν ἐκ τοῦ Πατρὸς γεννηθέντα εὑρίσκουσιν οἱ τῶν Ὠριγένους βιβλίων τὸ βάθος κατανοῆσαι δυνάμενοι. Καὶ ταῦτα μὲν ἐν παρεκβάσει διὰ τοὺς λοιδορεῖν ἐπιχειρήσαντας τὸν Εὐσέβιον εἴρηται.

CAP. XXII.

Ὡς τῆς ἐν Σαρδικῇ συνόδου ἀποδούσης τοὺς θρόνους Ἀθανασίῳ καὶ Παύλῳ, καὶ τοῦ βασιλέως τῆς ἑῴας μὴ δεχομένου, πόλεμον ὁ τῶν ἑσπερίων ἠπείλησε βασιλεύς.

Οἱ μέντοι ἐν Σαρδικῇ συνελθόντες καὶ ἐν Φιλιππουπόλει τῆς Θρᾴκης ἰδιάζοντα συνέδρια ποιησάμενοι, τὰ δοκοῦντα αὐτοῖς ἑκάτεροι πράξαντες, κατὰ πόλεις τὰς ἑαυτῶν ἀνεχώρησαν. Διεσπᾶτο οὖν τῆς ἀνατολῆς ἡ δύσις· καὶ ἦν ὅρος τῆς κοινωνίας αὐτοῖς τὸ ὄρος τὸ λεγόμενον Τισοῦκις, ὅπερ ἐστὶν Ἰλλυριῶν τε καὶ Θρᾳκῶν· καὶ ἕως μὲν τοῦ ὄρους τούτου ἀδιάφορος ἦν ἡ κοινωνία, διαφόρου τυγχανούσης τῆς πίστεως· περαιτέρω δὲ ἀλλήλοις οὐκ ἐκοινώνουν. Τοιαύτη τις ἦν τότε τῆς περὶ τὰς ἐκκλησίας καταστάσεως σύγχυσις. Μετὰ ταῦτα δὲ εὐθὺς ὁ τῶν ἑσπερίων μερῶν βασιλεὺς τὰ ἐν τῇ κατὰ Σαρδικὴν γενόμενα γνώριμα τῷ ἀδελφῷ Κωνσταντίῳ καθίστησιν, ἀποδίδοσθαί τε τοῖς περὶ Παῦλον καὶ Ἀθανάσιον τοὺς ἰδίους τόπους παρεκελεύετο. Ὡς δὲ ὁ Κωνστάντιος παρεῖλκε πρὸς τὰ γραφόμενα, αἵρεσιν αὖθις προυτίθει ὁ τῶν ἑσπερίων μερῶν βασιλεὺς, ἢ δέχεσθαι τοὺς περὶ Παῦλον καὶ Ἀθανάσιον ἐν τῇ οἰκείᾳ τάξει, καὶ ἀποδιδόναι αὐτοῖς τὰς ἐκκλησίας, ἢ μὴ ποιοῦντα τοῦτο ἐχθρόν τε εἶναι καὶ προσδέχεσθαι πόλεμον. Ἔστι δὲ τὰ πρὸς τὸν ἀδελφὸν γραφέντα τάδε·

Ὧδε μέν εἰσι παρ' ἐμοὶ Ἀθανάσιος καὶ Παῦλος· ἀλλὰ πυνθανόμενος διέγνων εὐσεβείας αὐτοὺς χάριν διώκεσθαι. Εἰ μὲν οὖν ἐπαγγέλλῃ ἀποδιδόναι τούτοις τοὺς θρόνους, ἐπαμυνόμενος τοὺς μάτην αὐτοῖς προσφυομένους, ἀποστελῶ πρός σε τοὺς ἄνδρας· εἰ δ' ἀνανεύοις ταῦτα οὕτω ποιεῖν, εὖ ἴσθι ὅτι αὐτὸς ἐγὼ αὐτόθι γενόμενος, καὶ ἄκοντός σου, τούτοις τοὺς οἰκείους ἀποδίδωμι θρόνους.

CAP. XXIII.

Ὡς φοβηθεὶς ὁ Κωνστάντιος τὰς ἀπειλὰς τοῦ ἀδελφοῦ δι' ἐπιστολῶν ἐκάλεσε τὸν Ἀθανάσιον, καὶ εἰς τὴν Ἀλεξάνδρειαν ἔπεμψε.

Ταῦτα γνοὺς ὁ τῆς ἑῴας βασιλεὺς εἰς ἀγωνίαν οὐ τὴν τυχοῦσαν κατέστη· μεταπεμψάμενός τε εὐθὺς πλείστους τῶν ἀνατολικῶν ἐπισκόπων, τήν τε αἵρεσιν τοῦ ἀδελφοῦ προυτίθει, καὶ περὶ τοῦ πρακτέου διεπυνθάνετο. Οἱ δὲ κρεῖσσον ἔφασαν τῶν ἐκκλησιῶν παραχωρῆσαι τοῖς περὶ Ἀθανάσιον, ἢ ἐμφύλιον ἀναδέξασθαι πόλεμον. Ὅθεν ἐπ' ἀνάγκῃ καταστὰς ὁ βασιλεὺς ἐκάλει πρὸς ἑαυτὸν τοὺς περὶ Ἀθανάσιον. Καὶ τέως μὲν παραχρῆμα τὸν Παῦλον, μετὰ δυεῖν ἐπισκόπων καὶ τῆς ἄλλης τιμῆς, γράμμασί τε πάλιν τοῖς οἰκείοις ὁ τῶν ἑσπερίων βασιλεὺς, ἔτι τε καὶ τοῖς ἀπὸ τῆς συνόδου, κατοχυρώσας, ἀποστέλλει ἐπὶ τὴν Κωνσταντινούπολιν. Τοῦ δὲ Ἀθανασίου ἔτι ὑποστελλομένου καὶ ἀμφιβάλλοντος ἐλθεῖν πρὸς αὐτόν—ηὐλαβεῖτο γὰρ τὰς τῶν συκοφαντῶν σκευωρίας—ὁ βασιλεὺς τῆς ἑῴας αὐτὸν οὐχ ἅπαξ μόνον, ἀλλὰ καὶ δὶς καὶ τρὶς ἐκάλει παρ' ἑαυτόν· ὡς τὰ παρ' αὐτοῦ γράμματα δεικνύει, ἅπερ ἐκ τῆς Ῥωμαϊκῆς μεταβληθέντα γλώσσης τοῦτον ἔχει τὸν τρόπον·

Ἐπιστολὴ Κωνσταντίου πρὸς Ἀθανάσιον.

Κωνστάντιος νικητὴς Αὔγουστος Ἀθανασίῳ ἐπισκόπῳ.

Ἐπὶ πολύ σε κλυδωνίζεσθαι καὶ χειμάζεσθαι τοῖς τῆς θαλάσσης ὁμοίως [om. ὁμοίως] κύμασιν ἀγρίοις οὐκ ἀφῆκεν ἡ τῆς ἡμετέρας ἡμερότητος φιλανθρωπία. Γυμνωθέντα σε τῆς πατρῴας ἑστίας, καὶ στερηθέντα τῶν ἰδίων, καὶ πλανώμενον ἐν θηριώδεσιν ἀνοδίαις, οὐ παρεῖδεν ἡ ἀκάματος ἡμῶν εὐσέβεια. Εἰ καὶ τὰ μάλιστα ἐπὶ πολὺ ὑπερεθέμην γράψαι τὴν πρόθεσιν τῆς ἐμῆς διανοίας, προσδοκῶν αὐθαίρετόν σε παραγενέσθαι πρὸς ἡμᾶς, καὶ τῶν καμάτων αἰτεῖν θεραπείαν· ὅμως ἐπειδὴ ἴσως ὁ φόβος τὴν προαίρεσιν τῆς σῆς προθέσεως ἐνεπόδιζε, διὰ τοῦτο δωρεᾶς πληρέστατα γράμματα πρὸς τὴν σὴν στερρότητα διεπεμψάμεθα· ἵνα ἀφόβως ταῖς ἡμετέραις προσόψεσι ταχεῖαν τὴν σαυτοῦ παρουσίαν παρασχεῖν σπουδάσῃς, ὑπὲρ τοῦ τῆς σαυτοῦ ἐπιθυμίας ἀπολαῦσαι, καὶ πειραθεὶς ἡμῶν τῆς φιλανθρωπίας, τοῖς ἰδίοις ἀποκατασταθῇς. Τούτου γὰρ ἕνεκα καὶ τὸν δεσπότην καὶ ἀδελφόν μου Κώνσταντα τὸν νικητὴν Αὔγουστον ὑπὲρ σοῦ παρεκάλεσα, ἵνα τοῦ ἐλθεῖν ἐξουσίαν σοι δῷ, ἐπὶ τῷ ἀμφο- [ἐφ' ᾧ ἀμφ.?] τέρων ἡμῶν ἐπινευσάντων τῇ πατρίδι ἀποκατασταθῇς, ἔχων τοῦτο τῆς ἡμῶν χάριτος ἐνέχυρον.

Ἄλλη ἐπιστολὴ πρὸς Ἀθανάσιον.

Κωνστάντιος νικητὴς Αὔγουστος Ἀθανασίῳ ἐπισκόπῳ.

Εἰ καὶ τὰ μάλιστα διὰ προτέρων γραμμάτων ἐδηλώσαμεν, ὅπως ἀμερίμνως εἰς τὸ ἡμέτερον κομιτάτον παραγένῃ, διὰ τὸ μάλιστα βούλεσθαι ἡμᾶς ἀποστεῖλαί σε εἰς τὰ ἴδια, ὅμως καὶ νῦν ταῦτα τὰ γράμματα πρὸς τὴν σὴν στερρότητα δεδηλώκαμεν. Διὸ προτρεπόμεθα χωρὶς τινὸς ἀπιστίας καὶ φόβου ἐπιβῆναί σε δημοσίοις ὀχήμασι, καὶ σπουδάσαι πρὸς ἡμᾶς, ἵνα ὧν ἐπι- Cp. iii. 1. θυμεῖς ἀπολαῦσαι δυνηθείης.

Ἄλλη ἐπιστολὴ πρὸς τὸν αὐτόν.

Κωνστάντιος νικητὴς Αὔγουστος Ἀθανασίῳ ἐπισκόπῳ.

Ἡνίκα ἐν τῇ Ἐδέσῃ διετρίβομεν, παρόντων τῶν σῶν πρεσβυτέρων, ἤρεσεν [Ἐδέσσῃ] ὅπως ἀποσταλέντος πρεσβυτέρου πρός σε, ἐλθεῖν πρὸς τὸ ἡμέτερον κομιτάτον σπουδάσῃς, ἐπὶ τῷ ἰδόντα σε τὴν ἡμετέραν πρόσοψιν εὐθέως εἰς τὴν Ἀλεξάνδρειαν ὁδεῦσαι. Ἀλλ' ἐπειδὴ πλεῖστος χρόνος παρῆλθεν, ἀφ' οὗ γράμματα δεξάμενος παρ' ἡμῶν οὐκ ἀπήντησας, διὰ τοῦτο καὶ νῦν ὑπομνῆσαί σε ἐσπουδάσαμεν, ἵνα καὶ νῦν τὴν σὴν παρουσίαν ταχεῖαν ποιῆσαι πρὸς ἡμᾶς σπουδάσῃς, καὶ οὕτω δυνηθῇς τῇ πατρίδι σου ἀποκατασταθῆναι, καὶ τῆς εὐχῆς σου ἐπιτυχεῖν. Πρὸς δὲ πληρεστάτην διήγησιν Ἀχήταν τὸν διάκονον ἀπεστείλαμεν, παρ' οὗ δυνήσῃ μαθεῖν τῆς τε ἡμετέρας ψυχῆς τὴν προαίρεσιν, καὶ ὅτι τούτων ὧν εὔχῃ τυχεῖν δυνήσῃ.

Ταύτας τὰς ἐπιστολὰς ἐν τῇ Ἀκυληΐᾳ δεξάμενος Ἀθανάσιος— ἐκεῖ γὰρ τῆς Σαρδικῆς ἀναχωρήσας διέτριβεν—εὐθέως ἐπὶ τὴν Ῥώμην ἀνέδραμεν· ἐπιδείξας τε τὰ γράμματα τῷ ἐπισκόπῳ Ἰουλίῳ, ἐν μεγίστῃ μὲν χαρᾷ τὴν Ῥωμαίων ἐκκλησίαν κατέστησεν. Ἐδόκει γὰρ καὶ ὁ τῆς ἑῴας βασιλεὺς συντίθεσθαι αὐτῶν τῇ πίστει διὰ τοῦ καλεῖν Ἀθανάσιον παρ' ἑαυτόν. Ἰούλιος δὲ τοῖς ἐν Ἀλεξανδρείᾳ κληρικοῖς τε καὶ λαοῖς τάδε περὶ Ἀθανασίου ἐπέστειλεν·

[Ath. Apol. c. Ari. 52. [Qu. om. ἐπ. κ. Cp. Ath.]]

Ἐπιστολὴ Ἰουλίου ἐπισκόπου Ῥώμης πρὸς τοὺς ἐν Ἀλεξανδρείᾳ.

Ἰούλιος ἐπισκόποις καὶ πρεσβυτέροις καὶ διακόνοις καὶ λαῷ παροικοῦντι Ἀλεξάνδρειαν ἀγαπητοῖς ἀδελφοῖς, ἐν Κυρίῳ χαίρειν.

Συγχαίρω κἀγὼ ὑμῖν, ἀδελφοὶ ἀγαπητοί, ὅτι τὸν καρπὸν τῆς ἑαυτῶν πίστεως ἐπ' ὀφθαλμῶν λοιπὸν ὁρᾶτε. Τοῦτο γὰρ ἀληθῶς ἄν τις ἴδοι γενόμενον ἐπὶ τοῦ ἀδελφοῦ καὶ συνεπισκόπου μου Ἀθανασίου· ὃν διά τε τὴν καθαρότητα τοῦ βίου, καὶ διὰ τὰς ὑμετέρας εὐχὰς, ὁ Θεὸς ὑμῖν ἀποδίδωσιν. Ἐκ δὴ τούτου συνορᾶν ἐστιν καθαρὰς ὑμῶν καὶ μεστὰς ἀγάπης ἀεὶ τὰς εὐχὰς ἀνενηνοχέναι πρὸς τὸν Θεόν. Μνήμονες γὰρ ὄντες τῶν οὐρανίων ἐπαγγελιῶν καὶ [ἀγωγῆς Ath.] τῆς πρὸς αὐτὰς ἀγάπης, ἣν ἐκ τῆς διδασκαλίας τοῦ προειρημένου ἀδελφοῦ μου ἐπαιδεύθητε, ἔγνωτε ἀληθῶς, καὶ κατὰ τὴν προσοῦσαν ὑμῖν ὀρθὴν πίστιν κατειλήφατε τοῦτο, ὡς οὐκ ἂν εἰς τέλος οὗτος ἀφ' ὑμῶν ἀποσχοινισθήσεται, ὃν ἐν ταῖς θεοσεβέσιν ὑμῶν ψυχαῖς ἐσχήκατε ὡς παρόντα ἀεί. Οὐκοῦν οὐ πολλῶν μοι χρεία λόγων πρὸς ὑμᾶς ἐπιστέλλοντι· ὅσα γὰρ ὑμῖν λέλεκται παρ' ἐμοῦ, ταῦτα ἡ ὑμετέρα πίστις προὔλαβε· καὶ πεπλήρωται κατὰ Χριστοῦ χάριν τὰ τῆς κοινῆς ὑμῶν πάντων εὐχῆς. Συγχαίρω τοίνυν ὑμῖν· πάλιν γὰρ ἐρῶ, ὅτι τὰς ψυχὰς ἀκαταμαχήτους ἐν τῇ πίστει τετηρήκατε. Καὶ αὐτῷ δὲ τῷ ἀδελφῷ μου Ἀθανασίῳ οὐκ ἔλαττον συγχαίρω, ὅτι, καίπερ πολλὰ πάσχων λυπηρὰ, οὐδεμίαν ὥραν ἐπιλήσμων γέγονε τῆς ὑμετέρας ἀγάπης καὶ τοῦ ὑμετέρου πόθου. Εἰ γὰρ καὶ τῷ σώματι πρὸς καιρὸν ἔδοξεν ἀφ' ὑμῶν ἀφελκυσθῆναι, ἀλλὰ τῷ πνεύματι διαπαντὸς ὡς συνὼν ὑμῖν [Ath. om. Καὶ διῆγε. ἔγωγε.. ἀγαπώμενος] Καὶ ἔγωγε, ἀγαπητοί, τὸν γενόμενον κατ' αὐτοῦ πάντα πειρασμὸν οὐκ ἄδοξον ἡγοῦμαι γεγενῆσθαι· καὶ γὰρ καὶ ἡ ὑμετέρα καὶ ἡ τούτου πίστις ἐγνώσθη παρὰ πᾶσι καὶ δεδοκίμασται. Εἰ γὰρ μὴ τοσαῦτα συμβεβήκει, τίς ἂν ἐπίστευσεν ἢ ὑμᾶς τοσαύτην κρίσιν καὶ τοσαύτην ἀγάπην περὶ τὸν τηλικοῦτον ἐπίσκοπον ἔχειν, ἢ ἐκεῖνον τοσαύταις ἀρεταῖς περιβεβλῆσθαι, δι' ἃς καὶ τῆς ἐν οὐρανοῖς ἐλπίδος οὐκ ἀλλότριος γένοιτο; Ἐπέτυχε τοίνυν οἰῳδήποτε τρόπῳ, καὶ ἐν τῷ νῦν καὶ ἐν τῷ μέλλοντι, καὶ ὁμολογίας ἔνδοξον μαρτυρίαν. Διαφόρως γὰρ κατά τε γῆν καὶ κατὰ θάλατταν πολλὰ χειμασθεὶς, τὴν σκευωρίαν πᾶσαν τῆς Ἀρειανῆς αἱρέσεως κατεπάτησε, καὶ πολλάκις διὰ φθόνον καὶ εἰς κίνδυνον ἐπιβουλευθεὶς κατεφρόνησε θανάτου, φρουρούμενος ὑπὸ τοῦ παντοκράτορος Θεοῦ καὶ τοῦ Κυρίου ἡμῶν Ἰησοῦ Χριστοῦ· ἐλπίζων ἅμα καὶ τὰς ἐπιβουλὰς ἐκκλίνειν, καὶ ἀποκατασταθήσεσθαι πρὸς ὑμετέραν παράκλησιν, φέρων ὑμῖν ἅμα ἐκ τῆς ὑμετέρας συνειδήσεως μείζονα τὰ τρόπαια. Ἐν οἷς καὶ ἄχρι τερμάτων πάσης τῆς γῆς ἔνδοξος ἐγνώσθη, δοκιμασθεὶς ἐκ τοῦ βίου, παρρησιασάμενος μὲν τῇ προθέσει καὶ τῇ οὐρανίᾳ διδασκαλίᾳ, ἀποδειχθεὶς δὲ ἀθανάτῳ κρίσει παρ' ὑμῶν ἀγαπώμενος. Ἐπανέρχεται τοιγαροῦν πρὸς ὑμᾶς λαμπρότερος νῦν ἢ ὅτε παρ' ὑμῶν ἀπεδήμησεν. Εἰ γὰρ καὶ τὰς τιμίας ὕλας, χρυσὸν δὴ λέγω καὶ ἄργυρον, εἰς καθαρότητα τὸ πῦρ δοκιμάζει, τί ἄν τις εἴποι κατ' ἀξίαν τοῦ τοσούτου ἀνδρός, ὃς τοσούτων θλίψεων πυρὰν καὶ κινδύνους νικήσας ἀποδίδοται νῦν ὑμῖν, ἀθῷος οὐ παρ' [Ath. om. πυρ. κ.] ἡμῶν μόνον, ἀλλὰ καὶ παρὰ πάσης τῆς συνόδου ἀποδεχθείς; Ὑποδέξασθε τοίνυν, ἀγαπητοὶ ἀδελφοί, μετὰ πάσης τῆς κατὰ Θεὸν δόξης τε καὶ χαρᾶς τὸν ἐπίσκοπον ὑμῶν Ἀθανάσιον, μετὰ τούτων οἵ τινες αὐτῶν κοινωνοὶ γεγόνασι· [Ath. αὐτῷ καὶ τοσούτων καμάτων] καὶ χαίρετε τῶν εὐχῶν ἀπολαύοντες, οἱ τὸν ποιμένα τὸν ὑμέτερον, ἵν' οὕτως εἴπω, ποθοῦντα καὶ διψῶντα τὴν ὑμετέραν θεοσέβειαν, σωτηρίοις γραφαῖς ἐθρέψατέ τε καὶ ἐποτίσατε. Καὶ γὰρ καὶ τῆς ἐπὶ ξένης αὐτοῦ διατριβῆς ὑμεῖς παραμυθία γεγόνατε· καὶ διωκόμενον καὶ ἐπιβουλευόμενον ἐθάλψατε ταῖς πιστοτάταις ἑαυτῶν ψυχαῖς καὶ διανοίαις. Ἐμὲ δὲ ἤδη εὐφραίνει ἐννοούμενον καὶ προορῶντα τῷ λογισμῷ τὴν ἐπὶ τῇ ἐπανόδῳ ἑκάστου ὑμῶν χαρὰν, καὶ τοῦ πλήθους τὰς θεοσεβεστάτας ἀπαντήσεις, καὶ τὴν ἔνδοξον τῶν συντρεχόντων ἑορτὴν, καὶ τίς ἐκείνη ἡ ἡμέρη ὑμῖν καὶ ποία ἔσται, ἐπανερχομένου μὲν τοῦ ἀδελφοῦ μου, παυσαμένων δὲ τῶν προγενομένων, καὶ τῆς πολυτιμήτου κατ' εὐχὴν ἐπανόδου εἰς εὐφροσύνην τινα πληρεστάτης χαρᾶς συναπτούσης τοὺς πάντας. Ἡ τοιαύτη χαρὰ κατὰ τὸ μέγιστον μέχρις ἡμῶν φθάνει, οἷς θεόθεν καὶ τοῦτο συγκεχωρῆσθαι συνέστηκεν, ὅπως εἰς γνῶσιν τοῦ τηλικούτου ἀνδρὸς ἐλθεῖν δυνηθῶμεν. Εἰς εὐχὴν οὖν τὴν ἐπιστολὴν τελειῶσαι καλόν. Ὁ Θεὸς ὁ παντοκράτωρ, καὶ ὁ τούτου Υἱὸς, ὁ Κύριος καὶ Σωτὴρ ἡμῶν Ἰησοῦς Χριστὸς, διηνεκῆ τὴν χάριν ταύτην ὑμῖν παράσχοι, διδοὺς ἔπαθλον τῇ θαυμαστῇ ὑμῶν πίστει, ἣν περὶ τὸν ἐπίσκοπον ὑμῶν ἐνδόξῳ μαρτυρίᾳ ἐνεδείξασθε, ἵνα ὑμῖν τε καὶ τοῖς μεθ' ὑμᾶς ἐνταῦθα, καὶ ἐν τῷ μέλλοντι τὰ βελτίονα μένοι, 'ἃ ὀφθαλμὸς οὐκ εἶδε, καὶ οὓς οὐκ ἤκουσε, 1 Cor. ii. 9. καὶ ἐπὶ καρδίαν ἀνθρώπου οὐκ ἀνέβη, ἃ ἡτοίμασεν ὁ Θεὸς τοῖς ἀγαπῶσιν αὐτὸν,' διὰ τοῦ Κυρίου ἡμῶν Ἰησοῦ Χριστοῦ, δι' οὗ τῷ παντοκράτορι Θεῷ ἡ δόξα εἰς τοὺς αἰῶνας τῶν αἰώνων, ἀμήν. Ἐρρῶσθαι ὑμᾶς εὔχομαι, ἀγαπητοὶ ἀδελφοί.

Τούτοις πεπιστευκὼς τοῖς γράμμασιν Ἀθανάσιος ἐπὶ τὴν ἀνατολὴν παρεγένετο. Κωνστάντιος δὲ ὁ βασιλεὺς οὐκ ἀπεχθῶς μὲν τότε ἀπεδέξατο, σοφίζεσθαι δὲ αὐτὸν ἐπεχείρει ἐκ κατασκευῆς τῶν

Ἀρειανιζόντων ὑποβαλλόμενος· καὶ φησὶ πρὸς αὐτόν· 'Τὸν μὲν θρόνον τὸν σαυτοῦ ψήφῳ τῆς συνόδου καὶ ἡμετέρᾳ συναινέσει ἀπείληφας· ἐπειδὴ δὲ εἰσὶν ἐν τῇ Ἀλεξανδρείᾳ τινες τοῦ λαοῦ διακρινόμενοι τὴν πρός σε κοινωνίαν, μίαν ἐν τῇ πόλει ἐκκλησίαν ἔασον ἔχειν αὐτούς.' Πρὸς τὴν πρότασιν ταύτην Ἀθανάσιος γοργῶς ὑπαπήντησε καὶ φησὶ, "Ὦ βασιλεῦ, ἐπ' ἐξουσίας μὲν ἔχεις κελεύειν τε καὶ πράττειν ὅσα ἂν θέλῃς· χάριν δὲ καὶ αὐτὸς αἰτῶ, καὶ δέομαι, δός μοι.' Τοῦ δὲ βασιλέως δώσειν ἑτοίμως ἐπαγγειλαμένου, εὐθὺς ἐπήγαγεν Ἀθανάσιος, τὴν αὐτὴν ἀξιῶν χάριν λαβεῖν, ἣν ὁ βασιλεὺς ἐπεζήτει λαβεῖν. Μίαν γὰρ καὶ αὐτὸς ἐκκλησίαν ἀπονεμηθῆναι ἠξίου καθ' ἑκάστην πόλιν τοῖς διακρινομένοις πρὸς τὴν τῶν Ἀρειανιζόντων κοινωνίαν. Τὴν Ἀθανασίου τοίνυν γνώμην ἀλυσιτελῆ γνόντες οἱ Ἀρειανίζοντες, ὑπερτίθεσθαι μὲν τοῦτο ἔλεγον, πράττειν δὲ τὰ δοκοῦντα τῷ βασιλεῖ παρεχώρουν. Διόπερ ὁ βασιλεὺς Ἀθανασίῳ τε καὶ Παύλῳ καὶ Μαρκέλλῳ τοὺς ἰδίους ἀπεδίδου θρόνους· ἔτι μὲν καὶ Ἀσκληπᾷ τῷ Γάζης, καὶ Λουκίῳ Ἀδριανουπόλεως. Καὶ γὰρ οὗτοι ὑπὸ τῆς ἐν Σαρδικῇ συνόδου ἐδέχθησαν· Ἀσκληπᾶς μὲν ὑπομνήματα ἐπιδείξας, ἐν οἷς ἐδέδεικτο Εὐσέβιος ὁ Παμφίλου ἅμα πλείοσι διαγνοὺς τὰ κατ' αὐτὸν, καὶ ἀποδοὺς τὴν ἀξίαν αὐτοῦ· Λούκιος δὲ, ὅτι οἱ κατηγοροῦντες αὐτοῦ φυγῇ ἐχρήσαντο. Προστάγματα οὖν τοῦ βασιλέως εἰς τὰς ἑαυτῶν ἐφοίτα πόλεις, κελεύοντα ἑτοίμως αὐτοὺς ὑποδέχεσθαι. Ἐν μὲν οὖν Ἀγκύρᾳ, Βασιλείου ἐξωθουμένου καὶ ἀντεισιόντος Μαρκέλλου, ταραχὴ οὐχ ἡ τυχοῦσα ἐγένετο, ἢ πρόφασιν λοιδορίας παρέσχε τοῖς τὰ ἐναντία φρονοῦσιν· Ἀσκληπᾶν δὲ ἑτοίμως Γαζαῖοι ἐδέξαντο. Ἐν δὲ τῇ Κωνσταντινουπόλει Μακεδόνιος Παύλῳ πρὸς ὀλίγον ὑπεξέστη, καθ' ἑαυτὸν ἐν ἰδιαζούσῃ ἐκκλησίᾳ τῆς πόλεως τὰς συνόδους ποιούμενος. Ὑπὲρ μέντοι Ἀθανασίου ὁ βασιλεὺς ἐπισκόποις τε καὶ κληρικοῖς καὶ λαοῖς περὶ τοῦ ἀσμένως αὐτὸν ὑποδεχθῆναι ἐπέστειλεν· ἔτι μὴν καὶ τὰ κατ' αὐτοῦ ἐν δικαστηρίοις πραχθέντα δι' ἑτέρων γραμμάτων ἀφανισθῆναι ἐκέλευσε. Τὰ δὲ περὶ ἀμφοτέρων τούτων γραφέντα ἔστι τάδε.

Ἐπιστολὴ Κωνσταντίου ὑπὲρ Ἀθανασίου.

Νικητὴς Κωνστάντιος, μέγιστος, Σεβαστὸς, ἐπισκόποις καὶ πρεσβυτέροις τῆς καθολικῆς ἐκκλησίας.

Οὐκ ἀπελείφθη τῆς τοῦ Θεοῦ χάριτος ὁ αἰδεσιμώτατος ἐπίσκοπος Ἀθανά-

Letters of Constantius.

σιος. Ἀλλ' εἰ καὶ ἐν βραχεῖ χρόνῳ τῇ κατὰ ἀνθρώπους δοκιμασίᾳ ὑπεβλήθη, ὅμως τὴν ὀφειλομένην παρὰ τῆς παντεφόρου προνοίας ἀπηνέγκατο ψῆφον· ἀπολαβὼν βουλήσει τοῦ κρείττονος καὶ κρίσει ἡμετέρᾳ τὴν πατρίδα ὁμοῦ καὶ τὴν ἐκκλησίαν, ἧς θείῳ νεύματι προστάτης ἐτύγχανε. Τούτῳ τὰ ἀκόλουθα ἔδει παρὰ τῆς ἡμετέρας ὑπάρξαι πρᾳότητος· ὥστε πάντα τὰ πρὸ τούτου κατὰ τῶν αὐτῷ κεκοινωνηκότων ὡρισμένα νῦν ἀμνηστίᾳ παραδοθῆναι, πᾶσάν τε ὑποψίαν τὴν κατ' αὐτοῦ σχολάσαι τοῦ λοιποῦ, τήν τε ἀτέλειαν ἧς ἔτυχον πάλαι οἱ ἅμα αὐτῷ κληρικοί, τούτοις βεβαιωθῆναι προσηκόντως. Ἀλλὰ μὴν καὶ τοῦτο τῇ εἰς αὐτὸν χάριτι προστεθῆναι ἐδικαιώσαμεν, ὥστε πάντας τοὺς τοῦ ἱεροῦ καταλόγου γινώσκειν ἐνδεδόσθαι τὸ ἄφοβον πᾶσι τοῖς αὐτῷ προστεθειμένοις, εἴτε ἐπισκόποις εἴτε κληρικοῖς. Ἱκανὸν δὲ γνώρισμα τῆς ἑκάστου ὀρθῆς προαιρέσεως ἔσται ἡ πρὸς τοῦτον ἕνωσις. Ὅσοι γὰρ ἂν, τῆς καλλίονος ὁμοῦ κρίσεώς τε καὶ μοίρας γενόμενοι, τὴν τούτου ἕλωνται κοινωνίαν, τούτους πάντας ἐκελεύσαμεν, καθ' ὁμοιότητα τῆς φθανούσης προνοίας, καὶ νῦν τῆς ὑφ' ἡμῶν βουλήσει τοῦ κρείττονος παρασχεθείσης χάριτος ἀπολαύειν.

Cp. c. 41.
Ath. Apol. c. Ari. 54.

Ἄλλη ἐπιστολὴ τοῖς Ἀλεξανδρεῦσι πεμφθεῖσα.

Ath. ib. 55.

Νικητὴς Κωνστάντιος, μέγιστος, Σεβαστός, τῷ λαῷ τῆς κατὰ Ἀλεξάνδρειαν καθολικῆς ἐκκλησίας.

Σκοπὸν ποιούμενοι τὴν ὑμετέραν ἐν ἅπασιν εὐνομίαν, εἰδότες τε ὡς ἐπὶ πολὺ τῆς τοῦ ἐπισκοποῦντος προνοίας ἐστέρησθε, Ἀθανάσιον τὸν ἐπίσκοπον, ἄνδρα τοῖς πᾶσι διά τε τὴν προσοῦσαν ὀρθότητα καὶ διὰ τὴν οἰκείαν εὐτροπίαν γνώριμον, πάλιν πρὸς ὑμᾶς ἀποστεῖλαι ἐδικαιώσαμεν. Τοῦτον συνήθως καὶ προσηκόντως ὑποδεξάμενοι, καὶ ταῖς πρὸς τὸν Θεὸν εὐχαῖς βοηθὸν προστησάμενοι, τὴν ὑμῖν τε ἀπρέπουσαν καὶ ἡμῖν ἀρεστὴν ὁμόνοιαν καὶ εἰρήνην κατὰ τὸν τῆς ἐκκλησίας θεσμὸν διαρκῆ φυλάττειν σπουδάσατε. Οὐδὲ γὰρ εὔλογόν ἐστι, διχόνοιάν τινα ἢ στάσιν ἐν ὑμῖν κινηθῆναι ὑπεναντίαν τῆς τῶν ἡμετέρων καιρῶν εὐμοιρίας. Καὶ τοῦτο μὲν ἀπεῖναι ἀφ' ὑμῶν παντελῶς βουλόμεθα· τὸ δέ γε ταῖς εὐχαῖς ὑμᾶς διαρκῶς αὐτῷ, ὡς προείρηται, προστάτῃ καὶ ἐπικούρῳ χρωμένους πρὸς τὸ Θεῖον ἐμμένειν συνήθως παραινοῦμεν· ὡς ἂν τῆς τοιαύτης ὑμῶν προθέσεως εἰς τὰς ἁπάντων εὐχὰς διαβαινούσης, καὶ ἐκ τῶν ἐθνῶν οἱ τῇ τῶν εἰδώλων πλάνῃ ἔτι καὶ νῦν προσανέχοντες ἐπὶ τὴν τῆς ἱερᾶς θρησκείας ἐπίγνωσιν προθυμότατα σπεύδοιεν, Ἀλεξανδρεῖς προσφιλέστατοι. Καὶ αὖθις οὖν παραινοῦμεν τοῖς προειρημένοις ἐμμένειν· τὸν δὲ ἐπίσκοπον ψήφῳ τοῦ κρείττονος καὶ ἡμετέρᾳ γνώμῃ ἀπεσταλμένον ἡδέως δέξασθε, καὶ πάσῃ ψυχῇ καὶ γνώμῃ ἀσπαστὸν ἡγήσασθε. Τοῦτο γὰρ καὶ ὑμῖν πρέπει, καὶ τῇ ἡμετέρᾳ πρᾳότητι προσήκειν συνέστηκεν. Ὑπὲρ γὰρ τοῦ πᾶσαν ἀνασοβὴν καὶ στάσεως πρόφασιν περιαιρεθῆναι τῶν ἐθελοκακίᾳ

[Vales. conj. ἀκοάς]

[ἀνασοβῆς Ath.]

χρωμένων, τοῖς παρ' ὑμῖν δικασταῖς διὰ γραμμάτων προσετάξαμεν ὅπως τοὺς υἱοὺς ἂν στασιώδεις καταμάθοιεν τῇ τῶν νόμων ὑποβάλλειν ἐκδικίᾳ. Ἀμφότερα τοίνυν συνορῶντες, καὶ τὴν ἡμετέραν μετὰ τοῦ κρείττονος γνώμην καὶ τὸν ὑπὲρ ὑμῶν καὶ τῆς ὁμονοίας λόγον, καὶ τὴν κατὰ τῶν ἀτάκτων τιμωρίαν, τὰ πρέποντα καὶ ἁρμόζοντα τῷ τῆς ἱερᾶς θρησκείας θεσμῷ διαφυλάττοντες, τὸν προειρημένον διὰ πάσης αἰδοῦς καὶ τιμῆς ἄγοντες, τὰς εὐχὰς ἅμα αὐτῷ ὑπέρ τε ἑαυτῶν καὶ τῆς τοῦ βίου παντὸς εὐνομίας τῷ τῶν ὅλων Πατρὶ Θεῷ ἀναπέμπειν σπουδάζετε.

Ath. Apol. c. Ari. 56.

Ἐπιστολὴ περὶ τοῦ ἀφανισθῆναι τὰ πραχθέντα κατὰ Ἀθανασίου.

[Al. Αὐγουστονίκῃ]

Νικητὴς Κωνστάντιος Αὔγουστος Νεστορίῳ· τῷ δὲ αὐτῷ τύπῳ καὶ τοῖς ἐν Αὐγουστομνίκῃ καὶ Θηβαΐδι καὶ Λιβύῃ ἡγεμόσιν.

Εἴ τί ποτε πρὸ τούτου ἐπὶ βλάβῃ καὶ ὕβρει τῶν κοινωνούντων Ἀθανασίῳ τῷ ἐπισκόπῳ πραχθὲν εὑρίσκεται, τοῦτο νῦν ἀπαλειφθῆναι βουλόμεθα· καὶ γὰρ τὴν ἀλειτουργησίαν, ἣν οἱ αὐτοῦ κληρικοὶ εἶχον, τὴν αὐτὴν πάλιν θέλομεν ἔχειν. Ταύτην δὲ τὴν ἡμετέραν πρόσταξιν φυλαχθῆναι βουλόμεθα· ὥστε ἀποδοθέντος Ἀθανασίου τοῦ ἐπισκόπου τῇ ἐκκλησίᾳ, τοὺς κοινωνοῦντας αὐτῷ ἔχειν ἀλειτουργησίαν ἣν ἀεὶ ἔσχον, ἣν καὶ οἱ λοιποὶ κληρικοὶ ἔχουσιν· ἵν' οὕτως ἔχοντες καὶ αὐτοὶ χαίρωσιν.

CAP. XXIV.

Ὡς Ἀθανάσιος ἐπὶ τὴν Ἀλεξάνδρειαν διὰ τῶν Ἱεροσολύμων παριὼν ὑπὸ Μαξίμου εἰς κοινωνίαν ἀνεδέχθη, καὶ σύνοδον ἐπισκόπων τὰ ἐν Νικαίᾳ κυροῦσαν συνήγαγεν.

Ταῖς τοιαύταις ἐπιστολαῖς ὀχυρωθεὶς Ἀθανάσιος ὁ ἐπίσκοπος, διὰ τῆς Συρίας ὁρμήσας τῆς Παλαιστίνης ἐπέβη· καταλαβών τε τὰ Ἱεροσόλυμα, καὶ τῷ ἐπισκόπῳ Μαξίμῳ καταφανῆ ποιήσας τά τε ὑπὸ τῆς ἐν Σαρδικῇ συνόδου γνωσθέντα, καὶ ὡς ὁ βασιλεὺς Κωνστάντιος τῇ ἐκείνων κρίσει ἐγένετο σύμψηφος, παρασκευάζει σύνοδον τῶν ἐκεῖ ἐπισκόπων γενέσθαι. Μάξιμός τε μηδὲν μελλήσας μετεπέμπετό τινας τῶν ἀπὸ Συρίας καὶ Παλαιστίνης ἐπισκόπων· καὶ καθίσας συνέδριον, ἀποδίδωσι καὶ αὐτὸς τὴν κοινωνίαν

Ath. Apol. c. Ari. 57.

Ἀθανασίῳ καὶ τὴν ἀξίαν. Γράφει τε καὶ αὐτὴ ἡ σύνοδος τοῖς τε ἐν Ἀλεξανδρείᾳ, καὶ πᾶσι τοῖς ἐν Αἰγύπτῳ καὶ Λιβύῃ ἐπισκόποις τὰ ἐγνωσμένα καὶ ἐψηφισμένα περὶ Ἀθανασίου· ἐφ' ᾧ σφόδρα κατεμωκήσαντο τοῦ Μαξίμου οἱ ἀπεχθῶς ἔχοντες πρὸς Ἀθανάσιον, ὅτι πρότερον καθελὼν αὐτόν, αὖθις ἐκ μεταμελείας, ὡς μηδενὸς γενομένου, ψῆφον ὑπὲρ Ἀθανασίου ἐξήνεγκεν τήν τε κοινωνίαν

His return to Alexandria.

αὐτῷ καὶ τὴν ἀξίαν παρέχουσαν. Ταῦτα γνόντες Οὐρσάκιος καὶ Οὐάλης, οἱ περὶ τὸ ᾿Αρειάνιον δόγμα πρότερον διαπύρως σπουδάζοντες, καταγνόντες τότε τῆς προλαβούσης σπουδῆς ἐπὶ τὴν Ῥώμην ἀνῆλθον· βιβλίον τε μετανοίας τῷ ἐπισκόπῳ ᾿Ιουλίῳ ἐπιδόντες, τῷ τε 'ὁμοουσίῳ' συνέθεντο, καὶ γράμματα πρὸς ᾿Αθανάσιον διαπεμψάμενοι κοινωνεῖν αὐτῷ τοῦ λοιποῦ ὡμολόγησαν. Οὕτω μὲν οὖν τότε Οὐρσάκιος καὶ Οὐάλης, τοῖς ἐπὶ ᾿Αθανασίῳ γεγονόσιν ἡττηθέντες, ὡς ἔφην, τῷ 'ὁμοουσίῳ' συνέθεντο. ᾿Αθανάσιος δὲ διὰ τοῦ Πηλουσίου ἐπὶ τὴν ᾿Αλεξάνδρειαν ἐπορεύετο· κατὰ πόλεις τε παριὼν ἐδίδασκε, τοὺς μὲν ᾿Αρειανίζοντας ἐκτρέπεσθαι, ἀσπάζεσθαι δὲ τοὺς τὸ 'ὁμοούσιον' ὁμολογοῦντας. Ἔν τισι δὲ τῶν ἐκκλησίων καὶ χειροτονίας ἐποίει· καὶ τοῦτο γέγονεν ἀρχὴ ἑτέρας μέμψεως κατ' αὐτοῦ, ὅτι ἐν ταῖς ἄλλων παροικίαις χειροτονεῖν ἐπεχείρει. Τὰ μὲν οὖν κατὰ ᾿Αθανάσιον οὕτως τότε προέβαινεν.

CAP. XXV.

Περὶ τῶν τυράννων Μαγνεντίου καὶ Βετρανίωνος.

᾿Εν τούτῳ δὲ τὰ δημόσια οὐχ ἡ τυχοῦσα ταραχὴ διεδέχετο· περὶ ἧς ὅσα κεφαλαιώδη παραδραμεῖν οὐκ ἀναγκαῖον ἀναλαβόντες, βραχὺ λέξομεν. Ὅτι τοῦ κτίστου τῆς Κωνσταντινουπόλεως τελευτήσαντος, οἱ τρεῖς αὐτοῦ παῖδες τὴν βασιλείαν αὐτοῦ διεδέξαντο, ὡς Supra i. 38. ἐν τῷ πρὸ τούτου βιβλίῳ πεποιήμεθα μνήμην. ᾿Ιστέον δὲ ὅτι συνεβασίλευσε τούτοις ἀνεψιὸς αὐτῶν, ᾧ ὄνομα Δαλμάτιος ὁμώνυμος τῷ ἰδίῳ πατρί· ὃν ἐπ' ὀλίγον συμβασιλεύσαντα οἱ στρατιῶται ἀνεῖλον, οὐ κελεύοντος Κωνσταντίου τὴν σφαγήν, ἀλλὰ μὴ κωλύοντος. Ὡς δὲ Κωνσταντῖνος ὁ νέος τοῖς τοῦ ἀδελφοῦ μέρεσιν ἐπιὼν καὶ αὐτὸς ὑπὸ τῶν στρατιωτῶν συμβαλὼν ἀνῃρέθη, ἤδη πολλάκις πρότερον Supra 5, 15. εἴρηται. Μετὰ δὲ τὴν ἐκείνου ἀναίρεσιν ὁ Περσικὸς πρὸς Ῥωμαίους ἐκινήθη πόλεμος, καθ' ὃν Κωνστάντιος οὐδὲν ἔπραττεν εὐτυχῶς· νυκτομαχίας γὰρ περὶ τοὺς ὅρους Ῥωμαίων καὶ Περσῶν γενομένης, ἐπικρατέστερα τότε τὰ Περσῶν πρὸς ὀλίγον ἔδοξε γίνεσθαι. Καθ' ὃν καιρὸν οὔτε τὰ Χριστιανῶν ἡσύχαζεν, ἀλλὰ δι' ᾿Αθανάσιον καὶ τὴν τοῦ 'ὁμοουσίου' λέξιν περὶ τὰς ἐκκλησίας πόλεμος ἦν. ᾿Εν τούτοις καθεστώτων τῶν πραγμάτων, Μαγνέντιος περὶ τὰ ἑσπέρια μέρη ἐπεφύη τύραννος· ὃς Κώνσταντα, τὸν τῶν ἑσπερίων μερῶν βασιλεύοντα, περὶ τὰς Γαλλίας διάγοντα ἐκ συσκευῆς ἀνεῖλε. Οὗ γενομένου, ἐμφύλιος μέγιστος ἀνερριπίσθη πόλεμος. Μαγνέντιος μὲν γὰρ ὁ τύραννος πάσης Ἰταλίας ἐκράτει, Ἀφρικήν τε καὶ Λιβύην ὑφ' ἑαυτῷ πεποίητο, καὶ αὐτὰς τὰς Γαλλίας ἔσχε λαβών. Ἐν Ἰλλυρικοῖς δὲ ἐν Σιρμίῳ πόλει ὑπὸ τῶν στρατιωτῶν ἕτερος ἐπῆρτο τύραννος· ὄνομα δὲ αὐτῷ Βετρανίων. Οὐ μὴν ἀλλὰ καὶ τὴν Ῥώμην ταραχὴ κατεῖχεν· τοῦ Κωνσταντίου γὰρ ἀδελφιδοῦς ἦν, ᾧ Νεπωτιανὸς ὄνομα, ὃς ἀντεποιεῖτο τῆς βασιλείας χειρὶ μονομάχων δορυφορούμενος. Νεπωτιανὸν μὲν οὖν οἱ Μαγνεντίου καθεῖλον στρατηγοί· Μαγνέντιος δὲ ἐπιὼν πάντα τὰ ἑσπέρια κατεστρέφετο.

[Κωνσταντίνου, Val.]

CAP. XXVI.

Ὡς τοῦ βασιλέως τῶν ἑσπερίων τελευτήσαντος αὖθις τῶν ἰδίων ἐξεβλήθησαν τόπων Παῦλος καὶ Ἀθανάσιος· καὶ ὡς Παῦλος μὲν εἰς ἐξορίαν ἀγόμενος ἀνῃρέθη· Ἀθανάσιος δὲ ἀπέδρα.

A.D. 350.

Τούτων δὲ πάντων τῶν κακῶν σύρροια ἐν βραχεῖ γέγονε χρόνῳ· τετάρτῳ γὰρ ὕστερον ἔτει μετὰ τὴν ἐν Σαρδικῇ σύνοδον γέγονε, κατὰ τὴν ὑπατείαν Σεργίου καὶ Νιγριανοῦ. Τούτων ἀγγελθέντων, ἐδόκει μὲν εἰς Κωνστάντιον μόνον περιεληλυθέναι τὰ τῆς βασιλείας· αὐτοκράτωρ δὲ ἐν τοῖς ἀνατολικοῖς ἀναδειχθεὶς μέρεσι, κατὰ τῶν τυράννων παντοῖος ἦν εὐτρεπίζεσθαι. Καιρὸν δὲ εὔκαιρον οἱ πρὸς Ἀθανάσιον διαφερόμενοι εὑρηκέναι νομίσαντες, αὖθις κατ' αὐτοῦ καὶ μηδέπω τῆς Ἀλεξανδρείας ἐπιστάντος μεγίστας διαβολὰς ἐξειργάζοντο· διδάσκουσί τε τὸν βασιλέα Κωνστάντιον, ὡς εἴη πᾶσαν ἀνατρέπων Αἴγυπτον καὶ Λιβύην. Μάλιστα δὲ τὴν διαβολὴν ηὔξησε τὸ χειροτονίας αὐτὸν ἐν ἀλλοτρίαις παροικίαις ποιήσασθαι. Ἀθανάσιος δὲ ἐν τοσούτῳ καταλαβὼν τὴν Ἀλεξάνδρειαν συνόδους τῶν ἐν Αἰγύπτῳ ἐπισκόπων συνήθροισεν· οἱ ὁμόφωνα ἐψηφίσαντο τοῖς τότε ἐν Σαρδικῇ συνελθοῦσι καὶ τῇ παρὰ Μαξίμου ἐν τοῖς Ἱεροσολύμοις γενομένῃ συνόδῳ. Ὁ δὲ βασιλεὺς, καὶ αὐτὸς πάλαι τῇ Ἀρειανῇ κατεχόμενος δόξῃ, πάντα τὰ μικρὸν ἔμπροσθεν αὐτῷ δεδογμένα εἰς τοὐναντίον μετέστρεφε. Καὶ πρῶτον μὲν τῆς Κωνσταντινουπόλεως τὸν ἐπίσκοπον Παῦλον ἐξόριστον γενέσθαι ἐκέλευσεν, ὃν οἱ ἀπαγαγόντες ἐν Κουκουσῷ τῆς Καππα-

Ath. Apol. ad Const. 2-10.

Ath. Hist. Ari. 7.

Persecution by Macedonius.

δοκίας ἀπέπνιξαν. Μαρκέλλου δὲ ἐκβληθέντος, αὖθις τῆς ἐν Ἀγκύρᾳ ἐκκλησίας ἐγκρατὴς Βασίλειος γέγονε. Λούκιος δὲ, ὁ τῆς Ἀδριανουπόλεως, σιδηροδέσμιος ἐν εἱρκτῇ διεφθάρη. Τοσοῦτο δὲ ἐπεκράτησε τὰ περὶ Ἀθανασίου λεγόμενα, ὡς εἰς ἄμετρον ὀργὴν ἐκπεσεῖν τὸν βασιλέα, κελεῦσαί τε ἀναιρεθῆναι αὐτὸν, ἔνθα ἂν εὑρίσκοιτο· σὺν αὐτῷ δὲ Θεόδουλον καὶ Ὀλύμπιον, προεστῶτας ἐκκλησιῶν ἐν Θρᾴκῃ. Ἀθανάσιον δὲ τὰ τῷ βασιλεῖ δεδογμένα οὐκ ἔλαθεν· ἀλλὰ προαισθόμενος αὖθις φυγῇ ἐχρήσατο, καὶ οὕτως τὴν ἀπειλὴν τοῦ βασιλέως διέφυγεν. Ταύτην αὐτοῦ τὴν φυγὴν διέβαλλον οἱ Ἀρειανίζοντες, καὶ μάλιστα Νάρκισσος ὁ Νερωνιάδος τῆς ἐν Κιλικίᾳ ἐπίσκοπος, καὶ Γεώργιος ὁ Λαοδικείας, καὶ Λεόντιος ὁ τῆς ἐν Ἀντιοχείᾳ ἐκκλησίας τότε προεστηκὼς, ὅστις ἡνίκα πρεσβύτερος ἦν ἀφῃρέθη τῆς ἀξίας, ὅτι γυναικὶ συνδιημερεύων Εὐστολίῳ ὄνομα, καὶ τὴν εἰς αὐτὴν αἰσχρὰν ὑπόνοιαν ἐπικρύψαι σπουδάσας, τῶν γεννητικῶν ἐξέτεμεν ἑαυτὸν, καὶ τοῦ λοιποῦ παρρησιέστερον τῇ γυναικὶ συνδιῆγεν, ὡς μὴ ἔχων δι' ἃ εἰς αὐτὴν διεβάλλετο. Γνώμῃ δὲ καὶ σπουδῇ τοῦ βασιλέως Κωνσταντίου τῆς ἐν Ἀντιοχείᾳ ἐκκλησίας προεβλήθη ἐπίσκοπος μετὰ Στέφανον, ὃς Πλάκιτον διεδέδεκτο πρότερον. Τοσαῦτα μὲν περὶ τούτου.

CAP. XXVII.

Ὡς Μακεδόνιος τοῦ θρόνου ἐπιλαβόμενος πολλὰ κακὰ τοὺς μὴ φρονοῦντας τὰ αὐτοῦ πεποίηκε.

Τότε δὲ καὶ ἐν Κωνσταντινουπόλει Μακεδόνιος τῶν ἐκκλησιῶν ἐγκρατὴς γίνεται, Παύλου ἐκποδὼν γενομένου καθ' ὃν εἴρηται τρόπον· παρρησίαν τε παρὰ βασιλεῖ μεγίστην κτησάμενος, Χριστιανικὸν ἐκίνησε πόλεμον, οὐχ ἥττονα ἢ ὑπὸ τὸν αὐτὸν χρόνον ἐποίουν οἱ τύραννοι· πείσας τε τὸν βασιλέα συλλαμβάνεσθαι αὐτῷ πορθοῦντι τὰς ἐκκλησίας, παρασκευάζει νόμῳ κυροῦσθαι ὅσα κακῶς πράττειν ἐβούλετο. Καὶ τὸ ἐντεῦθεν κατὰ πόλεις μὲν νόμος προυτίθετο, στρατιωτικὴ δὲ χεὶρ ὑπουργεῖν κεκέλευστο τοῖς τοῦ βασιλέως θεσπίσμασιν· ἐξωθοῦντό τε οἱ φρονοῦντες τὸ 'ὁμοούσιον' οὐκ ἐκ τῶν ἐκκλησιῶν μόνον, ἀλλ' ἤδη καὶ ἐκ τῶν πόλεων. Καὶ τὸ μὲν πρότερον περὶ τὸ ἐξωθεῖν μόνον ἐσχόλαζον· προβαίνοντος δὲ τοῦ κακοῦ, ἐπὶ τὸ ἀναγκάζειν συγκοινωνεῖν αὐτοῖς ἐτρέποντο, μικρὰ τῶν ἐκκλησιῶν φροντίσαντες. *Ἦν δὲ ἡ ἀνάγκη οὐ μείων ἧς πρότερον παρέσχον οἱ τοῖς ἀγάλμασι προσκυνεῖν ἀναγκάσαντες. Καὶ γὰρ παντοίας αἰκίας προσέφερον, καὶ στρεβλώσεις ποικίλας καὶ δημεύσεις χρημάτων· ἐξορίαις τε πολλοὶ ὑπεβάλλοντο· καὶ οἱ μὲν ταῖς βασάνοις ἐναπέθνησκον, οἱ δὲ ἐφθείροντο κατὰ τὰς ἐξορίας ἀπαγόμενοι. Καὶ ταῦτα ἐγίνοντο κατὰ πάσας μὲν τὰς ἀνατολικὰς πόλεις, ἐξαιρέτως δὲ ἐν τῇ Κωνσταντινουπόλει. Τοῦτον μὲν οὖν τὸν ἐμφύλιον διωγμὸν, βραχὺν ὄντα πρότερον, εἰς τὴν ἐπισκοπὴν παρελθὼν Μακεδόνιος ηὔξησεν. Αἱ δὲ περὶ τὴν Ἑλλάδα πόλεις καὶ Ἰλλυριοὺς καὶ τὰ ἑσπέρια μέρη ἔμμενον ἔτι ἀσάλευτοι, τῷ συμφωνεῖν τε ἀλλήλοις καὶ τὸν παραδοθέντα ἐκ τῆς ἐν Νικαίᾳ συνόδου κανόνα κρατεῖν.

CAP. XXVIII.

Περὶ τῶν γεγονότων ἐν τῇ Ἀλεξανδρείᾳ ὑπὸ Γεωργίου τοῦ Ἀρειανοῦ, ἐκ τῆς Ἀθανασίου διηγήσεως.

Οἷα δὲ τῇ Ἀλεξανδρείᾳ Γεώργιος ὑπὸ τὸν αὐτὸν χρόνον εἰργάζετο, τῆς φωνῆς Ἀθανασίου τοῦ πεπονθότος καὶ παρόντος τοῖς γινομένοις ἐπάκουσον. Ἐν γὰρ τῷ ἀπολογητικῷ ʽπερὶ τῆς φυγῆςʼ ἑαυτοῦ λόγῳ κατὰ λέξιν περὶ τῶν ἐκεῖ γεγενημένων φησί·

Ath. Apol. de Fuga, 6.

Καὶ γὰρ εἰς τὴν Ἀλεξάνδρειαν ἐπεφύησαν ζητοῦντες πάλιν ἡμᾶς ἀποκτεῖναι. Καὶ γέγονε τὰ ὕστερα χείρονα τῶν πρώτων· στρατιῶται γὰρ ἐξαίφνης τὴν ἐκκλησίαν ἐκύκλωσαν, καὶ τὰ πολέμων ἀντὶ τῶν εὐχῶν ἐγίνετο. Εἶτα εἰσελθὼν τῇ Τεσσαρακοστῇ ὁ παρ᾽ αὐτῶν ἀποσταλεὶς ἐκ Καππαδοκίας Γεώργιος ηὔξησεν ἃ παρ᾽ αὐτῶν μεμάθηκε κακά. Μετὰ γὰρ τὰ ἕβδομα τοῦ Πάσχα παρθένοι εἰς δεσμωτήριον ἐβάλλοντο· ἐπίσκοποι ἤγοντο ὑπὸ στρατιωτῶν δεδεμένοι· ὀρφανῶν καὶ χηρῶν ἡρπάζοντο οἰκίαι τε καὶ ἄρτοι· ἔφοδοι κατὰ τῶν οἰκιῶν ἐγίνοντο· καὶ νυκτὸς οἱ Χριστιανοὶ κατεφέροντο· ἐπεσφραγίσθησαν οἰκίαι· καὶ ἀδελφοὶ κληρικῶν ὑπὲρ τῶν ἀδελφῶν ἐκινδύνευον. Καὶ δεινὰ μὲν ταῦτα, δεινότερα δὲ τὰ μετὰ ταῦτα τετολμημένα. Τῇ γὰρ ἑβδομάδι μετὰ τὴν ἁγίαν Πεντηκοστὴν ὁ λαὸς νηστεύσας ἐξῆλθε περὶ τὸ κοιμητήριον εὔξασθαι, διὰ τὸ πάντας ἀποστρέφεσθαι τὴν πρὸς Γεώργιον κοινωνίαν.

Cp. Ath. Hist. Ari. 61.

Ἀλλὰ τοῦτο μαθὼν ὁ παμπόνηρος αὐτὸς παροξύνει τὸν στρατηλάτην Σεβαστιανόν, Μανιχαῖον ὄντα. Καὶ λοιπὸν αὐτὸς μετὰ πλήθους στρατιωτῶν, ὅπλα καὶ ξίφη γυμνὰ καὶ τόξα καὶ βέλη φερόντων, ὥρμησεν ἐν αὐτῇ τῇ Κυριακῇ κατὰ τῶν λαῶν. Καὶ ὀλίγους εὑρὼν εὐχομένους—οἱ γὰρ πλεῖστοι λοιπὸν διὰ τὴν ὥραν ἀναχωρήσαντες ἔτυχον—τοιαῦτα εἰργάσατο, οἷα παρ᾽ αὐτῶν ἔπρεπε πραχθῆναι. Πυρκαϊὰν γὰρ ἅψας, καὶ στήσας παρθένους παρὰ τὸ

II. 28.] Constantius and Vetranio. 99

πῦρ, ἠνάγκαζε λέγειν αὐτὰς τῆς Ἀρείου πίστεως εἶναι. Ὡς δὲ νικώσας αὐτὰς ἔβλεπε καὶ μὴ φροντιζούσας τοῦ πυρός, γυμνώσας λοιπὸν οὕτω κατέκοψεν αὐτὰς εἰς τὰ πρόσωπα, ὡς μετὰ χρόνον μόγις ἐπιγνωσθῆναι. Ἄνδρας τε κρατήσας τεσσαράκοντα, καινοτέρῳ τρόπῳ κατέκοψε· ῥάβδους γὰρ τὰς ἀπὸ τῶν φοινίκων εὐθὺς τεμὼν ἐν ἑαυταῖς ἐχούσας ἔτι τοὺς σκόλοπας, τὰ νῶτα τούτων οὕτως ἐξέδειρεν, ὡς τινὰς μὲν πολλάκις χειρουργηθῆναι διὰ τοὺς ἀποπαγέντας ἐν αὐτοῖς σκόλοπας, τινὰς δὲ καὶ μὴ φέροντας ἀποθανεῖν. Πάντας μὲν οὖν τοὺς περιλειφθέντας ἀθρόως καὶ τὴν παρθένον ἐξώρισαν εἰς τὴν μεγάλην Ὄασιν. Τὰ δὲ σώματα τῶν τετελευτηκότων οὐδὲ τοῖς ἰδίοις κατὰ τὴν ἀρχὴν ἀποδοθῆναι συνεχώρησαν· ἀλλ᾽ ἔκρυψαν ὡς ἠθέλησαν, ἄταφα βαλόντες ὑπὲρ τοῦ δοκεῖν αὐτοὺς λανθάνειν τὴν τοσαύτην ὠμότητα. Πράττουσι δὲ τοῦτο πεπλανημένοι τῇ διανοίᾳ οἱ παράφρονες. Τῶν γὰρ οἰκείων τῶν τετελευτηκότων χαιρόντων μὲν διὰ τὴν ὁμολογίαν, θρηνούντων δὲ διὰ τὰ σώματα, μεῖζον ἐξηχεῖτο κατ᾽ αὐτῶν ὁ τῆς ἀσεβείας καὶ ὠμότητος ἔλεγχος. Καὶ γὰρ εὐθὺς ἀπὸ τῆς Αἰγύπτου καὶ τῶν Λιβύων ἐξώρισαν μὲν ἐπισκόπους Ἀμμώνιον, Θμοῦϊν, Γάϊον, Φίλωνα, Ἑρμῆν, Πλήνιον, Ψενόσιριν, Νειλάμμωνα, Ἀγάθωνα, Ἀνάγαμφον, Μάρκον, Ἀμμώνιον, ἕτερον Μάρκον, Δρακόντιον, Ἀδέλφιον, Ἀθηνόδωρον, καὶ πρεσβυτέρους Ἱέρακα καὶ Διόσκορον. Καὶ οὕτω πικρῶς ἤλασαν αὐτούς, ὥς τινας μὲν αὐτῶν ἐν ταῖς ὁδοῖς, τινὰς δὲ ἐν αὐτῷ τῷ ἐξορισμῷ ἀποθανεῖν· ἐφυγάδευσαν δὲ ἐπισκόπους πλείους ἢ τριάκοντα. Σπουδὴ γὰρ ἦν αὐτοῖς κατὰ τὸν Ἀχαάβ, εἰ δυνατὸν ἐξᾶραι τὴν ἀλήθειαν.

Cp. Ath. Hist. Ari. 72.

Τοιαῦτα μὲν Ἀθανάσιος περὶ τῶν ὑπὸ Γεωργίου κατὰ τὴν Ἀλεξάνδρειαν γενομένων οἰκείαις διεξῆλθε φωναῖς. Ὁ δὲ βασιλεὺς ἐπὶ τὴν Ἰλλυρίδα ἐστρατοπεδεύετο· ἦγε γὰρ αὐτὸν ἐκεῖσε τῶν δημοσίων χρειῶν ἡ ἀνάγκη, μάλιστα δὲ ἡ Βετρανίωνος ὑπὸ τῶν στρατιωτῶν ἀναγόρευσις. Γενόμενος δὲ ἐν Σιρμίῳ κατὰ συνθήκας ἐντυγχάνει τῷ Βετρανίωνι, κατασκευάζει τε μεταθέσθαι τοὺς ἀνακηρύξαντας αὐτὸν στρατιώτας· οἱ καὶ μεταθέμενοι Κωνστάντιον μόνον ἀνεφώνουν Αὔγουστον καὶ βασιλέα καὶ αὐτοκράτορα· Βετρανίωνος δὲ οὐδαμοῦ μνήμη βοώντων ἐγίνετο. Ὁ δὲ εὐθὺς αἰσθόμενος προδίδοσθαι, παρὰ τοὺς πόδας ἐκυλινδεῖτο τοῦ βασιλέως. Κωνστάντιος δὲ αὐτοῦ περιελὼν τὸν βασιλικὸν στέφανον καὶ τὴν ἁλουργίδα φιλανθρωπεύεται, παραινέσας ἰδιωτικῷ σχήματι ἡσυχέστερον διάγειν· πρέπειν γὰρ τῷ προβεβηκότι τὴν ἡλικίαν ἀπραγμονέστερον βιοῦν ἢ ἔχειν ὄνομα φροντίδων μεστόν. Τὰ μὲν οὖν κατὰ Βετρανίωνα τοιαύτην ἔσχε τὴν ἔκβασιν. Ὁ δὲ βασιλεὺς

Cp. Ath. Hist. Ari. 50.

H 2

αὐτῷ παντοίαν δαπάνην ἐκ δημοσίων φόρων ἐκέλευσε δίδοσθαι. Πολλάκις δὲ αὐτῷ ὕστερον ἐν Προύσῃ τῆς Βιθυνίας διάγοντι γράφων ἐδήλου, ὡς εἴη μεγίστων ἀγαθῶν αἴτιος αὐτῷ γεγονὼς, ἀπαλλάξας φροντίδων καὶ ὅσα σύνεστι τῇ βασιλείᾳ κακά· οὐκ εὖ τε πράττειν ἔλεγεν αὐτὸν, ὅτι ὧν ἐκείνῳ παρέσχεν, αὐτὸς οὐκ ἀπέλαυσε. Καὶ τοσαῦτα μὲν περὶ τούτων λελέχθω. Τότε δὲ ὁ βασιλεὺς Γάλλον μὲν ἀνεψιὸν ἑαυτοῦ Καίσαρα καταστήσας, τό τε οἰκεῖον θεὶς αὐτῷ ὄνομα, εἰς τὴν Συρίας Ἀντιοχείαν ἔπεμψε, φρουρεῖσθαι τὰ τῆς ἑῴας μέρη δι' αὐτοῦ προνοούμενος. Ὅτε καὶ ἐπιστάντος αὐτοῦ τῇ Ἀντιοχέων, τὸ τοῦ Σωτῆρος σημεῖον περὶ τὴν ἀνατολὴν ἐφάνη· στύλος γὰρ σταυροειδὴς ἐν τῷ οὐρανῷ ὀφθεὶς μέγιστον θαῦμα τοῖς ὁρῶσιν ἐγένετο. Τοὺς δὲ ἄλλους αὐτοῦ στρατηγοὺς σὺν δυνάμει πολλῇ κατὰ Μαγνεντίου προὔπεμπε· παρεῖλκέ τε ἐν τῷ Σιρμίῳ προσμένων τὰ ἐκβησόμενα.

CAP. XXIX.

Περὶ Φωτεινοῦ τοῦ αἱρεσιάρχου.

Τότε δὴ καὶ Φωτεινὸς ὁ τῆς ἐκεῖ ἐκκλησίας προεστηκὼς τὸ παρευρεθὲν αὐτῷ δόγμα φανερώτερον ἐξεθρύλει. Διὸ ταραχῆς ἐκ τούτου γενομένης, ὁ βασιλεὺς σύνοδον ἐπισκόπων ἐν τῷ Σιρμίῳ γένεσθαι ἐκέλευσε. Συνῆλθον οὖν ἐκεῖ τῶν μὲν ἀνατολικῶν Μάρκος ὁ Ἀρεθούσιος, Γεώργιός τε ὁ Ἀλεξανδρείας, ὃν οἱ Ἀρειανίζοντες ἔπεμψαν ἀποκινήσαντες Γρηγόριον, ὥς μοι πρότερον εἴρηται, Βασίλειός τε ὁ ἐκβληθέντος Μαρκέλλου τῆς ἐν Ἀγκύρᾳ προεστὼς ἐκκλησίας, Παγκράτιος Πηλουσίου, Ὑπατιανὸς Ἡρακλείας. Τῶν δὲ δυτικῶν, Οὐάλης Μουρσῶν, καὶ ὁ περιβόητος τοῖς τότε ἀνθρώποις Ὅσιος, ὁ τῆς ἐν Ἰσπανίᾳ Κουδρούβης ἐπίσκοπος, ἄκων παρῆν. Οὗτοι μετὰ τὴν ὑπατείαν Σεργίου καὶ Νιγριανοῦ, καθ' ὃν ἐνιαυτὸν διὰ τοὺς ἐκ τῶν πολέμων θορύβους οὐδεὶς ὕπατος τὰς συνήθεις ὑπατείας ἐπετέλεσε, συνελθόντες δὲ ἐν Σιρμίῳ, καὶ τὸν Φωτεινὸν τὸ δόγμα Σαβελλίου τοῦ Λίβυος καὶ Παύλου τοῦ Σαμοσατέως φρονοῦντα φωράσαντες, καθεῖλον εὐθύς. Καὶ τοῦτο μὲν ὡς καλῶς καὶ δικαίως γενόμενον πάντες ἐπῄνεσαν καὶ τότε καὶ μετὰ ταῦτα· οἱ δὲ ἐπιμείναντες ἔπραξαν ὅπερ οὐ πᾶσιν ἦν ἀρεστόν.

CAP. XXX.

Περὶ τῶν ἐν τῷ Σιρμίῳ ἐκτεθεισῶν πίστεων παρουσίᾳ τοῦ βασιλέως Κωνσταντίου.

Ὥσπερ γὰρ καταγινώσκοντες τῶν πάλαι αὐτοῖς περὶ τῆς πίστεως δεδογμένων, αὖθις ἑτέρας περὶ τῆς πίστεως ἐνομοθέτουν ἐκθέσεις· μίαν μὲν ἦν Μάρκος ὁ Ἀρεθούσιος ὑπηγόρευσεν Ἑλλάδι γλώσσῃ· ἄλλας δὲ τῇ Ῥωμαίων φωνῇ, σύμφωνον οὐκ ἐχούσας οὔτε τὴν λέξιν οὔτε τὴν σύνθεσιν, οὔτε πρὸς ἑαυτὰς οὔτε μὴν πρὸς τὴν Ἑλληνικὴν ἣν ὁ Ἀρεθούσιος ὑπηγόρευσε. Τὴν μὲν οὖν μίαν τῶν Ῥωμαϊκῶν ἐκθέσεων τῇ ὑπὸ Μάρκου συντεθείσῃ συζεύξας ἐνταῦθα ὑποτάξω· τὴν δὲ δευτέραν, ἣν ὕστερον ἐν Σιρμίῳ ἀνέγνωσαν, τῷ οἰκείῳ τάξομεν τόπῳ, ὅτε τὰ ἐν Ἀριμήνῳ γενόμενα ἐκτιθέμεθα. Ἰστέον δὲ ὅτι ἀμφότεραι εἰς Ἑλλάδα μετεβλήθησαν γλῶτταν. Ἔστι δὲ ἡ ὑπὸ Μάρκου ὑπαγορευθεῖσα τῆς πίστεως ἔκθεσις ἥδε.

Ath. de Syn. 27. Hil. de Syn. 38.

Πιστεύομεν εἰς ἕνα Θεὸν Πατέρα παντοκράτορα, τὸν κτίστην καὶ ποιητὴν τῶν πάντων, ἐξ οὗ πᾶσα πατριὰ ἐν οὐρανοῖς καὶ ἐπὶ γῆς ὀνομάζεται. Καὶ Eph. iii. 15. εἰς τὸν μονογενῆ αὐτοῦ Υἱόν, τὸν Κύριον ἡμῶν Ἰησοῦν Χριστόν, τὸν πρὸ πάντων τῶν αἰώνων ἐκ τοῦ Πατρὸς γεννηθέντα, Θεὸν ἐκ Θεοῦ, φῶς ἐκ φωτός, δι' οὗ ἐγένετο τὰ πάντα, τὰ ἐν τοῖς οὐρανοῖς, καὶ τὰ ἐπὶ τῆς γῆς, τὰ ὁρατὰ καὶ τὰ ἀόρατα· Λόγον ὄντα, καὶ Σοφίαν, καὶ φῶς ἀληθινόν, καὶ ζωήν· τὸν ἐπ' ἐσχάτων τῶν ἡμερῶν δι' ἡμᾶς ἐνανθρωπήσαντα, καὶ γεννηθέντα ἐκ τῆς ἁγίας παρθένου, καὶ σταυρωθέντα καὶ ἀποθανόντα καὶ ταφέντα, καὶ ἀναστάντα ἐκ νεκρῶν τῇ τρίτῃ ἡμέρᾳ, καὶ ἀναληφθέντα εἰς οὐρανόν, καὶ καθίσαντα ἐκ δεξιῶν τοῦ Πατρός, καὶ ἐρχόμενον ἐπὶ συντελείᾳ τοῦ αἰῶνος κρῖναι ζῶντας καὶ νεκρούς, καὶ ἀποδοῦναι ἑκάστῳ κατὰ τὰ ἔργα αὐτοῦ, οὗ ἡ βασιλεία ἀκατάπαυστος οὖσα διαμένει εἰς τοὺς ἀπείρους αἰῶνας· ἔσται γὰρ καθεζόμενος ἐν δεξιᾷ τοῦ Πατρός, οὐ μόνον ἐν τῷ αἰῶνι τούτῳ, ἀλλὰ καὶ ἐν τῷ μέλλοντι. Καὶ εἰς τὸ Πνεῦμα τὸ Ἅγιον, τουτέστι τὸν Παράκλητον· ὅπερ ἐπαγγειλάμενος τοῖς ἀποστόλοις μετὰ τὴν εἰς οὐρανοὺς ἄνοδον ἀποστεῖλαι, διδάξαι καὶ ὑπομνῆσαι αὐτοὺς πάντα, ἔπεμψεν· δι' οὗ καὶ ἁγιάζονται αἱ τῶν εἰλικρινῶς εἰς αὐτὸν πεπιστευκότων ψυχαί. Τοὺς δὲ λέγοντας 'ἐξ οὐκ ὄντων' τὸν Υἱὸν ἢ 'ἐξ ἑτέρας ὑποστάσεως,' καὶ μὴ ἐκ τοῦ Θεοῦ, καὶ ὅτι 'ἦν χρόνος ἢ αἰὼν ὅτε οὐκ ἦν,' ἀλλοτρίους οἶδεν ἡ ἁγία καὶ καθολικὴ ἐκκλησία. Πάλιν οὖν ἐροῦμεν, εἴ τις τὸν Πατέρα καὶ τὸν Υἱὸν δύο λέγει Θεούς, ἀνάθεμα ἔστω· καὶ εἴ τις, λέγων Θεὸν τὸν Χριστὸν πρὸ αἰώνων Υἱὸν τοῦ Θεοῦ, ὑπουργηκότα τῷ Πατρὶ εἰς τὴν τῶν ὅλων δημιουργίαν μὴ ὁμολογοίη, ἀνάθεμα ἔστω. Εἴ τις τὸν ἀγέννητον, ἢ μέρος αὐτοῦ, ἐκ Μαρίας λέγειν γεγεννῆσθαι τολμᾷ, ἀνάθεμα ἔστω. Εἴ τις κατὰ πρόγνωσιν τὸν ἐκ Μαρίας λέγοι Υἱὸν εἶναι, καὶ μὴ πρὸ αἰώνων ἐκ τοῦ Πατρὸς γεγεννημένον πρὸς τὸν Θεὸν εἶναι, καὶ δι' αὐτοῦ γεγενῆσθαι τὰ πάντα, ἀνάθεμα ἔστω. Εἴ τις τὴν οὐσίαν τοῦ Θεοῦ πλατύνεσθαι ἢ συστέλλεσθαι φάσκοι, ἀνάθεμα ἔστω. Εἴ τις πλατυνομένην τὴν οὐσίαν τοῦ Θεοῦ τὸν Υἱὸν λέγοι ποιεῖν, ἢ τὸν πλατυσμὸν τῆς οὐσίας αὐτοῦ Υἱὸν ὀνομάζοι, ἀνάθεμα ἔστω. Εἴ τις ἐνδιάθετον ἢ προφορικὸν λόγον λέγοι τὸν Υἱὸν τοῦ Θεοῦ, ἀνάθεμα ἔστω. Εἴ τις ἄνθρωπον μόνον λέγοι τὸν Υἱὸν τὸν ἐκ Μαρίας, ἀνάθεμα ἔστω. Εἴ τις, Θεὸν καὶ ἄνθρωπον τὸν ἐκ Μαρίας λέγων, Θεὸν τὸν ἀγέννητον αὐτὸν νοεῖ, ἀνάθεμα ἔστω. Εἴ τις τὸ, ''Εγὼ Θεὸς πρῶτος, καὶ ἐγὼ μετὰ ταῦτα, καὶ πλὴν ἐμοῦ οὐκ ἔστι Θεὸς,' τὸ ἐπ' ἀναιρέσει εἰδώλων καὶ τῶν μὴ ὄντων Θεῶν εἰρημένον, ἐπ' ἀναιρέσει τοῦ μονογενοῦς πρὸ τῶν αἰώνων Θεοῦ Ἰουδαϊκῶς ἐκλαμβάνοι, ἀνάθεμα ἔστω. Εἴ τις τὸ, ''Ο Λόγος σὰρξ ἐγένετο,' ἀκούων, τὸν Λόγον εἰς σάρκα μεταβεβλῆσθαι νομίζοι, ἢ τροπὴν ὑπομεμενηκότα ἀνειληφέναι τὴν σάρκα, ἀνάθεμα ἔστω. Εἴ τις, τὸν μονογενῆ Υἱὸν τοῦ Θεοῦ ἐσταυρωμένον ἀκούων, φθορὰν ἢ πάθος ἢ τροπὴν ἢ μείωσιν ἢ ἀναίρεσιν ὑπομεμενηκέναι λέγοι, ἀνάθεμα ἔστω. Εἴ τις τὸ, 'Ποιήσωμεν ἄνθρωπον,' μὴ τὸν Πατέρα πρὸς τὸν Υἱὸν λέγειν, ἀλλὰ αὐτὸν πρὸς ἑαυτὸν λέγοι τὸν Θεὸν εἰρηκέναι, ἀνάθεμα ἔστω. Εἴ τις μὴ τὸν Υἱὸν λέγοι τῷ Ἀβραὰμ ἑωρᾶσθαι, ἀλλὰ τὸν ἀγέννητον Θεὸν, ἢ μέρος αὐτοῦ, ἀνάθεμα ἔστω. Εἴ τις τῷ Ἰακὼβ μὴ τὸν Υἱὸν ὡς ἄνθρωπον πεπαλαικέναι, ἀλλὰ τὸν ἀγέννητον Θεὸν, ἢ μέρος αὐτοῦ, λέγοι, ἀνάθεμα ἔστω. Εἴ τις τὸ, '"Εβρεξε Κύριος παρὰ Κυρίου,' μὴ ἐπὶ τοῦ Πατρὸς καὶ τοῦ Υἱοῦ ἐκλαμβάνοι, ἀλλ' αὐτὸν παρ' ἑαυτοῦ λέγοι βεβρεχέναι, ἀνάθεμα ἔστω· ἔβρεξε γὰρ Κύριος ὁ Υἱὸς, παρὰ Κυρίου τοῦ Πατρός. Εἴ τις ἀκούων Κύριον τὸν Πατέρα, καὶ τὸν Υἱὸν Κύριον, καὶ Κύριον τὸν Πατέρα καὶ τὸν Υἱὸν εἴποι, καὶ 'Κύριος ἐκ Κυρίου' λέγων, δύο λέγοι Θεοὺς, ἀνάθεμα ἔστω. Οὐ γὰρ συντάσσομεν τὸν Υἱὸν τῷ Πατρὶ, ἀλλ' ὑποτεταγμένον τῷ Πατρί· οὔτε γὰρ κατῆλθεν εἰς σῶμα ἄνευ βουλῆς τοῦ Πατρός· οὐδὲ ἔβρεξεν ἀφ' ἑαυτοῦ, ἀλλὰ 'παρὰ Κυρίου' αὐθεντοῦντος, δηλαδὴ τοῦ Πατρός. Οὔτε κάθηται ἐκ δεξιῶν ἀφ' ἑαυτοῦ, ἀλλ' ἀκούει τοῦ Πατρὸς λέγοντος, 'Κάθου ἐκ δεξιῶν μου' [ἀνάθεμα ἔστω]. Εἴ τις τὸν Πατέρα καὶ τὸν Υἱὸν καὶ τὸ Ἅγιον Πνεῦμα ἓν πρόσωπον λέγοι, ἀνάθεμα ἔστω. Εἴ τις τὸ Πνεῦμα τὸ Ἅγιον Παράκλητον λέγων, τὸν ἀγέννητον λέγοι Θεὸν, ἀνάθεμα ἔστω. Εἴ τις, ὡς ἐδίδαξεν ἡμᾶς, μὴ ἄλλον λέγει τὸν Παράκλητον παρὰ τὸν Υἱὸν, εἴρηκε γὰρ, 'Καὶ ἄλλον Παράκλητον πέμψει ὑμῖν ὁ Πατὴρ ὃν ἐγὼ ἐρωτήσω,' ἀνάθεμα ἔστω. Εἴ τις τὸ Πνεῦμα μέρος λέγοι τοῦ Πατρὸς ἢ τοῦ Υἱοῦ, ἀνάθεμα ἔστω. Εἴ τις τὸν Πατέρα καὶ τὸν Υἱὸν καὶ τὸ Ἅγιον Πνεῦμα τρεῖς λέγοι Θεοὺς, ἀνάθεμα ἔστω. Εἴ τις βουλήσει τοῦ Θεοῦ, ὡς ἓν τῶν κτισμάτων, γεγονέναι λέγοι τὸν Υἱὸν τοῦ Θεοῦ, ἀνάθεμα ἔστω. Εἴ τις μὴ θελήσαντος τοῦ Πατρὸς γεγεννῆσθαι τὸν Υἱὸν λέγοι,

Second Creed of Sirmium.

ἀνάθεμα ἔστω. Οὐ γὰρ μὴ βουλομένου τοῦ Πατρός, βιασθεὶς ὁ Πατὴρ ὑπὸ ἀνάγκης φυσικῆς ἀχθεὶς, ὡς οὐκ ἤθελεν, ἐγέννησε τὸν Υἱόν· ἀλλ' ἅμα τε ἐβουλήθη, καὶ ἀχρόνως καὶ ἀπαθῶς ἐξ ἑαυτοῦ αὐτὸν γεννήσας ἐπέδειξεν. Εἴ τις ἀγέννητον καὶ ἄναρχον λέγοι τὸν Υἱὸν, ὡς δύο ἄναρχα καὶ δύο ἀγέννητα λέγων, καὶ δύο ποιῶν Θεοὺς, ἀνάθεμα ἔστω. Κεφαλὴ γάρ ἐστι καὶ ἀρχὴ πάντων ὁ Υἱός· 'κεφαλὴ δὲ ἐστὶ τοῦ Χριστοῦ ὁ Θεός·' οὕτω γὰρ εἰς μίαν 1 Cor. xi. 3. ἄναρχον τῶν ὅλων ἀρχὴν δι' Υἱοῦ εὐσεβῶς τὰ πάντα ἀνάγομεν. Καὶ πάλιν οὖν διακριβοῦντες τοῦ Χριστιανισμοῦ τὴν ἔννοιαν λέγομεν ὅτι, εἴ τις Χριστὸν Ἰησοῦν Υἱὸν τοῦ Θεοῦ πρὸ αἰώνων ὄντα, ὑπουργηκότα τῷ Πατρὶ εἰς τὴν τῶν ὅλων δημιουργίαν μὴ λέγοι, ἀλλ' ἐξ οὗ ἐγεννήθη ἐκ Μαρίας, ἔκ τοτε καὶ Υἱὸν καὶ Χριστὸν κεκλῆσθαι, καὶ ἀρχὴν εἰληφέναι τοῦ Θεὸν εἶναι, ἀνάθεμα ἔστω, ὡς ὁ Σαμοσατεύς.

Πίστις ἐκτεθεῖσα ἑτέρως ἐν Σιρμίῳ Ῥωμαϊστὶ καὶ ἑρμηνευθεῖσα. Ath. de Syn. 28. Hil. de
Ἐπειδὴ περὶ πίστεως ἔδοξέ τινα διάσκεψιν γεγενῆσθαι, πάντα ἀσφαλῶς Syn. 11.
ἐξητήθη καὶ διηρμηνεύθη ἐν τῷ Σιρμίῳ ἐπὶ παρουσίᾳ Οὐάλεντος καὶ Οὐρσα- [The 'Blasphemia.']
κίου καὶ Γερμινίου καὶ τῶν λοιπῶν. A.D. 357.

Συνέστηκεν, ἕνα Θεὸν εἶναι Πατέρα παντοκράτορα, καθὼς καὶ ἐν πάσῃ τῇ οἰκουμένῃ καταγγέλλεται· καὶ ἕνα μονογενῆ αὐτοῦ Υἱὸν Ἰησοῦν Χριστὸν, τὸν Κύριον καὶ Θεὸν καὶ Σωτῆρα ἡμῶν, ἐξ αὐτοῦ πρὸ αἰώνων γεννηθέντα. Δύο δὲ Θεοὺς μὴ χρῆναι λέγειν, ἐπειδὴ καὶ αὐτὸς ὁ Κύριος εἴρηκεν, 'Πορεύομαι John xx. 17. πρὸς τὸν Πατέρα μου καὶ Πατέρα ὑμῶν, καὶ Θεόν μου καὶ Θεὸν ὑμῶν.' Διὰ τοῦτο καὶ πάντων Θεός ἐστι, καθὼς καὶ ὁ ἀπόστολος ἐδίδαξεν, '*Ἡ Ἰου- Rom. iii. 29, δαίων ὁ Θεὸς μόνον, οὐχὶ δὲ καὶ ἐθνῶν; ναὶ καὶ ἐθνῶν· ἐπείπερ εἷς Θεὸς, 30. ὃς δικαιώσει περιτομὴν ἐκ πίστεως·' καὶ τὰ μὲν λοιπὰ πάντα συμφωνεῖ, καὶ οὐδεμίαν ἀμφιβολίαν ἔχει. Ἐπεὶ δὲ πολλούς τινας κινεῖ περὶ τῆς λεγομένης Ῥωμαϊστὶ μὲν 'σουβεστάντιας,' Ἑλληνιστὶ δὲ λεγομένης 'οὐσίας,' τουτέστιν ἵνα ἀκριβέστερον γνωσθῇ τὸ 'ὁμοούσιον,' ἤτοι λεγόμενον ὁ 'ὁμοιούσιον,' οὐ χρή τινα τούτων παντελῶς μνήμην γενέσθαι, οὐδὲ περὶ τούτων ἐξηγεῖσθαι τῇ ἐκκλησίᾳ διὰ ταύτην τὴν αἰτίαν καὶ διὰ τοῦτον τὸν λογισμὸν, ὅτι ἐν ταῖς θείαις γραφαῖς οὐ γέγραπται περὶ τούτων, καὶ ὅτι ταῦτα ὑπὲρ τὴν τῶν ἀνθρώπων γνῶσιν καὶ τὸν ἀνθρώπινον νοῦν ἐστιν· καὶ ὅτι οὐδεὶς δύναται τὴν γενεὰν τοῦ Υἱοῦ διηγήσασθαι, καθὼς γέγραπται, 'Τὴν γενεὰν αὐτοῦ τίς διη- Isa. liii. 8. γήσεται;' μόνον γὰρ εἰδέναι τὸν Πατέρα φανερόν ἐστι, πῶς τὸν Υἱὸν ἐγέννησε· καὶ πάλιν τὸν Υἱὸν, πῶς αὐτὸς γεγέννηται ἀπὸ τοῦ Πατρός. Οὐδενὶ δὲ ἀμφίβολόν ἐστι, μείζονα εἶναι τὸν Πατέρα τιμῇ καὶ ἀξίᾳ καὶ θεότητι, καὶ αὐτῷ τῷ ὀνόματι τῷ πατρικῷ μείζονα εἶναι, διαμαρτυρομένου αὐτοῦ τοῦ Υἱοῦ, ''Ὁ ἐμὲ πέμψας Πατὴρ μείζων μου ἐστί.' Καὶ τοῦτο δὲ καθολικὸν John xiv. 28. εἶναι οὐδεὶς ἀγνοεῖ δύο πρόσωπα εἶναι Πατρὸς καὶ Υἱοῦ· καὶ τὸν μὲν Πατέρα μείζονα, τὸν δὲ Υἱὸν ὑποτεταγμένον μετὰ πάντων ὧν αὐτῷ ὁ Πατὴρ αὐτοῦ ὑπέταξεν. Τὸν δὲ Πατέρα ἀρχὴν μὴ ἔχειν, καὶ ἀόρατον εἶναι, καὶ ἀθάνατον εἶναι, καὶ ἀπαθῆ εἶναι· τὸν δὲ Υἱὸν γεγεννῆσθαι ἐκ τοῦ Πατρὸς Θεὸν ἐκ Θεοῦ, φῶς ἐκ φωτός· καὶ τούτου τὴν γένεσιν, καθὼς προείρηται, μηδένα γινώσκειν, εἰ μὴ μόνον τὸν Πατέρα. Αὐτὸν δὲ τὸν Υἱὸν τὸν Κύριον καὶ Θεὸν ἡμῶν, σάρκα ἤτοι σῶμα, τουτέστιν ἄνθρωπον, εἰληφέναι, καθάπερ καὶ ὁ ἄγγελος εὐηγγελίσατο· καθὼς δὲ καὶ πᾶσαι αἱ γραφαὶ διδάσκουσι, καὶ μάλιστα αὐτὸς ἀπόστολος, ὁ διδάσκαλος τῶν ἐθνῶν, ἄνθρωπον ἀνέλαβεν ὁ Χριστὸς ἀπὸ Μαρίας τῆς παρθένου, δι᾽ οὗ πέπονθεν. Τὸ δὲ κεφάλαιον πάσης τῆς πίστεως καὶ ἡ βεβαιότης ἐστὶν, ἵνα Τριὰς ἀεὶ φυλάττηται, καθὼς ἀνέγνωμεν ἐν τῷ εὐαγγελίῳ, 'Πορευθέντες μαθητεύσατε πάντα τὰ ἔθνη, βαπτίζοντες αὐτοὺς εἰς τὸ ὄνομα τοῦ Πατρὸς, καὶ τοῦ Υἱοῦ, καὶ τοῦ Ἁγίου Πνεύματος·' ἀκέραιος δὲ καὶ τέλειος ἐστὶν ὁ ἀριθμὸς τῆς Τριάδος. Ὁ δὲ Παράκλητος, τὸ Πνεῦμα τὸ Ἅγιον δι᾽ Υἱοῦ ἀποσταλὲν, ἦλθε κατὰ τὴν ἐπαγγελίαν, ἵνα τοὺς ἀποστόλους καὶ πάντας τοὺς πιστεύοντας ἁγιάσῃ καὶ ἀναδιδάξῃ.

Τούτοις τὸν Φωτεινὸν καὶ μετὰ καθαίρεσιν συνθέσθαι καὶ συνυπογράψαι συμπείθειν ἐπειρῶντο, ἐπαγγειλάμενοι ἀποδώσειν αὐτῷ τὴν ἐπισκοπὴν ἐὰν ἐκ μετανοίας ἀναθεματίσῃ μὲν τὸ παρευρεθὲν αὐτῷ δόγμα, συνθῆται δὲ τῇ αὐτῶν γνώμῃ. Ὁ δὲ τὴν μὲν πρότασιν οὐκ ἐδέξατο, προεκαλεῖτο δὲ αὐτοὺς εἰς διάλεξιν. Ὁρισθείσης δὲ ἡμέρας γνώμῃ καὶ τοῦ βασιλέως συνῆλθον οἵ τε παρόντες ἐπίσκοποι καὶ τῶν συγκλητικῶν οὐκ ὀλίγοι, οὓς ἐκέλευσε παρεῖναι τῇ διαλέξει ὁ βασιλεύς. Ἐφ᾽ ὧν ἀντικατέστη τῷ Φωτεινῷ Βασίλειος ὁ τῆς ἐν Ἀγκύρᾳ τότε προεστὼς ἐκκλησίας, ὀξυγράφων τε τὰς φωνὰς αὐτῶν γραφόντων. Μεγίστη δὲ μάχη μεταξὺ τῶν παρ᾽ ἑκατέρου λόγων ἐγένετο· ἐν οἷς ὁ Φωτεινὸς ἡττηθεὶς κατεκρίθη, ἐν φυγῇ τε διάγων τοῦ λοιποῦ λόγους συνέγραψεν ἀμφοτέραις γλώσσαις, ἐπεὶ μηδὲ τῆς Ῥωμαϊκῆς ἦν ἄμοιρος. Ἔγραφε δὲ κατὰ πασῶν αἱρέσεων, τὸ οἰκεῖον μόνον δόγμα παρατιθέμενος. Περὶ μὲν οὖν Φωτεινοῦ τοσαῦτα εἰρήσθω. Ἰστέον μέντοι ὅτι οἱ ἐν Σιρμίῳ συνελθόντες ἐπίσκοποι μετέγνωσαν ἐπὶ τῇ Ῥωμαϊκῇ τῆς πίστεως ἐκδόσει· πολλὰ γὰρ μετὰ τὴν ἔκδοσιν ἐναντία ἔχειν αὐτοῖς κατεφαίνετο. Διὸ σπουδὴν ἐτίθεντο παρὰ τῶν ἐγγραψαμένων ἀναλαμβάνειν αὐτήν. Ἐπειδὴ δὲ πολλοὶ ἀπέκρυπτον, ὁ βασιλεὺς διατάγμασιν ἐκέλευσε ζητεῖσθαι τὴν ἔκδοσιν, τιμωρίαν ἀπειλήσας εἴ τις φωραθείη κρύπτων αὐτήν. Ἀλλ᾽ οὐδ᾽ αἱ ἀπειλαὶ τὴν ἅπαξ ἐκδοθεῖσαν ἀφανίσαι δεδύνηνται τῷ φθάσαι εἰς πλείονας ἐμπεσεῖν. Τοσαῦτα μὲν περὶ τούτου λελέχθω.

CAP. XXXI.

Περὶ Ὁσίου τοῦ Κουδρούβης ἐπισκόπου.

Ἐπειδὴ δὲ περὶ Ὁσίου τοῦ Ἱσπανοῦ μνήμην ὡς ἀκουσίως παρόντος πεποιήμεθα, βραχέα καὶ περὶ τούτου λεκτέον. Μικρὸν γὰρ ἔμπροσθεν οὗτος ἐκ συσκευῆς τῶν Ἀρειανιζόντων εἰς ἐξορίαν ἀπέσταλτο· τότε δὲ σπουδῇ τῶν ἐν τῷ Σιρμίῳ συνελθόντων ὁ βασιλεὺς αὐτὸν μετεπέμψατο, βουλόμενος ἢ πειθοῖ ἢ ἀνάγκῃ τοῖς παροῦσιν ὁμοφωνῆσαι. Τούτου γὰρ γενομένου, μέγιστον ἐδόκει μαρτύριον ὑπάρχειν τῆς ἐκείνων πίστεως. Διὰ ταῦτα οὖν, ὡς ἔφην, ἐξ ἀνάγκης ἄκων παρῆν. Ἐπεὶ δὲ αὐτὸς παρῃτεῖτο συντίθεσθαι, πληγάς τε καὶ στρεβλώσεις τῷ πρεσβύτῃ προσέφερον· διὸ καὶ ἐξ ἀνάγκης ταῖς τότε ἐκδοθείσαις ὑπαγορεύσεσι καὶ συνέθετο καὶ ὑπέγραψε. Καὶ τὰ μὲν ἐν Σιρμίῳ τότε γενόμενα τοιοῦτον ἔχει τὸ τέλος. Ὁ μέντοι βασιλεὺς Κωνστάντιος παρεῖλκεν ἐν τῷ Σιρμίῳ, περιμένων τοῦ πρὸς Μαγνέντιον πολέμου τὴν ἔκβασιν.

Ath. Hist.
Ari. 45.

CAP. XXXII.

Περὶ τῆς ἥττης Μαγνεντίου τοῦ τυράννου.

Μαγνέντιος μὲν οὖν τὴν βασιλεύουσαν Ῥώμην καταλαβὼν πολλοὺς μὲν τῆς συγκλήτου βουλῆς ἀνῄρει, πολλοὺς δὲ καὶ τοῦ δήμου ἀπώλλυεν· ὡς δὲ οἱ στρατηγοὶ Κωνσταντίου τὴν Ῥωμαϊκὴν δύναμιν συγκροτήσαντες ἐπ' αὐτὸν ἐχώρουν, ἀναχωρήσας τῆς Ῥώμης τὰς Γαλλίας κατέλαβεν. Ἔνθα συμβολαὶ συνεχεῖς ἐγίνοντο· καὶ ποτὲ μὲν τοῦτο τὸ μέρος, ποτὲ δὲ θάτερον ἐκράτει. Τέλος δὲ περὶ Μούρσαν—φρούριον δὲ τοῦτο τῶν Γαλλιῶν—ὁ Μαγνέντιος ἡττηθεὶς συνεκλείσθη. Ἐν ᾧ φρουρίῳ λέγεται τοιόνδε θαῦμα συμβῆναι. Ὁ Μαγνέντιος, ὑπὸ τῆς ἥττης καταπεπτωκότας τοὺς ἑαυτοῦ στρατιώτας ἀναρρῶσαι σπουδάζων, ὑψηλοῦ βήματος ἐπέβη. Οἱ δὲ τὴν συνήθη τοῖς βασιλεῦσιν εὐφημίαν ἐπιβοῆσαι βουλόμενοι, παρὰ γνώμην ἐπὶ τὸν Κωνστάντιον ταύτην μεταφέρουσιν· οὐ γὰρ 'Μαγνέντιον,' ἀλλὰ 'Κωνστάντιον Αὔγουστον' κοινῇ πάντες ἐβόησαν. Τοῦτο σύμβολον καθ' ἑαυτοῦ ὁ Μαγνέντιος ἡγησάμενος, ἐκ τοῦ φρουρίου εὐθὺς ἀπανίσταται φυγῇ ἐπὶ τὰ περαιτέρω τῆς Γαλλίας χωρῶν. Ἐπέκειντο δὲ οἱ τοῦ Κωνσταντίου στρατηγοὶ διώκοντες·

αὖθίς τε γίνεται συμβολὴ περὶ τόπον, ᾧ ὄνομα Μιλτοσέλευκος· ἐν ᾧ κατὰ κράτος ἡττηθεὶς ὁ Μαγνέντιος φεύγει μόνος εἰς Λουγδοῦνον πόλιν τῆς Γαλλίας, εἰς ἣν ἀπὸ Μούρσων ἐστὶ τοῦ φρουρίου τριῶν ἡμερῶν ὁδός. Ἐν ταύτῃ τῇ Λουγδούνῳ γενόμενος ὁ Μαγνέντιος ἀναιρεῖ μὲν τὴν ἑαυτοῦ μητέρα· ἀνελὼν δὲ καὶ τὸν ἀδελφὸν, ὃν Καίσαρα ἑαυτῷ πεποιήκει, τέλος ἐπικατέσφαξεν ἑαυτόν. Τοῦτο ἐπράχθη ἐν ὑπατείᾳ Κωνσταντίου τὸ ἕκτον καὶ Κωνσταντίου τοῦ Γάλλου τὸ δεύτερον, περὶ τὴν πεντεκαιδεκάτην τοῦ Αὐγούστου μηνός. Οὐκ εἰς μακρὰν δὲ καὶ ὁ ἕτερος τοῦ Μαγνεντίου ἀδελφὸς, Δεκέντιος ὄνομα αὐτῷ, τοῦ βίου ἐξήγαγεν ἑαυτὸν ἀγχόνῃ χρησάμενος. Τὰ μὲν οὖν κατὰ Μαγνέντιον τέλος τοιοῦτο ἐδέξατο· τὰ δὲ δημόσια τελέως οὐχ ἡσύχαζεν. Μετὰ ταῦτα γὰρ εὐθὺς ἕτερος ἐπανέστη τύραννος, ᾧ ὄνομα Σιλουανός. Καὶ τοῦτον δὲ οἱ Κωνσταντίου στρατηγοὶ περὶ τὴν Γαλλίαν ταράττοντα ταχέως καθεῖλον.

CAP. XXXIII.

Περὶ τῶν ἐν Διοκαισαρείᾳ τῆς Παλαιστίνης Ἰουδαίων.

Ἐπισυνήχθη δὲ τοῖς γινομένοις καὶ περὶ τὴν ἀνατολὴν ἕτερος ἐγχώριος πόλεμος. Οἱ γὰρ ἐν Διοκαισαρείᾳ τῆς Παλαιστίνης Ἰουδαῖοι κατὰ Ῥωμαίων ὅπλα ἀντῆραν, καὶ περὶ τοὺς τόπους ἐκείνους κατέτρεχον. Ἀλλὰ τούτους μὲν Γάλλος, ὁ καὶ Κωνστάντιος, ὃν Καίσαρα καταστήσας ὁ βασιλεὺς εἰς τὴν ἑῴαν ἐξαπέστειλεν, δύναμιν ἀποστείλας κατηγωνίσατο· καὶ τὴν πόλιν αὐτῶν Διοκαισάρειαν εἰς ἔδαφος κατενεχθῆναι ἐκέλευσεν.

CAP. XXXIV.

Περὶ Γάλλου τοῦ Καίσαρος.

Ταῦτά τε πράξας ὁ Γάλλος τὴν εὐτυχίαν οὐκ ἤνεγκεν· ἀλλ' εὐθὺς νεωτερίζειν κατὰ τοῦ προχειρισαμένου αὐτὸν ἐπεχείρησεν, τυραννεῖν τε καὶ αὐτὸς ἐβούλετο· ὥστε οὐκ εἰς μακρὰν ὁ σκοπὸς αὐτοῦ ὑπὸ Κωνσταντίου κατάφωρος ἐγένετο. Δομετιανὸν γὰρ τὸν τότε ἔπαρχον τῆς ἑῴας, καὶ Μάγνον κυαίστωρα, αὐθεντήσας ἀνεῖλε, μὴ μηνύσας τῷ βασιλεῖ τὸν σκοπὸν αὐτοῦ. Ἐφ' ᾧ κινηθεὶς ὁ Κωνστάντιος μετάπεμπτον ἐκάλει τὸν Γάλλον πρὸς ἑαυτόν· ὁ δὲ περίφοβος γενόμενος ἄκων ἐπορεύετο. Καταλαβόντα δὲ αὐτὸν τὰ

ἑσπέρια μέρη καὶ περὶ Φλάνωνα τὴν νῆσον γενόμενον ὁ Κωνστάν- Cp Ammian.
τιος ἀναιρεθῆναι ἐκέλευσεν. Μετ' οὐ πολὺ δὲ Ἰουλιανὸν τὸν xiv. 11. 23.
Γάλλου ἀδελφὸν Καίσαρα καταστήσας ἐπὶ τοὺς ἐν Γαλλίᾳ βαρ-
βάρους ἀπέστειλεν. Γάλλος μὲν οὖν ὁ καὶ Κωνστάντιος ἐν τῇ
ἑβδόμῃ τοῦ βασιλέως Κωνσταντίου ὑπατείᾳ ἀνῃρέθη, καθ' ἣν A.D. 354.
καὶ αὐτὸς ὕπατος ἦν τὸ τρίτον. Ἰουλιανὸς δὲ τῇ ἑξῆς ὑπατείᾳ
Ἀρβιτίωνος καὶ Λολλιανοῦ κατέστη Καῖσαρ, τῇ ἕκτῃ τοῦ Νοεμ- A.D. 355.
βρίου μηνός. Περὶ μὲν οὖν Ἰουλιανοῦ ἐν τῷ μετὰ τοῦτο βιβλίῳ Ammian. xv.
ποιησόμεθα μνήμην. Κωνστάντιος δὲ ἐκ τῶν ἐν ποσὶ κακῶν 8. 11.
ἡσυχάσας, ἐπὶ τὸν ἐκκλησιαστικὸν αὖθις πόλεμον τὴν οἰκείαν
ἔτρεπε γνώμην. Ἐκ γὰρ τοῦ Σιρμίου ἐπὶ τὴν βασιλεύουσαν
πόλιν Ῥώμην ἀπιών, συνόδου ἐπισκόπων αὖθις ἐκήρυξεν, καί τινας
τῶν ἀνατολικῶν ἐπισκόπων ἐπὶ τὴν Ἰταλίαν σπεύδειν ἐκέλευσεν·
ἐν ταὐτῷ δὲ ἰέναι καὶ τοὺς τῶν ἑσπερίων μερῶν παρεσκεύαζεν.
Ἐν τοσούτῳ δὲ, τούτων ἐπὶ τὴν Ἰταλίαν παρασκευαζομένων πο-
ρεύεσθαι, τάδε ἐπισυνέβη γενέσθαι. Ἰούλιος μὲν ὁ τῆς Ῥώμης
ἐπίσκοπος ἐτελεύτησε, πέντε πρὸς τοῖς δέκα ἐνιαυτοὺς τῆς ἐν αὐτῇ
ἐκκλησίας προστάς· Λιβέριος δὲ αὐτοῦ τὴν ἐπισκοπὴν διαδέχεται.

CAP. XXXV.

Περὶ Ἀετίου τοῦ Σύρου τοῦ διδασκάλου Εὐνομίου.

Ἐν δὲ Ἀντιοχείᾳ τῆς Συρίας ἕτερος ἐπεφύη αἱρεσιάρχης Ἀέτιος,
ὁ ἐπικληθεὶς 'Ἄθεος.' Οὗτος τὰ αὐτὰ μὲν ἐφρόνει Ἀρείῳ, καὶ τὴν
αὐτὴν συνεκρότει δόξαν· πρὸς δὲ Ἀρειανίζοντας διεκρίνετο, διότι
Ἄρειον εἰς κοινωνίαν ἐδέξαντο. Ἄρειος γὰρ, ὡς πρότερον ἔφην, i. 26.
ἕτερα κατὰ διάνοιαν φρονῶν ἕτερα τῇ φωνῇ ὡμολόγησεν, ὅτε τὸν
ἐν Νικαίᾳ τῆς συνόδου τύπον δεχόμενος καθυπέγραψε, τὸν τότε
βασιλέα πλανῶν. Διὰ τοῦτο μὲν οὖν καὶ Ἀέτιος πρὸς Ἀρειανοὺς
διεκρίνετο. Ἦν δὲ καὶ πρότερον Ἀέτιος αἱρετικὸς ἄνθρωπος, καὶ
τῷ Ἀρείου δόγματι συνηγορεῖν διαπύρως ἔσπευδεν. Ἐν γὰρ τῇ
Ἀλεξανδρείᾳ μικρὰ παιδευθείς, ἀναζεύγνυσι, καὶ καταλαβὼν τὴν ἐν
Συρίᾳ Ἀντιόχειαν—ἐντεῦθεν γὰρ ἦν—ὑπὸ Λεοντίου τοῦ τότε τῆς
Ἀντιοχείας ἐπισκόπου χειροτονεῖται διάκονος. Εὐθὺς οὖν ἐξενο-
φώνει τοὺς ἐντυγχάνοντας. Τοῦτο δὲ ἐποίει ταῖς 'Κατηγορίαις'
Ἀριστοτέλους πιστεύων· βιβλίον δὲ οὕτως ἐστὶν ἐπιγεγραμμένον

αὐτῷ· ἐξ αὐτῶν τε διαλεγόμενος καὶ ἑαυτῷ σόφισμα ποιῶν οὐκ ᾔσθετο, οὐδὲ παρὰ τῶν ἐπιστημόνων ἔμαθε τὸν Ἀριστοτέλους σκοπόν. Ἐκεῖνος γὰρ διὰ τοὺς σοφιστὰς, τὴν φιλοσοφίαν τότε χλευάζοντας, γυμνασίαν ταύτην συγγράψας τοῖς νέοις, τὴν διαλεκτικὴν τοῖς σοφισταῖς διὰ τῶν σοφισμάτων ἀντέθηκεν. Οἱ γοῦν ἐφεκτικοὶ τῶν φιλοσόφων, τὰ Πλάτωνος καὶ Πλωτίνου ἐκτιθέμενοι, ἐξελέγχουσι τὰ τεχνικῶς παρὰ Ἀριστοτέλους λεγόμενα. Ἀλλὰ Ἀέτιος, ἐφεκτικοῦ μὴ τυχὼν διδασκάλου, τοῖς ἐκ τῶν Κατηγοριῶν σοφίσμασι συνεπέμεινε. Διὸ οὔτε νοῆσαι δεδύνηται, πῶς ἐστὶν ἀγέννητος γέννησις, καὶ ὅπως τὸ γεννώμενον συναΐδιόν ἐστι τῷ γεννήσαντι. Οὕτω δὲ ἦν ὀλιγομαθὴς ὁ Ἀέτιος καὶ τῶν ἱερῶν γραμμάτων ἀμύητος, τὸ ἐριστικὸν δὲ κατωρθώκει μόνον, ὅπερ ἂν καὶ ἄγροικός τις ποιήσειεν, ὡς μήτε τοὺς ἀρχαίους τοὺς τὰ Χριστιανικὰ λόγια ἑρμηνεύσαντας ἀσκηθῆναι, πολλὰ χαίρειν φράσας τοῖς περὶ Κλήμεντα καὶ Ἀφρικανὸν καὶ Ὠριγένην, ἄνδρας πάσης σοφίας ἐπιστήμονας. Ἐπιστολάς τε συνεκάττυε πρὸς τὸν βασιλέα Κωνστάντιον καὶ πρὸς ἑτέρους τινας, ἐρεσχελίας συμπλέκων καὶ σοφίσματα μελετῶν. Διὸ καὶ ἐπεκαλεῖτο 'ὁ Ἄθεος.' Ἀλλ' εἰ καὶ τὰ αὐτὰ τοῖς Ἀρειανίζουσιν ἔλεγεν, ὅμως ὑπὸ τῶν οἰκείων, οὐ δυναμένων συνιέναι τὸ περισκελὲς τῶν συλλογισμῶν, ὡς αἱρετικὸς ὁ ὁμόφρων αὐτοῖς ἐνομίζετο. Καὶ διὰ τοῦτο ἐξελαθεὶς τῆς αὐτῶν ἐκκλησίας, ἔδοξεν αὐτὸς μὴ βούλεσθαι κοινωνεῖν αὐτοῖς. Καὶ νῦν εἰσιν ἐξ ἐκείνου οἱ τότε μὲν Ἀετιανοὶ, νῦν δὲ Εὐνομιανοὶ προσαγορευόμενοι· χρόνῳ γὰρ ὕστερον Εὐνόμιος, ταχυγράφος ὢν ἐκείνου, καὶ ὑπ' αὐτῷ παιδευθεὶς τὴν αἱρετικὴν λέξιν, τοῦ στίφους τούτου προέστη. Περὶ μὲν οὖν Εὐνομίου κατὰ χώραν ἐροῦμεν.

CAP. XXXVI.

Περὶ τῆς ἐν Μεδιολάνῳ συνόδου.

Τότε δὲ ἐν τῇ Ἰταλίᾳ συνῆλθον ἐπίσκοποι, τῶν μὲν ἀνατολικῶν οὐ σφόδρα πολλοί, ἐπεὶ τοὺς πλείους αὐτῶν τὸ τῆς ἡλικίας γῆρας καὶ τῆς ὁδοῦ τὸ διάστημα παρεῖναι ἐκώλυσεν· τῶν δὲ ἑσπερίων ὑπὲρ τοὺς τριακοσίους ἀπήντησαν. Πρόσταγμα δὲ ἦν τοῦ βασιλέως ἐν Μεδιολάνῳ πόλει ποιεῖσθαι τὴν σύνοδον· καθ' ἣν συνελθόντων, οἱ ἐκ τῆς ἀνατολῆς πρὸ πάντων ψῆφον κοινὴν κατὰ Ἀθανασίου

II. 37.] *Scheme of Two Councils.* 109

ἐκφέρειν ἠξίουν, ὅπως ἂν, τούτου γενομένου, τελέως ἄβατος ἐκείνῳ ἡ 'Αλεξάνδρεια γένηται. Ὡς δὲ ᾔσθοντο Παυλῖνος ὁ τῆς ἐν Γαλλίᾳ Τριβέρεως ἐπίσκοπος, Διονύσιός τε καὶ Εὐσέβιος, ὧν ὁ μὲν Ἄλβας τῆς Ἰταλῶν μητροπόλεως ἐπίσκοπος ἦν, Εὐσέβιος δὲ Βρεκέλλων—πόλις δὲ αὕτη τῶν ἐν Ἰταλίᾳ Λιγύων—ὡς ἐπὶ καθαιρέσει τῆς πίστεως τοὺς ἀνατολικοὺς σπεύδειν κυρῶσαι τὸ κατὰ Ἀθανασίου ψήφισμα, ἀναστάντες ἐβόων μακρὰ, ʽδόλον ὑπομένειν καὶ ἀπάτην διὰ τῶν γινομένων τὸν Χριστιανισμόν. Οὐ γὰρ ἀληθῆ τὴν κατὰ Ἀθανασίου μέμψιν ἔλεγον εἶναι, ἀλλ' ἐπὶ παρατροπῇ τῆς πίστεως ταῦτα αὐτοὺς ἐπινοεῖν.ʼ Τοιαῦτα κεκραγότων, διαλύεται μὲν τότε τῶν ἐπισκόπων ὁ σύλλογος.

CAP. XXXVII.

Περὶ τῆς ἐν Ἀριμίνῳ συνόδου, καὶ περὶ τῆς ἐκεῖσε ἐκτεθείσης πίστεως.

Γνοὺς δὲ ὁ βασιλεὺς, τοὺς μὲν ἐκποδὼν δι' ἐξορίας ποιεῖ· οἰκουμενικὴν δὲ σύνοδον συγκροτεῖν ἐβούλετο, ὅπως ἂν πάντας τοὺς τῆς ἀνατολῆς ἐπισκόπους εἰς τὴν δύσιν ἑλκύσας, ὁμοδόξους, εἰ δύναιτο, τοὺς πάντας ποιήσειεν. Ὡς δὲ αὐτῷ ταῦτα σκεπτομένῳ χαλεπὰ τὰ τῆς ὁδοῦ κατεφαίνετο, διμερῆ γενέσθαι τὴν σύνοδον αὐτοῖς προσέταξεν, ἐν Ἀριμίνῳ μὲν τῆς Ἰταλίας τοὺς τότε παρόντας συνελθεῖν ἐπιτρέψας· τοὺς δὲ ἐν ἀνατολῇ διὰ γραμμάτων ἐν Νικομηδείᾳ τῆς Βιθυνίας ἀπαντῆσαι ἐκέλευσε. Ταῦτα μὲν ὁ βασιλεὺς σκοπῷ τῆς ὁμοφωνίας ἐκέλευσεν· οὐ μὴν αὐτῷ ὁ σκοπὸς χρηστὴν ἔσχεν ἔκβασιν· οὐδετέρα γὰρ τῶν συνόδων ἑαυτῇ συνεφώνησεν, ἀλλ' ἑκατέρα διῃρέθη. Οὔτε γὰρ οἱ ἐν Ἀριμίνῳ συνελθόντες ὁμοφωνῆσαι δεδύνηνται· καὶ οἱ τῆς ἀνατολῆς συνελθόντες ἐν Σελευκείᾳ τῆς Ἰσαυρίας ἕτερον σχίσμα εἰργάσαντο. Ὅπως μὲν οὖν ἕκαστα τούτων ἐγένετο προϊόντες δηλώσομεν, πρότερον περὶ Εὐδοξίου μικρὰ μνημονεύσαντες. Περὶ γὰρ τόνδε τὸν χρόνον Λεοντίου τελευτήσαντος, ὃς τὸν αἱρετικὸν Ἀέτιον εἰς τὴν διακονίαν προβέβλητο, Εὐδόξιος Γερμανικείας ἐπίσκοπος ὤν—Συρίας δὲ καὶ ἥδε ἡ πόλις—κατὰ τὴν Ῥώμην τότε παρὼν ἐπείγεσθαι σκέπτεται. Καὶ τῷ βασιλεῖ δολίως διαλέγεται, ὡς χρῃζούσης τῆς Γερμανικέων πόλεως παραμυθίας καὶ φυλακῆς, συγχωρηθῆναι αὐτῷ ταχεῖαν ἐπάνοδον. Οὐδὲν δὲ ὁ βασιλεὺς προειδόμενος ἀφίησιν αὐτόν· ὁ δὲ τοὺς τοῦ κοιτῶνος κρατοῦντας ἔχων συνεργοὺς, τὴν Ἀντιοχείας

ἐπισκοπὴν ὑπορύξας, τὴν ἑαυτοῦ πόλιν ἀπέλιπε. Καὶ τὸν Ἀέτιον συγκροτεῖν ἐπειρᾶτο, σπουδήν τε ἐτίθετο συνέδριον ἐπισκοπῶν καθίσαι, καὶ ἀποδοῦναι αὐτῷ τῆς διακονίας τὴν ἀξίαν. Τοῦτο μὲν οὖν οὐδαμῶς ἐγένετο, διότι ἐπικρατέστερον ἦν τὸ κατὰ Ἀετίου μῖσος τῆς Εὐδοξίου σπουδῆς. Τοσαῦτα καὶ περὶ τούτων εἰρήσθω. Τῶν δὲ ἐν τῇ Ἀριμίνῳ συνελθόντων, οἱ μὲν ἀνατολικοὶ σιγῇ τὰ [παραπέμψον-κατὰ Ἀθανασίου παραπέμψαντες συνεληλυθέναι ἔφασκον. Συν- τες, Val.]
ελαμβάνοντο δὲ τῇ τούτων σπουδῇ Οὐρσάκιος καὶ Οὐάλης, οἱ ἐξ ἀρχῆς μὲν τὸ τοῦ Ἀρείου συγκροτήσαντες δόγμα, ἐν τῷ μέσῳ δὲ τῷ 'ὁμοουσίῳ' συνθέμενοι διὰ τοῦ ἐπιδοθέντος βιβλίου τῷ ἐπισκό-

c. 24. πῳ τῆς Ῥώμης, ὥς μοι καὶ πρότερον εἴρηται· οὗτοι γὰρ ἀεὶ πρὸς τοὺς ἐπικρατοῦντας ἐπέκλινον. Συνελαμβάνοντο δὲ τούτοις Γερμά- νιος καὶ Αὐξέντιος, Δημόφιλός τε καὶ Γάϊος. Ὡς οὖν ἐν τῷ συλ- λόγῳ τῶν παρόντων ἄλλος ἄλλο τι προβάλλεσθαι παρετάττοντο, τηνικαῦτα οἱ περὶ Οὐρσάκιον καὶ Οὐάλεντα πάντα ἔλεγον τὰ περὶ τῆς πίστεως ὑπαγορευθέντα μένειν ἀργά, δέχεσθαι δὲ νεωτέραν ἔκθεσιν, ἣν μικρὸν ἔμπροσθεν ἐν Σιρμίῳ συνελθόντες ἐξέθεντο. Ταῦτα ἔλεγον, καὶ χάρτην μετὰ χεῖρας ἔχοντες, ἀναγινώσκεσθαι

[Val. om. δέ] πεποιήκασιν, ἄλλην δὲ ἔκθεσιν πίστεως, ἣν ἐν Σιρμίῳ προτυπώ- σαντες, ἐκεῖ μὲν, ὡς καὶ πρότερον ἔφην, ἐταμιεύσαντο, τότε δὲ ἐν

Ath. de Syn. τῇ Ἀριμίνῳ φανερὰν πεποιήκασιν· ἥτις ἐκ Ῥωμαϊκοῦ μὲν ἡρμη- 8. νεύθη, ἐστὶ δὲ ἐν τούτοις τοῖς ῥήμασιν·

May 22, Ἐξετέθη πίστις ἡ καθολικὴ ἐπὶ παρουσίᾳ τοῦ δεσπότου ἡμῶν Κωνσταντίου,
A.D. 359. ἐν ὑπατείᾳ Φλαβίου Εὐσεβίου καὶ Ὑπατίου τῶν λαμπροτάτων, ἐν Σιρμίῳ τῇ προένδεκα καλανδῶν Ἰουνίων. Πιστεύομεν εἰς ἕνα τὸν μόνον καὶ ἀληθινὸν Θεόν, Πατέρα παντοκράτορα, κτίστην καὶ δημιουργὸν τῶν πάντων· καὶ εἰς ἕνα μονογενῆ Υἱὸν τοῦ Θεοῦ, τὸν πρὸ πάντων τῶν αἰώνων, καὶ πρὸ πάσης ἀρχῆς, καὶ πρὸ παντὸς ἐπινοουμένου χρόνου, καὶ πρὸ πάσης καταληπτῆς ἐπινοίας γεγεννημένον ἀπαθῶς ἐκ τοῦ Θεοῦ, δι' οὗ οἵ τε αἰῶνες κατηρτίσθησαν, καὶ τὰ πάντα ἐγένετο· γεγεννημένον δὲ μονογενῆ, μόνον ἐκ μόνου ὑπὸ τοῦ Πατρὸς, Θεὸν ἐκ Θεοῦ, ὅμοιον τῷ γεννήσαντι αὐτὸν Πατρὶ κατὰ τὰς γραφάς· οὗ τὴν γέννησιν οὐδεὶς ἐπίσταται, ἢ μόνος ὁ γεννήσας αὐτὸν Πατήρ. Τοῦτον ἴσμεν τὸν μονογενῆ αὐτοῦ Υἱόν, νεύματι πατρικῷ παραγενόμενον ἐκ τῶν οὐρανῶν εἰς ἀθέτησιν τῆς ἁμαρτίας, καὶ γεννηθέντα ἐκ Μαρίας τῆς παρθένου, καὶ ἀναστρα- φέντα μετὰ τῶν μαθητῶν, καὶ πᾶσαν τὴν οἰκονομίαν πληρώσαντα κατὰ τὴν

Cp. Job πατρικὴν βούλησιν, σταυρωθέντα, καὶ ἀποθανόντα, καὶ εἰς τὰ καταχθόνια
xxxviii. 17. κατελθόντα, καὶ τὰ ἐκεῖσε οἰκονομήσαντα, ὃν 'πυλωροὶ ᾄδου ἰδόντες ἔφριξαν,'
(Lxx.)

καὶ ἀναστάντα τῇ τρίτῃ ἡμέρᾳ, καὶ ἀναστραφέντα μετὰ τῶν μαθητῶν, καὶ τεσσαράκοντα ἡμερῶν πληρουμένων, ἀναληφθέντα εἰς τοὺς οὐρανοὺς, καὶ καθεζόμενον ἐκ δεξιῶν τοῦ Πατρὸς, καὶ ἐλευσόμενον τῇ ἐσχάτῃ ἡμέρᾳ τῇ δόξῃ τῇ πατρικῇ, ἀποδιδόντα ἑκάστῳ κατὰ τὰ ἔργα αὐτοῦ. Καὶ εἰς τὸ Ἅγιον Πνεῦμα, ὃ αὐτὸς ὁ μονογενὴς τοῦ Θεοῦ Υἱὸς Ἰησοῦς Χριστὸς ἐπηγγείλατο πέμψαι τῷ γένει τῶν ἀνθρώπων, τὸν Παράκλητον, κατὰ τὸ γεγραμμένον, 'Ἀπέρχομαι πρὸς τὸν Πατέρα μου, καὶ παρακαλέσω τὸν Πατέρα μου, καὶ ἄλλον Παράκλητον πέμψει ὑμῖν, τὸ Πνεῦμα τῆς ἀληθείας. Ἐκεῖνος ἐκ τοῦ ἐμοῦ λήψεται, καὶ διδάξει καὶ ὑπομνήσει ὑμᾶς πάντα.' Τὸ δὲ ὄνομα τῆς 'οὐσίας,' διὰ τὸ ἁπλούστερον ὑπὸ τῶν πατέρων τεθεῖσθαι, ἀγνοούμενον δὲ ὑπὸ τῶν λαῶν, σκάνδαλον φέρειν, διὰ τὸ μήτε τὰς γραφὰς τοῦτο περιέχειν, ἤρεσε τοῦτο περιαιρεθῆναι, καὶ παντελῶς μηδεμίαν μνήμην 'οὐσίας' ἐπὶ Θεοῦ εἶναι τοῦ λοιποῦ, διὰ τὸ τὰς θείας γραφὰς μηδαμοῦ περὶ Πατρὸς καὶ Υἱοῦ οὐσίας μεμνῆσθαι. Ὅμοιον δὲ λέγομεν τὸν Υἱὸν τῷ Πατρὶ κατὰ πάντα, ὡς αἱ ἅγιαι γραφαὶ λέγουσίν τε καὶ διδάσκουσιν.

Cp. John xiv. 16; xvi. 14.

Τούτων ἀναγνωσθέντων, διαναστάντες οἷς ταῦτα οὐκ ἤρεσκεν ἔφασαν, 'Οὐ δεόμενοι πίστεως ἐνταῦθα συνεληλύθαμεν· ὑγιῆ γὰρ φυλάττομεν, ἣν ἐξ ἀρχῆς παρειλήφαμεν· ἀλλ' ἵνα, εἴ τις περὶ ταύτην καινοτομία γένοιτο, ταύτην κωλύσωμεν. Εἰ οὖν τὰ ἀναγνωσθέντα μηδὲν καινοτομεῖ, φανερῶς ἤδη τὴν Ἀρειανὴν αἵρεσιν ἀναθεματίσατε, καθ' ὃν τρόπον καὶ τὰς ἄλλας αἱρέσεις ὁ παλαιὸς κανὼν τῆς ἐκκλησίας ὡς βλασφήμους ἐξέβαλεν. Ὅτι γὰρ τὸ βλάσφημον Ἀρείου δόγμα τοὺς θορύβους τῆς ἐκκλησίας καὶ τὰς ἄχρι νῦν γινομένας, ἐκίνησε ταραχὰς, τοῦτο τῇ οἰκουμένῃ δῆλον καθέστηκεν.' Αὕτη ἡ πρότασις, ἡ ὑπὸ τῶν περὶ Οὐρσάκιον καὶ Οὐάλεντα, Γερμάνιόν τε καὶ Αὐξέντιον καὶ Δημόφιλον καὶ Γάϊον μὴ δεχθεῖσα, τελέως τὴν ἐκκλησίαν διέσπασεν. Οὗτοι μὲν γὰρ τοῖς τότε κατὰ τὴν ἐν Ἀριμίνῳ ἀναγνωσθεῖσι προσέθεντο· οἱ δὲ τὴν ἐν Νικαίᾳ πίστιν αὖθις ἐκύρωσαν, κατεγέλασαν δὲ καὶ τῆς προγραφῆς τῶν ἀναγνωσθέντων· μάλιστα δὲ Ἀθανάσιος, δι' ὧν πρὸς τοὺς ἑαυτοῦ γνωρίμους ἐπιστέλλων τοιάδε κατὰ λέξιν φησίν.

Τί γὰρ ἔλειπε διδασκαλίας εἰς εὐσέβειαν τῇ καθολικῇ ἐκκλησίᾳ, ἵνα νῦν περὶ πίστεως ζητῶσι, καὶ τὴν ὑπατείαν τῶν παρόντων χρόνων προτάσσωσι τῶν παρ' αὐτῶν ἐκτιθεμένων ῥημάτων δῆθεν περὶ πίστεως; Οὐρσάκιος γὰρ καὶ Οὐάλης καὶ Γερμάνιος πεποιήκασιν, ὃ μήτε γέγονεν μήτε ἠκούσθη ποτὲ παρὰ Χριστιανοῖς. Γράψαντες γὰρ ὡς ἤθελον αὐτοὶ πιστεύειν, προέταξαν τὴν ὑπατείαν καὶ τὸν μῆνα καὶ τὴν ἡμέραν τοῦ παρόντος χρόνου, ἵνα δείξωσι

Ath. de Syn. 3.

πᾶσι τοῖς φρονίμοις, ὅτι μὴ πρότερον ἀλλὰ νῦν ἐπὶ Κωνσταντίου ἀρχὴν ἔχει τούτων ἡ πίστις. Πάντες γὰρ πρὸς τὴν ἰδίαν αἵρεσιν βλέποντες ἔγραφον. Πρὸς τούτοις περὶ τοῦ Κυρίου προσποιούμενοι γράφειν, ἄλλον ‘δεσπότην’ ἑαυτῶν ὀνομάζουσι Κωνστάντιον· αὐτὸς γὰρ ἦν ὁ τὴν δυναστείαν τῆς ἀσεβείας αὐτοῖς παρέχων. Καὶ αἰώνιον δὲ αὐτὸν βασιλέα εἰρήκασιν οἱ τὸν Υἱὸν ἀΐδιον ἀρνούμενοι· οὕτως εἰσὶ πρὸς ἀσέβειαν Χριστομάχοι. Ἀλλ' ἴσως ἐστὶν αὐτοῖς πρόφασις τῆς ὑπατείας ἡ τῶν ἁγίων προφητῶν χρονογραφία. Ἀλλὰ κἂν τοῦτο τολμήσωσιν εἰπεῖν, πολὺ τὴν ἀμαθίαν ἑαυτῶν ἐξαγγέλλουσιν. Αἱ μὲν γὰρ τῶν ἁγίων προφητείαι χρόνων ἔχουσι μνήμην· καὶ Ἡσαΐας μὲν καὶ Ὡσηὲ ‘ἐν ἡμέραις Ὀζίου καὶ Ἰωάθαμ καὶ Ἄχαζ καὶ Ἐζεκίου’ γεγόνασιν· Ἱερεμίας δὲ ἐν ἡμέραις Ἰωσίου· Ἰεζεκιὴλ δὲ καὶ Δανιὴλ ἐπὶ Κύρου καὶ Δαρείου. Καὶ ἄλλοι ἐν ἄλλοις χρόνοις ἐπροφήτευσαν, οὐ τῆς θεοσεβείας ἀρχὴν καταβαλλόμενοι· ἦν γὰρ καὶ πρὸ αὐτῶν καὶ ἀεὶ καὶ πρὸ καταβολῆς κόσμου· ταύτην ἡμῖν ὁ Θεὸς ἐν Χριστῷ προητοίμασεν· οὐδὲ τῆς αὐτῶν πίστεως τοὺς χρόνους ἐσήμαινον· ἦσαν γὰρ καὶ πρὸ τούτων τῶν χρόνων αὐτοὶ πιστοί· ἀλλὰ τῆς δι' αὐτῶν ἀπαγγελίας ἦσαν οἱ χρόνοι. Ἡ δὲ ἀπαγγελία προηγουμένως μὲν περὶ τῆς ἐπιδημίας τοῦ Σωτῆρος ἡμῶν· ἐπακολούθημα δὲ περὶ τῶν ἐσομένων τῷ Ἰσραὴλ καὶ τοῖς ἔθνεσι· καὶ ἦσαν οἱ χρόνοι σημαινόμενοι οὐκ ἀρχὴ πίστεως, καθὰ προεῖπον, ἀλλ' αὐτῶν τῶν προφητῶν, καθ' οὓς αὐτοὶ γενόμενοι τοιαῦτα προεφήτευον. Οὗτοι δὲ οἱ νῦν σοφοὶ οὐχ ἱστορίας ἐξηγούμενοι, οὐδὲ τὰ μέλλοντα προλέγοντες, ἀλλὰ γράψαντες, ''Ἐξετέθη ἡ πίστις ἡ καθολική,' εὐθὺς προσέθηκαν καὶ τὴν ὑπατείαν καὶ τὸν μῆνα καὶ τὴν ἡμέραν. Ὥσπερ οἱ ἅγιοι τῶν ἱστοριῶν καὶ τῆς ἑαυτῶν διακονίας τοὺς χρόνους ἔγραφον, οὕτως οὗτοι τῆς ἑαυτῶν πίστεως τὸν χρόνον σημαίνουσι. Καὶ εἴθε περὶ τῆς ἑαυτῶν ἔγραφον—νῦν γὰρ ἤρξαντο—καὶ μὴ ὡς περὶ τῆς καθολικῆς ἐπεχείρουν· οὐ γὰρ ἔγραψαν, 'οὕτω πιστεύομεν,' ἀλλ' ὅτι 'ἐξετέθη ἡ καθολικὴ πίστις.' Τὸ μὲν οὖν τολμηρὸν τῆς προαιρέσεως ἐλέγχει τὴν ἀμαθίαν αὐτῶν· τὸ δὲ καινὸν ἐπινόημα τῆς γραφῆς ἴσον ἐστὶ τῆς Ἀρειανῆς αἱρέσεως. Οὕτω γὰρ γράψαντες ἐδίδαξαν, πότε μὲν ἤρξαντο πιστεύειν αὐτοί· ἀπὸ δὲ τοῦ νῦν βούλονται τὴν πίστιν αὐτῶν καταγγέλλεσθαι. Καὶ ὥσπερ κατὰ τὸν εὐαγγελιστὴν Λουκᾶν ἐτέθη δόγμα περὶ τῆς ἀπογραφῆς, καὶ τοῦτο τὸ δόγμα πρότερον μὲν οὐκ ἦν, ἀπὸ δὲ τῶν ἡμερῶν ἐκείνων ἤρξατο εἶναι, καὶ ἐτέθη παρὰ τοῦ γράψαντος, οὕτω καὶ οὗτοι γράψαντες, 'ἐξετέθη νῦν ἡ πίστις,' ἔδειξαν ὅτι νεώτερον τὸ τῆς αἱρέσεως αὐτῶν ἐστι φρόνημα, καὶ οὐκ ἦν πρότερον. Εἰ δὲ προστιθέασι 'τῆς καθολικῆς,' ἔλαθον ἑαυτοὺς πεσόντες εἰς τὴν παρανομίαν τῶν ἀπὸ Φρυγίας· ὥστε καὶ αὐτοὺς κατ' ἐκείνους εἰπεῖν, 'ἡμῖν πρῶτον ἀπεκαλύφθη, καὶ ἀφ' ἡμῶν ἡ πίστις ἄρχεται τῶν Χριστιανῶν·' καὶ ὥσπερ ἐκεῖνοι Μαξίμιλλαν καὶ Μοντανὸν, οὕτως οὗτοι ἀντὶ τοῦ Χριστοῦ δεσπότην Κωνστάντιον ἐπιγράφονται. Εἰ δὲ

II. 37.] *Letter of the Council of Ariminum.*

κατ' αὐτοὺς ἀπὸ τῆς νῦν ὑπατείας ἀρχὴν ἡ πίστις ἔχει, τί ποιήσουσιν οἱ πατέρες καὶ οἱ μακάριοι μάρτυρες; τί δὲ καὶ αὐτοὶ ποιήσουσι τοὺς παρ' αὐτῶν κατηχηθέντας, καὶ πρὸ τῆς ὑπατείας ταύτης κοιμηθέντας; πῶς αὐτοὺς ἐγείρουσιν, ἵνα ἃ μὲν ἔδοξαν δεδιδαχέναι, τούτους ἀπαλείψωσιν, ἃ δὲ νῦν ὡς ἐφευρόντες ἔγραψαν, ἐπισπείρωσιν αὐτοῖς; οὕτως εἰσὶν ἀμαθεῖς, μόνον εἰδότες πλάττειν προφάσεις, καὶ ταύτας ἀπρεπεῖς καὶ ἀπιθάνους, ἐχούσας εὐθὺς τὸν ἔλεγχον.

Τοιαῦτα μὲν Ἀθανάσιος τοῖς ἑαυτοῦ γνωρίμοις ἐπέστελλεν. Ἐξέστω δὲ τοῖς φιλομαθέσιν ἀναζητήσασι τὴν ἐπιστολὴν γνῶναι τὰ ἐν αὐτῇ δυνατῶς εἰρημένα· ἡμεῖς γὰρ μέρος αὐτῆς ἐνταῦθα παρατεθείκαμεν, τὸ μῆκος παραιτησάμενοι. Ἰστέον δέ, ὅτι ἡ σύνοδος καθεῖλε τοὺς περὶ Οὐάλεντα καὶ Οὐρσάκιον, Αὐξέντιόν τε καὶ Γερμάνιον καὶ Γάϊον καὶ Δημόφιλον, ὅτι τὴν Ἀρειανίου δόξαν ἀναθεματίσαι οὐ κατεδέξαντο. Διὸ οὗτοι μὲν ἀγανακτοῦντες ἐπὶ τῇ καθαιρέσει, πρὸς τὸν βασιλέα ταχέως ἀνέδραμον, ἐπικομιζόμενοι τὴν ἀναγνωσθεῖσαν ἐν τῇ συνόδῳ τῆς πίστεως ἔκδοσιν. Ἡ σύνοδος δὲ δι' ἐπιστολῆς γνώριμα τὰ ὑπ' αὐτῆς γνωσθέντα καθίστη τῷ βασιλεῖ· ἧς ἐκ Ῥωμαϊκῶν μεταβληθείσης ἥδε ἔστιν ἡ διάνοια.

Ἐπιστολὴ τῆς ἐν Ἀριμίνῳ συνόδου πρὸς τὸν βασιλέα Κωνστάντιον. Ath. de Syn. 10. Original in Hilar. Fragm. 8.

Ἔκ τε τῆς τοῦ Θεοῦ κελεύσεως, καὶ τοῦ τῆς σῆς εὐσεβείας προστάγματος, τὰ πάλαι δογματισθέντα γεγενῆσθαι πιστεύομεν· εἰς γὰρ Ἀρίμινον ἐκ πασῶν τῶν πρὸς δύσιν πόλεων εἰς τὸ αὐτὸ πάντες ἐπίσκοποι συνήλθομεν· ἵνα καὶ ἡ πίστις τῆς καθολικῆς ἐκκλησίας γνωρισθῇ, καὶ οἱ τἀναντία φρονοῦντες ἔκδηλοι γένωνται. Ὡς γὰρ ἐπὶ πλεῖστον διασκοποῦντες εὑρήκαμεν, ἀρεστὸν ἐφάνη τὴν πίστιν τὴν ἔκπαλαι διαμένουσαν, ἣν καὶ οἱ προφῆται καὶ τὰ εὐαγγέλια καὶ οἱ ἀπόστολοι διὰ τοῦ Κυρίου ἡμῶν Ἰησοῦ Χριστοῦ ἐκήρυξαν, τοῦ καὶ τῆς σῆς βασιλείας φρουροῦ καὶ τῆς σῆς ῥώσεως προστάτου, ἵνα ταύτην κατασχόντες φυλάξωμεν, καὶ φυλάττοντες μέχρι τέλους διατηρῶμεν. Ἄτοπον γὰρ καὶ ἀθέμιτον ἐφάνη τῶν ὀρθῶς καὶ δικαίως ὡρισμένων τι μεταλλάσσειν, καὶ τῶν ἐν Νικαίᾳ κοινῇ μετὰ τοῦ ἐνδοξοτάτου σου πατρὸς καὶ βασιλέως Κωνσταντίνου ἐσκεμμένων· ὧν ἡ διδασκαλία τε καὶ τὸ φρόνημα διῆλθέ τε καὶ ἐκηρύχθη εἰς πάσας ἀνθρώπων ἀκοάς τε καὶ διανοίας, ἥτις ἀντίπαλος μόνη καὶ ὀλετὴρ τῆς Ἀρείου αἱρέσεως ὑπῆρξε· δι' ἧς οὐ μόνον αὐτή, ἀλλὰ καὶ αἱ λοιπαὶ αἱρέσεις καθῃρέθησαν· ἐν ᾗ ὄντως καὶ τὸ προσθεῖναί τι σφαλερόν, καὶ τὸ ἀφελέσθαι ἐπικίνδυνον ὑπάρχει· ὡς εἴπερ καὶ θάτερον γένοιτο, ἔσται τοῖς ἐχθροῖς ἄδεια ποιεῖν ἅπερ βούλοιντο. Ὅθεν Οὐρσάκιός τε καὶ Οὐάλης, [τοῦ ποιεῖν Ath.] ἐπειδὴ ἔκπαλαι μέτοχοί τε καὶ σύμφρονες τοῦ Ἀρειανικοῦ δόγματος ἦσαν καθεστηκότες, καὶ τῆς ἡμετέρας κοινωνίας χωρισθέντες ἀπεφάνθησαν. ἧς ἵνα μετάσχωσιν, ἐφ' οἷς ἑαυτοῖς συνεγνώκεισαν πλημμελήσαντες μετανοίας τε καὶ συγγνώμης ἠξίουν τυχεῖν, ὡς καὶ τὰ ἔγγραφα τὰ ὑπ' ἐκείνων γεγενημένα μαρτυρεῖ· δι' ὧν ἁπάντων φειδὼ γεγένηται καὶ τῶν ἐγκλημάτων συγγνώμη. Ἦν δὲ ὁ καιρὸς καθ' ὃν ταῦτα ἐπράττετο, ὅτε ἐν Μεδιολάνῳ τὸ συνέδριον τῆς συνόδου συνεκροτεῖτο, συμπαρόντων δὲ καὶ τῶν πρεσβυτέρων τῆς τῶν Ῥωμαίων ἐκκλησίας. Ἐγνωκότες δὲ ἅμα καὶ τὸν μετὰ τελευτὴν ἄξιον μνήμης Κωνσταντῖνον μετὰ πάσης ἀκριβείας καὶ ἐξετάσεως τὴν συγγραφεῖσαν πίστιν ἐκτεθεικότα, ἐπειδὴ δὲ ὡς ἐξ ἀνθρώπων ἐγένετο βαπτισθεὶς, καὶ πρὸς τὴν ὀφειλομένην εἰρήνην ἀνεχώρησεν, ἄτοπον εἶναι μετ' ἐκεῖνόν τι καινοτομεῖν, [ἄτοπον ἐνομίσαμεν Val.] καὶ τοσούτους ἁγίους ὁμολογητὰς καὶ μάρτυρας τοὺς καὶ τοῦδε τοῦ δόγματος συγγραφεῖς τε καὶ εὑρετὰς ὑπεριδεῖν, οἵ τινες κατὰ τὸν παλαιὸν τῆς καθολικῆς ἐκκλησίας θεσμὸν ἅπαντα φρονοῦντες διαμεμενήκασιν. Ὧν ὁ Θεὸς τὴν πίστιν καὶ εἰς τοὺς σοὺς χρόνους τῆς βασιλείας μετέδωκε διὰ τοῦ Κυρίου ἡμῶν Ἰησοῦ Χριστοῦ, δι' οὗ σοὶ καὶ τὸ βασιλεύειν οὕτως ὑπῆρξεν, ὡς καὶ τῆς καθ' ἡμᾶς οἰκουμένης κρατεῖν. Πάλιν γοῦν οἱ ἐλεεινοὶ καὶ οἰκτροὶ τῷ φρονήματι ἀθεμίτῳ τολμήματι τῆς δυσσεβοῦς φρονήσεως κήρυκας ἑαυτοὺς ἀνήγγειλαν, καὶ ἐπιχειροῦσιν ἀνατρέπειν πᾶν τὸ τῆς ἀληθείας σύνταγμα. Ὡς γὰρ κατὰ τὸ σὸν πρόσταγμα τὸ συνέδριον τῆς συνόδου συνεκροτεῖτο, κἀκεῖνοι τῆς ἰδίας ἀπάτης ἐγύμνουν τὴν σκέψιν· ἐπειρῶντο γὰρ πανουργίᾳ τινὶ καὶ ταραχῇ προσφέροντές τι καινοτομεῖν, τῆς τοιαύτης ἑτεροίας τοὺς συναλισκομένους [Hil. om. Auxent.] εὑρόντες Γερμάνιον, Αὐξέντιον καὶ Γάϊον, τοὺς τὴν ἔριν καὶ διχοστασίαν ἐμποιοῦντας· ὧν ἡ διδασκαλία μία μὲν οὖσα πᾶν πλῆθος βλασφημιῶν ὑπερβέβηκεν. Ὡς δὲ συνεῖδον οὐχὶ τῆς αὐτῆς προαιρέσεως ὄντας οὔτε ὁμογνωμονοῦντας ἐφ' οἷς κακῶς ἐφρόνουν, εἰς τὸ συμβούλιον ἡμῶν μετήγαγον ἑαυτούς, ὡς δοκεῖν ἕτερον γράφειν. Ἦν δὲ ὁ καιρὸς βραχὺς, ὁ καὶ τὰς γνώμας αὐτῶν ἐξελέγχων. Ἵνα μὴ οὖν τοῖς αὐτοῖς ἀεὶ τὰ τῆς ἐκκλησίας περιπίπτῃ, καὶ ταραχὴ καὶ θόρυβος κυλινδούμενος ἅπαντα συγχέῃ, βέβαιον ἐφάνη τὰ πάλαι ὡρισμένα ἔμμονα καὶ ἀμετακίνητα διαφυλάττειν, τοὺς δὲ προειρημένους ἀπὸ τῆς ἡμετέρας κοινωνίας ἀποκεχωρίσθαι. Δι' ἣν αἰτίαν τοὺς ἀναδιδάξοντας πρέσβεις πρὸς τὴν σὴν ἐπιείκειαν ἀπεστάλκαμεν, τὴν γνώμην τοῦ συνεδρίου διὰ τῆς ἐπιστολῆς μηνύσοντας· τοῖς γε πρεσβεύουσι πρό γε πάντων τοῦτο παρεκελευσάμεθα, τὸ τὴν ἀλήθειαν πιστώσασθαι, ἐκ τῶν πάλαι ἀρχαίων καὶ δικαίων ὁρμωμένους. Οἳ καὶ τὴν σὴν ἀναδιδάξουσιν ὁσιότητα, ὅτι οὐχ ὥσπερ ἔφησαν Οὐρσάκιός τε καὶ Οὐάλης, ἔσται εἰρήνη, εἴπερ τι τῶν δικαίων ἀνατραπείη. Πῶς γὰρ εἰρήνην οἷόν τε ἄγειν τοὺς τὴν εἰρήνην καταλύοντας; μᾶλλον γὰρ ἔρις καὶ ταραχὴ ἐκ τούτων σὺν ταῖς λοιπαῖς πόλεσι καὶ τῇ τῶν Ῥωμαίων ἐκκλησίᾳ γενήσεται. Διὸ δὴ καὶ ἱκετεύομεν τὴν σὴν ἐπιείκειαν, ἵνα προσηνέσιν ἀκοαῖς καὶ γαληναίῳ βλέμματι τὰ τῆς ἡμετέρας πρεσβείας ἀθρήσειας, μήτε πρὸς ὕβριν τῶν τετελευτηκότων

Reply of Constantius.

καινόν τι μεταλλάττειν ἐπιτρέψειας, ἀλλ᾽ ἐάσῃς ἡμᾶς ἐμμένειν τοῖς παρὰ τῶν προγόνων ὁρισθεῖσί τε καὶ νενομοθετημένοις· οὓς ἅπαντας μετὰ ἀγχινοίας τε καὶ φρονήσεως καὶ Πνεύματος Ἁγίου πεποιηκέναι φήσαιμεν ἄν. Τὰ γὰρ νῦν παρ᾽ ἐκείνων καινοτομούμενα τοῖς μὲν πιστεύσασιν ἀπιστίαν ἐμποιεῖ, τοῖς δὲ ἀπιστήσασιν ὠμότητα. Ἱκετεύομεν δὲ ἔτι, ἵνα κελεύσῃς τοὺς ἐπισκόπους τοὺς ἐν ταῖς ἀλλοδαπαῖς διατρίβοντας, οὓς καὶ τὸ τῆς ἡλικίας ἐπίπονον καὶ τὸ τῆς πενίας ἐνδεὲς τρύχει, τὴν εἰς τὰ οἰκεῖα ἀνακομιδὴν ῥᾳδίαν ποιήσασθαι, ἵνα μὴ ἔρημοι τῶν ἐπισκόπων αἱ ἐκκλησίαι διαμένωσιν. Ἔτι δὲ πρὸς ἅπασι καὶ τοῦτο δεόμεθα, ἵνα μήτε ἐλλείπῃ τι τῶν προϋπαρξάντων μήτε πλεονάζῃ, ἀλλὰ πάντα ἄρρηκτα διαμένῃ ἐκ τῆς τοῦ σοῦ πατρὸς εὐσεβείας καὶ εἰς τὸν νῦν χρόνον διαφυλαττόμενα· μήτε λοιπὸν ἡμᾶς μοχθεῖν, καὶ ἐκτὸς τῶν ἰδίων παροικιῶν ἐπιτρέψειας γενέσθαι, ἀλλ᾽ ἵνα οἱ ἐπίσκοποι σὺν τοῖς ἰδίοις λαοῖς μετ᾽ εἰρήνης εἰς εὐχάς τε καὶ λατρείας σχολὴν ἄγοιεν, ἱκετεύοντες ὑπὲρ τῆς σῆς σωτηρίας καὶ βασιλείας καὶ εἰρήνης, ἣν ἡ θειότης σοι εἰς τὸ διηνεκὲς χαριεῖται. Οἱ δὲ ἡμέτεροι πρέσβεις τὰς ὑπογραφὰς καὶ τὰς τῶν ἐπισκόπων προσηγορίας κομίζουσιν· οἵτινες καὶ ἐξ αὐτῶν τῶν θείων γραφῶν τὴν σὴν ἀναδιδάξουσι θειότητα.

[Verumetiam infideles ad credulitatem vetantur accedere.]

Ταῦτα μὲν οὖν ἡ σύνοδος ἔγραψε, καὶ δι᾽ ἐπισκόπων ἀπέστειλεν. Οἱ μέντοι περὶ Οὐρσάκιον καὶ Οὐάλεντα, φθάσαντες τὴν τούτων ἄφιξιν, προδιαβάλλουσι μὲν τὴν σύνοδον, ἐπιδείξαντες ἣν ἐπεκομίζοντο πίστεως ἔκδοσιν. Ὁ βασιλεὺς δὲ, ἐκ προλήψεως τῇ Ἀρειανῇ δόξῃ προσκείμενος, ἠγανάκτει μὲν κατὰ τῆς συνόδου· τοὺς δὲ περὶ Οὐάλεντα καὶ Οὐρσάκιον διὰ τιμῆς ἦγε πολλῆς. Διὸ οἱ ἀπὸ τῆς συνόδου πεμφθέντες ἐχρόνιζον, ἀποκρίσεως οὐ τυγχάνοντες. Ὀψὲ δέ ποτε τοιάδε πρὸς τὴν σύνοδον διὰ τῶν παρόντων ἀντέγραψεν ὁ βασιλεύς·

Κωνστάντιος νικητὴς καὶ θριαμβευτὴς Αὔγουστος, πᾶσι τοῖς ἐν Ἀριμίνῳ ἐπισκόποις συνελθοῦσιν.

Ἀεὶ μὲν προηγουμένην ἔχειν ἡμᾶς φροντίδα περὶ τοῦ θείου καὶ προσκυνητοῦ νόμου οὐδὲ ἡ ὑμετέρα χρηστότης ἀγνοεῖ. Ἀλλὰ νῦν τοὺς ἀπὸ τῆς συνέσεως ὑμῶν ἀποσταλέντας εἴκοσι ἐπισκόπους, ἀναδεξαμένους τὴν παρ᾽ ὑμῶν πρεσβείαν, τέως οὐκ ἠδυνήθημεν ἰδεῖν· ἀναγκαία γὰρ ἡμῖν ἡ πρὸς τοὺς βαρβάρους ὁδός, καὶ ὡς οἴδατε, πρέπει τὴν ψυχὴν καθαρὰν οὖσαν ἀπὸ πάσης φροντίδος τὰ περὶ τοῦ θείου νόμου γυμνάζειν. Τοιγαροῦν τοὺς ἐπισκόπους ἐκελεύσαμεν ἐν τῇ Ἀδριανουπόλει ἐκδέξασθαι τὴν ἡμετέραν ἐπάνοδον, ἵν᾽ ἐπειδὰν πάντα καλῶς διατεθῇ τὰ δημόσια, τότε λοιπὸν ἅπερ ὑποβάλλουσιν ἀκοῦσαι καὶ δοκιμάσαι δυνηθῶμεν. Τῇ μέντοι στερρότητι ὑμῶν μὴ βαρὺ φαινέσθω ὥστε ἐκδέξασθαι τὴν αὐτῶν ἐπάνοδον, ἵν᾽ ἐπειδὰν ἐπανέλθωσι κομίζοντες ὑμῖν τὰς ἡμετέρας ἀποκρίσεις, δυνηθῆτε εἰς πέρας ἀγαγεῖν τὰ πρὸς τὴν λυσιτέλειαν ἀνήκοντα τῇ καθολικῇ ἐκκλησίᾳ.

Ταῦτα δεξάμενοι τὰ γράμματα οἱ ἐπίσκοποι, αὖθις τοιαῦτα ἀντέγραψαν·

Cp. Theod. ii. 20.

Τὰ γράμματα τῆς σῆς φιλανθρωπίας ἐδεξάμεθα, κύριε θεοφιλέστατε βασιλεῦ, τὰ περιέχοντα διὰ τὴν τῶν δημοσίων ἀνάγκην τέως μὴ δεδυνῆσθαί σε τοὺς ἡμετέρους πρέσβεις θεωρῆσαι· ἡμᾶς δὲ κελεύεις ἐκδέξασθαι τὴν αὐτῶν ἐπάνοδον, ἕως ἂν τὰ παρ᾽ ἡμῶν ὁρισθέντα ἀκολούθως τοῖς προγόνοις ἡμῶν ἐπιγνῷ παρ᾽ αὐτῶν ἡ σὴ εὐλάβεια. Ἀλλὰ καὶ νῦν διὰ τούτων τῶν γραμμάτων ὁμολογοῦμεν καὶ διαβεβαιούμεθα μηδαμῶς ἡμᾶς ἀναχωρεῖν τῆς ἡμετέρας προθέσεως· τοῦτο γὰρ καὶ τοῖς πρέσβεσιν ἡμῶν ἐνετειλάμεθα. Ἀξιοῦμεν τοίνυν, ὅπως γαληναίᾳ τῇ προσόψει τά τε νῦν γράμματα τῆς ἡμετέρας μετριότητος κελεύσθῃς ἀναγνωσθῆναι· ἀλλὰ γὰρ κἀκεῖνα ἃ διὰ τῶν πρέσβεων ἡμῶν ἐνετειλάμεθα, ἡδέως ὑποδέξῃ. Ἐκεῖνο μέντοι συνορᾷ μεθ᾽ ἡμῶν καὶ ἡ σὴ ἡμερότης, ὅση νῦν ἐστὶ λύπη καὶ κατήφεια, ὅτι ἐν τοῖς σοῖς μακαριωτάτοις καιροῖς τοσαῦται ἐκκλησίαι χωρὶς ἐπισκόπων εἰσί. Καὶ διὰ τοῦτο πάλιν τὴν σὴν φιλανθρωπίαν ἀξιοῦμεν, κύριε θεοφιλέστατε βασιλεῦ, ὅπως πρὸ τῆς τραχύτητος τῶν χειμώνων, εἴπερ ἀρέσειε τῇ σῇ εὐσεβείᾳ, κελεύσεις ἡμᾶς εἰς τὰς ἡμετέρας ἐκκλησίας ἐπανελθεῖν, ὑπὲρ τοῦ δύνασθαι ἡμᾶς τῷ παντοκράτορι Θεῷ καὶ τῷ δεσπότῃ καὶ Σωτῆρι ἡμῶν Ἰησοῦ Χριστῷ, τῷ Υἱῷ αὐτοῦ τῷ μονογενεῖ, ὑπὲρ τῆς σῆς βασιλείας τὰς ἐθίμους εὐχὰς μετὰ τῶν λαῶν ἀποπληροῦν, καθὼς καὶ ἀεὶ ἐπετελέσαμεν καὶ νῦν ποιοῦμεν εὐχόμενοι.

Ταῦτα γράψαντες, καὶ μικρὸν ἐπιμείναντες χρόνον, ὡς οὐκ ἠξίου αὐτοὺς ὁ βασιλεὺς ἀποκρίσεως, κατὰ πόλεις τὰς ἑαυτῶν ἀνεχώρησαν. Ὁ βασιλεὺς δὲ καὶ ἤδη μὲν πρότερον ἐσκόπει τὴν Ἀρειανὴν δόξαν ταῖς ἐκκλησίαις ἐγκατασπεῖραι· ταύτην τε κρατήσειν ἐσπουδακώς, πρόφασιν ὕβρεως τὴν ἐκείνων ποιεῖται ἀναχώρησιν, καταπεφρονῆσθαι λέγων, ὅτι παρὰ γνώμην αὐτοῦ διελύθησαν. Διὸ τοῖς μὲν περὶ Οὐρσάκιον ὅσα αὐτοῖς ἐδόκει σὺν παρρησίᾳ κατὰ τῶν ἐκκλησιῶν πράττειν ἐπέτρεψε, τὴν δὲ ἔκδοσιν τῆς ἀναγνωσθείσης ἐν Ἀριμίνῳ πίστεως ἐκέλευσεν εἰς τὰς περὶ Ἰταλίαν ἐκκλησίας ἐκπέμπεσθαι, προστάξας τοὺς μὴ βουλομένους ὑπογράφειν αὐτῇ ἐξεῶσθαι τῶν ἐκκλησιῶν, καὶ εἰς τοὺς τόπους αὐτῶν ἑτέρους ἀντικαθίστασθαι. Καὶ πρῶτος μὲν Λιβέριος ὁ τῆς Ῥώμης ἐπίσκοπος, παραιτησάμενος ἐκείνῃ τῇ πίστει συνθέσθαι, ἐξόριστος γίνεται, τῶν περὶ Οὐρσάκιον εἰς τὸν τόπον αὐτοῦ καταστησάντων Φίληκα, ὃς διάκονος ὢν τῆς ἐν Ῥώμῃ ἐκκλησίας, καὶ τῇ Ἀρειανῇ δόξῃ προστεθείς, εἰς τὴν ἐπισκοπὴν προεβλήθη· εἰσὶ δὲ οἱ λέγοντες, ὅτι οὐ προσέθετο μὲν τῇ Ἀρειανῇ δόξῃ, βίᾳ δὲ καὶ ἀνάγκῃ κεχειροτόνητο. Πάντα μὲν οὖν τότε τὰ κατὰ τὴν δύσιν καινοτομούμενα ταραχὴν εἶχε, τῶν μὲν ἐξωθουμένων καὶ ἀποστελλομένων εἰς ἐξορίαν· τῶν δὲ εἰς τόπον τῶν αὐτῶν ἀντικαθισταμένων. Καὶ ταῦτα ἐγίνετο βίᾳ καὶ τῶν [Qu. ἐκ τῶν;] βασιλικῶν προσταγμάτων, ἅπερ καὶ εἰς τὰ ἑῷα μέρη ἀπέσταλτο. Ὁ Λιβέριος μὲν οὖν μικρὸν ὕστερον, τῆς ἐξορίας ἀνακληθείς, τὸν οἰκεῖον θρόνον ἀπέλαβε, τοῦ ἐν Ῥώμῃ λαοῦ στασιάσαντος καὶ τῆς ἐκκλησίας ἐκβάλοντος τὸν Φίληκα· ὅ τε βασιλεὺς καὶ παρὰ γνώμην τούτοις ἐγένετο σύμψηφος. Οἱ δὲ περὶ Οὐρσάκιον τῆς Ἰταλίας ἀναχωρήσαντες καὶ ἐπὶ τὰ ἀνατολικὰ διαβαίνοντες μέρη, πόλιν τῆς Θρᾴκης, ὄνομα Νίκην, καταλαμβάνουσι· μικρὸν δὲ ἐπιμείναντες ἐν αὐτῇ χρόνον, ἕτερον ποιοῦνται ἐν αὐτῇ συνέδριον· καὶ τὴν ἀναγνω- Cp. c. 41. σθεῖσαν ἐν Ἀριμίνῳ τῆς πίστεως ἔκδοσιν εἰς Ἑλλάδα γλῶσσαν ἑρμηνεύσαντες, καθ' ὃν ἀνωτέρω γέγραπται τρόπον, εἶτα δημοσιεύσαντες ἐβεβαίωσαν, ἐπιφημίσαντες ὑπὸ τῆς οἰκουμενικῆς συνόδου καὶ ὑπηγορεῦσθαι τὴν πίστιν τὴν ἐν Νίκῃ, τῷ παρομοίῳ τοῦ ὀνόματος συναρπάζειν τοὺς ἁπλουστέρους βουλόμενοι· τὴν ἐν Νικαίᾳ γὰρ τῆς Βιθυνίας πίστιν εἶναι ἐνόμιζον. Ἀλλ' οὐδὲν Hilar. αὐτοὺς ὤνησε τὸ σόφισμα· μετ' οὐ πολὺ γὰρ ἐξηλέγχθη· διετέλουν Fragm. 8. γὰρ γελώμενοι. Περὶ μὲν οὖν τῶν κατὰ τὰ ἑσπέρια γενομένων μέρη τοσαῦτα εἰρήσθω. Μετιτέον δὲ ἐπὶ τὴν διήγησιν τῶν κατὰ τὸν αὐτὸν χρόνον κατὰ τὴν ἀνατολὴν γεγενημένων· ἀρκτέον δὲ ἐντεῦθεν.

CAP. XXXVIII.

Περὶ τῆς Μακεδονίου ὠμότητος, καὶ περὶ τῶν δι' αὐτοῦ γεγονότων ταραχῶν.

Οἱ τοῦ Ἀρειανοῦ μέρους ἐπίσκοποι μεῖζον ἐκ τῶν βασιλικῶν προσταγμάτων προσελάμβανον θράσος· καὶ ὅπως τὴν μὲν σύνοδον παρεσκευάζοντο συγκροτεῖν, μικρὸν ὕστερον λέξω· τὰ δὲ πρὸ τῆς συνόδου ὑπ' αὐτῶν γενόμενα πρότερον ἐπιδράμωμεν. Ἀκάκιος μὲν γὰρ καὶ Πατρόφιλος Μάξιμον τὸν Ἱεροσολύμων ἐξωθήσαντες,

Κύριλλον ἀντικατέστησαν. Μακεδόνιος δὲ τὰς γειτνιαζούσας ἐν Κωνσταντινουπόλει ἐπαρχίας τε καὶ πόλεις ἀνέτρεπεν, ὑπουργοὺς τοῦ οἰκείου σκοποῦ κατὰ τῶν ἐκκλησιῶν προβαλλόμενος, καὶ τῆς μὲν Κυζίκου Ἐλεύσιον ἐπίσκοπον ἀναδεικνὺς, τῆς δὲ Νικομηδείας Μαραθώνιον· ὃς πρότερον μὲν διάκονος ἦν ὑπὸ Μακεδονίῳ ταττόμενος, σπουδαῖος δὲ περὶ τὸ συστήσασθαι ἀνδρῶν τε καὶ γυναικῶν μοναστήρια. Ὅπως δὲ Μακεδόνιος τὰς περὶ Κωνσταντινούπολιν ἐπαρχίας καὶ πόλεις ἀνέτρεπεν, ἤδη λεκτέον. Οὗτος γὰρ, ὡς καὶ φθάσας εἶπον, δραξάμενος τῆς ἐπισκοπῆς μυρία κακὰ ποιεῖ τοῖς μὴ αἱρουμένοις τὰ αὐτοῦ φρονεῖν· καὶ οὐ μόνον γε τοὺς τῆς ἐκκλησίας διακρινομένους συνήλαυνεν, ἀλλὰ γὰρ καὶ Ναυατιανοὺς, εἰδὼς καὶ αὐτοὺς φρονοῦντας τὸ 'ὁμοούσιον.' Συνηλαύνοντο οὖν καὶ οὗτοι τὰ ἀνήκεστα πάσχοντες· καὶ φεύγει μὲν αὐτῶν ὁ ἐπίσκοπος, Ἀγέλιος ὄνομα αὐτῷ· πολλοὶ δὲ τῶν ἐπισήμων ἐπ' εὐλαβείᾳ συλληφθέντες ᾐκίζοντο, ἐπεὶ μὴ ἐβούλοντο μετέχειν τῆς κοινωνίας αὐτοῦ. Μετὰ δὲ τοὺς αἰκιζομένους, βίᾳ τῶν μυστηρίων μετέχειν τοὺς ἄνδρας ἠνάγκαζον· ξύλῳ γὰρ διαιροῦντες τὰ στόματα τῶν ἀνθρώπων τὰ μυστήρια ἐνετίθεσαν. Οἱ δὲ ὑπομένοντες τοῦτο μείζονα τῶν ἄλλων τιμωριῶν κόλασιν ταύτην ἐνόμιζον. Γύναιά τε καὶ παιδία συναρπάζοντες μυεῖσθαι ἠνάγκαζον· εἰ δέ τις παραιτοῖτο ἢ ἄλλως ἀντέλεγεν, εὐθὺς ἐπηκολούθουν πληγαὶ, καὶ μετὰ τὰς πληγὰς δεσμοί τε καὶ δεσμωτήρια, καὶ τὰ ἄλλα δεινά· ὧν ἑνὸς ἢ δυοῖν ἐπιμνησθεὶς, φανερὰν τὴν ἀπήνειαν καὶ ὠμότητα Μακεδονίου καὶ τῶν τότε ἀκμασάντων ἀνθρώπων τοῖς ἀκούουσι καταστήσω. Γυναικῶν γὰρ τῶν μὴ ἀνασχομένων μετασχεῖν τῶν μυστηρίων τοὺς μαστοὺς ἐν κιβωτῷ βαλόντες ἀπέπριον. Ἄλλων τε γυναικῶν τὰ αὐτὰ μόρια, τοῦτο μὲν σιδήρῳ, τοῦτο δὲ ᾠοῖς εἰς ἄκρον πυρὶ θερμανθεῖσι, προσφέροντες ἔκαιον. Ξένη τε καὶ παρὰ τὰς Ἑλλήνων τιμωρίας αὕτη ἡ ὑπὸ τῶν Χριστιανίζειν λεγόντων ἐγίνετο. Ταῦτα δὲ ἐγὼ παρὰ τοῦ μακροχρονιωτάτου Αὐξάνοντος ἤκουσα, οὗ κἂν τῷ πρώτῳ βιβλίῳ μνήμην πεποίημαι· ὃς πρεσβύτερος μὲν ἦν τῆς τῶν Ναυατιανῶν ἐκκλησίας. Πεπονθέναι δὲ ἔλεγε καὶ αὐτὸς οὐκ ὀλίγα παρὰ τῶν Ἀρειανιζόντων κακά, οὔπω τηνικαῦτα τῆς τοῦ πρεσβυτέρου ἀξίας λαχών· ἅμα δὲ Ἀλεξάνδρῳ Παφλαγόνι συνασκοῦντι αὐτῷ εἴς τε εἱρκτὴν βεβλῆσθαι καὶ πληγὰς ὑπομεῖναι πολλάς. Ἐνεγκεῖν μὲν τὰς βασάνους αὐτὸς ἔλεγεν, Ἀλέξανδρον δὲ ὑπὸ τῶν πληγῶν ἐν τῇ εἱρκτῇ τελευτῆσαι· ὃς τέθαπται νῦν ἐν δεξιᾷ εἰσπλεύσαντι τὸν Βυζάντιον κόλπον, ὃς καλεῖται Κέρας, πλησίον τῶν ποταμῶν· οὗ καὶ ἐκκλησία ἐστὶ τῶν Ναυατιανῶν, Ἀλεξάνδρου ἐπώνυμος. Καθῄρουν μὲν οὖν οἱ Ἀρειανίζοντες, Μακεδονίου κελεύοντος, ἄλλας τε πόλλας κατὰ πόλεις ἐκκλησίας, καὶ δὴ καὶ Ναυατιανῶν τὴν πλησίον τοῦ Πελαργοῦ ἐν τῇ Κωνσταντινουπόλει κειμένην. Ὅτου χάριν δὲ ταύτην ἰδικῶς ἐμνημόνευσα, λέξων ἔρχομαι, ὅσα παρὰ τοῦ γεραιτάτου Αὐξάνοντος ἤκουσα. Ὁ βασιλέως νόμος καὶ ἡ Μακεδονίου βία καθαιρεῖσθαι τῶν τὸ 'ὁμοούσιον' φρονούντων τὰς ἐκκλησίας ἐκέλευον. Ἕλκει δὴ τὸ θέσπισμα καὶ ἡ βία κατὰ τῆσδε τῆς ἐκκλησίας, καὶ ἤπειγον οἱ προστεταγμένοι τοῦτο ποιεῖν. Θαυμάσαι οὖν μοι ἔπεισι τόν τε Ναυατιανῶν λαὸν, ὁπόσον εἶχον ζῆλον καὶ σπουδὴν περὶ τὴν ἑαυτῶν ἐκκλησίαν, καὶ τὴν εὔνοιαν ἣν εἶχον περὶ αὐτοὺς οἱ τότε μὲν τῆς ἐκκλησίας ὑπὸ τῶν Ἀρειανῶν ἐκβληθέντες, νῦν δὲ ἐν εἰρήνῃ τὰς ἐκκλησίας κατέχοντες. Ὡς δὲ ἤπειγον καθαιρεῖσθαι καὶ τήνδε τὴν ἐκκλησίαν οἷς τοῦτο προσετέτακτο, συνήγοντο πλεῖστος ὅμιλος ἀνθρώπων Ναυατιανῶν τε καί τινες τῶν ὁμοφρονούντων αὐτοῖς· καὶ καθελόντες τὴν ἐκκλησίαν αὐτῶν εἰς ἄλλον τόπον μετέθεσαν. Ὁ δὲ τόπος οὗτος ἀντιπέραθεν μὲν κεῖται τῆς πόλεως· Συκαὶ δὲ ὀνομάζονται, καὶ ἐστὶ τρισκαιδέκατον τῆς Κωνσταντινουπόλεως κλίμα. Ταχεῖα δὲ ἐγένετο ἡ τῆς ἐκκλησίας μετάθεσις, λαοῦ πολλοῦ σὺν προθυμίᾳ μεγίστῃ μεταφερόντων αὐτήν. Ὁ μὲν γάρ τις ἔφερε κέραμον, ὁ δὲ λίθον, ἕτερος δὲ ξύλον· καὶ ἄλλος ἄλλο λαμβάνων, ἐπὶ τὰς Συκὰς ἀπεκόμιζεν. Συνεπελαμβάνοντο δὲ καὶ γυναῖκες καὶ ἡ μικρὰ ἡλικία, εὐχὴν ἡγούμενοι πληροῦν καὶ μέγα κέρδος λαμβάνειν, τῶν ἀφιερωθέντων τῷ Θεῷ φύλακες ἀκέραιοι γενέσθαι ἠξιωμένοι. Οὕτως μὲν οὖν τότε ἡ τῶν Ναυατιανῶν ἐκκλησία εἰς τὰς Συκὰς μετενήνεκτο· χρόνῳ δὲ ὕστερον μετὰ τὴν τελευτὴν Κωνσταντίου, ὁ βασιλεὺς Ἰουλιανὸς τόν τε τόπον ἀποδοθῆναι ἐκέλευσε καὶ ἀνοικοδομεῖν ἐπέτρεψεν. Αὖθίς τε ὁ λαὸς τὸν αὐτὸν τρόπον ἀντιμετενεγκόντες τὰς ὕλας, τὴν ἐκκλησίαν εἰς τὸν ἐξ ἀρχῆς ᾠκοδόμησαν τόπον· καὶ βελτιώσαντες, ''Ἀναστασίαν'' καλεῖσθαι φερωνύμως ἠξίωσαν. Ἡ μὲν οὖν ἐκκλησία ὕστερον, ὡς ἔφην, ἐπὶ Ἰουλιανοῦ ἀνέστη· τότε δὲ ἄμφω οἵ τε τῆς ἐκκλησίας καὶ οἱ Ναυατιανοὶ ὁμοίως ἠλαύνοντο. Διὸ καὶ οἱ τῆς ἐκκλησίας ἐβδελύττοντο ἐν τοῖς εὐκτηρίοις εὔχεσθαι τόποις, ἐν οἷς οἱ Ἀρειανοὶ συνήγοντο· εἰς δὲ τὰς ἄλλας τρεῖς—τοσαύτας γὰρ ἐντὸς τῆς πόλεως ἔχουσιν οἱ τῶν Ναυατιανῶν ἐκκλησίας—συνερχόμενοι ἀλλήλοις συνηύχοντο· μικροῦ τε ἐδέησεν ἑνωθῆναι αὐτούς, εἰ μὴ Ναυατιανοὶ φυλάττοντες ἀρχαῖον παράγγελμα παρῃτήσαντο· ὅμως δὲ τὴν ἄλλην εὔνοιαν εἰς ἀλλήλους προθυμότερον ἐφύλαττον, ὑπεραποθνήσκειν ἀλλήλων αἱρούμενοι. Συνηλαύνοντο οὖν ἐν τῇ αὐτῇ Κωνσταντινουπόλει, καὶ κατὰ τὰς ἄλλας ἐπαρχίας τε καὶ πόλεις.

Αὐτίκα γοῦν ἐν Κυζίκῳ Ἐλεύσιος ὁ τῆσδε ἐπίσκοπος ὁμοίως ἅμα Μακεδονίῳ κατὰ τῶν Χριστιανῶν ἐποίει, πανταχόθεν ἐλαύνων καὶ διαστρέφων αὐτούς· τήν τε ἐν Κυζίκῳ τῶν Ναυατιανῶν ἐκκλησίαν καθεῖλεν εἰς ἔδαφος. Μακεδόνιος δὲ τὸν κολοφῶνα τῶν κακῶν οἷς ἔδρασεν ἐπιτίθησι· πυθόμενος γὰρ κατὰ τὸ Παφλαγόνων ἔθνος πλείστους εἶναι τῆς Ναυατιανῆς θρησκείας, καὶ μάλιστα κατὰ τὸ Μαντίνιον, συνιδών τε ὡς οὐχ οἷόν τε τοσοῦτον πλῆθος δι' ἐκκλησιαστικῶν ἀνθρώπων ἐλαύνεσθαι, τέσσαρας ἀριθμοὺς στρατιωτῶν γνώμῃ τοῦ βασιλέως ἐπὶ τὴν Παφλαγονίαν πεμφθῆναι πεποίηκεν, ὅπως φόβῳ τῶν ὁπλιτῶν τὴν Ἀρειανὴν δόξαν προσδέξωνται. Οἱ δὲ οἰκοῦντες τὸ Μαντίνιον, ζήλῳ τῆς θρησκείας, ἀπονοίᾳ κατὰ τῶν στρατιωτῶν ἐχρήσαντο· γενόμενοί τε ἅμα πολλοί, δρέπανά τε μακρὰ καὶ ἀξίνας λαβόντες, καὶ παντὶ τῷ παρατυχόντι ὅπλῳ χρώμενοι, ἀπήντων τοῖς στρατιώταις. Καὶ γενομένης συμβολῆς, πολλοὶ μὲν τῶν Παφλαγόνων ἀπέθανον· τῶν δὲ στρατιωτῶν πλὴν ὀλίγων οἱ πάντες. Ταῦτα ἐγὼ παρὰ ἀγροίκου Παφλαγόνος ἔμαθον, ὃς ἔλεγε παρεῖναι τῇ μάχῃ· λέγουσι δὲ ταῦτα καὶ ἄλλοι Παφλαγόνων πολλοί. Τοιαῦτα μὲν οὖν τὰ Μακεδονίου ὑπὲρ τοῦ Χριστιανισμοῦ κατορθώματα, φόνοι καὶ μάχαι καὶ ἀνδραποδισμοὶ καὶ ἐμφύλιοι πόλεμοι. Αὕτη μέντοι ἡ πρᾶξις οὐ μόνον παρὰ τῶν ἠδικημένων, ἀλλὰ καὶ παρὰ τῶν οἰκείως πρὸς αὐτὸν ἐχόντων, δίκαιον κατ' αὐτοῦ μῖσος εἰργάσατο. Προσέκρουσέ τε καὶ αὐτῷ τῷ βασιλεῖ διά τε τοῦτο, καὶ δι' ἑτέραν αἰτίαν τοιάνδε· ὁ οἶκος ἔνθα ἡ λάρναξ, ἐν ᾗ τὸ σῶμα τοῦ βασιλέως Κωνσταντίνου ἀπέκειτο, πτῶσιν ἠπείλει. Ἦσαν οὖν διὰ τοῦτο οἵ τε εἰσπορευόμενοι καὶ οἱ προσεδρεύοντες καὶ εὐχόμενοι ἐν φόβῳ πολλῷ. Ὁ οὖν Μακεδόνιος ἐβουλεύσατο μεταφέρειν τὰ τοῦ βασιλέως ὀστᾶ, ὅπως ἂν μὴ συλληφθῇ ἡ θήκη ὑπὸ τοῦ πτώματος. Τοῦτο γνόντες οἱ λαοὶ διακω-

[Val. συληθῇ]

λύειν ἐπεχείρουν, φάσκοντες 'μὴ δεῖν τοῦ βασιλέως τὰ ὀστᾶ μεταφέρεσθαι, ἴσον γὰρ εἶναι τὸ ἀνορύττεσθαι.' Διῃροῦντό τε εὐθὺς οἱ λαοὶ εἰς δύο τμήματα· καὶ οἱ μὲν μηδὲν βλάπτεσθαι τὸ μεταφέρεσθαι τὸν νεκρὸν ἔφασκον· οἱ δὲ ἀνόσιον ἔλεγον τὸ γιγνόμενον. Συνήρχοντό τε καὶ οἱ τοῦ 'ὁμοουσίου' φρονήματος, τῷ γιγνομένῳ ἀντέχοντες. Ὁ δὲ Μακεδόνιος μικρὰ τῶν αὐτῷ ἀντιλεγόντων φροντίσας, μεταφέρει τὸ σῶμα τοῦ βασιλέως εἰς τὴν ἐκκλησίαν, ἐν ᾗ τὸ σῶμα τοῦ μάρτυρος Ἀκακίου ἀπόκειται. Τούτου γενομένου, συνδρομὴ τῶν διχονοούντων τοῦ πλήθους εἰς ἐκείνην τὴν ἐκκλησίαν σύντονος γίνεται. Ἀνθίσταντό τε ἀλλήλοις τὰ μέρη, καὶ μὴ μελλήσαντες χερσὶν ἠμύναντο, καὶ γίνεται φόνος ἀνθρώπων πολύς· ὥστε τὴν αὐλὴν τῆς ἐκκλησίας ἐκείνης αἵματος πλήρη γενέσθαι, καὶ τὸ ἐν αὐτῇ φρέαρ ὑπερβλύσαι τοῦ αἵματος, ἐκρεῖν δὲ τοῦτο καὶ εἰς τὴν ἐχομένην στοὰν ἄχρι τῆς πλατείας αὐτῆς. Τοῦτο τὸ ἀτύχημα πυθόμενος ὁ βασιλεὺς ὀργίζεται κατὰ τοῦ Μακεδονίου, καὶ διὰ τοὺς ἀπολωλότας, καὶ ὅτι τοῦ πατρὸς αὐτοῦ τὸ σῶμα παρακινῆσαι παρὰ τὴν αὐτοῦ γνώμην ἐτόλμησε. Καταλιπὼν οὖν τῶν ἑσπερίων μερῶν φροντίζειν τὸν Καίσαρα Ἰουλιανόν, αὐτὸς ἐπὶ τὴν ἑῴαν ἐπορεύετο. Ὅπως μὲν οὖν Μακεδόνιος μικρὸν ὕστερον καθῃρέθη, βραχεῖαν ἀντὶ τηλικούτων κακῶν ταύτην δεδωκὼς δίκην, ὀλίγον ὕστερον λέξω.

CAP. XXXIX.

Περὶ τῆς ἐν Σελευκείᾳ τῆς Ἰσαυρίας συνόδου.

Περὶ δὲ τῆς ἑτέρας συνόδου, ἣν ἀντίμιμον τῆς ἐν Ἀριμίνῳ συνόδου κατὰ τὴν ἀνατολὴν γενέσθαι τὸ βασιλέως ἐκέλευε πρόσταγμα, νῦν διηγήσομαι. Ἐδέδοκτο πρότερον ἐν Νικομηδείᾳ τῆς Βιθυνίας τοὺς ἐπισκόπους συνάγεσθαι· ἐνέκοψε δὲ αὐτῶν τὴν ἐκεῖσε συνέλευσιν σεισμὸς ἐπιγενόμενος μέγιστος, ἀφ' οὗ συνέβη τὴν Νικομηδέων πόλιν πεσεῖν. Τοῦτο δὲ γέγονεν ὑπατευόντων Τατιανοῦ A.D. 358. καὶ Κερεαλίου περὶ τὴν ὀγδόην εἰκάδα τοῦ Αὐγούστου μηνός. Ἐβουλεύοντο οὖν μεταθεῖναι τὴν σύνοδον εἰς τὴν γειτνιάζουσαν αὐτῇ Νίκαιαν. Καὶ τοῦτο μὲν αὖθις μετέδοξεν, εἰς Ταρσὸν δὲ τῆς Κιλικίας ἐδόκει συνέρχεσθαι· οὐ δὲ τούτου ἀρέσαντος, εἰς Σελεύκειαν τῆς Ἰσαυρίας τὴν ἐπικαλουμένην 'Τραχεῖαν' συνεληλύθασι.

A.D. 359. Τοῦτο δὲ ἐν τῷ αὐτῷ ἐνιαυτῷ πεποιήκασιν, ὑπατευόντων Εὐσεβίου καὶ Ὑπατίου. Ἦσαν δὲ οἱ συνελθόντες τὸν ἀριθμὸν ἑκατὸν ἑξήκοντα· συμπαρῆν δὲ αὐτοῖς εἷς τῶν ἐν τοῖς βασιλικοῖς ἐκφανῶν, ὄνομα Λεωνᾶς, ἐφ' οὗ προθεῖναι τὸ περὶ τῆς πίστεως ζήτημα τὸ βασιλέως ἐκέλευε πρόσταγμα. Προστέτακτο παρεῖναι καὶ Λαυρίκιος, ὁ τῶν κατὰ τὴν Ἰσαυρίαν στρατιωτῶν ἡγούμενος, ὑπουργήσων [Qu. τούτων;] εἰ δεήσοι τοῖς ἐπισκόποις. Ἐπὶ τοῦτον δὴ συνελθόντες τῇ ἑβδόμῃ καὶ εἰκάδι τοῦ Σεπτεμβρίου μηνὸς, ἐπὶ δημοσίων ὑπομνημάτων διελέγοντο. Παρῆσαν γὰρ δὴ καὶ ὀξυγράφοι τὰ παρ' ἑκάστου λεγόμενα σημειούμενοι· ὧν τὰ μὲν καθ' ἕκαστον ἐν τῇ συναγωγῇ Σαβίνου ζητείτωσαν οἱ φιλομαθεῖς διὰ μακροτέρων ἐγκείμενα· ἡμεῖς δὲ τὰ κεφαλαιώδη μόνον ἐπιτρέχοντες ἐκθησόμεθα. Ἐν δὲ τῇ πρώτῃ ἡμέρᾳ συνελθόντων, ὁ Λεωνᾶς τὰ ἑκάστῳ δοκοῦντα προθεῖναι ἐκέλευσεν· οἱ δὲ παρόντες οὐ πρότερον ἔφασάν τινα κινῆσαι ζήτησιν, πρὶν ἂν οἱ ἀπολειφθέντες συνέλθωσι· καὶ γὰρ ἦσαν ἀπολειφθέντες ἐπίσκοποι, Μακεδόνιος ὁ Κωνσταντινουπόλεως, Βασίλειος Ἀγκύρας, καὶ ἄλλοι τινὲς κατηγορίας ὑφορώμενοι. Μακεδόνιος μὲν οὖν νοσεῖν εἰπὼν ἀπολέλειπτο· Πατρόφιλος δὲ ὀφθαλμιᾶν ἔλεγε, καὶ διὰ τοῦτο ἐν προαστείῳ τῆς Σελευκείας ἀνάγκην ἔχειν διάγειν· καὶ τῶν ἄλλων δὲ ἕκαστος πρόφασίν τινα τῆς ἀπολείψεως προεβάλλοντο. Ἐπεὶ δὲ ὁ Λεωνᾶς καὶ τούτων μὴ παρόντων δεῖν προτιθέναι τὰ τῆς ζητήσεως ἔλεγεν, οἱ παρόντες αὖθις ἐπῆγον, ὡς οὐδ' ἥν τινα κινήσωσι ζήτησιν, εἰ μὴ πρότερον τῶν κατηγορουμένων οἱ βίοι ἐξετασθῶσι. Κατηγόρηντο γὰρ ἤδη πρότερον Κύριλλος ὁ Ἱεροσολύμων, Εὐστάθιος Σεβαστίας τῆς ἐν Ἀρμενίᾳ, καὶ ἄλλοι τινές. Ἐκ τούτου φιλονεικία εἰς τοὺς παρόντας ἐνέπεσεν· οἱ μὲν γὰρ τοὺς βίους τῶν κατηγορουμένων πρότερον ἐρευνᾶσθαι ἔλεγον· οἱ δὲ πρὸ τῆς πίστεως μὴ προτιθέναι ζήτημα. Ἐκίνει δὲ τὴν φιλονεικίαν ἡ διάφορος τοῦ βασιλέως γνώμη· γράμματα γὰρ αὐτοῦ προεφέρετο, νῦν μὲν πρότερον τοῦτο ζητεῖσθαι κελεύοντα, νῦν δὲ τὸ ἕτερον. Περὶ τούτου οὖν τῆς φιλονεικίας γινομένης, σχίσμα εἰς τοὺς παρόντας ἐχώρησε· καὶ αὕτη γέγονε προφάσεως ἀρχὴ τοῦ καὶ τὴν ἐν Σελευκείᾳ εἰς δύο μέρη διαιρεθῆναι σύνοδον. Ἡγοῦντο δὲ τοῦ μὲν ἑνὸς μέρους Ἀκάκιος ὁ τῆς ἐν Παλαιστίνῃ Καισαρείας, Γεώργιος Ἀλεξανδρείας, Οὐράνιος Τύρου, Εὐδόξιος Ἀντιοχείας· οἷς τριάκοντα δύο μόνοι συνῄνουν ἄλλοι. Τοῦ δὲ ἑτέρου, Γεώργιος Λαοδικείας τῆς ἐν Συρίᾳ, Σωφρόνιος Πομπηϊουπόλεως τῆς ἐν Παφλαγονίᾳ, Ἐλεύσιος Κυζίκου· οἷς ἠκολούθουν οἱ πλείονες. Ὡς οὖν ἐπεκράτει τὸ πρότερον ζητεῖσθαι περὶ τῆς πίστεως, οἱ μὲν τοῦ μέρους Ἀκακίου τὴν ἐν Νικαίᾳ πίστιν φανερῶς ἠθέτησαν, ἄλλην τε πίστιν ὑπαγορεύειν ἠνίττοντο· οἱ δὲ τοῦ ἑτέρου μέρους, οἱ τῷ ἀριθμῷ πλεονάζοντες, τὰ μὲν ἄλλα πάντα τῆς ἐν Νικαίᾳ συνόδου ἀπεδέχοντο· μόνην δὲ τὴν τοῦ 'ὁμοουσίου' λέξιν ἐμέμφοντο. Πολλὰ οὖν ἄχρι δείλης ὀψίας πρὸς ἀλλήλους φιλονεικούντων, τέλος Σιλβανὸς τῆς Ταρσοῦ προεστὼς ἐκκλησίας μέγα ἀνέκραγε, λέγων 'μὴ χρῆναι καινὴν ὑπαγορεύειν πίστεως ἔκδοσιν, ἀλλὰ τὴν ἤδη πρότερον ἐν Ἀντιοχείᾳ τοῖς ἐγκαινίοις ὑπαγορευθεῖσαν ὀφείλειν κρατεῖν.' Τούτου λεχθέντος, οἱ μὲν περὶ Ἀκάκιον ὑπεξῆλθον· οἱ δὲ τοῦ ἑτέρου μέρους προεκόμισαν τὴν ἐν Ἀντιοχείᾳ πίστιν, καὶ ἀναγνόντες διέλυσαν ἐν ἐκείνῃ τῇ ἡμέρᾳ τὸν σύλλογον. Τῇ δὲ ἑξῆς εἰς τὸν ἐν Σελευκείᾳ εὐκτήριον συνελθόντες οἶκον, καὶ τὰς θύρας ἀποκλείσαντες, τὴν ἀναγνωσθεῖσαν πίστιν ὑπογράφοντες ἐκύρουν. Ὑπέγραφον δὲ ὑπὲρ ἀπολειφθέντων τινῶν παρόντες ἀναγνῶσται καὶ διάκονοι, δι' ὧν στέρξειν τὸν ὅρον οἱ ἀπολειφθέντες ὡμολόγησαν.

CAP. XL.

Ὅτι ἐν τῇ κατὰ Σελεύκειαν συνόδῳ Ἀκάκιος ὁ Καισαρείας ἄλλην ὑπηγόρευσεν ἔκθεσιν πίστεως.

Ἀκάκιος δὲ καὶ οἱ τοῦ μέρους αὐτοῦ τὰ γινόμενα διεμέμφοντο, διότι τὴν ἐκκλησίαν ἀποκλείσαντες καθυπέγραφον· 'τὰ γὰρ ἐν παραβύστῳ,' φησί, 'γινόμενα ἀδόκιμα καὶ ὑποψίας ἐντός.' Ταῦτα ἔλεγε, βουλόμενος ἑτέραν ἔκδοσιν πίστεως ἀντεισενεγκεῖν, ἔχων εὐτρεπισμένην, ἣν ἀνεγνώκει μὲν τοῖς ἄρχουσι Λαυρικίῳ καὶ Λεωνᾷ, μόνην δὲ αὐτὴν κρατήσειν ἐσπούδαζε. Τούτων μὲν οὖν πλέον οὐδὲν κατὰ τὴν δευτέραν ἡμέραν ἐγίνετο· κατὰ δὲ τὴν τρίτην ὁ Λεωνᾶς αὖθις τὰ μέρη συναγαγεῖν ἐσπούδαζε· καθ' ἣν οὐκ ἀπελείφθη καὶ Μακεδόνιος ὁ Κωνσταντινουπόλεως, οὐδὲ μὴν ὁ Ἀγκύρας Βασίλειος. Ἐπεὶ οὖν ἀμφότεροι εἰς ταὐτὸ μέρος συνεληλύθεισαν, αὖθις οἱ περὶ Ἀκάκιον ἀπαντᾶν οὐκ ἐβούλοντο, φάσκοντες 'δεῖν πρότερον ἐκβάλλεσθαι τοῦ συλλόγου τούς τε ἤδη πρότερον καθαιρεθέντας, καὶ τοὺς ἐν τῷ παρόντι κατηγορουμένους.'

Ἐπεὶ δὲ, φιλονεικησάντων, τοῦτο μᾶλλον ἐκράτησεν, ὑπεξῄεσαν μὲν οἱ ἐν αἰτιάσει τυγχάνοντες, ἀντεισῆλθον δὲ οἱ περὶ Ἀκάκιον. Τότε δὲ ὁ Λεωνᾶς ἔφη βιβλίον δεδόσθαι αὐτῷ παρὰ τῶν περὶ Ἀκάκιον, ἀποκρύψας ὡς εἴη δόγματος ὑπαγόρευσις τοῦτο μὲν λεληθότως, τοῦτο δὲ καὶ φανερῶς μαχομένου τοῖς προλαβοῦσιν. Ὡς δὲ οἱ παρόντες ἡσύχασαν, ἄλλο τι μᾶλλον ἢ πίστεως ἔκδοσιν περιέχειν τὸ βιβλίον νομίσαντες, τηνικαῦτα καὶ Ἀκακίου τῆς πίστεως σύνταγμα σὺν τῷ προοιμίῳ ἀνεγνώσθη, τοῦτον ἔχον τὸν τρόπον·

Cp. Epiphan. Haer. 73. 25.

Ἡμεῖς συνελθόντες ἐν Σελευκείᾳ τῆς Ἰσαυρίας κατὰ τὸ βασιλικὸν βούλημα τῇ χθὲς ἡμέρᾳ, ἥτις ἦν πρὸ πέντε Καλανδῶν Ὀκτωβρίων, πᾶσαν σπουδὴν ἐθέμεθα μετὰ πάσης εὐταξίας τὴν εἰρήνην τῇ ἐκκλησίᾳ φυλάξαι, καὶ περὶ τῆς πίστεως εὐσταθῶς διαλαβεῖν, ὡς προσέταξεν ὁ θεοφιλέστατος βασιλεὺς ἡμῶν Κωνστάντιος, κατὰ τὰς προφητικὰς καὶ εὐαγγελικὰς φωνὰς, καὶ μηδὲν παρὰ τὰς θείας γραφὰς ἐπεισενέγκαι τῇ ἐκκλησιαστικῇ πίστει. Ἐπειδὴ δέ τινες ἐν τῇ συνόδῳ τοὺς μὲν ἡμῶν ὕβρισαν τοὺς δὲ ἐπεστόμισαν, οὐ συγχωροῦντες λαλεῖν, τοὺς δὲ ἀπέκλεισαν ἄκοντας, καὶ τοὺς καθῃρημένους δὲ ἐκ διαφόρων ἐπαρχιῶν εἶχον μεθ' ἑαυτῶν, καὶ τοὺς παρὰ κανόνα καταστάντας ἦγον μεθ' ἑαυτῶν, ὡς πανταχόθεν θορύβου πλήρη γενέσθαι τὴν σύνοδον, καθὼς καὶ ὁ λαμπρότατος κόμης Λεωνᾶς καὶ ὁ λαμπρότατος ἡγούμενος τῆς ἐπαρχίας Λαυρίκιος αὐτοψίᾳ παρέλαβον, τούτου ἕνεκεν διαλαλοῦμεν ταῦτα· ὡς οὐ

Ath. de Syn. 29.

φεύγομεν τὴν ἐκτεθεῖσαν αὐθεντικὴν πίστιν ἐν τοῖς ἐγκαινίοις τοῖς κατὰ τὴν Ἀντιόχειαν, προκομίζοντες αὐτήν, εἰ καὶ τὰ μάλιστα οἱ πατέρες ἡμῶν κατ' ἐκεῖνο τοῦ καιροῦ πρὸς τὸ ὑποκείμενον τῆς ζητήσεως συνέδραμον. Ἐπεὶ δὲ πολλοὺς ἐθορύβησεν τὸ 'ὁμοούσιον' καὶ τὸ 'ὁμοιούσιον' ἐν τοῖς παρελθοῦσι χρόνοις καὶ μέχρι νῦν, ἀλλὰ καὶ ἀρτίως λέγεται καινοτομεῖσθαι ὑπό τινων τὸ 'ἀνόμοιον' Υἱοῦ πρὸς Πατέρα, τούτου χάριν τὸ μὲν 'ὁμοούσιον' καὶ τὸ 'ὁμοιούσιον' ἐκβάλλομεν, ὡς ἀλλότριον τῶν γραφῶν, τὸ δὲ 'ἀνόμοιον' ἀναθεματίζομεν· καὶ πάντας ὅσοι τοιοῦτοι τυγχάνουσιν, ἀλλοτρίους ἡγούμεθα τῆς ἐκκλησίας. Τὸ δὲ 'ὅμοιον' τοῦ Υἱοῦ πρὸς τὸν Πατέρα σαφῶς ὁμολογοῦμεν,

Col. i. 15.

κατὰ τὸν ἀπόστολον τὸν λέγοντα περὶ τοῦ Υἱοῦ, 'Ὅς ἐστιν εἰκὼν τοῦ Θεοῦ τοῦ ἀοράτου.' Ὁμολογοῦμεν δὲ καὶ πιστεύομεν εἰς ἕνα Θεὸν, Πατέρα παντοκράτορα, ποιητὴν οὐρανῶν καὶ γῆς, ὁρατῶν καὶ ἀοράτων. Πιστεύομεν δὲ καὶ εἰς τὸν Κύριον ἡμῶν Ἰησοῦν Χριστὸν τὸν Υἱὸν αὐτοῦ, τὸν ἐξ αὐτοῦ γεννηθέντα ἀπαθῶς πρὸ πάντων τῶν αἰώνων, Θεὸν Λόγον ἐκ Θεοῦ μονογενῆ, φῶς, ζωὴν, ἀλήθειαν, σοφίαν· δι' οὗ τὰ πάντα ἐγένετο, τά τε ἐν τοῖς οὐρανοῖς, καὶ τὰ ἐπὶ τῆς γῆς, εἴτε ὁρατὰ εἴτε ἀόρατα. Τοῦτον πιστεύομεν ἐπὶ συντελείᾳ τῶν αἰώνων, εἰς ἀθέτησιν ἁμαρτίας, σάρκα ἀνειληφέναι ἐκ τῆς ἁγίας παρθένου

Μαρίας, καὶ ἐνανθρωπήσαντα, παθόντα ὑπὲρ τῶν ἁμαρτιῶν ἡμῶν, καὶ ἀναστάντα, καὶ ἀναληφθέντα εἰς οὐρανοὺς, καθέζεσθαι ἐν δεξιᾷ τοῦ Πατρός· καὶ πάλιν ἐρχόμενον ἐν δόξῃ κρῖναι ζῶντας καὶ νεκρούς. Πιστεύομεν καὶ εἰς τὸ Ἅγιον Πνεῦμα, ὃ καὶ Παράκλητον ὠνόμασεν ὁ Σωτὴρ ὁ Κύριος ἡμῶν, ἐπαγγειλάμενος μετὰ τὸ ἀπελθεῖν αὐτὸν, πέμψαι τοῦτο τοῖς μαθηταῖς, ὃ καὶ ἀπέστειλε· δι' οὗ καὶ ἁγιάζει τοὺς ἐν τῇ ἐκκλησίᾳ πιστεύοντας, καὶ βαπτιζομένους ἐν ὀνόματι τοῦ Πατρὸς καὶ τοῦ Υἱοῦ καὶ τοῦ Ἁγίου Πνεύματος. Τοὺς δὲ παρὰ ταύτην τὴν πίστιν ἄλλο τι κηρύττοντας, ἀλλοτρίους εἶναι τῆς καθολικῆς ἐκκλησίας.

Αὕτη μὲν ἡ Ἀκακίου περὶ τῆς αὐτοῦ πίστεως ἔκδοσις· ἦσαν δὲ αὐτῇ καθυπογράψαντες αὐτὸς Ἀκάκιος καὶ οἱ τὰ αὐτοῦ φρονοῦντες, τοσοῦτοι ὄντες τὸν ἀριθμὸν ὅσον μικρὸν ἔμπροσθεν ἐμνημονεύσαμεν. Ἀναγνωσθείσης δὲ αὐτῆς, Σωφρόνιος Πομπηϊουπόλεως τῆς ἐν Παφλαγονίᾳ τοιαῦτα αὐταῖς λέξεσιν ἀνεβόησεν· 'Εἰ τὸ καθ' ἑκάστην ἡμέραν ἰδίαν ἐκτίθεσθαι βούλησιν "πίστεως" ὑπάρχει "ἔκθεσις," ἐπιλείψει ἡμᾶς ἡ τῆς ἀληθείας ἀκρίβεια.' Ταῦτα μὲν ὁ Σωφρόνιος ἔφησεν· ἐγὼ δέ φημι, ὡς εἰ ἐξ ἀρχῆς τοιαῦτα περὶ τῆς ἐν Νικαίᾳ πίστεως οἵ τε πρὸ αὐτῶν καὶ οἱ μετ' ἐκείνους διενοήθησαν, πέπαυτο ἂν πᾶσα φιλόνεικος ζήτησις, καὶ οὐκ ἂν τῶν ἐκκλησιῶν ἄλογος ἐκράτησε ταραχή. Ἀλλ' ὅπως μὲν ἔχει ταῦτα, κρινάτωσαν οἱ κατανοεῖν δυνάμενοι· τότε δὲ πολλὰ πρὸς ἀλλήλους περί τε τούτου καὶ τῶν κατηγορουμένων εἰπόντες καὶ ἀκούσαντες διελύθησαν. Τῇ δὲ τετάρτῃ αὖθις ἡμέρᾳ συνῆλθον ἅπαντες εἰς ταὐτὸ, καὶ αὖθις ἀνεκίνουν μετὰ ἐρεσχελίας τοὺς λόγους· ἐν οἷς Ἀκάκιος τοιάνδε κατὰ λέξιν εἰσηγήσατο γνώμην· 'Εἰ ἅπαξ ἡ ἐν Νικαίᾳ πίστις μετεποιήθη καὶ μετὰ ταῦτα πολλάκις, οὐδὲν κωλύει καὶ νῦν ἑτέραν ὑπαγορευθῆναι πίστιν.' Πρὸς ταῦτα Ἐλεύσιος ὁ Κυζίκου τοιάδε εἶπεν· 'Ἡ σύνοδος συνεκροτήθη ἐπὶ τοῦ παρόντος, οὐχ ἵνα μάθῃ ἃ μὴ μεμάθηκεν, οὔθ' ἵνα πίστιν δέξηται ἣν μὴ κέκτηται· ἀλλὰ τῇ τῶν πατέρων πίστει στοιχοῦσα ταύτης μέχρι ζωῆς καὶ θανάτου οὐκ ἐξίσταται.' Τοιούτοις καὶ ὁ Ἐλεύσιος πρὸς τὴν Ἀκακίου γνώμην ἀπήντησε, 'πίστιν πατέρων' τὴν ἐν Ἀντιοχείᾳ ἐκτεθεῖσαν πίστιν καλῶν. Ἀπαντήσει δ' ἄν τις καὶ πρὸς τοῦτον· 'Πῶς τοὺς ἐν Ἀντιοχείᾳ συνελθόντας "πατέρας" ὀνομάζεις, Ἐλεύσιε, τοὺς καὶ ἐκείνων πατέρας ἀρνούμενος; οἱ γὰρ ἐν Νικαίᾳ συνελθόντες καὶ τὸ "ὁμοούσιον" τῇ πίστει συμφωνήσαντες κυριώτερον ἂν " πατέρες " λέγοιντο, τῷ καὶ προαναβεβηκέναι τοῖς χρόνοις, καὶ ὅτι οἱ ἐν Ἀντιοχείᾳ γενόμενοι ὑπ᾽ ἐκείνων εἰς τὴν ἱερωσύνην προβέβληντο. Εἰ δὲ οἱ ἐν Ἀντιοχείᾳ τοὺς ἰδίους πατέρας ἠθέτησαν, λελήθασιν ἑαυτοὺς οἱ μετὰ ταῦτα τοῖς πατραλοίαις ἑπόμενοι. Πῶς δὲ καὶ ὧν ἐκεῖνοι τὴν πίστιν ὡς ἀδόκιμον ἠθέτησαν, τὴν χειροτονίαν ὡς δοκίμην ἐδέξαντο; εἰ δὲ ἐκεῖνοι οὐκ εἶχον τὸ Πνεῦμα τὸ Ἅγιον, ὃ διὰ τῆς χειροτονίας ἐπέρχεται, οὐδὲ οὗτοι τὴν ἱερωσύνην ἔλαβον· πῶς γὰρ ἐλάμβανον παρὰ τῶν οὐκ ἐχόντων τὸ διδόμενον;' Ταῦτα μὲν οὖν ἀντιθήσει τις πρὸς τὰ ὑπὸ Ἐλευσίου λεχθέντα· τότε δὲ αὖθις ἐπὶ ἑτέραν ἐχώρησαν ζήτησιν. Ἐπεὶ γὰρ καὶ οἱ περὶ Ἀκάκιον ἐν τῇ ἀναγνωσθείσῃ πίστει ' ὅμοιον ' ἔφασαν ' τὸν Υἱὸν τῷ Πατρὶ,' διεπυνθάνοντο ἀλλήλων, κατὰ τί ὅμοιος ἐστὶν ὁ Υἱὸς τῷ Πατρί· καὶ οἱ μὲν περὶ Ἀκάκιον ἔλεγον, ' κατὰ τὴν βούλησιν μόνον, οὐ μὴν κατὰ τὴν οὐσίαν ὅμοιον τῷ Πατρὶ εἶναι τὸν Υἱόν.' Οἱ δὲ ἄλλοι σύμπαντες ' καὶ κατὰ τὴν οὐσίαν' ἀπεφήναντο. Περὶ τούτου δὲ τοῦ ζητήματος φιλονεικοῦντες ἐνδιημέρευον, καὶ τὸν Ἀκάκιον ἐξήλεγχον, ὡς εἴη ἐν τοῖς λόγοις αὐτοῦ, οὓς συγγράψας ἐξέδωκεν, ' ὅμοιον κατὰ πάντα ' εἰπὼν τὸν Υἱὸν τῷ Πατρί. ' Καὶ πῶς νῦν,' ἔφασαν, ' ἀρνῇ τὴν κατ᾽ οὐσίαν τοῦ Υἱοῦ πρὸς τὸν Πατέρα ὁμοιότητα ;' Ὁ δὲ, ' Ἀπὸ συγγραμμάτων,' ἔφη, ' οὔτε νέος τις οὔτε ἀρχαῖος ἐκρίθη.' Πολλὰ δὲ πρὸς ἀλλήλους περὶ τοῦ ζητήματος τούτου ἀκριβολογουμένων καὶ μηδαμῶς συμφωνούντων, ὁ Λεωνᾶς ἀναστὰς διέλυσε τὸν σύλλογον· καὶ τοῦτο τέλος ἔσχεν ἡ ἐν Σελευκείᾳ γενομένη σύνοδος. Τῇ γὰρ ἑξῆς παρακαλούμενος οὐκέτι εἰς ταὐτὸν συνελθεῖν αὐτοῖς ἠθέλησε, φήσας ' ἀπεστάλθαι παρὰ τοῦ βασιλέως ἐπὶ τῷ παρεῖναι τῇ συνόδῳ ὁμοφωνούσῃ· ἐπειδὴ δέ τινες διέστησαν, οὐ δύναμαι,' ἔφη, ' παραγενέσθαι· ἀπέλθετε οὖν, καὶ ἐν τῇ ἐκκλησίᾳ φλυαρεῖτε.' Τούτου γενομένου, οἱ περὶ Ἀκάκιον ἕρμαιον ἡγησάμενοι οὐδὲ αὐτοὶ ἀπαντῆσαι ἠθέλησαν. Οἱ δὲ τοῦ ἄλλου μέρους διακριθέντες, καὶ συνελθόντες κατὰ τὴν ἐκκλησίαν, ἐκάλουν τοὺς περὶ Ἀκάκιον ἐπὶ τῷ κρῖναι τὰ κατὰ Κύριλλον τὸν ἐπίσκοπον Ἱεροσολύμων. Ἰστέον γὰρ ὅτι Κύριλλος ἤδη πρότερον κατηγόρητο· καὶ διὰ τί μὲν, οὐκ ἔχω φράσαι· καθῃρέθη δὲ, ὅτι πολλάκις ἐπὶ τὸ κριθῆναι καλούμενος ἐφεξῆς δύο ἐνιαυτῶν διέφυγε τὰς κατηγορίας εὐλαβούμενος. Καθαιρεθεὶς δ᾽ οὖν ὅμως ἐκκλήτου βιβλίον τοῖς καθελοῦσι διαπεμψάμενος, μεῖζον ἐπεκαλέσατο δικαστήριον· οὗ τῇ ἐκκλήτῳ καὶ ὁ βασιλεὺς Κωνστάντιος ἐγεγόνει σύμψηφος. Τοῦτο μὲν οὖν μόνος καὶ πρῶτος παρὰ τὸ σύνηθες τῷ ἐκκλησιαστικῷ κανόνι Κύριλλος ἐποίησεν, ἐκκλήτοις ὡς ἐν δημοσίῳ δικαστηρίῳ χρησάμενος· τότε δὲ ἐν τῇ Σελευκείᾳ παρῆν κριθησόμενος. Καὶ διὰ τοῦτο οἱ ἐπίσκοποι τοὺς περὶ Ἀκάκιον ἐκάλουν, ὡς μικρῷ ἔμπροσθεν ἐμνημονεύσαμεν, ὅπως ἂν περὶ τῶν κατηγορουμένων διαγνόντες κοινὴν ἐξενέγκωσι ψῆφον. Ἐκάλουν γὰρ δὴ καί τινας ἄλλους τῶν κατηγορουμένων, οἳ τοῖς περὶ Ἀκάκιον προσπεφεύγασιν. Ἐπεὶ οὖν πολλάκις καλούμενοι οὐκ ἀπήντησαν, καθεῖλον αὐτόν τε Ἀκάκιον, Γεώργιον Ἀλεξανδρείας, Οὐράνιον Τύρου, Θεόδουλον Χαιρετάπων τῆς Φρυγίας, Θεοδόσιον Φιλαδελφείας τῆς ἐν Λυδίᾳ, Εὐάγριον Μιτυλήνης τῆς νήσου, Λεόντιον Τριπόλεως τῆς Λυδίας, καὶ Εὐδόξιον τὸν πρότερον μὲν Γερμανικείας, μετὰ ταῦτα δὲ Ἀντιοχείας τῆς ἐν Συρίᾳ τὴν ἐπισκοπὴν ὑποδύντα. Καθεῖλον δὲ καὶ Πατρόφιλον, ὅτι αὐτὸς ὑπὸ Δωροθέου πρεσβυτέρου κατηγορούμενος, κληθεὶς οὐχ ὑπήκουσε. Τούτους μὲν οὖν καθεῖλον· ἀκοινωνήτους δὲ πεποιήκασιν Ἀστέριον, Εὐσέβιον, Ἄβγαρον, Βασιλικόν, Φοῖβον, Φιδήλιον, Εὐτύχιον, Μάγνον καὶ Εὐστάθιον· ὁρίσαντες οὕτω μένειν αὐτούς, ἕως ἂν ἀπολογησάμενοι τὰς κατηγορίας ἀποδύσωνται. Ταῦτα πράξαντες, διὰ γραμμάτων τε τὰ περὶ τῶν καθαιρεθέντων ταῖς ἐκείνων παροικίαις γνωρίσαντες, καθιστῶσιν εἰς τὸν τόπον Εὐδοξίου τῆς Ἀντιοχείας ἐπίσκοπον, Ἀνιανὸν τοὔνομα· ὃν συλλαβόντες οἱ περὶ Ἀκάκιον Λεωνᾷ καὶ Λαυρικίῳ παρέδοσαν· οἱ δὲ αὐτὸν ἐξόριστον πεποιήκασι. Τούτου γενομένου, οἱ ἐπίσκοποι οἱ προβεβλημένοι τὸν Ἀνιανὸν διαμαρτυρίαις ἐχρῶντο κατὰ τῶν περὶ Ἀκάκιον πρὸς τὸν Λεωνᾶν καὶ Λαυρίκιον, δι' ὧν ἀδικεῖσθαι τῆς συνόδου τὴν κρίσιν ἐμήνυον. Ὡς δὲ οὐδὲν πλέον ἠνύετο, ἐπὶ τὴν Κωνσταντινούπολιν ὥρμησαν ἐπὶ τῷ διδάξαι τὸν βασιλέα τὰ κριθέντα αὐτοῖς.

CAP. XLI.

Ὡς τοῦ βασιλέως ἐπανελθόντος ἐκ τῶν ἑσπερίων μερῶν, οἱ περὶ Ἀκάκιον ἐν τῇ Κωνσταντίνου πύλει συναχθέντες τὴν ἐν Ἀριμίνῳ πίστιν ἐκύρωσαν προσθέντες αὐτῇ τινα.

Καὶ γὰρ παρῆν ἀπὸ τῶν ἑσπερίων μερῶν ἀναστρέψας ὁ βασιλεύς· καὶ τότε τὸν ἔπαρχον τῆς Κωνσταντινουπόλεως κατέστησεν,

Ὁνωράτον ὄνομα, τὴν ἀνθυπάτων παύσας ἀρχήν. Φθάσαντες δὲ οἱ περὶ Ἀκάκιον προδιαβάλλουσιν αὐτοὺς βασιλεῖ, διδάξαντες μὴ δέχεσθαι τὴν ὑπ᾽ αὐτῶν ἐκτεθεῖσαν πίστιν. Διόπερ ἀγανακτήσας ὁ βασιλεὺς ἐπενόησε διασπεῖραι αὐτούς, νόμῳ κελεύσας τοὺς ὑποκειμένους αὐτῶν δημοσίοις λειτουργήμασι τῇ ἰδίᾳ τύχῃ ἀποδίδοσθαι. Καὶ γὰρ ἦσαν τινες ἐξ αὐτῶν λειτουργίαις ὑποκείμενοι, οἱ μὲν βουλευτηρίων, οἱ δὲ τῶν ἐν ταῖς ἐπαρχίαις τάξεων. Τούτων δὴ οὕτως ταραττομένων, οἱ περὶ Ἀκάκιον ἐπιμείναντες τῇ Κωνσταντινουπόλει συνέδριον ἕτερον πεποιήκασι, τοὺς ἀπὸ Βιθυνίας ἐπισκόπους μεταπεμψάμενοι. Γενόμενοι οὖν οἱ πάντες τὸν ἀριθμὸν πεντήκοντα, οἷς κατηρίθμητο Μάρις ὁ Χαλκηδόνος, βεβαιοῦσι τὴν ἐν Ἀριμίνῳ μετὰ τῆς ὑπατείας ἀναγνωσθεῖσαν πίστιν· ἣν περιττὸν ἦν ἂν ἐνταῦθα προσκεῖσθαι, εἰ μηδὲν αὐτῇ προστεθείκασιν. Ἐπειδὴ δέ τινα αὐτῇ προστεθείκασι ῥήματα, ἀναγκαῖον καὶ αὖθις αὐτὴν ἐνταῦθα παραγράψαι· ἔστι δὲ ἐν τοῖς ῥήμασι τούτοις·

Πιστεύομεν εἰς ἕνα μόνον Θεόν, Πατέρα παντοκράτορα, ἐξ οὗ τὰ πάντα· καὶ εἰς τὸν μονογενῆ Υἱὸν τοῦ Θεοῦ, πρὸ πάντων τῶν αἰώνων καὶ πρὸ πάσης ἀρχῆς γεννηθέντα ἐκ τοῦ Θεοῦ· δι᾽ οὗ τὰ πάντα ἐγένετο, τὰ ὁρατὰ καὶ τὰ ἀόρατα· γεννηθέντα δὲ μονογενῆ, μόνον ἐκ μόνου τοῦ Πατρός, Θεὸν ἐκ Θεοῦ, ὅμοιον τῷ γεννήσαντι αὐτὸν Πατρὶ κατὰ τὰς γραφάς· οὗ τὴν γέννησιν οὐδεὶς γινώσκει, εἰ μὴ μόνος ὁ γεννήσας αὐτὸν Πατήρ. Τοῦτον οἴδαμεν μονογενῆ τοῦ Θεοῦ Υἱόν, πέμποντος τοῦ Πατρός, παραγενέσθαι ἐκ τῶν οὐρανῶν, ὡς γέγραπται, ἐπὶ καταλύσει τῆς ἁμαρτίας καὶ τοῦ θανάτου· καὶ γεννηθέντα ἐκ Πνεύματος Ἁγίου, καὶ Μαρίας τῆς παρθένου τὸ κατὰ σάρκα, ὡς γέγραπται, καὶ ἀναστραφέντα μετὰ τῶν μαθητῶν· καὶ πάσης τῆς οἰκονομίας πληρωθείσης κατὰ τὴν πατρικὴν βούλησιν, σταυρωθέντα, καὶ ἀποθανόντα, καὶ ταφέντα, καὶ εἰς τὰ καταχθόνια κατεληλυθότα· ὅν τινα καὶ αὐτὸς ὁ ᾅδης ἔπτηξεν. Ὅς τις καὶ ἀνέστη ἀπὸ τῶν νεκρῶν τῇ τρίτῃ ἡμέρᾳ, καὶ διέτριψε μετὰ τῶν μαθητῶν· καὶ πληρωθεισῶν τῶν τεσσαράκοντα ἡμερῶν, ἀνελήφθη εἰς τοὺς οὐρανούς, καὶ καθέζεται ἐν δεξιᾷ τοῦ Πατρός, ἐλευσόμενος ἐν τῇ ἐσχάτῃ ἡμέρᾳ τῆς ἀναστάσεως ἐν τῇ πατρικῇ δόξῃ, ἵνα ἀποδώσῃ ἑκάστῳ κατὰ τὰ ἔργα αὐτοῦ. Καὶ εἰς τὸ Ἅγιον Πνεῦμα, ὅπερ αὐτὸς ὁ μονογενὴς τοῦ Θεοῦ ὁ Χριστός, ὁ Κύριος καὶ Θεὸς ἡμῶν, ἐπηγγείλατο πέμπειν τῷ γένει τῶν ἀνθρώπων Παράκλητον, καθάπερ γέγραπται, 'τὸ Πνεῦμα τῆς ἀληθείας·' ὅπερ αὐτοῖς ἔπεμψεν, ὅτε ἀνελήφθη εἰς τοὺς οὐρανούς. Τὸ δὲ ὄνομα τῆς 'οὐσίας,' ὅπερ ἁπλούστερον ὑπὸ τῶν πατέρων ἐτέθη, ἀγνοούμενον δὲ τοῖς λαοῖς σκάνδαλον ἔφερε, διότι μηδὲ αἱ γραφαὶ τοῦτο περιέχουσιν, ἤρεσε περιαιρεθῆναι, καὶ παντελῶς μηδε-

II. 42.] *List of Arian Creeds.* 129

μίαν μνήμην τοῦ λοιποῦ γενέσθαι, ἐπειδήπερ καὶ αἱ θεῖαι γραφαὶ οὐδαμοῦ ἐμνημόνευσαν περὶ οὐσίας Πατρὸς καὶ Υἱοῦ. Καὶ γὰρ οὐκ ὀφείλει 'ὑπόστασις' περὶ Πατρὸς καὶ Υἱοῦ καὶ Ἁγίου Πνεύματος ὀνομάζεσθαι. Ὅμοιον δὲ λέγομεν τὸν Υἱὸν τῷ Πατρὶ, ὡς λέγουσιν αἱ θεῖαι γραφαὶ καὶ διδάσκουσι. Πᾶσαι δὲ αἱρέσεις, αἵ τε ἤδη πρότερον κατεκρίθησαν, καὶ αἵ τινες ἐὰν καινότεραι γένωνται, ἐναντίαι τυγχάνουσαι τῆς ἐκτεθείσης ταύτης γραφῆς, ἀνάθεμα ἔστωσαν.

Ταῦτα μὲν ἐν Κωνσταντινουπόλει τότε ἀνεγνώσθησαν· ἡμεῖς δὲ τὸν λαβύρινθον τῶν ἐκθέσεων ὀψέ ποτε διανύσαντες, τὴν ἀπαρίθμησιν αὐτῶν συναγάγωμεν. Μετὰ γὰρ τὴν ἐν Νικαίᾳ πίστιν, ὕστερον ἐν Ἀντιοχείᾳ τοῖς ἐγκαινίοις δισσὰς ἐκθέσεις ὑπηγόρευσαν. Cp. ii. 10. Τρίτη δέ ἐστιν ἡ ἐπιδοθεῖσα παρὰ τῶν περὶ Νάρκισσον ἐν ταῖς ii. 18. Γαλλίαις τῷ βασιλεῖ Κώνσταντι. Τετάρτη δὲ, ἡ δι' Εὐδοξίου τοῖς ii. 19. ἐν Ἰταλίᾳ πεμφθεῖσα· ἔν τε Σιρμίῳ τρεῖς ὑπηγορεύθησαν, ὧν ἡ ii. 30, 37. μία ἐν Ἀριμίνῳ μετὰ τῆς ὑπατείας ἀνεγνώσθη. Ὀγδόη δέ ἐστιν ἡ ἐν Σελευκείᾳ, ἣν οἱ περὶ Ἀκάκιον ἀνεγνώκεισαν. Τελευταία δὲ ii. 40. ἐν Κωνσταντινουπόλει μετὰ τῆς προσθήκης ἐκδέδοται· πρόσκειται γὰρ αὐτῇ, 'μήτε οὐσίαν, μήτε ὑπόστασιν ἐπὶ Θεοῦ λέγειν.' Ταύτῃ καὶ Οὐλφίλας ὁ τῶν Γότθων ἐπίσκοπος τότε πρῶτον συνέθετο· τὸν γὰρ ἔμπροσθεν χρόνον τὴν ἐν Νικαίᾳ πίστιν ἠσπάζετο, ἑπόμενος Θεοφίλῳ, ὃς τῶν Γότθων ἐπίσκοπος ὢν τῇ ἐν Νικαίᾳ συνόδῳ παρὼν καθυπέγραψε. Τοσαῦτα μὲν περὶ τούτων εἰρήσθω.

CAP. XLII.

Ὡς καθαιρεθέντος Μακεδονίου, Εὐδόξιος τὴν ἐπισκοπὴν Κωνσταντίνου πόλεως κατέσχεν.

Οἱ δὲ περὶ Ἀκάκιον καὶ Εὐδόξιον ἐν τῇ Κωνσταντινουπόλει περὶ τὸ ἀντικαθαιρεῖν καὶ αὐτοὶ τινὰς τοῦ ἑτέρου μέρους ἀγῶνα ἐτίθεντο. Ἰστέον δὲ ὅτι οὐδέτεροι διὰ θρησκείαν, ἀλλὰ δι' ἑτέρας προφάσεις, τὰς καθαιρέσεις πεποίηνται· διακρινόμενοι γὰρ περὶ πίστεως, ἐν τῷ καθαιρεῖν ἀλλήλους τὴν ἀλλήλων πίστιν οὐ διεμέμφοντο. Συγχρώμενοι δὲ οἱ περὶ Ἀκάκιον τῇ τοῦ βασιλέως ὀργῇ, ἣν κατά τε τῶν ἄλλων, καὶ μάλιστα κατὰ Μακεδονίου, φυλάττων ἐκτελέσαι ἐσπούδαζεν, καθαιροῦσι, πρῶτον μὲν Μακεδόνιον, καὶ ὡς αἴτιον πολλῶν φόνων γενόμενον, καὶ ὅτι διάκονον ἐπὶ πορνείᾳ ἁλόντα ἐδέξατο εἰς κοινωνίαν· Ἐλεύσιον δὲ τὸν Κυζίκου, διότι Ἡράκλειόν

K

τινα ιερέα τοῦ ἐν Τύρῳ Ἡρακλέους ἐπὶ γοητείᾳ ληφθέντα βαπτίσας εἰς διάκονον προεβάλετο· Βασίλειον δὲ, τὸν καὶ Βασιλᾶν, καὶ γὰρ οὕτως ὠνομάζετο, τὸν ἐν Ἀγκύρᾳ εἰς τὸν τόπον Μαρκέλλου προχειρισθέντα, ὡς ἀδίκως τινα βασανίσαντα καὶ σιδηροδέσμοις φυλακαῖς κατακλείσαντα, καὶ ὅτι συκοφαντίας τισιν ἔρραψεν, ἔτι μὴν καὶ ὅτι δι᾽ ἐπιστολῶν τὰς ἐν Ἀφρικῇ ἐκκλησίας ἐτάραξεν· Δρακόντιον δὲ, ὅτι ἀπὸ Γαλατίας μετέβη εἰς Πέργαμον· καθεῖλον δὲ καὶ Νεωνᾶν τὸν Σελευκείας, ἐν ᾗ ἐγεγόνει ἡ σύνοδος· ἔτι μὴν καὶ Σωφρόνιον τὸν Πομπηϊουπόλεως τῆς ἐν Παφλαγονίᾳ, καὶ Ἐλπίδιον Σατάλων τῆς Μακεδονίας, καὶ τῶν Ἱεροσολύμων Κύριλλον· καὶ ἄλλους δι᾽ ἄλλας αἰτίας ἐξέβαλλον.

CAP. XLIII.

Περὶ Εὐσταθίου τοῦ Σεβαστείας ἐπισκόπου.

Εὐστάθιος δὲ ὁ τῆς ἐν Ἀρμενίᾳ Σεβαστείας οὔτε εἰς ἀπολογίαν ἐδέχθη, διότι ὑπὸ Εὐλαλίου τοῦ ἰδίου πατρὸς καὶ ἐπισκόπου Καισαρείας τῆς ἐν Καππαδοκίᾳ ἤδη πρότερον καθῄρητο, ἐπειδὴ ἀνάρμοστον τῇ ἱερωσύνῃ στολὴν ἠμφίεστο. Ἰστέον δὲ ὅτι εἰς τόπον Εὐσταθίου Μελέτιος κατέστη ἐπίσκοπος, περὶ οὗ μικρὸν ὕστερον ἐροῦμεν. Εὐστάθιος μέντοι καὶ μετὰ ταῦτα ἐν τῇ δι᾽ αὐτὸν γενομένῃ ἐν Γάγγραις τῆς Παφλαγονίας συνόδῳ κατεκρίθη, διότι μετὰ τὸ καθαιρεθῆναι αὐτὸν ἐν τῇ κατὰ Καισάρειαν συνόδῳ πολλὰ παρὰ τοὺς ἐκκλησιαστικοὺς τύπους ἔπραττεν. ʽΓαμεῖν γὰρ ἐκώλυε, καὶ βρωμάτων ἀπέχεσθαι᾽ ἐδογμάτιζεν· καὶ διὰ τούτων πολλοὺς μὲν γεγαμηκότας τοῦ συνοικεσίου ἐχώριζε, καὶ τὰς ἐκκλησίας ἐκτρεπομένους ἐπ᾽ οἰκίας τὴν κοινωνίαν ποιεῖσθαι ἀνέπειθε. Δούλους τε προσχήματι θεοσεβείας τῶν δεσποτῶν ἀπέσπα. Αὐτός τε φιλοσόφου σχῆμα φορῶν, καὶ τοὺς ἀκολουθοῦντας αὐτῷ ξένῃ στολῇ χρῆσθαι ἐποίει, καὶ τὰς γυναῖκας κείρεσθαι παρεσκεύαζεν. Καὶ τὰς μὲν ὡρισμένας νηστείας ἐκτρέπεσθαι, τὰς Κυριακὰς δὲ νηστεύειν ἐδίδασκεν· ἐν οἴκοις τε γεγαμηκότων εὐχὰς ἐκώλυε γενέσθαι· καὶ πρεσβυτέρου γυναῖκα ἔχοντος, ἣν νόμῳ λαϊκὸς ὢν ἠγάγετο, τὴν εὐλογίαν καὶ τὴν κοινωνίαν ὡς μύσος ἐκκλίνειν ἐκέλευε. Καὶ ἄλλα πλεῖστα παραπλήσια τούτοις ποιοῦντος αὐτοῦ καὶ διδάσκοντος, σύνοδος, ὡς ἔφην, ἐν Γάγγραις τῆς Παφλαγονίας συναχθεῖσα αὐτόν τε καθεῖλε, καὶ τὰ δόγματα αὐτοῦ ἀνεθεμάτισε.

II. 44.] *Eudoxius bishop of Constantinople.* 131

Ταῦτα μὲν οὖν ὕστερον ἐγένετο· τότε δὲ ἐκβληθέντος Μακεδονίου, Εὐδόξιος ἐν δευτέρῳ τὸν Ἀντιοχείας θέμενος θρόνον, τῆς Κωνσταντινουπόλεως ἀναδείκνυται, τῶν περὶ Ἀκάκιον ἐνθρονισάντων αὐτόν. Οἳ ἐλάνθανον ἑαυτοὺς ἐναντία νομοθετοῦντες τοῖς ὑπ' αὐτῶν κεκριμένοις· οἱ γὰρ Δρακόντιον καθελόντες, διότι ἐκ Γαλατίας μετέβη εἰς Πέργαμον, οὐκ ἐλογίζοντο, Εὐδόξιον δεύτερον τότε ποιούμενον τὴν μετάβασιν ἐνθρονίζοντες, ὡς ὑπεναντία τοῖς οἰκείοις δόγμασιν ἔπραττον. Ταῦτα κατεργασάμενοι, τὴν μὲν ἀναγνωσθεῖσαν πίστιν εἰς τὴν Ἀρίμινον μετὰ τῆς γενομένης προσθήκης ὡς διορθώσαντες ἐξεπέστειλαν, ἐντειλάμενοι τοὺς μὴ ὑπογράφοντας αὐτῇ ἐξορίζεσθαι κατὰ πρόσταγμα τοῦ βασιλέως. Γνώριμα δὲ καθιστῶσι τὰ ὑπ' αὐτῶν πεπραγμένα τοῖς τε ἄλλοις τοῖς κατὰ τὴν ἀνατολὴν ὁμοδόξοις, καὶ Πατροφίλῳ τῷ Σκυθοπόλεως· οὗτος γὰρ ἐκ τῆς Σελευκείας ἐπὶ τὴν οἰκείαν εὐθὺς ὥρμησε πόλιν. Εὐδοξίου δὲ ἀναδειχθέντος τῆς μεγαλοπόλεως, τηνικαῦτα ἡ μεγάλη ἐκκλησία ὀνομαζομένη 'Σοφία' ἐνεκαινίσθη, ἐν A.D. 360. ὑπατείᾳ Κωνσταντίου τὸ δέκατον, καὶ Ἰουλιανοῦ Καίσαρος τὸ τρίτον, τῇ πεντεκαιδεκάτῃ τοῦ Φεβρουαρίου μηνός. Εὐδόξιος δὲ καθεσθεὶς εἰς τὸν θρόνον αὐτῆς, πρώτην ἐκείνην τὴν πολυθρύλητον ἀφῆκε φωνήν, φράσας, 'Ὁ Πατὴρ ἀσεβής, ὁ Υἱὸς εὐσεβής.' Cp. iv. 13. Θορύβου δὲ καὶ στάσεως ἐπὶ τούτῳ γενομένης, 'Μηδὲν,' ἔφη, 'ταράττεσθε πρὸς τὸ λεχθὲν ὑπ' ἐμοῦ· ὁ γὰρ Πατὴρ ἀσεβὴς, ὅτι οὐδένα σέβει· ὁ δὲ Υἱὸς εὐσεβής, ὅτι σέβει τὸν Πατέρα.' Τοιαῦτα δὲ τοῦ Εὐδοξίου εἰπόντος, ὁ μὲν θόρυβος κατεστάλη, γέλως δὲ ἀντὶ θορύβου κατεῖχε πολὺς τὴν ἐκκλησίαν· καὶ μένει τὸ λεχθὲν ἄχρι δεῦρο γελώμενον. Τοιαῦτα γὰρ δὴ οἱ αἱρεσιάρχαι σοφιζόμενοι, καὶ περὶ τοιαύτας ἀσχολούμενοι λέξεις, τὴν ἐκκλησίαν διέσπασαν. Τοῦτο μὲν οὖν τοιοῦτο τέλος καὶ ἡ ἐν Κωνσταντινουπόλει γενομένη σύνοδος ἔσχεν.

CAP. XLIV.

Περὶ Μελετίου τοῦ Ἀντιοχείας ἐπισκόπου.

Ἤδη δὲ λοιπὸν καὶ τὰ περὶ Μελετίου λεκτέον. Οὗτος γὰρ, ὡς μικρὸν ἔμπροσθεν εἶπον, τῆς Ἀρμενίων Σεβαστείας ἐπίσκοπος προεβλήθη, Εὐσταθίου καθαιρεθέντος· ἐκ δὲ Σεβαστείας εἰς Βέροιαν τῆς Συρίας μετηνέχθη. Γενόμενος δὲ ἐν τῇ κατὰ Σελεύκειαν συνόδῳ, καὶ τῇ πίστει τῶν περὶ Ἀκάκιον ὑπογράψας, ὡς εἶχεν ἐπὶ τὴν Βέροιαν ἀνεχώρησε. Γενομένης δὲ τῆς ἐν Κωνσταντινουπόλει συνόδου, οἱ ἐν Ἀντιοχείᾳ πυθόμενοι τὸν Εὐδόξιον καταπεφρονηκέναι μὲν τῆς αὐτῶν ἐκκλησίας, ἐπὶ δὲ τὸν πλοῦτον Κωνσταντινουπόλεως ἀποκεκλικέναι, μεταπεμψάμενοι τὸν Μελέτιον ἐκ τῆς Βεροίας εἰς τὴν Ἀντιοχείας ἐκκλησίαν ἐνθρονίζουσιν. Ὁ δὲ πρῶτον μὲν περὶ δόγματος διαλέγεσθαι ὑπερετίθετο, μόνην δὲ τὴν ἠθικὴν διδασκαλίαν τοῖς ἀκροαταῖς προσῆγεν· προβαίνων δὲ τὴν ἐν Νικαίᾳ παρετίθετο πίστιν, καὶ διδάσκει τὸ 'ὁμοούσιον.' Τοῦτα πυθόμενος ὁ βασιλεὺς τὸν μὲν ἐξόριστον γενέσθαι ἐκέλευσεν· Εὐζώϊον δὲ, τὸν ἤδη πρότερον ἅμα Ἀρείῳ καθαιρεθέντα, τῆς Ἀντιοχείας ἐπίσκοπον προχειρισθῆναι πεποίηκεν. Ὅσοι δὲ τὴν πρὸς Μελέτιον διάθεσιν ἔσωζον, καταλιπόντες τὸ Ἀρειανικὸν ἄθροισμα, κατ' ἰδίαν τὰς συναγωγὰς ἐποιήσαντο· τῶν τὸ 'ὁμοούσιον' ἐξ ἀρχῆς φρονούντων μὴ θελησάντων αὐτοῖς κοινωνεῖν, διότι ἐκ τῆς Ἀρειανῆς ψήφου τὴν χειροτονίαν Μελέτιος εἶχε λαβὼν, καὶ ὅτι ἀκολουθήσαντες αὐτῷ ὑπ' ἐκείνων βαπτισθέντες ἐτύγχανον. Τοῦτον μὲν οὖν τὸν τρόπον καὶ ἡ ἐν Ἀντιοχείᾳ ἐκκλησία εἰς ἕτερον ὁμόδοξον διετέθη μέρος. Ὁ μέντοι βασιλεὺς, πυθόμενος κινεῖσθαι πάλιν κατὰ Ῥωμαίων τὰ Περσῶν ἔθνη, ταχέως ἐπὶ τὸν Ἀντιόχειαν ὥρμησεν.

CAP. XLV.

Περὶ τῆς Μακεδονίου αἱρέσεως.

Μακεδόνιος δὲ τῆς Κωνσταντινουπόλεως ἐκβληθεὶς, καὶ μὴ φέρων τὴν καταδίκην, ἡσυχάζειν οὐδαμῶς ἠνείχετο· ἀλλὰ ἀποκλίνει μὲν πρὸς τοὺς τοῦ ἑτέρου μέρους, οἳ ἐν τῇ Σελευκείᾳ καθεῖλον τοὺς περὶ Ἀκάκιον· διεπρεσβεύετο δὲ πρός τε Σωφρόνιον καὶ Ἐλεύσιον, ἀντέχεσθαι μὲν τῆς πρότερον ἐν Ἀντιοχείᾳ ἐκτεθείσης πίστεως, μετὰ ταῦτα δὲ ἐν Σελευκείᾳ βεβαιωθείσης, καὶ παρασήμῳ ὀνόματι 'ὁμοιούσιον' τὴν πίστιν ἐπιφημισθῆναι παρῄνεσε. Συνέρρεον οὖν πρὸς αὐτὸν πολλοὶ τῶν γνωρίμων αὐτῷ, οἳ νῦν 'Μακεδονιανοὶ' χρηματίζουσιν ἐξ αὐτοῦ· ὅσοι τε ἐν τῇ κατὰ Σελεύκειαν συνόδῳ τοῖς περὶ Ἀκάκιον διεκρίθησαν, φανερῶς τὸ 'ὁμοιούσιον' ἐδογμάτισαν, τὸ πρότερον ἤδη μὲν οὐκ ἐκτρανοῦντες αὐτό. Φήμη δέ τις παρὰ τοῖς πολλοῖς ἐκράτει, ὡς οὐκ εἴη Μακεδονίου τοῦτο εὕρεμα, Μαρα-

II. 45.] *Macedonians and Acacians.* 133

θωνίου δὲ μᾶλλον, ὃν μικρὸν ἔμπροσθεν τῆς Νικομηδείας πεποιήκεισαν ἐπίσκοπον· διὸ καὶ 'Μαραθωνιανοὺς' καλοῦσιν αὐτούς. Τούτοις δὴ προσφεύγει καὶ Εὐστάθιος, ὁ τῆς Σεβαστείας ἐκβληθεὶς διὰ πρόφασιν ἣν μικρῷ πρότερον εἴρηκα. Ὡς δὲ ὁ Μακεδόνιος τὸ Ἅγιον Πνεῦμα συναναλαβεῖν εἰς τὴν θεολογίαν τῆς Τριάδος ἐξέκλινε, τότε δὴ καὶ Εὐστάθιος, 'Ἐγὼ,' ἔφη, ' οὔτε Θεὸν ὀνομάζειν τὸ Πνεῦμα τὸ Ἅγιον αἰροῦμαι, οὔτε κτίσμα καλεῖν τολμήσαιμι.' Διὰ ταύτην δὲ τὴν αἰτίαν καὶ 'Πνευματομάχους' ἀποκαλοῦσιν αὐτοὺς οἱ τὸ 'ὁμοούσιον' φρονοῦντες. Ὅπως μὲν οὖν οἱ περὶ Μακεδόνιον εἰς τὸν Ἑλλήσποντον πλεονάζουσι, κατὰ χώραν ἐρῶ. Cp. iv. 4.
Οἱ δὲ περὶ Ἀκάκιον σπουδὴν πεποίηνται αὖθις ἐν τῇ Ἀντιοχείᾳ συνελθεῖν, μεταγνόντες ὅτι ὅλως 'ὅμοιον' εἰρήκασι τὸν Υἱὸν τῷ Πατρί. Τῇ οὖν ἑξῆς ὑπατείᾳ, ἥτις ἐστὶ Ταύρου καὶ Φλωρεντίου, A.D. 361. γενόμενοι κατὰ τὴν Συρίας Ἀντιόχειαν, Εὐζωΐου κρατοῦντος τῆς ἐκεῖ ἐκκλησίας, καὶ τοῦ βασιλέως ἐν αὐτῇ διατρίβοντος, ὀλίγοι τινες ἀνεκίνουν αὖθις τὰ δεδογμένα αὐτοῖς, φάσκοντες δεῖν περιαιρεθῆναι τὴν τοῦ 'ὁμοίου' λέξιν ἐκ τῆς ἐκδοθείσης πίστεως ἐν τῇ Ἀριμήνῳ καὶ ἐν Κωνσταντινουπόλει· οὐκέτι ἐπικρύπτοντες, ἀλλὰ [Qu. 'Ἀριμίνῳ;] ἀναφανδὸν λέγοντες, ὅτι ' κατὰ πάντα ἀνόμοιος ὁ Υἱὸς τῷ Πατρὶ, οὐ Cp. Athan. μόνον κατὰ τὴν οὐσίαν, ἀλλὰ δὴ καὶ κατὰ βούλησιν·' ἐξ οὐκ ὄντων de Syn. 31. τε αὐτὸν, ὡς Ἄρειος ἔλεγε, καὶ αὐτοὶ γενέσθαι ἀπεφήναντο. Συνελαμβάνοντο δὲ ταύτῃ τῇ δόξῃ οἱ ἐν Ἀντιοχείᾳ τότε τὰ Ἀετίου φρονοῦντες· διόπερ, μετὰ τοῦ ἔχειν τὴν Ἀρειανὴν προσωνυμίαν, ἔτι καὶ 'Ἀνόμοιοι' καὶ 'Ἐξουκόντιοι' ἐκλήθησαν ὑπὸ τῶν ἐν Ἀντιοχείᾳ φρονούντων μὲν τὸ 'ὁμοούσιον,' διῃρημένων δὲ τότε διὰ τὴν ἐπὶ Μελετίῳ γενομένην αἰτίαν, ὥς μοι καὶ πρότερον εἴρηται. Ἐρωτηθέντες δ' οὖν ὅμως παρ' ἐκείνων, διὰ τί, ἐν τῇ ἐκθέσει τῆς ἑαυτῶν πίστεως ' Θεὸν ἐκ Θεοῦ' τὸν Υἱὸν εἰπόντες, ἀνόμοιόν τε καὶ ἐξ οὐκ ὄντων τολμῶσιν ὀνομάζειν, τοιοῖσδε σοφίσμασιν ἐπεχείρουν τὴν ἀντίθεσιν ἀποδύεσθαι· ὅτι 'οὕτως,' φησὶν, 'εἴρηται τὸ "ἐκ Θεοῦ," ὡς εἴρηται παρὰ τῷ ἀποστόλῳ, "Τὰ δὲ πάντα ἐκ τοῦ 1 Cor. xi. 12. Θεοῦ." ἐν οὖν τῶν πάντων, καὶ ὁ Υἱός ἐστιν ἐκ τοῦ Θεοῦ· καὶ διὰ τοῦτο πρόσκειται ἐν ταῖς ἐκδόσεσι τὸ "κατὰ τὰς γραφάς."' Τούτου δὲ τοῦ σοφίσματος ἀρχηγὸς ἦν Γεώργιος ὁ Λαοδικείας ἐπίσκοπος· ὅστις ἀνάγωγος ὢν τῶν τοιούτων λόγων, ἠγνόησεν ὅπως τὰ τοιαῦτα τοῦ ἀποστόλου ἰδιώματα τοῖς ἀνωτέρω χρόνοις Ὠριγένης

πλατύτερον ἐξετάσας ἡρμήνευσεν. Ἀλλ' ὅμως, εἰ καὶ τοιαῦτα ἐπεχείρουν σοφίζεσθαι, τοὺς ὀνειδισμοὺς καὶ τὴν κατάγνωσιν οὐ φέροντες, ἀνέγνωσαν τὴν αὐτὴν πίστιν ἣν καὶ ἐν Κωνσταντινουπόλει· καὶ οὕτως κατὰ πόλεις τὰς ἑαυτῶν ἀνεχώρησαν. Γεώργιος μὲν οὖν ἐπὶ τὴν Ἀλεξάνδρειαν ὁρμήσας τῶν τε ἐκκλησιῶν ἔτι ἐκράτει, Ἀθανασίου ἔτι ἀφανοῦς τυγχάνοντος, καὶ τοὺς ἐν Ἀλεξανδρείᾳ μὴ φρονοῦντας τὰ αὐτοῦ συνήλαυνε. Χαλεπὸς δὲ ἦν καὶ τῷ δήμῳ τῆς πόλεως· τοῖς πλείοσι γὰρ ἦν ἀπεχθής. Ἐν δὲ τοῖς Ἱεροσολύμοις ἀντὶ Κυρίλλου προεχειρίσθη Ἀρρήνιος. Ἰστέον δὲ, ὅτι καὶ μετ' ἐκεῖνον Ἡράκλειος κατέστη, καὶ αὖθις Ἱλάριος· ὕστερον δὲ χρόνῳ Κύριλλος ἐπέβη τῶν Ἱεροσολύμων, καὶ τῆς ἐκεῖ ἐκκλησίας ἐγκρατὴς ἐγένετο. Τότε δὲ καὶ ἑτέρα παρεφύη αἵρεσις ἐξ αἰτίας τοιᾶσδε.

CAP. XLVI.

Περὶ τῶν Ἀπολιναριστῶν καὶ τῆς αἱρέσεως αὐτῶν.

Ἐν Λαοδικείᾳ τῆς Συρίας δύο ἦσαν ἄνδρες ὁμώνυμοι, πατήρ τε καὶ παῖς· ἑκατέρῳ γὰρ ἦν ὄνομα Ἀπολινάριος· ὧν ὁ μὲν πατὴρ τοῦ πρεσβυτερίου κατὰ τὴν ἐκκλησίαν ἠξιοῦτο, ὁ δὲ παῖς τὴν τοῦ ἀναγνώστου τάξιν εἶχεν. Ἀμφότεροι δὲ ἦσαν Ἑλληνικῶν λόγων διδάσκαλοι· γραμματικῶν μὲν ὁ πατήρ, ῥητορικῶν δὲ ὁ υἱός. Ὁ μὲν οὖν πατὴρ Ἀλεξανδρεὺς ὢν τὸ γένος, πρότερον δὲ ἐν τῇ Βηρυτῷ διδάξας, εἶτα μεταστὰς εἰς Λαοδίκειαν καὶ γήμας ἐκεῖ, ἴσχει τὸν υἱὸν Ἀπολινάριον. Ἄμφω δὲ ὅμως τότε συνήκμαζον Ἐπιφανίῳ τῷ σοφιστῇ, καὶ γνήσιοι ὄντες φίλοι συνεκρότουν αὐτόν. Δείσας δὲ Θεόδοτος ὁ τῆς Λαοδικείας ἐπίσκοπος μὴ τῇ συνεχεῖ τἀνδρὸς ὁμιλίᾳ πρὸς τὸν Ἑλληνισμὸν ἀποκλίνωσι, διεκώλυε φοιτᾶν παρ' αὐτόν· οἱ δέ, μικρὰ τοῦ ἐπισκόπου φροντίσαντες, τὴν τοῦ Ἐπιφανίου φιλίαν ἠσπάζοντο. Μετὰ ταῦτα Γεώργιος ὁ Θεοδότου διάδοχος σπεύσας ἀποστῆσαι αὐτούς, καὶ μηδενὶ τρόπῳ πεῖσαι δυνηθείς, ἄμφω τῆς κοινωνίας ἐζημίωσεν. Ὕβριν τε ἡγεῖται ὁ παῖς Ἀπολινάριος τὰ γενόμενα, καὶ τῇ ἐννοίᾳ τοῦ σοφιστικοῦ λόγου θαρρῶν καινοτομεῖ καὶ αὐτὸς αἵρεσιν, ἣ νῦν ἐπιπολάζει, τοὔνομα τοῦ εὑρόντος ἔχουσα. Φασὶ δέ τινες διενεχθῆναι αὐτοὺς πρὸς Γεώργιον οὐ τοσοῦτον διὰ τὴν προειρημένην αἰτίαν, ἀλλ' ὅτι ἑώρων αὐτὸν ἀλλόκοτα δογματίζοντα, καὶ νῦν μὲν 'ὅμοιον' ὁμολογοῦντα τὸν Υἱὸν τῷ Πατρὶ, καθ' ὃ ἐν τῇ Σελευκείᾳ συνέθετο, νῦν δὲ εἰς τὴν Ἀρειανὴν ἀποκλίνοντα δόξαν. Διόπερ εὐπροφάσιστον λαβόντες αἰτίαν, ποιοῦνται τὴν ἀναχώρησιν· ὡς δὲ οὐδεὶς αὐτοῖς προσεῖχε, παρεισάγουσι σχῆμα θρησκείας. Καὶ πρότερον μὲν ἔλεγον ἀναληφθῆναι τὸν ἄνθρωπον ὑπὸ τοῦ Θεοῦ Λόγου, ἐν τῇ οἰκονομίᾳ τῆς ἐνανθρωπήσεως, ψυχῆς ἄνευ. Εἶτα ὡς ἐκ μετανοίας ἐπιδιορθούμενοι προσέθεσαν, ψυχὴν μὲν ἀνειληφέναι, νοῦν δὲ οὐκ ἔχειν αὐτὴν, ἀλλ' εἶναι τὸν Θεὸν Λόγον ἀντὶ νοῦ εἰς τὸν ἀναληφθέντα ἄνθρωπον. Περὶ τούτου μόνου δὴ λέγουσι διαφέρεσθαι οἱ νῦν ἐξ ἐκείνων τὴν προσωνυμίαν ἔχοντες· τὴν γὰρ Τριάδα ὁμοούσιον εἶναι φασί. Περὶ μὲν οὖν τῶν Ἀπολιναρίων καὶ αὖθις κατὰ Cp. iii. 16. χώραν μνημονεύσομεν.

CAP. XLVII.

Περὶ τῆς Κωνσταντίου τοῦ βασιλέως τελευτῆς.

Τοῦ μέντοι βασιλέως Κωνσταντίου ἐν Ἀντιοχείᾳ διάγοντος, ὁ Καῖσαρ Ἰουλιανὸς ἐν ταῖς Γαλλίαις πολλοῖς βαρβάροις συμπλέκει· καὶ νικήσας, πᾶσι μὲν τοῖς στρατευομένοις ἐπέραστος διὰ τοῦτο γεγονὼς, ὑπ' αὐτῶν ἀναγορεύεται βασιλεύς. Τούτου διαγγελθέντος, ὁ βασιλεὺς Κωνστάντιος εἰς ἀγῶνα κατέστη· βαπτισθεὶς δὲ ὑπὸ Εὐζωΐου, ἐπὶ τὸν πρὸς αὐτὸν ἐχώρει πόλεμον. Γενόμενος δὲ μεταξὺ Καππαδοκίας καὶ Κιλικίας, ἐν Μοψουκρήναις ἐτελεύτα τὸν βίον, ὑπὸ φροντίδος ἀποπληξίᾳ ληφθεὶς, ἐν ὑπατείᾳ Ταύρου A.D. 361. καὶ Φλωρεντίου, τῇ τρίτῃ τοῦ Νοεμβρίου μηνός. Τοῦτο δὲ ἦν ἔτος πρῶτον τῆς διακοσιοστῆς ὀγδοηκοστῆς πέμπτης Ὀλυμπιάδος. Ἔζησε δὲ Κωνστάντιος ἔτη τεσσαράκοντα πέντε, βασιλεύσας ἔτη τριάκοντα ὀκτώ· συμβασιλεύσας μὲν τῷ πατρὶ ἔτη δεκατρία· μετὰ δὲ τὴν τελευτὴν αὐτοῦ, ἔτη εἰκοσιπέντε, ὅσων περ καὶ ἡ βίβλος περιέχει χρόνον ἐτῶν.

LIB. III.

CAP. I.

Περὶ Ἰουλιανοῦ καὶ γένους αὐτοῦ καὶ παιδεύσεως, καὶ ὅπως ἐπὶ τὴν βασιλείαν παρελθὼν ἐπὶ τὸ ἑλληνίζειν ἀπέκλινεν.

Ὁ μὲν βασιλεὺς Κωνστάντιος ἐν μεθορίοις τῆς Κιλικίας περὶ τρίτην τοῦ Νοεμβρίου μηνὸς, ὑπατευόντων Ταύρου καὶ Φλωρεντίου, ἐτελεύτα τὸν βίον. Ἰουλιανὸς δὲ ἐπὶ τῶν αὐτῶν ὑπάτων, περὶ τὴν ἑνδεκάτην τοῦ ἑξῆς μηνὸς Δεκεμβρίου, ἐκ τῶν ἑσπερίων μερῶν ἐλάσας, εἰς τὴν Κωνσταντινούπολιν εἰσελήλυθε, καὶ ἐν αὐτῇ αὐτοκράτωρ ἀποδείκνυται. Ἐπεὶ δὲ περὶ Ἰουλιανοῦ τοῦ βασιλέως, ἐλλογίμου ἀνδρὸς, ὀλίγα διεξελθεῖν πρόκειται, μηδεὶς τῶν αὐτῷ γνωρίμων ἐπιζητείτω κόμπον φράσεως, ὡς δέον τὸν περὶ τοῦ τοιούτου λόγον μὴ ἀπολείπεσθαι, περὶ οὗ ὁ λόγος. Χριστιανικῆς δ' οὔσης τῆς ἱστορίας, διὰ σαφήνειαν ταπεινὸς καὶ χαμαίζηλος

i. præf. πρόεισιν ὁ λόγος· καὶ τοῦτο ἐξ ἀρχῆς ἐπηγγείλατο. Ὅμως δὲ λεκτέον περὶ αὐτοῦ καὶ γένους αὐτοῦ καὶ παιδεύσεως, καὶ ὅπως ἐπὶ τὴν βασιλείαν παρῆλθεν· καὶ τοῦτο ποιητέον ἡμῖν μικρὸν ἄνωθεν ἀρξαμένοις. Κωνσταντῖνος, ὁ τὸ Βυζάντιον τῷ ἰδίῳ προσαγορεύσας ὀνόματι, δύο ἔσχεν ὁμοπατρίους ἀδελφοὺς οὐκ ἐκ τῆς αὐτῆς γενομένους μητρός· Δαλμάτιος ὄνομα τῷ ἑνὶ, θατέρῳ δὲ Κωνστάντιος.

ii. 25. Καὶ Δαλμάτιος μὲν υἱὸν ἔσχεν ὁμώνυμον αὐτῷ· Κωνσταντίῳ δὲ δύο ἐγεννήθησαν υἱοὶ, Γάλλος καὶ Ἰουλιανός. Ὡς οὖν μετὰ τὴν τελευτὴν τοῦ κτίστου τῆς Κωνσταντινουπόλεως οἱ στρατιῶται τὸν νέον ἀνεῖλον Δαλμάτιον, τότε δὴ καὶ οὗτοι ἀπορφανισθέντες τοῦ οἰκείου πατρὸς μικροῦ δεῖν τῷ Δαλματίῳ συνεκινδύνευσαν· εἰ μὴ Γάλλον μὲν νόσος προσδοκίαν ἔχουσα θανάτου ἐρρύσατο, Ἰουλιανὸν δὲ ἡ ἡλικία—ὀκταετὴς γὰρ ἦν ἔτι—διέσωσεν. Ἐπεὶ δὲ ἡ κατ' αὐτῶν τοῦ βασιλέως ὁρμὴ ἐκεχαύνωτο, Γάλλος μὲν τοῖς ἐν Ἰωνίᾳ κατὰ τὴν Ἔφεσον ἐφοίτα διδασκάλοις, ἔνθα αὐτοῖς καὶ κτῆσις ἦν ἐκ προγόνων πολλή· Ἰουλιανὸς δὲ αὐξηθεὶς τῶν ἐν Κωνσταντινου-

Early life of Julian. 137

πόλει παιδευτηρίων ἠκροᾶτο, εἰς τὴν βασιλικὴν, ἔνθα τότε τὰ παιδευτήρια ἦν, ἐν λιτῷ σχήματι προϊὼν, καὶ ὑπὸ Μαρδονίου τοῦ εὐνούχου παιδαγωγούμενος. Τῶν μὲν οὖν γραμματικῶν λόγων Νικοκλῆς ὁ Λάκων ἦν αὐτῷ παιδευτὴς, ῥητορικὴν δὲ παρὰ Ἐκηβολίῳ κατώρθου τῷ σοφιστῇ, Χριστιανῷ τότε τυγχάνοντι. Τούτου δὲ ὁ βασιλεὺς Κωνστάντιος προενόησε, μήπως Ἕλληνος διδασκάλου ἀκροώμενος πρὸς δεισιδαιμονίαν ἐκκλίνοι. Χριστιανὸς γὰρ ἦν ἐξ ἀρχῆς Ἰουλιανός. Ἀκμάζοντος δὲ αὐτοῦ περὶ τοὺς λόγους, φήμη τις εἰς τὸν δῆμον διέτρεχεν, ὡς εἴη ἱκανὸς τὰ Ῥωμαίων πράγματα διοικεῖν. Καὶ τοῦτο λοιπὸν φανερῶς θρυλούμενον ταραχὴν ἐποίει τῷ βασιλεῖ· διὸ μεθίστησιν αὐτὸν ἐκ τῆς μεγαλοπόλεως εἰς τὴν Νικομήδειαν, κελεύσας μὴ φοιτᾶν παρὰ Λιβανίῳ τῷ Σύρῳ σοφιστῇ. Τότε γὰρ ὁ Λιβάνιος, ὑπὸ τῶν παιδαγωγῶν τῆς Κωνσταντινουπόλεως ἐκβληθεὶς, ἐν τῇ Νικομηδείᾳ τὰς διατριβὰς ἐποιεῖτο. Οὗτος μὲν οὖν τὴν ὀργὴν κατὰ τῶν παιδαγωγῶν εἰς τὸν κατ' αὐτῶν αὐτῷ γραφέντα λόγον ἐκένωσεν· Ἰουλιανὸς δ' ἐκωλύετο φοιτᾶν παρ' αὐτὸν, διότι Λιβάνιος Ἕλλην τὴν θρησκείαν ἐτύγχανεν ὤν· ὅμως δὲ, ἐραστὴς ὢν τῶν λόγων αὐτοῦ, λεληθότως συνάγων αὐτοὺς ἠσκεῖτο. Προκόπτοντος δὲ αὐτοῦ κατὰ τὴν ῥητορικὴν, ἐφίσταται τῇ Νικομηδείᾳ Μάξιμος ὁ φιλόσοφος, οὐχ ὁ Βυζάντιος ὁ Εὐκλείδου πατὴρ, ἀλλ' ὁ Ἐφέσιος, ὃν ὕστερον ὡς μαγγανείας ποιοῦντα ὁ βασιλεὺς Οὐαλεντινιανὸς ἀναιρεθῆναι ἐκέλευσε. Τοῦτο μὲν οὖν ὕστερον γέγονε· τότε δὲ οὐ δι' ἕτερόν τι παρῆν εἰς τὴν Νικομήδειαν, ἀλλὰ Ἰουλιανοῦ φήμη ἦγεν αὐτόν. Παρὰ τούτῳ δὴ φιλοσόφων λόγων γευσάμενος, εὐθὺς ἐμιμεῖτο καὶ τὴν θρησκείαν τοῦ παιδευτοῦ, τοῦ καὶ ἐπιθυμίαν τῆς βασιλείας ἐμβαλόντος αὐτῷ. Ἐπεὶ δὲ ταῦτα τὰς ἀκοὰς τοῦ κρατοῦντος οὐκ ἐλάνθανεν, ἐν μέσῳ ἐλπίδος καὶ φόβου ὢν τὴν ὑπόνοιαν ἐκφυγεῖν βουλόμενος, ὁ πρώην γνήσιος Χριστιανὸς τότε πλαστὸς ἐγένετο, ἐν χρῷ τε κειράμενος τὸν τῶν μοναχῶν ὑπεκρίνετο βίον. Καὶ λεληθότως μὲν ἠσκεῖτο τὰ φιλόσοφα· ἐν δὲ τῷ φανερῷ τὰ ἱερὰ τῶν Χριστιανῶν ἀνεγίνωσκε γράμματα, καὶ δὴ τῆς ἐν Νικομηδείᾳ ἐκκλησίας ἀναγνώστης καθίσταται· καὶ διὰ τοῦ τοιούτου πρόσχηματος τὴν τοῦ βασιλέως ἐλάνθανεν ὁρμήν. Καὶ διὰ μὲν τὸν φόβον ταῦτα ἔπραττεν· τῆς δὲ ἐλπίδος οὐκ ἀφιστάμενος, πολλοῖς τῶν γνωρίμων εὐδαιμονήσειν ἔλεγε τοὺς καιροὺς, ἢν αὐτὸς τῶν ὅλων

c. 13.

κρατήσειεν. Ἐν τούτοις δὴ καθεστώτων τῶν κατ' αὐτὸν, Γάλλος ὁ ἀδελφὸς αὐτοῦ Καῖσαρ ἀναδειχθεὶς ἧκεν ὀψόμενος αὐτὸν εἰς τὴν Νικομήδειαν, ὅτε ἐπὶ τὴν ἑῴαν ἐπορεύετο. Ἐπεὶ δὲ Γάλλος μικρὸν ὕστερον ἀνῃρέθη, παραχρῆμα καὶ Ἰουλιανὸς ὕποπτος κατέστη τῷ βασιλεῖ· διὸ καὶ φρουρεῖσθαι αὐτὸν ἐκέλευσεν· ἰσχύσας δὲ διαδρᾶσαι τοὺς φρουροῦντας αὐτὸν, τόπον ἐκ τόπου ἀμείβων διεσώζετο. Ὀψὲ δέ ποτε ἡ τοῦ βασιλέως γαμετὴ Εὐσεβία κρυπτόμενον ἀνευροῦσα, πείθει τὸν βασιλέα μηδὲν μὲν αὐτὸν δρᾶσαι κακὸν, συγχωρῆσαι δὲ ἐπὶ τὰς Ἀθήνας ἐλθόντι φιλοσοφεῖν. Ἐντεῦθεν αὐτὸν, ὡς συντόμως εἰπεῖν, ὁ βασιλεὺς μεταπεμψάμενος κατέστησε Καίσαρα· καὶ δοὺς αὐτῷ γυναῖκα τὴν ἀδελφὴν Ἑλένην ἐπὶ τὰς Γαλλίας κατὰ τῶν βαρβάρων ἀπέστειλεν. Οἱ γὰρ δὴ βάρβαροι, οὓς ὁ βασιλεὺς Κωνστάντιος εἰς συμμαχίαν κατὰ Μαγνεντίου μικρὸν ἔμπροσθεν ἐμισθώσατο, εἰς οὐδὲν χρήσιμον κατὰ τοῦ τυράννου γενόμενοι, τὰς Ῥωμαίων ἔφθειρον πόλεις. Καὶ ἐπειδὴ νέος ἦν τὴν ἡλικίαν, ἐκέλευσε μηδὲν αὐτὸν πράττειν δίχα γνώμης τῶν ἡγουμένων τοῦ στρατοῦ. Ὡς δὲ ἐκεῖνοι τῆς ἐξουσίας ταύτης λαβόμενοι ῥαθυμότερον τῶν πραγμάτων ἐφρόντιζον, καὶ διὰ τοῦτο τὰ βαρβάρων ἐπικρατέστερα ἦν, ὁ Ἰουλιανὸς τοὺς μὲν στρατηγοὺς εἴα τρυφαῖς καὶ πότοις σχολάζειν, τοὺς δὲ στρατιώτας προθυμοτέρους ἐποίησε, μισθὸν ὡρισμένον τῷ ἀνελόντι βάρβαρον ὑποσχόμενος. Τοῦτο παρέσχεν ἀρχὴν τοῦ καὶ τὰ βαρβάρων ἐλαττοῦσθαι, καὶ αὐτὸν ἐράσμιον παρὰ τοῖς στρατιώταις γενέσθαι. Λόγος δέ τις, ὅτι εἰς ἓν τῶν πολιχνίων εἰσελθόντος αὐτοῦ, στέφανος ἀφ' ὧν τὰς πόλεις κοσμοῦσιν, ἐν μέσῳ τῶν κιόνων ἐκ καλωδίων ἠρτημένος, τῇ κεφαλῇ κατενεχθεὶς ἥρμοσεν, ἐπί τε τούτῳ πάντας τοὺς παρόντας ἀναβοῆσαι· προδηλοῦσθαι γὰρ αὐτῷ διὰ τοῦ γενομένου σημείου τὴν βασιλείαν. Φασὶ δέ τινες, ὡς Κωνστάντιος αὐτὸν διὰ τοῦτο ἐπὶ τοὺς βαρβάρους ἀπέστειλεν, ἵνα ἐκεῖ διαφθαρῇ συμπλεκόμενος αὐτοῖς. Οὐκ οἶδα δὲ, εἰ οἱ τὸ τοιοῦτο λέγοντες ἀληθεύουσιν· ὁ γὰρ τὴν ἀδελφὴν τὴν ἰδίαν αὐτῷ συνοικίσας, ἐπιβουλεύων, οὐδὲν ἄλλο ἢ καθ' ἑαυτοῦ τὴν ἐπιβουλὴν ἔτρεπε. Τοῦτο μὲν οὖν, ὡς ἑκάστῳ δοκεῖ, κρινέτω. Ἰουλιανοῦ δὲ μεμψαμένου παρὰ βασιλεῖ τὴν ῥαθυμίαν τῶν στρατηγούντων, ἕτερος ἐπέμφθη στρατηγὸς ἡρμοσμένος τῇ προθυμίᾳ Ἰουλιανοῦ· ὃν ἔχων ὑπουργὸν θαρρῶν τοῖς βαρβάροις συνέβαλλεν. Οἱ δὲ

His accession to the Empire.

διεπρεσβεύοντο πρὸς αὐτὸν, δεικνύντες ὡς τὰ βασιλέως γράμματα εἰς τὴν Ῥωμαίων χώραν παρεῖναι κελεύει αὐτοὺς, καὶ τὰς ἐπιστολὰς ἐπεδείκνυον. Ὁ δὲ τὸν μὲν πρεσβευτὴν δεσμώτην ἐποίησε· συμβάλλει δὲ τῷ πλήθει, καὶ κατὰ κράτος νικᾷ· καὶ τὸν βασιλέα τῶν βαρβάρων αἰχμάλωτον λαβὼν Κωνσταντίῳ ἔπεμψε. Ταῦτα εὐτυχήσας ἀναγορεύεται ὑπὸ τῶν στρατιωτῶν βασιλεύς· ὡς δὲ στέφανος βασιλικὸς οὐ παρῆν, εἷς τῶν δορυφόρων ὃν εἶχε περιτραχήλιον ἑαυτοῦ στρεπτὸν λαβὼν, τῇ κεφαλῇ Ἰουλιανοῦ περιτέθεικε. Τοῦτον μὲν οὖν τὸν τρόπον Ἰουλιανὸς ἐβασίλευσε. Τὰ δὲ ἐντεῦθεν, εἰ φιλοσόφου, δοκιμαζέτωσαν οἱ ἀκούοντες. Μὴ διαπρεσβευσάμενος γὰρ πρὸς Κωνστάντιον, μηδὲ θεραπεύσας ὡς εὐεργέτην, πάντα ἔπραττεν ἃ ἐδόκει αὐτῷ. Καὶ τοὺς μὲν κατ' ἐπαρχίαν ἄρχοντας ἤμειβε· διέσυρε δὲ τὸν Κωνστάντιον κατὰ πόλεις, ἀναγινώσκων αὐτοῦ δημοσίᾳ τὰς πρὸς τοὺς βαρβάρους ἐπιστολάς· διόπερ αὐτῷ προσετίθεντο, Κωνσταντίου δὲ ἀφίσταντο. Τότε δὴ καὶ τὴν ὑπόκρισιν τοῦ Χριστιανίζειν φανερῶς ἀπεδύσατο· περιιὼν γὰρ κατὰ πόλεις, τούς τε ναοὺς ἀνοίγων, τοῖς ἀγάλμασι προσέφερε, καὶ ἑαυτὸν ἀρχιερέα ὠνόμαζεν· οἵ τε τὴν θρησκείαν Ἕλληνες ἑορτὰς ἐπετέλουν Ἑλληνικάς. Καὶ ταῦτα ποιῶν πόλεμον ἐμφύλιον ἀνερρίπιζε κατὰ Κωνσταντίου, ποιούμενος τὰς ἀφορμάς· καὶ ὅσον μέντοι ἐπ' αὐτῷ, πάντα ἂν ἐγεγόνει, ὅσα ὁ πόλεμος ἔχει κακά. Οὐ γὰρ ἂν δίχα πολλῶν αἱμάτων διεκρίθη ἡ τοῦ 'φιλοσόφου' σπουδή. Θεὸς δὲ, ὁ τῶν ἰδίων βουλημάτων κριτὴς, τὸν ἕτερον τῶν ἀνταγωνιστῶν δίχα τῆς τῶν ἄλλων ζημίας ἔπαυσε τῆς ὁρμῆς. Γενομένου γὰρ Ἰουλιανοῦ περὶ τὰ Θρακῶν ἔθνη, ἀπηγγέλθη τεθνηκέναι Κωνστάντιον· καὶ οὕτω τὸν ἐμφύλιον πόλεμον τότε διέφυγεν ἡ Ῥωμαίων ἀρχή. Καταλαβὼν δὲ Ἰουλιανὸς τὴν Κωνσταντινούπολιν, εὐθὺς ἐσκόπει τίνα τρόπον οἰκειώσεται τὰ πλήθη, καὶ τὴν ἀπ' αὐτῶν εὔνοιαν ἐπισπάσεται. Τέχνῃ οὖν χρῆται τοιαύτῃ· εὖ ἠπίστατο Κωνστάντιον ὑπὸ ὅλων τῶν λαῶν τῶν τὸ 'ὁμοούσιον' φρονούντων μισούμενον, ἐφ' οἷς τε τῶν ἐκκλησιῶν ἠλαύνοντο, καὶ ὅτι τοὺς αὐτοῖς καθήκοντας ἐπισκόπους δημεύσας ἐξώρισεν. Ἐγίνωσκέ τε σαφῶς τοὺς Ἑλληνίζοντας ἀνιωμένους, ἐφ' οἷς θύειν ἐκωλύοντο· ἐπιθυμεῖν τε καιροῦ δράξασθαι, ἐν ᾧ καὶ τὰ ἱερὰ ἀνοιγήσεται, καὶ ἐξέσται αὐτοῖς θυσίας ἀναφέρειν τοῖς ἀγάλμασιν. Οὕτω μὲν οὖν ἑκατέρους ἰδίᾳ λυπουμένους πρὸς τὸν ἀπελθόντα ἐγίνωσκε· κοινῇ δὲ πάντας πρὸς τὴν τῶν εὐνούχων βίαν καὶ τοὺς πρωτοτύπους Εὐσεβίου τε τὰς ἁρπαγὰς ἀχθομένους ἐφεύρισκεν. Πᾶσιν οὖν τεχνικῶς προσεφέρετο· καὶ τοὺς μὲν εἰρωνεύετο, τινὰς δὲ καὶ πρὸς τὸ κενόδοξον ἀφορῶν εὐηργέτει· κοινῇ δὲ πᾶσιν ὅπως εἶχε περὶ τὴν δεισιδαιμονίαν ἐδείκνυε. Καὶ πρῶτον μὲν τὴν Κωνσταντίου ὠμότητα περὶ τοὺς ὑπηκόους διαβάλλειν καὶ ἐξελέγχειν παρὰ τῷ πλήθει βουλόμενος, τοὺς ἐξορισθέντας ἐπισκόπους ἀνακληθῆναι ἐκέλευσε, καὶ τὰς δημευθείσας οὐσίας αὐτοῖς ἀπεδίδου· καὶ τὰ ἱερὰ τῶν Ἑλλήνων ᾗ τάχος ἀνοίγειν τοῖς ἐπιτηδείοις προσέτατττε· τοὺς δὲ ὑπὸ τῶν εὐνούχων ἀδικηθέντας ἀπολαμβάνειν τὰ κακῶς ἀφαιρεθέντα ἐθέσπιζεν. Εὐσέβιον δὲ τὸν προεστῶτα τοῦ βασιλικοῦ κοιτῶνος ἐζημίωσε θανάτῳ, οὐ μόνον δὲ διὰ τὸ πολλοὺς ἠδικῆσθαι ὑπ' αὐτοῦ, ἀλλ' ὅτι καὶ Γάλλον τὸν ἑαυτοῦ ἀδελφὸν ἀναιρεῖσθαι ἐκ τῆς ἐκείνου διαβολῆς ἐπυνθάνετο. Καὶ τὸ μὲν σῶμα Κωνσταντίου βασιλικῶς τιμήσας ἐκήδευσεν· ἐξέβαλε δὲ τῶν βασιλείων εὐνούχους, κουρεῖς, μαγείρους· εὐνούχους μὲν, διὰ τὸ ἀποβεβληκέναι τὴν γαμετὴν, μεθ' ἣν ἄλλην οὐκέτι ἠγάγετο· μαγείρους δὲ, διὰ τὸ λιτῇ χρῆσθαι διαίτῃ· 'κουρεὺς δὲ,' ἔφη, 'εἷς πολλοῖς ἀρκέσειε.' Τοὺς μὲν οὖν διὰ ταύτας τὰς αἰτίας ἐξέβαλε. Τῶν μέντοι ὑπογραφέων τοὺς πλείστους τῇ ἐξ ἀρχῆς παραδοὺς τύχῃ, τοῖς λοιποῖς αὐτῶν μισθὸν ὑπογραφέως ἐκέλευσε δίδοσθαι. Περιεῖλε δὲ καὶ τὸν δημόσιον τῶν χρειῶν δρόμον, οἷον ἡμιόνων, βοῶν, καὶ ὄνων· μόνον δὲ τῶν ἵππων ταῖς δημοσίαις χρείαις συνεχώρησεν ὑπουργεῖν. Ταῦτα δὲ αὐτοῦ ἐπαινοῦσι μὲν ὀλίγοι· οἱ πλείους δὲ ψέγουσιν, ὅτι παυομένη ἡ ἐκ τοῦ βασιλικοῦ πλούτου τοῖς πολλοῖς ἐγγινομένη κατάπληξις εὐκαταφρόνητον ἐποίει τὴν βασιλείαν. Οὐ μὴν ἀλλὰ καὶ διανυκτερεύων λόγους συνέγραφε, καὶ τούτους κατιὼν εἰς τὴν συγκλήτου βουλὴν ἐπεδείκνυτο· μόνος γὰρ βασιλέων ἀπὸ Ἰουλίου Καίσαρος πρῶτος εἰς τὴν τῆς συγκλήτου βουλὴν λόγους ἐπεδείκνυτο. Ἐτίμα δὲ καὶ τοὺς περὶ παιδείαν ἐσπουδακότας· μάλιστα δὲ τοὺς ἐπαγγελλομένους φιλοσοφεῖν. Διὸ καὶ τοὺς πανταχῇ ἦγεν ἡ φήμη βρυάζοντας ἐπὶ τὰ βασίλεια· οἱ φοροῦντες τοὺς τρίβωνας, πολλοὶ ἐκ τοῦ σχήματος μᾶλλον ἢ ἐκ παιδείας ἐδείκνυντο· πάντες δὲ ἦσαν βαρεῖς τοῖς Χριστιανίζουσιν, ἄνδρες ἀπατεῶνες, καὶ ἀεὶ τοῦ κρατοῦντος οἰκειούμενοι τὴν θρησκείαν. Ἔχων δὲ ὁ βασιλεὺς πλεο-

III. 2.] *The Alexandrians murder George.* 141

νάζον ἐν ἑαυτῷ τὸ κενόδοξον, πάντας τοὺς πρὸ αὐτοῦ βασιλεῖς ἐκωμῴδησεν ἐν τῷ λόγῳ ὃν ἐπέγραψε 'Καίσαρας.' Ἐκ τοῦ τοιούτου ἤθους κινούμενος καὶ τοὺς 'κατὰ Χριστιανῶν' λόγους συνέγραψε. Τὸ μὲν γὰρ μαγείρους καὶ κουρεῖς ἐκβαλεῖν φιλοσόφου ἔργον, οὐ μὴν βασιλέως· τὸ δὲ διασύρειν ἢ σκώπτειν οὐκέτι φιλοσόφου, ἀλλὰ μὴν οὐδὲ βασιλέως. Ἀμφότεροι γὰρ πᾶσαν λοιδορίαν καὶ βασκανίαν ὑπερβεβήκασι. Βασιλεῖ μὲν γὰρ ἐξέστω φιλοσοφεῖν, ὅσα πρὸς σωφροσύνην ὁρᾷ· φιλόσοφος δέ, εἰ πάντα τῶν βασιλέων μιμήσοιτο, διαπεσεῖται τοῦ σκοποῦ. Περὶ μὲν δὴ Ἰουλιανοῦ τοῦ βασιλέως γένους τε αὐτοῦ καὶ παιδεύσεως καὶ ἤθους, καὶ ὅπως ἐπὶ τὴν βασιλείαν παρῆλθεν, τοσαῦτα ὡς ἐν ἐπιδρομῇ εἰρήσθω.

CAP. II.

Περὶ τῆς ἐν Ἀλεξανδρείᾳ γενομένης στάσεως, καὶ ὅπως Γεώργιος ἀνῃρέθη.

Αὖθις δὲ τῶν περὶ τὰς ἐκκλησίας ὑπὸ τὸν αὐτὸν γενομένων χρόνον μνήμην ποιούμεθα. Κατὰ τὴν μεγάλην Ἀλεξάνδρου πόλιν συνέβη ταραχὴν γενέσθαι ἐξ αἰτίας τοιᾶσδε. Τόπος ἦν τῇ πόλει ἐκ παλαιῶν τῶν χρόνων ἔρημος καὶ ἠμελημένος, συρφετοῦ τε γέμων πολλοῦ, ἐν ᾧ οἱ Ἕλληνες τὸ παλαιὸν τῷ Μίθρᾳ τελετὰς Cp. v. 16. ποιοῦντες ἀνθρώπους κατέθυον. Τοῦτον Κωνστάντιος ὡς σχολαῖον ἤδη πρότερον τῇ Ἀλεξανδρέων ἐκκλησίᾳ προσκεκυρώκει. Γεώργιος δὲ βουλόμενος ἐν αὐτῷ εὐκτήριον οἶκον κατασκευάσαι, ἀνακαθαρθῆναι κελεύει τὸν τόπον. Καὶ δὴ ἀνακαθαιρομένου, ἄδυτον ηὕρηται κατὰ βάθους πολλοῦ, ἐν ᾧ τὰ μυστήρια τῶν Ἑλλήνων ἐκέκρυπτο. Ταῦτα δὲ ἦν κρανία ἀνθρώπων πολλὰ νέων τε καὶ παλαιῶν, οὓς λόγος κατεῖχε πάλαι ἀναιρεῖσθαι, ὅτι ταῖς διὰ σπλάγχνων μαντείαις ἐχρῶντο οἱ Ἕλληνες, καὶ μαγικὰς ἐτέλουν θυσίας, καταμαγγανεύοντες τὰς ψυχάς. Οἱ οὖν Χριστιανοὶ ταῦτα εὑρόντες ἐν τῷ ἀδύτῳ τοῦ Μιθρείου, σπουδὴν ἔθεντο πᾶσιν ἐν τῷ φανερῷ γέλωτα δεῖξαι τὰ Ἑλλήνων μυστήρια· ἐξεπόμπευον δὲ εὐθὺς γυμνὰ τῷ δήμῳ τὰ κρανία δεικνύοντες. Ταῦτα ὁρῶντες οἱ κατὰ Ἀλεξάνδρειαν Ἕλληνες, καὶ μὴ φέροντες τὸ τοῦ πράγματος ἐπονείδιστον, εἰς ὀργὴν ἐξάπτονται· καὶ πᾶν τὸ παρατυχὸν ὅπλον ποιούμενοι ὥρμησαν κατὰ τῶν Χριστιανῶν, καὶ διὰ πάσης ἰδέας θανάτου ἀνεῖλον πολλοὺς ἐξ αὐτῶν. Τοὺς μὲν γὰρ ξίφεσι, τοὺς δὲ ξύλοις ἢ λίθοις ἀπέκτειναν, ἄλλους δὲ σχοινίοις ἀπέπνιξαν· τινὰς δὲ αὐτῶν καὶ ἐσταύρωσαν, ἐφ᾿ ὕβρει τοῦ σταυροῦ τοῦτον ἐπάγοντες τὸν θάνατον· τοὺς δὲ πλείστους τραυματίας ἐποίησαν. Τότε δὲ, οἷα ἐν τοῖς τοιούτοις φιλεῖ γίνεσθαι, οὐδὲ τῶν οἰκειοτάτων ἀπέσχοντο· ἀλλὰ καὶ φίλος φίλον ἔπληξε, καὶ ἀδελφὸς ἀδελφὸν, καὶ γονεῖς παῖδας, καὶ ἀλλήλων πρὸς φόνον ὥρμησαν. Διὸ καὶ οἱ Χριστιανοὶ τοῦ ἐκκαθαίρειν τὸ Μιθρεῖον ἐπαύσαντο· οἱ δὲ τὸν Γεώργιον τῆς ἐκκλησίας ἐκσύραντες, καμήλῳ τε προσδήσαντες, καὶ σπαράξαντες, σὺν αὐτῇ κατέκαυσαν.

CAP. III.

Ὡς ὁ βασιλεὺς ἐπὶ τῇ Γεωργίου χαλεπήνας ἀναιρέσει δι᾿ ἐπιστολῆς τῶν Ἀλεξανδρέων καθήψατο.

Ἐπὶ μὲν οὖν τῇ Γεωργίου ἀναιρέσει χαλεπήνας ὁ βασιλεὺς, δι᾿ ἐπιστολῆς τοῦ Ἀλεξανδρέων δήμου καθήψατο. Λόγος δὲ διεδόθη, ὡς ταῦτα εἰς Γεώργιον ἔδρασαν οἱ δι᾿ Ἀθανάσιον ἀπεχθῶς ἔχοντες πρὸς αὐτόν. Ἐγὼ δὲ ἡγοῦμαι μὲν καὶ τοὺς μισοῦντας ἐν ταῖς στάσεσι συνεπιτίθεσθαι τοῖς ἀδικοῦσιν· ἡ μέντοι τοῦ βασιλέως ἐπιστολὴ τῷ δήμῳ μᾶλλον ἢ Χριστιανοῖς ἐγκαλεῖ. Καὶ φαίνεται δὲ Γεώργιος καὶ πρότερον καὶ μετὰ ταῦτα βαρὺς γεγονὼς καὶ ὀχληρὸς τοῖς πᾶσι· καὶ διὰ τοῦτο ἐξεκαύθη εἰς φιλονεικίαν τὰ πλήθη. Ὅτι δὲ τῷ δήμῳ μᾶλλον ἐγκαλεῖ, αὐτῆς ἐπάκουε τῆς ἐπιστολῆς·

Julian. Ep. 10.

Αὐτοκράτωρ Καῖσαρ Ἰουλιανὸς, μέγιστος, σεβαστὸς, Ἀλεξανδρέων τῷ δήμῳ.

Εἰ μὴ τὸν Ἀλέξανδρον τὸν οἰκιστὴν ὑμῶν, καὶ πρό γε τούτου τὸν θεὸν τὸν μέγαν, τὸν ἁγιώτατον Σάραπιν αἰδεῖσθε, τοῦ κοινοῦ γοῦν ὑμᾶς καὶ ἀνθρωπίνου καὶ πρέποντος πῶς οὐδεὶς εἰσῆλθε λόγος; προσθήσω δὲ ὅτι καὶ ἡμῶν, οὓς οἱ θεοὶ πάντες, ἐν πρώτοις δὲ ὁ μέγας Σάραπις, ἄρχειν ἐδικαίωσαν τῆς οἰκουμένης, οἷς πρέπον ἦν τὴν ὑπὲρ τῶν ἠδικηκότων ὑμᾶς φυλάξαι διάγνωσιν. Ἀλλ᾿ ὀργὴ τυχὸν ἴσως ὑμᾶς ἐξηπάτησε καὶ θυμὸς, ὅσπερ οὖν εἴωθε τὰ δεινὰ πράττειν, τὰς φρένας μετοικίσας. Εἶτα τῆς ὁρμῆς ἀναστείλαντες, τοῖς παραχρῆμα βεβουλευμένοις καλῶς ὕστερον ἐπηγάγετε τὴν παρανομίαν· οὐδ᾿ ᾐσχύνθητε δῆμος ὄντες τολμῆσαι ταῦτα, ἐφ᾿ οἷς ἐκείνους ἐμισήσατε δικαίως. Εἴπατε γάρ μοι πρὸς τοῦ Σαράπιδος, ὑπὲρ ποίων ἀδικημάτων ἐχαλεπήνατε Γεωργίῳ; Τὸν μακαριώτατον Κωνστάντιον, ἐρεῖτε δήπουθεν, ὅτι καθ᾿ ὑμῶν παρώξυνεν. Εἶτα εἰσήγαγεν εἰς τὴν ἱερὰν πόλιν στρατόπεδον· καὶ κατέλαβεν

III. 3.] *for the murder of George.* 143

ὁ στρατηγὸς τῆς Αἰγύπτου τὸ ἁγιώτατον τοῦ θεοῦ τέμενος, ἀποσυλήσας ἐκεῖθεν εἰκόνας καὶ ἀναθήματα, καὶ τὸν ἐν τοῖς ἱεροῖς κόσμον. Ὑμῶν δὲ ἀγανακτούντων εἰκότως, καὶ πειρωμένων ἀμύνειν τῷ θεῷ, μᾶλλον δὲ τοῖς τοῦ θεοῦ κτήμασιν, ὁ δὲ ἐτόλμησεν ὑμῖν ἐπιπέμψαι τοὺς ὁπλίτας ἀδίκως καὶ [ὅδε, Jul.] παρανόμως καὶ ἀσεβῶς. Ἴσως Γεώργιον μᾶλλον ἢ τὸν Κωνστάντιον δεδοικὼς, ἑαυτὸν παρεφύλαττεν, εἰ μετριώτερον ὑμῖν καὶ πολιτικώτερον, ἀλλὰ μὴ τυραννικώτερον πόρρωθεν προσεφέρετο. Τούτων οὖν ἕνεκεν ὀργιζόμενοι τῷ θεοῖς ἐχθρῷ Γεωργίῳ, τὴν ἱερὰν αὖθις ἐμιάνατε πόλιν, ἐξὸν ὑποβάλλειν αὐτὸν ταῖς τῶν δικαστῶν ψήφοις. Οὕτω γὰρ ἐγίνετο ἂν οὐ φόνος οὐδὲ παρανομία τὸ πρᾶγμα, δίκη δὲ ἐμμελὴς, ὑμᾶς μὲν ἀθῴους πάντῃ φυλάττουσα, τιμωρουμένη μὲν τὸν ἀνίατα δυσσεβήσαντα, σωφρονίζουσα δὲ τοὺς ἄλλους πάντας, ὅσοι τῶν θεῶν ὀλιγωροῦσι, καὶ προσέτι τὰς τοιαύτας πόλεις καὶ τοὺς ἀνθοῦντας δήμους ἐν οὐδενὶ τίθενται, τῆς ἑαυτῶν δὲ ποιοῦνται πάρεργον δυναστείας τὴν κατ᾽ ἐκείνων ὠμότητα. Παραβάλλετε τοίνυν ταύτην μου τὴν ἐπιστολὴν, ᾗ μικρῷ πρώην ἐπέστειλα· καὶ τὸ διάφορον κατανοήσατε, πόσους μὲν ὑμῶν ἐπαίνους ἔγραφον τότε. Νυνὶ δὲ, μὰ τοὺς θεοὺς, ὀφείλων ὑμᾶς ἐπαινεῖν, οὐ δύναμαι διὰ τὴν παρανομίαν. Τολμᾷ δῆμος, ὥσπερ οἱ κύνες, ἄνθρωπον σπαράττειν· εἶτα οὐκ αἰσχύνεται καὶ φυλάττει καθαρὰς τὰς χεῖρας, ὡς προσάγειν πρὸς τοὺς θεοὺς αἵματος καθαρευούσας. Ἀλλὰ 'Γεώργιος ἄξιος ἦν τοῦ τοιαῦτα παθεῖν·' καὶ τούτων ἴσως ἐγὼ φαίην ἂν χείρονα καὶ πικρότερα· καὶ δι᾽ ὑμᾶς, ἐρεῖτε· σύμφημι καὶ αὐτός· παρ᾽ ὑμῶν δὲ εἰ λέγοιτο τοῦτο, οὐκέτι συγχωρῶ· νόμοι γὰρ ὑμῖν εἰσὶν, οὓς χρὴ τιμᾶσθαι μάλιστα μὲν ὑπὸ πάντων ἰδίᾳ καὶ στέργεσθαι. Πλὴν ἐπειδὴ συμβαίνει τῶν καθ᾽ ἕκαστόν τινας παρανομεῖν, ἀλλὰ τὰ κοινὰ γοῦν εὐνομεῖσθαι χρὴ, καὶ πειθαρχεῖν τοῖς νόμοις ὑμᾶς, καὶ μὴ παραβαίνειν ὅσαπερ ἐξ ἀρχῆς ἐνομίσθη καλῶς. Εὐτύχημα γέγονεν ὑμῖν, ἄνδρες Ἀλεξανδρεῖς, ἐπ᾽ ἐμοῦ πλημμελῆσαι τοιοῦτό τι ὑμᾶς, ὃς αἰδοῖ τῇ πρὸς τὸν θεὸν, καὶ διὰ τὸν πάππον τὸν ἐμὸν καὶ ὁμώνυμον, ὃς ἦρξεν αὐτῆς τε Αἰγύπτου, καὶ τῆς ὑμετέρας πόλεως, ἀδελφικὴν ὑμῖν εὔνοιαν ἀποσώζω. Τὸ γὰρ τῆς ἐξουσίας ἀκαταφρόνητον, καὶ τὸ ἀπηνέστερον καὶ καθαρὸν τῆς ἀρχῆς, οὔποτε ἂν δήμῳ περιίδοιεν τόλμημα, μὴ, καθάπερ νόσημα χαλεπὸν, πικροτέρῳ διακαθᾶραι φαρμάκῳ. Προσφέρω δὲ ἐγὼ ὑμῖν, δι᾽ ἅσπερ ἔναγχος ἔφην αἰτίας, τὸ προσηνέστατον, παραίνεσιν καὶ λόγους. Ὑφ᾽ ὧν εὖ οἶδ᾽ ὅτι πείσεσθε μᾶλλον, εἴπερ ἐστὲ, καθάπερ ἀκούω, τό τε ἀρχαῖον Ἕλληνες, καὶ τὰ νῦν ἔτι τῆς εὐγενείας ἐκείνης ὑπεστιν ὑμῖν ἀξιόλογος καὶ γενναῖος ἐν τῇ διανοίᾳ καὶ τοῖς ἐπιτηδεύμασιν ὁ χαρακτήρ. Προτεθήτω τοῖς ἐμοῖς πολίταις Ἀλεξανδρεῦσιν.

Τοιαῦτα μὲν οὖν ὁ βασιλεύς.

CAP. IV.

Ὡς Γεωργίου ἀναιρεθέντος, Ἀθανάσιος κατελθὼν εἰς τὴν ἐκκλησίαν τῆς Ἀλεξανδρείας ἐγκρατὴς ἐγένετο.

Οὐκ εἰς μακρὰν δὲ ἐκ τῆς φυγῆς κατελθόντα Ἀθανάσιον ἀσμένως ὁ τῶν Ἀλεξανδρέων λαὸς ἐδέξατο· ἐξώθησαν τότε ἐκ τῶν ἐκκλησιῶν τοὺς τοῦ Ἀρειανοῦ δόγματος, παραδιδόασι δὲ Ἀθανασίῳ τοὺς εὐκτηρίους τόπους. Οἱ δὲ Ἀρειανίζοντες ἐν οἰκίσκοις ἀσήμοις συναγόμενοι εἰς τόπον Γεωργίου Λούκιον προχειρίζονται. Ἐν τοιαύτῃ μὲν δὴ καταστάσει τὰ κατὰ τὴν Ἀλεξάνδρειαν ἦν.

CAP. V.

Περὶ Λουκίφερος καὶ Εὐσεβίου.

Ἐν δὲ δὴ τῷδε τῷ χρόνῳ Λούκιφερ καὶ Εὐσέβιος προστάγματι τοῦ βασιλέως τῆς ἐξορίας ἀνακέκληντο· Λούκιφερ μὲν Καράλων ἐπίσκοπος, ἥ ἐστι πόλις Σαρδανίας, Εὐσέβιος δὲ Βρεκέλλων· πόλις δὲ αὕτη τῶν ἐν Ἰταλίᾳ Λιγύων, ὥς μοι καὶ πρότερον εἴρηται. Ἄμφω οὖν τῶν ἄνω Θηβῶν τῆς ἐξορίας ἐπανϊόντες, συμβουλὴν ἐποιοῦντο, τίνα τρόπον τὸν τῆς ἐκκλησίας κανόνα διαφθειρόμενον μὴ παρίδωσιν.

CAP. VI.

Ὡς Λούκιφερ ἐν Ἀντιοχείᾳ γενόμενος Παυλῖνον ἐχειροτόνησεν.

Ἐδόκει οὖν, Λουκίφερα μὲν ἐπὶ τὴν Συρίας Ἀντιόχειαν παραγενέσθαι, Εὐσέβιον δὲ ἐπ᾽ Ἀλεξάνδρειαν· ὅπως ἂν σύνοδον ἅμα Ἀθανασίῳ ἀθροίσαντες τὰ τῆς ἐκκλησίας κρατύνωσι δόγματα. Λούκιφερ μὲν οὖν διάκονον εἰς τὸν αὐτοῦ τόπον ἀποστέλλει, δι᾽ οὗ στέρξειν ὡμολόγει τὰ ὑπὸ τῆς συνόδου τυπούμενα. Αὐτὸς δὲ ἐπὶ τὴν Ἀντιόχειαν χωρήσας, εὑρίσκει τεταραγμένην τὴν ἐκκλησίαν· ἐδιχονόει γὰρ τὰ πλήθη πρὸς ἑαυτά. Οὐ γὰρ μόνον ἡ Ἀρειανὴ αἵρεσις ὑπὸ Εὐζωΐου τυγχάνουσα τὴν ἐκκλησίαν ἐχώριζεν· ἀλλὰ γὰρ καὶ, ὡς ἤδη πρότερον ἔφην, καὶ οἱ Μελετίῳ ἀκολουθήσαντες, ἐν σπουδῇ τῇ περὶ τὸν καθηγητήν, πρὸς τοὺς ὁμόφρονας διεκρίνοντο. Καταστήσας οὖν Παυλῖνον ἐπίσκοπον αὐτοῖς, αὖθις ἀπεχώρει.

CAP. VII.

Ὡς Εὐσέβιος ἐνωθεὶς Ἀθανασίῳ σύνοδον ἐπισκόπων πεποιήκασιν ἐν Ἀλεξανδρείᾳ, τρανῶς τὴν Τριάδα ὁμοούσιον ἀνακηρύξαντες.

Εὐσέβιος δὲ καταλαβὼν τὴν Ἀλεξάνδρειαν, σπουδαιότερον ἅμα Ἀθανασίῳ συνεκρότει τὴν σύνοδον· συνῆλθόν τε ἐκ διαφόρων πόλεων ἐπίσκοποι, καὶ περὶ πλείστων καὶ ἀναγκαιοτάτων λόγους ἐγύμνασαν. Ἔνθα καὶ τὸ Ἅγιον Πνεῦμα θεολογήσαντες τῇ ὁμοουσίῳ Τριάδι συνανελαμβάνοντο· καὶ τὸν ἐνανθρωπήσαντα οὐ μόνον ἔνσαρκον, ἀλλὰ καὶ ἐμψυχωμένον ἀπεφήναντο, ᾗ καὶ πάλαι τοῖς ἐκκλησιαστικοῖς ἀνδράσιν ἐδόκει. Οὐ γὰρ νεαράν τινα θρησκείαν ἐπινοήσαντες εἰς τὴν ἐκκλησίαν εἰσήγαγον, ἀλλ᾽ ἅπερ ἐξ ἀρχῆς καὶ ἡ ἐκκλησιαστικὴ παράδοσις ἔλεγε, καὶ ἀποδεικτικῶς παρὰ τοῖς Χριστιανῶν σοφοῖς ἐφιλοσοφεῖτο. Οὕτω γὰρ πάντες οἱ παλαιότεροι περὶ τούτου λόγον γυμνάσαντες ἔγγραφον ἡμῖν κατέλιπον. Καὶ γὰρ Εἰρηναῖός τε καὶ Κλήμης, Ἀπολινάριός τε ὁ Ἱεραπολίτης καὶ Σαραπίων ὁ τῆς ἐν Ἀντιοχείᾳ προεστὼς ἐκκλησίας Cp. Eus. H. E. iv. 27; v. 19. ἔμψυχον τὸν ἐνανθρωπήσαντα, ἐν τοῖς πονηθεῖσιν αὐτοῖς λόγοις ὡς ὁμολογούμενον αὐτοῖς φάσκουσιν. Οὐ μὴν ἀλλὰ καὶ ἡ διὰ Cp. Eus. vi. 43. Βήρυλλον τὸν Φιλαδελφείας τῆς ἐν Ἀραβίᾳ ἐπίσκοπον γενομένη σύνοδος γράφουσα Βηρύλλῳ τὰ αὐτὰ παραδέδωκεν. Ὠριγένης δὲ πανταχοῦ μὲν ἐν τοῖς φερομένοις αὐτοῦ βιβλίοις ἔμψυχον τὸν ἐνανθρωπήσαντα οἶδεν. Ἰδικῶς δὲ ὁ εἰς τὴν Γένεσιν αὐτῷ πεπονημένος ἔνατος τόμος τὸ περὶ τούτου μυστήριον ἐφανέρωσεν, ἔνθα Ἀδὰμ μὲν τὸν Χριστόν, Εὕαν δὲ τὴν ἐκκλησίαν εἶναι πλατύτερον κατεσκεύασε. Μάρτυρες τούτων ἀξιόπιστοι ὅ τε ἱερὸς Πάμφιλος καὶ ὁ ἐξ αὐτοῦ χρηματίζων Εὐσέβιος. Ἄμφω γὰρ κοινῇ τὸν Ὠριγένους παρατιθέμενοι βίον, καὶ πρὸς τοὺς ἐκ προλήψεως ἀπ-Cp. vi. 13. εχθανομένους πρὸς τὸν ἄνδρα ἀπαντῶντες, ἐνδόξοις βιβλίοις ἀπολογίαν ὑπὲρ αὐτοῦ ποιούμενοι, οὐ πρῶτον Ὠριγένην ἐπὶ ταύτην τὴν πραγματείαν ἐλθεῖν φασίν, ἀλλὰ τὴν τῆς ἐκκλησίας μυστικὴν ἑρμηνεῦσαι παράδοσιν. Κἀκεῖνοι δὲ οἱ ἐν τῇ Ἀλεξανδρείᾳ συνόδῳ παρόντες οὐκ ἀβασάνιστον εἴασαν, φημὶ δὴ τὸ περὶ 'οὐσίας' καὶ 'ὑποστάσεως.' Ὅσιος γὰρ ὁ Κοδρούβης τῆς ἐν Ἱσπανίᾳ ἐπί-i. 7. σκοπος, οὗ καὶ ἔμπροσθεν πεποιήμεθα μνήμην, ὑπὸ τοῦ βασιλέως Κωνσταντίνου εἰς τὸ κατασβέσαι τὴν τότε ὑπὸ τοῦ Ἀρείου γενομένην ταραχὴν προαποσταλεὶς, τὸ Σαβελλίου τοῦ Λίβυος ἐκβαλεῖν δόγμα προθυμούμενος τὴν περὶ ' οὐσίας καὶ ὑποστάσεως ' πεποίηται ζήτησιν, ἥτις καὶ αὐτὴ ἑτέρας ἐρεσχελίας ὑπόθεσις γέγονεν. Ἀλλὰ τότε μὲν ἡ ἐν Νικαίᾳ ἐπιγενομένη σύνοδος τὴν περὶ τούτου ζήτησιν οὐδὲ λόγου ἠξίωσεν· ἐπεὶ δὲ μετὰ ταῦτά τινες περὶ τούτου ἐρεσχε· λεῖν ἤθελον, διὰ τοῦτο ἐν ταύτῃ τῇ συνόδῳ περὶ ' οὐσίας τε καὶ ὑποστάσεως ' τάδε ἀπεφήναντο. Οὐκ ἐπὶ Θεοῦ δεῖν ἔφασαν ταύταις χρῆσθαι ταῖς λέξεσιν· ' οὐσίαν ' μὲν γὰρ μηδὲ ὠνομάσθαι ὑπὸ τῶν ἱερῶν γραμμάτων· τῷ δὲ τῆς ' ὑποστάσεως ' ὀνόματι καταχρή· σασθαι τὸν ἀπόστολον τῇ τῶν δογμάτων ἀνάγκῃ. Καθ' ἕτερον δὲ λόγον προσπαραλαμβάνειν τὰς λέξεις ἐδογμάτισαν, ὅτ' ἂν τὴν Σαβελλίου δόξαν ἐκβάλλωσιν, ἵνα μὴ στενώσει τῶν λέξεων ὡς ἐν πρᾶγμα τριώνυμον νομίζωμεν, ἀλλ' ἕκαστον τῶν ὀνομαζομένων περὶ τῆς Τριάδος ἐν ἰδίᾳ ' ὑποστάσει ' θεολογοῖτο. Ταῦτα μὲν τότε ἡ σύνοδος· ἃ δὲ ἡμεῖς περὶ ' οὐσίας καὶ ὑποστάσεως ' ἴσμεν οὐδὲν κωλύει διὰ βραχέων εἰπεῖν. Οἱ τὴν Ἑλληνικὴν παρ' Ἕλλησι σοφίαν ἐκθέμενοι τὴν μὲν ' οὐσίαν ' πολλαχῶς ὡρίσαντο· ' ὑποστάσεως ' δὲ οὐδ' ἡντιναοῦν μνήμην πεποίηνται. Εἰρηναῖος δὲ ὁ γραμματικὸς, ἐν τῷ κατὰ στοιχεῖον ' ' Ἀττικιστῇ,' καὶ ' βάρβαρον ' ἀποκαλεῖ τὴν λέξιν· μηδὲ γὰρ παρά τισι τῶν παλαιῶν εἰρῆσθαι. Εἰ δέ που καὶ ηὕρηται, μὴ ταῦτα σημαίνειν, ἐφ' ὧν νῦν παραλαμβάνεται· παρὰ μὲν γὰρ Σοφοκλεῖ ἐν Φοίνικι ἐνέδραν σημαίνειν τὴν ' ὑπόστασιν· ' παρὰ δὲ Μενάνδρῳ τὰ καρυκεύματα, ὡς εἴ τις λέγοι τὴν ἐν τῷ πίθῳ τοῦ οἴνου τρύγα ' ὑπόστασιν.' Ἰστέον μέντοι ὅτι εἰ καὶ οἱ παλαιοὶ φιλόσοφοι τὴν λέξιν παρέλιπον, ἀλλ' ὅμως οἱ νεώτεροι τῶν φιλοσόφων συνεχῶς ἀντὶ τῆς ' οὐσίας,' τῇ λέξει τῆς ' ὑποστάσεως ' ἀπεχρήσαντο. ' Οὐσίας ' δὲ τὸν ὅρον, ὡς ἔφαμεν, διαφόρως ἀποδεδώκασιν· εἰ δὲ ὅρῳ ' ἡ οὐσία ' περιλαμβάνεται, πῶς ἐπὶ Θεοῦ τοῦ μὴ δυναμένου περιληφθῆναι, κυρίως τῇ λέξει χρησαίμεθα ; Εὐάγριος δὲ ἐν τῷ ' Μοναχικῷ ' προπετῶς μὲν καὶ ἀπερισκέπτως θεολογεῖν ἀποσυμβουλεύει· ὁρίζεσθαι δὲ, ὡς ἁπλοῦν, τὸ θεῖον πάντῃ ἀπαγορεύει· τῶν γὰρ συνθέτων εἶναι τοὺς ὅρους φησίν. Ὁ δὲ αὐτὸς καὶ ταῦτα κατὰ λέξιν διδάσκει· ' Πᾶσα πρότασις,' φησίν, ' ἢ γένος ἔχει κατηγορούμενον, ἢ εἶδος, ἢ διαφορὰν, ἢ ἴδιον, ἢ συμβεβηκός, ἢ τὸ ἐκ τούτων συγκείμενον· οὐδὲν δὲ ἐπὶ τῆς ἁγίας Τριάδος τῶν εἰρημένων ἐστι λαβεῖν· σιωπῇ προσκυνείσθω τὸ ἄρρητον.' Ταῦτα μὲν οὖν ὁ Εὐάγριος, περὶ οὗ Cp. iv. 23. εἰς ὕστερον ἐροῦμεν· ἡμεῖς δὲ εἰ καὶ ἐν παρεκβάσει δοκοῦμεν ταῦτα εἰρηκέναι, ἀλλ᾽ ὡς χρησίμων τῇ ὑποθέσει τῆς ἱστορίας ἐμνημονεύσαμεν.

CAP. VIII.

Ἐκ τοῦ ἀπολογητικοῦ Ἀθανασίου περὶ τῆς ἑαυτοῦ φυγῆς.

Ἀθανάσιος δὲ καὶ τὸν 'περὶ τῆς φυγῆς' ἀπολογητικὸν λόγον πάλαι πεπονημένον αὐτῷ ἐπὶ τῶν παρόντων τότε διεξῆλθεν. Οὗ μέρη τὰ χρήσιμα καὶ ἐπωφελῆ ἐνταῦθα προσγράφων, τὸν ὅλον λόγον πολύστιχον ὄντα ζητεῖν καὶ ἀναγινώσκειν τοῖς φιλοπόνοις ἀνῆκα.

Ἰδοῦ ταῦτα τῶν ἀσεβῶν τὰ τολμήματα· ταῦτα δρῶντες, καὶ μὴ ἐντρα- Ath. de πέντες ἐφ᾽ οἷς πρότερον καθ᾽ ἡμῶν ἐτύρευσαν κακοῖς, ἔτι καὶ νῦν κατηγοροῦσιν Fuga, 7. ἐκφυγεῖν δυνηθέντας αὐτῶν τὰς ἀνδροφόνους χεῖρας· μᾶλλον δὲ ὀδύρονται πικρῶς, ὅτι μὴ καὶ ἐκποδὼν τέλεον πεποιήκασι. Καὶ λοιπὸν προφασίζονται 'δειλίαν' ὀνειδίζοντες, ἀγνοοῦντες ὅτι καὶ τοῦτο γογγύζοντες εἰς ἑαυτοὺς ἐπιστρέφουσι μᾶλλον τὴν μέμψιν. Εἰ γὰρ φαῦλον τὸ φεύγειν, πολλῷ χεῖρον τὸ διώκειν. Ὁ μὲν γὰρ, ἵνα μὴ ἀποθάνῃ, κρύπτεται· ὁ δὲ διώκει ζητῶν ἀποκτεῖναι. Καὶ τὸ μὲν 'φεύγειν' γέγραπται· ὁ δὲ ζητῶν ἀναιρῆσαι παρα- Matt. x. 23. βαίνει νόμον, καὶ μᾶλλον αὐτὸς τὴν πρόφασιν τοῦ φεύγειν παρέχει. Εἴπερ οὖν τὴν φυγὴν ὀνειδίζουσιν, ἐντρεπέτωσαν πλέον ἑαυτοὺς οἱ διώκοντες· παυέσθωσαν ἐπιβουλεύοντες, καὶ παύονται καὶ οἱ φεύγοντες εὐθύς. Ἀλλὰ τῆς μὲν ἰδίας πονηρίας οὐ παύονται· τοῦ δὲ καταλαβεῖν ἕνεκα πάντα πράττουσιν, εἰδότες ὅτι τῶν διωκομένων ἡ φυγὴ μέγας ἔλεγχός ἐστι κατὰ τῶν διωκόντων. Οὐδεὶς γὰρ τὸν πρᾷον καὶ φιλάνθρωπον φεύγει, ἀλλὰ μᾶλλον τὸν ἄγριον καὶ πονηρὸν ὄντα τὸν τρόπον· 'πᾶς γὰρ κατώδυνος καὶ ὑπόχρεως' 2 Kings ἀπὸ μὲν τοῦ Σαοὺλ ἔφευγε, πρὸς δὲ τὸν Δαβὶδ κατέφευγε. Διὰ τοῦτο καὶ xxii. 2. οὗτοι τοὺς κρυπτομένους αὐτοὺς ἀναιρεῖν σπουδάζουσιν, ὑπὲρ τοῦ μὴ δοκεῖν ἔχειν τῆς ἑαυτῶν πονηρίας τὸν ἔλεγχον. Ἀλλὰ καὶ ἐν τούτῳ δοκοῦσιν τυφλώττειν οἱ πλανώμενοι· ὅσῳ γὰρ ἡ φυγὴ πρόδηλος, τοσούτῳ πλέον ἡ ἐξ ἐπιβουλῆς γιγνομένη παρ᾽ αὐτῶν ἀναίρεσις καὶ ἐξορία προφανεστέρα γενήσεται. Ἄν τε γὰρ ἀποκτείνωσιν, ὁ θάνατος μεῖζον ἠχήσει κατ᾽ αὐτῶν· ἄν τε πάλιν ἐξορίσωσι, πανταχοῦ καθ᾽ ἑαυτῶν αὐτοὶ μνημεῖα τῆς παρανομίας ἐξαποστέλλουσιν. Εἰ μὲν οὖν ἔσωζον τὰς φρένας, ἔβλεπον ἑαυτοὺς ἐν τούτοις συνεχομένους, καὶ τοῖς ἑαυτῶν προσκόπτοντας λογισμοῖς. Ἐπειδὴ δὲ καὶ τὸ σωφρονεῖν ἀπώλεσαν, διὰ τοῦτο καὶ διώκοντες ἐξάγονται, καὶ ζητοῦντες ἀνελεῖν οὐχ ὁρῶσιν ἑαυτῶν τὴν ἀσέβειαν. . . . . . .

Εἰ γὰρ λοιδοροῦσι τοὺς κρυπτομένους ἀπὸ τῶν ζητούντων ἀνελεῖν, καὶ δια- De Fuga, 10.

βάλλουσι τοὺς φεύγοντας ἀπὸ τῶν διωκόντων, τί ποιήσουσιν ὁρῶντες τὸν μὲν
Ἰακὼβ φεύγοντα τὸν ἀδελφὸν Ἡσαῦ, τὸν δὲ Μωϋσῆν εἰς Μαδιὰν ἀναχωροῦντα διὰ τὸν φόβον τοῦ Φαραώ ; Τί δὲ τοιαῦτα φλυαροῦντες ἀπολογήσονται
τῷ Δαβὶδ φεύγοντι τὸν Σαοὺλ ἀπὸ τῆς οἰκίας ἀποστείλαντα αὐτὸν ἀναιρεθῆναι, καὶ κρυπτομένῳ μὲν αὐτῷ ἐν τῷ σπηλαίῳ, καὶ ἀλλοιοῦντι τὸ πρόσωπον
ἑαυτοῦ, ἕως οὗ παρέλθῃ τὸν Ἀβιμέλεχ, καὶ τὴν ἐπιβουλὴν ἐκκλίνῃ ; Τί δ᾽ ἂν
εἴποιεν οἱ πάντα λέγοντες εὐχερῶς, τὸν μέγαν Ἠλίαν ὁρῶντες ἐπικαλούμενον
μὲν τὸν Θεὸν, καὶ νεκρὸν ἐγείροντα, κρυπτόμενον δὲ διὰ τὸν Ἀχαὰβ, καὶ
φεύγοντα διὰ τὰς ἀπειλὰς τῆς Ἰεζάβελ ; τότε γὰρ ζητούμενοι οἱ υἱοὶ τῶν
προφητῶν ἐκρύπτοντο, λανθάνοντες ἐν τοῖς σπηλαίοις παρὰ τῷ Ἀβδίᾳ. Ἡ
τούτοις μὲν ὡς παλαιοῖς οὐκ ἐνέτυχον, τῶν δὲ κατὰ τὸ εὐαγγέλιον οὐδεμίαν
μνήμην ἔχουσι· καὶ γὰρ καὶ οἱ μαθηταὶ διὰ τὸν φόβον τῶν Ἰουδαίων ἀνεχώρουν κρυπτόμενοι· καὶ ὁ Παῦλος ἐν Δαμασκῷ παρὰ τοῦ ἐθνάρχου ζητούμενος,
2 Cor. xi. 33. ἀπὸ τοῦ τείχους ʽἐν σαργάνῃ κεχάλασται, καὶ ἐξέφυγε τοῦ ζητοῦντος τὰς
χεῖρας.ʼ Τῆς τοίνυν γραφῆς τοιαῦτα λεγούσης περὶ τῶν ἁγίων, ποίαν ἄρα
πρόφασιν τῆς ἑαυτῶν προπετείας ἐξευρεῖν δυνήσονται ; Ἄν τε γὰρ ʽδειλίανʼ
ὀνειδίσωσι, κατ᾽ αὐτῶν ὡς μαινομένων τὸ τόλμημα· κἄν τε ὡς παρὰ τὸ βούλημα τοῦ Θεοῦ ποιοῦντας αὐτοὺς διαβάλλουσιν, οὐκ εἰδότες εἰσὶ παντελῶς
τὰς γραφάς. Ἐν μὲν γὰρ τῷ νόμῳ πρόσταξις ἦν, ἐκταγῆναι καὶ πόλεις
Num. xxxv. ʽφυγαδευτηρίους,ʼ ὑπὲρ τοῦ τοὺς ζητουμένους εἰς θάνατον ὅπως δήποτε
11. δύνασθαι διασώζεσθαι. Ἐπὶ δὲ συντελείᾳ τῶν αἰώνων παραγενόμενος αὐτὸς
ὁ τῷ Μωϋσεῖ λαλήσας Λόγος τοῦ Πατρὸς πάλιν ἐντολὴν ταύτην δίδωσι,
Matt. x. 23. λέγων, ʽὍταν δὲ διώκωσιν ὑμᾶς ἐκ τῆς πόλεως ταύτης, φεύγετε εἰς τὴν
Matt. xxiv. ἑτέραν.ʼ Καὶ μετ᾽ ὀλίγα φησὶν, ʽὍταν οὖν ἴδητε τὸ βδέλυγμα τῆς ἐρημώ-
15-18. σεως, τὸ ῥηθὲν διὰ Δανιὴλ τοῦ προφήτου, ἑστὼς ἐν τόπῳ ἁγίῳ, (ὁ ἀναγινώσκων νοείτω), τότε οἱ ἐν τῇ Ἰουδαίᾳ φευγέτωσαν εἰς τὰ ὄρη· ὁ ἐπὶ τοῦ
δώματος μὴ καταβήτω ἆραι τὰ ἐκ τῆς οἰκίας αὐτοῦ· ὁ ἐν τῷ ἀγρῷ μὴ
ἐπιστρεψάτω ἆραι τὰ ἱμάτια αὐτοῦ.ʼ Ταῦτα γὰρ εἰδότες οἱ ἅγιοι τοιαύτην
εἶχον τῆς πολιτείας ἀγωγήν· ἃ γὰρ νῦν προσέταξεν ὁ Κύριος, ταῦτα καὶ πρὸ
τῆς ἐνσάρκου παρουσίας ἐν τοῖς ἁγίοις ἐλάλει. Καὶ ἔστιν οὗτος ὅρος ἀνθρώποις εἰς τελειότητα φέρων, ὃ δ᾽ ἂν ὁ Θεὸς προστάξῃ, τοῦτο ποιεῖν. Διὰ
τοῦτο καὶ αὐτὸς ὁ Λόγος, δι᾽ ἡμᾶς γενόμενος ἄνθρωπος, κατηξίωσε ζητού-
John viii. 59. μενος ὡς ἡμεῖς ʽκρυβῆναι,ʼ καὶ πάλιν διωκόμενος φεύγειν, καὶ τὴν ἐπιβουλὴν
ἐκκλῖναι. Ἔπρεπε γὰρ αὐτὸν, ὡς ἐκ τοῦ πεινῆν καὶ διψῆν, καὶ τοῦτο παθεῖν,
[abbrev. from οὕτω καὶ ἐκ τούτου δεικνύειν ἑαυτὸν ἐνανθρωπήσαντα. Ἐξ ἀρχῆς μὲν ἅμα τῷ
Ath.] γενέσθαι ἄνθρωπος, ὅτε παιδίον ἦν, αὐτὸς διὰ τοῦ ἀγγέλου ἐνετείλατο τῷ
Matt. ii. 13, Ἰωσὴφ, ʽἘγερθεὶς παράλαβε τὸ παιδίον καὶ τὴν μητέρα αὐτοῦ, καὶ φεῦγε εἰς
22. Αἴγυπτον· μέλλει γὰρ Ἡρώδης ζητεῖν τὴν ψυχὴν τοῦ παιδίου.ʼ Καὶ ἀποθανόντος δὲ Ἡρώδου, φαίνεται δι᾽ Ἀρχέλαον τὸν υἱὸν αὐτοῦ ἀναχωρῶν εἰς

τὴν Ναζαρέτ. Ὅτε δὲ λοιπὸν καὶ Θεὸν ἑαυτὸν ἐδείκνυε, καὶ τὴν ξηρὰν χεῖρα πεποίηκεν ὑγιῆ, 'οἱ μὲν Φαρισαῖοι ἐξελθόντες συμβούλιον ἐποίουν κατ' αὐτοῦ, Matt. xii. 14, ὅπως αὐτὸν ἀπολέσωσιν· ὁ δὲ Ἰησοῦς γνοὺς ἀνεχώρησεν ἐκεῖθεν.' Καὶ γὰρ [15.] καὶ ὅτε τὸν Λάζαρον ἤγειρεν ἐκ νεκρῶν, 'ἀπ' ἐκείνης,' φησὶ, 'τῆς ἡμέρας John xi. 53, ἐβουλεύσαντο ἵνα ἀποκτείνωσιν αὐτόν· ὁ οὖν Ἰησοῦς οὐκέτι παρρησίᾳ περιε- [54.] πάτει ἐν τοῖς Ἰουδαίοις· ἀλλὰ ἀπῆλθεν ἐκεῖθεν εἰς τὴν χώραν ἐγγὺς τῆς ἐρήμου.' Εἶτα λέγοντος τοῦ Σωτῆρος, 'Πρὶν Ἀβραὰμ γενέσθαι, ἐγώ εἰμι,' John viii. 58. οἱ μὲν Ἰουδαῖοι ἔλαβον λίθους ἵνα βάλωσιν ἐπ' αὐτόν· ὁ δὲ Ἰησοῦς ἐκρύβη καὶ ἐξῆλθεν ἐκ τοῦ ἱεροῦ· καὶ "διελθὼν διὰ μέσου αὐτῶν" "ἐπορεύετο" καὶ παρῆγεν οὕτως.' Ἆρα ταῦτα βλέποντες, μᾶλλον δὲ κατανοοῦντες, ἐπεὶ 'μὴ βλέ- Matt. xiii. 13. πουσι' κατὰ τὸ γεγραμμένον, οὐ θέλουσι 'γενέσθαι πυρίκαυστοι,' ὅτι ἐναντία Isa. ix. 5. ὧν ὁ Κύριος ποιεῖ καὶ διδάσκει, βουλεύονται καὶ φθέγγονται; Καὶ γὰρ ὅτε Ἰωάννης μεμαρτύρηκε, καὶ 'οἱ μαθηταὶ τὸ σῶμα ἔθαψαν, ἀκούσας ὁ Ἰησοῦς Matt. xiv. 12, ἀνεχώρησεν ἐκεῖθεν ἐν πλοίῳ εἰς ἔρημον τόπον κατ' ἰδίαν.' Ὁ μὲν οὖν [13.] Κύριος ἐποίει ταῦτα, καὶ οὕτως ἐδίδασκεν. Εἴθε δὲ οὗτοι κἂν οὕτως αἰσχυνθῶσι, καὶ μέχρι τῶν ἀνθρώπων στήσωσιν ἑαυτῶν τὴν προπέτειαν, καὶ μὴ πλέον μανέντες ἐγκαλέσωσι καὶ τῷ Σωτῆρι 'δειλίαν,' ἅπαξ κατ' αὐτοῦ βλασφημεῖν μελετήσαντες. Ἀλλ' οὔτε μαινομένων αὐτῶν τις ἀνέξεται· μᾶλλον δὲ καὶ τὰ εὐαγγέλια μὴ νοοῦντες ἐλεγχθήσονται. Ἔστι γὰρ ἡ πρόφασις τῆς τοιαύτης ἀναχωρήσεως καὶ φυγῆς εὔλογος καὶ ἀληθής· ἣν ἐπὶ μὲν τοῦ Σωτῆρος οἱ εὐαγγελισταὶ κειμένην ἀπεμνημόνευσαν· δεῖ δὲ ἡμᾶς ἐκ τούτου ἐπὶ πάντων τῶν ἁγίων τὴν αὐτὴν λογίζεσθαι. Ἃ γὰρ ἐπὶ τοῦ Σωτῆρος ἀνθρωπίνως γέγραπται, ταῦτα τῷ κοινῷ γένει τῶν ἀνθρώπων ἀναφέρεσθαι προσήκει. Τὰ γὰρ ἡμῶν ἐκεῖνος ἀνεδέξατο, καὶ τὰ τῆς ἡμετέρας ἀσθενείας [Ath. τὸ γὰρ πάθη ἐνεδείκνυτο· ἅπερ ὁ Ἰωάννης ἔγραφεν οὕτως· 'Ἐζήτουν οὖν αὐτὸν σῶμα..] πιάσαι, καὶ οὐδεὶς ἐπέβαλεν ἐπ' αὐτὸν τὰς χεῖρας, ὅτι οὔπω ἐληλύθει ἡ ὥρα John vii. 30. αὐτοῦ.' Καὶ γὰρ καὶ πρὸ τοῦ ταύτην ἐλθεῖν, ἔλεγεν αὐτὸς τῇ μὲν μητρὶ, 'Οὔπω ἦλθεν ἡ ὥρα μοῦ·' τοῖς δὲ χρηματίσασιν ἀδελφοῖς αὐτοῦ, 'Ὁ ἐμὸς John ii. 4; καιρὸς οὔπω πάρεστι.' Πάλιν τε ἐλθόντος τοῦ καιροῦ, ἔλεγε τοῖς μαθηταῖς, iii. 6. 'Καθεύδετε λοιπὸν καὶ ἀναπαύεσθε· ἰδοὺ γὰρ, ἤγγικεν ἡ ὥρα, καὶ ὁ υἱὸς τοῦ Matt. xxvi. ἀνθρώπου παραδοθήσεται εἰς χεῖρας ἁμαρτωλῶν.' . . . . 45.

Οὔτε δὲ πρὸ τοῦ τὸν χρόνον ἐλθεῖν ᾔφιεν ἑαυτὸν κρατεῖσθαι, οὔτε τοῦ De Fuga, 15. καιροῦ παρόντος ἐκρύπτετο· ἀλλὰ καὶ ἔκδοτον ἑαυτὸν ἐδίδου τοῖς ἐπιβουλεύουσιν. . . . .

Οὕτω καὶ οἱ μακάριοι μάρτυρες ἐν τοῖς κατὰ καιροὺς διωγμοῖς ἐφύλαττον· Ib. 22. καὶ διωκόμενοι μὲν ἔφευγον, καὶ λανθάνοντες ἐκαρτέρουν· εὑρισκόμενοι δὲ (Ath. ταῦτα.) ἐμαρτύρουν.

Τοιαῦτα μὲν οὖν Ἀθανάσιος ἐν τῷ περὶ τῆς φυγῆς ἀπολογητικῷ διεξῆλθεν.

CAP. IX.

Ὡς μετὰ τὴν ἐν Ἀλεξανδρείᾳ τῶν τὸ ὁμοούσιον πρεσβευσάντων σύνοδον Εὐσέβιος εἰς Ἀντιόχειαν ὑποστρέψας, καὶ τοὺς ὁμοδόξους διῃρημένους εὑρὼν διὰ τὴν Παυλίνου χειροτονίαν, καὶ τούτους ἑνῶσαι μὴ δυνηθεὶς, ὑπανεχώρησεν.

Εὐσέβιος δὲ ὁ Βρεκέλλων ἐπίσκοπος εὐθὺς μετὰ τὴν σύνοδον ἐκ τῆς Ἀλεξανδρείας ἐπὶ τὴν Ἀντιόχειαν ὥρμησεν. Εὑρών τε Παυλῖνον μὲν ὑπὸ Λουκίφερος χειροτονηθέντα, τὰ δὲ πλήθη διεστηκότα, —οἱ γὰρ Μελιτίῳ ἀκολουθήσαντες ἰδίᾳ συνήγοντο,—ταραχθεὶς ὅτι τῇ γενομένῃ χειροτονίᾳ μὴ πάντες συνῄνουν, κατέγνω μὲν καθ' ἑαυτὸν τοῦ γενομένου, τῇ δὲ πρὸς Λουκίφερα αἰδοῖ σιωπήσας ἀνεχώρησεν, ἐπαγγειλάμενος ἐν συνεδρίῳ ἐπισκόπων τὰ γενόμενα διορθώσασθαι. Καὶ μετὰ ταῦτα πολλὴν σπουδὴν θέμενος ἑνῶσαι τοὺς διεστῶτας οὐκ ἴσχυσεν. Ἔφθασε δὲ Μελίτιος τῆς ἐξορίας ἐπανελθών· καὶ εὑρὼν ἰδίᾳ συναγομένους τοὺς συνελθόντας αὐτῷ, τούτων προΐστατο· ἀλλὰ τῶν μὲν ἐκκλησιῶν ἐκράτει Εὐζώϊος ὁ τῆς Ἀρειανῆς προεστὼς θρησκείας. Παυλῖνός τε μίαν τῶν μικρῶν ἔνδον τῆς πόλεως ἐκκλησιῶν εἶχεν, ἧς αὐτὸν Εὐζώϊος αἰδοῖ τῇ πρὸς αὐτὸν οὐκ ἐξέβαλε· Μελίτιος δὲ ἔξω τῶν πυλῶν τῆς πόλεως τὰς συναγωγὰς ἐποιεῖτο. Τότε μὲν δὴ οὕτω τῆς Ἀντιοχείας Εὐσέβιος ἀνεχώρησε. Λούκιφερ δὲ πυθόμενος μὴ δέχεσθαι ὑπὸ Εὐσεβίου τὴν χειροτονίαν αὐτοῦ, ὕβριν ἡγεῖτο, καὶ δεινῶς ἠγανάκτει· διεκρίνετο οὖν κοινωνεῖν Εὐσεβίῳ· καὶ τὰ τῇ συνόδῳ ἀρέσαντα ἀποδοκιμάζειν ἐκ φιλονεικίας ἐβούλετο. Ταῦτα ἐν καιρῷ λύπης λεγόμενα πολλοὺς τῆς ἐκκλησίας ἀπέστησε· καὶ γίνεται πάλιν Λουκιφεριανῶν ἑτέρα αἵρεσις. Ἀλλὰ Λούκιφερ τὴν ὀργὴν ἀποπληρῶσαι οὐκ ἴσχυσεν· ἐδέδετο γὰρ ταῖς ἑαυτοῦ ὁμολογίαις, δι' ὧν, ἀποστείλας τὸν διάκονον, στέρξειν τὰ ὑπὸ τῆς συνόδου τυπούμενα καθυπέσχετο. Διόπερ αὐτὸς μὲν τὰ τῆς ἐκκλησίας φρονῶν εἰς τὴν Σαρδανίαν ἐπὶ τὸν οἰκεῖον θρόνον ἀπεχώρει· οἱ δὲ πρότερον συλλυπηθέντες αὐτῷ ἔτι καὶ νῦν τῆς ἐκκλησίας χωρίζονται. Εὐσέβιος μέντοι, δίκην ἀγαθοῦ ἰατροῦ, κατὰ τὴν ἀνατολὴν τὰς πορείας ποιούμενος, τοὺς ἠσθενηκότας περὶ τὴν πίστιν ἀνελάμβανε, στοιχειῶν καὶ διδάσκων τὰ ἐκκλησιαστικὰ κηρύγματα. Μεταβὰς δὲ ἐκεῖθεν ἐπί τε Ἰλλυριοὺς παραγίνεται, καὶ Ἰταλίας ἐπιβὰς τὰ αὐτὰ διεπράττετο.

CAP. X.

Περὶ Ἱλαρίου τοῦ Πυκτάβων ἐπισκόπου.

Ἐφθάκει δὲ καὶ Ἱλάριος, ὁ Πυκτάβων ἐπίσκοπος, (πόλις δὲ αὕτη δευτέρας Ἀκυτανίας), προκαταβεβλημένος τὰ τῆς ὁμοδόξου πίστεως δόγματα τοῖς τε ἐν Ἰταλίᾳ καὶ Γαλλίᾳ ἐπισκόποις· καὶ γὰρ πρότερος τῆς ἐξορίας ἐπανιὼν κατειλήφει τοὺς τόπους. Ἄμφω μὲν οὖν γενναίως τῇ πίστει συνηγωνίσαντο. Ἱλάριος δὲ καὶ ἐλλόγιμος Hil. de Trinit. ὢν βιβλίοις τῇ Ῥωμαίων γλώττῃ τὰ τοῦ 'ὁμοουσίου' παρέδωκε δόγματα· δι' ὧν ἱκανῶς μὲν τούτῳ συνέστη, δυνατῶς δὲ καὶ τῶν [Al. τοῦτο.] Ἀρειανῶν δογμάτων καθήψατο. Ταῦτα μὲν οὖν μικρὸν ὕστερον μετὰ τὴν ἀνάκλησιν τῶν ἐξορισθέντων ἐγένετο. Ἰστέον δέ, ὅτι κατὰ τόνδε τὸν χρόνον οἱ περὶ Μακεδόνιον καὶ Ἐλεύσιον, Εὐστάθιόν τε καὶ Σωφρόνιον, πάντες ἐκ τοῦ ἑνὸς Μακεδονιανοὶ χρηματί- Cp. ii. 45. ζοντες, συνόδους συνεχῶς ἐν διαφόροις ἐποιοῦντο τόποις. Καὶ συγκαλοῦντες τοὺς ἐν Σελευκείᾳ τῇ αὐτῶν ἀκολουθήσαντας γνώμῃ, τοὺς τοῦ ἑτέρου μέρους ἀναθεμάτιζον, λέγω δὴ τοὺς περὶ Ἀκάκιον, καὶ τὴν ἐν Ἀριμίνῳ πίστιν ἐκβάλλοντες, τὴν ἐν Σελευκείᾳ ἀναγνωσθεῖσαν ἐκύρουν· αὕτη δὲ ἦν ἐν Ἀντιοχείᾳ ἤδη πρότερον ἐκτεθεῖσα, ὡς ἐν τῷ πρὸ τούτου βιβλίῳ πεποιήμεθα μνήμην. Cp. ii. 10, 39. Ἐρωτηθέντες γοῦν ὑπό τινων· ''Υμεῖς,' φησί, 'οἱ Μακεδονιανοὶ χρηματίζοντες, εἰ ἕτερα φρονεῖτε τοῖς περὶ Ἀκάκιον, πῶς αὐτοῖς ἄχρι νῦν ὡς ὁμοδόξοις ἐκοινωνεῖτε;' πρὸς ταύτην τὴν πεῦσιν ἀπεκρίναντο διὰ Σωφρονίου τοῦ Πομπηϊουπόλεως τῆς ἐν Παφλαγονίᾳ ἐπισκόπου τάδε·

Οἱ κατὰ τὴν δύσιν, φησὶν, ἐνόσουν τὸ 'ὁμοούσιον·' Ἀέτιος δὲ ἐν τῇ Cp. ii. 35. ἀνατολῇ παραχαράξας εἰσήγαγε τὸ 'κατ' οὐσίαν ἀνόμοιον·' καὶ ἦν ἔκνομα ἀμφότερα. Οἱ μὲν γὰρ ἀτάκτως τὰς ἰδιαζούσας ὑποστάσεις Πατρὸς καὶ Υἱοῦ συνέπλεκον εἰς ἑνότητα, τῷ τοῦ 'ὁμοουσίου' ὀνόματι, χορδῇ κακίας, δεσμούμενοι. Ὁ δὲ καὶ σφόδρα τῆς τοῦ Υἱοῦ πρὸς τὸν Πατέρα φύσεως διΐστα τὴν οἰκειότητα τῷ τοῦ 'ἀνομοίου κατ' οὐσίαν' ὀνόματι. Ἀμφοτέρων δὲ εἰς πολλὴν τῶν ἐναντίων πιπτόντων ἀκρότητα, ἡ μέση ἀμφοῖν ὁδὸς ἱκανῶς ἡμῖν ἐφάνη τὴν τῆς ἀληθείας ἔχειν εὐσέβειαν, 'ὅμοιον λέγουσα τὸν Υἱὸν τῷ Πατρὶ καθ' ὑπόστασιν.'

Τοιαῦτα μὲν οὖν οἱ Μακεδονιανοὶ πρὸς τὴν πεῦσιν διὰ Σωφρονίου Cp. i. 8. ἀπεκρίναντο, καθὰ ὁ Σαβῖνος ἐν τῇ 'συναγωγῇ τῶν συνοδικῶν' φησί.

Διὰ δὲ τοῦ μέμψασθαι ' Αέτιον ὡς τοῦ ' ἀνομοίου ' ἀρχηγὸν, καὶ μὴ τοὺς περὶ Ἀκάκιον, φαίνονται σοφιζόμενοι τὴν ἀλήθειαν, δοκοῦντες ἐν μέρει τοὺς Ἀρειανοὺς ἐκκλίνειν, ἐν μέρει δὲ τοὺς φρονοῦντας τὸ ' ὁμοούσιον.' Ἐλέγχονται δὲ διὰ τῆς ἰδίας φωνῆς, ὅτι ἀμφοτέρων καινοτομοῦντες ἐξέδυσαν. Τοσαῦτα δὴ καὶ περὶ τούτων λελέχθω.

CAP. XI.

Ὡς ὁ βασιλεὺς Ἰουλιανὸς χρήματα τοὺς Χριστιανοὺς εἰσεπράττετο.

Ὁ μέντοι βασιλεὺς Ἰουλιανὸς κατ' ἀρχὰς ἡδὺς τοῖς πᾶσιν φανεὶς, προβαίνων οὐ πᾶσιν ὅμοιος ἐδείκνυτο. Ἀλλ' ἔνθα μὲν διαβολή τις κατὰ Κωνσταντίου ἐγίνετο, προθυμότατα τοῖς Χριστιανοῖς τὰς αἰτήσεις παρεῖχεν· ὅπου δὲ μὴ τοῦτο ἦν, τὸ οἰκεῖον μῖσος, ὃ κοινῇ κατὰ πάντων Χριστιανῶν εἶχε, φανερῶς πᾶσιν ἀπεδείκνυεν. Αὐτίκα γοῦν Ναυατιανῶν μὲν τὴν ἐν Κυζίκῳ ἐκκλησίαν ὑπὸ Εὐζωΐου εἰς ἔδαφος καθαιρεθεῖσαν οἰκοδομηθῆναι κελεύει, καταδίκην βαρυτάτην ἐπιθεὶς Ἐλευσίῳ τῷ τῇδε ἐπισκόπῳ, ἢν μὴ ἐντὸς δύο μηνῶν οἰκείοις ἀναλώμασι τὴν οἰκοδομίαν ποιήσηται. Τὸν μέντοι Ἑλληνισμὸν συνεκρότει· καὶ τὰ μὲν ἱερὰ τῶν Ἑλλήνων, ὡς ἔφην, ἠνέῳκτο· θυσίας δὲ ἐπετέλει τῇ Κωνσταντινουπόλεως τύχῃ δημοσίᾳ ἐν τῇ βασιλικῇ, ἔνθα καὶ τὸ τῆς Τύχης ἵδρυται ἄγαλμα.

CAP. XII.

Περὶ Μάρι τοῦ ἐπισκόπου Χαλκηδόνος.

Τότε δὴ καὶ Μάρις, ὁ τῆς ἐν Βιθυνίᾳ Χαλκηδόνος ἐπίσκοπος, χειραγωγούμενος,—ἦν γὰρ δὴ πρὸς τῷ γήρᾳ ὑπόχυσιν ὀφθαλμῶν ὑπομείνας,—πολλὰ τὸν βασιλέα προσελθὼν περιύβρισε, τὸν ' ἀσεβῆ ' καλῶν, τὸν ' ἀποστάτην,' τὸν ' ἄθεον.' Ὁ δὲ λόγοις τὰς ὕβρεις ἠμύνετο, ' τυφλὸν' καλέσας. 'Καὶ οὐκ ἄν,' φησὶν, ' οὐδὲ ὁ Γαλιλαῖός σου Θεὸς θεραπεύσειε σέ.' 'Γαλιλαῖον' γὰρ εἰώθει ὁ Ἰουλιανὸς καλεῖν τὸν Χριστὸν, καὶ τοὺς Χριστιανοὺς ' Γαλιλαίους.' Ὁ δὲ δὴ Μάρις παρρησιαίτερον πρὸς τὸν βασιλέα ἀπήντησεν· ' Εὐχαριστῶ,' φησὶ, ' τῷ Θεῷ τυφλώσαντί με, ἵνα μὴ ἴδω τὸ πρόσωπόν σου οὕτως ἐκπεπτωκὸς πρὸς τὴν ἀσέβειαν.'

III. 13.] *towards the Christians.* 153

Οὐδὲν πρὸς ταῦτα ὁ βασιλεὺς ἀπεκρίνατο· δεινῶς δὲ καὶ τοῦτο μετήρχετο· ἑωρακὼς γὰρ τοὺς ἐπὶ Διοκλητιανοῦ μαρτυρήσαντας ὑπὸ τῶν Χριστιανῶν τιμωμένους, προθύμως τε σπεύδειν ἐπὶ τὸ μαρτυρῆσαι πολλοὺς ἐπιστάμενος, ὥσπερ αὐτῷ τούτῳ τοὺς Χριστιανοὺς ἀμυνόμενος ἐπὶ ἑτέραν ἐτρέπετο. Καὶ τὴν μὲν ὑπερβάλλουσαν ἐπὶ Διοκλητιανοῦ ὠμότητα ὑπερέθετο· οὐ μὴν πάντη τοῦ διώκειν ἀπέσχετο· ' διωγμὸν ' δὲ λέγω, τὸ ὁπωσοῦν ταράττειν τοὺς ἡσυχάζοντας. Ἐτάραττε δὲ ὧδε· νόμῳ ἐκέλευε Χριστιανοὺς παιδεύσεως μὴ μετέχειν· ' ἵνα μὴ,' φησὶν, ' ἀκονώμενοι τὴν γλῶτταν ἑτοίμως πρὸς τοὺς διαλεκτικοὺς τῶν Ἑλλήνων ἀπαντῶσιν.'

CAP. XIII.

Περὶ τῆς ταραχῆς ἣν ἐποίησαν οἱ Ἕλληνες κατὰ τῶν Χριστιανῶν.

Ἐκέλευε δὲ μηδὲ κατὰ τὰ βασίλεια στρατεύεσθαι τοὺς μὴ βουλομένους καταλιπεῖν μὲν τὸν Χριστιανισμόν, ἐπὶ τὸ θύειν δὲ τοῖς ἀγάλμασιν ἔρχεσθαι· μήτε μὴν Χριστιανοὺς τῶν ἐπαρχιῶν ἄρχοντας γίνεσθαι, λέγων ὡς κελεύει νόμος μὴ χρῆσθαι ξίφει κατὰ τῶν ἄξια θανάτου πεπλημμεληκότων· πολλοὺς δὲ καὶ κολακείαις καὶ δωρεαῖς ἐπὶ τὸ θύειν προετρέπετο. Αὐτίκα γοῦν, ὡς ἐν χωνευτηρίῳ, οἵ τε ὄντες Χριστιανοὶ καὶ οἱ νομιζόμενοι φανεροὶ πᾶσιν ἐγίνοντο· οἱ μὲν γὰρ ὀρθῇ γνώμῃ Χριστιανίζοντες εὐθυμότεροι τὴν ζώνην ἀπετίθεντο, πάντα μᾶλλον ὑπομένειν ἢ ἀρνεῖσθαι τὸν Χριστὸν αἱρούμενοι. Ἐν τούτοις ἦσαν Ἰοβιανός, Οὐαλεντιανός τε καὶ Οὐάλης, οἱ καὶ ὕστερον βασιλεύσαντες· ἕτεροι δὲ ὅσοι μὴ ὀρθῇ γνώμῃ ἐχριστιάνιζον, καὶ ὅσοι τὰ χρήματα καὶ τὴν ἐνταῦθα τιμὴν τῆς ἀληθοῦς εὐδαιμονίας προέκριναν, μηδὲν μελλήσαντες πρὸς τὸ θύειν ἀπέκλινον. Ὧν εἷς ἦν καὶ ὁ Κωνσταντινουπόλεως σοφιστὴς Ἐκηβόλιος· ὅστις τοῖς ἤθεσι τῶν βασιλέων ἑπόμενος, ἐπὶ μὲν Κωνσταντίου διαπύρως Χριστιανίζειν ὑπεκρίνατο, ἐπὶ δὲ Ἰουλιανοῦ γοργὸς Ἕλλην ἐφαίνετο, καὶ αὖθις μετὰ Ἰουλιανὸν Χριστιανίζειν ἤθελε. 'Ρίψας γὰρ ἑαυτὸν πρηνῆ πρὸ τῆς πύλης τοῦ εὐκτηρίου οἴκου, ' Πατήσατέ με,' ἐβόα, ' τὸ ἅλας τὸ ἀναίσθητον.' Τοιοῦτος Matt. v. 13. μὲν οὖν κοῦφος καὶ εὐχερὴς Ἐκηβόλιος πρότερόν τε καὶ ὕστερον ἦν. Τότε δὲ ὁ βασιλεὺς Πέρσας ἀμύνεσθαι βουλόμενος, ἀνθ' ὧν ἐπὶ Κωνσταντίου τὴν Ῥωμαίων χώραν κατέδραμον, σπουδαίως διὰ τῆς Ἀσίας ἐπὶ τὰ ἑῷα μέρη διέβαινεν. Εἰδὼς δὲ ὅσα πόλεμος ἔχει κακὰ, καὶ ὡς πολλῶν δεῖται χρημάτων καὶ ἄνευ τούτων οὐ κατορθοῦται, πανούργως ἐπενόησε συλλέγειν τὰ χρήματα παρὰ τῶν Χριστιανῶν. Τοῖς γὰρ μὴ βουλομένοις θύειν ἐπέθηκε χρηματικὴν καταδίκην· καὶ ἀπαίτησις κατὰ τῶν ἀληθῶς Χριστιανιζόντων ἐγίνετο σύντονος· ἕκαστος γὰρ κατὰ τὴν ὕπαρξιν ἀναλόγως εἰσέφερε. Καὶ ὁ βασιλεὺς ἐκ τῆς ἀδίκου συλλογῆς τῶν ἀδίκων χρημάτων ταχὺ πλούσιος ἦν· ἐχρῆτο γὰρ τῷ νόμῳ, ὅπου τε μὴ παρῆν, καὶ ὅπου διέβαινε. Τηνικαῦτα καὶ οἱ Ἕλληνες τῶν Χριστιανιζόντων κατέτρεχον· σύρροιά τε τῶν 'φιλοσοφεῖν' λεγόντων ἐγίνετο· καὶ τελετάς τινας συνίστασαν, ὡς καὶ σπλαγχνοσκοπούμενοι παῖδας καταθύειν ἀφθόρους ἄρρενας καὶ θηλείας, καὶ τῶν σαρκῶν ἀπογεύεσθαι. Καὶ ταῦτα ἐποίουν κατά τε τὰς ἄλλας πόλεις, καὶ κατὰ τὰς Ἀθήνας, καὶ κατὰ τὴν Ἀλεξάνδρειαν. Ἔνθα καὶ κατὰ Ἀθανασίου τοῦ ἐπισκόπου σκευωρίαν ποιησάμενοι γνωρίζουσι βασιλεῖ, ὡς λυμαίνοιτο τὴν πόλιν καὶ πᾶσαν τὴν Αἴγυπτον, καὶ δεῖν αὐτὸν ἀπαλλάττειν τῆς πόλεως· κεκίνητό τε κατ' αὐτοῦ ἐκ προστάγματος βασιλικοῦ καὶ ὁ Ἀλεξανδρείας ἔπαρχος.

CAP. XIV.

Περὶ τῆς Ἀθανασίου φυγῆς.

Ὁ δὲ φεύγει πάλιν, εἰπὼν τοῖς γνωρίμοις, "Ὑποσταλῶμεν μικρὸν, ὦ φίλοι· νεφύδριον γάρ ἐστι, καὶ παρέρχεται." Ταῦτα εἰπὼν, εὐθὺς ὡς εἶχε, πλοίῳ διὰ τοῦ Νείλου εἰς τὴν Αἴγυπτον ἔφυγεν· ἐδίωκον δὲ κατόπιν οἱ συλλαβεῖν αὐτὸν σπεύδοντες. Ἐπειδὴ δὲ οὐ πόρρωθεν εἶναι ἐπύθετο τοὺς διώκοντας, οἱ μὲν συνόντες ὡς ἐπὶ τὴν ἔρημον αὖθις φεύγειν ἐκέλευον· ὁ δὲ σοφῇ γνώμῃ χρησάμενος διέφυγε τοὺς διώκοντας. Τοῖς γὰρ διώκουσιν ἐξυποστρέψαντας ἀπαντᾶν συνεβούλευε, καὶ τοῦτο ᾗ τάχος ἐγίνετο· ἐπεὶ δὲ πλησίον τῶν διωκόντων οἱ πρὸ μικροῦ φεύγοντες ἦσαν, οὐδὲν οἱ ζητοῦντες ἠρώτων τοὺς περὶ Ἀθανάσιον, ἢ 'ποῦ Ἀθανάσιον τεθέανται.' Οἱ δὲ 'ἐγγὺς αὐτοῦ που εἶναι' ἐμήνυον, 'καὶ εἰ ἐπισπεύσειεν, οὐκ εἰς μακρὰν αὐτὸν καταλήψεσθαι' ἔλεγον. Καὶ οὕτως οἱ μὲν παρατραπέντες συντόνως μάτην ἐδίωκον· ὁ δὲ διαφυγὼν τὴν Ἀλεξάνδρειαν λαθραίως κατέλαβε. Καὶ ἐκεῖ λανθάνων διῆγεν, ἕως οὗ ὁ

III. 15.] *Christians put to death in Phrygia.* 155

διωγμὸς ἐπαύσατο. Τοιαῦτα μὲν οὖν μετὰ τοὺς πολλοὺς Χριστιανικοὺς διωγμοὺς καὶ τὰ παρ' Ἑλλήνων κακὰ τὸν Ἀλεξανδρείας ἐπίσκοπον διεδέξατο. Οἱ μέντοι κατὰ τὰς ἐπαρχίας ἄρχοντες, καιρὸν οἰκείου κέρδους τὴν τοῦ βασιλέως θρησκείαν νομίσαντες, πέρα τῶν βασιλικῶν προσταγμάτων τοὺς Χριστιανοὺς κακῶς διετίθεσαν, χρήματα μὲν πλείονα ἢ ἐχρῆν εἰσπραττόμενοι, ἔστι δὲ ὅτε καὶ σωματικὰς τιμωρίας προσάγοντες. Ταῦτα μανθάνων ὁ βασιλεὺς περιεώρα, καὶ τοῖς Χριστιανοῖς περὶ τούτου προσελθοῦσιν αὐτῷ, 'Ὑμέτερόν ἐστιν,' ἔλεγεν αὐτοῖς, ' πάσχοντας κακῶς ὑπομένειν· τοῦτο γὰρ τοῦ ὑμετέρου Θεοῦ παράγγελμα.'

CAP. XV.

Περὶ τῶν ἐν Μηρῷ τῇ πόλει τῆς Φρυγίας ἐπὶ Ἰουλιανοῦ μαρτυρησάντων.

Ἐν γοῦν Μηρῷ πόλει τῆς ἐπαρχίας τῆς Φρυγίας ἄρχων ἦν [Val. ὤν.] Ἀμάχιος, τὸ τῇδε ἱερὸν ἀνοιγῆναι προστάξας, ἐκκαθαίρεσθαί τε τὸν ἐκ τοῦ χρόνου συναχθέντα ῥύπον ἐκέλευε, καὶ τὰ ἐν αὐτῷ ἀγάλματα ἐπιμελείας ἠξίου. Τοῦτο γινόμενον σφόδρα τοὺς Χριστιανοὺς ἐλύπει. Μακεδόνιος δέ τις, καὶ Θεόδουλος, καὶ Τατιανὸς, ζήλῳ τοῦ Χριστιανισμοῦ τὴν λύπην οὐκ ἤνεγκαν, ἀλλ' ἔνθερμον τὸ φρόνημα πρὸς ἀρετὴν κεκτημένοι, νυκτὸς εἰς τὸν ναὸν εἰσπηδήσαντες συντρίβουσι τὰ ἀγάλματα. Τοῦ δὲ ἡγεμόνος ἐπὶ τῷ γεγονότι σφόδρα χαλεπήναντος, καὶ πολλοὺς τῶν κατὰ τὴν πόλιν ἀναιτίων ἀναιρεῖσθαι σπουδάζοντος, προσφέρουσιν ἑαυτοὺς οἱ αὐθένται τοῦ πράγματος· καὶ μᾶλλον αὐτοὶ ὑπὲρ τῆς ἀληθείας ἀποθνήσκειν ᾑροῦντο, ἤπερ ἰδεῖν ἑτέρους ἀνθ' ἑαυτῶν ἀποθνήσκοντας. Τούτους λαβὼν ὁ ἡγεμὼν ὡς ὑπὲρ τοῦ ἀδικήματος τοῦ παρ' αὐτῶν γενομένου διὰ θυσίας ἀπολογεῖσθαι ἐκέλευε· μὴ ποιοῦντας δὲ τοῦτο τιμωρεῖσθαι ἠπείλει. Οἱ δὲ γενναῖοι τὸ φρόνημα ὄντες, μικρὰ τῶν ἀπειλῶν φροντίσαντες, πάνθ' ὑπομένειν ἑτοίμως εἶχον· καὶ μᾶλλον θνήσκειν ᾑροῦντο ἢ ταῖς θυσίαις μολύνεσθαι. Τότε δὴ πάσαις βασάνοις ὑποβαλὼν τοὺς ἄνδρας, τέλος ἐσχάραις ἐπιθεὶς, καὶ πῦρ ταύταις ἐπιτεθῆναι κελεύσας, οὕτως ἀπόλλυσιν. Οἱ δὲ τὴν κορωνίδα τῆς ἀνδρίας τηνικαῦτα ἐπέδειξαν, πρὸς τὸν ἡγεμόνα τοιαῦτα εἰπόντες· ' Εἰ ἐπεθύμησας ὀπτῶν, ὦ Ἀμάχιε, κρεῶν ἀπογεύσασθαι, στρέψον ἡμᾶς καὶ εἰς τὰς ἑτέρας πλευρὰς, ἵνα μὴ εἰς τὴν γεῦσιν ἡμίοπτοι φανῶμέν σοι.' Τοῦτον μὲν οὖν τὸν τρόπον οὗτοι τὸν βίον ἐτέλεσαν.

CAP. XVI.

'Ὡς τοῦ βασιλέως κωλύσαντος τοὺς Χριστιανοὺς Ἑλληνικὴν παίδευσιν μανθάνειν, οἱ Ἀπολινάριοι εἰς τὸ ἐπιγράφειν λόγους ὡρμήθησαν.

Cp. ii. 46. Ὁ μέντοι τοῦ βασιλέως νόμος, ὃς τοὺς Χριστιανοὺς Ἑλληνικῆς παιδείας μετέχειν ἐκώλυε, τοὺς Ἀπολιναρίους, ὧν καὶ πρότερον ἐμνημονεύσαμεν, φανερωτέρους ἀπέδειξεν. Ὡς γὰρ ἄμφω ἤστην ἐπιστήμονες λόγων, ὁ μὲν πατὴρ γραμματικῶν, σοφιστικῶν δὲ ὁ υἱός, χρειώδεις ἑαυτοὺς πρὸς τὸν παρόντα καιρὸν τοῖς Χριστιανοῖς ἀπεδείκνυον. Ὁ μὲν γὰρ εὐθὺς γραμματικὸς ἅτε, τὴν τέχνην γραμματικὴν Χριστιανικῷ τύπῳ συνέταττε· τά τε Μωϋσέως βιβλία διὰ τοῦ ἡρωϊκοῦ λεγομένου μέτρου μετέβαλε, καὶ ὅσα κατὰ τὴν παλαιὰν διαθήκην ἐν ἱστορίας τύπῳ συγγέγραπται. Καὶ τοῦτο μὲν τῷ δακτυλικῷ μέτρῳ συνέταττε, τοῦτο δὲ καὶ τῷ τῆς τραγῳδίας τύπῳ δραματικῶς ἐξειργάζετο· καὶ παντὶ μέτρῳ ῥυθμικῷ ἐχρῆτο, ὅπως ἂν μηδεὶς τρόπος τῆς Ἑλληνικῆς γλώττης τοῖς Χριστιανοῖς ἀνήκοος ᾖ. Ὁ δὲ νεώτερος Ἀπολινάριος, εὖ πρὸς τὸ λέγειν παρεσκευασμένος, τὰ εὐαγγέλια καὶ τὰ ἀποστολικὰ δόγματα ἐν τύπῳ διαλόγων ἐξέθετο, καθὰ καὶ Πλάτων παρ' Ἕλλησιν. Οὕτω μὲν οὖν τῷ Χριστιανισμῷ χρειώδεις φανέντες, τοῦ βασιλέως τὸ σόφισμα διὰ τῶν οἰκείων πόνων ἐνίκησαν. Ἀλλ' ἡ πρόνοια τοῦ Θεοῦ κρείσσων ἐγένετο καὶ τῆς τούτων σπουδῆς καὶ τῆς τοῦ βασιλέως ὁρμῆς· ὁ μὲν γὰρ νόμος οὐκ εἰς μακρὰν ἀπέσβη τῷ βασιλεῖ, ὡς προϊόντες δηλώσομεν, τῶν δὲ οἱ πόνοι ἐν ἴσῳ τοῦ μὴ γραφῆναι λογίζονται. Ἀλλ' ἐρεῖ τις γοργῶς πρὸς ἡμᾶς ἀπαντῶν, 'Πῶς φῂς προνοίᾳ Θεοῦ ταῦτα γενέσθαι; τὴν μὲν γὰρ τοῦ βασιλέως ταχεῖαν τελευτὴν λυσιτελῆσαι τῷ Χριστιανισμῷ δῆλον ἐστί· τὸ δὲ παρερρίφθαι τὰ τῶν Ἀπολιναρίων Χριστιανικὰ ποιήματα, καὶ πάλιν τοὺς Χριστιανοὺς τὴν Ἑλλήνων μανθάνειν παιδείαν, οὐκέτι τοῦτο λυσιτελεῖν τῷ Χριστιανισμῷ· πρὸς βλάβης γὰρ εἶναι τὴν Ἑλληνικὴν παιδείαν πολυθεΐαν διδάσκουσαν.' Πρὸς ταῦτα οὖν τὰ ὑποπίπτοντα ἡμῖν ὡς οἷόν τε λέξομεν. Ἡ Ἑλληνικὴ παίδευσις οὔτε παρὰ τοῦ Χριστοῦ, οὔτε παρὰ τῶν αὐτοῦ μαθητῶν, ἢ ὡς θεόπνευστος ἐδέχθη, ἢ ὡς ἐπιβλαβὴς ἐξεβλήθη. Καὶ τοῦτο, ὡς ἡγοῦμαι, οὐκ ἀπρονοήτως ἐποίησαν· πολλοὶ γὰρ τῶν παρ' Ἕλλησι φιλοσοφησάντων οὐ μακρὰν τοῦ γνῶναι τὸν Θεὸν ἐγένοντο. Καὶ γὰρ καὶ πρὸς τοὺς ἀπρονοησίαν εἰσάγοντας, οἷον Ἐπικουρείους, ἢ ἄλλως ἐριστικοὺς, μετὰ τῆς λογικῆς ἐπιστήμης γενναίως ἀπήντησαν, τὴν ἀμαθίαν αὐτῶν ἀνατρέποντες. Καὶ διὰ τούτων τῶν λόγων, χρειώδεις μὲν τοῖς τὴν εὐσέβειαν ἀγαπῶσι κατέστησαν, οὐ μὴν τῆς κεφαλῆς τοῦ λόγου ἐκράτησαν, τοῦ μὴ γνῶναι 'τὸ ἀποκρυπτόμενον ἀπὸ τῶν Col. i. 26. γενεῶν καὶ ἀπὸ τῶν αἰώνων' κατὰ Χριστὸν 'μυστήριον.' Καὶ τοῦθ' οὕτως ἔχειν, ἐν τῇ πρὸς Ῥωμαίους ἐπιστολῇ ὁ ἀπόστολος δείκνυσι, Rom. i. 18-21. δι' ὧν φησὶν, 'Ἀποκαλύπτεται γὰρ ὀργὴ Θεοῦ ἀπ' οὐρανοῦ ἐπὶ πᾶσαν ἀσέβειαν καὶ ἀδικίαν ἀνθρώπων τῶν τὴν ἀλήθειαν ἐν ἀδικίᾳ κατεχόντων· διότι τὸ γνωστὸν τοῦ Θεοῦ φανερόν ἐστιν ἐν αὐτοῖς· ὁ Θεὸς γὰρ αὐτοῖς ἐφανέρωσε· τὰ γὰρ ἀόρατα αὐτοῦ ἀπὸ κτίσεως κόσμου τοῖς ποιήμασι νοούμενα καθορᾶται, ἥ τε ἀΐδιος αὐτοῦ δύναμις καὶ θειότης εἰς τὸ εἶναι αὐτοὺς ἀναπολογήτους, διότι, γνόντες τὸν Θεὸν, οὐχ ὡς Θεὸν ἐδόξασαν.' Διὰ τούτων φαίνονται γνῶσιν μὲν ἀληθείας ἔχοντες, ἣν ὁ Θεὸς αὐτοῖς ἐφανέρωσεν, ἔνοχοι δὲ γίνονται, διότι γνόντες τὸν Θεὸν οὐχ ὡς Θεὸν ἐδόξασαν. Οὐκοῦν τὸ μὴ κωλῦσαι τὰ Ἑλλήνων μανθάνειν, τῇ γνώμῃ τῶν βουλομένων [τῷ.] κατέλιπον. Εἷς μὲν οὖν οὗτος λόγος εἰρήσθω ἡμῖν πρὸς τὸ προκείμενον· ἕτερος δὲ τοιοῦτος. Αἱ θεόπνευστοι γραφαὶ δόγματα μὲν θαυμαστὰ καὶ ὄντως θεῖα διδάσκουσι· καὶ πολλὴν μὲν εὐλάβειαν καὶ βίον ὀρθὸν τοῖς ἀκροαταῖς ἐντιθέασι, πίστιν τε θεοφιλῆ τοῖς σπουδαίοις παρέχουσιν· οὐ μὴν τέχνην διδάσκουσι λογικὴν πρὸς τὸ δύνασθαι ἀπαντᾶν τοῖς βουλομένοις τῇ ἀληθείᾳ προσπολεμεῖν. Σφόδρα δὲ καταπολεμοῦνται οἱ πολέμιοι, ὅταν τοῖς αὐτῶν ὅπλοις χρώμεθα κατ' αὐτῶν· τοῦτο δὲ οὐκ ἐνῆν ὑπάρξειν τοῖς Χριστιανίζουσι, δι' ὧν οἱ Ἀπολινάριοι ἔγραψαν. Τοῦτο καὶ ὁ βασιλεὺς Ἰουλιανὸς σκοπήσας, νόμῳ τοὺς Χριστιανοὺς ἀπέτρεπε τὰ Ἑλλήνων παιδεύεσθαι· εὖ γὰρ ἠπίστατο, ὡς οἱ μῦθοι εὐδιάβολον αὐτοῦ τὴν δόξαν ποιήσουσιν. Ὧν καὶ καταγνοὺς Σωκράτης, ὁ παρ' αὐτοῖς κορυφαιότατος φιλόσοφος, ὡς παραχαράσσων τὰ παρ' αὐτοῖς δαιμόνια κατεκρίθη. Ἄλλως τε παρεγγυῶσιν ἡμῖν ὅ τε Cp. Orig. in Χριστὸς καὶ ὁ τούτου ἀπόστολος, 'Γίνεσθε τραπεζῖται δόκιμοι,' Joann. xix. ὥστε 'τὰ πάντα δοκιμάζειν, τὸ καλὸν κατέχοντας·' προσέχειν δὲ, 1 Thess. v. 21.

Col. ii. 8. 'μή τις ὑμᾶς ἔσται συλαγωγῶν διὰ τῆς φιλοσοφίας καὶ κενῆς ἀπάτης.' Τοῦτο δὲ οὐκ ἂν πεισόμεθα, εἰ μὴ ὅπλα τῶν πολεμίων κτησαίμεθα, καὶ ἐν τῷ κτᾶσθαι μὴ τὰ τῶν πολεμίων φρονῶμεν, ἀλλὰ τὸ μὲν κακὸν ἐκτρεπόμεθα, τὸ δὲ καλὸν καὶ τὴν ἀλήθειαν ἔχοντες, πάντα προσλαμβάνομεν δοκιμάζοντες· τὸ γὰρ καλὸν, ἔνθα ἂν ᾖ, ἴδιον τῆς ἀληθείας ἐστίν. Εἰ δέ τις ἡμᾶς βιαίως ταῦτα λέγειν νομίζει, σκοπησάτω ὅτι ὁ ἀπόστολος οὐ μόνον οὐ κωλύει μανθάνειν Ἑλληνικὴν παίδευσιν, ἀλλὰ γὰρ φαίνεται καὶ αὐτὸς μὴ ἀμελήσας αὐτῆς, ἕνεκεν τοῦ γνῶναι πολλὰ τῶν εἰρημένων τοῖς

Tit. i. 12. Ἕλλησιν. Ἐπεὶ πόθεν ὁρμώμενος ἔλεγε, 'Κρῆτες ἀεὶ ψεῦσται, κακὰ θηρία, γαστέρες ἀργαί,' εἰ μὴ τοὺς Ἐπιμενίδου τοῦ Κρητὸς,

Acts xvii. 28. ἀνδρὸς τελεστοῦ, ἀνεγνώκει χρησμούς; ἢ πόθεν ἐγνώκει τὸ, 'Τοῦ γὰρ καὶ γένος ἐσμὲν', εἰ μὴ τὰ 'Φαινόμενα' τοῦ ἀστρονόμου Ἀράτου

1 Cor. xv. 33. ἠπίστατο; ἀλλὰ καὶ τὸ, 'Φθείρουσιν ἤθη χρηστὰ ὁμιλίαι κακαί,' δείκνυσι μὴ ἀνήκοον τῶν Εὐριπίδου δραμάτων τυγχάνοντα. Καὶ τί δεῖ περὶ τούτων μηκύνειν τὸν λόγον; καὶ ἀνέκαθεν, ὡς ἔκ τινος μὴ κεκωλυμένης συνηθείας, οἱ κατὰ τὰς ἐκκλησίας διδάσκαλοι δείκνυνται ἄχρι γήρως τὰ Ἑλλήνων ἀσκούμενοι· τοῦτο μὲν, εὐγλωττίας χάριν καὶ γυμνασίας τοῦ νοῦ· τοῦτο δὲ, καὶ πρὸς τὴν αὐτῶν ἐκείνων κατάγνωσιν, περὶ ὧν ἀπεσφάλησαν. Ταῦτα μὲν οὖν ἕνεκεν τῶν Ἀπολιναρίων ὡς οἷόν τε εἰρήσθω.

CAP. XVII.

Ὡς ὁ βασιλεὺς εἰς Πέρσας μέλλων ἐλαύνειν καὶ ἐν Ἀντιοχείᾳ γενόμενος, ὑπ' αὐτῶν σκωφθεὶς τὸν Μισοπώγωνα λόγον προσεφώνησε.

Ὁ μέντοι βασιλεὺς, πλεῖστα ἐκ τῶν Χριστιανῶν κομισάμενος χρήματα, ἐπὶ Πέρσας τε τὴν σπουδὴν ποιούμενος, τὴν ἐν Συρίᾳ καταλαμβάνει Ἀντιόχειαν. Ἐν ᾗ γενόμενος, τὸ προσὸν τε αὐτῷ φιλότιμον καὶ Ἀντιοχεῦσιν ἐπιδεῖξαι βουλόμενος, τὰς τιμὰς τῶν ὠνίων πλέον ἢ ἔδει εἰς ἔλαττον κατεβίβασε, μὴ στοχασάμενος τοῦ καιροῦ, μηδὲ λογισάμενος ὡς παρουσίᾳ πολυπληθίας στρατοπέδου τοῖς τε ἐπαρχιώταις ἐξ ἀνάγκης ζημία γίνεται, καὶ τὴν ἀφθονίαν ἐκκόπτει τῶν πόλεων. Διόπερ οἱ μεταβολεῖς καὶ οἱ τῶν ὠνίων κάπηλοι, μὴ ἐνεγκόντες τὴν ἐκ τοῦ βασιλικοῦ προστάγματος ζημίαν, τῆς ἐμπορίας τότε ἀπέσχοντο. Ἐκ δὲ τούτου τὰ ὤνια ἀπελείπετο·

καὶ τὴν προσβολὴν μὴ ἐνεγκόντες οἱ Ἀντιοχεῖς,—εὐρίπιστοι γὰρ οἱ ἄνθρωποι εἰς ὕβρεις,—μὴ μελλήσαντες, κατὰ τοῦ βασιλέως ἐχώρησαν· κατεβόων τε αὐτοῦ, καὶ ἀπέσκωπτον εἰς τὸν πώγωνα, βαθυγένειος γὰρ ἦν, 'κείρειν τε ἔλεγον τοῦτον καὶ σχοινία πλέκειν ἐξ αὐτοῦ· τὸ νόμισμά τε αὐτοῦ ταῦρον ἔχειν, καὶ τὸν κόσμον ἀνατετράφθαι.' *Ὧν γὰρ δὴ ὁ βασιλεὺς πολὺ δεισιδαίμων, ταύρους τε συνεχῶς θύων πρὸς τοῖς βωμοῖς τῶν εἰδώλων, βωμὸν καὶ ταῦρον ἐντυπωθῆναι κεκελεύκει τῷ ἑαυτοῦ νομίσματι. Ἐκ τούτων δὴ τῶν σκωμμάτων εἰς ὀργὴν ἐκπεσὼν ὁ βασιλεὺς διηπείλει πᾶν ποιῆσαι κακὸν τῇ Ἀντιοχέων πόλει· καὶ ἐπὶ Ταρσὸν τῆς Κιλικίας ἐξυποστρέφει· ἐκεῖ τε τὰ ἐπιτήδεια κελεύσας εὐτρεπισθῆναι, ἀπαίρειν ἐσπούδαζεν. Ὅθεν ὑπόθεσιν ἔσχεν ὁ σοφιστὴς Λιβάνιος γράψαι τόν τε 'πρεσβευτικὸν ὑπὲρ Ἀντιοχέων,' καὶ τὸν 'πρὸς Ἀντιοχεῖς' περὶ τῆς τοῦ βασιλέως ὀργῆς. Ἀλλὰ τούτους μὲν τοὺς λόγους φασὶ γράψαντα τὸν σοφιστὴν μηκέτι εἰς πολλοὺς εἰρηκέναι. Ὁ βασιλεὺς δὲ ἀφέμενος ἔργοις τοὺς ὑβρικότας ἀμύνασθαι, τῷ ἀντισκῶψαι τὴν ὀργὴν διελύσατο· τὸν γὰρ πεπονημένον αὐτῷ 'Ἀντιοχικὸν ἤτοι Μισοπώγωνα λόγον' διεξελθὼν, στίγματα διηνεκῆ τῇ Ἀντιοχέων πόλει κατέλιπεν. Περὶ μὲν δὴ τούτων τοσαῦτα εἰρήσθω· λεκτέον δὲ καὶ οἷα τοῖς ἐν Ἀντιοχείᾳ Χριστιανοῖς ὁ βασιλεὺς τότε πεποιήκει.

CAP. XVIII.

Ὡς τοῦ βασιλέως χρησμὸν θελήσαντος λαβεῖν, τὸ Δαιμόνιον οὐκ ἀπεκρίνατο εὐλαβηθὲν Βαβυλᾶν τὸν μάρτυρα.

Τὰ γὰρ κατὰ τὴν Ἀντιόχειαν ἱερὰ τῶν Ἑλλήνων ἀνοιγῆναι κελεύσας, χρησμὸν λαβεῖν παρὰ τοῦ ἐν Δάφνῃ Ἀπόλλωνος ἔσπευδεν. Ὡς δὲ ὁ ἐνοικῶν τῷ ἱερῷ δαίμων τὸν γείτονα δεδοικὼς, λέγω δὴ Βαβυλᾶν τὸν μάρτυρα, οὐκ ἀπεκρίνατο,—πλησίον γὰρ ἦν ἡ σορὸς ἢ τὸ σῶμα τοῦ μάρτυρος κρύπτουσα,—γνοὺς τὴν αἰτίαν ὁ βασιλεὺς τὴν σορὸν τάχος κελεύει μετοικίζεσθαι. Τοῦτο μαθόντες οἱ κατὰ τὴν Ἀντιόχειαν Χριστιανοὶ, ἅμα γυναιξὶ καὶ νέᾳ ἡλικίᾳ χαίροντες καὶ ψαλμῳδοῦντες ἀπὸ τῆς Δάφνης ἐπὶ τὴν πόλιν μετέφερον τὴν σορόν. Αἱ δὲ ψαλμῳδίαι ἥπτοντο τῶν Ἑλληνικῶν θεῶν, καὶ τῶν πεπιστευκότων αὐτοῖς τε καὶ τοῖς εἰδώλοις αὐτοῖς.

CAP. XIX.

Περὶ τῆς τοῦ βασιλέως ὀργῆς, καὶ περὶ Θεοδώρου τοῦ ὁμολογητοῦ.

Τότε δὴ καὶ τὸ κρυπτόμενον ἦθος τοῦ βασιλέως ἐξηλέγχετο· οὐ γὰρ ἔτι κατεῖχεν ἑαυτὸν ὁ πρώην φιλοσοφεῖν ἐπαγγελλόμενος. Ἀλλ' ἐκ τῶν ὀνειδιστικῶν ὕμνων εὐέμπτωτος ἦν εἰς ὀργὴν, ἕτοιμός τε ἦν ταῦτα ποιεῖν τοῖς Χριστιανοῖς, οἷα οἱ περὶ Διοκλητιανὸν πρότερον πεποιήκεισαν. Ἐπεὶ δὲ ἡ κατὰ Περσῶν σπουδὴ οὐ παρεῖχε τῇ προθέσει καιρὸν, κελεύει Σαλουστίῳ τῷ ἐπάρχῳ συλλαβεῖν ἐπὶ τὸ κολάσαι τοὺς μάλιστα σπουδαίους τῶν ψαλμῳδῶν. Ὁ δὲ ἔπαρχος, καίτοι Ἕλλην ὢν τὴν θρησκείαν, τὸ μὲν ἐπίταγμα ἡδέως οὐκ ἐδέξατο· ἀντιλέγειν δὲ οὐκ ἔχων, συλλαμβάνει μὲν πολλοὺς τῶν Χριστιανῶν, καί τινας δεσμωτήριον οἰκεῖν προσέταξεν. Ἕνα δὲ νεανίσκον, ὀνόματι Θεόδωρον, αὐτῷ παρὰ τῶν Ἑλληνιζόντων προσαχθέντα, βασάνοις καὶ διαφόροις κολαστηρίοις ὑπέβαλεν, καταξανθῆναι κατὰ παντὸς κελεύσας τοῦ σώματος· καὶ αὐτὸν τότε ἠφίει τῶν βασάνων, ὅτε μηκέτι ζήσεσθαι ᾤετο. Ἀλλὰ Θεὸς ἦν ὁ σώζων τὸν ἄνδρα· ἐπεβίω γὰρ χρόνον μετ' ἐκείνην τὴν ὁμολογίαν πολύν. Τούτῳ τῷ Θεοδώρῳ Ῥουφῖνος, ὁ τῇ Ῥωμαίων γλώσσῃ τὴν ἐκκλησιαστικὴν ἱστορίαν συγγράψας, φησὶ μετὰ ταῦτα χρόνῳ ὕστερον πολλῷ συντετυχηκέναι, καὶ ἠρωτηκέναι, εἰ τυπτόμενος καὶ στρεβλούμενος μεγίστης τῆς ὀδύνης ᾐσθάνετο· τὸν δὲ εἰρηκέναι, βραχεῖαν μὲν αὐτῷ σφόδρα γενέσθαι τὴν ἐκ τῶν βασάνων ὀδύνην· παραστῆναι δέ τινα νεανίσκον, καὶ ἀπομάττειν αὐτοῦ τὸν ἐκ τοῦ ἀγῶνος ἱδρῶτα ἐπιγινόμενον, ἐπιρρωννύειν τε αὐτοῦ τὴν ψυχὴν, καὶ τέρψιν αὐτῷ μᾶλλον ἢ ἀγῶνα τὸν χρόνον τῆς βασάνου ποιεῖν. Καὶ περὶ μὲν τοῦ θαυμαστοῦ Θεοδώρου τοσαῦτα εἰρήσθω. Τότε δὲ παρῆσαν πρέσβεις Περσῶν, αἰτοῦντες ἐπὶ φανεροῖς καταθέσθαι τὸν πόλεμον. Ὁ δὲ αὐτοὺς ἀπέπεμψεν εἰπών, 'Αὐτόν με ὄψεσθε μετ' οὐ πολὺ, καὶ οὐδέν μοι δεήσει πρεσβείας.'

CAP. XX.

Ὡς καὶ Ἰουδαίους ὁ βασιλεὺς ἐπὶ τὸ θύειν προετρέψατο, καὶ περὶ τῆς τῶν Ἱεροσολύμων τελείας ἀνατροπῆς.

Καὶ κατ' ἄλλον δὲ τρόπον ὁ βασιλεὺς τοὺς Χριστιανοὺς βλάπτειν σπουδάζων τὴν οἰκείαν δεισιδαιμονίαν ἐξήλεγχε. Φιλοθύτης

III. 20.] *Attempt to rebuild the Temple.* 161

γὰρ ὢν, οὐ μόνον αὐτὸς τῷ αἵματι ἔχαιρεν, ἀλλ' εἰ μὴ καὶ ἄλλοι τοῦτο ποιῶσι, ζημίαν ἐνόμιζεν. Ἐπειδὴ δὲ ὀλίγους τοὺς τοιούτους ἐφεύρισκεν, Ἰουδαίους μεταπέμπεται· καὶ παρ' αὐτῶν ἐπυνθάνετο, τοῦ χάριν, τοῦ Μωσαϊκοῦ νόμου κελεύσαντος θύειν, ἀπέχονται. Τῶν δὲ μὴ ἀλλαχοῦ φησάντων δύνασθαι τοῦτο ποιεῖν, εἰ μὴ μόνον ἐν τοῖς Ἱεροσολύμοις, κελεύει τάχος κτίζεσθαι τὸν Σολομῶνος ναόν. Καὶ αὐτὸς ἐπὶ Πέρσας ἤλαυνε. Ἰουδαῖοι δὲ καιροῦ δράξασθαι πάλαι ἐπιθυμοῦντες, ἐν ᾧ τὸ ἱερὸν αὐτοῖς πρὸς τὸ θύειν ἀνοικοδομηθήσεται, τότε σπουδαῖοι μὲν πρὸς τὸ ἔργον ἐγίνοντο· φοβεροὺς δὲ τοῖς Χριστιανοῖς ἐπεδείκνυσαν ἑαυτούς, ἠλαζονεύοντό τε κατ' αὐτῶν, ἐπαπειλοῦντες τοσαῦτα ποιήσειν, ὅσα αὐτοὶ παρὰ Ῥωμαίων πάλαι πεπόνθασι. Τοῦ δὲ βασιλέως ἐκ δημοσίων τὴν δαπάνην παρασχεθῆναι κελεύσαντος, εὐτρέπιστο πάντα, ξύλα καὶ λίθοι, καὶ πλίνθος ὀπτὴ, καὶ πηλὸς, καὶ ἄσβεστος, καὶ τὰ ἄλλα ὅσα πρὸς οἰκοδομὴν ἐπιτήδεια γίνεται. Τότε δὴ Κύριλλος ὁ τῶν Ἱεροσολύμων ἐπίσκοπος τὸ τοῦ προφήτου Δανιὴλ κατὰ νοῦν ἐλάμβανεν, ὅπερ καὶ ὁ Χριστὸς ἐν τοῖς ἁγίοις εὐαγγελίοις ἐπεσφράγισατο, πολλοῖς τε προέλεγεν, ὡς ἄρα νῦν ἥκει ὁ καιρὸς, ὅτε 'λίθος ἐπὶ λίθον οὐκ ἂν μένοι' εἰς τὸν ναὸν, ἀλλὰ τὸ τοῦ Σωτῆρος λόγιον πληρωθήσεται. Ταῦτα ἔλεγεν ὁ ἐπίσκοπος. Καὶ διὰ τῆς νυκτὸς σεισμὸς μέγας ἐπιγενόμενος ἀνέβρασσε τοὺς λίθους τῶν πάλαι θεμελίων τοῦ ναοῦ, καὶ πάντας διέσπειρε σὺν τοῖς παρακειμένοις οἰκήμασι. Δέος δὲ ἐκ τοῦ γενομένου Ἰουδαίους κατέλαβε· καὶ φήμη ἐπὶ τὸν τόπον ἦγε καὶ τοὺς πόρρω διάγοντας. Παρόντων οὖν σφόδρα πολλῶν, ἕτερον τεράστιον ἐπιγίνεται. Πῦρ γὰρ ἐξ οὐρανοῦ κατασκήψαν πάντα τὰ τῶν οἰκοδόμων ἐργαλεῖα διέφθειρεν. Ἦν γοῦν ἰδεῖν ὑπὸ τῆς φλογὸς ἀπολλυμένας τὰς σφύρας, τὰς γλαρίδας, τοὺς πρίονας, τοὺς πελέκεις, τὰ σκέπαρνα, πάντα ἁπλῶς ὅσα πρὸς τὸ ἔργον ἐπιτήδεια εἶχον οἱ ἐργαζόμενοι. Ἐπενέμετο μὲν οὖν ταῦτα τὸ πῦρ δι' ὅλης τῆς ἡμέρας. Ἰουδαῖοι δὲ ἐν μεγίστῳ φόβῳ γενόμενοι καὶ ἄκοντες ὡμολόγουν τὸν Χριστὸν, Θεὸν λέγοντες. Οὐκ ἐποίουν δὲ αὐτοῦ τὸ θέλημα, ἀλλ' ἔμενον τῇ τοῦ Ἰουδαϊσμοῦ προλήψει κρατούμενοι. Οὐδὲ γὰρ τὸ τρίτον θαῦμα τὸ ὕστερον ἐπιγενόμενον εἰς πίστιν τῆς ἀληθείας ἦγεν αὐτούς· καὶ γὰρ τῇ ἐχομένῃ νυκτὶ σφραγῖδες σταυροῦ ἀκτινοειδεῖς τοῖς ἱματίοις αὐτῶν ἐντετυπωμέναι ἐφάνησαν· ἃς ἡμέρας ἐπιγενομένης ἰδόντες, ἀποπλύ-

Matt. xxiv. 2, 15.

M

Rom. xi. 25;
2 Cor. iii. 14.
νειν καὶ ἀποσμήχειν θέλοντες, οὐδενὶ τρόπῳ ἠδύναντο. ' Πεπώρωντο ' οὖν κατὰ τὸν ἀπόστολον, καὶ τὸ ἀγαθὸν ἐν χερσὶν ἔχοντες, ἔρριπτον. Οὕτω μὲν οὖν ὁ ναὸς τότε ἀντὶ τοῦ οἰκοδομηθῆναι εἰς τέλεον ἀνατέτραπτο.

CAP. XXI.

Περὶ τῆς εἰς Περσίδα τοῦ βασιλέως ἀφίξεως, καὶ περὶ τῆς ἀναιρέσεως αὐτοῦ.

Ὁ δὲ βασιλεὺς εἰς τὴν τῶν Περσῶν ἐνέβαλεν μικρὸν πρὸ τοῦ ἔαρος, πυθόμενος ἀσθενέστατα καὶ ἀνανδρότατα εἶναι χειμῶνος τὰ ἔθνη Περσῶν. Κρυμὸν γὰρ μὴ φέροντες, ἀπόμαχοι μένουσι κατὰ τόνδε τὸν χρόνον· ἀλλ' ' οὐδὲ χεῖρα,' τὸ τοῦ λόγου, ' βάλλοι ἂν τότε ἔξω τοῦ φάρους Μῆδος ἀνήρ.' Ῥωμαίους δ' εἰδὼς καὶ χειμῶνος ἀγωνίζεσθαι δυναμένους, ἐπαφῆκε τῇ χώρᾳ τὸν στρατόν. Πολλὰς οὖν χώρας καὶ κώμας καὶ φρούρια πορθήσαντες ἤδη καὶ τὰς πόλεις ἐλάμβανον. Περιστοιχίσας δὲ Κτησιφῶντα τὴν μεγάλην πόλιν, τοσοῦτον ἐπολιόρκει τὸν βασιλέα, ὥστε ἐκεῖνον πρεσβείαις χρήσασθαι συχναῖς, ἱκετεύειν τε ζημιωθῆναι μέρος τι τῆς αὐτοῦ πατρίδος, εἰ καταλύσας τὸν πόλεμον ἀποχωρήσῃ. Ὁ δὲ οὐκ ἔπαθε τὴν ψυχήν, οὐδὲ τοὺς ἱκετεύοντας ἠλέησεν· ἀλλ' οὐδὲ τὸ τοῦ λόγου κατὰ νοῦν ἔλαβεν, ὡς ἄρα ' νικᾶν μὲν καλόν, ὑπερνικᾶν δὲ ἐπίφθονον.' Πεπιστευκὼς δὲ μαντείαις τισὶν ἃς αὐτῷ συμπαρὼν ὁ φιλόσοφος Μάξιμος ὑπετίθετο, καὶ ὀνειροπολήσας τὴν Ἀλεξάνδρου τοῦ Μακεδόνος δόξαν λαβεῖν, ἢ καὶ μᾶλλον ὑπερβαίνειν, τὰς ἱκεσίας Περσῶν ἀπεκρούσατο. Καὶ ἐνόμιζε κατὰ τὴν Πυθαγόρου καὶ Πλάτωνος δόξαν ἐκ μετενσωματώσεως τὴν Ἀλεξάνδρου ἔχειν ψυχήν, μᾶλλον δὲ αὐτὸς εἶναι Ἀλέξανδρος ἐν ἑτέρῳ σώματι. Αὕτη ἡ οἴησις αὐτὸν ἐξηπάτησε, καὶ παρεσκεύασε τότε τὴν ἱκεσίαν τοῦ Πέρσου μὴ παραδέξασθαι. Διόπερ ἐκεῖνος γνοὺς ἀνήνυτα αὐτῷ τὰ τῆς πρεσβείας γενόμενα, εἰς ἀνάγκην καθίσταται· καὶ τῇ ἐχομένῃ μετὰ τὴν πρεσβείαν ἡμέρᾳ πᾶσαν ἣν εἶχε δύναμιν ἀντιτάττει τῷ Ῥωμαίῳ στρατῷ. Διεμέμφοντο μὲν οὖν τὸν βασιλέα Ῥωμαῖοι, διότι μὴ ἐπικερδῶς ὑφῆκε τῆς μάχης· ὅμως δὲ τοῖς παροῦσιν ἀντεπράττοντο· καὶ αὖθις τοὺς πολεμίους τρέπουσιν εἰς φυγήν. Ὁ δὲ βασιλεὺς παρῆν ἱππότης μέν, καὶ ἐπερρώννυε τὸν στρατόν, ἄοπλος δέ, τῇ τῆς εὐτυχίας ἐλπίδι μόνῃ θαρρῶν.

Ἐξ ἀφανοῦς δὲ ἀκόντιον φέρεται κατ' αὐτοῦ, καὶ διὰ βραχίονος διαδραμὸν εἰς τὴν πλευρὰν εἰσέδυ. Ἐκ ταύτης δὲ τῆς πληγῆς τὸν βίον κατέστρεψεν, ἀδήλου γενομένου τοῦ ἀνελόντος αὐτόν· οἱ μὲν γὰρ ὑπό τινος Πέρσου αὐτομόλου βληθῆναι φασίν· οἱ δὲ ὑπὸ οἰκείου στρατιώτου, ὡς ὁ πολὺς λόγος κρατεῖ. Κάλλιστος δὲ, ὁ ἐν τοῖς οἰκείοις τοῦ βασιλέως στρατευόμενος, ἱστορήσας τὰ κατ' αὐτὸν ἐν ἡρωϊκῷ μέτρῳ, τὸν τότε πόλεμον διηγούμενος, ὑπὸ δαίμονος βληθέντα τελευτῆσαι φησίν. Ὅπερ τυχὸν μὲν ὡς ποιητὴς ἔπλασε, τυχὸν δὲ καὶ οὕτως ἔχει· πολλοὺς γὰρ ἐριννύες μετῆλθον. Ἢ ὅπως δ' ἂν ἔχοι τὰ κατ' αὐτὸν, ἀλλ' οὖν ἐκεῖνά γε οὐκ ἐλάνθανεν, ὡς ἦν ὁ ἀνὴρ διὰ προθυμίαν οὐκ ἀσφαλὴς, δι' εὐπαιδευσίαν κενόδοξος, δι' ἐπιείκειαν πεπλασμένην εὐκαταφρόνητος. Ἰουλιανὸς μὲν οὖν ἐν τῇ τετάρτῃ ἑαυτοῦ ὑπατείᾳ, ἣν ἅμα Σαλουστίῳ ἐδεδώκει, [A.D. 363.] περὶ τὴν ἕκτην καὶ εἰκάδα τοῦ Ἰουνίου μηνὸς, ἐν τῇ Περσῶν χώρᾳ, ὡς ἔφην, τὸν βίον κατέλυσεν. Τοῦτο δὲ ἔτος ἦν τρίτον τῆς βασιλείας αὐτοῦ, ἕβδομον δὲ ἀφ' οὗ Καῖσαρ ἀπὸ Κωνσταντίου [ὑπό, Val.] προεβλήθη, τριακοστὸν δὲ καὶ πρῶτον ἦν τῆς ζωῆς αὐτοῦ.

CAP. XXII.

Περὶ τῆς ἀναγορεύσεως Ἰοβιανοῦ.

Οἱ δὲ στρατιῶται ἐν μεγίστῃ περιστάσει γενόμενοι, μηδὲν ὑπερθέμενοι, τῇ ἑξῆς ἡμέρᾳ ἀναδεικνύουσι βασιλέα Ἰοβιανὸν, ἄνδρα γενναῖον καὶ εὐγενῆ· ὅστις χιλίαρχος ὢν ἡνίκα Ἰουλιανὸς αἵρεσιν τοῖς στρατευομένοις νόμῳ προὐτίθει, ἢ θύειν ἢ ἀποστρατεύεσθαι, μᾶλλον τὴν ζώνην ἀποθέσθαι προῃρεῖτο ἢ ἐκτελεῖν ἀσεβοῦς βασιλέως ἐπίταγμα. Ἀλλὰ Ἰουλιανὸς μὲν τῇ ἀνάγκῃ τοῦ ἐπικειμένου πολέμου ἐν τοῖς στρατηγοῦσιν εἶχε τὸν ἄνδρα. Τότε δὲ αἱρεθεὶς εἰς τὸ βασιλεῦσαι παρῃτεῖτο· βίᾳ τε ἑλκόμενος ὑπὸ τῶν στρατιωτῶν, ἐβόα, 'μὴ βούλεσθαι' λέγων 'βασιλεύειν ἀνθρώπων Ἑλληνίζειν προαιρουμένων, αὐτὸς ὢν Χριστιανός.' Ὡς οὖν φωνὴ κοινῇ πάντων ἐγίνετο, ὁμολογοῦσα καὶ αὐτοὺς εἶναι Χριστιανοὺς, [Qu. κοινή;] δέχεται μὲν τὴν βασιλείαν. Ἐν στενῷ δὲ ἐξαίφνης ἀποληφθεὶς ἐν τῇ Περσῶν, καὶ τῶν στρατιωτῶν λιμῷ φθειρομένων, κατέλυσεν ἐπὶ συνθήκαις τὸν πόλεμον· αἱ συνθῆκαι δὲ πρὸς μὲν τὴν δόξαν Ῥωμαίων ἦσαν ἀπρεπεῖς, πρὸς δὲ τὸν καιρὸν ἀναγκαῖαι. Ζημιωθεὶς γὰρ τοὺς Σύρους τῆς ἀρχῆς, καὶ παραδοὺς τοῖς Πέρσαις τὴν ἐν Μεσοποταμίᾳ Νίσιβιν πόλιν, ἐξήλαυνεν ἐκεῖθεν. Τούτων διαγγελθέντων, Χριστιανοὶ μὲν ἀνερρώννυντο, οἱ δὲ τὴν θρησκείαν Ἕλληνες πένθος ἐποιοῦντο τὴν Ἰουλιανοῦ τελευτήν. Τὸ στρατιωτικὸν δὲ σύμπαν τὴν ἀφύλακτον αὐτοῦ θερμότητα διεμέμφοντο, καὶ τὴν αἰτίαν τῆς ζημίας τῶν ὅρων εἰς αὐτὸν ἀνέφερον, ὅτι ὑπὸ αὐτομόλου Πέρσου ἀπατηθεὶς τὰ σιτηγοῦντα διὰ τῶν ποταμῶν πλοῖα κατέκαυσε, διὸ καὶ λιμῷ περιέπεσεν ὁ στρατός. Τότε δὴ καὶ ὁ σοφιστὴς Λιβάνιος θρῆνον ἐπὶ Ἰουλιανῷ συνέταττεν, ὃν 'Ἰουλιανὸν' ἤτοι 'ἐπιτάφιον' ἐπέγραψεν. Ἐν ᾧ λόγῳ πάντα σχεδὸν τὰ κατ' αὐτὸν ἐγκωμιαστικῶς διεξῆλθε· μνημονεύσας καὶ τῶν βιβλίων ὧν 'κατὰ Χριστιανῶν' Ἰουλιανὸς συνέθηκε, καὶ ὡς εἴη ἐν αὐτοῖς 'γέλωτα καὶ φλήναφον' ἀποδείξας τὰς Χριστιανῶν βίβλους. Εἰ μὲν οὖν τὰ ἄλλα τοῦ βασιλέως ὁ σοφιστὴς ἐνεγκωμίαζεν, ἡσύχως ἂν ἐπὶ τὰ ἐχόμενα τῆς ἱστορίας ἐβάδιζον. Ἐπειδὴ δὲ ὡς δεινὸς ῥήτωρ, τῇ μνήμῃ τῶν Ἰουλιανοῦ βιβλίων τοῦ Χριστιανισμοῦ καθάπτεται, διὰ τοῦτο εἰπεῖν καὶ ἡμεῖς ὀλίγα περὶ τούτων προαιρούμεθα, πρότερον θέντες αὐτοῦ τὰ ῥήματα.

CAP. XXIII.

Πρὸς Λιβάνιον τὸν σοφιστὴν ἀντιλογία περὶ Ἰουλιανοῦ.

Τοῦ χειμῶνος, φησὶ, τὰς νύκτας ἐκτείνοντος, ἐπιθέμενος ὁ βασιλεὺς ταῖς βίβλοις, αἳ τὸν ἐκ Παλαιστίνης ἄνθρωπον Θεόν τε καὶ Θεοῦ παῖδα ποιοῦσι, μάχῃ τε μακρᾷ καὶ ἐλέγχων ἰσχύϊ γέλωτα ἀποφήνας καὶ φλήναφον τὰ τιμώμενα, σοφώτερος ἐν τοῖς αὐτοῖς δέδεικται τοῦ Τυρίου γέροντος. Ἵλεως δὲ οὗτος ὁ Τύριος εἴη, καὶ δέχοιτο εὐμενῶς τὸ ῥηθὲν, ὡς ἂν υἱῷ ἡττώμενος.

Ταῦτα μὲν τὰ ῥήματα τοῦ σοφιστοῦ Λιβανίου. Ἐγὼ δὲ σοφιστὴν μὲν αὐτὸν ἄριστον γενέσθαι φημί· ἐπίσταμαί τε ὡς εἰ μὴ εἴη τῷ βασιλεῖ κατὰ τὴν θρησκείαν ὁμόδοξος, πάντα ἂν αὐτὸν εἶπεν ὅσα οἱ Χριστιανοὶ λέγουσι, καὶ ὡς εἰκὸς, ἅτε σοφιστὴν ὄντα, μεγαλύναι τὰ λεγόμενα. Ἐπεὶ καὶ εἰς Κωνστάντιον ζῶντα μὲν ἐπαίνους ἔγραφεν· τελευτήσαντος δὲ ὕβρεις μεστὰς ἐγκλημάτων κατέχεεν. Ὥστε εἰ καὶ Πορφύριος ἦν βασιλεὺς, προκρίνειν τὰ ἐκείνου βιβλία τῶν Ἰουλιανοῦ· καὶ εἰ Ἰουλιανὸς ἦν σοφιστὴς, εἶπεν ἂν καὶ αὐτὸν κακὸν σοφιστὴν, ὡς καὶ Ἑκηβύλιον ἐν τῷ ἐπιταφίῳ Ἰουλιανοῦ. Ἐπεὶ οὖν ἐκεῖνος καὶ ὡς ὁμόδοξος, καὶ ὡς σοφιστὴς, καὶ φίλος τῷ βασιλεῖ, ὅσα ἐδόκει αὐτῷ διεξῆλθε, καὶ ἡμεῖς πρὸς τὰ ὑπ' αὐτοῦ γραφέντα κατὰ δύναμιν ἀπαντήσωμεν. Πρῶτον μὲν γάρ φησιν αὐτὸν 'ἐπιθέσθαι' ταῖς βίβλοις, τοῦ χειμῶνος τὰς νύκτας ἐκτείνοντος. Τὸ δὲ 'ἐπιθέσθαι' σημαίνει, ὅτι ἔργον ἔθετο ψόγον γράψαι, ὡς ἔθος τοῖς σοφισταῖς ποιεῖν ἐν τῇ τῶν νέων εἰσαγωγῇ· πάλαι μὲν γὰρ τὰς βίβλους ἐπίστατο, τότε δὲ ἐπέθετο. Καὶ μάχῃ μακρᾷ σχολάσας οὐχ, ὡς φησὶ Λιβάνιος, ἐλέγχων ἰσχύϊ, ἀλλὰ ἀσθενείᾳ τοῦ ἀληθοῦς τὰ καλῶς ἑαυτοῖς [Qu. ἐν αὐταῖς;] ἠσφαλισμένα ὡς φιλοσκώπτης διέσυρε. Πᾶς γὰρ ὁ μαχόμενος τινι νῦν μὲν παρατρέπων, νῦν δὲ ἐπικρύπτων τὴν ἀλήθειαν, καταψεύδεται τοῦ πρὸς ὃν ἡ μάχη συνίσταται. Καὶ ὁ ἀπεχθῶς ἔχων πρός τινα πάντα ὡς πολέμιος οὐ μόνον πράττειν, ἀλλὰ καὶ λέγειν ἐσπούδακε· καὶ τὰ αὐτῷ προσόντα φαῦλα τῷ πρὸς ὃν ἡ ἔχθρα περιτρέπειν φιλεῖ. Ὅτι μὲν οὖν καὶ Ἰουλιανὸς καὶ Πορφύριος, ὃν 'Τύριον' καλεῖ 'γέροντα,' ἄμφω φιλοσκῶπται ἦσαν, ὑπὸ τῶν οἰκείων λόγων ἐλέγχονται. Πορφύριος μὲν γὰρ τοῦ κορυφαιοτάτου τῶν φιλοσόφων Σωκράτους τὸν βίον διέσυρεν ἐν τῇ γεγραμμένῃ αὐτῷ 'Φιλοσόφῳ Ἱστορίᾳ.' Καὶ τοιαῦτα περὶ αὐτοῦ γράψας κατέλειπεν, οἷα ἂν μήτε Μέλιτος, μήτε Ἄνυτος, οἱ γραψάμενοι Σωκράτην, εἰπεῖν ἐπεχείρησαν· Σωκράτους, φημὶ, τοῦ παρ' Ἕλλησι θαυμαζομένου ἐπί τε σωφροσύνῃ καὶ δικαιοσύνῃ καὶ ταῖς ἄλλαις ἀρεταῖς· ὃν Πλάτων ὁ θαυμαστὸς παρ' αὐτοῖς φιλόσοφος, καὶ Ξενοφῶν, καὶ ὁ ἄλλος τῶν φιλοσόφων θίασος, οὐ μόνον ὡς θεοφιλῆ τιμῶσιν, ἀλλὰ δὴ καὶ ὑπὲρ ἄνθρωπον φρονεῖν νενομίκασιν. Ἰουλιανὸς δὲ τὸν 'πατέρα' ζηλῶν, τὸ ἴδιον πάθος εἰς τοὺς Καίσαρας ἤλεγξε, πάντας μωμησάμενος τοὺς πρὸ αὐτοῦ βασιλεῖς, καὶ οὐδὲ τοῦ φιλοσόφου Μάρκου φεισάμενος. Καὶ ὅτι μὲν φιλοσκῶπται ἄμφω, ἐξ ἑαυτῶν τὸν ἔλεγχον ἔχουσι· καὶ οὐ δεῖ μοι πολλῶν ἢ δεινῶν λόγων, ἀλλὰ ἀπόχρη ταῦτα εἰς παράστασιν τοῦ ἤθους αὐτῶν. Ἐγὼ μὲν οὖν ταῦτα ἐκ τῶν ἑκατέρων λόγων περὶ ἤθους αὐτῶν τεκμαιρόμενος ταῦτα γράφω. Οἷα δὲ περὶ Ἰουλιανοῦ ὁ Ναζιανζηνὸς Γρηγόριος εἴρηκε, τῶν αὐτοῦ λόγων ἐπάκουε· φησὶ γὰρ ἐν τῷ δευτέρῳ λόγῳ πρὸς Ἕλληνας κατὰ λέξιν τάδε·

Ταῦτα τοῖς μὲν ἄλλοις ἡ πείρα παρέστησε, καὶ ἡ δυναστεία προσλαβοῦσα Greg. Orat. τὴν ἐξουσίαν· ἐμοὶ δὲ καὶ πόρρωθεν τρόπον τινά ὡρᾶτο, ἐξ οὗ τῷ ἀνδρὶ V. 23.

συνεγενόμην Ἀθήνησιν. Ἦλθε γὰρ κἀκεῖσε, ἄρτι τῶν κατὰ τὸν ἀδελφὸν αὑτοῦ νεωτερισθέντων, τὸν βασιλέα τοῦτο αὐτὸ παραιτησάμενος. Διττὸς δὲ αὐτοῦ τῆς ἐπιδημίας ὁ λόγος· ὁ μὲν εὐπρεπέστερος, καθ' ἱστορίαν τῆς Ἑλλάδος καὶ τῶν ἐκεῖσε παιδευτηρίων· ὁ δὲ ἀπορρητότερος καὶ οὐ πολλοῖς γνώριμος, ὥστε τοῖς ἐκεῖ θύταις καὶ ἀπατεῶσι περὶ τῶν καθ' ἑαυτὸν συγγενέσθαι, οὔπω παρρησίαν ἐχούσης τῆς ἀσεβείας. Τότε τοίνυν οὐ φαῦλος ἐγὼ τοῦ ἀνδρὸς εἰκαστὴς οἶδα γενόμενος, καίτοι γε οὐ τῶν εὖ πεφυκότων περὶ ταῦτα εἷς ὤν. Ἀλλ' ἐποίει με μαντικὸν ἡ τοῦ ἤθους ἀνωμαλία, καὶ τὸ περιττὸν τῆς ἐκστάσεως, εἴπερ 'μάντις ἄριστος ὅστις εἰκάζει καλῶς.' Οὐδενὸς γὰρ ἐδόκει μοι σημεῖον εἶναι χρηστοῦ αὐχὴν ἀπαγής, ὦμοι παλλόμενοι καὶ ἀνακοπτόμενοι, ὀφθαλμὸς σοβούμενος καὶ περιφερόμενος καὶ μανικὸν βλέπων, πόδες ἀστατοῦντες καὶ μετοκλάζοντες, μυκτὴρ ὕβριν πνέων καὶ περιφρόνησιν, προσώπου σχηματισμοὶ καταγέλαστοι, τὸ αὐτὸ φρονοῦντες γέλωτες ἀκρατεῖς καὶ βρασματώδεις, νεύσεις καὶ ἀνανεύσεις σὺν οὐδενὶ λόγῳ, λόγος ἱστάμενος καὶ κοπτόμενος πνεύματι, ἐρωτήσεις ἄτακτοι καὶ ἀσύνετοι, ἀποκρίσεις οὐδὲν τούτων ἀμείνους, ἀλλήλαις ἐπεμβαίνουσαι, καὶ οὐκ εὐσταθεῖς, οὐδὲ τάξει προϊοῦσαι παιδεύσεως. Τί ἂν τὰ καθ' ἕκαστον γράφοιμι; τοιοῦτον πρὸ τῶν ἔργων ἐθεασάμην, οἷον καὶ ἐπὶ τῶν ἔργων ἐγνώρισα· καὶ εἴ μοι παρῆσάν τινες τῶν τηνικαῦτα συνόντων καὶ ἀκουσάντων, οὐ χαλεπῶς ἂν ἐμαρτύρησαν, οἷς ἐπειδὴ ταῦτα ἐθεασάμην, εὐθὺς ἐφθεγξάμην, ' Οἷον κακὸν ἡ Ῥωμαίων τρέφει.' Καὶ προαγορεύσας, καὶ γενέσθαι ψευδόμαντις ἐμαυτῷ κατηυξάμην· κρεῖσσον γὰρ ἢ τοιούτων πλησθῆναι τὴν οἰκουμένην κακῶν, καὶ τοιοῦτον ἀναφανῆναι τέρας, οἷον οὔπω πρότερον· πολλῶν μὲν ἐπικλυσμῶν θρυλουμένων, πολλῶν δὲ ἐμπρησμῶν καὶ βρασμῶν γῆς καὶ χασμάτων, ἔτι δὲ καὶ ἀνδρῶν ἀπάνθρωποι καὶ θηριώδεις ἀλλοκότων τε καὶ συνθέτων φύσεις καινοτομηθεῖσαι. Ταύτῃ τοι καὶ τέλος ἄξιον ἠνέγκατο τῆς ἀπονοίας.

Τοιαῦτα μὲν Γρηγόριος περὶ Ἰουλιανοῦ διεξῆλθεν. Ὅτι δὲ καὶ κατὰ Χριστιανῶν λόγους πολλοὺς ἀναλώσαντες τὴν ἀλήθειαν ἐπεχείρησαν βιάσασθαί, τινὰ μὲν τῶν ἱερῶν γραμμάτων παρατρέψαντες, τὰ δὲ ἐγκαταλέξαντες, πάντα δὲ πρὸς τὸν οἰκεῖον ἐκλαβόντες σκοπόν, πολλοὶ μὲν πρὸς αὐτοὺς ἀπαντήσαντες ἔδειξαν, ἀνατρέψαντές τε καὶ ἐξελέγξαντες αὐτῶν τὰ σοφίσματα. Πρὸ δὲ ἁπάντων Ὠριγένης, καὶ πολλῷ τῶν Ἰουλιανοῦ χρόνων ἀνώτερος ὤν, τὰ δοκοῦντα ταράττειν τοὺς ἐντυγχάνοντας ταῖς ἱεραῖς βίβλοις ἀνθυπενεγκὼν ἑαυτῷ καὶ ἑρμηνεύσας, τὰς τῶν ἀγνωμονούντων σοφιστικὰς εὑρεσιλογίας ἀπέκλεισεν. Οἷς εἰ μὴ παρέργως ἐντετυχήκασιν Ἰουλιανὸς καὶ Πορφύριος, εὐγνωμόνως τε αὐτὰ ἐδέξαντο, πάντως ἂν εἰς ἕτερά τινα τοὺς λόγους ἔτρεψαν,

III. 23.] *Julian 'Against the Christians.'* 167

καὶ οὐκ ἂν εἰς τὸ σοφίσματα βλάσφημα γράφειν ἐτράπησαν. Ὅτι δὲ ὁ βασιλεὺς σκῶψαι ἐπετήδευσε πρὸς τοὺς ἰδιώτας καὶ ἀπλουστέρους τοὺς λόγους ποιούμενος, οὐ μὴν πρὸς τοὺς ἐκ τῶν ἱερῶν γραμμάτων 'μόρφωσιν' τῆς ἀληθείας ἔχοντας, ἐκεῖθεν δῆλον 2 Tim. iii. 5. ἐστί· λαβὼν γὰρ τὰ ῥήματα, ὅσα χρείας ἕνεκεν οἰκονομικῶς ἐπὶ τοῦ Θεοῦ ἀνθρωπικώτερον τέτακται, καὶ πολλὰ τοιαῦτα ἐπισυνείρας, τέλος ἐπιφέρει κατὰ·λέξιν τάδε·

Τούτων τοίνυν ἕκαστον, εἰ μὴ λόγος ἐστὶν ἀπόρρητον ἔχων τινὰ θεωρίαν, Cp. Cyril c. Jul. iii. ὅπερ ἐγὼ νενόμικα, πολλῆς γέμουσιν οἱ λόγοι περὶ αὐτοῦ βλασφημίας. (p. 93, ed. Spanheim.)

Ταῦτα μὲν ἐν τῷ τρίτῳ αὐτοῦ κατὰ Χριστιανῶν βιβλίῳ αὐταῖς λέξεσιν εἴρηκε. Καὶ ἐν τῷ λόγῳ δὲ αὐτοῦ, ὃν Περὶ Κυνισμοῦ ἐπέγραψε, διδάσκων ὅπως δεῖ τοὺς ἱεροὺς πλάττειν μύθους, φησὶ δεῖν κρύπτειν τὴν περὶ τῶν τοιούτων ῥημάτων ἀλήθειαν, λέγων αὐτοῖς ῥήμασι τάδε·

Φιλεῖ γὰρ ἡ φύσις κρύπτεσθαι· καὶ τὸ κεκρυμμένον τῆς τῶν θεῶν οὐσίας Jul. Orat. vii. οὐκ ἀνέχεται γυμνοῖς εἰς ἀκαθάρτους ἀκοὰς ῥίπτεσθαι ῥήμασι. (p. 216.)

Φαίνεται δὴ διὰ τούτων ὁ βασιλεὺς ὑπόνοιαν ἔχειν περὶ τῶν θείων γραφῶν, ὡς εἴησαν λόγοι μυστικοὶ ἀπόρρητόν τινα θεωρίαν ἔχοντες· ἀγανακτεῖ δέ, ἐφ' οἷς μὴ καὶ πάντες τὴν αὐτὴν περὶ τούτων ὑπόνοιαν ἔχουσι· καὶ καταστρέχει τῶν ἐν Χριστιανοῖς ἀπλούστερον δεχομένων τὰ λόγια. Οὐκ ἔδει δὲ τοσοῦτον καταδραμεῖν τῆς ἁπλότητος τῶν πολλῶν, οὐδὲ τυφωθῆναι δι' ἐκείνους κατὰ τῶν ἱερῶν γραμμάτων, οὐδὲ μισῆσαι καὶ ἀποστραφῆναι τὰ καλῶς αὐτῷ [Val. conj. ἄλλοις.] νοούμενα, ὅτι μὴ πάντες αὐτὰ ἐνόουν ὡς αὐτὸς ἐβούλετο. Νῦν δέ, ὡς ἔοικε, τὰ αὐτὰ Πορφυρίῳ πέπονθεν· ἐκεῖνος μὲν γὰρ πληγὰς ἐν Καισαρείᾳ τῆς Παλαιστίνης ὑπό τινων Χριστιανῶν εἰληφώς, καὶ μὴ ἐνεγκὼν τὴν ὀργήν, ἐκ μελαγχολίας τὸν μὲν Χριστιανισμὸν ἀπέλειπε, μίσει δὲ τῶν τυπτησάντων αὐτὸν εἰς τὸ βλάσφημα κατὰ Χριστιανῶν γράφειν ἐξέπεσεν, ὡς αὐτὸν Εὐσέβιος ὁ Παμφίλου Cp. Praep. Evan. vi. ἐξήλεγξεν, ἀνασκευάσας τοὺς λόγους αὐτοῦ. Ὁ δὲ βασιλεὺς πρὸς τοὺς ἰδιώτας ὑπεροπτικῶς κατὰ τῶν Χριστιανῶν ἐσχηκώς, ἐκ τοῦ αὐτοῦ πάθους εἰς τὴν Πορφυρίου βλασφημίαν ἀπέκλινεν· ἀμφότεροι οὖν ἑκουσίως δυσσεβήσαντες, ἐν γνώσει ἁμαρτίας τὸ ἐπιτίμιον ἔχουσιν. Ἐπειδὴ δὲ καὶ ὁ σοφιστὴς Λιβάνιος ἐπιχλευάζων, 'τὸν ἐκ Παλαιστίνης,' φησίν, 'ἄνθρωπον Θεόν τε καὶ Θεοῦ παῖδα ποιοῦσιν,' ἐκλελῆσθαί μοι δοκεῖ, ὅπως αὐτὸς ἐπὶ τέλει τοῦ αὐτοῦ λόγου τὸν Ἰουλιανὸν ἀπεθέωσε. ' Τὸν γὰρ πρῶτον,' φησὶ, ' ἄγγελον τῆς τελευτῆς μικροῦ κατέλευσαν, ὡς θεοῦ καταψευδόμενον.' Εἶτα πρόσω μικρὸν ὑποβὰς, ''Ω δαιμόνων μὲν,' φησὶ, 'τρόφιμε, δαιμόνων δὲ μαθητὰ, δαιμόνων δὲ παρεδρευτά.' Εἰ καὶ αὐτὸς ἄλλως ἐνόει, ἀλλ' οὖν γε τὴν ὁμωνυμίαν τοῦ χείρονος μὴ ἐκκλίνας ταῦτ' ἔδοξε λέγειν, ἃ καὶ οἱ Χριστιανοὶ ὀνειδίζοντες λέγουσιν. Εἰ οὖν ἐπαίνων ἐφρόντιζεν, ἔδει φυγεῖν τὴν ὁμωνυμίαν, ὥσπερ ἔφυγε καὶ ἑτέραν λέξιν, δι' ἣν λοιδορηθεὶς τῶν ἑαυτοῦ λόγων ἐξέκοψεν. Ὅπως μὲν οὖν ὁ κατὰ Χριστὸν ἄνθρωπος θεολογεῖται, καὶ ὅπως τὸ μὲν φανερὸν ἄνθρωπος ἦν, τὸ δὲ ἀφανὲς Θεὸς, ὅπως τε ἀληθῆ ἄμφω ἐστὶ, Χριστιανῶν μὲν οἱ θεῖοι λόγοι ἐπίστανται. Ἕλληνες δὲ πρὸ τοῦ πιστεῦσαι συνιέναι οὐ δύνανται· καὶ γὰρ λόγιόν ἐστι τὸ λέγον, ὅτι ' ἐὰν μὴ πιστεύσητε, οὐδ' οὐ μὴ συνῆτε.' Διὸ οὐκ αἰσχύνονται πολλοὺς ἀνθρώπους ἀποθεώσαντες· καὶ εἴθε γε κἂν χρηστοὺς τὸν τρόπον, ἢ δικαίους, ἢ σώφρονας· ἀλλὰ ἀνάγνους, ἀδίκους, μέθῃ δεδουλωμένους, Ἡρακλέας φημὶ καὶ Διονύσους καὶ Ἀσκληπιούς· καθ' ὧν συνεχῶς ἐν τοῖς αὐτοῦ λόγοις ὀμνύων Λιβάνιος οὐκ αἰσχύνεται· ὧν τοὺς ἀρρενικοὺς καὶ θηλυκοὺς ἔρωτας εἰ ἀπαριθμησαίμην, μακρὸς ἡμῖν ἔσται ὁ τῆς παρεκβάσεως λόγος. Ἀρκέσει δὲ τοῖς ταῦτα γνῶναι ἐθέλουσιν ὁ Ἀριστοτέλους ' Πέπλος,' καὶ ὁ Διονύσου ' Στέφανος,' καὶ Ῥηγίνου ὁ ' Πολυμνήμων,' καὶ τῶν ποιητῶν τὸ πλῆθος· οἳ περὶ αὐτῶν γράψαντες ' γέλωτα ὄντως καὶ φλήναφον ' παρὰ πᾶσι τῆς Ἑλλήνων θεολογίας δεικνύουσιν. Ὅτι δὲ ἴδιον Ἑλλήνων τὸ εὐχερῶς ἀνθρώπους ἀποθεοῦν, ἀρκέσει ὀλίγων ὑπομνησθῆναι. Ῥοδίοις μὲν γὰρ συμφορᾷ περιπεσοῦσιν ἐδόθη χρησμὸς, ὅπως ἂν τὸν Φρύγιον Ἄττιν, τὸν ἱερέα τῆς μανικῆς ἐν Φρυξὶν τελετῆς, θεραπεύωσιν· ἔχει δὲ ὁ χρησμὸς ὧδε·

Ἄττυν ἱλάσκεσθε, θεὸν μέγαν ἁγνὸν Ἄδωνιν,
Εὔβιον, ὀλβιόδωρον, εὐπλόκαμον Διόνυσον.

Ὁ μὲν δὴ χρησμὸς Ἄττιν, τὸν ἐκ μανίας ἐρωτικῆς ἑαυτὸν ἀποκόψαντα, τὸν Ἄδωνιν καὶ Διόνυσον εἶναι φησί. Τοῦ δὲ Μακεδόνων βασιλέως Ἀλεξάνδρου ἐπὶ τὴν Ἀσίαν διαβαίνοντος, οἱ Ἀμφικτύονες Ἀλεξάνδρῳ ἐχαρίζοντο, καὶ ἀνεῖλεν ἡ Πυθία τάδε·

Ζᾶνα θεῶν ὕπατον, καὶ Ἀθηνᾶν Τριτογένειαν
Τιμᾶτε, βροτέῳ τ' ἐν σώματι κρυπτὸν ἄνακτα,

III. 24.]   *Jovian's Church-policy.*   169

"Ον Ζεὺς ἀρίσταις γοναῖς ἔσπειρεν, ἀρωγὸν   [ἀρρητοῖσι,
Εὐνομίης θνητοῖσιν Ἀλέξανδρον βασιλῆα.   Val.]

Ταῦτα τὸ ἐν Πυθοῖ δαιμόνιον ἐχρημάτισεν· ὃ καὶ αὐτὸ τοὺς δυνάστας κολακεῦον ἐθεοποίει· καὶ τοῦτο μὲν ἴσως κολακείᾳ ἐποίει. Τί δ' ἂν εἴποι τις, ὡς Κλεομήδην τὸν πύκτην ἀποθεώσαντες, ἔχρησαν περὶ αὐτοῦ τάδε;

Ὕστατος ἡρώων Κλεομήδης Ἀστυπαλιεύς·
Ὃν θυσίαις τιμᾶθ', ὡς μηκέτι θνητὸν ἐόντα.

Διὰ μὲν οὖν τὸν χρησμὸν τόνδε Διογένης ὁ Κύων καὶ Οἰνόμαος ὁ φιλόσοφος κατέγνωσαν τοῦ Πυθίου Ἀπόλλωνος. Κυζικηνοὶ δὲ τρισκαιδέκατον θεὸν Ἀδριανὸν ἀνηγόρευσαν· αὐτός τε Ἀδριανὸς Ἀντίνοον τὸν ἑαυτοῦ ἐρώμενον ἀπεθέωσε. Καὶ ταῦτα ʽ γέλωτα καὶ Eus. H. E. φλήναφον' οὐκ ὀνομάζει Λιβάνιος· καίτοι καὶ τοὺς χρησμοὺς καὶ iv. 8. τὸ μονόβιβλον, ὃ Ἀδρίας εἰς τὸν Ἀλεξάνδρου βίον ἐπέγραψεν, [Lucian. ἐπιστάμενος, οὐκ ἐγκαλύπτεται καὶ αὐτὸν ἀποθεῶν τὸν Πορφύριον· Alex.] ʽἼλεως γάρ,' φησὶν, ʽὁ Τύριος εἴη,' προκρίνοντος αὐτοῦ τὰ τοῦ [προκρίνων, βασιλέως βιβλία. Ταῦτα μὲν οὖν διὰ τὴν τοῦ σοφιστοῦ λοιδορίαν Val.] ἐν παρεκβάσει αὐτάρκως εἰρήσθω, ἰδίας τε πραγματείας δεόμενα παραλιπεῖν μοι δοκῶ· τὰ δὲ λοιπὰ τῆς ἱστορίας ἐπιτεθείη ἡμῖν.

CAP. XXIV.

Ὡς οἱ πανταχόθεν ἐπίσκοποι προσέδραμον Ἰοβιανῷ, ἐλπίζοντες ἕκαστος αὐτῶν
εἰς τὴν ἑαυτῶν πίστιν τοῦτον ἐπισπάσασθαι.

Τοῦ δὲ βασιλέως Ἰοβιανοῦ ἀπὸ τῆς Περσίδος ἀναχωρήσαντος, αὖθις ἀνεκινεῖτο τὰ τῶν ἐκκλησιῶν· οἵ τε προεστῶτες τῶν ἐκκλησιῶν προτρέχειν ἐσπούδαζον, προσδοκῶντες ἕκαστος τῇ ἑαυτῶν πίστει προσθήσεσθαι τὸν βασιλέα. Ὁ δὲ ἐξ ἀρχῆς μὲν τῇ ʽὁμοουσίῳ' πίστει προσέκειτο· τοῦτο δὲ πᾶσιν εἰρηκὼς προέκρινε. Καὶ ἀναρρώννυσι·μὲν διὰ γραμμάτων τὸν τῆς Ἀλεξανδρείας ἐπίσκοπον Ἀθανάσιον, ὃς εὐθὺς μετὰ τὴν τελευτὴν Ἰουλιανοῦ τῆς ἐκκλησίας τῶν Ἀλεξανδρέων ἐγκρατὴς ἐγένετο, τότε δὲ παρρησιαίτερος ἐκ τῶν γραμμάτων γενόμενος, καὶ τοῦ πανταχόθεν δέους ἀπήλλακτο. Ἀνεκάλει δὲ ὁ βασιλεὺς τοὺς ὑπὸ Κωνσταντίου μὲν ἐξορισθέντας ἐπισκόπους, ὑπὸ Ἰουλιανοῦ δὲ ἀνακληθῆναι μὴ φθάσαντας. Τηνικαῦτα δὴ καὶ τὰ ἱερὰ τῶν Ἑλλήνων πάντα ἀπεκλείετο· αὐτοὶ δὲ ἄλλος ἀλλαχῇ κατεδύοντο. Οἵ τε τριβωνοφόροι τοὺς τρίβωνας ἀπέθεντο, καὶ εἰς τὸ κοινὸν σχῆμα μετημφιέννυντο· πέπαυτο δὲ αὐτοῖς καὶ ὁ δι' αἵματος δημοσίᾳ γινόμενος μολυσμός, ᾧ κατακόρως ἐπὶ Ἰουλιανοῦ κατεχρήσαντο.

CAP. XXV.

Ὡς οἱ τὰ Μακεδονίου φρονοῦντες καὶ οἱ περὶ Ἀκάκιον ἐν Ἀντιοχείᾳ συνελθόντες τὴν ἐν Νικαίᾳ πίστιν ἐκύρωσαν.

Τὰ μέντοι Χριστιανῶν οὐχ ἡσύχαζεν· οἱ γὰρ προεστῶτες τῶν θρησκειῶν προσελεύσεις ἐποίουν τῷ βασιλεῖ, τὴν παρ' αὐτοῦ κατὰ τῶν νομιζομένων αὐτοῖς ἀντιπάλων παρρησίαν ὑπάρχειν νομίζοντες. Καὶ πρῶτοι μὲν οἱ 'Μακεδονιανοὶ' χρηματίσαντες βιβλίον προσφέρουσιν, ἀξιοῦντες ἐξωθεῖσθαι μὲν τῶν ἐκκλησιῶν τοὺς τὸ 'ἀνόμοιον' δογματίζοντας, ἑαυτοὺς δὲ ἀντεισάγεσθαι. Ἦσαν δὲ οἱ τὸ βιβλίον τῶν δεήσεων ἐπιδόντες, Βασίλειος ὁ Ἀγκύρας, Σιλβανὸς Ταρσοῦ, Σωφρόνιος Πομπηϊουπόλεως, Πασίνικος Ζήνων, Λεόντιος Κομάνων, Καλλικράτης Κλαυδιουπόλεως, Θεόφιλος Κασταβάλων. Τούτων δεξάμενος τὸ βιβλίον ὁ βασιλεὺς ἀναποκρίτους αὐτοὺς ἀπέπεμψε, μόνον δὲ τοῦτο ἐφθέγξατο· 'Ἐγώ,' ἔφη, 'φιλονεικίαν μισῶ, τοὺς δὲ τῇ ὁμονοίᾳ προστρέχοντας ἀγαπῶ καὶ τιμῶ.' Ταῦτα εἰς τὰς ἀκοὰς τῶν ἄλλων διαδοθέντα τὸν τόνον τῶν φιλονεικεῖν αἱρουμένων ἐχαύνωσε· καὶ τοῦτο κατὰ σκοπὸν τοῦ βασιλέως ἐγίνετο. Καὶ γὰρ δὴ τηνικαῦτα καὶ ὁ τῶν περὶ Ἀκάκιον φιλόνεικος τρόπος ἠλέγχετο, καὶ ὡς εἴησαν ἀεὶ πρὸς τοὺς κρατοῦντας ἀποκλίνοντες, φανερῶς ἐπέδειξαν. Συνελθόντες γὰρ ἐν Ἀντιοχείᾳ τῆς Συρίας εἰς λόγους ἔρχονται Μελιτίῳ, ὃς μικρὸν ἔμπροσθεν αὐτῶν χωρισθεὶς τῷ 'ὁμοουσίῳ' προσέθετο. Τοῦτο δὲ ἐποίησαν, ἐπειδὴ τιμώμενον ὑπὸ τοῦ βασιλέως ἑώρων ἐκεῖ τότε διάγοντος. Κοινῇ οὖν γνώμῃ βιβλίον συντάξαντες καθομολογοῦσι τὸ 'ὁμοούσιον,' καὶ τὴν ἐν Νικαίᾳ πίστιν κυρώσαντες τῷ βασιλεῖ προσκομίζουσιν. Ἔστι δὲ τὸ βιβλίον ἐν τοῖσδε·

Τῷ εὐσεβεστάτῳ καὶ θεοφιλεστάτῳ δεσπότῃ ἡμῶν Ἰοβιανῷ νικητῇ Αὐγούστῳ, ἡ τῶν ἐν Ἀντιοχείᾳ παρόντων ἐπισκόπων ἐκ διαφόρων ἐπαρχιῶν σύνοδος.

Τὴν ἐκκλησιαστικὴν εἰρήνην τε καὶ ὁμόνοιαν ὅτι σοῦ καὶ πρώτη πρεσβεύειν ἐσπούδασεν ἡ εὐσέβεια, εὖ ἴσμεν καὶ αὐτοί, θεοφιλέστατε βασιλεῦ. Ὅτι δὲ κεφάλαιον τῆς τοιαύτης ἑνότητος τῆς ἀληθοῦς καὶ ὀρθοδόξου πίστεως καλῶς ὑπείληφας τὸν χαρακτῆρα, οὐδὲ τοῦτο ἀγνοοῦμεν. Ἵνα μὴ τοίνυν μετὰ τῶν παραχαρασσόντων τὸ δόγμα τῆς ἀληθείας τετάχθαι νομιζώμεθα, ἀναφέρομεν τῇ σῇ εὐλαβείᾳ, ὅτι τῆς ἁγίας συνόδου τῆς ἐν Νικαίᾳ πάλαι πρότερον συγκροτηθείσης τὴν πίστιν καὶ ἀποδεχόμεθα καὶ κατέχομεν. Ὁπότε καὶ τὸ δοκοῦν ἐν αὐτῇ τισιν ὄνομα, τὸ τοῦ 'ὁμοουσίου' φαμὲν, ἀσφαλοῦς τετύχηκε [Val. ins. ξένον aft. παρὰ τοῖς πατράσιν ἑρμηνείας, σημαινούσης ὅτι ἐκ τῆς οὐσίας τοῦ Πατρὸς ὁ αὐτῇ.] Υἱὸς ἐγεννήθη, καὶ ὅτι ὅμοιος κατ' οὐσίαν τῷ Πατρί· οὔτε δὲ ὡς πάθους τινὸς περὶ τὴν ἄρρητον γέννησιν ἐπινοουμένου, οὔτε κατά τινα χρῆσιν Ἑλληνικὴν λαμβάνεται τοῖς πατράσι τὸ ὄνομα τῆς οὐσίας, εἰς ἀνατροπὴν δὲ τοῦ 'ἐξ οὐκ ὄντων,' περὶ τοῦ Χριστοῦ ἀσεβῶς τολμηθέντος παρὰ τοῦ Ἀρείου, ὅπερ καὶ οἱ νῦν ἐπιφοιτήσαντες 'ἀνόμοιοι' ἔτι θρασύτερον καὶ τολμηρότερον ii. 40. ἐπὶ λύμῃ τῆς ἐκκλησιαστικῆς ὁμονοίας ἀναισχύντως παρρησιάζονται. Διὸ συνετάξαμεν τῇδε ἡμῶν τῇ ἀναφορᾷ καὶ τὸ ἀντίγραφον τῆς πίστεως τῆς ἐν Νικαίᾳ ὑπὸ τῶν συγκροτηθέντων ἐπισκόπων ἐκτεθείσης, ἥντινα καὶ ἀγαπῶμεν, ἥτις ἐστίν· 'Πιστεύομεν εἰς ἕνα Θεὸν Πατέρα παντοκράτορα·' καὶ τὰ λοιπὰ τοῦ μαθήματος, πλήρης. Μελίτιος ἐπίσκοπος Ἀντιοχείας ἔδωκα [Qu. πλήρης aft. ἐστίν;] συναινῶν τοῖς προγεγραμμένοις, Εὐσέβιος Σαμοσάτων, Εὐάγριος Σικελῶν, Οὐράνιος Ἀπαμείας, Ζωΐλος Λαρίσων, Ἀκάκιος Καισαρείας, Ἀντίπατρος Ῥώσου, Ἀβράμιος Οὐρίμων, Ἀριστόνικος Σελευκοβήλου, Βαρλαμένος Περγάμου, Οὐράνιος Μελιτινῆς, Μάγνος Χαλκηδόνος, Εὐτύχιος Ἐλευθεροπόλεως, Ἰσακόκις Ἀρμενίας μεγάλης, Τίτος Βόστρων, Πέτρος Σίππων, Πελάγιος Λαοδικείας, Ἀραβιανὸς Ἄντρου, Πίσων Ἀδάνων διὰ Λαμυδρίωνος πρεσβυτέρου, Σαβινιανὸς Ζεύγματος, Ἀθανάσιος Ἀγκύρων διὰ Ὀρφίτου καὶ Ἀετίου πρεσβυτέρων, Εἰρηνίων Γάζης, Πίσων Αὐγούστης, Πατρίκιος Πάλτου διὰ Λαμυρίωνος πρεσβυτέρου, Ἀνατόλιος Βεροίων, Θεότιμος Ἀράβων, Λουκιανὸς Ἄρκων.

Τοῦτο μὲν δὴ τὸ βιβλίον τῇ συναγωγῇ τῶν συνοδικῶν Σαβίνου γεγραμμένον εὑρήκαμεν. Ὁ μέντοι βασιλεὺς πρόθεσιν εἶχε κολακείᾳ καὶ πειθοῖ τῶν διεστώτων τὴν φιλονεικίαν ἐκκόψαι, φήσας 'μηδενὶ ὀχληρὸς τῶν ὁπωσοῦν πιστευόντων ἔσεσθαι, ἀγαπήσειν δὲ καὶ ὑπερτιμήσειν τοὺς ἀρχὴν τῇ ἑνώσει τῆς ἐκκλησίας παρέξοντας.' Ταῦτα δὲ οὕτως αὐτὸν πρᾶξαι καὶ Θεμίστιος φησὶν ὁ φιλόσοφος· 'ὑπατικὸν γὰρ λόγον' εἰς αὐτὸν διελθὼν, θαυμάζει τὸν βασιλέα, ὡς τὸ ἐφεῖναι θρησκεύειν ὡς ἕκαστοι βούλονται νικήσαντα τῶν [τῷ ἐφεῖναι κολάκων τοὺς τρόπους. Οὓς καὶ διασύρων πάνυ γελοίως ἔφη, Orat. v.(p.80. 'ἐλέγχεσθαι αὐτοὺς ἁλουργίδα, οὐ Θεὸν, θεραπεύοντας, μηδέν τε ed. Harduin.

διαφέρειν αὐτοὺς Εὐρίπου, νῦν μὲν ἐπὶ τάδε νῦν δὲ εἰς τοὐναντίον τὰ ῥεύματα μεταβάλλοντος.'

CAP. XXVI.

Περὶ τῆς τελευτῆς Ἰοβιανοῦ τοῦ βασιλέως.

Οὕτω μὲν οὖν ὁ βασιλεὺς τότε τὴν ὁρμὴν τῶν ἐρεσχελεῖν προαιρουμένων ἐπέσχεν· ᾗ τάχος δὲ τῆς Ἀντιοχείας ἀναχωρήσας, τὴν Ταρσόν τε καταλαβὼν τῆς Κιλικίας, ἐκεῖ τὸ Ἰουλιανοῦ σῶμα ἔθαψε. Καὶ πάντα ἐπὶ τῇ κηδείᾳ τὰ νόμιμα πληρώσας, ὕπατός τε ἀναγορεύεται, καὶ αὖθις ἐπὶ τὴν Κωνσταντινούπολιν διαβαίνειν σπουδάζων, ἐν χωρίῳ τινὶ παραγίνεται, ᾧ προσωνυμία Δαδάστανα· μεθόριον δέ ἐστι τοῦτο Γαλατίας καὶ Βιθυνίας. Ἔνθα καὶ Θεμίστιος ὁ φιλόσοφος μετὰ τῶν ἄλλων συγκλητικῶν ἀπαντήσας, τὸν ὑπατικὸν ἐπ' αὐτοῦ διεξῆλθε λόγον, ὃν ὕστερον καὶ ἐν Κωνσταντινουπόλει ἐπὶ τοῦ πλήθους ἐπεδείξατο. Ἀλλ' εὐτυχῶς τὰ Ῥωμαίων ἔπραξεν ἄν τά τε δημόσια καὶ τὰ τῶν ἐκκλησιῶν, οὕτως ἀγαθοῦ βασιλέως εὐτυχήσαντα, εἰ μὴ αἰφνίδιος ἐπιγενόμενος θάνατος τὸν τοιοῦτον ἄνδρα τῶν πραγμάτων ἀφείλετο. Ἐν γὰρ τῷ προρρηθέντι χωρίῳ, χειμῶνος ὥρᾳ, τῷ τῆς ἐμφράξεως νοσήματι συσχεθεὶς ἐτελεύτησεν, ἐν ὑπατείᾳ τῇ αὐτοῦ καὶ Βαρωνιανοῦ τοῦ υἱοῦ αὐτοῦ, τῇ ἑπτακαιδεκάτῃ τοῦ Φεβρουαρίου μηνός· βασιλεύσας μῆνας ἑπτά, ζήσας ἔτη τριακοντατρία. Περιέχει δὲ ἡ βίβλος χρόνον ἐτῶν δύο, μηνῶν πέντε.

LIB. IV.

CAP. I.

"Ὅτι Ἰοβιανοῦ τελευτήσαντος, Οὐαλεντινιανὸν ἀναγορεύουσιν, ὃς δὴ κοινωνὸν τῆς βασιλείας λαμβάνει τὸν ἀδελφὸν Οὐάλεντα· καὶ ὅτι Οὐαλεντινιανὸς μὲν ἦν ὀρθόδοξος, Οὐάλης δὲ Ἀρειανός.

Τοῦ δὴ βασιλέως Ἰοβιανοῦ Δαδαστάνοις, ὡς ἔφημεν, τελευτήσαντος τῇ ἑαυτοῦ ὑπατείᾳ καὶ Βαρωνιανοῦ τοῦ υἱοῦ αὐτοῦ, τῇ ἑπτακαιδεκάτῃ τοῦ Φεβρουαρίου μηνὸς, οἱ στρατιῶται ἐκ τῆς Γαλατῶν ἑβδομαῖοι εἰς Νίκαιαν τῆς Βιθυνίας ἐλθόντες κοινῇ ψήφῳ Οὐαλεντινιανὸν ἀνακηρύττουσι βασιλέα, τῇ πέμπτῃ καὶ εἰκάδι τοῦ αὐτοῦ Φεβρουαρίου μηνὸς, ἐν τῇ αὐτῇ ὑπατείᾳ· ὅστις Παννόνιος μὲν ἦν τὸ γένος, πόλεως Κιβάλεως· τάξιν δὲ στρατιωτῶν ἐγχειρισάμενος, πολλὴν ἐπεδείξατο τῶν τακτικῶν ἐπιστήμην. Ἦν δὲ καὶ μεγαλόψυχος ὁ ἀνὴρ, καὶ ἀεὶ τῆς παρούσης τύχης μείζων ἐφαίνετο. Ὡς οὖν αὐτὸν ἀνεστήσαντο βασιλέα, εὐθὺς ἐπὶ τὴν Κωνσταντινούπολιν γενόμενος κοινωνὸν τῆς βασιλείας προσλαμβάνει τὸν ἀδελφὸν Οὐάλεντα, μετὰ τριάκοντα ἡμέρας τῆς αὐτοῦ ἀνακηρύξεως. Ἀλλ' ἄμφω μὲν ἦσαν Χριστιανοὶ, διεφώνουν δὲ περὶ τὴν τοῦ Χριστιανισμοῦ πίστιν· Οὐαλεντινιανὸς μὲν γὰρ τὴν πίστιν τῆς ἐν Νικαίᾳ συνόδου ἔσεβεν, Οὐάλης δὲ τῷ Ἀρειανῷ δόγματι ἐκ προλήψεως μᾶλλον προσέκειτο. Τὴν δὲ πρόληψιν ἐποιήσατο τὸ ὑπὸ Εὐδοξίου τοῦ προεστῶτος τῆς ἐν Κωνσταντινουπόλει Ἀρειανῆς θρησκείας βεβαπτίσθαι αὐτόν. Καὶ ζῆλον μὲν εἶχον ἄμφω σπουδαῖον περὶ ὃ ἕκαστος ἔσεβε· τῷ δὲ τρόπῳ πολὺ διεστήκεισαν ἀλλήλων γενόμενοι βασιλεῖς. Πρότερον μὲν γὰρ ἐπὶ Ἰουλιανοῦ, ὅτε ὁ μὲν Οὐαλεντινιανὸς χιλίαρχος ἦν, Οὐάλης δὲ ἐν τοῖς οἰκείοις τοῦ βασιλέως ἐστρατεύετο, οἷον εἶχεν ἕκαστος ζῆλον ἐπέδειξαν. Θύειν γὰρ ἀναγκαζόμενοι, τὰς ζώνας τῆς στρατείας μᾶλλον ἀφιέναι ᾑροῦντο ἢ ἀφιέναι τὸν Χριστιανισμόν. Ἀλλὰ τότε μὲν Ἰουλιανὸς ὁ βασιλεὺς, χρειώδεις τοὺς ἄνδρας τοῖς δημοσίοις

A.D. 364.

εἰδὼς, οὐδένα τῆς στρατείας ἐκίνει, ὥσπερ οὐδὲ Ἰοβιανὸν τὸν μετ' αὐτὸν βασιλεύσαντα. Ὕστερον δὲ βασιλεύσαντες, περὶ μὲν τὴν τῶν δημοσίων πρόνοιαν ἐν ἀρχῇ παραπλήσιοι ἀλλήλοις ὄντες ἐτύγχανον· περὶ δὲ τὸν Χριστιανισμὸν, ὡς ἔφην, διαφωνοῦντες, οὐκέθ' ὁμοίῳ τρόπῳ κατὰ τῶν Χριστιανιζόντων ἐκέχρηντο. Οὐαλεντινιανὸς γὰρ τοὺς μὲν οἰκείους συνεκρότει, τοῖς δὲ Ἀρειανίζουσιν οὐδαμῶς ἦν ὀχληρός. Οὐάλης δὲ Ἀρειανοὺς αὐξῆσαι προαιρούμενος, δεινὰ κατὰ τῶν μὴ τοιαῦτα φρονούντων εἰργάσατο, ὡς προϊὼν ὁ τῆς ἱστορίας δηλώσει λόγος. Κατὰ δὴ τὸν χρόνον τόνδε τῆς μὲν ἐν Ῥώμῃ ἐκκλησίας προεστήκει Λιβέριος· ἐν δὲ τῇ Ἀλεξανδρείᾳ, τῆς μὲν 'ὁμοουσίου' πίστεως Ἀθανάσιος, τῆς δὲ Ἀρειανιζούσης Λούκιος, ὃν μετὰ Γεώργιον κατέστησαν οἱ Ἀρειανίζοντες. Τῶν δὲ κατὰ τὴν Ἀντιόχειαν Ἀρειανῶν ἡγεῖτο Εὐζώϊος· διῄρηντο δὲ καὶ οἱ τοῦ 'ὁμοουσίου' τῶν μὲν γὰρ Παυλῖνος, τῶν δὲ Μελίτιος προεϊστήκεισαν. Τῶν δὲ περὶ τὰ Ἱεροσόλυμα Κύριλλος αὖθις ἐκράτει. Ἐν δὲ Κωνσταντινουπόλει Εὐδόξιος μὲν τῶν ἐκκλησιῶν ἐκράτει, τὴν Ἀρείου δόξαν διδάσκων· οἱ δὲ τοῦ 'ὁμοουσίου' φρονήματος ἐν μικρῷ οἰκίσκῳ τὰς συναγωγὰς ἐποιοῦντο ἔνδον τῆς πόλεως. Τῆς δὲ Μακεδονιανῆς θρησκείας ἔτι κατὰ τὰς πόλεις ἐκράτουν τῶν εὐκτηρίων οἴκων οἱ ἐν Σελευκείᾳ διακριθέντες τοῖς περὶ Ἀκάκιον. Ἐν τοιαύτῃ μὲν δὴ καταστάσει τὰ τῶν ἐκκλησιῶν ἦν.

CAP. II.

Ὅτι Οὐαλεντινιανοῦ ἐπὶ τὰ ἑσπέρια μέρη γενομένου, Οὐάλης ἐν Κωνσταντινουπόλει προσελθόντων Μακεδονιανῶν καὶ αἰτούντων σύνοδον γενέσθαι, ἐπένευσε· καὶ ὅτι τοὺς τοῦ ὁμοουσίου ἐπολέμει.

Τῶν δὲ βασιλέων, Οὐαλεντινιανὸς μὲν τὰ ἑσπέρια μέρη ταχέως κατέλαβεν· εἷλκε γὰρ αὐτὸν ἡ τῶν ἐκεῖ πραγμάτων φροντίς· Οὐάλεντι δὲ μικρὸν κατὰ τὴν Κωνσταντινούπολιν ἐπιμείναντι προσέρχονται πλεῖστοι τῶν ἐπισκόπων τῆς Μακεδονιανῶν θρησκείας, ἐξαιτοῦσίν τε ἄλλην γενέσθαι σύνοδον ἐπὶ διορθώσει τῆς πίστεως. Ὁ δὲ βασιλεὺς, νομίσας συναινέσαι αὐτοὺς τοῖς περὶ Ἀκάκιον καὶ Εὐδόξιον, γενέσθαι ἐπέτρεψε. Καὶ οὗτοι μὲν συγκροτεῖν σύνοδον ἐν τῇ Λαμψάκῳ ἔσπευδον. Οὐάλης δὲ ᾗ τάχος ἐπὶ τὴν Συρίας Ἀντιόχειαν ὥρμησεν, ὑφορώμενος μὴ οἱ Πέρσαι τὰς γενομένας ἐπὶ

Ἰοβιανοῦ τριακοντούτεις σπονδὰς παραλύσαντες τοῖς Ῥωμαίων ὅροις ἐπέλθοιεν. Ἀλλὰ τὰ μὲν Περσικὰ ἡσύχασεν. Αὐτὸς δὲ τῇ ἡσυχίᾳ καταχρώμενος κατὰ τῶν τὸ 'ὁμοούσιον' φρονούντων ἄσπονδον ἤγειρε πόλεμον· καὶ Παυλῖνον μὲν τὸν ἐπίσκοπον δι' ὑπερβάλλουσαν τοῦ ἀνδρὸς εὐλάβειαν οὐδὲν κακὸν ἐποίησεν, Μελίτιον δὲ ἐξορίᾳ ἐζημίωσε· τοὺς δὲ ἄλλους, ὅσοι μὴ ἐβούλοντο Εὐζωίῳ κοινωνεῖν, τῶν μὲν ἐκκλησίων τῶν ἐν Ἀντιοχείᾳ ἐξήλαυνεν, ζημίαις δὲ καὶ τιμωρίαις διαφόροις ὑπέβαλλεν. Λέγεται δὲ, ὅτι καὶ πολλοὺς εἰς τὸν παρακείμενον ποταμὸν Ὀρρόντην ἀπέπνιξεν.

CAP. III.

Ὅτι Οὐάλεντος κακῶς ποιοῦντος ἐν τῇ ἀνατολῇ τοὺς τὸ ὁμοούσιον φρονοῦντας, ἐν τῇ Κωνσταντινουπόλει τύραννος ἀνέστη Προκόπιος· ἐν δὲ τῷ αὐτῷ καιρῷ καὶ σεισμὸς ἐπιγενόμενος καὶ θαλάσσης ἐπίκλυσις τὰς πολλὰς τῶν πόλεων ἔβλαψε.

Ταῦτα δὲ αὐτοῦ κατὰ τὴν Συρίαν ποιοῦντος, ἐπανίστατο ἐκ τῆς Κωνσταντινουπόλεως τύραννος, Προκόπιος ὄνομα αὐτῷ· ὃς πολλὴν συγκροτήσας ἐν βραχεῖ χρόνῳ δύναμιν, ὁρμᾶν κατὰ τοῦ βασιλέως ἐσπούδαζεν. Τοῦτο ἀπαγγελθὲν εἰς ἀγωνίαν μεγίστην τὸν βασιλέα κατέστησεν, ἥτις αὐτοῦ καὶ τὴν κατὰ τῶν διωκομένων ὁρμὴν πρὸς ὀλίγον ἐπέσχεν. Ὡς δὲ ἐκ τοῦ πολέμου ταραχὴ τέως ὠδίνετο, σεισμὸς ἐπιγενόμενος πολλὰς τῶν πόλεων ἔβλαψεν. Ἥ τε θάλασσα τοὺς οἰκείους ὅρους ἐνήλλαξεν· ἔν τισι μὲν γὰρ τόποις τοσοῦτον ἐπέκλυσεν, ὡς τοὺς πρώην βασίμους τόπους πλεῖσθαι· ἑτέρων δὲ τόπων τοσοῦτον ἀπέστη, ὡς ἐν ξηρᾷ εὑρεθῆναι. Καὶ τοῦτο ἐγένετο κατὰ τὴν πρώτην ὑπατείαν τῶν δύο βασιλέων.

A.D. 365.

CAP. IV.

Ὅτι θορύβου ὄντος ἐν τοῖς δημοσίοις καὶ ἐν τοῖς ἐκκλησιαστικοῖς, οἱ τὴν σύνοδον ἐν τῇ Λαμψάκῳ συγκροτήσαντες Μακεδονιανοὶ τὴν μὲν ἐν Ἀντιοχείᾳ πίστιν αὖθις κρατύναντες, τὴν ἐν Ἀριμίνῳ ἀνεθεμάτισαν, καὶ αὖθις τὴν Ἀκακίου καὶ Εὐδοξίου καθαίρεσιν βεβαιοῦσιν.

Τούτων δὴ γενομένων, οὐδέτερα ἡσύχαζεν οὔτε τὰ δημόσια πράγματα οὔτε μὴν τὰ τῶν ἐκκλησιῶν. Οἱ μὲν οὖν παρὰ τοῦ βασιλέως τὴν σύνοδον συγκροτηθῆναι αἰτήσαντες ἐν τῇ Λαμψάκῳ συνῆλθον, ἐν ὑπατείᾳ τῇ αὐτῇ· τοῦτο δὲ ἦν ἕβδομον ἔτος ἀπὸ τῆς ἐν Σελευκείᾳ

γενομένης συνόδου. Κἀκεῖ πάλιν τὴν ἐν Ἀντιοχείᾳ πίστιν ἐπι-
βεβαιώσαντες, ᾗ καὶ ἐν "Σελευκείᾳ" ὑπέγραψαν, ἀναθεματίζουσι
τὴν ἐν Ἀριμίνῳ ὑπὸ τῶν πρώην ὁμοδόξων ἐκτεθεῖσαν πίστιν· καὶ
αὖθις καταψηφίζονται τῶν περὶ Ἀκάκιον καὶ Εὐδόξιον, ὡς δικαίως
καθαιρεθέντων. Τούτοις οὐδὲν ἀντιλέγειν Εὐδόξιος ὁ τῆς Κων-
σταντινουπόλεως ἐπίσκοπος ἴσχυεν· οὐ γὰρ αὐτῷ ἀμύνασθαι τού-
τους ὁ ἐνεστηκὼς δημόσιος συνεχώρει πόλεμος. Διὸ καὶ οἱ περὶ
Ἐλεύσιον τὸν Κυζίκου ἐπίσκοπον ἐπικρατέστεροι τότε πρὸς ὀλίγον
ἐγένοντο, συγκροτήσαντες τὸ χρηματίσαν Μακεδονίου δόγμα, μικρόν
τε ἔμπροσθεν καὶ τὸ ἐν τῇ κατὰ Λάμψακον συνόδῳ γενόμενον
φανερώτερον. Ταύτην ἐγὼ νομίζω τὴν σύνοδον αἰτίαν γενέσθαι
τοῦ πλεονάζειν ἐν Ἑλλησπόντῳ τοὺς Μακεδονιανοὺς χρηματίζοντας·
ἡ γὰρ Λάμψακος ἐν τῷ στενῷ τοῦ Ἑλλησπόντου κεῖται πορθμῷ.
Αὕτη μὲν οὖν ἡ σύνοδος τοιαύτην ἔσχε τὴν ἔκβασιν.

CAP. V.

*Ὅτι συμβολῆς γενομένης περὶ πόλιν τῆς Φρυγίας, τοῦ τε βασιλέως καὶ τοῦ τυράννου
Προκοπίου, προδοσίᾳ τῶν στρατηγῶν ἑλὼν τὸν τύραννον αὐτόν τε καὶ αὐτοὺς
ξέναις τιμωρίαις ὑποβαλὼν ἀνεῖλεν.*

Τῇ δὲ ἑξῆς ὑπατείᾳ, ἥτις ἦν Γρατιανοῦ καὶ Δαγαλαίφου, τὰ τῶν
πολέμων ἐπέθετο. Ὡς γὰρ ὁ τύραννος Προκόπιος ἀπὸ τῆς Κων-
σταντινουπόλεως ὁρμηθεὶς ἕτοιμος ἦν ἐπιστρατεύειν τῷ βασιλεῖ,
πυθόμενος ὁ Οὐάλης φθάνει ἐκ τῆς Ἀντιοχείας ἐλάσας, καὶ
συμβάλλει τῷ Προκοπίῳ περὶ πόλιν τῆς Φρυγίας, ᾗ πρωσαγορία
Νακώλεια. Καὶ τὴν μὲν πρώτην μάχην ἡττήθη· μετ' οὐ πολὺ δὲ
ζωγρήσας εἶχε τὸν Προκόπιον, Ἀγέλωνος καὶ Γομαρίου τῶν στρα-
τηγῶν προδεδωκότων αὐτόν· οὓς καὶ ξέναις τιμωρίαις ὑπέβαλεν.
Τοὺς μὲν προδότας, ὑπεριδὼν τοὺς ὅρκους οὓς αὐτοῖς ὀμώμόκει,
πρίοσι διελὼν ἀπέκτεινε· τοῦ δὲ τυράννου, δύο δένδρων καμφθέντων
γειτνιαζόντων ἀλλήλοις, ἑκάτερον σκέλος ἐκδήσας, ἐπικαμφθέντων
ἀφῆκεν ὀρθοῦσθαι· τὰ δὲ ἀνεγειρόμενα διέσπασε τὸν Προκόπιον.
Καὶ οὕτως ὁ τύραννος διχοτομηθεὶς ἀπώλετο.

CAP. VI.

Ὅτι μετὰ τὴν τοῦ τυράννου ἀναίρεσιν, πάλιν ὁ βασιλεὺς ἠνάγκαζε τοὺς τῆς συνόδου ἀρειανίσαι καὶ πάντας Χριστιανούς.

Ὁ δὲ βασιλεὺς εὐτυχῶς τότε πράξας αὖθις κατὰ τῶν Χριστιανιζόντων θορύβους ἐκίνει, πᾶσαν θρησκείαν Ἀρειανίζειν βουλόμενος. Μάλιστα δὲ αὐτὸν εἰς ὀργὴν ἦγεν ἡ κατὰ τὴν Λάμψακον γενομένη σύνοδος, οὐ μόνον ὅτι τοὺς Ἀρειανίζοντας ἀπεκήρυξεν ἐπισκόπους, ἀλλ᾽ ὅτι καὶ τὴν ἐν Ἀριμίνῳ τῆς πίστεως ἀνεθεμάτισεν ἔκθεσιν. Γενόμενος οὖν ἐν Νικομηδείᾳ τῆς Βιθυνίας, μεταπέμπεται παρ᾽ ἑαυτὸν Ἐλεύσιον τὸν Κυζίκου ἐπίσκοπον· οὗτος δὲ τῇ Μακεδονίου δόξῃ προσέκειτο μᾶλλον, ὥς μοι καὶ πρότερον εἴρηται. Καθίσας Cp. ii. 38. οὖν ὁ βασιλεὺς συνέδριον ἐπισκόπων τῆς Ἀρειανῆς αἱρέσεως, συντίθεσθαι τὸν Ἐλεύσιον τῇ πίστει ἐκείνων ἠνάγκαζεν. Ὁ δὲ πρότερον μὲν ἀπηρνεῖτο· ἐξορίας δὲ αὐτῷ καὶ δημεύσεως ἀπειληθείσης, περιδεὴς γενόμενος τῇ Ἀρειανῇ δόξῃ συντίθεται. Συνθέμενος δὲ, εὐθὺς μετεμέλετο· καὶ καταλαβὼν τὴν Κύζικον, ἐπὶ παντὸς τοῦ λαοῦ τὴν βίαν ἀπωδύρατο, φάσκων τὴν συγκατάθεσιν ἐκ βίας, οὐ μὴν ἐκ προαιρέσεως, πεποιῆσθαι· ζητεῖν τε αὐτοὺς ἕτερον ἐπίσκοπον, διότι αὐτὸς τῇ ἀνάγκῃ τὸ οἰκεῖον δόγμα ἠρνήσατο. Κυζικηνοὶ δὲ φιλοστοργίᾳ τῇ πρὸς αὐτὸν ὑφ᾽ ἑτέρῳ ἐπισκόπῳ τάττεσθαι οὐκ ἐβούλοντο, οὔτε μὴν ἑτέρῳ τῆς ἐκκλησίας παραχωρεῖν. Ἔμενον μὲν οὖν ὑπ᾽ αὐτῷ ταττόμενοι, μὴ μετατιθέμενοι δὲ τῆς οἰκείας αἱρέσεως.

CAP. VII.

Ὅτι Εὐνόμιος Κυζίκου γέγονεν ἐπίσκοπος Ἐλεύσιον τὸν Μακεδονιανὸν ἐκβαλών· καὶ περὶ τοῦ πόθεν ὥρμητο, καὶ ὅτι Ἀετίου τοῦ ἀθέου ὑπογραφεὺς ὢν τὰ ἐκείνου ἐζήλωσεν.

Ταῦτα ἀκούσας ὁ τῆς Κωνσταντινουπόλεως ἐπίσκοπος προβάλλεται πρὸς τὴν ἐπισκοπὴν τῆς Κυζίκου Εὐνόμιον, ὡς δυνάμενον δεινότητι λόγων πρὸς ἑαυτὸν ἑλκύσαι τὰ πλήθη. Κατελθόντος δὲ τοῦ Εὐνομίου, πρόσταγμα τοῦ βασιλέως ἐκέλευσεν ἐξωθεῖσθαι μὲν τὸν Ἐλεύσιον, ἐνθρονίζεσθαι δὲ τὸν Εὐνόμιον. Καὶ δὴ τούτου γενομένου, οἱ περὶ τὸν Ἐλεύσιον ἔξω τῆς πόλεως εὐκτήριον οἶκον κατασκευάσαντες, τὰς συναγωγὰς ἐποιήσαντο. Καὶ περὶ μὲν Ἐλευσίου τοσαῦτα εἰρήσθω· περὶ δὲ Εὐνομίου ἐκεῖνα λεκτέον.

Εὐνόμιος ὑπογραφεὺς γέγονεν Ἀετίου, τοῦ ἐπικληθέντος Ἀθέου, οὗ καὶ ἀνωτέρω πεποιήμεθα μνήμην. Συνὼν δὲ αὐτῷ τὸν ἐκείνου σοφιστικὸν τρόπον ἐζήλωσε· λεξειδίοις τε σχολάζων καὶ ποιῶν ἑαυτῷ σοφίσματα οὐκ ᾐσθάνετο. Ἐκ τούτων τε τυφωθεὶς εἰς βλασφημίαν ἐξέπεσε, τὸ Ἀρείου μὲν δόγμα ζηλῶν, κατὰ πολλὰ δὲ τοῖς τῆς ἀληθείας δόγμασι πολεμῶν· ὀλιγομαθῶς μὲν ἔχων πρὸς τὰ ἱερὰ γράμματα, καὶ μηδὲ συνιέναι αὐτὰ δυνάμενος· πολύχους δὲ τὴν λέξιν, καὶ τὰ αὐτὰ περιστρέφων ἀεὶ, καὶ μὴ δυνάμενος περιγενέσθαι τοῦ προτεθέντος σκοποῦ· ὡς δεικνύουσιν αὐτοῦ οἱ ἑπτὰ τόμοι, οὓς ἐματαιοπόνησεν εἰς τὴν πρὸς Ῥωμαίους τοῦ ἀποστόλου ἐπιστολήν. Πολλοὺς γὰρ λόγους εἰς αὐτὴν ἀναλώσας, τῆς ἐπιστολῆς τὸν σκοπὸν ἑλεῖν οὐ δεδύνηται. Ἐφάμιλλοι δὲ αὐτοῦ καὶ οἱ ἄλλοι οἱ φερόμενοι λόγοι τυγχάνουσιν· ὧν ὁ βουλόμενος πεῖραν λαβεῖν εὑρήσει ἐν πολυλεξίᾳ τὴν τῶν νοημάτων εὐτέλειαν. Τοῦτον τοίνυν τὸν Εὐνόμιον Εὐδόξιος πρὸς τὴν ἐπισκοπὴν τῆς Κυζίκου προὐβάλλετο. Ὡς οὖν ἐγένετο κατ' αὐτὴν, τῇ συνήθει διαλεκτικῇ χρώμενος, ἐξενοφώνει τοὺς ἀκροωμένους αὐτοῦ· καὶ ταραχὴ κατὰ τὴν Κύζικον ἦν. Μὴ ἐνεγκόντες οὖν αὐτοῦ τὸν λεξικὸν τῦφον, οἱ Κυζικηνοὶ τῆς πόλεως ἐξελαύνουσιν· ὁ δὲ καταλαβὼν τὴν Κωνσταντινούπολιν συνῆν μὲν τῷ Εὐδοξίῳ, σχολαῖος δὲ ἐπίσκοπος ἦν. Ἵνα δὲ μὴ δόξωμεν λοιδορίας χάριν ταῦτα λέγειν, αὐτῆς ἐπάκουε τῆς Εὐνομίου φωνῆς, οἷα σοφιζόμενος περὶ Θεοῦ λέγειν τολμᾷ· φησὶ γὰρ κατὰ λέξιν τάδε·

Ὁ Θεὸς περὶ τῆς ἑαυτοῦ οὐσίας οὐδὲν πλέον ἡμῶν ἐπίσταται· οὐδέ ἐστιν αὕτη μᾶλλον μὲν ἐκείνῳ, ἧττον δὲ ἡμῖν γινωσκομένη· ἀλλ' ὅπερ ἂν εἰδείημεν ἡμεῖς περὶ αὐτῆς, τοῦτο πάντως κἀκεῖνος οἶδεν· ὃ δ' αὖ πάλιν ἐκεῖνος, τοῦτο εὑρήσεις ἀπαραλλάκτως ἐν ἡμῖν.

Ταῦτα μὲν καὶ ἄλλα πολλὰ τοιαῦτα Εὐνόμιος σοφίσματα ποιῶν οὐκ ᾐσθάνετο· ὅπως δὲ τῶν Ἀρειανῶν μικρὸν ὕστερον ἐχωρίσθη, κατὰ χώραν ἐρῶ.

CAP. VIII.

Περὶ τοῦ εὑρεθέντος χρησμοῦ ἐν λίθῳ γεγλυμμένῳ· ὅτε τὸ Χαλκηδόνος τεῖχος ἐλύετο κατ' ὀργὴν τοῦ βασιλέως Οὐάλεντος.

Ὁ μέντοι βασιλεὺς Χαλκηδόνος, τῆς κατ' ἀντικρὺ Βυζαντίου πόλεως, τὰ τείχη λύειν προσέταττεν. Ὀμωμόκει γὰρ τοῦτο ποιή-

The 'Oracle' at Chalcedon.

σειν, νικήσας τὸν τύραννον, ὅτι Χαλκηδόνιοι τῷ τυράννῳ προσθέμενοι αἰσχρῶς αὐτὸν περιύβρισαν, καὶ τὰς πύλας τῆς πόλεως προσιόντος ἀπέκλεισαν. Τὸ μὲν οὖν τεῖχος κελεύσει τοῦ βασιλέως ἐλύετο· καὶ οἱ λίθοι εἰς τὸ Κωνσταντινουπόλεως δημόσιον λουτρὸν μετεφέροντο, ᾧ προσωνυμία Κωνσταντιαναί. Εὕρηται δὲ ἐν ἑνὶ τῶν λίθων ἐπιγεγραμμένος χρησμὸς, ὃς ἐκέκρυπτο μὲν ἐκ παλαιοῦ, τότε δὲ φανερὸς ἐγένετο, δηλῶν, ὡς ἡνίκα δαψιλὲς ὕδωρ ὑπάρξαι τῇ πόλει, τότε τὸ μὲν τεῖχος λουτρῷ ὑπουργήσει· μυρία δὲ φῦλα βαρβάρων, καταδραμόντα τὴν Ῥωμαίων γῆν καὶ πολλὰ χαλεπὰ δράσαντα, τελευταῖον καὶ αὐτὰ φθαρήσεται. Οὐδὲν δὲ κωλύει φιλομαθίας ἕνεκεν καὶ τὸν χρησμὸν ἐνταῦθα προσθεῖναι·

> Ἀλλ' ὅτε δὴ νύμφαι δροσερὴν κατὰ ἄστυ χορείην
> Τερπόμεναι στήσωνται ἐϋστεφέας κατ' ἀγυιὰς,
> Καὶ τεῖχος λουτροῖο πολύστονον ἔσσεται ἄλκαρ·
> Δὴ τότε μυρία φῦλα πολυσπερέων ἀνθρώπων,
> Ἄγρια, μαργαίνοντα, κακὴν ἐπιειμένα ἀλκὴν,
> Ἴστρου καλλιρόοιο πόρον διαβάντα σὺν αἰχμῇ,
> Καὶ Σκυθικὴν ὀλέσει χώρην καὶ Μυσίδα γαῖαν,
> Θρηϊκίης δ' ἐπιβάντα σὺν ἐλπίσι μαινομένῃσιν,
> Αὐτοῦ κεν βιότοιο τέλος, καὶ πότμον ἐπίσποι.

Cp. Ammianus, xxxi. 1, 5.

Οὗτος μὲν οὖν ὁ χρησμός. Συνέβη δὲ μετὰ χρόνον τὸν ὁλκὸν τοῦ ὕδατος ὑπὸ Οὐάλεντος κατασκευασθέντα δαψιλὲς παρασχεῖν τῇ Κωνσταντινουπόλει τὸ ὕδωρ· καὶ τότε τὰ βαρβαρικὰ ἐκινήθη, ὡς ὕστερον λέξομεν. Τὸν μέντοι χρησμὸν καὶ κατὰ ἄλλον τρόπον συνέπεσεν ἐκληφθῆναι· τοῦ ὑδραγωγοῦ γὰρ εἰσαχθέντος εἰς τὴν πόλιν, Κλέαρχος, ἔπαρχος ὢν τῆς πόλεως, ὑδρεῖον μέγιστον κατεσκεύασεν ἐν τῇ νῦν Θεοδοσίου ἀγορᾷ καλουμένῃ, ὃ ἐφημίσθη 'Δαψιλὲς ὕδωρ.' Ἐφ' ᾧ ἑορτὴν ἱλαρὰν ἦγεν ἡ πόλις· καὶ τοῦτο εἶναι τὸ λεγόμενον τῷ χρησμῷ, τὸ,

> χορείην
> Τερπόμεναι στήσονται ἐϋστεφέας κατ' ἀγυιάς.

Ἀλλὰ τὰ μὲν κατὰ τὸν χρησμὸν μικρὸν ὕστερον ἐγένετο· τότε δὲ λυομένου, Κωνσταντινουπολῖται παρεκάλουν τὸν βασιλέα παῦσαι τὴν τοῦ τείχους κατάλυσιν. Συμπαρεκάλουν δὲ καὶ οἱ ἐκ Βιθυνίας παρόντες ἐν τῇ Κωνσταντινουπόλει Νικομηδεῖς τε καὶ οἱ ἐνοικοῦντες τὴν Νίκαιαν. Ὁ δὲ βασιλεὺς περιοργὴς ὢν μόλις μὲν ἐδέχετο τῶν ἱκετευόντων τὴν δέησιν· ἀφοσιούμενος δὲ τῷ ὅρκῳ, ἅμα τε λύειν ἐκέλευσε, καὶ ἅμα πληροῦν τὰ λυόμενα ἑτέροις λίθοις μικροῖς. Καὶ νῦν ἐστὶν ἰδεῖν ἔν τισι τοῦ τείχους μέρεσιν, ὅπως τοῖς μεγίστοις καὶ θαυμαστοῖς λίθοις ἡ τότε γενομένη εὐτελὴς οἰκοδομὴ ἐπίκειται. Τοσαῦτα καὶ περὶ τοῦ Χαλκηδονίων τείχους εἰρήσθω μοι.

CAP. IX.

Ὡς ὁ βασιλεὺς Οὐάλης καὶ Ναυατιανοὺς ὁμοίως τοῖς ὀρθοδόξοις τὸ ὁμοούσιον φρονοῦντας ἤλαυνεν.

Ὁ μέντοι βασιλεὺς τοῦ διώκειν τοὺς τοῦ 'ὁμοουσίου' φρονήματος οὐκ ἐπαύετο, ἀλλ' ἐξήλαυνε μὲν αὐτοὺς τῆς Κωνσταντινουπόλεως·

Cp. ii. 38. σὺν αὐτοῖς δὲ καὶ Ναυατιανοὺς ὡς ὁμόφρονας; Καὶ τὰς ἐκκλησίας αὐτῶν κλεισθῆναι ἐκέλευσε· καὶ τὸν ἐπίσκοπον αὐτῶν ἐξορίᾳ

v. 21. ζημιοῦν προσέταττε. Ἀγέλιος ὄνομα αὐτῷ· ἀνὴρ ἤδη πάλαι ἐκ τῶν Κωνσταντίνου χρόνων τῶν ἐκκλησιῶν προεστὼς, καὶ βίον ἀποστολικὸν βιούς· ἀνυπόδητος γὰρ διόλου διῆγε, καὶ ἑνὶ χιτῶνι

Matt. x. 10. ἐκέχρητο, τὸ τοῦ εὐαγγελίου φυλάττων ῥητόν. Ἐπέσχε δὲ τὴν κατὰ Ναυατιανῶν τοῦ βασιλέως ὀργὴν ἀνὴρ εὐλαβὴς ἐν ταὐτῷ καὶ ἐλλόγιμος, Μαρκιανὸς τοὔνομα, ὃς πάλαι μὲν κατὰ τὰ βασίλεια ἐστρατεύετο, τότε δὲ καὶ πρεσβύτερος τῆς Ναυατιανῶν ἐκκλησίας τυγχάνων γραμματικοὺς λόγους Ἀναστασίαν καὶ Κάρωσαν τὰς τοῦ βασιλέως θυγατέρας ἐδίδασκεν, ὧν ἐπ' ὀνόματι καὶ δημόσια λουτρὰ ἐν τῇ Κωνσταντινουπόλει κατεσκευασμένα ὑπὸ Οὐάλεντος δείκνυται. Αἰδοῖ οὖν τῇ πρὸς τὸν ἄνδρα, πρὸς ὀλίγον κλεισθεῖσαι, αἱ τῶν Ναυατιανῶν ἐκκλησίαι αὖθις ἠνοίγοντο. Οὐ μέντοι ταραχῆς τῆς παρὰ Ἀρειανῶν ἐπιφερομένης τελέως ἦσαν ἐλεύθεροι· ἐμισοῦντο γὰρ ὑπ' αὐτῶν, ὅτι τοὺς ὁμόφρονας ἠγάπων καὶ ἔστεργον. Τὰ μὲν οὖν περὶ τόνδε τὸν χρόνον οὕτω διέκειτο· ἰστέον δὲ, ὅτι ὁ μὲν

A.D. 366. πρὸς τὸν τύραννον Προκόπιον πόλεμος ἐν ὑπατείᾳ Γρατιανοῦ καὶ Δαγαλαίφου ἐγένετο περὶ τὰ τελευταῖα τοῦ Μαΐου μηνός.

CAP. X.

Ὡς ὁ βασιλεὺς Οὐαλεντινιανὸς ὁμώνυμον παῖδα γεγέννηκεν, Γρατιανοῦ πρὸ τῆς βασιλείας αὐτοῦ γεγεννημένου.

Ὀλίγον δὲ ὕστερον τοῦδε τοῦ πολέμου κατὰ τὴν αὐτὴν ὑπατείαν Οὐαλεντινιανῷ τῷ βασιλεῖ ἐν τοῖς ἑσπερίοις μέρεσιν ἐτέχθη υἱὸς ὁμώνυμος αὐτῷ· Γρατιανὸς γὰρ ἤδη πρότερον πρὸ τῆς βασιλείας αὐτῷ γεγέννητο.

CAP. XI.

Περὶ τῆς κατενεχθείσης οὐρανόθεν ἐξαισίου χαλάζης, καὶ περὶ τῶν ἐν Βιθυνίᾳ καὶ Ἑλλησπόντῳ σεισμῶν.

Τῇ δὲ ἐξῆς ὑπατείᾳ, ἥτις ἦν Λουπικίνου καὶ Ἰοβιανοῦ, χειρο- A.D. 367. πληθὴς κατηνέχθη χάλαζα ἐν τῇ Κωνσταντινουπόλει τῇ δευτέρᾳ τοῦ Ἰουνίου μηνὸς λίθοις ἐμφερής. Τὴν δὲ χάλαζαν πολλοὶ ἔφασκον κατὰ μῆνιν Θεοῦ κατενηνέχθαι, ὅτι πολλοὺς τῶν ἱερωμένων ἀνδρῶν ἐξορίστους ὁ βασιλεὺς ἐποίει, μὴ βουλομένους κοινωνεῖν Εὐδοξίῳ. Ὀλίγον δὲ μετὰ τόνδε τὸν χρόνον κατὰ τὴν αὐτὴν ὑπατείαν Οὐαλεντινιανὸς ὁ βασιλεὺς τὸν υἱὸν Γρατιανὸν βασιλέα κατέστησε τῇ τετάρτῃ καὶ εἰκάδι τοῦ Αὐγούστου μηνός. Τῇ δὲ ἐξῆς ὑπατείᾳ, ἥτις ἦν Οὐαλεντινιανοῦ τὸ δεύτερον καὶ A.D. 368. Οὐάλεντος τὸ δεύτερον, σεισμὸς περὶ τὴν Βιθυνίαν γενόμενος Νίκαιαν τὴν πόλιν κατέστρεψεν τῇ ἐνδεκάτῃ τοῦ μηνὸς Ὀκτωβρίου· τοῦτο ἦν δωδέκατον ἔτος μετὰ τὴν Νικομηδείας πτῶσιν. Ὀλίγον δὲ μετὰ τόνδε τὸν σεισμὸν καὶ Γέρμης τῆς ἐν Ἑλλησπόντῳ τὰ πολλὰ μέρη ὑπὸ τοῦ ἑτέρου σεισμοῦ κατηνέχθη. Καὶ τούτων γινομένων, οὐδεμία εὐλάβεια οὔτε Εὐδόξιον ὑπεισῄει τὸν τῶν Ἀρειανῶν ἐπίσκοπον, οὔτε μὴν τὸν βασιλέα Οὐάλεντα· τοῦ γὰρ διώκειν τοὺς μὴ τὰ αὐτῶν φρονοῦντας οὐκ ἐπαύοντο. Τεκμήρια δὲ ἐδόκει εἶναι τὰ τῶν σεισμῶν τῆς τῶν ἐκκλησιῶν ταραχῆς. Ἐγίνοντο οὖν, ὡς ἔφην, ἐξόριστοι πολλοὶ τῶν ἱερωμένων ἀνδρῶν· μόνοι δὲ ἔκ τινος Θεοῦ προνοίας, δι' ὑπερβάλλουσαν εὐλάβειαν, οὐχ ὑπεβλήθησαν ἐξορίαις Βασίλειος καὶ Γρηγόριος, ὧν ὁ μὲν Καισαρείας τῆς ἐν Καππαδοκίᾳ ἐπίσκοπος ἦν, Γρηγόριος δὲ Ναζιανζοῦ πόλεως εὐτελοῦς γειτνιαζούσης τῇ Καισαρείᾳ. Περὶ μὲν οὖν Βασιλείου καὶ Γρηγορίου προϊόντες ἐροῦμεν. c. 26.

CAP. XII.

Ὡς οἱ τὰ Μακεδονίου φρονοῦντες διὰ τὴν τοῦ βασιλέως περὶ αὐτοὺς βίαν στενοχωρούμενοι πρὸς Λιβέριον τὸν Ῥώμης διαπρεσβευσάμενοι τῷ ὁμοουσίῳ ἐγγράφως προσέθεντο.

Τῶν δὲ φρονούντων τὸ 'ὁμοούσιον' σφοδρῶς τότε συνελαθέντων, αὖθις οἱ διώκοντες κατὰ τῶν Μακεδονιανῶν ἐχώρουν. Οἱ δὲ φόβῳ μᾶλλον καὶ βίᾳ στενοχωρούμενοι κατὰ πόλεις διεπρεσβεύοντο πρὸς ἀλλήλους· δηλοῦντες, δεῖν ἐξ ἀνάγκης καταφεύγειν ἐπί τε τὸν ἀδελφὸν τοῦ βασιλέως, καὶ ἐπὶ Λιβέριον τὸν Ῥώμης ἐπίσκοπον, ἀσπάζεσθαί τε τὴν ἐκείνων πίστιν μᾶλλον ἢ κοινωνεῖν τοῖς περὶ Εὐδόξιον. Πέμπουσιν οὖν Εὐστάθιον τὸν ἐκ Σεβαστείας, ὃς πολλάκις καθῄρητο, Σιλβανὸν Ταρσοῦ τῆς Κιλικίας, καὶ Θεόφιλον Κασταβάλων, Κιλικίας δὲ καὶ ἥδε πόλις, ἐντειλάμενοι μὴ διακριθῆναι πρὸς Λιβέριον περὶ πίστεως, ἀλλὰ καὶ κοινωνῆσαι τῇ Ῥωμαίων ἐκκλησίᾳ, καὶ κυρῶσαι τὴν τοῦ 'ὁμοουσίου' πίστιν. Οὗτοι γράμματα τῶν ἐν Σελευκείᾳ διακριθέντων ἐπικομιζόμενοι τὴν παλαιὰν Ῥώμην κατέλαβον· καὶ τῷ βασιλεῖ μὲν οὐκ ἐντυγχάνουσι· περὶ τὰς Γαλλίας γὰρ ἠσχολεῖτο, Σαυρομάτας ἐκεῖ πολεμῶν· Λιβερίῳ δὲ τὰς ἐπιστολὰς ἐγχειρίζουσιν. Ὁ δὲ αὐτοὺς προσδέξασθαι οὐδαμῶς ἐβούλετο· τῆς γὰρ Ἀρειανῶν μοίρας εἶναι, καὶ μὴ δύνασθαι δεχθῆναι ὑπὸ τῆς ἐκκλησίας ἔλεγεν, ὡς τὴν ἐν Νικαίᾳ πίστιν ἀθετήσαντες. Οἱ δὲ ἀπεκρίναντο, ἐκ μεταμελείας ἐπεγνωκέναι τὴν ἀλήθειαν, καὶ ἠρνῆσθαι μὲν ἤδη πρότερον τὴν τῶν 'ἀνομοίων' πίστιν, 'ὅμοιόν' τε ὡμολογηκέναι 'κατὰ πάντα τὸν Υἱὸν τῷ Πατρί·' μηδέν τε διαφέρειν τοῦ 'ὁμοουσίου' τὸ 'ὅμοιον.' Ταῦτα λέγοντας Λιβέριος ἔγγραφον τὴν ὁμολογίαν τῆς γνώμης ἀπῄτησεν· οἱ δὲ αὐτῷ βιβλίον ὤρεξαν, ἐν ᾧ καὶ τὰ ῥήματα τῆς κατὰ Νίκαιαν ἐκδοθείσης πίστεως προσεγέγραπτο. Τὰς μὲν οὖν ἐπιστολὰς, ἃς ἀπὸ Σμύρνης τῆς ἐν Ἀσίᾳ, καὶ ἀπὸ Πισιδίας, Ἰσαυρίας τε καὶ Παμφυλίας καὶ Λυκίας, συνόδους ποιησάμενοι ἔγραψαν, ἐνταῦθα διὰ τὸ μῆκος οὐ προσέγραψα. Τὸ μέντοι βιβλίον, ὃ οἱ περὶ Εὐστάθιον πρέσβεις Λιβερίῳ ἐπέδοσάν, ἐστι τόδε·

Κυρίῳ ἀδελφῷ καὶ συλλειτουργῷ Λιβερίῳ Εὐστάθιος, Θεόφιλος, Σιλβανὸς ἐν Κυρίῳ χαίρειν.

Διὰ τὰς τῶν αἱρετικῶν μανιώδεις ὑπονοίας, οἳ οὐ παύονται ταῖς καθολικαῖς ἐκκλησίαις σκάνδαλα ἐπιφέροντες, τούτου χάριν πᾶσαν ἀφορμὴν αὐτῶν ἀναιροῦντες, ὁμολογοῦμεν τὴν σύνοδον τὴν γενομένην ἐν Λαμψάκῳ καὶ ἐν Σμύρνῃ, καὶ ἐν ἑτέροις διαφόροις τόποις, τῶν ὀρθοδόξων ἐπισκόπων. Ἧς συνόδου πρεσβείαν ποιούμενοι πρὸς τὴν χρηστότητά σου καὶ πάντας τοὺς Ἰταλούς τε καὶ Δυτικοὺς ἐπισκόπους γράμματα κομίζομεν, τὴν καθολικὴν πίστιν κρατεῖν καὶ φυλάσσειν, ἥτις ἐν τῇ ἁγίᾳ Νικαέων συνόδῳ, ἐπὶ τοῦ μακαρίου Κωνσταντίνου, ὑπὸ τριακοσίων δέκα καὶ ὀκτὼ ἐπισκόπων βεβαιωθεῖσα ἀκεραίᾳ καὶ ἀσαλεύτῳ καταστάσει ἕως νῦν καὶ διηνεκῶς διαμένει· ἐν ᾗ τὸ 'ὁμοούσιον' ἁγίως καὶ εὐσεβῶς κεῖται ὑπεναντίως τῆς Ἀρείου διαστροφῆς. Ὁμοίως καὶ ἡμᾶς μετὰ τῶν προειρημένων τὴν αὐτὴν πίστιν κεκρατηκέναι τε καὶ κρατεῖν καὶ ἄχρι τέλους φυλάσσειν ἰδίᾳ χειρὶ ὁμολογοῦμεν, κατακρίνοντες Ἄρειον, καὶ τὴν ἀσεβῆ διδαχὴν αὐτοῦ, σὺν τοῖς μαθηταῖς αὐτοῦ, καὶ τοὺς ὁμόφρονας αὐτοῦ, καὶ πᾶσαν αἵρεσιν Σαβελλίου, Πατροπασσιανούς, Μαρκιωνιστάς, Φωτιανούς, Μαρκελλιανούς, καὶ Παύλου τοῦ Σαμοσατέως, καὶ τούτων τὴν διδαχὴν, καὶ πάντας τοὺς ὁμόφρονας αὐτῶν, καὶ πάσας τὰς αἱρέσεις τὰς ἐναντιουμένας τῇ προειρημένῃ ἁγίᾳ πίστει, ἥτις εὐσεβῶς καὶ καθολικῶς ὑπὸ τῶν ἁγίων ἐξετέθη πατέρων ἐν Νικαίᾳ· ἀναθεματίζοντες ἐξαιρέτως καὶ τὴν ἐν Ἀριμίνῳ συνόδῳ ἀναγνωσθεῖσαν ἔκθεσιν, ὡς ὑπεναντίως τῆς προειρημένης ταύτης πίστεως τῆς ἁγίας συνόδου τῆς ἐν Νικαίᾳ πραχθεῖσαν· οἷς δόλῳ καὶ [οἷς τε; Val.] ἐπιορκίᾳ ὑποπεισθέντες οἱ ἐν Κωνσταντινουπόλει κομισθεῖσιν ἀπὸ Νίκης τῆς Θράκης ὑπέγραψαν. Ἔστι δὲ ἡ πίστις ἡμῶν, καὶ αὐτῶν ὧν προείρηται, ὧν καὶ τὴν πρεσβείαν ποιούμεθα, αὕτη. 'Πιστεύομεν εἰς ἕνα Θεόν, Πατέρα Cp. i. 8. παντοκράτορα, πάντων ὁρατῶν καὶ ἀοράτων ποιητήν· καὶ εἰς ἕνα μονογενῆ Θεόν, Κύριον Ἰησοῦν Χριστόν, τὸν Υἱὸν τοῦ Θεοῦ, γεννηθέντα ἐκ τοῦ Πατρός, τουτέστιν ἐκ τῆς οὐσίας τοῦ Πατρός, Θεὸν ἐκ Θεοῦ, φῶς ἐκ φωτός, Θεὸν ἀληθινὸν ἐκ Θεοῦ ἀληθινοῦ, γεννηθέντα, οὐ ποιηθέντα, ὁμοούσιον τῷ Πατρί, δι' οὗ τὰ πάντα ἐγένετο, τά τε ἐν τῷ οὐρανῷ, καὶ τὰ ἐπὶ τῆς γῆς· τὸν δι' ἡμᾶς τοὺς ἀνθρώπους, καὶ διὰ τὴν ἡμετέραν σωτηρίαν κατελθόντα, καὶ σαρκωθέντα, καὶ ἐνανθρωπήσαντα, παθόντα, καὶ ἀναστάντα τῇ τρίτῃ ἡμέρᾳ, ἀνελθόντα εἰς οὐρανούς, καὶ ἐρχόμενον κρῖναι ζῶντας καὶ νεκρούς· καὶ εἰς τὸ Πνεῦμα τὸ Ἅγιον. Τοὺς δὲ λέγοντας, 'ἦν ποτε ὅτε οὐκ ἦν,' καὶ 'πρὶν γεννηθῆναι οὐκ ἦν,' καὶ ὅτι 'ἐξ οὐκ ὄντων ἐγένετο,' ἢ 'ἐξ ἑτέρας ὑποστάσεως ἢ οὐσίας' φάσκοντας εἶναι, ἢ 'τρεπτόν, ἢ ἀλλοιωτὸν τὸν Υἱὸν τοῦ Θεοῦ,' τούτους ἀναθεματίζει ἡ καθολικὴ καὶ ἀποστολικὴ ἐκκλησία τοῦ Θεοῦ.' Ἐγὼ δὲ Εὐστάθιος ἐπίσκοπος πόλεως Σεβαστείας, καὶ Θεόφιλος, καὶ Σιλβανός, πρέσβεις συνόδων Λαμψάκου, Σμύρνης, καὶ τῶν λοιπῶν, ταύτην τὴν ὁμολογίαν χερσὶν ἡμῶν καὶ οἰκείαις προαιρέσεσιν ἐγράψαμεν. Εἰ δέ τις μετὰ τὴν ἐκτεθεῖσαν παρ' ἡμῶν πίστιν, καθ' ἡμῶν ἤτοι τῶν ἀποστειλάντων ἡμᾶς ἔγκλημά τι προσενεγκεῖν θελήσει, μετὰ γραμμάτων τῆς σῆς ἁγιοσύνης, πρὸς οὓς ἐὰν δοκιμάσῃ ἡ σὴ ἁγιότης ὀρθοδόξους ἐπισκόπους ἔρχεσθαι, καὶ ἐπ' αὐτῶν μεθ' ἡμῶν διαδικάζεσθαι. Καὶ εἴ τι ἐγκλήματος ἕνεκεν συσταθῇ, εἰς τὸν αἴτιον ἐκδικηθείη.

Τούτῳ δὴ τῷ βιβλίῳ τοὺς πρέσβεις ἀσφαλισάμενος ὁ Λιβέριος, εἰς κοινωνίαν τε ἐδέξατο, καὶ τάδε τὰ γράμματα δοὺς ἀπέλυσεν·

Ἐπιστολὴ Λιβερίου τοῦ ἐπισκόπου τῆς Ῥωμαίων πρὸς τοὺς ἐπισκόπους τῶν Μακεδονιανῶν.

Τοῖς ἀγαπητοῖς ἀδελφοῖς καὶ συλλειτουργοῖς Εὐηθίῳ, Κυρίλλῳ, Ὑπερεχίῳ, Οὐρανίῳ, Ἥρωνι, Ἐλπιδίῳ, Μαξίμῳ, Εὐσεβίῳ, Εὐκαρπίῳ, Ἑορτασίῳ, Νέωνι, Εὐμαθίῳ, Φαυστίνῳ, Προκλίνῳ, Πασινίκῳ, Ἀρσενίῳ, Σευήρῳ, Διδυμίωνι, Βρεττανίῳ, Καλλικράτει, Δαλματίῳ, Αἰδεσίῳ, Εὐστοχίῳ, Ἀμβροσίῳ, Γελωνίῳ, Παρδαλίῳ, Μακεδονίῳ, Παύλῳ, Μαρκέλλῳ, Ἡρακλείῳ, Ἀλεξάνδρῳ, Ἀδολίῳ, Μαρκιανῷ, Σθενέλῳ, Ἰωάννῃ, Μάκερι, Χαρισίῳ, Σιλβανῷ, Φωτεινῷ, Ἀντωνίῳ, Αὔθῳ, Κέλσῳ, Εὐφράνονι, Μιλησίῳ, Πατρικίῳ, Σευηριανῷ, Εὐσεβίῳ, Εὐμολπίῳ, Ἀθανασίῳ, Διοφάντῳ, Μηνοδώρῳ, Διοκλεῖ, Χρυσαμπέλῳ, Νέωνι, Εὐγενίῳ, Εὐσταθίῳ, Καλλικράτει, Ἀρσενίῳ, Εὐγενίῳ, Μαρτυρίῳ, Ἱερακίῳ, Λεοντίῳ, Φιλαγρίῳ, Λουκίῳ, καὶ πᾶσι τοῖς ἐν τῇ ἀνατολῇ ὀρθοδόξοις [οἵτε τῆς ηται, Val.] ἐπισκόποις Λιβέριος ἐπίσκοπος Ἰταλίας, καὶ οἱ κατὰ τὴν δύσιν ἐπίσκοποι, ἐν Κυρίῳ πάντοτε χαίρειν. Τὴν εὐκταιοτάτην ἡμῖν χαρὰν τῆς εἰρήνης καὶ τῆς [προλαμ- πόμενα, Val.] ὁμονοίας ἤνεγκε τὰ ὑμέτερα γράμματα, τῷ τῆς πίστεως φωτὶ προλαμπόμενοι ἀδελφοὶ ἀγαπητοί, τὰ ἀποδοθέντα ἡμῖν διὰ τῶν τιμιωτάτων ἀδελφῶν τῶν ἐπισκόπων, Εὐσταθίου, Σιλβανοῦ, καὶ Θεοφίλου. Καὶ ταύτῃ μάλιστα, ὅτι τὴν ὑμετέραν γνώμην καὶ τὰ ὑμέτερα φρονήματα συμφωνεῖν καὶ συνᾴδειν πρός τε τὴν ἐμὴν ἐλαχιστότητα, καὶ τῶν ἐν Ἰταλίᾳ καὶ δυτικῶν πάντων, διεβεβαιώσαντο καὶ ἀπέδειξαν. Καὶ ταύτην εἶναι γινώσκομεν τὴν καθολικὴν [μέχρι νῦν καὶ ἀποστολικὴν πίστιν, ἥτις μέχρι τῆς κατὰ Νίκαιαν συνόδου ἀκεραία καὶ ἀπὸ τῆς... αὐτοί, Val.] ἀσάλευτος διέμεινε. Ταύτην τε αὐτοὶς ἔχειν ὡμολόγησαν, καὶ χαρᾶς ἀναπλησθέντες, πᾶν ἴχνος καὶ ζώπυρον ἀτόπου ὑπονοίας ἐκβαλόντες, οὐ μόνον διὰ λόγου, ἀλλὰ καὶ ἐγγράφως ταύτην ἐξέθεντο. Ἧς καὶ τὸ ἀντίτυπον ἀναγκαίως τούτοις τοῖς γράμμασιν ὑποτάξαι ἡγησάμεθα δεῖν, μή τινα πρόφασιν τοῖς αἱρετικοῖς εἰς ἐπιβουλὴν αὖθις καταλείπωμεν, ἐν ᾗ πάλιν τὰ ὑπεκκαύματα τῆς ἰδίας κακίας ἀνακινοῦντες, πυρκαϊὰς διὰ διχοστασιῶν συνήθως ἐξάπτοιεν. Ἔπειτα καὶ τοῦτο ὡμολόγησαν οἱ τιμιώτατοι ἀδελφοὶ ἡμῶν, Εὐστάθιος καὶ Σιλβανὸς καὶ Θεόφιλος, ἑαυτούς τε καὶ τὴν ὑμετέραν ἀγάπην πάντοτε ταύτην τὴν πίστιν ἐσχηκέναι, καὶ ταύτην μέχρι τέλους διαφυλάξειν, δηλαδὴ τὴν ἐν Νικαίᾳ δοκιμασθεῖσαν ὑπὸ τριακοσίων δέκα καὶ ὀκτὼ ὀρθοδόξων ἐπισκόπων· ἥτις τὴν τελείαν περιέχει ἀλήθειαν, καὶ πάντα τὰ τῶν αἱρετικῶν πλήθη ἐπιστομίζει τε καὶ ἀνατρέπει. Οὐδὲ γὰρ ἀπὸ ταὐτομάτου, ἀλλὰ θείῳ νεύματι, ὁ τῶν τοσούτων ἀριθμὸς ἐπισκόπων συνεκροτήθη κατὰ τῆς Ἀρείου μανίας· ἀλλ' ἐν ὅσῳ ἀριθμῷ ὁ μακάριος Ἀβραὰμ τοσαύτας χιλιάδας διὰ Gen. xiv. 14. πίστεως κατεστρέψατο· ἥτις πίστις ἐν τῇ 'ὑποστάσει' καὶ τῷ ὀνόματι τοῦ 'ὁμοουσίου' περιεχομένη, ὥσπερ ἔρυμα ὀχυρὸν καὶ ἄμαχον, πάσας τὰς προσβολὰς καὶ τὰς κακομηχανίας τῆς Ἀρείου κενοδοξίας καθαιρεῖ τε καὶ ἀποτρέπεται. Τοιγαροῦν πάντων τῶν κατὰ τὴν δύσιν ἐπισκόπων τῶν εἰς τὸ Ἀρίμινον συνελθόντων, ὁπότε τούτους ἡ κακοήθεια τῶν Ἀρειανῶν συνεκρότησεν, ὅπως ἢ διὰ πειθοῦς τινός, ἢ ἵνα ἀληθέστερον εἴπω, κοσμικῆς δυναστείας, τοῦθ' ὅπερ ἀσφαλέστατον ἦν ἐν τῇ πίστει κείμενον ἀνέλοιεν, ἢ πλαγίως ἀρνήσωνται, οὐδὲν τούτων ὠφέλησεν ἡ πανουργία. Καὶ γὰρ σχεδὸν πάντες ἐκεῖνοι οἱ ἐν τῇ Ἀριμίνῳ γενόμενοι, καὶ δελεασθέντες ἢ ὑπαχθέντες τότε, νῦν ἀναφρονήσαντες καὶ ἀναθεματίσαντες τὴν ἔκθεσιν τῶν ἐν Ἀριμίνῳ συνελθόντων, καὶ ὑπογράψαντες τῇ καθολικῇ καὶ ἀποστολικῇ πίστει τῇ κατὰ Νίκαιαν θεσπισθείσῃ, οἱ καὶ ἡμῖν κοινωνήσαντες, ἐκθυμότερον κατὰ τοῦ Ἀρείου δόγματος καὶ κατὰ τῶν αὐτοῦ μαθητῶν χαλεπαίνουσιν. Οὗτινος πράγματος τὸν ἔλεγχον καὶ αὐτοὶ οἱ πρέσβεις τῆς ὑμετέρας ἀγάπης ἐπιγνόντες, ὑμᾶς αὐτοὺς τῇ οἰκείᾳ ὑπογραφῇ συνέζευξαν, ἀναθεματίζοντες Ἄρειον καὶ τὰ ἐν Ἀριμίνῳ πραχθέντα κατὰ τῆς πίστεως τῆς ἐν Νικαίᾳ θεσπισθείσης, οἷς καὶ ὑμεῖς αὐτοὶ δελεασθέντες δι' ὁρκωμοσιῶν ὑπεγράψατε. Ὅθεν ἀκόλουθον ἡμῖν ἐφάνη γράψαι πρὸς τὴν ὑμετέραν ἀγάπην, καὶ βοηθῆσαι τοῖς δίκαια αἰτουμένοις· μάλιστα ὅτε διὰ τῆς ὁμολογίας τῶν ὑμετέρων πρεσβειῶν ἀναφρονήσαντας τοὺς ἀνατολικοὺς συμφωνεῖν πρὸς τοὺς ὀρθοδόξους τῶν δυτικῶν ἐπέγνωμεν. Καὶ δηλοῦμεν ὅπως εἰδέναι ἔχοιτε, τὰς ἐν τῇ Ἀριμίνῳ βλασφημίας καὶ ὑπὸ τῶν δοξασάντων τότε κατὰ συναρπαγὴν [δοξάντων, Val.] παραβεβλάφθαι νῦν ἀναθεματισθείσας, καὶ πάντας πρὸς τὴν κατὰ Νίκαιαν πίστιν συμπεπνευκέναι. Καὶ χρὴ δι' ὑμῶν τοῦτο πᾶσι γνωσθῆναι, ὅπως δυνηθεῖεν καὶ οἱ κατ' ἐπήρειαν παραβλαφθέντες ἤδη ποτὲ ἐκ τοῦ αἱρετικοῦ σκότους πρὸς τὸ θεῖον φῶς τῆς καθολικῆς ἐλευθερίας ἀνακάμψαι. Οἵτινες μετὰ ταύτην τὴν σύνοδον, εἰ μὴ θελήσειαν ἀποπτύσαι τὸν τῆς κακοδοξίας ἰόν, καὶ τὰς βλασφημίας Ἀρείου πάσας ἀνελεῖν, ταύτας τε ἀναθεματίσαι, γινωσκέτωσαν ἑαυτοὺς μετὰ τοῦ Ἀρείου καὶ τῶν τούτου μαθητῶν καὶ τῶν λοιπῶν ὄφεων, ἤτοι Σαβελλιανῶν ἢ Πατροπασσιανῶν ἢ οἱασδήποτε ἄλλης αἱρέσεως, ἐκσπόνδους εἶναι καὶ ἀκοινωνήτους τῶν ἐκκλησιαστικῶν συνάξεων, ἥτις τοὺς ἐκ μοιχείας υἱοὺς οὐ προσίεται. Ὁ Θεὸς ὑμᾶς ἐρρωμένους διαφυλάξοι, ἀδελφοὶ ἀγαπητοί.

Ταῦτα τὰ γράμματα οἱ περὶ Εὐστάθιον δεξάμενοι αὖθις ἐπὶ τὴν Σικελίαν ὥρμησαν· ἐκεῖ τε παρασκευάσαντες γενέσθαι σύνοδον τῶν Σικελῶν ἐπισκόπων, ἐπ' αὐτῶν τε τὴν τοῦ 'ὁμοουσίου' πίστιν ὁμολογήσαντες, καὶ τὴν ἐν Νικαίᾳ πίστιν κυρώσαντες, ὁμόψηφά τε καὶ παρ' ἐκείνων δεξάμενοι γράμματα, ἐπανῆκον παρὰ τοὺς πέμψαντας. Οἱ δὲ τὰς Λιβερίου ἐπιστολὰς δεξάμενοι διεπρεσβεύοντο κατὰ πόλεις πρὸς τοὺς προεστῶτας τῆς ' ὁμοουσίου ' πίστεως, προτρεπόμενοι συνελθεῖν ὁμοθυμαδὸν εἰς Ταρσὸν τῆς Κιλικίας, ἐπὶ τῷ κυρῶσαι τὴν ἐν Νικαίᾳ πίστιν, καὶ λῦσαι πᾶσαν μετὰ ταῦτα γεγενημένην ἐρεσχελίαν. Καὶ δὴ ἴσως ἂν ταῦτα ἐγεγόνει, εἰ μὴ ὁ μέγιστον τότε δυνάμενος παρὰ βασιλεῖ διεκώλυσε, λέγω δὴ Εὐδόξιος ὁ τῆς Ἀρειανῆς προεστὼς θρησκείας· ὃς καὶ πλείω διὰ τὴν κηρυχθεῖσαν σύνοδον ἐξαφθείς, μείζονα κακὰ τούτους εἰργάσατο. Ὅτι μὲν οὖν Μακεδονιανοὶ δι' ὧν ἔπεμψαν πρεσβευτῶν κοινωνήσαντες Λιβερίῳ τὴν ἐν Νικαίᾳ πίστιν ἐκύρωσαν, αὐτὸς Σαβῖνος ἐν τῇ ' συναγωγῇ τῶν συνοδικῶν ' ὡμολόγησεν.

CAP. XIII.

"Ὅπως Εὐνόμιος Εὐδοξίου κεχώριστο διὰ τὸ προσκεῖσθαι αὐτὸν Ἀετίῳ, καὶ ὅτι σπουδῇ Εὐδοξίου ταραχῆς ἐν Ἀλεξανδρείᾳ γενομένης, Ἀθανάσιος πάλιν φεύγει· καὶ ὅτι τοῦ λαοῦ διὰ τοῦτο στασιάσαντος, ὁ βασιλεὺς δείσας, διὰ γραμμάτων τε τοὺς ἐν Ἀλεξανδρείᾳ παρακαλέσας, αὖθις τὸν Ἀθανάσιον κρατεῖν ἀδεῶς τὴν ἐκκλησίαν ἐκέλευσε.

Περὶ δὲ τούσδε τοὺς χρόνους Εὐνόμιος Εὐδοξίου χωρισθεὶς κατ' ἰδίαν τὰς συναγωγὰς ἐποιήσατο, ὅτι πολλάκις αὐτοῦ παρακαλοῦντος δεχθῆναι τὸν καθηγητὴν ἑαυτοῦ Ἀέτιον, Εὐδόξιος οὐχ ὑπήκουσε. Τοῦτο δὲ οὐχ ἑκὼν ἐποίησεν· οὐ γὰρ τὴν Ἀετίου δόξαν ἠθέτει, τὴν αὐτὴν οὖσαν τῇ ἑαυτοῦ· ἀλλ' ὅτι πάντες οἱ ὁμόφρονες ὡς ἑτερόδοξον περιΐσταντο· αὕτη ἡ αἰτία τοῦ Εὐδοξίου τὸν Εὐνόμιον χωρισθῆναι πεποίηκε. Ταῦτα μὲν ἐν Κωνσταντινουπόλει τοῦτον τὸν τρόπον ἐγένετο· κατὰ δὲ τὴν Ἀλεξάνδρειαν πρόσταγμα ἐπάρχων σπουδῇ Εὐδοξίου πεμφθὲν τὴν ἐκκλησίαν ἐτάραξεν. Ἀθανάσιος δὲ τὴν ἐκ τοῦ πλήθους ἄλογον ὁρμὴν ὑφορώμενος, δεδοικώς τε μὴ τῶν γενησομένων ἀτόπων αὐτὸς τὴν αἰτίαν λάβῃ, τέσσαρας ὅλους μῆνας ἐν μνημείῳ πατρῴῳ ἀπέκρυπτεν ἑαυτόν. Ἐπειδὴ δὲ διὰ τὴν αὐτοῦ ἀπουσίαν ὁ λαὸς πύθῳ τῷ πρὸς αὐτὸν ἐστασίαζε, μαθὼν ὁ βασιλεὺς στυγνάζειν διὰ τοῦτο τὴν Ἀλεξάνδρειαν, διὰ γραμμάτων ἐσήμανεν, ἀδεῶς κρατεῖν τῶν ἐκκλησιῶν Ἀθανάσιον. Καὶ τοῦτ' ἦν αἴτιον τοῦ μὴ ταραχθῆναι τὴν Ἀλεξανδρέων ἐκκλησίαν, ἕως τῆς Ἀθανασίου τελευτῆς. Ὅτι μὲν οὖν μετὰ τὴν τελευτὴν αὐτοῦ, πάλιν οἱ τοῦ Ἀρειανοῦ μέρους τῶν ἐκκλησιῶν ἐκράτησαν, μικρῷ ὕστερον λέξομεν.

CAP. XIV.

Ὡς Εὐδοξίου ἐν Κωνσταντινουπόλει τελευτήσαντος, οἱ μὲν Ἀρειανοὶ Δημόφιλον, οἱ ὀρθόδοξοι δὲ Εὐάγριον, δι' Εὐσταθίου τοῦ Ἀντιοχείας ἐχειροτόνησαν.

Τοιγαροῦν ὁ βασιλεὺς Οὐάλης, πάλιν ἐπὶ τὴν Ἀντιόχειαν σπεύδων, ἀπῆρεν ἀπὸ τῆς Κωνσταντινουπόλεως· καὶ γενόμενος ἐν Νικομηδείᾳ πόλει τῆς Βιθυνίας, ἐπεσχέθη κατ' αὐτὴν δι' αἰτίαν τοιαύτην. Εὐδόξιος οὗτος ὁ τῆς Ἀρειανῆς ἐκκλησίας ἐπίσκοπος εὐθὺς μετὰ τὴν τοῦ βασιλέως ἔξοδον τέλει τοῦ βίου ἐχρήσατο, ἐν ὑπατείᾳ Οὐαλεντινιανοῦ τὸ τρίτον καὶ Οὐάλεντος τὸ τρίτον, δεκάενα ἐνιαυτοὺς τῆς ἐν Κωνσταντινουπόλει ἐκκλησίας τὸν θρόνον κατεσχηκώς. Διὸ οἱ Ἀρειανοὶ εἰς τὸν τόπον αὐτοῦ καθιστῶσι Δημόφιλον· καιροῦ δὲ νομίσαντες δεδράχθαι οἱ τοῦ 'ὁμοουσίου' τῆς ἑαυτῶν πίστεως Εὐάγριόν τινα προεβάλλοντο· καὶ χειροτονεῖ τοῦτον Εὐστάθιος, ὁ πάλαι ποτὲ ἐπίσκοπος Ἀντιοχείας γεγονώς. Ὃς πρότερον μὲν ὑπὸ Ἰοβιανοῦ τῆς ἐξορίας ἀνακέκλητο, τότε δὲ παρῆν εἰς τὴν Κωνσταντινούπολιν, σκοπῷ τοῦ στηρίξαι τοὺς τῆς 'ὁμοουσίου' πίστεως· καὶ κατ' αὐτὴν λανθάνων διέτριβεν.

CAP. XV.

Ὡς τοῦ βασιλέως Εὐάγριον καὶ Εὐστάθιον ἐξορίσαντος, οἱ τὰ Ἀρείου φρονοῦντες σφόδρα τοὺς τὸ ὁμοούσιον κρατοῦντας ἐκάκουν.

Τούτου δὲ γενομένου, αὖθις ἐξ ἑτέρας ἀρχῆς ἀνεκίνουν οἱ Ἀρειανοὶ τὸν διωγμὸν κατ' αὐτῶν. Εἰς γνῶσιν οὖν τοῦ βασιλέως ταχέως ἔρχεται τὰ γινόμενα· εὐλαβούμενός τε μή τις ἐκ τῆς παρατριβῆς τῶν ὄχλων γενομένη στάσις ἀνατρέψῃ τὴν πόλιν, στρατιωτικὴν χεῖρα ἐκ τῆς Νικομηδείας εἰς τὴν Κωνσταντινούπολιν ἔπεμψεν· ἐκέλευσέν τε ἐν ταὐτῷ συλληφθέντας τὸν χειροτονήσαντα καὶ τὸν χειροτονηθέντα ἄλλον ἀλλαχοῦ περιορίζεσθαι. Εὐστάθιος μὲν οὖν ἐν Βιζύῃ τῆς Θρᾴκης πόλει περιωρίζετο· Εὐάγριος δὲ εἰς ἄλλον τόπον ἀπήχθη. Τούτων οὕτω καταπραχθέντων, πλέον οἱ Ἀρειανίζοντες καταθρασυνόμενοι τοὺς τῆς ἐκκλησίας κατέβλαπτον· τύπτοντες, καθυβρίζοντες, κατακλείστους δεσμωτηρίοις ποιοῦντες, χρήμασι ζημιοῦντες, πάντα ἁπλῶς τὰ ἀνήκεστα πράττοντες κατ᾽ αὐτῶν. Ἅπερ μὴ φέροντες, ἐπὶ τῷ δεηθῆναι τοῦ βασιλέως ἤρχοντο, εἴ πως δύναιντο μερικῶς γοῦν ἀνεθῆναι τῆς βίας· ἀλλὰ τοῦτο σκεψάμενοι, πολὺ τῆς ἐλπίδος διήμαρτον, ὅτι παρὰ τοῦ ἀδικοῦντος τῶν δικαίων προσεδόκων τυχεῖν.

CAP. XVI.

Περὶ τῶν ἐν τῷ πλοίῳ κατακαέντων ἁγίων πρεσβυτέρων, καὶ περὶ τοῦ διὰ ταῦτα κατὰ μῆνιν Θεοῦ ἐν τῇ Φρυγίᾳ γεγονότος λιμοῦ.

Ὡς γὰρ ἐπιλεχθέντες ἄνδρες εὐλαβεῖς τοῦ ἐκκλησιαστικοῦ τυγχάνοντες τάγματος, τὸν ἀριθμὸν ὄντες ὀγδοήκοντα, ὧν ἡγοῦντο Οὐρβανὸς, Θεόδωρος, Μενέδημος, εἰς τὴν Νικομήδειαν παρεγένοντο, καὶ ἱκεσίας ὤρεγον τῷ βασιλεῖ, ἀναδιδάσκοντες τὴν βίαν καὶ ὅσα ὑπέμενον, περιοργὴς γενόμενος ὁ βασιλεὺς τοσοῦτον ἐπέκρυψε τῆς ὀργῆς, ὅσον λαθραίως Μοδέστῳ τῷ ἐπάρχῳ κελεῦσαι συλλαβεῖν καὶ θανάτῳ ζημιῶσαι τοὺς ἄνδρας. Ὁ δὲ τρόπος τοῦ θανάτου ξένος τις ἦν· διὸ καὶ μνήμῃ παραδοθήσεται. Δεδιὼς ὁ ὕπαρχος, μὴ στάσιν ὑπὸ τοῦ πλήθους ἄλογον ὑπομείνῃ ἐν τῷ φανερῷ φονεύων αὐτοὺς, πλάττεται εἰς ἐξορίαν πέμπειν τοὺς ἄνδρας. Τῶν δὲ εὐγενῶς καταδεξαμένων, ὁ ὕπαρχος κελεύει πλοίῳ ἐμβληθέντας ὡς ἐπὶ τὴν ἐξορίαν δῆθεν ἀπάγεσθαι· ἐντειλάμενος τοῖς ναύταις, ἐπειδὰν κατὰ μέσου γένωνται τοῦ πελάγους, ὑφάψαι τὸ πλοῖον· ἵνα τὸν τρόπον τοῦτον ἀποθανόντες μὴ ἕξουσι τοὺς κηδεύοντας. Ταῦτα ἐγίνοντο· καὶ ἀναχθέντες, κατὰ μέσον τε τοῦ Ἀστακηνοῦ πελάγους γενόμενοι, ποιοῦσι τὸ προσταχθέν· εἰς ἕτερόν τε παρεπόμενον ἀκάτιον μεταβάντες ἀπεχώρησαν, τὸ πλοῖον ὑφάψαντες. Συμβὰν δὲ ἄνεμον πνεῖν ἀφηλιώτην σφοδρὸν, ἐξωθεῖται ἐπὶ πολὺ καιομένη ἡ ναῦς· ὥστε τάχιον μὲν τὴν ὁρμὴν ποιεῖσθαι· διαρκέσαι δὲ ἄχρι τοῦ ἐπινείου, ᾧ προσωνυμία Δακίδιζος, κἀκεῖ τελέως σὺν τοῖς ἀνδράσιν ἀναλωθῆναι. Τοῦτο οὐκ ἀτιμώρητον ἔλεγον γεγενῆσθαι πολλοί· λιμὸν γὰρ σύντονον ἐπισυνέβη γενέσθαι περὶ τὰ Φρυγῶν ἔθνη· ὡς ἀνάγκην ἔχειν πρὸς ὀλίγον τῆς χώρας ἀπανίστασθαι τῶν ἐνοικούντων τοὺς πλείονας, καὶ καταφεύγειν ἐπί τε Κωνσταντινούπολιν καὶ ἄλλας ἐπαρχίας. Ἀεὶ γὰρ δὴ Κωνσταντινούπολις, καὶ ἄπειρα τρέφουσα πλήθη, τὰ πολλὰ εὐθηνεῖται, τῷ

iV. 18.] *The Catholics of Edessa.* 189

τε διὰ θαλάσσης ἔχειν τῶν πανταχόθεν ἐπιτηδείων τὴν προσκομιδὴν, καὶ ὅτι ὁ Εὔξεινος Πόντος παρακείμενος ἄφθονον αὐτῇ, ἡνίκα προσδεηθῇ παρέχει τὸν σῖτον.

CAP. XVII.

Ὡς ὁ βασιλεὺς ἐν Ἀντιοχείᾳ γενόμενος πάλιν τοὺς τὸ ὁμοούσιον φρονοῦντας ἐδίωκε.

Οὐάλης δὲ ὁ βασιλεὺς μικρὰ τῶν ἐκ τοῦ λιμοῦ γενομένων φροντίσας ἐπὶ τὴν Συρίας Ἀντιόχειαν παραγίνεται· διατρίβων τε κατ' αὐτὴν ἐπόρθει τοὺς μὴ Ἀρειανίζοντας. Τέλεον γὰρ ἐξελάσας τοὺς τὸ 'ὁμοούσιον' φρονοῦντας τῶν ἐκκλησιῶν σχεδὸν τῶν ἀνατολικῶν πόλεων, οὐκ ἠρκεῖτο τούτῳ, ἀλλὰ καὶ διαφόροις κολαστηρίοις ὑπέβαλλεν. Ἀπώλλυεν δὲ πολλῷ πλείους τῶν πρότερον, διαφόροις μὲν θανάτοις παραδιδοὺς, ἐξαιρέτως δὲ τῷ ποταμῷ.

CAP. XVIII.

Περὶ τῶν ἐν Ἐδέσσῃ γενομένων, τῆς τε τοῦ ὑπάρχου ὕβρεως, καὶ περὶ τῆς τῶν πολιτῶν πίστεως καὶ παρρησίας, καὶ τῆς θεοφιλοῦς γυναικός.

Λεκτέον δὲ οἷα καὶ ἐν Ἐδέσσῃ τῆς Μεσοποταμίας ἐγίνετο. Ἐν δὲ τῇδε τῇ πόλει Θωμᾶ τοῦ ἀποστόλου μαρτύριόν ἐστι λαμπρὸν καὶ περιφανές, συνεχεῖς τε ἐν αὐτῷ συνάξεις ἐπιτελοῦνται διὰ τὴν τοῦ τόπου ἁγιότητα. Τοῦτο ἱστορῆσαι ὁ βασιλεὺς Οὐάλης θελήσας, καὶ μαθὼν πᾶν τῆς αὐτοῦ ἀπεχθεῖς αἱρέσεως εἶναι τῶν συνερχο- [ἀπεχθές;] μένων τὸ πλῆθος, λέγεται τῇ χειρὶ πλῆξαι τὸν ὕπαρχον, ὅτι μὴ προὐνόησε ἐξελάσαι κἀκεῖθεν αὐτούς. Ὡς δὲ ὁ ὕπαρχος περιυβρισθεὶς ἕτοιμος ἦν ἄκων ὑπουργεῖν τῇ βασιλέως ὀργῇ,—οὐ γὰρ ἐβούλετο τοσούτων ἀνδρῶν φόνον ἐργάζεσθαι,—λαθραίως δηλοῖ, ὅπως ἂν μηδεὶς ἐν τῷ μαρτυρίῳ καταληφθῇ. Ἀλλὰ προσεῖχεν οὐδεὶς οὐδὲ τῇ συμβουλῇ οὐδὲ τῇ ἀπειλῇ· πάντες γὰρ τῇ ἑξῆς εἰς τὸν εὐκτήριον τόπον συνέρρεον. Ὡς δὲ ὁ ὕπαρχος σὺν χειρὶ πολλῶν στρατιωτῶν ἐπὶ τὸ μαρτύριον ἔσπευδεν, ἐκπληρώσων τὴν τοῦ βασιλέως ὀργὴν, γυνή τις πενιχρὰ, τὸ ἑαυτῆς παιδίον ἐκ χειρὸς ἕλκουσα, ἐπὶ τὸ μαρτύριον ἔτρεχε, καὶ διακόπτει τὸ τάγμα τῶν δορυφορούντων τὸν ὕπαρχον. Ἀγανακτήσας δὲ ὁ ὕπαρχος προσάγεσθαι αὐτῷ τὴν γυναῖκα κελεύει, καὶ φησὶ πρὸς αὐτὴν, "Ὦ ταλαίπωρον γύναιον, ποῦ τρέχεις οὕτως ἀκόσμως ;' ἡ δὲ, '"Ενθα,' φησὶ, 'καὶ οἱ ἄλλοι συντρέχουσι.' 'Ο δὲ, 'Οὐκ ἀκήκοας,' ἔφη, 'ὅτι ὁ ὕπαρχος μέλλει πάντας ἀναιρεῖν οὓς ἂν εὑρίσκῃ ;' Καὶ ἡ γυνὴ, '"Ηκουσα,' ἔφη, 'καὶ διὰ τοῦτο σπεύδω, ὥστε ἐκεῖ εὑρεθῆναι.' 'Καὶ ποῦ τοῦτο τὸ μικρὸν ἕλκεις παιδίον ;' φήσαντος τοῦ ὑπάρχου, ἡ γυνὴ φησὶν, ' "Ωστε καὶ αὐτὸ μαρτυρίου καταξιωθῆναι.' Ταῦτα ὡς ἤκουσεν ὁ ἀνὴρ, ἐτεκμήρατο τῶν συνερχομένων τὴν ἀπόνοιαν· καὶ εὐθὺς παραγενόμενος πρὸς τὸν βασιλέα ἐδίδασκεν αὐτὸν, ὡς εἴησαν πάντες ἕτοιμοι ὑπὲρ τῆς αὐτῶν ἀποθνήσκειν πίστεως· καὶ ἄλογον εἶναι εἰπὼν, τοσούτους ἐν βραχεῖ χρόνῳ ἀνελεῖν, παρέπεισε τὸν βασιλέα παύσασθαι τῆς ὀργῆς. Τοῦτον τὸν τρόπον Ἐδεσηνοὶ τὸ μὴ καταπολεμηθῆναι ὑπὸ τοῦ οἰκείου βασιλέως ἐξέφυγον.

CAP. XIX.

Ὡς βασιλεὺς Οὐάλης πολλοὺς ἀνεῖλε στοιχεῖον Θῆτα ἔχοντας ἐν τῇ καταρχῇ τοῦ ὀνόματος, ἔκ τινος νεκυομαντείας τοῦτο φημισθείσης.

Ὑπὸ δὲ τὸν αὐτὸν χρόνον καὶ δαίμων τις ἀλάστωρ τῇ τοῦ βασιλέως ὠμότητι ἀπεχρήσατο· ἀνέπεισε γάρ τινας περιεργαζομένους, τίς μετὰ Οὐάλεντα βασιλεύσειεν, νεκυομαντείαν ποιήσασθαι. Οἷστισι μαγικῇ τινὶ μαγγανείᾳ χρωμένοις ἀνεῖλεν ὁ δαίμων οὐ φανερὰ, ἀλλὰ συνήθως λοξά· δείξας τέσσαρα γράμματα, θ' καὶ ε' καὶ ο' καὶ δ', εἰπὼν, ἐκ τούτων ἄρχεσθαι τοὔνομα τοῦ μετὰ Οὐάλεντα βασιλεύσοντος, εἶναι δὲ αὐτὸ σύνθετον. Ἧκει δὲ εἰς τὰς ἀκοὰς τοῦ βασιλέως ἡ τῶν γενομένων φήμη. Καὶ γὰρ οὐ παρεχώρει τὸ μέλλον εἰδέναι Θεῷ, καὶ ποιεῖν ὃ ἐδόκει τῷ πάντα διοικοῦντι καλῶς· ἀλλὰ παρεὶς τὰ τοῦ Χριστιανισμοῦ παραγγέλματα, ὧν ζῆλον ἔχειν ἐνόμιζεν, πολλοὺς ἀπώλλυεν, οὓς τυραννήσειν ὑπώπτευεν. Ἀπεκτίννυντο οὖν Θεόδωροι καὶ Θεόδοτοι καὶ Θεοδόσιοι καὶ Θεόδουλοι, καὶ ὅσοι τούτοις εἶχον ὀνόματα παραπλήσια. Ἐν οἷς καὶ Θεοδοσίολός τις, ἀνὴρ γενναῖος ἐκ τῶν εὐπατριδῶν τῆς Ἱσπανίας καταγόμενος, ἀνῃρεῖτο. Ὑπὸ δὲ τοῦ ἐπικειμένου δέους, πολλοὶ τὰ ἑαυτῶν ὀνόματα μετετίθεσαν, ἀπαρνούμενοι ἃ οἱ γονεῖς τεχθεῖσιν ἐπέθεσαν, ὡς κίνδυνον ἔχοντα. Περὶ μὲν δὴ τούτου τοσαῦτα εἰρήσθω.

CAP. XX.

Περὶ τῆς Ἀθανασίου τελευτῆς, καὶ Πέτρου προαγωγῆς.

Ἰστέον δέ, ὅτι ἕως περιῆν Ἀθανάσιος ὁ τῆς Ἀλεξανδρέων ἐπίσκοπος, ἔκ τινος Θεοῦ προνοίας ὑπερέθετο ταράξαι τὴν Ἀλεξάνδρειαν· καὶ τὴν Αἴγυπτον ὁ βασιλεύς, πυνθανόμενος πλεῖστον εἶναι κατ᾽ αὐτὴν τὸ πλῆθος τῶν προσκειμένων Ἀθανασίῳ, καὶ ἐκ τούτου ὑφορώμενος, μήποτε, γενομένης κατὰ τὴν Ἀλεξάνδρειαν στάσεως, φύσει τὸ δημῶδες ἔνθερμον ὂν προσβλάψῃ τὰ δημόσια πράγματα. Cp. iii. 2; Ὁ δὲ Ἀθανάσιος ἐν ὑπατείᾳ Γρατιανοῦ τὸ δεύτερον καὶ Πρόβου, A.D. 371. μετὰ πολλοὺς ἐκείνους τοὺς ὑπὲρ τῆς ἐκκλησίας ἀγῶνας, τὸν τῇδε βίον κατέλειπε, τεσσαράκοντα καὶ ἐξ ἔτη σὺν πολλοῖς κινδύνοις τὴν ἐπισκοπὴν διανύσας, καταλιπὼν εἰς τὸν ἑαυτοῦ τόπον Πέτρον, ἄνδρα εὐλαβῆ καὶ ἐλλόγιμον.

CAP. XXI.

Ὡς Ἀθανασίου τελευτήσαντος, οἱ Ἀρειανοὶ προστάξει τοῦ βασιλέως Οὐάλεντος Λουκίῳ τῷ ὑπ᾽ αὐτῶν πρότερον χειροτονηθέντι τὰς ἐν Ἀλεξανδρείᾳ παραδόντες ἐκκλησίας τὸν Πέτρον φυλακῇ παρέδοσαν.

Εὐθὺς οὖν ἀνεθάρρουν οἱ Ἀρειανίζοντες, τῇ τοῦ βασιλέως αὐχοῦντες θρησκείᾳ· καὶ μηδὲν μελλήσαντες γνωρίζουσι βασιλεῖ κατὰ τὴν Ἀντιόχειαν τότε διάγοντι. Τότε δὴ καὶ Εὐζώϊος ὁ ἐν Ἀντιοχείᾳ τῆς Ἀρειανῆς προεστὼς θρησκείας ἁρπάζει τὸ εὐεπιχείρητον τοῦ καιροῦ· κατασκευάζει τε αὐτὸς κατελθεῖν εἰς τὴν Ἀλεξάνδρειαν, ἐπὶ τῷ παραδοῦναι Λουκίῳ τῷ Ἀρειανῷ τὰς ἐκεῖ ἐκκλησίας. Ταῦτ᾽ ἐδόκει καὶ βασιλεῖ· καὶ ᾗ τάχος σὺν δυνάμει βασιλικῇ παρῆν ἐπὶ τὴν Ἀλεξάνδρειαν· καὶ γὰρ Μάγνος ὁ ἐπὶ τῶν βασιλικῶν θησαυρῶν συγκατῆλθεν αὐτῷ. Καὶ βασιλέως πρόσταγμα Παλλαδίῳ τῷ Ἀλεξανδρείας ἐπάρχῳ ἐγέγραπτο, καὶ στρατιωτικὴ χεὶρ ὑπουργεῖν προσετέτακτο· διὸ τὸν μὲν Πέτρον συλλαβόντες, κατάκλειστον πεποιήκασι· τοὺς δὲ ἄλλους κληρικοὺς ἄλλον ἀλλαχῇ διασπείραντες, τὸν Λούκιον ἐνθρονίζουσιν.

CAP. XXII.

Ὅτι πολλῶν κακῶν γενομένων εἰς τὸν Λουκίου ἐνθρονισμὸν, Σαβῖνος ὁ Μακεδονιανὸς οὐδενὸς ἐμνημόνευσε· Πέτρος δὲ συγγράφων ἐμνήσθη, ὃς καὶ διαφυγὼν πρὸς Δάμασον τὸν Ῥώμης ἀπεσώθη· οἱ δὲ Ἀρειανοὶ καὶ Λούκιος πολλὰ κακὰ τοῖς ἐν ἐρήμῳ ἁγίοις μονάζουσιν ἐνεδείξαντο.

Οἷα μὲν οὖν κακὰ ἐπὶ τῆς εἰσόδου Λουκίου γεγένηται, ἢ ὅσα κατὰ τῶν ἐξωθηθέντων ἔν τε δικαστηρίοις καὶ ἐκτὸς δικαστηρίων ἐπράχθη, ὅπως τε οἱ μὲν βασάνοις ποικίλαις ὑπεβλήθησαν, οἱ δὲ καὶ μετὰ τὰς βασάνους ἐξωρίσθησαν, Σαβῖνος μὲν οὐδ᾽ ἡντιναοῦν πεποίηται μνήμην· Ἀρειανίζων γὰρ τὸ ἥμισυ, κρύπτει τὰ τῶν φίλων ἀδικήματα. Πέτρος δέ τοι γράμμασιν οἰκείοις, ἃ μετὰ τὴν ἐκ τῶν δεσμῶν φυγὴν ταῖς πανταχοῦ ἐκκλησίαις διεπέμψατο, φανερὰ τοῖς πᾶσι κατέστησεν. Οὗτος μὲν οὖν διαδράσαι τῆς εἱρκτῆς ἰσχύσας, πρὸς Δάμασον τὸν ἐπίσκοπον Ῥώμης ἀνέδραμε. Πάλιν δὲ οἱ Ἀρειανοὶ, καὶ ὀλίγοι τυγχάνοντες, τῶν κατὰ τὴν Ἀλεξάνδρειαν ἐκκλησιῶν ὅμως ἐκράτησαν. Οὐ πολὺς δὲ ἐν μέσῳ χρόνος ἐγίνετο, καὶ βασιλέως ἐκέλευε πρόσταγμα, τῆς τε Ἀλεξανδρείας καὶ πανταχόθεν τῆς Αἰγύπτου ἐλαύνεσθαι τοὺς φρονοῦντας τὸ 'ὁμοούσιον.' Ἐπετέτακτο δὲ καὶ ὁ ἄρχων σὺν πολλῷ πλήθει στρατιωτῶν διώκειν πανταχόθεν ὅσους ἐκέλευσε Λούκιος. Ἔσκυλαν δὲ τηνικαῦτα καὶ ἐτάραξαν καὶ δεινῶς κατεπολέμησαν τὰ ἐν τῇ ἐρήμῳ μοναστήρια· ἐπελθόντες γὰρ ἔνοπλοι γυμνοῖς ἀνδράσι καὶ οὐδὲ τὴν χεῖρα αὐτὴν ἐκτείνειν πρὸς πληγὴν αἰρουμένοις, οὕτως ἐλεεινῶς ἐξεπόρθησαν, ὡς εἶναι λόγου κρείσσονα τὰ κατ᾽ αὐτῶν πάθη γενόμενα.

CAP. XXIII.

Κατάλογος τῶν ἐν τῇ ἐρήμῳ ἁγίων μοναχῶν.

Ἐπειδὴ δὲ τῶν ἐν Αἰγύπτῳ μοναστηρίων μνήμην ἐποιησάμην, οὐδὲν κωλύει περὶ αὐτῶν βραχέα διεξελθεῖν. Τὰ ἐν Αἰγύπτῳ ἀσκητήρια ἴσως μὲν ἐκ μακρῶν τῶν χρόνων ἔλαβε τὴν ἀρχήν· ἐπλατύνθη μέντοι καὶ ἐπὶ μεῖζον προέκοψεν ἐξ ἀνδρὸς θεοφιλοῦς, ᾧ ὄνομα ἦν Ἀμμοῦν. Οὗτος νέος ὢν παρῃτεῖτο τὸν γάμον· ὡς δέ τινες τῶν προσηκόντων παρῄνουν μὴ καθυβρίζειν τὸν γάμον, ἀλλὰ γυναῖκα ἄγεσθαι, πείθεται μὲν καὶ ἔρχεται ἐπὶ γάμον. Εὐθὺς δὲ ἀπὸ τῆς παστάδος παραλαβὼν τὴν παρθένον, καὶ ἀγαγὼν ἐπὶ τὸν κοιτῶνα μετὰ τῆς εἰωθυίας πομπῆς, τέλος ἀναχωρησάντων τῶν ἐπιτηδείων, αὐτὸς βιβλίον λαβὼν ἀποστολικὸν, τὴν πρὸς Κορινθίους Παύλου ἐπιστολὴν ἀνεγίνωσκε, καὶ πρὸς τὴν γαμετὴν τὰ τοῦ ἀποστόλου πρὸς τοὺς γεγαμηκότας παραγγέλματα διεξήρχετο. Πολλὰ δὲ καὶ ἔξωθεν αὐτὸς προστιθεὶς ἐδίδασκεν, ὅσα ὁ γάμος ἔχει φορτικὰ, ὅπως τε ἐπώδυνος ἡ μεταξὺ ἀνδρὸς καὶ γυναικὸς συμβίωσις, καὶ οἷαι ὠδῖνες τὴν κυοφοροῦσαν ἐκδέχονται· καὶ τὰ ἐκ τῆς παιδοτροφίας προσετίθει μοχθηρά. Ἐπῆγε δὲ τὰ ἐκ τῆς ἁγνείας χρηστὰ, καὶ ὅπως ὁ καθαρὸς βίος ἐστὶν ἐλεύθερος καὶ ἀμόλυντος καὶ παντὸς ῥύπου ἐκτός· καὶ ὅτι ἡ παρθενία παρὰ Θεὸν εἶναι ποιεῖ. Ταῦτα καὶ πολλὰ τοιαῦτα πρὸς τὴν γαμετὴν παρθένον οὖσαν διεξελθὼν, πείθει αὐτὴν σὺν αὐτῷ πρὸ τοῦ συνελθεῖν ἀποτάξασθαι τῷ βίῳ τῷ κοσμικῷ. Καὶ ταύτας ἄμφω τὰς συνθήκας θέμενοι, ἐπὶ τὸ ὄρος τῆς καλουμένης Νιτρίας χωροῦσιν· ἐκεῖ τε βραχὺν χρόνον καλύβῃ διάγοντες ἀσκητήριον εἶχον κοινὸν, οὐκ ἔχοντες διάκρισιν θηλείας τε καὶ ἄρρενος· ἀλλὰ ὄντες 'ἓν,' κατὰ τὸν ἀπόστολον, 'ἐν Χριστῷ.' Οὐ πολλοῦ δὲ παραδραμόντος καιροῦ, ἡ νεόνυμφος καὶ ἀμόλυντος τοιάδε πρὸς τὸν Ἀμμοῦν ἔλεξεν· 'Οὐ πρέπον,' ἔφη, 'ἀσκοῦντί σοι σωφροσύνην, ὁρᾶν ἐν τοσούτῳ οἰκήματι θήλειαν· διὸ εἰ δοκεῖ, ἕκαστος ἰδίᾳ τὴν ἄσκησιν ποιησώμεθα.' Αὗται πάλιν αἱ συνθῆκαι ἤρεσκον ἀμφοτέροις· καὶ χωρισθέντες ἀπ' ἀλλήλων, οὕτως τὸ λοιπὸν τοῦ βίου διήνυσαν, ἀπεχόμενοι οἴνου τε καὶ ἐλαίου, μόνον τε ξηρὸν ἄρτον, καὶ αὐτὸν ποτὲ μὲν ὑπὲρ μίαν ἡμέραν, ποτὲ δὲ ὑπὲρ δύο, ἔστι δὲ καὶ ὑπὲρ πλείους ἐσθίοντες. Τούτου τοῦ Ἀμμοῦν τὴν ψυχὴν μετὰ θάνατον ἀναλαμβανομένην ὑπὸ ἀγγέλων ὁ κατ' αὐτὸν βιώσας Ἀντώνιος ἐθεάσατο, ὥς φησιν ἐν τῷ βίῳ αὐτοῦ ὁ τῆς Ἀλεξανδρείας ἐπίσκοπος Ἀθανάσιος. Ἐζήλωσαν οὖν τὸν βίον τοῦ Ἀμμοῦν πάνυ πολλοί· καὶ κατὰ μέρος ἐπληρώθη τὸ τῆς Νιτρίας ὄρος, καὶ τὸ τῆς Σκίτεως, ἐκ τοῦ πλήθους τῶν μοναχῶν. Ὧν πάντων τὸν βίον συγγράφειν ἰδίας ἔργον ἐστὶν ὑποθέσεως· ἐπεὶ δὲ ἐγένοντο ἐν αὐτοῖς ἄνδρες θεοφιλεῖς, καὶ ἐν τῇ ἀσκήσει διαπρέψαντες, καὶ ἀποστολικὸν βίον βιώσαντες, χρειώδη τέ τινα καὶ ἄξια τοῦ ἀπομνημονεύεσθαι ἐποίησάν τε καὶ ἔλεξαν, χρήσιμον οἶμαι ἐκ πολλῶν ὀλίγα ἐγκαταμίξαι τῇ ἱστορίᾳ πρὸς ὠφέλειαν τῶν ἐντυγχανόντων. Λέγεται τοίνυν Ἀμμοῦν οὗτος γυμνὸν ἑαυτὸν μὴ ἑωρακέναι ποτέ· λέγων ἀπρεπὲς

O

εἶναι τῷ μοναχῷ καὶ τὸ ἑαυτοῦ σῶμα γυμνὸν θεωρεῖν. Καί ποτε διαβῆναι ποταμὸν βουλόμενος, ὤκνει ἀποδύσασθαι· ηὔξατό τε τῷ Θεῷ, γενέσθαι αὐτῷ τὴν διάβασιν μὴ ἐγκοπτομένῳ τὴν πρόθεσιν· καὶ ἄγγελος μετέθηκεν αὐτὸν εἰς τὸ πέραν τοῦ ποταμοῦ. Δίδυμος ἄλλος· οὗτος μοναχὸς ἐνενήκοντα ἔτη βιοὺς οὐδενὶ ἀνθρώπων συνέμεινεν ἄχρι τῆς τελευτῆς. Ἀρσήνιος ἄλλος τοὺς τῶν νέων πταίσαντας οὐκ ἀφώριζεν, ἀλλὰ τοὺς προκόψαντας· λέγων ὅτι 'ὁ νέος ἀφορισθεὶς καταφρονητὴς γίνεται, ὁ δὲ προκόψας τῆς ἐκ τοῦ ἀφορισμοῦ ὀδύνης ταχεῖαν λαμβάνει τὴν αἴσθησιν.' Πίωρ περιπατῶν ἤσθιεν· πυθομένου δέ τινος, 'Διὰ τί οὕτως ἐσθίεις;' 'Οὐ βούλομαι,' ἔφη, 'ὡς ἔργῳ τῷ βρώματι χρήσασθαι, ἀλλ' ὡς παρέργῳ.' Πρὸς ἄλλον δὲ περὶ τοῦ αὐτοῦ ἐρωτήσαντα ἀπεκρίνατο· ''Ἵνα μηδὲ ἐν τῷ ἐσθίειν,' φησὶν, 'ἡδονῆς σωματικῆς αἰσθάνοιτο ἡ ψυχή.' Ἰσίδωρος ἔλεγε τεσσαρακοστὸν ἔτος ἔχειν, ἀφ' οὗ αἰσθάνεσθαι μὲν τῆς κατὰ διάνοιαν ἁμαρτίας, μηδέ ποτε δὲ συγκατατίθεσθαι μήτε ἐπιθυμίᾳ μήτε θυμῷ. Παμβὼς δὲ ἀγράμματος ὢν προσῆλθέ τινι ἐπὶ τῷ διδαχθῆναι ψαλμόν· ἀκούσας δὲ τὸν πρῶτον στίχον τοῦ λη' ψαλμοῦ τοῦ λέγοντος, 'Εἶπα, φυλάξω τὰς ὁδούς μου, τοῦ μὴ ἁμαρτάνειν με ἐν γλώσσῃ μου,' δευτέρου ἀκοῦσαι μὴ ἀνεχόμενος ἀνεχώρησεν· 'ἀρκεῖσθαι' φήσας 'τούτῳ τῷ ἑνὶ στίχῳ, ἐὰν δυνηθῶ ἔργῳ αὐτὸν ἐκμαθεῖν.' Ἐγκαλέσαντος δὲ τοῦ παραδεδωκότος τὸν στίχον, 'διὰ τί ἑξαμηνιαίου παραδραμόντος χρόνου μὴ ἑωράκει αὐτὸν,' ἀπεκρίνατο, ''Ὅτι τοῦ ψαλμοῦ τὸν στίχον οὔπω τῷ ἔργῳ ἐξέμαθον.' Μετὰ ταῦτα δὲ πολλοὺς ἐπιβιοὺς χρόνους, πρός τινα τῶν γνωρίμων ἐρωτήσαντα 'εἰ τὸν στίχον ἐξέμαθεν,' 'Ἐν ὅλοις,' ἔφη, 'ἐννεακαίδεκα ἔτεσι μόλις αὐτὸν πράττειν ἐξέμαθον.' Ὁ αὐτὸς, δεδωκότος τινος χρυσίον εἰς διατροφὴν τῶν πτωχῶν, καὶ εἰπόντος, 'Ἀρίθμησον ὃ δέδωκα,' ἔφη, 'ἀριθμοῦ οὐ χρῄζειν, ἀλλ' ὑγιοῦς διαθέσεως.' Οὗτος ὁ Παμβὼς, Ἀθανασίου τοῦ ἐπισκόπου παρακαλέσαντος, κατῆλθεν ἐκ τῆς ἐρήμου εἰς τὴν Ἀλεξάνδρειαν. Ἰδὼν δὲ ἐκεῖ γυναῖκα θεατρικὴν, σύνδακρυς ἐγένετο· τῶν δὲ παρόντων πυθομένων 'διὰ τί ἐδάκρυσε,' 'Δύο,' ἔφη, 'ἐκίνησεν· ἓν μὲν, ἡ ἐκείνης ἀπώλεια· ἕτερον δὲ, ὅτι ἐγὼ οὐ τηλικαύτην ἔχω σπουδὴν πρὸς τὸ ἀρέσαι τῷ Θεῷ, ὅσην αὕτη ἵνα ἀρέσῃ ἀνθρώποις αἰσχροῖς.' Ἄλλος δέ τις ἔλεγεν, ὅτι 'ὁ μοναχὸς εἰ μὴ ἐργάζοιτο, ἐπίσης τῷ πλεονέκτῃ κρίνεται.' Πιτηροῦς πολλά τινα φυσικὰ θεωρήματα ἠπίστατο· καὶ συνεχῶς ἄλλοτε ἄλλα πρὸς τοὺς ἐντυγχάνοντας ἔλεγεν· καθ' ἕκαστον δὲ τῶν θεωρημάτων ηὔχετο. Ἐγένοντο δὲ ἐν τοῖς μοναχοῖς κατ' ἐκεῖνον τὸν χρόνον δύο ἄνδρες θεοφιλεῖς ὁμώνυμοι ἑαυτοῖς, ἑκατέρῳ γὰρ αὐτῶν ὄνομα ἦν Μακάριος. Ὧν ὁ μὲν ἐκ τῆς ἄνω Αἰγύπτου ἦν, ὁ δὲ ἐκ τῆς Ἀλεξανδρέων πόλεως· ἀμφότεροι δὲ πολλῶν ἕνεκεν γεγόνασι περιβόητοι, δι' ἄσκησιν, διὰ βίον, διὰ τὰ ἐν χερσὶν αὐτῶν γενόμενα θαύματα. Ὁ μὲν οὖν Αἰγύπτιος Μακάριος τοσαύτας θεραπείας ποιησάμενος, καὶ τοσούτους τῶν δαιμονώντων ἐξήλασε [Qu. ἐποίησε;] δαίμονας, ὡς ἰδίας δεῖσθαι συγγραφῆς, ὧν χάριτι Θεοῦ διεπράξατο· ἦν δὲ μετὰ τοῦ εὐλαβοῦς πρὸς τοὺς ἐντυγχάνοντας αὐστηρός. Ὁ δὲ Ἀλεξανδρεὺς Μακάριος, κατὰ πάντα παραπλήσιος ὢν τῷ Αἰγυπτίῳ, ἐν τούτῳ διήλλασσεν, ὅτι πρὸς τοὺς ἐντυγχάνοντας ἱλαρός τε ἦν, καὶ τῷ χαριεντίζεσθαι τοὺς νέους ἦγεν πρὸς ἄσκησιν. Τούτων Εὐάγριος γενόμενος μαθητὴς τὴν δι' ἔργων φιλοσοφίαν ἐκτήσατο, πρότερον λόγῳ μόνῳ φιλόσοφος ὤν· ὃς ἐν τῇ Κωνσταντινουπόλει ὑπὸ Γρηγορίου τοῦ Ναζιανζηνοῦ εἰς τὴν τοῦ διακόνου προχειρισθεὶς τάξιν, εἶτα ἅμα αὐτῷ εἰς τὴν Αἴγυπτον κατελθών, καὶ τοῖς προλεχθεῖσιν ἐντυχὼν ἀνδράσι, τὸν ἐκείνων βίον ἐζήλωσε. Καὶ τοσαῦτα τεράστια ἐν ταῖς χερσὶν αὐτοῦ γέγονεν, ὅσα καὶ ἐν ταῖς τῶν αὐτοῦ καθηγητῶν. Τούτῳ καὶ βιβλία ἄγαν σπουδαῖα συγγέγραπται· ὧν τὸ μὲν, 'Μοναχὸς, ἢ περὶ πρακτικῆς,' ἐπιγέγραπται· τὸ δὲ, 'Γνω- [Cp. iii. 7.] στικὸς, ἢ πρὸς τὸν καταξιωθέντα γνώσεως,' κεφάλαια δὲ αὐτοῦ πεντήκοντα· τὸ δὲ, 'Ἀντιρρητικὸς ἀπὸ τῶν θείων γραφῶν πρὸς τοὺς πειράζοντας δαίμονας,' ἐν ὀκτὼ διηρημένον μέρεσι κατὰ τὸν ἀριθμὸν τῶν ὀκτὼ λογισμῶν. Καὶ ἑξακόσια 'προγνωστικὰ προβλήματα·' ἔτι μὴν καὶ στιχηρὰ δύο, ἓν 'πρὸς τοὺς ἐν τοῖς κοινοβίοις ἢ ἐν συνοδίαις μοναχούς,' καὶ ἓν 'πρὸς τὴν παρθένον·' ἅτινα ὅπως ἐστὶ θαυμαστὰ, οἱ ἐντυγχάνοντες εἴσονται. Εὔκαιρον δὲ, ὡς ἡγοῦμαι, μικρὰ τῶν αὐτῷ μνημονευθέντων περὶ τῶν μοναχῶν τούτοις συνάψαι· φησὶ γὰρ κατὰ λέξιν τάδε·

Ἀναγκαῖον καὶ τὰς ὁδοὺς τῶν προοδευσάντων μοναχῶν ὀρθῶς διερωτᾶν, [Cp. Coteler. Eccl. Gr. Mon. iii. 59.] καὶ πρὸς αὐτὰς κατορθοῦσθαι· πολλὰ γάρ ἐστιν ὑπ' αὐτῶν ῥηθέντα τε καὶ πραχθέντα καλῶς. Ἐν οἷς καὶ τοῦτό τις ἔφησεν, ὅτι 'τὴν ξηροτέραν καὶ μὴ ἀνώμαλον δίαιταν, ἀγάπῃ συζευχθεῖσαν, θᾶττον διάγειν τὸν μοναχὸν εἰς τὸν τῆς ἀπαθείας λιμένα.' Ὁ δὲ αὐτὸς ταρασσόμενόν τινα νύκτωρ τῶν ἀδελφῶν τῶν φασμάτων ἀπήλλαξεν, ἀσθενοῦσι μετὰ νηστείας ὑπηρετῆσαι προστάξας·

'Οὐδενὶ γὰρ οὕτως,' ἐρωτηθεὶς ἔφησεν, 'ὡς ἐλέῳ τὰ τοιαῦτα κατασβέννυται πάθη.' Τῷ δικαίῳ Ἀντωνίῳ προσῆλθέν τις τῶν τότε σοφῶν, καί, 'Πῶς δαικαρτερεῖς,' εἶπεν, 'ὦ πάτερ, τῆς ἐκ τῶν βιβλίων παραμυθίας ἐστερημένος;' 'Τὸ ἐμὸν βιβλίον,' ἔφη ὁ Ἀντώνιος, 'ὦ φιλόσοφε, ἡ φύσις τῶν γεγονότων ἐστί· καὶ πάρεστιν, ὅτε βούλομαι, τοὺς λόγους ἀναγινώσκειν τοὺς τοῦ Θεοῦ.'

Acts ix. 15. Ἠρώτησέ με τὸ 'σκεῦος τῆς ἐκλογῆς,' ὁ Αἰγύπτιος γέρων Μακάριος, 'Τί δή ποτε μνησικακοῦντες μὲν τοῖς ἀνθρώποις τὴν μνημονευτικὴν δύναμιν τῆς ψυχῆς ἀφανίζομεν, δαίμοσι δὲ μνησικακοῦντες ἀβλαβεῖς διαμένομεν;' Κἀμοῦ πρὸς τὴν ἀπόκρισιν ἀπορήσαντος, καὶ παρακαλοῦντος τὸν λόγον μαθεῖν, 'Διότι,' φησὶν ἐκεῖνος, 'τὸ μὲν πρότερον πάθος παρὰ φύσιν, τὸ δὲ δεύτερον κατὰ φύσιν ἐστὶ τοῦ θυμοῦ.' Παρέβαλλον κατ' αὐτὴν τὴν σταθηρὰν μεσημβρίαν τῷ ἁγίῳ πατρὶ Μακαρίῳ, καὶ λίαν ὑπὸ τῆς δίψης φλεγόμενος, ᾔτουν ὕδωρ πιεῖν. Ὁ δέ φησιν, ''Αρκέσθητι τῇ σκιᾷ· πολλοὶ γὰρ ὁδοιποροῦντες νῦν, ἢ καὶ πλέοντες, καὶ ταύτης ἐστέρηνται.' Εἶτα λόγους μου πρὸς αὐτὸν περὶ ἐγκρατείας γυμνάζοντος, 'Θάρσει,' φησὶν, 'ὦ τέκνον· ἐν ὅλοις εἴκοσιν ἔτεσιν, οὔτε ἄρτου οὔτε ὕδατος οὔτε ὕπνου κόρον εἴληφα. Τὸν μὲν γὰρ

Cp. Ezek. iv. 10, 11. ἄρτον μου ἤσθιον σταθμῷ, τὸ δὲ ὕδωρ ἔπινον μέτρῳ· τοῖς τοίχοις δὲ ἐμαυτὸν παρανακλίνων μικρόν τι τοῦ ὕπνου μέρος ἀφήρπαζον.' Ἐμηνύθη τινὶ τῶν μοναχῶν θάνατος τοῦ πατρός· ὁ δὲ πρὸς τὸν ἀπαγγείλαντα, 'Παῦσαι,' φησί, 'βλασφημῶν· ὁ γὰρ ἐμὸς Πατὴρ ἀθάνατός ἐστιν.' Ἐκέκτητό τις τῶν ἀδελφῶν εὐαγγέλιον μόνον· καὶ τοῦτο πωλήσας, ἔδωκεν εἰς τροφὴν τοῖς πεινῶ-

Matt. xix. 21. σιν, ἄξιον μνήμης ἐπιφθεγξάμενος ῥῆμα· 'Αὐτὸν γὰρ,' φησί, 'τὸν λόγον πεπώληκα τὸν λέγοντα, Πώλησόν σου τὰ ὑπάρχοντα καὶ δὸς πτωχοῖς.' Ἔστι δέ τις περὶ τὴν Ἀλεξάνδρειαν νῆσος κατ' αὐτὸ τὸ βόρειον πέραν τῆς λίμνης κειμένη τῆς καλουμένης Μαρίας· προσοικεῖ δὲ αὐτῇ μοναχὸς τῆς Παρεμβολῆς τῶν γνωστικῶν ὁ δοκιμώτατος, ὅστις ἀπεφήνατο 'πάντα τὰ πραττόμενα ὑπὸ τῶν μοναχῶν πράττεσθαι δι' αἰτίας πέντε, διὰ Θεόν, διὰ φύσιν, διὰ ἔθος, δι' ἀνάγκην, διὰ ἔργον χειρῶν.' Ὁ δὲ αὐτὸς ἔλεγε πάλιν· 'μίαν μὲν εἶναι τῇ φύσει τὴν ἀρετήν, εἰδοποιεῖσθαι δὲ αὐτὴν ἐν ταῖς δυνάμεσι τῆς ψυχῆς· καὶ γὰρ καὶ τὸ φῶς τὸ ἡλιακὸν ἀσχημάτιστον μέν, φησίν, ἐστί, ταῖς δὲ δι' ὧν εἰσβάλλει θυρίσι σχηματίζεσθαι πέφυκεν.' Ἄλλος δέ τις τῶν μοναχῶν, 'Διὰ τοῦτο περιαιρῶ τὰς ἡδονάς,' εἶπεν, 'ἵνα τὰς τοῦ θυμοῦ περικόψω προφάσεις· οἶδα γὰρ αὐτὸν ἀεὶ μαχόμενον ὑπὲρ τῶν ἡδονῶν, καὶ ἐκταράσσοντά μου τὸν νοῦν, καὶ τὴν γνῶσιν ἀποδιώκοντα.' Ἔλεγε δέ τις τῶν γερόντων, ὅτι 'ἡ ἀγάπη παραθήκας βρωμάτων ἢ χρημάτων τηρεῖν οὐκ ἐπίσταται.' Ὁ δὲ αὐτός, 'Οὐκ οἶδα,' φησίν, 'εἰς ταὐτὸ δὶς ὑπὸ δαιμόνων ἀπατηθείς.'

Ταῦτα μὲν ὁ Εὐάγριος ἐν τῷ ἐπιγραφομένῳ αὐτοῦ 'Πρακτικῷ' κατὰ λέξιν ἀπεμνημόνευσεν· ἐν δὲ τῷ 'Γνωστικῷ' αὐτοῦ τοιαῦτά φησι·

Τέσσαρας ἀρετὰς, καὶ τὰς θεωρίας αὐτῶν, παρὰ τοῦ δικαίου Γρηγορίου μεμαθήκαμεν εἶναι· φρόνησιν καὶ ἀνδρείαν, σωφροσύνην καὶ δικαιοσύνην. Καὶ 'φρονήσεως μὲν ἔργον ἔλεγεν εἶναι, τὸ θεωρεῖν τὰς νοερὰς καὶ ἁγίας δυνάμεις δίχα τῶν λόγων· τούτους γὰρ ὑπὸ τῆς σοφίας δηλοῦσθαι παραδέδωκεν· ἀνδρείας δὲ, τὸ ἐγκαρτερεῖν τοῖς ἀληθέσι καὶ πολεμούμενον, καὶ μὴ ἐμβατεύειν εἰς τὰ μὴ ὄντα· τὸ δὲ παρὰ τοῦ πρώτου γεωργοῦ δέχεσθαι σπέρμα, καὶ ἀπωθεῖσθαι τὸν ἐπισπορέα, τῆς σωφροσύνης ἴδιον ἀπεκρίνατο εἶναι· δικαιοσύνης δὲ πάλιν, τὸ κατ' ἀξίαν ἑκάστου λόγον ἀποδιδόναι, τὰ μὲν σκοτεινῶς ἀπαγγέλλουσαν, τὰ δὲ δι' αἰνιγμάτων σημαίνουσαν, τινα δὲ καὶ φανεροῦσαν πρὸς ὠφέλειαν τῶν ἁπλουστέρων.' Τῆς ἀληθείας στῦλος ὁ Καππαδόκης Βασίλειος, 'Τὴν μὲν ἀπ' ἀνθρώπων, φησὶν, ἐπισυμβαίνουσαν γνῶσιν προσεχὴς μελέτη καὶ γυμνασία κρείσσονα ποιεῖ· τὴν δὲ ἐκ Θεοῦ χάριτος ἐγγινομένην δικαιοσύνη καὶ ἀοργησία καὶ ἔλεος. Καὶ τὴν μὲν προτέραν δυνατὸν καὶ τοὺς ἐμπαθεῖς ὑποδέξασθαι· τῆς δὲ δευτέρας οἱ ἀπαθεῖς μόνοι εἰσὶ δεκτικοὶ, οἳ καὶ παρὰ τὸν καιρὸν τῆς προσευχῆς τὸ οἰκεῖον φέγγος τοῦ νοῦ περιλάμπον αὐτοὺς θεωροῦσι.' Τῶν Αἰγυπτίων ὁ ἅγιος φωστὴρ Ἀθανάσιος, 'Τὴν τράπεζαν,' φησὶ, 'Μωϋσῆς εἰς τὸ βόρειον μέρος στῆσαι προστάσσεται· γινωσκέτωσαν οἱ γνωστικοὶ, τίς Exod. xxvi. ὁ πνέων ἐστὶ κατ' αὐτῶν, καὶ πάντα πειρασμὸν γενναίως ὑπομενέτωσαν, καὶ 35. μετὰ προθυμίας τοὺς προσιόντας τρεφέτωσαν.' Ἔλεγε δὲ ὁ τῆς Θμουΐτων ἐκκλησίας ἄγγελος Σαραπίων ὅτι 'ὁ νοῦς μὲν πεπωκὼς πνευματικὴν γνῶσιν τελείως καθαίρεται· ἀγάπη δὲ τὰ φλεγμαίνοντα μόρια τοῦ θυμοῦ θεραπεύει· πονηρὰς δὲ ἐπιθυμίας ἐπιρρεούσας ἵστησιν ἐγκράτεια.' 'Τοὺς περὶ προνοίας καὶ κρίσεως κατὰ σαυτὸν ἀεὶ γύμναζε λόγους,' φησὶν ὁ μέγας καὶ γνωστικὸς διδάσκαλος Δίδυμος, 'καὶ τούτων τὰς ὕλας διὰ μνήμης φέρειν πειράθητι· ἅπαντες γὰρ σχεδὸν ἐν τούτοις προσπταίουσι. Καὶ τοὺς μὲν περὶ κρίσεως λόγους ἐν τῇ διαφορᾷ τῶν σωμάτων καὶ κατὰ τὸν κόσμον εὑρήσεις· τοὺς δὲ περὶ προνοίας ἐν τοῖς τρόποις τοῖς ἀπὸ κακίας καὶ ἀγνωσίας ἐπὶ τὴν ἀρετὴν ἢ ἐπὶ τὴν γνῶσιν ἡμᾶς ἐπανάγουσι.'

Τοσαῦτα μὲν ἐκ τῶν Εὐαγρίου ἐνταῦθα παρεθέμεθα. Ἐγένετο δὲ καὶ ἄλλος ἀνὴρ θαυμάσιος ἐν τοῖς μοναχοῖς, ᾧ ὄνομα Ἀμμώνιος, ὅστις οὕτως ἦν ἀπερίεργος, ὥστε ἐν τῇ Ῥώμῃ ἅμα Ἀθανασίῳ γενόμενος μηδὲν ἑλέσθαι ἱστορῆσαι τῶν ἔργων τῆς πόλεως, μόνον δὲ ἰδεῖν τὸ Πέτρου καὶ Παύλου μαρτύριον. Οὗτος ὁ Ἀμμώνιος εἰς ἐπισκοπὴν ἑλκόμενος καὶ διαφυγὼν, τὸ δεξιὸν οὖς αὐτοῦ ἐξέκοψεν, ὅπως ἂν τῷ ἀσχήμῳ τοῦ σώματος τὴν χειροτονίαν ἐκφύγῃ. Ἐπειδὴ δὲ χρόνῳ ὕστερον καὶ Εὐάγριος ὑπὸ Θεοφίλου τοῦ ἐπισκόπου Ἀλεξ- Cp. v. 16. ανδρείας πρὸς ἐπισκοπὴν συλληφθεὶς ἀπέφυγεν, οὐδὲ ἀκρωτηριάσας τοῦ σώματος, περιτυχὼν τῷ Ἀμμωνίῳ χαριεντιζόμενος ἔλεγεν, ὡς ' κακῶς εἴη πράξας ἐκκόψας τὴν ἀκοήν· καὶ ἔνοχος εἶναι Θεοῦ τοῦτο ποιήσας.' Ὁ δὲ Ἀμμώνιος πρὸς αὐτόν, ' Ἀλλὰ σύ,' ἔφη, ' Εὐάγριε, οὐκ οἴει δώσειν δίκην τὴν γλῶσσαν ἀποτεμὼν, διὰ φιλαυτίαν τῇ δοθείσῃ χάριτι μὴ χρησάμενος;' Ἐγένοντο μὲν οὖν κατὰ τὸν αὐτὸν χρόνον ἐν τοῖς μοναστηρίοις καὶ ἄλλοι πλεῖστοι ἄνδρες θαυμαστοὶ καὶ θεοφιλεῖς, ὧν ἐν τῇ προκειμένῃ συγγραφῇ μνημονεύειν μακρὸν ἂν εἴη· ἄλλως τε καὶ ἐκβαίνειν τοῦ προκειμένου ἀνάγκη, εἰ βουλοίμεθα καθ' ἕκαστον τῶν ἀνδρῶν τοὺς βίους, καὶ ὅσα ἐποίησαν θαύματα διὰ τὴν προσοῦσαν αὐτοῖς ἁγιότητα, λέγειν. Εἰ δέ τις βούλοιτο τὰ περὶ αὐτῶν μανθάνειν, ὧν τε ἐποίησαν, ὧν τε ἔπραξαν, καὶ ὧν πρὸς ὠφέλειαν τῶν ἀκουσάντων ἐφθέγξαντο, [Hist. Lausiaca.] ὅπως τε αὐτοῖς τὰ θηρία ὑπήκουον, πεπόνηται Παλλαδίῳ τῷ μοναχῷ ἴδιον μονόβιβλον· ὃς Εὐαγρίου μὲν ἦν μαθητής, πάντα δὲ ἀκριβῶς περὶ αὐτῶν διεξῆλθεν· ἐν ᾧ καὶ γυναικῶν ἐφάμιλλον τοῖς προειρημένοις ἀνδράσιν ἐπανελομένων βίον μνήμην πεποίηται. Εὐάγριος μὲν οὖν καὶ Παλλάδιος μικρὸν ὕστερον μετὰ τὴν Οὐάλεντος τελευτὴν ἤνθησαν. Ἐπανέλθωμεν δὲ ὅθεν ἐξέβημεν.

CAP. XXIV.

Περὶ τῶν ἐξορισθέντων ἁγίων μοναχῶν, ὅπως ὁ Θεὸς ταῖς αὐτῶν θαυματοποιΐαις πάντας πρὸς ἑαυτὸν ἐφειλκύσατο.

Τοῦ τοίνυν βασιλέως Οὐάλεντος νόμῳ κελεύσαντος διώκεσθαι τούς τ' ἐν Ἀλεξανδρείᾳ καὶ τοὺς κατ' Αἴγυπτον, πάντα ἐπορθεῖτο καὶ ἀνετρέπετο· τῶν μὲν ἑλκομένων εἰς δικαστήρια, τῶν δὲ βαλλομένων εἰς δεσμωτήρια, ἄλλων τε ἄλλως στρεβλουμένων. Διάφοροι γὰρ τιμωρίαι κατὰ τῶν ἡσυχάζειν φιλούντων ἐγίνοντο. Ἐπεὶ δὲ ταῦτα ἐν τῇ Ἀλεξανδρείᾳ ᾗ ἐδόκει Λουκίῳ ἐπέπρακτο, Εὐζώϊος ἐπὶ τὴν Ἀντιόχειαν αὖθις ὑπέστρεψεν· οἱ δὲ εὐθὺς ἐπὶ τὰ τῆς Αἰγύπτου [ὅ τε Val.] μοναστήρια ἐχώρουν, ὁ δὲ στρατηγὸς σὺν πλήθει πολλῶν στρατιωτῶν, καὶ ὁ Ἀρειανὸς Λούκιος. Οὐδὲ γὰρ αὐτὸς ἀπελείπετο, ἀλλὰ στῖφος ἁγίων ἀνδρῶν οὐδαμῶς οἰκτιζόμενος, χείρονα τῶν στρατιωτῶν διεπράττετο. Ὡς δὲ ἐπὶ τὸν τόπον ἐγίνοντο, κατελάμβανον τοὺς ἄνδρας τὰ συνήθη πράττοντας, εὐχομένους, πάθη θεραπεύοντας, δαίμονας ἐξελαύνοντας. Οἱ δὲ μικρὰ τῶν τοῦ Θεοῦ

Monks banished to an Island.

θαυμάτων φροντίσαντες, οὐδὲ τὰς συνήθεις εὐχὰς ἐν τοῖς εὐκτηρίοις τόποις συνεχώρουν ἐπιτελεῖσθαι· ἀλλὰ αὐτοὺς καὶ τούτων ἐξέβαλλον. Καὶ οὐκ ἐπὶ τούτων μόνον ἔστησαν, ἀλλὰ προϊόντες τοῖς ὅπλοις ἐκέχρηντο κατ' αὐτῶν. Ταῦτα καὶ ὁ Ῥουφῖνος ἑωρακέναι παρὼν καὶ πεπονθέναι φησίν· ἀνενεοῦντό τε καὶ ἐπ' αὐτῶν τὰ τοῦ ἀποστόλου λεγόμενα· ἐνεπαίζοντο γὰρ, καὶ 'μαστίγων πεῖραν Heb. xi. 36-38. ἐλάμβανον, ἐγυμνοῦντο, ἐδεσμοῦντο, ἐλιθάζοντο, ἐν φόνῳ μαχαίρας ἀπέθνησκον, ἄνδρες περιερχόμενοι κατὰ τὴν ἔρημον ἐν μηλωταῖς, ἐν αἰγείοις δέρμασιν, ὑστερούμενοι, θλιβόμενοι, κακουχούμενοι, ὧν οὐκ ἦν ἄξιος ὁ κόσμος, ἐπ' ἐρημίαις πλανώμενοι, καὶ ὄρεσι, καὶ σπηλαίοις, καὶ ταῖς ὀπαῖς τῆς γῆς·' καὶ ταῦτα, μαρτυρηθέντες ὑπό τε τῆς πίστεως καὶ τῶν ἔργων καὶ τῶν ἰαμάτων, ὅσα ἐν ταῖς χερσὶν αὐτῶν ἡ τοῦ Χριστοῦ χάρις εἰργάζετο. Ἀλλ' ὡς ἔοικεν, ἡ τοῦ Θεοῦ πρόνοια ταῦτα παθεῖν τοὺς ἄνδρας συνεχώρησεν, 'κρεῖττόν Heb. xi. 40. τι προβλεψαμένη,' ἵνα δι' ὧν αὐτοὶ κακῶς ἔπασχον, ἕτεροι τὴν ἐν Θεῷ σωτηρίαν εὕρωσιν· καὶ τοῦτο ἡ ἀπόβασις ἔδειξεν. Ὡς οὖν οἱ θαυμάσιοι ἐκεῖνοι ἄνδρες κρείττονες τῆς ἐπιφερομένης ἀνάγκης ἐγίνοντο, ἀποκνήσας ὁ Λούκιος γνώμην δίδωσι τῷ ἡγουμένῳ τοῦ στρατιωτικοῦ τάγματος, ὑποβάλλειν ἐξορίᾳ τοὺς πατέρας τῶν μοναχῶν· αὐτοὶ δὲ ἦσαν οἱ Αἰγύπτιος Μακάριος καὶ ὁ Ἀλεξανδρεὺς, ὁ τούτου ἐπώνυμος. Ἐξωρίζοντο οὖν οἱ ἄνδρες εἰς νῆσόν τινα, ἥτις οὐδένα τῶν Χριστιανῶν εἶχεν οἰκήτορα· κατ' αὐτήν τε τὴν νῆσον ἐτύγχανεν ὂν ἱερὸν, καὶ ἱερεὺς ἐν αὐτῷ, ὃν πάντες οἱ ἐκεῖ ἴσα θεῷ ἔσεβον. Γενομένων δὲ τῶν θεοφιλῶν ἀνδρῶν ἐν τῇ νήσῳ, πάντα μὲν τὰ ἐκεῖ δαιμόνια ἐν θορύβῳ καὶ φόβῳ ἐγίνοντο. Συνέβαινε δὲ κατ' αὐτὸ καὶ τοιοῦτό τι πρᾶγμα γενέσθαι· ἡ τοῦ ἱερέως θυγάτηρ ἄφνω ὑπὸ δαίμονος κάτοχος γενομένη ἐξεμάνη, καὶ πάντα ἀνέτρεπεν· ἀκατάσχετός τε ἦν, καὶ οὐδενὶ τρόπῳ ἡσυχάσαι ἠδύνατο· ἀλλ' ἐβόα μεγάλα, καὶ πρὸς τοὺς θεοφιλεῖς ἐκείνους ἄνδρας, 'Τί,' φησὶν, 'ἤλθετε καὶ ἐντεῦθεν ἐξελάσαι ἡμᾶς;' Πάλιν οὖν οἱ ἄνδρες ἐκεῖ τὸ ἴδιον ἔργον, ὃ ἐκ Θεοῦ χάριτος εἰλήφασιν, ἐπεδείκνυντο· ἐξελάσαντες γὰρ τὸν δαίμονα τῆς παρθένου, καὶ ὑγιῆ αὐτὴν τῷ πατρὶ παραδόντες, εἰς πίστιν τοῦ Χριστιανισμοῦ ἤγαγον τόν τε ἱερέα καὶ πάντας τοὺς ἐκεῖ ἐνοικοῦντας ἐν τῇ νήσῳ. Εὐθὺς οὖν τὰ μὲν ἀγάλματα ἐξέβαλον· τὸ δὲ σχῆμα τοῦ ναοῦ εἰς ἐκκλησίας τύπον μεταποιήσαντες, ἐβαπτίζοντό τε καὶ πάντα τὰ τοῦ Χριστιανισμοῦ χαίροντες ἐδιδάσκοντο. Οὕτω μὲν δὴ ἐλαυνόμενοι διὰ τὴν τοῦ 'ὁμοουσίου' πίστιν οἱ θαυμάσιοι ἐκεῖνοι ἄνδρες αὐτοί τε δοκιμώτεροι ἐγίνοντο, καὶ ἄλλους ἔσωζον, καὶ τὴν πίστιν βεβαιοτέραν εἰργάζοντο.

CAP. XXV.

Περὶ Διδύμου τοῦ τυφλοῦ.

Ὑπὸ δὲ τοὺς αὐτοὺς χρόνους καὶ ἕτερον ἄνδρα πιστὸν ἀνέδειξεν ὁ Θεὸς, δι' αὐτοῦ μαρτυρηθῆναι δικαιώσας τὴν πίστιν. Δίδυμος γὰρ, ἀνὴρ θαυμαστὸς καὶ ἐλλόγιμος, κατὰ τὸν αὐτὸν ἤνθησε χρόνον, πάσῃ διαπρέψας παιδεύσει· οὗτος κομιδῇ νέος ὢν, καὶ τὰ πρῶτα τῶν γραμμάτων στοιχεῖα μαθὼν, τῷ τῆς ὀφθαλμίας περιέπεσε πάθει, καὶ κακῶς διατεθεὶς τὸ ὁρατικὸν ἀπέβαλεν. Ὁ Θεὸς δὲ αὐτῷ ἀντὶ τῶν αἰσθητῶν ὀφθαλμῶν παρέσχε τοὺς νοητούς· ἃ γὰρ δι' ὀφθαλμῶν παιδευθῆναι οὐκ ἴσχυσε, ταῦτα δι' ἀκοῆς ἐξεμάνθανε. Ἐκ παιδὸς γὰρ ὢν εὐφυὴς, καὶ ψυχῆς λαχὼν ἀγαθῆς, ἐνίκα τοὺς εὐφυεῖς καὶ ὀξύτατα βλέποντας· γραμματικῆς τε γὰρ τοὺς κανόνας ῥᾳδίως κατώρθου, καὶ ῥητορικῆς πάλιν θᾶττον ἐλάμβανεν. Ἐλθὼν δὲ ἐπὶ τὰ φιλόσοφα θαυμαστῶς πως καὶ τὴν διαλεκτικὴν ἐξέμαθε, καὶ ἀριθμητικήν τε καὶ μουσικὴν, καὶ τὰ ἄλλα τῶν φιλοσόφων μαθήματα ἐν τῇ ψυχῇ κατέθετο, ὡς προθύμως αὐτὸν ἀπαντᾷν πρὸς τοὺς ταῦτα δι' ὀφθαλμῶν κατορθώσαντας. Οὐ μὴν ἀλλὰ καὶ τὰ θεῖα λόγια παλαιᾶς καὶ καινῆς Διαθήκης οὕτως ἀκριβῶς ἐγνώκει, ὥστε πολλὰ μὲν ἐκδοῦναι βιβλία· ὑπαγορεῦσαι δὲ καὶ τὰ 'περὶ Τριάδος' τρία βιβλία· ἑρμηνεῦσαι δὲ καὶ τὰ 'περὶ' 'Ἀρχῶν' Ὠριγένους, ὑπομνήματά τε ἐκδοὺς εἰς αὐτὰ, δι' ὧν συνίστησιν ὡς εἴη ἄριστα γεγραμμένα, καὶ μάτην ἐρεσχελοῦσιν οἱ κακηγορεῖν τὸν ἄνδρα καὶ τὰ βιβλία διασύρειν σπουδάζοντες· 'μηδὲ γὰρ αὐτοὺς δύνασθαι,' φησὶν, 'ἑλεῖν τὴν τοῦ ἀνδρὸς σύνεσιν.' Εἴ τις οὖν τὴν πολυμαθίαν καὶ τὸ διάπυρον τῆς ψυχῆς Διδύμου γνῶναι προῄρηται, ἐντυχὼν τοῖς πεπονημένοις αὐτῷ βιβλίοις μαθήσεται. Τούτῳ λέγεται καὶ Ἀντώνιον ἤδη πρότερον κατὰ τὸν Οὐάλεντος χρόνον, ὅτε διὰ τοὺς Ἀρειανοὺς ἐν τῇ Ἀλεξανδρείᾳ ἐκ τῆς ἐρήμου κατῆλθεν, ἐντυχεῖν τῷ Διδύμῳ, καὶ μαθόντα τὴν τοῦ ἀνδρὸς σύνεσιν εἰπεῖν πρὸς αὐτόν· 'Μηδὲν, ὦ Δίδυμε, ταραττέτω σε ἡ τῶν αἰσθητῶν ὀφθαλμῶν ἀποβολή· τοιοῦτοι γάρ σοι λείπουσιν ὀφθαλμοὶ, οἷς καὶ μυῖαι καὶ κώνωπες βλέψαι ἰσχύουσιν· χαῖρε δὲ ὅτι ἔχεις ὀφθαλμοὺς, οἷς καὶ ἄγγελοι βλέπουσι, δι' ὧν καὶ ὁ Θεὸς θεωρεῖται, καὶ τὸ αὐτοῦ φῶς καταλαμβάνεται. Ταῦτα μὲν ἤδη πρότερον παρὰ τοῦ θεοφιλοῦς Ἀντωνίου πρὸς Δίδυμον εἴρητο· τότε δὲ μέγιστος συνήγορος τῆς οἰκείας πίστεως ἐφαίνετο Δίδυμος, πρὸς τοὺς Ἀρειανοὺς ἀπαντῶν, καὶ τὰ σοφίσματα ἀναλύων αὐτῶν, καὶ τοὺς κιβδήλους καὶ δολεροὺς αὐτῶν λόγους ἐξελέγχων.

CAP. XXVI.

Περὶ Βασιλείου Καισαρείας, καὶ Γρηγορίου Ναζιανζοῦ.

Ἀλλὰ Δίδυμον μὲν τοῖς ἐν Ἀλεξανδρείᾳ Ἀρειανίζουσιν ἡ τοῦ Θεοῦ ἀντέταξε πρόνοια· ἐν δὲ ταῖς ἄλλαις πόλεσιν, Βασίλειόν τε τὸν Καισαρέα καὶ Γρηγόριον τὸν Ναζιανζηνόν· περὶ ὧν βραχέα εἰπεῖν εὔκαιρον ἡγοῦμαι. Ἥκει μὲν γὰρ ἡ παρὰ πᾶσι σωζομένη τῶν ἀνδρῶν μνήμη, καὶ ἡ ἐκ τῶν γεγραμμένων αὐτοῖς βιβλίων μάθησις, παραθέσθαι τὴν ἑκατέρου εὔκλειαν· ἐπεὶ δὲ κατ' ἐκεῖνο καιροῦ τὰ πολλὰ ταῖς ἐκκλησίαις αὐτοὶ συνεβάλλοντο, καὶ ὡς ἐμπύρευμα τῆς πίστεως ἐφυλάχθησαν, ἀπαιτεῖ ἡ ὑπόθεσις μάλιστα τούτων μνήμην ποιήσασθαι. Βασιλείου τοίνυν καὶ Γρηγορίου εἴ τις βούλοιτο σύγκρισιν ποιήσασθαι, διεξιέναι τε τὸν ἑκάστου βίον καὶ τρόπον, καὶ τὰς προσούσας αὐτοῖς ἀρετὰς, ἀμφιβάλλοι ἂν ἕτερον τοῦ ἑτέρου προκρῖναι. Ἄμφω γὰρ ἦσαν ἀλλήλοις ἐφάμιλλοι κατά τε τὴν ὀρθὴν πολιτείαν, καὶ κατὰ τὰς παιδεύσεις, τήν τε Ἑλληνικήν φημι, καὶ τὴν τῶν ἱερῶν γραμμάτων. Νέοι γὰρ δὴ ὄντες Cp. Greg. Naz. Orat. xliii. 15. οὗτοι, ἐν ταῖς Ἀθήναις γενόμενοι, τῶν τότε ἀκμασάντων σοφιστῶν Ἱμερίου καὶ Προαιρεσίου ἀκροαταὶ γενόμενοι, καὶ μετὰ ταῦτα ἐν τῇ Ἀντιοχείᾳ τῆς Συρίας Λιβανίῳ συμφοιτήσαντες, ἄκρως τὴν ῥητορι-Cp. iii. 1, 23. κὴν ἐξεπόνησαν. Ἄξιοί τε τοῦ σοφιστεύειν κριθέντες, ὑπὸ πολλῶν παρεκλήθησαν ἐπὶ τὸν διδασκαλικὸν βίον ἐλθεῖν· ἄλλων δὲ αὐτοὺς ἐπὶ δικανικὴν παρακαλούντων, ἀμφοτέρων κατεφρόνησαν· καὶ καταλιπόντες τὸ σοφιστεύειν, τὸν μονήρη βίον προέκριναν. Ἁψάμενοι οὖν φιλοσόφων λόγων παρὰ τῷ τηνικαῦτα ἐν τῇ Ἀντιοχείᾳ συμπράττοντι τὰ φιλόσοφα, μετ' οὐ πολὺ τὰ Ὠριγένους βιβλία συνάγοντες, ἐξ αὐτῶν τὴν ἑρμηνείαν τῶν ἱερῶν γραμμάτων ἐπέγνωσαν· μέγα γὰρ κλέος τὸ Ὠριγένους καθ' ὅλης τότε τῆς οἰκουμένης ἐφήπλωτο· ὧν ἀσκηθέντες δυνατῶς ἀπήντων πρὸς τοὺς Ἀρειανίζοντας· καίτοι τῶν Ἀρειανῶν τὰ Ὠριγένους βιβλία εἰς μαρτυρίαν, ὡς ᾤοντο, τοῦ ἰδίου καλούντων δόγματος, αὐτοὶ ἐξήλεγχον, καὶ ἐδείκνυον μὴ νοήσαντας τὴν Ὠριγένους σύνεσιν. Παρὰ τοῖς πολλοῖς τε τότε οἱ Ἀρειανοὶ καὶ ὁ τότε Ἀρειανίζων Εὐνόμιος, ἐλλόγιμοι νομίζοντες εἶναι, τοῖς περὶ Γρηγόριον καὶ Βασίλειον ἐντυγχάνοντες, ἀπαίδευτοι τελείως ἐδείκνυντο. Βασίλειος μὲν οὖν ὑπὸ Μελετίου τοῦ Ἀντιοχείας ἐπισκόπου εἰς τὴν τοῦ διακόνου τάξιν προχειρισθείς, μετὰ ταῦτα δὲ καὶ ἐπίσκοπος τῆς ἑαυτοῦ πατρίδος, λέγω δὴ τῆς ἐν Καππαδοκίᾳ Καισαρείας, προβληθείς, φροντίδα τῶν ἐκκλησιῶν ἐποιεῖτο. Δεδιὼς γὰρ μή πως Ἀρειανὴ καινοτομία καὶ τὰς κατὰ τὸν Πόντον ἐπινεμηθῇ ἐπαρχίας, δρομαῖος ἐπὶ τὰ ἐκεῖ μέρη διέβαινεν· ἐκεῖ τε ἀσκητήρια συστησάμενος, καὶ κατηχήσας τοὺς ἄνδρας ταῖς αὐτοῦ διδασκαλίαις, τοὺς σαλευομένους ἐστήριξε. Γρηγόριος δὲ τῆς Ναζιανζοῦ πόλεως εὐτελοῦς ἐν Καππαδοκίᾳ, ἧς καὶ ὁ αὐτοῦ πατὴρ πρότερον ἐκκλησίας προέστη, κατὰ τὰ αὐτὰ τῷ βασιλείῳ διεπράττετο. Περιϊὼν γὰρ καὶ αὐτὸς τὰς πόλεις τοὺς ῥαθυμοῦντας περὶ τὴν πίστιν ἀνερρώννυε. Μάλιστα δὲ τὰ πολλὰ τῇ Κωνσταντινουπόλει ἐπιδημῶν τοὺς ἐν αὐτῇ ὁμόφρονας ταῖς διδασκαλίαις ἐστήριξε· διὸ καὶ μικρὸν ὕστερον ψήφῳ πολλῶν ἐπισκόπων προέστη τοῦ ἐν Κωνσταντινουπόλει λαοῦ. Ὡς οὖν τὰ παρ᾽ ἀμφοτέρων γινόμενα εἰς ἀκοὰς ἧκει τοῦ βασιλέως Οὐάλεντος, αὐτίκα Βασίλειον ἀπὸ τῆς Καισαρείας ἀγώγιμον ἐπὶ τὴν Ἀντιόχειαν γενέσθαι ἐκέλευσεν. Ἤγετο οὖν εὐθὺς, καὶ κατὰ γνώμην τοῦ βασιλέως εἰς τὸ τῶν ὑπάρχων εἰσήγετο δικαστήριον· πεῦσίν τε προσαγαγόντος αὐτῷ τοῦ ὑπάρχου, 'τοῦ χάριν μὴ τὴν πίστιν τοῦ βασιλέως ἀσπάζεται,' ὁ Βασίλειος σὺν παρρησίᾳ πολλῇ τῇ μὲν τοῦ βασιλέως θρησκείᾳ ἐμέμφετο, τῇ δὲ τοῦ 'ὁμοουσίου' πίστει συνίστατο. Ἐπεὶ δὲ ὁ ὕπαρχος θάνατον αὐτῷ διηπείλησεν, 'Εἴθε,' ἔφη ὁ Βασίλειος, 'γένοιτό μοι διὰ τὴν ἀλήθειαν ἀπαλλαγῆναι τῶν δεσμῶν τοῦ σώματος.' Τοῦ δὲ ὑπάρχου 'πάλιν ἐπισκέψασθαι' εἰπόντος, λέγεται εἰπεῖν τὸν Βασίλειον, 'Ἐγὼ καὶ σήμερον καὶ αὔριον ὁ αὐτὸς εἰμί· ὄφελόν συ ἑαυτὸν μὴ ἐνήλλαττες.' Τότε μὲν οὖν κατ᾽ ἐκείνην τὴν ἡμέραν φρουρούμενος διετέλει Βασίλειος. Οὐκ εἰς μακρὰν δὲ συνέβη νήπιον υἱὸν τοῦ Οὐάλεντος, ᾧ ὄνομα ἦν Γαλάτης, ἀρρωστῆσαι ἰσχυρῶς, ὥστε ἀπογνωσθῆναι ὑπὸ τῶν ἰατρῶν. Ἡ δὲ μήτηρ αὐτοῦ ἡ βασίλισσα Δομνίκα λόγους πρὸς τὸν βασιλέα προσέφερε, φάσκουσα ἑαυτὴν μὲν ἐν τοῖς ὀνείροις κακῶς διατεθῆναι ὑπὸ φοβερῶν φασμάτων, τὸ δὲ παιδίον κακῶς ἔχειν διὰ τὴν εἰς τὸν ἐπίσκοπον ὕβριν. Ταῦτα εἰς νοῦν βαλλόμενος ὁ βασιλεὺς μεταπέμπεται τὸν Βασίλειον· καὶ ἀπόπειραν ποιούμενος φησὶ πρὸς αὐτόν, 'Εἰ ἀληθῆ τὰ σὰ δόγματα, εὔξαι ἵνα μου ὁ υἱὸς μὴ ἀποθάνῃ.' Ὁ δέ, 'Εἰ πιστεύσειας,' ἔφη, 'ὦ βασιλεῦ, καθάπερ ἐγώ, καὶ ἡ ἐκκλησία ἑνωθῇ, ζήσεται τὸ παιδίον.' Τοῦ δὲ μὴ συνθεμένου, 'Οὐκοῦν,' ἔφη ὁ Βασίλειος, 'περὶ τοῦ παιδίου τὸ θέλημα γενήσεται τοῦ Θεοῦ.' Ταῦτα εἰπόντα τὸν Βασίλειον ἀφεθῆναι ἐκέλευσε· τὸ μέντοι παιδίον μετ' οὐ πολὺ ἐτελεύτησε. Τοσαῦτα περὶ τῶν ἀνδρῶν τούτων ὡς ἐν ἐπιτομῇ εἰρήσθω· βιβλία δὲ ἑκάτερος αὐτῶν πολλὰ καὶ θαυμαστὰ συνέγραψαν καὶ ἐξέδωκαν· ἀφ' ὧν τινα ὁ Ῥουφῖνος εἰς τὴν Ῥωμαίων γλῶσσαν μεταβεβληκέναι φησίν. Ἐγένοντο δὲ ἀδελφοὶ Βασιλείου Πέτρος καὶ Γρηγόριος· ἀλλὰ Πέτρος μὲν τὸν μονήρη βίον Βασιλείου ἐζήλωσε, Γρηγόριος δὲ τὸ διδασκαλικὸν τοῦ λόγου· ὃς καὶ τὴν πονηθεῖσαν Βασιλείῳ 'Ἑξαήμερον,' ἅτε δὴ καταλειφθεῖσαν, προσανεπλήρωσε μετὰ θάνατον τοῦ ἀδελφοῦ· καὶ ἐπιτάφιον εἰς Μελέτιον τὸν Ἀντιοχείας ἐπίσκοπον ἐν τῇ Κωνσταντίνου πόλει διεξῆλθε· φέρονται δὲ αὐτοῦ καὶ ἄλλοι λόγοι διάφοροι.

CAP. XXVII.

Περὶ Γρηγορίου τοῦ Θαυματουργοῦ.

Ἐπειδὴ δέ τινες ἐκ τῆς ὁμωνυμίας πλανῶνται καὶ ἐκ τῶν ἐπιγραφομένων Γρηγορίου βιβλίων, δεῖ εἰδέναι ὅτι ἄλλος ἐστὶν ὁ Ποντικὸς Γρηγόριος, ὅστις ἐκ τῆς ἐν Πόντῳ Νεοκαισαρείας ὁρμώμενος ἀρχαιότερος τούτων ἐστί· μαθητὴς γὰρ Ὠριγένους ἐγένετο. Περὶ τούτου τοῦ Γρηγορίου πολὺς ὁ λόγος ἔν τε Ἀθήναις καὶ Βηρυτῷ καὶ ὅλῃ τῇ Ποντικῇ διοικήσει, ὡς δὲ εἰπεῖν, καὶ πάσῃ τῇ οἰκουμένῃ. Οὗτος γὰρ ὡς τῶν Ἀθήνησι παιδευτηρίων ἀναχωρήσας, ἐν τῇ Βηρυτῷ νόμους ἐμάνθανε, πυθόμενος ἐν τῇ Καισαρείᾳ τὰ ἱερὰ γράμματα ἑρμηνεύειν Ὠριγένην, δρομαῖος ἐπὶ τὴν Καισάρειαν παραγίνεται. Ἀκροασάμενός τε τῆς μεγαλοφώνου θεωρίας τῶν ἱερῶν γραμμάτων, πολλὰ χαίρειν εἰπὼν

τοῖς Ῥωμαϊκοῖς νόμοις, ἀχώριστος ἦν τοῦ λοιποῦ· καὶ ὑπ' αὐτοῦ
[om. καί.] παιδευθεὶς τὴν ἀληθῆ φιλοσοφίαν, καὶ μετὰ ταῦτα ἐπὶ τὴν πατρίδα
τῶν γονέων καλεσάντων, ἀνεχώρησε. Κἀκεῖ πρῶτον μὲν λαϊκὸς
ὢν πολλὰ σημεῖα ἐποίησε, νοσοῦντας θεραπεύων, καὶ δαίμονας
δι' ἐπιστολῶν φυγαδεύων, καὶ τοὺς Ἑλληνίζοντας τοῖς τε λόγοις
καὶ πλέον τοῖς γινομένοις ὑπ' αὐτοῦ προσαγόμενος. Μέμνηται δὲ
[Val. ὑπέρ.] αὐτοῦ καὶ Πάμφιλος ὁ μάρτυς ἐν τοῖς περὶ Ὠριγένους πονηθεῖσιν
[Panegyr. αὐτῷ βιβλίοις, ἐν οἷς καὶ συστατικὸς λόγος Γρηγορίῳ εἰς Ὠριγέ-
Orat.in Orig.] νην παράκειται. Γεγόνασιν οὖν, ὡς ἐν κεφαλαίῳ εἰπεῖν, Γρηγόριοι,
ὅ τε ἀρχαῖος οὗτος καὶ μαθητὴς Ὠριγένους, καὶ ὁ Ναζιανζηνὸς, καὶ
ὁ ἀδελφὸς Βασιλείου. Ἐγένετο δὲ καὶ ἄλλος Γρηγόριος ἐν Ἀλεξ-
Cp. ii. 11. ανδρείᾳ, ὃν οἱ Ἀρειανοὶ κατὰ τὸν καιρὸν τῆς φυγῆς Ἀθανασίου
κατέστησαν. Περὶ μὲν δὴ τούτων τοσαῦτα λελέχθω.

CAP. XXVIII.

Περὶ Ναυάτου καὶ τῶν ἐξ αὐτοῦ Ναυατιανῶν· καὶ ὡς μετέθεσαν οἱ κατὰ τὴν
Φρυγίαν ἐξ αὐτῶν οἰκοῦντες τὴν τοῦ Πάσχα ἑορτὴν ὁμοίως τοῖς Ἰουδαίοις.

Κατὰ δὲ τὸν χρόνον τόνδε καὶ Ναυατιανῶν οἱ περὶ Φρυγίαν
οἰκοῦντες τὴν ἑορτὴν τοῦ Πάσχα μετέθεσαν· πῶς δὲ τοῦτο ἐγένετο
λέξω, πρότερον εἰπὼν ὅτου χάριν ἐπικρατεῖ περὶ τὰ Φρυγῶν
καὶ Παφλαγόνων ἔθνη ὁ ἀκριβὴς τῆς ἐκκλησίας αὐτῶν κανών.
Ναυάτος πρεσβύτερος ὢν τῆς ἐν Ῥώμῃ ἐκκλησίας διεκρίθη, ἐπειδὴ
Κορνήλιος ὁ ἐπίσκοπος τοὺς ἐπιθύσαντας πιστοὺς ἐν τῷ διωγμῷ,
ὃν ὁ βασιλεὺς Δέκιος κατὰ τῆς ἐκκλησίας ἐκίνησεν, εἰς κοινωνίαν
[Qu. καὶ εἰς;] ἐδέξατο. Διὰ ταύτην οὖν τὴν αἰτίαν διακριθεὶς, εἰς ἐπισκοπὴν
παρὰ τῶν συμφρονησάντων αὐτῷ ἐπισκόπων προχειρισθεὶς, ταῖς
Cp. i. 10; πανταχοῦ ἐκκλησίαις ἔγραφε, 'μὴ δέχεσθαι τοὺς ἐπιτεθυκότας εἰς
vii. 23. τὰ μυστήρια· ἀλλὰ προτρέπειν μὲν αὐτοὺς εἰς μετάνοιαν, τὴν δὲ
συγχώρησιν ἐπιτρέπειν Θεῷ, τῷ δυναμένῳ καὶ ἐξουσίαν ἔχοντι
συγχωρεῖν ἁμαρτήματα.' Τοιαύτας ἐπιστολὰς οἱ κατ' ἐπαρχίας
δεχόμενοι, πρὸς τὰ οἰκεῖα ἤθη ἐποιοῦντο τῶν δηλουμένων τὰς
κρίσεις. Ὡς γὰρ ἐκεῖνος ἐδήλου μὴ δεῖν ἀξιοῦσθαι τῶν μυστηρίων
Cp. 1 John τοὺς μετὰ τὸ βάπτισμα 'εἰς θάνατον ἁμαρτίαν' πεποιηκότας, τοῖς
v. 16. μὲν ἐδόκει πικρὰ καὶ ἀπηνὴς εἶναι τοῦ τοιούτου κανόνος ἡ ἔκθεσις,
οἱ δὲ ὡς δίκαιον τὸν κανόνα καὶ ὀρθοῦντα τὴν πολιτείαν ἐδέχοντο.

IV. 28.] *Novatians alter their Easter.*

Ἐν τοσούτῳ δὲ τούτου κινουμένου τοῦ ζητήματος, ἐπικαταλαμβάνει [Val. ἐν τούτῳ δὲ τοῦ ἐπισκόπου Κορνηλίου γράμματα καὶ τοῖς μετὰ τὸ βάπτισμα τοσούτου.] ἡμαρτηκόσιν ἐπαγγελλόμενα τὴν συγχώρησιν. Οὕτω δὲ ἀμφοτέρων ἐπιστελλόντων τὰ ἐναντία, καὶ ἐκ τῶν θείων ὀχυρούντων ἃ ἑκάτερος ἔλεγεν, ἕκαστος κατ' ἔθος εἰς τοῦτο ἔτρεψεν εἰς ὃ καὶ πρότερον [Val. κατ' ἔθνος.] μᾶλλον ἐπέκλινεν. Ὅσοι γὰρ φιλαμαρτήμονες, δραξάμενοι τῆς τότε δοθείσης συγχωρήσεως, καὶ εἰς τὸν ἔπειτα χρόνον ἐπὶ πάσης ἁμαρτίας αὐτῇ συνεχρήσαντο. Φαίνεται δὲ τὰ Φρυγῶν ἔθνη σωφρονέστερα εἶναι τῶν ἄλλων ἐθνῶν· καὶ γὰρ δὴ καὶ σπανιάκις Φρύγες ὀμνύουσιν. Ἐπικρατεῖ γὰρ τὸ μὲν θυμικὸν παρὰ Σκύθαις καὶ Θραξί· τῷ δὲ ἐπιθυμητικῷ οἱ πρὸς ἀνίσχοντα ἥλιον τὴν οἴκησιν ἔχοντες πλέον δουλεύουσι. Τὰ δὲ Παφλαγόνων καὶ Φρυγῶν ἔθνη πρὸς οὐδέτερον τούτων ἐπιρρεπῶς ἔχει· οὐδὲ γὰρ ἱπποδρομίαι οὐδὲ θέατρα σπουδάζονται νῦν παρ' αὐτοῖς. Διό μοι δοκεῖ μᾶλλον ἐπινενευκέναι τούτους τε καὶ τοὺς οὕτω φρονοῦντας πρὸς τὰ παρὰ Ναυάτου τότε γραφόμενα· ὡς μῦσος γὰρ ἐξαίσιον παρ' αὐτοῖς ἡ πορνεία νομίζεται· καὶ γὰρ τοὺς οἱασδήποτε ἄλλης αἱρέσεως σωφρονέστερον βιοῦντας Φρύγας καὶ Παφλαγόνας ἐστὶν εὑρεῖν. Τὴν δὲ αὐτὴν αἰτίαν καὶ περὶ τοὺς οἰκοῦντας τὰ ἑσπέρια μέρη καὶ Ναυάτῳ πειθαρχήσαντας εἶναι νομίζω. Ναυάτος μὲν οὖν, εἰ καὶ περὶ πολιτείας ἀκριβοῦς διεκρίθη, ἀλλ' οὖν γε τὴν τοῦ Πάσχα ἑορτὴν οὐ μετέθηκεν· ἀεὶ γὰρ καθὰ τὰ ἑσπέρια μέρη ἐποίει, καὶ οὗτος ἐπετέλεσε· ποιοῦσι δὲ διαπαντὸς οἱ ἐκεῖ μετ' ἰσημερίαν [Al. οὕτως.] ἀνέκαθεν, ἀφ' οὗ καὶ Χριστιανίζουσιν. Ἀλλ' οὗτος μὲν ὕστερον ἐπὶ Οὐαλεριανοῦ τοῦ βασιλέως, διωγμὸν κατὰ Χριστιανῶν κινήσαντος, ἐμαρτύρησεν. Οἱ δὲ ἐξ αὐτοῦ ἐν Φρυγίᾳ ἐπώνυμοι κατὰ [Val. καὶ τὴν τὴν κοινωνίαν τούτου συνεχωρήθησαν ἐκτρεπόμενοι, περὶ τόνδε τὸν θεῖσαν.] συγχωρή- χρόνον καὶ τὴν ἑορτὴν τοῦ Πάσχα μετέθεσαν. Σύνοδον γὰρ ἐν Πάζῳ κώμῃ, ἔνθα τοῦ Σαγγαρίου ποταμοῦ εἰσὶν αἱ πηγαί, ποιήσαντες ὀλίγοι τινὲς καὶ οὐκ εὔσημοι τῶν περὶ Φρυγίαν Ναυατιανῶν ἐπίσκοποι ὅρον ἐκφέρουσιν, ὥστε Ἰουδαίους ἐπιτηρεῖν ποιοῦντας τὰ ἄζυμα, καὶ σὺν αὐτοῖς τὴν τοῦ Πάσχα ἐπιτελεῖν ἑορτήν. Ταῦτα Cp. i. 9. ἡμῖν ἀνήγγειλέ τις ἀνὴρ παλαιὸς, πρεσβυτέρου μὲν εἶναι λέγων ἑαυτὸν υἱὸν, ἅμα δὲ τῷ πατρὶ παρεῖναι τῇ γενομένῃ συνόδῳ, καθ' ἣν οὔτε Ἀγέλιος παρῆν ὁ Κωνσταντινουπόλεως Ναυατιανῶν ἐπίσκοπος, οὐδὲ Μάξιμος ὁ Νικαίας, οὐδὲ ὁ Νικομηδείας, οὐδὲ μὲν ὁ

Κοτυαείου· ὑπὸ τούτων γὰρ ἡ Ναυατιανῶν θρησκεία μάλιστα κανονίζεται. Ταῦτα μὲν οὖν οὕτως τότε ἐγένετο· διῃρέθη δὲ μικρὸν ὕστερον καὶ ἡ Ναυατιανῶν ἐκκλησία δι' ἐκείνην τὴν σύνοδον, ὡς κατὰ χώραν ἐροῦμεν· μετιτέον τε ἐντεῦθεν ἐπὶ τὰ κατ' αὐτὸν τὸν χρόνον ἐν τοῖς ἑσπερίοις γενόμενα μέρεσιν.

CAP. XXIX.

Περὶ Δαμάσου τοῦ 'Ρώμης καὶ Οὐρσίνου, ὅπως δι' αὐτοὺς ταραχῆς καὶ στάσεως ἐν 'Ρώμῃ γενομένης, φόνος πολὺς ἐπηκολούθησεν.

Τοῦ γὰρ βασιλέως Οὐαλεντινιανοῦ ἡσύχως διάγοντος, καὶ οὐδεμίαν σκύλλοντος αἵρεσιν, Δάμασος μετὰ Λιβέριον τὴν τῆς ἐπισκοπῆς ἱερωσύνην ἐν τῇ 'Ρώμῃ ἐδέξατο· ἐφ' οὗ συνέβη ταραχθῆναι τὴν ἐν 'Ρώμῃ ἐκκλησίαν διὰ τοιαύτην αἰτίαν. Οὐρσῖνός τις τῆς αὐτῆς ἐκκλησίας διάκονος ὑπόψηφος γέγονεν, ἡνίκα ἡ ἐπιλογὴ τοῦ ἐπισκόπου ἐγίνετο. Ἐπεὶ οὖν προεκρίθη Δάμασος, μὴ φέρων ὁ Οὐρσῖνος τὴν τῆς ἐλπίδος ἀποτυχίαν, παρασυνάξαι τῇ ἐκκλησίᾳ ἐσπούδασε· καὶ πείθει τινὰς ἀσήμους ἐπισκόπους ἐν παραβύστῳ χειροτονῆσαι αὐτόν. Καὶ χειροτονεῖται οὐκ ἐν ἐκκλησίᾳ, ἀλλ' ἐν ἀποκρύφῳ τόπῳ τῆς βασιλικῆς τῆς ἐπικαλουμένης Σικίνης. Τούτου δὴ γενομένου, διχόνοια τὸν λαὸν ἐκράτησεν· ἐστασίαζον οὖν πρὸς ἑαυτοὺς οὐ διά τινα πίστιν ἢ αἵρεσιν, ἀλλὰ περὶ τοῦ μόνον τίς ὀφείλει τοῦ ἐπισκοπικοῦ θρόνου ἐγκρατὴς γενέσθαι. Ἐντεῦθεν δὲ συμπληγάδες τῶν ὄχλων ἐγίνοντο· ὥστε καὶ ἐκ τῆς παρατριβῆς πολλοὺς ἀποθανεῖν, καὶ διὰ τοῦτο πολλοὺς λαϊκούς τε καὶ κληρικοὺς ὑπὸ τοῦ τότε ἐπάρχου Μαξιμίνου τιμωρηθῆναι, καὶ οὕτω τόν τε Οὐρσῖνον παύσασθαι τῆς ἐπιχειρήσεως, καὶ κατασταλῆναι τοὺς βουληθέντας ἀκολουθῆσαι αὐτῷ.

CAP. XXX.

Ὡς τοῦ Μεδιολάνων ἐπισκόπου Αὐξεντίου τελευτήσαντος, καὶ στάσεως ἐπὶ τῇ ἐκλογῇ τοῦ μέλλοντος χειροτονηθῆναι γενομένης, Ἀμβρόσιος ὁ τοῦ ἔθνους ἔπαρχος, τὴν στάσιν μετὰ στρατιωτικῆς χειρὸς καταπαύων, ψήφῳ κοινῇ, καὶ αὐτοῦ τοῦ βασιλέως Οὐαλεντινιανοῦ συναινέσαντος, πάντων προεκρίθη τῆς ἐκκλησίας πρόεδρος.

Ὑπὸ δὲ τὸν αὐτὸν χρόνον καὶ ἕτερον μνήμης ἄξιον ἐν τῇ Μεδιολάνῳ συνέβη γενέσθαι· τελευτήσαντος γὰρ τοῦ ἐν αὐτῇ ἐπισκόπου

Αὐξεντίου, ὃς ὑπὸ τῶν Ἀρειανῶν κεχειροτόνητο, πάλιν οἱ ἐν τῇ Μεδιολάνῳ περὶ ἐπιλογῆς ἐπισκόπου ἐταράσσοντο· πολλή τε ἦν αὐτοῖς ἡ φιλονεικία, ἄλλων ἄλλον προβάλλεσθαι σπευδόντων. Ὡς δὲ περὶ τούτου στάσις ἐγίνετο, εὐλαβηθεὶς ὁ τῆς ἐπαρχίας ἄρχων τὸ ὑπατικὸν ἔχων ἀξίωμα, ᾧ ἦν ὄνομα Ἀμβρόσιος, μήπως ἐκ τῆς ταραχῆς ἄτοπόν τι κατὰ τὴν πόλιν γένηται, εἰστρέχει εἰς τὴν ἐκκλησίαν ὡς καταπαύσων τὴν στάσιν. Ὡς δὲ ἐκεῖ γενομένῳ ὁ λαὸς ἡσυχίαν παρέσχε, πολλά τε λυσιτελοῦντα παραινῶν κατέστελλε τὰς ἀλόγους τοῦ πλήθους ὁρμάς, αἰφνίδιος μία συμφωνία τῶν πάντων ἐγίνετο· καὶ ἐβόων, 'Ἀμβρόσιον ἄξιον εἶναι τῆς ἐπισκοπῆς,' αὐτόν τε χειροτονεῖσθαι πάντες ἠξίουν· 'οὕτω γὰρ μόνως ἕνωσίν τε ἕξειν τὸν λαόν, καὶ στέρξειν τὴν περὶ τὴν πίστιν ὁμόνοιαν.' Ἐπεὶ δὲ ἔκ τινος θείου ἡ ὁμοφωνία τοῦ λαοῦ γενέσθαι τοῖς παροῦσιν ἐπισκόποις ἐφαίνετο, μηδὲν ὑπερθέμενοι συλλαμβάνουσι τὸν Ἀμβρόσιον· καὶ βαπτίσαντες,—κατηχούμενος γὰρ ἦν,— εὐθὺς πρὸς τὴν τῆς ἐπισκοπῆς ἱερωσύνην προχειρίζεσθαι ἔμελλον. Ἐπεὶ δὲ Ἀμβρόσιος τὸ μὲν βάπτισμα ἡδέως ἐδέξατο, πολὺς δὲ ἦν τὴν ἱερωσύνην παραιτούμενος, γνωρίζουσι τῷ βασιλεῖ Οὐαλεντινιανῷ τὰ γενόμενα. Ὁ δὲ βασιλεὺς θαυμάσας τὴν τοῦ λαοῦ ὁμόνοιαν, Θεοῦ τε ἔργον εἶναι γνοὺς τὸ γενόμενον, ἐδήλου τοῖς ἐπισκόποις, 'ὑπουργεῖν τῷ Θεῷ κελεύοντι χειροτονεῖν· Θεοῦ γὰρ μᾶλλον, ἢ ἀνθρώπων εἶναι τὴν ψῆφον τὴν ἐπ' αὐτῷ.' Τοῦτον τὸν τρόπον καταστάντος Ἀμβροσίου, οἱ ἐν Μεδιολάνῳ πρότερον διεστῶτες δι' αὐτὸν τότε ἡνώθησαν.

CAP. XXXI.

Περὶ τῆς τελευτῆς Οὐαλεντινιανοῦ.

Μετὰ δὲ ταῦτα ὁ βασιλεὺς, Σαυροματῶν ἐπεξελθόντων τῇ Ῥωμαίων ἀρχῇ, ἐπ' αὐτοὺς ἐχώρει μετὰ πλείστης παρασκευῆς. Ταύτην οὐκ ἤνεγκαν τὴν παρασκευὴν ἀκούσαντες οἱ βάρβαροι· ἀλλὰ πρεσβευσάμενοι πρὸς αὐτὸν ᾐτοῦντο ἐπὶ συνθήκαις εἰρήνης τυχεῖν. Τῶν πρέσβεων δὲ εἰσελθόντων καὶ φανέντων οὐκ ἀξιοπρεπῶν, ἠρώτησεν 'εἰ τοιοῦτοι Σαυρομάται πάντες εἰσίν.' Ἀποκριναμένων δὲ τῶν πρέσβεων τοὺς ἀρίστους Σαυροματῶν ἥκειν πρὸς αὐτόν, πληροῦται θυμοῦ Οὐαλεντινιανός, καὶ μέγα βοῶν ἔλεγε, 'κακῶς πράττειν τὴν Ῥωμαίων ἀρχὴν περιελθοῦσαν εἰς αὐτὸν, ὅπου τοιοῦτο βαρβάρων γένος εὐτελὲς οὐκ ἀγαπᾷ παρ' ἑαυτῷ μένειν σωζόμενον, ἀλλ' ὅπλα αἱρεῖται, καὶ Ῥωμαίων ὅρους πατεί, καὶ εἰς πόλεμον θρασύνεται.' Καὶ τοσοῦτον ἐν τῇ βοῇ διασπαράξας ἔτυχεν ἑαυτὸν, ὥστε πᾶσαν μὲν ἀναστομωθῆναι φλέβα, πάσας τε ἀρτηρίαν διαρραγῆναι. Καὶ οὕτως αἵματος ἐκδοθέντος, τελευτᾷ ἐν φρουρίῳ ᾧ προσωνυμία Βεργιτίων, μετὰ τὴν ὑπατείαν Γρατιανοῦ τὸ τρίτον καὶ Ἐκοιτίου περὶ τὴν ἑπτακαιδεκάτην τοῦ Νοεμβρίου μηνός· ζήσας ἔτη νδ', βασιλεύσας ἔτη δεκατρία. Τελευτήσαντος οὖν Οὐαλεντινιανοῦ, οἱ κατὰ τὴν Ἰταλίαν στρατιῶται ἕκτῃ ἡμέρᾳ μετὰ τὴν τελευτὴν τὸν ὁμώνυμον τῷ πατρὶ Οὐαλεντινιανὸν, νέαν ἄγοντα κομιδῇ τὴν ἡλικίαν, βασιλέα ἀνηγόρευσαν ἐν Ἀκίνκῳ πόλει τῆς Ἰταλίας. Καὶ τούτου διαγγελθέντος, ἠγανάκτουν οἱ βασιλεῖς, οὐχ ὅτι γέγονε τοῦ μὲν ἀδελφὸς, τοῦ δὲ ἀδελφιδοῦς βασιλεὺς, ἀλλ' ὅτι παρὰ γνώμην ἀμφοτέρων ἐχειροτονήθη, ὃν αὐτοὶ χειροτονεῖν ἔμελλον. Ὅμως δὲ ἀμφότεροι σύμψηφοι τῆς βασιλείας ἐγένοντο· καὶ τοῦτον τὸν τρόπον ὁ νέος Οὐαλεντινιανὸς ἱδρύθη εἰς τὸν τόπον τοῦ ἰδίου πατρός. Ἰστέον δὲ ὅτι Οὐαλεντινιανῷ ἐγεγόνει οὗτος ἐξ Ἰουστίνης, ἣν ἐπέγημεν, ζώσης αὐτοῦ τῆς προτέρας γυναικὸς Σευήρας, δι' αἰτίαν τοιάνδε. Ἰοῦστος ὁ τῆς Ἰουστίνης πατὴρ, τῆς περὶ Πικίνον ἐπαρχίας ἤδη πρότερον ἐπὶ τῶν Κωνσταντίου χρόνων ἄρχων καθεστὼς, ἴδεν ὄναρ, ὡς ἐκ τοῦ δεξιοῦ μέρους ἁλουργίδα βασιλικὴν ἀπεκύησε. Τὸ δὲ ὄναρ ἐν πολλοῖς λεχθὲν ἥκει καὶ εἰς τὰς ἀκοὰς Κωνσταντίου· ὁ δὲ συμβαλὼν τὸ ὄναρ, ὡς βασιλέως ἐξ αὐτοῦ τεχθησομένου, πέμψας ἀναιρεῖ τὸν Ἰοῦστον· ἡ δὲ αὐτοῦ θυγάτηρ Ἰουστίνα ἀπορφανισθεῖσα τοῦ πατρὸς ἔμεινε, παρθένος οὖσα. Χρόνῳ δὲ ὕστερον τῇ γαμετῇ τοῦ βασιλέως Οὐαλεντινιανοῦ Σευήρᾳ γνωρίμη καθίσταται, καὶ συνεχεῖς ἐποιεῖτο πρὸς τὴν βασίλισσαν τὰς συντυχίας· ἐπεὶ δὲ ἐκρατύνθη ἡ συνήθεια, ἤδη καὶ συνελούετο αὐτῇ. Ὡς οὖν ἴδεν αὐτὴν λουομένην τὴν Ἰουστίναν ἡ Σευήρα, ἠράσθη τοῦ κάλλους τῆς παρθένου· καὶ πρὸς τὸν βασιλέα διεξῄει περὶ αὐτῆς, ὡς οὕτως εἴη θαυμαστὸν ἔχουσα κάλλος ἡ παρθένος ἡ τοῦ Ἰούστου θυγάτηρ, ὡς καὶ αὐτὴν, καίτοι γυναῖκα οὖσαν, ἐρασθῆναι τῆς εὐμορφίας αὐτῆς. Ὁ δὲ βασιλεὺς ταμιευσάμενος τὸν τῆς γυναικὸς λόγον, ἀγαγέσθαι τὴν Ἰουστίναν ἐβουλεύσατο, μὴ ἐκβαλὼν τὴν Σευήραν, ἀφ' ἧς αὐτῷ Γρατιανὸς ἐγεγόνει, ὃν μικρὸν ἔμπροσθεν ἀνηγορεύκει βασιλέα. Νόμον οὖν ὑπαγορεύσας δημοσίᾳ προτίθησι κατὰ πόλεις, ὥστε ἐξεῖναι τῷ βουλομένῳ δύο νομίμους ἔχειν γυναῖκας. Καὶ ὁ μὲν νόμος προέκειτο· ὁ δὲ ἄγεται τὴν Ἰουστίναν, ἀφ' ἧς αὐτῷ γίνεται Οὐαλεντινιανός τε ὁ νέος καὶ θυγατέρες τρεῖς Ἰούστα, Γράτα, Γάλλα. Ὧν αἱ μὲν δύο παρθενεύουσαι διετέλεσαν· Γάλλαν δὲ ὕστερον βασιλεὺς ἔγημε Θεοδόσιος ὁ μέγας, ἀφ' ἧς αὐτῷ Πλακιδία θυγάτηρ ἐγένετο· Ἀρκάδιον γὰρ καὶ Ὀνώριον ἐκ Πλακίλλης ἔσχεν τῆς προτέρας γυναικός. Περὶ μὲν οὖν Θεοδοσίου Cp.v.2;vi.1. καὶ τῶν υἱῶν αὐτοῦ κατὰ τὴν ἑκάστου χώραν ἐροῦμεν.

CAP. XXXII.

Περὶ Θεμιστίου τοῦ φιλοσόφου καὶ ὡς ἐκ τοῦ προσφωνητικοῦ αὐτοῦ λόγου δυσωπηθεὶς Οὐάλης μίκρον τι τὸν κατὰ Χριστιανῶν ἐμετρίασε θάνατον.

Οὐάλης δὲ ἐν τῇ Ἀντιοχείᾳ διάγων ἀπὸ μὲν τῶν ἔξω πολέμων τέως ἡσύχαζε· πανταχόθεν γὰρ οἱ βάρβαροι κατὰ τὰς οἰκείας ἔμενον χώρας. Δεινῶς δὲ ἐπολέμει τοὺς φρονοῦντας τὸ 'ὁμοούσιον,' καὶ καθ' ἑκάστην μείζονας τὰς τιμωρίας ἐφεύρισκεν κατ' αὐτῶν, ἕως αὐτοῦ τὴν πολλὴν ἀπήνειαν ὁ φιλόσοφος Θεμίστιος Cp. Themist. μετριωτέραν τῷ 'προσφωνητικῷ λόγῳ' εἰργάσατο· ἐν ᾧ, 'μὴ δεῖν Religionibus. ξενίζεσθαι ἐπὶ τῇ διαφωνίᾳ τῶν Χριστιανικῶν δογμάτων παραινεῖ τῷ βασιλεῖ· μικρὰν γὰρ εἶναι τὴν αὐτῶν διαφωνίαν, ὡς πρὸς τὸ πλῆθος καὶ τὴν σύγχυσιν τῶν παρ' Ἕλλησι δογμάτων· εἶναι γὰρ ὑπὲρ τὰ τριακόσια δόγματα. Καὶ πρὸς τὸ δόξαν ἐξ ἀνάγκης καὶ τὴν διαφωνίαν εἶναι πολλήν· βούλεσθαί τε οὕτως τὸν Θεὸν διαφόρως δοξάζεσθαι, ἵνα ἕκαστος πλέον αὐτοῦ τὴν μεγαλειότητα φοβοῖτο, ἐκ τοῦ μὴ πρόχειρον ἔχειν τὴν γνῶσιν αὐτοῦ.' Ταῦτα καὶ τὰ τοιαῦτα τοῦ φιλοσόφου προσφωνήσαντος, πρᾳότερος ὁ βασιλεὺς ἐγίνετο· οὐ μὴν τελέως ὑφίει τῆς ὀργῆς, ἀλλὰ ἀντὶ θανάτου ἐξορίαν ἐπετίθει τὴν ζημίαν τοῖς ἱερωμένοις ἀνδράσιν, ἕως ἀπέπαυσεν αὐτοῦ καὶ ταύτην τὴν ὁρμὴν ἐπιγενόμενον πρᾶγμα τοιόνδε.

CAP. XXXIII.

Ὅπως οἱ Γότθοι κατὰ Οὐάλεντα ἐχριστιάνισαν.

Οἱ πέραν τοῦ Ἴστρου βάρβαροι οἱ καλούμενοι Γότθοι, ἐμφύλιον πρὸς ἑαυτοὺς κινήσαντες πόλεμον εἰς δύο μέρη ἐτμήθησαν· ὧν τοῦ ἑνὸς ἡγεῖτο Φριτιγέρνης, τοῦ δὲ ἑτέρου Ἀθανάριχος. Ἐπικρατεστέρου δὲ τοῦ Ἀθαναρίχου φανέντος, Φριτιγέρνης προσφεύγει Ῥωμαίοις, καὶ τὴν αὐτῶν κατὰ τοῦ ἀντιπάλου ἐπεκαλεῖτο βοήθειαν. Γνωρίζεται ταῦτα τῷ βασιλεῖ Οὐάλεντι· καὶ κελεύει τοὺς ἐνιδρυμένους κατὰ τὴν Θρᾴκην στρατιώτας βοηθεῖν τοῖς βαρβάροις κατὰ βαρβάρων στρατεύουσι· καὶ ποιοῦνται νίκην κατὰ Ἀθαναρίχου πέραν τοῦ Ἴστρου, τοὺς πολεμίους εἰς φυγὴν τρέψαντες. Αὕτη πρόφασις γέγονε τοῦ Χριστιανοὺς γενέσθαι τῶν βαρβάρων πολλούς· ὁ γὰρ Φριτιγέρνης, χάριν ἀποδιδοὺς ὧν εὐηργέτητο, τὴν θρησκείαν τοῦ βασιλέως ἠσπάζετο, καὶ τοὺς ὑφ' ἑαυτῷ τοῦτο ποιεῖν προετρέπετο. Διὸ καὶ μέχρι νῦν πλείους οἱ Γότθοι τῆς Ἀρειανῆς θρησκείας ὄντες τυγχάνουσι, τότε διὰ τὸν βασιλέα ταύτῃ προσθέμενοι. Τότε δὲ καὶ Οὐλφίλας ὁ τῶν Γότθων ἐπίσκοπος γράμματα ἐφεῦρε Γοτθικά· καὶ τὰς θείας γραφὰς εἰς τὴν Γότθων μεταβαλὼν, τοὺς βαρβάρους μανθάνειν τὰ θεῖα λόγια παρεσκεύασεν. Ἐπειδὴ δὲ Οὐλφίλας οὐ μόνον τοὺς ὑπὸ Φριτιγέρνην, ἀλλὰ καὶ τοὺς ὑπὸ Ἀθανάριχον ταττομένους βαρβάρους τὸν Χριστιανισμὸν ἐξεδίδασκεν, ὁ Ἀθανάριχος, ὡς παραχαραττομένης τῆς πατρῴου θρησκείας, πολλοὺς τῶν Χριστιανιζόντων τιμωρίαις ὑπέβαλλεν· ὥστε γενέσθαι μάρτυρας τηνικαῦτα βαρβάρους Ἀρειανίζοντας. Ἀλλὰ Ἄρειος μὲν, πρὸς τὴν Σαβελλίου τοῦ Λίβυος δόξαν ἀπαντῆσαι μὴ δυνηθεὶς, τῆς ὀρθῆς ἐξέπεσε πίστεως, 'πρόσφατον Θεὸν' τὸν Υἱὸν τοῦ Θεοῦ δογματίσας. Οἱ δὲ βάρβαροι ἁπλότητι τὸν Χριστιανισμὸν δεξάμενοι, ὑπὲρ τῆς εἰς Χριστὸν πίστεως τῆς ἐνταῦθα ζωῆς κατεφρόνησαν. Ταῦτα μὲν περὶ τῶν Χριστιανιζόντων.

CAP. XXXIV.

Ὡς οἱ Γότθοι ὑφ' ἑτέρων βαρβάρων καταπολεμηθέντες τῇ τῶν Ῥωμαίων χώρᾳ προσέφυγον, καὶ ὑπὸ τοῦ βασιλέως προσεδέχθησαν· ὅπερ αἴτιον ἀπωλείας καὶ τῆς Ῥωμαίων ἀρχῆς καὶ αὐτοῦ τοῦ βασιλέως κατέστη.

Οὐκ εἰς μακρὰν δὲ οἱ βάρβαροι φιλίαν πρὸς ἀλλήλους σπεισάμενοι, αὖθις ὑφ' ἑτέρων βαρβάρων γειτνιαζόντων αὐτοῖς, τῶν καλουμένων Οὔννων, καταπολεμηθέντες, καὶ τῆς ἰδίας ἐξελαθέντες χώρας, εἰς τὴν Ῥωμαίων γῆν καταφεύγουσι, δουλεύειν τῷ βασιλεῖ συντιθέμενοι, καὶ τοῦτο πράττειν ὅπερ ἂν ὁ Ῥωμαίων προστάξειε βασιλεύς. Ταῦτα εἰς γνῶσιν ἥκει τοῦ Οὐάλεντος· καὶ μηδὲν προϊδόμενος, κελεύει τοὺς ἱκετεύοντας οἴκτου τυχεῖν, πρὸς ἓν τοῦτο μόνον οἰκτίρμων γενόμενος. Ἀφορίζει οὖν αὐτοῖς τὰ μέρη τῆς Θρᾴκης, εὐτυχεῖν τὰ μάλιστα ἐπὶ τούτῳ νομίσας· ἐλογίζετο δὲ ὡς εἴη ἕτοιμον καὶ εὐτρεπὲς κτησάμενος κατὰ πολεμίων στράτευμα. Ἤλπιζε γὰρ βαρβάρους Ῥωμαίων φοβερωτέρους ἔσεσθαι φύλακας· καὶ διὰ τοῦτο ἠμέλει τοῦ λοιποῦ τοὺς Ῥωμαίων στρατιώτας αὐξῆσαι. Καὶ τοὺς μὲν ἤδη πάλαι στρατευομένους, καὶ κατὰ τοὺς πολέμους γενναίως ἀγωνισαμένους, ὑπερεώρα· τὸν δὲ συντελούμενον ἐκ τῶν ἐπαρχιῶν κατὰ κώμας στρατιώτην ἐξηργύρισεν, ὀγδοήκοντα χρυσίνους ὑπὲρ ἑκάστου στρατιώτου τοὺς συντελεστὰς ἀπαιτεῖσθαι κελεύσας, οὐ πρότερον τὰς συντελείας κουφίσας αὐτοῖς. Τοῦτο ἀρχὴ γέγονε τοῦ δυστυχῆσαι τότε πρὸς ὀλίγον τὴν Ῥωμαίων ἀρχήν.

CAP. XXXV.

Ὡς ὁ βασιλεὺς τῇ φροντίδι τοῦ πρὸς Γότθους πολέμου τὸν κατὰ Χριστιανῶν πόλεμον ἀνῆκεν.

Οἱ γὰρ βάρβαροι τὴν Θρᾴκην κατειληφότες, ἐν ἀδείᾳ τὴν Ῥωμαίων καρπούμενοι χώραν, τὴν εὐτυχίαν οὐκ ἤνεγκαν· ἀλλὰ κατὰ τῶν εὐεργετησάντων χωροῦσι, καὶ πάντα τὰ περὶ Θρᾴκην ἀνέτρεπον. Ταῦτα οὕτως ἐπιγενόμενα, εἰς γνῶσιν ἐλθόντα τοῦ Οὐάλεντος, τοῦ εἰς ἐξορίαν πέμπειν τοὺς φρονοῦντας τὸ ʽὁμοούσιονʼ ἀφίστατο. Ἐν θορύβῳ γὰρ γενόμενος, εὐθὺς ἐκ τῆς Ἀντιοχείας ἐπὶ τὴν Κωνσταντινούπολιν ἦλθε· διὸ καὶ ὁ κατʼ αὐτὴν Χριστιανικὸς ἐλώφησε πόλεμος. Τότε δὴ καὶ Εὐζώϊος ὁ τῆς Ἀρειανῆς θρησκείας ἐν Ἀντιοχείᾳ προεστὼς τέλει τοῦ βίου ἐχρήσατο, κατὰ τὴν ὑπατείαν Οὐάλεντος τὸ πέμπτον, καὶ Οὐαλεντινιανοῦ νέου τὸ A.D. 376. πρῶτον· καὶ καθίσταται εἰς τὸν τόπον αὐτοῦ Δωρόθεος.

CAP. XXXVI.

Ὡς καὶ Σαρακηνοὶ τηνικαῦτα τῇ πίστει Χριστοῦ προσέθεντο, Μαυΐας γυναικὸς αὐτῶν ἀρχούσης, Μωσῆν τινὰ θεοσεβῆ καὶ πιστὸν μονάζοντα λαβόντες ἐπίσκοπον.

Ἀναχωρήσαντος δὲ τῆς Ἀντιοχείας τοῦ βασιλέως, Σαρακηνοὶ οἱ πρῴην ὑπόσπονδοι, τότε Ῥωμαίων ἀπέστησαν, στρατηγούμενοι ὑπὸ Μαυΐας γυναικὸς, τοῦ ἀνδρὸς αὐτῆς τελευτήσαντος. Πάντα οὖν τὰ ὑπὸ τὴν ἀνατολὴν ὑπὸ τῶν Σαρακηνῶν κατὰ τὸν αὐτὸν ἐπορθεῖτο χρόνον· ἀλλά τις Θεοῦ πρόνοια τὰ Σαρακηνῶν κατέστειλε δι' αιτίαν τοιαύτην. Μωϋσῆς τις ὄνομα, Σαρακηνὸς τὸ γένος, ἐν τῇ ἐρήμῳ τὸν μοναχικὸν μετερχόμενος βίον, ἐπ' εὐλαβείᾳ καὶ πίστει καὶ τεραστίοις περιβόητος ἦν. Τοῦτον ἡ τῶν Σαρακηνῶν βασίλισσα Μαυΐα ἐπίσκοπον τοῦ οἰκείου ἔθνους ᾔτει, λαβεῖν, ἐπὶ συνθήκαις τοῦ καταλῦσαι τὸν πόλεμον. Ταῦτα ἀκούσαντες οἱ Ῥωμαίων στρατηγοὶ ἀγαπητὸν ἡγήσαντο ἐπὶ τοιαύταις συνθήκαις εἰρήνην ποιήσασθαι, εὐθύς τε ὡς εἶχον ἐπέταττον τοῦτο γενέσθαι· καὶ συλληφθεὶς ὁ Μωϋσῆς ἐκ τῆς ἐρήμου ἤγετο εἰς τὴν Ἀλεξάνδρειαν, ἐκεῖ τὴν ἱερωσύνην δεξόμενος. Ἐπεὶ δὲ πρὸς τὸν κρατοῦντα τότε τῶν ἐκκλησιῶν Λούκιον ἤχθη, τὴν χειροτονίαν ἀπέφυγε, τοιαῦτα εἰπὼν πρὸς Λούκιον· ''Εγὼ μὲν ἐμαυτὸν ἡγοῦμαι τῆς ἱερωσύνης ἀνάξιον· εἰ δὲ λυσιτελεῖ τοῦτο τοῖς δημοσίοις πράγμασιν, οὐκ ἐπιθήσει μοι χεῖρα Λούκιος· πεπλήρωται γὰρ αὐτοῦ αἱμάτων ἡ δεξιά.' Τοῦ δὲ Λουκίου λέγοντος, 'μὴ δεῖν ὑβρίζειν, ἀλλὰ πρότερον μανθάνειν παρ' αὐτοῦ τῆς θρησκείας τὰ δόγματα·' ὁ Μωϋσῆς, ''Αλλ' οὐ δογμάτων λόγος,' ἔφη, 'νῦν ζητεῖται· ἀλλ' αἱ πράξεις σου αἱ κατὰ τῶν ἀδελφῶν γενόμεναι ἐξελέγχουσιν ὡς οὐ Χριστιανικὰ ἔχεις δόγματα. Ὁ γὰρ Χριστιανὸς οὐ πλήσσει, οὐ λοιδορεῖ, οὐδὲ μάχεται· "δοῦλον γὰρ Κυρίου οὐ δεῖ μάχεσθαι." Σοῦ δὲ τὰ ἔργα βοᾷ διὰ τῶν πεμφθέντων εἰς ἐξορίαν καὶ θηρίοις παραβληθέντων καὶ πυρὶ παραδοθέντων· μείζονα δὲ ἔχει τὴν ἀπόδειξιν τὰ τοῖς ὀφθαλμοῖς ὁρώμενα ἢ ταῖς ἀκοαῖς λαμβανόμενα.' Ταῦτα καὶ τὰ τοιαῦτα λέγοντα τὸν Μωϋσῆν ἀπῆγον οἱ ἐπιτήδειοι πρὸς τὸ ὄρος, ὅπως ἂν τὴν χειροτονίαν παρὰ τῶν εἰς ἐξορίαν τυγχανόντων δέξηται. Οὕτως οὖν τότε τοῦ Μωϋσέως χειροτονηθέντος, ὁ Σαρακηνῶν ἐσβέσθη πόλεμος· εἶχέ τε τοῦ λοιποῦ ἡ Μαυΐα πρὸς Ῥωμαίους εἰρήνην, ὡς καὶ θυγατέρα αὐτῆς τῷ στρατηλάτῃ κατεγγυῆσαι Βίκτορι. Ταῦτα περὶ Σαρακηνῶν.

CAP. XXXVII.

Ὡς ἀναχωρήσαντος Οὐάλεντος ἀπὸ Ἀντιοχείας, οἱ ἐν τῇ ἀνατολῇ θαρσήσαντες ὀρθόδοξοι, καὶ μάλιστα ἐν Ἀλεξανδρείᾳ, τὸν Λούκιον ἐκβαλόντες αὖθις τῷ Πέτρῳ τὰς ἐκκλησίας παραδεδώκασι, γράμμασι Δαμάσου τοῦ Ῥώμης ἐπισκόπου κατωχυρωμένῳ.

Κατὰ δὲ τὸν καιρὸν τοῦτον τοῦ βασιλέως Οὐάλεντος ἐκ τῆς Ἀντιοχείας ἀναχωρήσαντος, ἀνερρώννυντο ' οἱ πανταχοῦ ἐλαυνόμενοι, καὶ μάλιστα οἱ κατὰ τὴν 'Αλεξάνδρειαν. Πέτρου τε ἐπανελθόντος ἀπὸ τῆς Ῥώμης μετὰ γραμμάτων Δαμάσου τοῦ Ῥώμης ἐπισκόπου βεβαιούντων τὴν τοῦ ' ὁμοουσίου' πίστιν καὶ τὴν τοῦ Πέτρου κατάστασιν, ἀναθαρρήσας ὁ λαὸς τὸν μὲν Λούκιον ἐξελαύνουσιν, ἀντεισάγουσι δὲ τὸν Πέτρον. Ἀλλὰ Λούκιος μὲν ὡς εἶχεν ἐπὶ τὴν Κωνσταντινούπολιν ἔπλεεν· Πέτρος δὲ ὀλίγον ἐπιβιοὺς χρόνον τελευτᾷ, διάδοχον καταλιπὼν Τιμόθεον ἀδελφὸν ἑαυτοῦ.

CAP. XXXVIII.

Ὡς ὁ βασιλεὺς ὑποστρέψας ἐν τῇ Κωνσταντινουπόλει καὶ ὑπὸ τοῦ δήμου διὰ τοὺς Γότθους κατονειδισθεὶς ἐξελαύνει τῆς πόλεως κατὰ βαρβάρων· καὶ συμβαλὼν αὐτοῖς ἐν Ἀδριανουπόλει τῆς Μακεδονίας ὑπ' αὐτῶν ἀναιρεῖται, ζήσας μὲν ἔτη πεντήκοντα, βασιλεύσας δὲ ἔτη ἑξ πρὸς τοῖς δέκα.

Ὁ δὲ βασιλεὺς Οὐάλης περὶ τὴν τριακάδα τοῦ Μαΐου μηνὸς, ἐν τῇ ἕκτῃ ἑαυτοῦ ὑπατείᾳ καὶ Οὐαλεντινιανοῦ τοῦ νέου τὸ δεύτερον, A.D. 378. ἐλθὼν εἰς τὴν Κωνσταντινούπολιν εὑρίσκει τὸν δῆμον ἐν ἀθυμίᾳ καθεστῶτα πολλῇ. Οἱ γὰρ βάρβαροι καταδραμόντες τὴν Θράκην ἤδη καὶ τὰ προάστεια ἐπόρθουν τῆς Κωνσταντινουπόλεως, μηδεμιᾶς οὔσης ἀξιομάχου τηνικαῦτα δυνάμεως. Ἐπεὶ δὲ καὶ τοῖς τείχεσι προσπελάζειν ἐπεχείρουν οἱ βάρβαροι, χαλεπῶς ἡ πόλις ἔφερε τὰ γινόμενα· ἐψιθύριζόν τε κατὰ τοῦ βασιλέως, 'ὡς ἐπαγαγόντος τοὺς πολεμίους, καὶ ὅτι μὴ ἀντεπεξῆγεν εὐθὺς, ἀλλὰ παρεῖλκε τὸν πρὸς τοὺς βαρβάρους πόλεμον.' Καὶ δὴ ἱπποδρομίας ἐπιτελουμένης, πάντες ἐκ συμφωνίας κατεβόων τοῦ βασιλέως ὡς περιορῶντος τὰ πράγματα· ἔκραζον οὖν συντόνως, 'Δὸς ὅπλα καὶ πολεμοῦμεν ἡμεῖς.' Ταῦτα βοώντων, ἐξάπτεται πρὸς ὀργὴν ὁ βασιλεύς· καὶ ὑπερβαίνει περὶ τὴν ἑνδεκάτην τοῦ Ἰουνίου μηνὸς, [Val. ὑπ-ἐκβαίνει.] ἐπαπειλήσας ἢν ὑποστρέψῃ, 'δίκην ἀπὸ Κωνσταντινουπολιτῶν λήψεσθαι, ὧν τότε ὑβρίζειν αὐτὸν ἐδόκουν, καὶ ὑπὲρ ὧν ἤδη πρότερον τῇ τυραννίδι Προκοπίου προσέθεντο· ἔρημόν τε καταστήσειν τὴν πόλιν, καὶ ἄροτρον εἰπὼν βαλεῖν κατ' αὐτὴν,' ἐπὶ τοὺς βαρβάρους ἐχώρει. Καὶ ὠθεῖ μὲν αὐτοὺς πόρρω τῆς πόλεως· ἐδίωκε δὲ ἄχρι τῆς ἐν Θρᾴκῃ Ἀδριανουπόλεως, ἢ ἐν τοῖς ὁρίοις τῆς Μακεδονίας ἐστίν. Ἐκεῖ τε συμβαλὼν τοῖς βαρβάροις, ἀπέθανε τῇ ἐννάτῃ τοῦ Αὐγούστου μηνὸς, ἐν τῇ αὐτῇ ὑπατείᾳ· τοῦτο δὲ ἦν τέταρτον ἔτος τῆς διακοσιοστῆς ὀγδοηκοστῆς ἐννάτης Ὀλυμπιάδος. Καὶ οἱ μὲν πυρὶ φασὶν ἀπολέσθαι αὐτὸν εἰς κώμην καταφυγόντα τινὰ, ἣν ἐπιδραμόντες οἱ βάρβαροι ἐνέπρησαν. Οἱ δὲ ἀμείψαντα τὸ βασιλικὸν σχῆμα φασὶν αὐτὸν εἰς μέσον τὸ στίφος τῶν πεζῶν εἰσδραμεῖν· εἶτα τῶν ἱππέων προσδοκότων, καὶ οὐχ ἁψαμένων τῆς μάχης, ἐν τῇ συμβολῇ τούτους περιχυθέντας πάντας ἀθρόως πεσεῖν. Ἔνθα δὴ φασὶν αὐτὸν ἀγνοηθῆναι κείμενον, οὐκ ὄντος βασιλικοῦ σχήματος τοῦ καταμηνύσοντος ὅστις ἦν. Τελευτᾷ δὲ ζήσας ἔτη πεντήκοντα, συμβασιλεύσας μὲν τῷ ἀδελφῷ ἔτη δεκατρία· μετὰ δὲ τὸν ἀδελφὸν βασιλεύσας ἔτη τρία. Περιέχει ἡ βίβλος χρόνον ἐτῶν δεκάεξ.

LIB. V.

ΠΡΟΟΙΜΙΟΝ.

Πρὶν ἀρξώμεθα τῆς ἱστορίας τοῦ πέμπτου βιβλίου, φαμὲν πρὸς τοὺς μέλλοντας ἐντυγχάνειν τῇδε τῇ ὑποθέσει μὴ μέμψασθαι ἡμῖν, ὅτι προθέμενοι ἐκκλησιαστικὴν ἱστορίαν συγγράψασθαι ἐπιμίγνυμεν αὐτῇ καὶ τοὺς κατὰ καιρὸν γενομένους πολέμους, ὅσων τὴν ἱστορίαν μετὰ τῆς ἀληθείας ἐδυνήθημεν γνῶναι. Τοῦτο γὰρ πολλῶν ἕνεκα ποιοῦμεν· τοῦ εἰς γνῶσιν ἄγειν τὰ γινόμενα· ἀλλὰ γὰρ καὶ τοῦ τοὺς ἐντυγχάνοντας μὴ προσκορεῖς γενέσθαι, ἐκ τοῦ σχολάζειν τῇ φιλονεικίᾳ τῶν ἐπισκόπων, καὶ οἷς κατ' ἀλλήλων ἐτύρευσαν· πρὸ δὲ τούτων, ἵνα γνωσθῇ ὅπως, τῶν δημοσίων ταραττομένων, ὡς ἔκ τινος συμπαθείας καὶ τὰ τῶν ἐκκλησιῶν ἐταράττετο. Εἰ γάρ τις παρατηρήσει, συνακμάσαντα εὑρήσει τά τε δημόσια κακὰ, καὶ τὰ τῶν ἐκκλησιῶν δυσχερῆ· ἢ γὰρ κατὰ ταυτὸ κινηθέντα εὑρήσει, ἢ ἐπακολουθοῦντα ἀλλήλοις· καὶ ποτὲ μὲν τὰ τῶν ἐκκλησιῶν ἡγούμενα, εἶτα αὖθις ἐπακολουθοῦντα τὰ δημόσια· ποτὲ δὲ τοὔμπαλιν. Ὥστε μὲ τὴν διαδοχὴν τούτων μὴ ἔκ τινος συντυχίας δύνασθαι νομίζειν, ἀλλ' ἐκ τῶν ἡμετέρων πλημμελημάτων λαμβάνειν τὰς ἀρχάς· τιμωρίας δὲ ἕνεκεν ἐπιφέρεσθαι τὰ κακὰ, εἴγε κατὰ τὸν ἀπόστολον, 'τινῶν ἀνθρώπων αἱ ἁμαρτίαι πρόδηλοί [1 Tim. v. 24.] εἰσιν, εἰσάγουσαι εἰς κρίσιν· τισὶ δὲ καὶ ἐπακολουθοῦσιν.' Διὰ ταύτην δὴ τὴν αἰτίαν, τῇ ἐκκλησιαστικῇ ἱστορίᾳ καί τινα τῶν δημοσίων πραγμάτων ἐπισυμπλέκομεν. Τὰ μὲν γὰρ ἐπὶ Κωνσταντίνου περὶ τοὺς πολέμους γενόμενα διὰ χρόνου μῆκος εὑρεῖν οὐκ ἰσχύσαμεν. Τῶν δὲ μετὰ ταῦτα, ὅσα παρὰ τῶν ἔτι ζώντων ἐμάθομεν, ἐν ἐπιδρομῇ ποιούμεθα μνήμην. Συνεχῶς δὲ καὶ τοὺς βασιλεῖς τῇ ἱστορίᾳ περιλαμβάνομεν, διότι ἀφ' οὗ Χριστιανίζειν ἤρξαντο, τὰ τῆς ἐκκλησίας πράγματα ἤρτητο ἐξ αὐτῶν, καὶ αἱ μέγισται σύνοδοι τῇ αὐτῶν γνώμῃ γεγόνασί τε καὶ γίνονται. Οὐ μὴν ἀλλὰ τοῦ Ἀρειανισμοῦ μνήμην πεποιήμεθα, διότι τὰς ἐκκλησίας ἐτάραξε. Καὶ ταῦτα μὲν ἐν προοιμίῳ αὐτάρκως εἰρήσθω. Ἤδη δὲ τῆς ἱστορίας ἁπτώμεθα.

CAP. I.

Ὡς μετὰ τὸν θάνατον Οὐάλεντος, τῶν Γότθων ἐπελθόντων κατὰ Κωνσταντινουπόλεως, ὁ δῆμος αὐτῆς ἀντεπεξῆει συμμάχους τοὺς Σαρακηνοὺς ἔχων τοὺς ὑπὸ Μαυΐας ταττομένους.

Τοῦ δὴ βασιλέως Οὐάλεντος ἄδηλον ἐσχηκότος τὴν τελευτήν, οἱ βάρβαροι πάλιν ἕως τῶν τειχῶν τῆς Κωνσταντινουπόλεως ἐλθόντες τὰ περὶ αὐτὴν ἐπόρθουν προάστεια. Ἐφ' οἷς ὁ δῆμος ἀγανακτῶν δι' ἑαυτῶν τοῖς βαρβάροις ἀντεπεξῄεσαν, ἕκαστος τὸ παρατυγχάνον ἀντὶ ὅπλου λαμβάνοντες. Ἐδίδου δὲ τοῖς ἐξιοῦσιν εἰς τὸν πόλεμον ἡ τοῦ βασιλέως γυνὴ Δομνίκα μισθὸν ἐκ τοῦ βασιλικοῦ ταμείου, καθὰ καὶ τοῖς στρατιώταις ἐνενόμιστο. Ἐπεβοήθουν δὲ αὐτοῖς ὀλίγοι Σαρακηνοὶ ὑπόσπονδοι, παρὰ Μαυΐας πεμφθέντες, ἧς καὶ ἀνωτέρω ἐμνημονεύσαμεν. Τοῦτον οὖν τὸν τρόπον τηνικαῦτα τοῦ δήμου ἀγωνισαμένου, πόρρω τῆς πόλεως ἀπεχώρησαν οἱ βάρβαροι.

CAP. II.

Ὡς Γρατιανὸς ὁ βασιλεὺς τοὺς ὀρθοδόξους ἐπισκόπους ἐκ τῶν ἐξοριῶν ἀνακαλεσάμενος τοὺς αἱρετικοὺς τῶν ἐκκλησιῶν ἐξεδίωξε, καὶ κοινωνὸν τῆς βασιλείας Θεοδόσιον προσελάβετο.

Γρατιανὸς δὲ ἅμα τῷ νέῳ Οὐαλεντινιανῷ τῆς βασιλείας ἐγκρατὴς γενόμενος, καταγνούς τε τοῦ θείου Οὐάλεντος τῆς περὶ τοὺς Χριστιανοὺς ὠμότητος, τοὺς μὲν ὑπ' ἐκείνου ἐξορισθέντας ἀνεκάλει· νόμῳ τε ἐθέσπισε, μετὰ ἀδείας ἑκάστην τῶν θρησκειῶν ἀδιορίστως ἐν τοῖς εὐκτηρίοις συνάγεσθαι· μόνους δὲ τῶν ἐκκλησιῶν εἴργειν Εὐνομιανοὺς, Φωτινιανοὺς, καὶ Μανιχαίους. Συνεωρακὼς δὲ κάμνουσαν τὴν Ῥωμαίων ἀρχὴν, καὶ τὰ βαρβάρων ἐπικρατοῦντα, καὶ ὅτι δεῖται τὰ δημόσια γενναίου ἀνδρὸς, κοινωνὸν προσλαμβάνει τῆς βασιλείας Θεοδόσιον, ἄνδρα ἐκ τῶν εὐπατριδῶν τῆς Ἱσπανίας καταγόμενον, πολλά τε κατὰ τοὺς πολέμους ἀγωνισάμενον, καὶ διὰ τοῦτο ἄξιον τῆς βασιλείας ἤδη πάλαι καὶ πρὸ τῆς Γρατιανοῦ

V. 4.] *Macedonians again secede.* 217

χειροτονίας ὑπὸ πάντων κριθέντα. Ἀναγορεύσας οὖν αὐτὸν ἐν τῷ Σιρμίῳ, πόλις δὲ Ἰλλυριῶν αὕτη, ἐν ὑπατείᾳ Αὐσονίου καὶ Ὀλυ- A.D. 379. βρίου, τῇ ἑκκαιδεκάτῃ τοῦ Ἰαννουαρίου μηνός, μερίζεται αὐτῷ τοὺς κατὰ βαρβάρων ἀγῶνας.

CAP. III.

Τίνες ἐπίσκοποι τῶν μεγάλων ἐκκλησιῶν τηνικαῦτα τὴν προστασίαν εἶχον.

Κατὰ δὲ τὸν χρόνον τοῦτον, τῆς μὲν ἐν Ῥώμῃ ἐκκλησίας Δάμασος προΐστατο διαδεδεγμένος Λιβέριον· τῆς δὲ Ἱεροσολύμων ἔτι Κύριλλος ἐκράτει· ἡ δὲ ἐν Ἀντιοχείᾳ, ὡς ἔφημεν, τριχῇ διῄρητο. Τῶν μὲν γὰρ ἐκκλησιῶν Δωρόθεος ὁ Ἀρειανὸς μετὰ Εὐζώϊον ἐγκρατὴς ἐγένετο· τῶν δὲ ἄλλων οἱ μὲν ὑπὸ Παυλίνῳ, οἱ δὲ ὑπὸ Μελιτίῳ τῆς ἐξορίας ἀνακληθέντι ἐτάττοντο. Καὶ τῶν κατὰ Ἀλεξάνδρειαν δέ, Ἀρειανῶν μὲν Λούκιος καὶ ἐν φυγῇ διάγων· τῆς δὲ 'ὁμοουσίου' πίστεως Τιμόθεος μετὰ Πέτρον προΐστατο. Ἐν δὲ Κωνσταντινουπόλει τῶν μὲν ἐκκλησιῶν Δημόφιλος ἦν ἐγκρατής, ὁ μετὰ Εὐδόξιον τῆς Ἀρειανῆς προεστὼς θρησκείας· οἱ δὲ τοῦτον ἐκτρεπόμενοι καθ' ἑαυτοὺς τὰς συναγωγὰς ἐποιοῦντο.

CAP. IV.

Ὡς Μακεδονιανοὶ οἱ πρότερον πρὸς τὸν Ῥώμης Δάμασον περὶ τοῦ ὁμοουσίου διαπρεσβευσάμενοι αὖθις τῇ προτέρᾳ πλάνῃ ὑπήχθησαν.

Μακεδονιανοὶ δὲ μετὰ τὴν πρὸς Λιβέριον πρεσβείαν ἀδιάφορον ἕως τινὸς χρόνου τὴν κοινωνίαν ἐποιοῦντο, κατὰ τὰς ἐκκλησίας τὰς ἐν ἑκάστῃ πόλει ἀλλήλοις ἐπιμιγνύμενοι αὐτοί τε καὶ οἱ ἐξ ἀρχῆς τὸν ὅρον τῆς ἐν Νικαίᾳ στέρξαντες πίστεως. Ἐπειδὴ δὲ ὁ Γρατιανοῦ τοῦ βασιλέως νόμος ἄδειαν ταῖς θρησκείαις παρεῖχε, διακριθῆναι πάλιν ἐσπούδασαν. Συναχθέντες δὲ ἐν Ἀντιοχείᾳ τῆς Συρίας αὖθις ἐδογμάτισαν ἐκτρέπεσθαι τὴν τοῦ 'ὁμοουσίου' φωνήν, καὶ τοῖς ἀσπαζομένοις τὴν ἐν Νικαίᾳ πίστιν μηδαμῶς ἐπιμίγνυσθαι. Ἀλλ' οὐκ ἀπώναντο τοῦ ἐπιχειρήματος· καταγνόντες γὰρ αὐτῶν οἱ πλείους, ὡς ἄλλοτε ἄλλα δογματιζόντων, ἀπέστησάν τε αὐτῶν καὶ τοῖς τὸ 'ὁμοούσιον' φρονοῦσι βεβαίως ἡνώθησαν.

CAP. V.

Περὶ τῶν ἐν Ἀντιοχείᾳ διὰ Παυλῖνον καὶ Μελίτιον τηνικαῦτα συμβάντων.

Τότε δὴ καὶ τὰ κατὰ Ἀντιόχειαν τὴν ἐν Συρίᾳ διὰ Μελίτιον φιλονεικίαν ἔσχεν τοιάνδε. Φθάσαντες εἴπομεν, ὅτι Παυλῖνος ὁ τῆς Ἀντιοχείας ἐπίσκοπος δι᾿ ὑπερβάλλουσαν εὐλάβειαν εἰς ἐξορίαν οὐκ ἐπέμπετο. Μελίτιος δὲ μετὰ τὴν ὑπὸ Ἰουλιανοῦ ἀνάκλησιν, πάλιν ὑπὸ Οὐάλεντος ἐξορισθεὶς, ὕστερον ἐπὶ Γρατιανοῦ ἀνεκλήθη· ἐλθών τε εἰς Ἀντιόχειαν, κατέλαβε Παυλῖνον ἤδη γηραιὸν ὄντα. Εὐθὺς οὖν πάντες οἱ αὐτῷ προσκείμενοι σπουδὴν ἐτίθεντο σύνθρονον γενέσθαι Παυλίνῳ τὸν Μελίτιον. Τοῦ δὲ Παυλίνου λέγοντος, ʻ παρὰ κανόνας εἶναι σύνθρονον λαβεῖν τὸν ὑπὸ Ἀρειανῶν χειροτονηθέντα,ʼ ἐκβιάζεται ὁ λαός· καὶ ἐν μιᾷ τῶν πρὸ τῆς πόλεως ἐκκλησιῶν παρασκευάζουσιν ἐνθρονισθῆναι αὐτόν. Τούτου γενομένου, πολλὴ φιλονεικία κεκίνητο· μετὰ δὲ ταῦτα εἰς ὁμόνοιαν ἦλθον οἱ λαοὶ ἐπὶ τοιαύταις συνθήκαις. Συναγαγόντες τοὺς ὑποψηφίους εἰς ἐπισκοπὴν, εὑρίσκουσι τοὺς πάντας τὸν ἀριθμὸν ἐξ, ἐν οἷς ἦν καὶ Φλαβιανός· ὅρκῳ τε τούτους ἠσφαλίσαντο, τὸ μηδένα παρελθεῖν εἰς τὴν ἐπισκοπὴν, ἑνὸς τῶν ἐπισκόπων προτελευτήσαντος, ἀλλὰ συγχωρεῖν τὸν ὑπολειφθέντα κατέχειν τοῦ προαπελθόντος τὸν θρόνον. Οὕτω δοθέντων τῶν ὅρκων, ὁ λαὸς εἶχεν ὁμόνοιαν καὶ οὐκέτι πρὸς ἀλλήλους διεκρίνοντο· οἱ δὲ Λουκίφεροι διὰ τοῦτο διεκρίθησαν, ὅτι Μελίτιος ὑπὸ τῶν Ἀρειανῶν χειροτονηθεὶς εἰς τὴν ἐπισκοπὴν ἐδέχθη. Ἐν τοιαύτῃ καταστάσει τῶν ἐν Ἀντιοχείᾳ καθεστώτων, ἐδέησε τὸν Μελίτιον ἐλθεῖν ἐπὶ τὴν Κωνσταντινούπολιν,

CAP. VI.

Ὡς Γρηγόριος ὁ Ναζιανζοῦ κοινῷ δόγματι τῶν ὀρθοδόξων τὴν προστασίαν τῆς ἐν Κωνσταντινουπόλει ἐκκλησίας ἀναδέδεκται, καθ᾿ ὃν καιρὸν καὶ Θεοδόσιος ὁ βασιλεὺς μετὰ τὴν κατὰ τῶν βαρβάρων νίκην ἐν Θεσσαλονίκῃ νοσήσας ὑπὸ Ἀσχολίου τοῦ ἐπισκόπου βαπτίζεται.

Ὅτε κοινῷ δόγματι πολλῶν ἐπισκόπων Γρηγόριος ἀπὸ τῆς Ναζιανζοῦ πρὸς τὴν Κωνσταντινουπόλεως ἐπισκοπὴν μετετίθετο. Τοῦτο μὲν οὕτως ἐγένετο. Ὑπὸ δὲ τὸν αὐτὸν χρόνον οἱ βασιλεῖς Γρατιανὸς καὶ Θεοδόσιος κατὰ βαρβάρων ἤραντο νίκας· καὶ Γρα-

Theodosius at Constantinople.

τιανὸς μὲν εὐθὺς ἐπὶ τὰς Γαλλίας ἐχώρει, 'Αλαμανῶν κατατρεχόντων τὴν ἐκεῖ χώραν· Θεοδόσιος δὲ μετὰ τὰ τρόπαια ἐπὶ τὴν Κωνσταντινούπολιν σπεύδων τὴν Θεσσαλονίκην καταλαμβάνει. Ἐκεῖ τε ἀρρωστίᾳ περιπεσὼν ἀξιωθῆναι τοῦ Χριστιανικοῦ βαπτίσματος ἐπεθύμησεν, ἄνωθεν μὲν ἐκ προγόνων Χριστιανὸς ὑπάρχων, καὶ τῇ τοῦ ' ὁμοουσίου ' πίστει προσκείμενος. Τὸ δὲ βαπτισθῆναι διὰ τὴν ἀρρωστίαν σπεύσας, ἐπιζητήσας τε τὸν Θεσσαλονικέων ἐπίσκοπον, ἠρώτησε πρότερον ποίαν πίστιν ἠσπάζετο. Τοῦ δὲ εἰπόντος, ὡς ' οὐ παρῆλθεν ἡ 'Αρειανῶν δόξα κατὰ τὰ 'Ιλλυριῶν ἔθνη, οὐδὲ ἴσχυσε συναρπάσαι ἡ παρ' ἐκείνου γεγενημένη καινοτο- Cp. i. 6; ii. 37. μία τὰς τῇδε ἐκκλησίας, ἀλλὰ μένουσι φυλάσσοντες ἀσάλευτον τὴν ἄνωθεν μὲν καὶ ἐξ ἀρχῆς ἐκ τῶν ἀποστόλων παραδοθεῖσαν πίστιν, ἐν δὲ τῇ κατὰ Νίκαιαν συνόδῳ βεβαιωθεῖσαν,' ὁ βασιλεὺς ἀσμενέστατα ὑπὸ 'Ασχολίου τοῦ ἐπισκόπου βαπτίζεται. 'Αναρρωσθεὶς οὖν ἐκ τῆς νόσου μετ' οὐ πολλὰς τὰς ἡμέρας ἐπὶ τὴν Κωνσταντινούπολιν ἔρχεται, περὶ τὴν τετάρτην καὶ εἰκάδα τοῦ Νοεμβρίου μηνός, ἐν ὑπατείᾳ Γρατιανοῦ τὸ πέμπτον καὶ αὐτοῦ A.D. 380. Θεοδοσίου τὸ πρῶτον.

CAP. VII.

Ὡς Γρηγορίου εἰσελθόντος ἐν Κωνσταντινουπόλει, καί τινων ἐπισκόπων ἐπὶ τούτῳ διαγογγυσάντων, αὐτὸς τῆς ἐκκλησίας τὴν προστασίαν παρῃτήσατο· ὁ δὲ βασιλεὺς τῷ 'Αρειανῷ ἐπισκόπῳ Δημοφίλῳ δηλοῖ ἢ προσθέσθαι τῷ ὁμοουσίῳ ἢ τῆς πόλεως ἐξιέναι· ὅπερ μᾶλλον ἐποίησεν.

Τότε δὲ Γρηγόριος ὁ Ναζιανζοῦ μετατεθεὶς εἴσδον τῆς πόλεως ἐν μικρῷ εὐκτηρίῳ τὰς συναγωγὰς ἐποιεῖτο· ᾧτινι ὕστερον οἱ βασιλεῖς μέγιστον οἶκον εὐκτήριον προσσυνάψαντες ''Αναστασίαν' ὠνόμασαν. Γρηγόριος μὲν οὖν, ἀνὴρ ἐλλόγιμος καὶ εὐλαβείᾳ τοὺς καθ' ἑαυτὸν ὑπερβάλλων, γνοὺς διαγογγύζοντάς τινας, ὡς εἴη ὑπερόριος, ἀσμένως τὴν τοῦ βασιλέως παρουσίαν δεξάμενος τὴν ἐν Κωνσταντινουπόλει διαγωγὴν παρῃτήσατο. Ὁ μέντοι βασιλεὺς ἐν τοιαύτῃ καταστάσει τὴν ἐκκλησίαν εὑρών, φροντίδα ἐτίθετο, ὅπως οὖν εἰρήνην ποιήσας ὁμόνοιαν κατεργάσηται, καὶ τὰς ἐκκλησίας αὐξήσειε. Δηλοῖ οὖν εὐθὺς τῷ Δημοφίλῳ, ὃς τῆς 'Αρειανῆς θρησκείας προεϊστήκει, εἰ βούλοιτο πιστεύειν τῇ κατὰ Νίκαιαν συνόδῳ, ἐνοῦν τε τὸν λαὸν καὶ τὴν εἰρήνην ἀσπάζεσθαι. Τοῦ δὲ φυγόντος τὴν πρότασιν·

'Οὐκοῦν,' ἔφη ὁ βασιλεὺς, 'εἰ τὴν εἰρήνην καὶ τὴν ὁμόνοιαν φεύγεις, φεύγειν σε καὶ τῶν εὐκτηρίων τόπων κελεύω.' Ταῦτα ἀκούσας ὁ Δημόφιλος, καὶ λογισάμενος ὡς χαλεπὸν πρὸς κρείσσονας ἀντιπίπτειν, συγκαλεσάμενος ἐν τῇ ἐκκλησίᾳ τὰ πλήθη, ἐν μέσοις τε ἀναστὰς, τοιάδε δι' αὐτοῦ πρὸς τοὺς ὑπηκόους ἐφθέγξατο. 'Ἀδελφοὶ, γέγραπται,' φησὶν, 'ἐν τῷ εὐαγγελίῳ· "Ἐὰν ὑμᾶς διώκωσιν ἐκ τῆς πόλεως ταύτης, φεύγετε εἰς τὴν ἄλλην·" ἐπεὶ τοίνυν ὁ βασιλεὺς τῶν ἐκκλησιῶν χρῄζει, ἴστε τῇ ἑξῆς συναχθησομένους ἡμᾶς ἔξω τῆς πόλεως.' Ταῦτα εἶπε, καὶ ἐξῆλθεν· οὐχ ὡς τὸ τοῦ εὐαγγελίου λόγιον ἔχει τὴν θεωρίαν εἰδὼς, ἐκ τῆς τοῦ κόσμου διαγωγῆς τούτους φεύγοντας ζητεῖν τὴν ἄνω Ἱερουσαλήμ. Ἀλλ' ἔξω τῶν πυλῶν τῆς πόλεως τὰς συναγωγὰς τοῦ λοιποῦ ἐποιήσατο. Συνεξῄει δὲ αὐτῷ καὶ Λούκιος ὁ τῆς Ἀλεξανδρείας, ὡς πρότερον ἔφην, ἐκβληθεὶς, φυγῇ τε χρησάμενος, ἐν τῇ Κωνσταντινουπόλει διέτριβεν. Οὕτω μὲν οὖν οἱ Ἀρειανοὶ ἐπὶ τεσσαράκοντα ἔτη τῶν εὐκτηρίων τόπων κρατήσαντες, τὴν τοῦ βασιλέως Θεοδοσίου ὁμόνοιαν φεύγοντες ὑπεξῆλθον τῆς πόλεως, ἐν ὑπατείᾳ Γρατιανοῦ τὸ πέμπτον καὶ Θεοδοσίου τοῦ Αὐγούστου τὸ πρῶτον, μηνὶ Νοεμβρίῳ, εἰκάδι ἕκτῃ. Ἀντεισῄεσαν δὲ καὶ ἀπελάμβανον οἱ τῆς 'ὁμοουσίου' πίστεως τὰς ἐκκλησίας.

CAP. VIII.

Περὶ τῶν ρν' ἐπισκόπων τῶν συνελθόντων ἐν Κωνσταντινουπόλει· καὶ περὶ ὧν αὐτοὶ ἐθέσπισαν, χειροτονήσαντες ἐν αὐτῇ καὶ Νεκτάριον.

Μηδὲν δὲ ὁ βασιλεὺς ὑπερθέμενος, σύνοδον ἐπισκόπων τῆς αὐτοῦ πίστεως συγκαλεῖ, ἐπὶ τῷ κρατύναι τὴν ἐν Νικαίᾳ πίστιν καὶ χειροτονῆσαι τῇ Κωνσταντινουπόλει ἐπίσκοπον. Ἐλπίσας δὲ δύνασθαι καὶ τοὺς ἀπὸ Μακεδονίου ἑνῶσαι τοῖς ἑαυτοῦ, καὶ τοὺς ἐκείνης τῆς αἱρέσεως προεστῶτας ἐκάλεσε. Συνῆλθον οὖν τῆς μὲν 'ὁμοουσίου' πίστεως, ἐκ μὲν Ἀλεξανδρείας Τιμόθεος· ἐκ δὲ Ἱεροσολύμων Κύριλλος, τότε ἐκ μεταμελείας τῷ 'ὁμοουσίῳ' προσκείμενος. Μελίτιος δὲ ἐξ Ἀντιοχείας πάλαι παρῆν, ὅτε διὰ τὴν Γρηγορίου κατάστασιν μετεστάλη· καὶ ἐκ Θεσσαλονίκης Ἀσχόλιος, καὶ ἄλλοι πολλοί· πάντες δὲ ἦσαν ἑκατὸν πεντήκοντα. Τοῦ δὲ Μακεδονιανῶν μέρους ἡγεῖτο μὲν Ἐλεύσιος ὁ Κυζίκου, καὶ Μαρκιανὸς Λαμψάκου·

V. 8.] *Proceedings of the Council.* 221

πάντες δὲ ἦσαν τριάκοντα ἐξ, ὧν αἱ πλείους τῶν περὶ Ἑλλήσποντον πόλεων ἦσαν. Συνῆλθον οὖν ἐν ὑπατείᾳ Εὐχαρίου καὶ Εὐαγρίου, A.D. 381. τῷ Μαΐῳ μηνί. Ὁ οὖν βασιλεὺς, καὶ οἱ τῆς αὐτοῦ πίστεως ἐπίσκοποι, παντοῖοι ἐγένοντο ὁμονοῆσαι αὐτοῖς τοὺς περὶ Ἐλεύσιον, ὑπομιμνήσκοντες τῆς πρεσβείας, ἧς αὐτοὶ πρὸς Λιβέριον πρότερον Cp. iv. 12. τὸν Ῥώμης ἐπίσκοπον διὰ τῶν περὶ Εὐστάθιον ἐπεποίηντο· καὶ ὅτι οὐ πρὸ πολλοῦ χρόνου τὴν κοινωνίαν ἑκουσίως ἀδιάκριτον ἐποιήσαντο· μὴ ποιεῖν τε ὅσια τοὺς ἐπιγνόντας τὴν ὁμογνώμονα πίστιν, αὖθις ἐπιχειρεῖν ἀνατρέπειν τὰ καλῶς αὐτοῖς ἐγνωσμένα. Οἱ δὲ, μικρὰ καὶ τῶν παραινέσεων καὶ τῶν ἐλέγχων φροντίσαντες, μᾶλλον ἔφασαν τὴν Ἀρειανὴν αἱρεῖσθαι ὁμολογεῖν δόξαν ἢ τῷ 'ὁμοουσίῳ' συντίθεσθαι. Ταῦτα ἀποκρινάμενοι ἀπηλλάγησαν τῆς Κωνσταντινουπόλεως· ἔγραφον δὲ τοῖς κατὰ πόλεις παρεγγυῶντες, μηδαμῶς ὁμονοῆσαι εἰς τὴν πίστιν τῆς ἐν Νικαίᾳ συνόδου. Οἱ δὲ τοῦ ἑτέρου μέρους ἐπιμείναντες περὶ χειροτονίας ἐπισκόπου βουλὴν ἐτίθεντο· Γρηγόριος γὰρ, ὡς μικρὸν ἔμπροσθεν ἔφην, παραιτησάμενος ἐπὶ τὴν Ναζιανζὸν ἀπαίρειν ἐστέλλετο. Ἦν δέ τις Νεκτάριος ὄνομα, συγκλητικοῦ μὲν γένους, ἐπιεικὴς δὲ τὸν τρόπον, δι' ὅλου θαυμαζόμενος, καίτοι τὴν τοῦ πραίτωρος χειρίζων ἀρχήν· ὃς ἁρπασθεὶς ὑπὸ τοῦ λαοῦ εἰς τὴν ἐπισκοπὴν προεβλήθη, τῶν τότε παρόντων ἑκατὸν πεντήκοντα ἐπισκόπων χειροτονησάντων αὐτόν. Τότε δὴ καὶ ὅρον ἐκφέρουσιν, ὥστε τὸν Κωνσταντινουπόλεως ἐπίσκοπον 'τὰ πρεσ- Can. 3. βεῖα ἔχειν τῆς τιμῆς μετὰ τὸν Ῥώμης ἐπίσκοπον, διὰ τὸ εἶναι αὐτὴν νέαν Ῥώμην.' Ἐβεβαίωσάν τε αὖθις τὴν ἐν Νικαίᾳ πίστιν· καὶ πατριάρχας κατέστησαν διανειμάμενοι τὰς ἐπαρχίας, ὥστε τοὺς ὑπὲρ διοίκησιν ἐπισκόπους ταῖς ὑπερορίοις ἐκκλησίαις μὴ ἐπιβαί- Cp. Can. 2. νειν· τοῦτο γὰρ πρότερον διὰ τοὺς διωγμοὺς ἐγίνετο ἀδιαφόρως. Καὶ κληροῦται Νεκτάριος μὲν τὴν μεγαλόπολιν καὶ τὴν Θράκην· τῆς δὲ Ποντικῆς διοικήσεως Ἑλλάδιος ὁ μετὰ Βασίλειον Καισαρείας τῆς Καππαδοκῶν ἐπίσκοπος, Γρηγόριος ὁ Νύσσης ὁ Βασιλείου ἀδελφὸς, (Καππαδοκίας δὲ καὶ ἥδε πόλις,) καὶ Ὀτρήϊος ὁ τῆς ἐν Ἀρμενίᾳ Μελιτηνῆς τὴν πατριαρχίαν ἐκληρώσατο. Τὴν Ἀσιανὴν [Qu. ἐκληρώσαντο;] δὲ λαγχάνουσιν Ἀμφιλόχιος ὁ Ἰκονίου, καὶ Ὄπτιμος ὁ Ἀντιοχείας τῆς Πισιδίας. Τὰ δὲ κατὰ τὴν Αἴγυπτον Τιμοθέῳ τῷ Ἀλεξανδρείας προσενεμήθη. Τῶν δὲ κατὰ τὴν ἀνατολὴν ἐκκλησιῶν τὴν διοίκησιν τοῖς αὐτῆς ἐπισκόποις ἐπέτρεψαν, Πελαγίῳ τε τῷ Λαοδικείας καὶ Διοδώρῳ τῷ Ταρσοῦ, φυλάξαντες τὰ πρεσβεῖα τῇ Ἀντιοχέων ἐκκλησίᾳ, ἅπερ τότε παρόντι Μελιτίῳ ἔδοσαν. Ὥρισαν δὲ, ὥστε εἰ χρεία καλέσοι, τὰ καθ᾽ ἑκάστην ἐπαρχίαν ἵνα ἡ τῆς ἐπαρχίας σύνοδος διοικῇ. Τούτοις καὶ ὁ βασιλεὺς ἐγένετο σύμψηφος. Ἡ μὲν οὖν σύνοδος τοιοῦτον ἔσχε τέλος.

CAP. IX.

Ὡς ὁ βασιλεὺς Θεοδόσιος Παύλου τοῦ Κωνσταντινουπόλεως ἐπισκόπου τὸ σῶμα σὺν τιμῇ μετεκόμισεν ἀπὸ τῆς ἐξορίας· ὅτε καὶ ὁ τῆς Ἀντιοχέων Μελίτιος τέλει τοῦ βίου ἐχρήσατο.

Ὁ δὲ βασιλεὺς τὸ σῶμα Παύλου τοῦ ἐπισκόπου ἐκ τῆς Ἀγκύρας τότε μετέφερεν· ὃν Φίλιππος ὁ τῶν βασιλείων ἔπαρχος διὰ Μακεδόνιον εἰς ἐξορίαν πέμψας ἐν Κουκουσσῷ τῆς Ἀρμενίας ἀποπνιγῆναι πεποίηκεν, ὥς μοι καὶ πρότερον εἴρηται. Σὺν τιμῇ οὖν καὶ σεβάσματι πολλῷ δεξάμενος, εἰς τὴν ἐκκλησίαν τὴν νῦν ἐξ αὐτοῦ χρηματίζουσαν ἀπέθετο, ἣν πρότερον οἱ τὰ Μακεδονίου φρονοῦντες κατέσχον τῶν Ἀρειανῶν χωρισθέντες, τότε δὲ ἐξωσθέντες ὑπὸ τοῦ βασιλέως, ὅτι αὐτοῦ τὴν πίστιν ἀπέφυγον. Τότε δὴ καὶ Μελίτιος ὁ τῆς Ἀντιοχείας ἐπίσκοπος ἀρρωστίᾳ περιπεσὼν ἐτελεύτησεν· ὅτε καὶ τὸν ἐπικήδειον ἐπ᾽ αὐτῷ λόγον ὁ ἀδελφὸς Βασιλείου Γρηγόριος ἐπεξῆλθεν. Ἀλλὰ Μελιτίου μὲν τὸ σῶμα οἱ προσήκοντες ἐπὶ τὴν Ἀντιόχειαν διεκόμισαν. πάλιν δὲ οἱ Μελιτίῳ προσκείμενοι ὑπὸ Παυλῖνον εἶναι οὐκ ἤθελον, ἀλλ᾽ εἰς τόπον Μελιτίου Φλαβιανὸν προβληθῆναι παρασκευάζουσι· πάλιν τε ὁ λαὸς ἄνωθεν διεκρίνετο. Οὕτως αὖθις διὰ τοὺς ἐπισκόπους, οὐ μὴν διὰ τὴν πίστιν, ἡ Ἀντιοχέων ἐκκλησία διῄρητο.

CAP. X.

Ὡς τοῦ βασιλέως σύνοδον πασῶν τῶν αἱρέσεων γενέσθαι παρακελευσαμένου, ἅμα καὶ Ἀρκάδιος ὁ υἱὸς αὐτοῦ Αὔγουστος ἀνηγορεύθη, οἱ μὲν Ναυατιανοὶ μόνοι κατὰ τὴν πίστιν ὁμοφρονοῦντες τοῖς τοῦ ὁμοουσίου ἔνδον τῆς πόλεως συνάγειν ἐπετράπησαν· οἱ δὲ λοιποὶ τῶν αἱρετικῶν ἀπηλάθησαν.

Ἐγίνοντο δὲ ταραχαὶ καὶ κατὰ τὰς ἄλλας πόλεις, ἐξωθουμένων τῶν Ἀρειανιζόντων ἐκ τῶν εὐκτηρίων τόπων. Ἐφ᾽ ᾧ θαυμάσαι ἔπεισι τὴν τοῦ βασιλέως γνώμην· οὐ γὰρ ἠνέσχετο ὅσον τὸ ἐπ᾽

αὐτῷ θορύβων πληρῶσαι τὰς πόλεις· ἀλλὰ βραχέως χρόνου διελ- [βραχέος.]
θόντος, αὖθις σύνοδον πασῶν τῶν αἱρέσεων συγκροτηθῆναι παρεσκεύασε, νομίσας ἐκ τῆς πρὸς ἑαυτοὺς τῶν ἐπισκόπων διαλέξεως
μίαν παρὰ πᾶσιν ὁμόφωνον δόξαν κρατήσειν. Ταύτην ἡγοῦμαι τὴν
πρόθεσιν τοῦ βασιλέως αἰτίαν αὐτῷ τοῦ εὖ πράττειν γενέσθαι· θείᾳ
γάρ τινι προνοίᾳ ὑπὸ τοὺς αὐτοὺς χρόνους τὰ βαρβάρων ἔθνη αὐτῷ
ὑπετάττετο. Ἐν οἷς καὶ Ἀθανάριχος ὁ τῶν Γότθων ἀρχηγὸς ὑπήκοον ἑαυτὸν ἅμα τῷ οἰκείῳ πλήθει παρέσχεν, ὃς καὶ εὐθὺς ἐν
Κωνσταντινουπόλει τὸν βίον κατέστρεψεν. Τότε δὴ καὶ ὁ βασιλεὺς τὸν υἱὸν Ἀρκάδιον Αὔγουστον ἀνηγόρευσε κατὰ τὴν ὑπατείαν
Μερογαύδου τὸ δεύτερον καὶ Σατορνίλου, τῇ ἑκκαιδεκάτῃ τοῦ Ἰαν- A.D. 383.
νουαρίου μηνός. Οὐκ εἰς μακρὰν δὲ μετὰ ταῦτα παρῆσαν οἱ
πανταχόθεν πάσης θρησκείας ἐπίσκοποι, κατὰ τὴν αὐτὴν ὑπατείαν,
τῷ Ἰουνίῳ μηνί. Μεταπεμψάμενος οὖν ὁ βασιλεὺς Νεκτάριον τὸν
ἐπίσκοπον, ἐκοινολογεῖτο πρὸς αὐτὸν, τίς ἂν γένοιτο μηχανὴ ὅπως
ἂν μὴ διαφωνοίη ὁ Χριστιανισμὸς, ἀλλ' ἐνωθῇ ἡ ἐκκλησία· ἔλεγέν
τε ' δεῖν γυμνασθῆναι τὸ χωρίζον τὰς ἐκκλησίας ζήτημα, τήν τε
διαφωνίαν ἐκποδὼν ποιήσαντας, ὁμοφωνίαν ταῖς ἐκκλησίαις ἐργάσασθαι.' Τοῦτο ἀκούσας ὁ Νεκτάριος ἐν φροντίσιν ἦν· καὶ μεταστειλάμενος τὸν τηνικαῦτα τῶν Ναυατιανῶν ἐπίσκοπον Ἀγέλιον,
ὡς κατὰ τὴν πίστιν ὁμόφρονα, φανερὰν αὐτῷ τὴν τοῦ βασιλέως
καθίστησι γνώμην. Ὁ δὲ τὰ μὲν ἄλλα ἦν εὐλαβὴς, συστῆναι δὲ
λόγοις περὶ τοῦ δόγματος οὐκ ἰσχύων, ἀναγνώστην ὑπ' αὐτῷ Σισίννιον ὄνομα πρὸς τὸ διαλεχθῆναι προεβάλλετο. Σισίννιος δὲ ἀνὴρ
ἐλλόγιμος καὶ πραγμάτων ἔμπειρος, ἀκριβῶς τε εἰδὼς τὰς τῶν
ἱερῶν γραμμάτων ἑρμηνείας καὶ τὰ φιλόσοφα δόγματα, συνεῖδεν
ὡς αἱ διαλέξεις οὐ μόνον οὐχ ἑνοῦσι τὰ σχίσματα, ἀλλὰ γὰρ καὶ
φιλονεικοτέρας τὰς αἱρέσεις μᾶλλον ἀπεργάζονται· καὶ διὰ τοῦτο
τοιάνδε τινὰ συμβουλὴν τῷ Νεκταρίῳ ὑπέθετο. Εὖ ἐπιστάμενος
ὡς οἱ παλαιοὶ ἀρχὴν ὑπάρξεως τῷ Υἱῷ τοῦ Θεοῦ δοῦναι ἀπέφυγον,
κατειλήφεισαν γὰρ αὐτὸν συναΐδιον τῷ Πατρὶ, συμβουλεύει φυγεῖν
μὲν τὰς διαλεκτικὰς μάχας, μάρτυρας δὲ καλέσειν τὰς ἐκδόσεις
τῶν παλαιῶν· καὶ πεύσιν παρὰ τοῦ βασιλέως τοῖς αἱρεσιάρχαις
προσάγεσθαι, ' πότερον λόγον ποτὲ ποιοῦνται τῶν πρὸ τῆς διαιρέσεως ἐν τῇ ἐκκλησίᾳ προσαρμοσάντων διδασκάλων, ἢ ὡς ἀλλο- [προακμασάντων. Val.]
τρίους τοῦ Χριστιανισμοῦ παρακρούονται. Εἰ μὲν γὰρ τούτους

ἀθετοῦσιν, οὐκοῦν ἀναθεματίζειν αὐτοὺς τολμάτωσαν· καὶ εἰ τοῦτο τολμῆσαι ποιήσωσιν, ὑπὸ τοῦ πλήθους ἐξελαθήσονται. Καὶ τούτου γενομένου, προφανὲς ἔσται ἡ νίκη τῆς ἀληθείας. Εἰ δὲ μὴ παρακρούονται τοὺς ἀρχαίους τῶν διδασκάλων, ἡμέτερόν ἐστι τὸ παρασχεῖν τὰς βίβλους τῶν παλαιῶν, δι' ὧν ἡ παρ' ἡμῶν δόξα μαρτυρηθήσεται.' Ταῦτα ἀκούσας παρὰ τοῦ Σισιννίου ὁ Νεκτάριος δρομαῖος ἐπὶ τὰ βασίλεια χωρεῖ· γνωρίζει δὲ τῷ βασιλεῖ τὰ συμβεβουλευμένα αὐτῷ. Ὁ δὲ ἁρπάζει τὴν γνώμην, καὶ σοφῶς τὸ πρᾶγμα μετεχειρίσατο· οὐ γὰρ προειπὼν τὸν σκοπὸν, ἐδήλωσε μόνον, ' εἰ λόγον ἔχουσι καὶ δέχονται τὰ τῶν πρὸ τῆς διαιρέσεως τῆς ἐκκλησίας διδασκάλων.' Τῶν δὲ οὐκ ἀρνησαμένων, ἀλλὰ καὶ πάνυ τιμᾷν αὐτοὺς ὡς καθηγητὰς εἰπόντων, αὖθις ἐδήλου ὁ βασιλεὺς, ' εἰ τούτοις στοιχοῦσιν ἀξιοπίστοις μάρτυσι τοῦ Χριστιανικοῦ δόγματος.' Ταῦτα ἀκούσαντες οἱ τῶν θρησκειῶν προεστῶτες καὶ οἱ παρ' ἑκάστοις αὐτῶν διαλεκτικοί,—καὶ γὰρ ἦσαν πολλοὶ παρ' αὐτῶν ηὐτρεπισμένοι πρὸς τὸν ἀγῶνα τῆς διαλέξεως,—οὐκ εἶχον ὅτι ποιήσουσιν. Ἐνέπεσε γὰρ εἰς ἑκάστους διαφωνία, τῶν μὲν λεγόντων ' καλὴν εἶναι τὴν τοῦ βασιλέως πρότασιν,' τῶν δὲ ' μὴ συμφέρουσαν τῷ σκοπῷ τῷ αὐτῶν.' Ἄλλοι γὰρ ἄλλως εἶχον περὶ τὰ βιβλία τῶν παλαιῶν, καὶ οὐκέτι ἀλλήλοις συνέπνεον· ἐδιχονόουν τε οὐ μόνον πρὸς τὰς ἄλλας τῶν θρησκειῶν, ἀλλ' ἤδη καὶ εἰς ἑαυτοὺς, οἱ τῆς μιᾶς ὄντες αἱρέσεως. Ἡ οὖν ὁμόφωνος κακία, ὡς ἡ γλῶσσα τῶν πάλαι γιγάντων, διέσπαρτο, καὶ ἀνατέτραπτο ὁ τῆς κακίας πύργος αὐτῶν. Γνοὺς δὲ ὁ βασιλεὺς τὴν συγκεχυμένην αὐτῶν διασποράν, καὶ ὡς διαλέξει μόνῃ, καὶ οὐκ ἀρχαίων ἐκθέσει τεθαρρήκασιν, ἐπὶ δευτέραν γνώμην ἐβάδιζε. Καὶ δηλοῖ ἔγγραφον ἑκάστην θρησκείαν γνωρίζειν τὸν ὅρον αὐτῶν, ἧς ἔχουσι πίστεως. Τότε οἱ παρ' ἑκάστοις δεινοὶ τὰς λέξεις ἀκριβοῦντες τὸ οἰκεῖον δόγμα ἐνέγραφον· ὥριστό τε ἡμέρα, καὶ οἱ παρ' ἑκάστοις ἐπίσκοποι ἐπὶ τὰ βασίλεια κληθέντες συνήρχοντο. Παρῆσαν οὖν Νεκτάριος μὲν καὶ Ἀγέλιος τῆς 'ὁμοουσίου' προεστῶτες πίστεως, Ἀρειανῶν δὲ Δημόφιλος, Εὐνομιανῶν δὲ αὐτὸς Εὐνόμιος, τῶν δὲ τὰ Μακεδονίου φρονούντων, Ἐλεύσιος ὁ Κυζίκου. Ὁ δὲ βασιλεὺς δέχεται μὲν τοὺς συνεληλυθότας· καὶ τὸ παρ' ἑκάστου δόγμα ἔγγραφον λαβὼν, καθ' ἑαυτόν τε γενόμενος, ηὔξατο ἐκτενῶς συνεργῆσαι αὐτῷ τὸν Θεὸν πρὸς τὴν τῆς ἀληθείας ἐπιλογήν. Εἶτα ἕκαστον τῶν γεγραμμένων δογμάτων ἀναγνοὺς,

State of different Communions.

τὰ μὲν ἄλλα πάντα ὡς χωρισμὸν τῆς Τριάδος εἰσάγοντα μεμψάμενος ἔρρηξε· μόνην δὲ τὴν τοῦ 'ὁμοουσίου' ἐπαινέσας ἐδέξατο. Αὕτη πρόφασις γέγονε τοῦ τοὺς Ναυατιανοὺς πάλιν εὖ πράξαντας ἔνδον τῶν πόλεων τὰς συναγωγὰς ποιεῖσθαι. Ὁ γὰρ βασιλεὺς θαυμάσας αὐτῶν τὴν περὶ τοὺς οἰκείους κατὰ τὴν πίστιν ὁμόνοιαν, νόμῳ ἐκέλευε τῶν μὲν οἰκείων κρατεῖν ἀδεῶς εὐκτηρίων τόπων· ἔχειν δὲ καὶ προνόμια τὰς ἐκκλησίας αὐτῶν, ἅπερ καὶ οἱ τῆς αὐτοῦ πίστεως ἔχουσιν. Οἱ δὲ προεστῶτες τῶν ἄλλων θρησκειῶν ἐκ τῆς πρὸς ἑαυτοὺς διαφωνίας ἐν καταγνώσει παρὰ τοῖς ὑφ' ἑαυτοῖς λαοῖς ἐγεγόνεισαν, ἀμηχανίᾳ τε καὶ λύπῃ κατασχεθέντες ἀνεχώρουν. Καὶ γράμμασι τοὺς οἰκείους παρεμυθοῦντο παραινοῦντες, μὴ ἄχθεσθαι ἐφ' οἷς πολλοὶ καταλιπόντες αὐτοὺς, τῷ 'ὁμοουσίῳ' προσέθεντο· 'πολλοὺς γὰρ εἶναι τοὺς κλητοὺς, ὀλίγους δὲ τοὺς ἐκλεκτούς·' Matt. xx. 16. ὅπερ οὐκ ἔλεγον, ἡνίκα τὸ πολὺ τοῦ λαοῦ αὐτοῖς ἐκ δυναστείας προσέκειτο. Ἀλλὰ μὴν οὐδὲ οἱ τῆς 'ὁμοουσίου' πίστεως τῶν λυπηρῶν τελέως ἦσαν ἐλεύθεροι· τὰ γὰρ κατὰ Ἀντιόχειαν τοὺς τῇ συνόδῳ παρόντας διέκρινεν. Αἰγύπτιοι μὲν γὰρ καὶ οἱ ἐξ Ἀραβίας καὶ Κύπρου πάλιν συμπράττοντες, τὸν Φλαβιανὸν ἐξωθεῖσθαι τῆς Ἀντιοχείας ἔλεγον. Οἱ δὲ ἐκ Παλαιστίνης Φοινίκης τε καὶ Συρίας ὑπὲρ Φλαβιανοῦ συνεστήκεσαν· τοῦτο μὲν οἷον τέλος ἐδέξατο, κατὰ χώραν ἐρῶ.

CAP. XI.

Περὶ Μαξίμου τοῦ τυράννου, ὅπως τὸν Γρατιανὸν ἀνεῖλε δόλῳ· ὅτε καὶ τῆς κατὰ Ἀμβροσίου τοῦ ἐπισκόπου Μεδιολάνων ἐπιβουλῆς, διὰ τὸ πρὸς Μάξιμον δέος, Ἰουστῖνα ἡ μήτηρ Οὐαλεντινιανοῦ τοῦ μικροῦ, ἄκουσα ἀπέσχετο.

Ὑπὸ δὲ τοὺς αὐτοὺς χρόνους, καθ' οὓς ἐν Κωνσταντινουπόλει τὰ τῶν συνόδων ἐγίνετο, τάδε περὶ τὰ ἑσπέρια μέρη ἐγένετο. Μάξιμος ἐκ τῶν περὶ τὰς Βρεττανίας μερῶν ἐπανέστη τῇ Ῥωμαίων ἀρχῇ, καὶ κάμνοντι Γρατιανῷ εἰς τὸν κατὰ Ἀλαμανῶν πόλεμον ἐπιτίθεται. Ἐν δὲ τῇ Ἰταλίᾳ κομιδῇ νέου τυγχάνοντος Οὐαλεντινιανοῦ, τὴν τῶν πραγμάτων εἶχε φροντίδα Πρόβος ἀπὸ ὑπάτων τὴν ὑπάρχων τότε χειρίζων ἀρχήν. Ἰουστῖνα δὲ ἡ τοῦ βασιλέως Οὐαλεντινιανοῦ μήτηρ, τὰ Ἀρειανῶν φρονοῦσα, ζῶντος μὲν τοῦ ἀνδρὸς, οὐδὲν εἶχε βλάπτειν τοὺς φρονοῦντας τὸ 'ὁμοούσιον'· ἐπειδὴ δὲ κομιδῇ νέος ἦν ὁ υἱὸς, καταλαμβάνουσα τὴν Μεδιολάνων ταραχὰς μεγίστας [Μεδιόλανοι.]

κατὰ τοῦ ἐπισκόπου Ἀμβροσίου ἐκίνησεν, εἰς ἐξορίαν αὐτὸν πεμφθῆναι κελεύουσα. Ὡς δὲ ὁ λαὸς ἀντεῖχεν, ὑπερβαλλόντως ἀγαπῶν τὸν Ἀμβρόσιον, καὶ τοῖς ἕλκειν ἐπὶ τὴν ἐξορίαν σπουδάζουσιν ἀνθίστατο, ἐν τοσούτῳ ἀγγέλλεται, ὅτι Γρατιανὸς δόλῳ τοῦ τυράννου Μαξίμου ἀνῄρητο. Ἐν φορείῳ γὰρ κλίνην μιμουμένῳ καὶ ὑπὸ ἡμιόνων φερομένῳ κατακρυφθεὶς ὁ τοῦ Μαξίμου στρατηγὸς Ἀνδραγάθιος, προλέγειν τοῖς δορυφόροις κελεύσας, ὡς εἴη τοῦ βασιλέως Γρατιανοῦ γαμετὴ, ὑπαντᾷ τῷ βασιλεῖ πρὸ Λουγδούνου τῆς ἐν Γαλλίᾳ πόλεως ποταμὸν διαβαίνοντι. Ὁ δὲ πιστεύσας τὴν γαμετὴν εἶναι, τὸν δόλον οὐκ ἐφυλάξατο· ἀλλ᾽ ὥσπερ τυφλὸς εἰς ὄρυγμα, τοῦ πολεμίου εἰς τὰς χεῖρας ἐνέπεσεν· ἐκπηδήσας γὰρ ἐκ τοῦ φερέτρου Ἀνδραγάθιος τὸν Γρατιανὸν διεχειρίσατο. Τελευτᾷ οὖν ἐν ὑπατείᾳ Μερογαύδου καὶ Σατορνίνου, βασιλεύσας ἔτη δεκαπέντε, ζήσας ἔτη εἰκοσιτέσσαρα. Τοῦτο ἐπιγενόμενον ἔπαυσε τὴν κατὰ Ἀμβροσίου τῆς μητρὸς τοῦ βασιλέως ὀργήν. Οὐαλεντινιανὸς δὲ καὶ ἄκων τῇ ἀνάγκῃ τοῦ καιροῦ πεισθεὶς τὴν Μαξίμου βασιλείαν προσδέχεται. Τότε ὁ Πρόβος φοβηθεὶς τὴν Μαξίμου δύναμιν ἐπὶ τὰ ἀνατολικώτερα μέρη ἀναχωρεῖν πειρᾶται. Εὐθὺς οὖν ὡς εἶχεν ἀναχωρεῖ ἀπὸ τῆς Ἰταλίας· καὶ ἐπὶ τὴν Ἰλλυρίδα γενόμενος γῆν ἐν Θεσσαλονίκῃ τῆς Μακεδονίας διέτριβεν.

CAP. XII.

Ὡς ὁ βασιλεὺς Θεοδόσιος κατὰ Μαξίμου δύναμιν μεγίστην εὐτρεπίσας, καθ᾽ ὃν καιρὸν Ὁνώριος αὐτῷ ἐκ Πλακίλλης ἐτέχθη, Ἀρκάδιον μὲν ἐν Κωνσταντινουπόλει κατέλιπεν· αὐτὸς δὲ ἐν Μεδιολάνῳ τῷ τυράννῳ προσέμιξεν.

Ὁ δὲ βασιλεὺς Θεοδόσιος ἐν φροντίδι μεγάλῃ καθίστατο, δύναμίν τε μεγίστην κατὰ τοῦ τυράννου ηὐτρέπιζεν, εὐλαβούμενος μὴ καὶ τῷ νέῳ Οὐαλεντινιανῷ ὁ τύραννος φόνον βουλεύσειε. Κατὰ ταὐτὸ δὲ καὶ πρεσβεία Περσῶν παρῆν, εἰρήνην παρὰ τοῦ βασιλέως αἰτοῦσα. Τότε δὴ καὶ προσγίνεται τῷ βασιλεῖ υἱὸς Ὁνώριος τεχθεὶς αὐτῷ ἐκ τῆς γαμετῆς Πλακίλλης, ἐν ὑπατείᾳ Ῥιχομηλίου καὶ Κλεάρχου, τῇ ἐννάτῃ τοῦ Σεπτεμβρίου μηνός. Καθ᾽ ἣν ὑπατείαν καὶ Ἀγέλιος ὁ τῶν Ναυατιανῶν ἐπίσκοπος μικρῷ πρότερον ἐτελεύτησεν. Τῇ δὲ ἑξῆς ὑπατείᾳ, ἥτις ἦν Ἀρκαδίου Αὐγούστου τὸ πρῶτον καὶ Βαύδωνος, τελευτήσαντος Τιμοθέου τοῦ ἐπισκόπου Ἀλεξανδρείας, Θεόφιλος τὴν ἐπισκοπὴν ἐκδέχεται. Μετὰ ταῦτα δὲ ἐνιαυτῷ ὕστερον καὶ Δημόφιλος ὁ τῆς Ἀρειανῆς προεστὼς θρησκείας τέλει τοῦ βίου ἐχρήσατο. Ἀρειανοὶ δὲ Μαρῖνόν τινα ἐπίσκοπον τῆς οἰκείας αἱρέσεως ἐκ Θρᾴκης μεταστειλάμενοι, αὐτῷ τὴν ἐπισκοπὴν ἐπέτρεψαν. Ἀλλ' οὐκ ἐχρόνισεν ὁ Μαρῖνος· ἐπ' αὐτῷ γὰρ διῃρέθη ἡ Ἀρειανῶν θρησκεία, ὡς ὕστερον λέξω· Δωρό-[c. 23] θεόν τε αὖθις ἐκ τῆς Ἀντιοχείας τῆς ἐν Συρίᾳ μεταπεμψάμενοι, ὑπ' αὐτῷ ἐτάττοντο. Ὁ δὲ βασιλεὺς ἐπὶ τὸν κατὰ Μαξίμου πόλεμον ἤλαυνε, καταλιπὼν ἐν τῇ Κωνσταντινουπόλει τὸν υἱὸν Ἀρκάδιον βασιλεύοντα· καταλαβών τε τὴν Θεσσαλονίκην εὑρίσκει τοὺς περὶ Οὐαλεντινιανὸν πολλῇ ἀθυμίᾳ διάγοντας, ὅτι δι' ἀνάγκην τὸν τύραννον ὡς βασιλέα ἐδέξαντο. Ὁ Θεοδόσιος δὲ ἐν μὲν τῷ φανερῷ οὐδέτερον ἐδείκνυεν· οὔτε γὰρ ᾐθέτει οὔτε προσεδέχετο τὴν Μαξίμου πρεσβείαν. Οὐ μὴν ἠνείχετο περιορᾶν τυραννουμένην τὴν Ῥωμαίων ἀρχὴν προσχήματι βασιλικοῦ ὀνόματος· ἀναλαβὼν δὲ τὰς δυνάμεις τῶν στρατιωτικῶν ταγμάτων ἐπὶ τὴν Μεδιόλανον ἐχώρει· ἐκεῖ γὰρ ἐφθάκει ὁ Μάξιμος.

CAP. XIII.

Περὶ τῆς γενομένης ἐν Κωνσταντινουπόλει ταραχῆς ὑπὸ Ἀρειανῶν.

Ὑπὸ δὲ τὸν αὐτὸν χρόνον καθ' ὃν ὁ βασιλεὺς τῷ πολέμῳ ἐσχόλαζεν, καὶ οἱ ἐν Κωνσταντινουπόλει Ἀρειανοὶ ταραχὴν κεκινήκασι δι' ἐπινοίας τοιάσδε. Φιλοῦσιν οἱ ἄνθρωποι λόγους πλάττειν περὶ ὧν οὐκ ἐπίστανται· εἰ δὲ καί ποτε προφάσεως ἐπιλάβονται, μεί- [Qu. ἐπιλομβάνονται;] ζονας τὰς περὶ ὧν βούλονται φήμας ἐξάπτουσι, νεωτέρων ἀεὶ ὀρεγόμενοι πραγμάτων. Τοῦτο δὴ καὶ τότε κατὰ τὴν πόλιν ἐγίνετο· ἄλλος γὰρ ἄλλο περὶ τοῦ μακρὰν γενομένου πολέμου πλάττοντες διεφήμιζον, ἀεὶ ἐπὶ τὸ χεῖρον τὴν ἐλπίδα λαμβάνοντες. Καὶ μηδενὸς ἐπιγινομένου κατὰ τὸν πόλεμον, αὐτοὶ ὡς τὰ κατ' αὐτὸν ἱστορήσαντες περὶ ὧν οὐκ ᾔδεισαν ἔλεγον, ὡς 'ὁ τύραννος ἐπικρατέστερος εἴη τῆς βασιλέως δυνάμεως· καὶ ὅτι τόσοι καὶ τόσοι κατὰ τὴν μάχην πεπτώκασι· καὶ ὅτι ὁ βασιλεὺς ὅσον οὐδέπω τῷ τυράννῳ ὑποχείριος γίνεται.' Τότε δὲ καὶ οἱ Ἀρειανίζοντες ἐκ πάθους κινούμενοι,—σφόδρα γὰρ ἠνιῶντο, ὅτι τῶν ἔνδον ἐκκλησιῶν ἐκράτουν οἱ παρ' αὐτῶν πρότερον διωκόμενοι,—τὰς φήμας πολλαπλασίους εἰργάζοντο. Ἐπεὶ δὲ ἕτερά τινα τῶν λεγομένων αὐτοὺς τοὺς πεπλακότας αὐτὰ εἰς πίστιν ἦγεν, οὐχ ὡς πεπλασμένων, ἀλλ' ὡς ἀληθῶς γενομένων ἃ ἔπλασαν· [οἱ γὰρ ἀκοῇ παραλαβόντες διεβεβαιοῦντο πρὸς τοὺς λογοποιοῦντας, μὴ ἄλλως ἔχειν, ἢ ὡς παρ' αὐτῶν ἀκηκόασι·] τότε δὴ ἀναθαρρήσαντες οἱ Ἀρειανίζοντες εἰς ἄλογον χωροῦσιν ὁρμὴν, καὶ τὴν οἰκίαν τοῦ ἐπισκόπου Νεκταρίου πῦρ ἐμβαλόντες ἀνήλωσαν. Τοῦτο μὲν δὴ τοιοῦτον ἐγένετο κατὰ τὴν ὑπατείαν Θεοδοσίου τὸ δεύτερον καὶ Κυνηγίου.

p. 388.

CAP. XIV.

Περὶ τῆς νίκης τοῦ βασιλέως Θεοδοσίου, καὶ τῆς ἥττης τοῦ τυράννου.

Τοῦ δὲ βασιλέως ἐπιόντος τῷ τυράννῳ, πυνθανόμενοι τὴν παρασκευὴν οἱ ὑπὸ Μαξίμῳ ταττόμενοι οὐδὲ τὴν ἐκ τῆς φήμης προσβολὴν ἐνεγκεῖν ἐδυνήθησαν· ἀλλὰ καταπτήξαντες δέσμιον αὐτῷ τὸν τύραννον ἐνεχείρισαν· ὃς ἀνῃρέθη ἐν τῇ αὐτῇ ὑπατείᾳ, ἑβδόμῃ καὶ εἰκάδι τοῦ Αὐγούστου μηνός. Ἀνδραγάθιος δὲ ὁ τοῦ βασιλέως Γρατιανοῦ φονεὺς τῆς ἥττης αἰσθόμενος, εἰς τὸν παρακείμενον ποταμὸν ῥίψας ἑαυτὸν ἀπεπνίγη. Τότε οὖν οἱ βασιλεῖς νικηφόροι ἐπὶ τὴν Ῥώμην ἐχώρουν· ἦν δὲ καὶ ὁ υἱὸς Ὀνώριος σὺν αὐτοῖς, κομιδῇ νέος ὤν· μετὰ γὰρ τὴν κατὰ Μαξίμου νίκην μεταπέμπεται αὐτὸν ὁ πατὴρ ἐκ τῆς Κωνσταντινουπόλεως. Ἦσαν οὖν ἐν τῇ Ῥώμῃ ἐπινικίους ἑορτὰς ἐπιτελοῦντες· ὅτε καὶ τὴν ἑαυτοῦ ἀγαθότητα ἐπὶ Συμμάχου τοῦ ἀπὸ ὑπάτων ὁ βασιλεὺς Θεοδόσιος ἐπεδείξατο. Οὗτος γὰρ ὁ Σύμμαχος πρῶτος μὲν ἦν τῆς ἐν Ῥώμῃ συγκλήτου· ἐθαυμάζετο δὲ ἐπὶ παιδεύσει λόγων Ῥωμαϊκῶν· καὶ γὰρ αὐτῷ πολλοὶ λόγοι συγγεγραμμένοι τῇ Ῥωμαίων γλώσσῃ τυγχάνουσι. Βασιλικὸν οὖν λόγον εἰς Μάξιμον ἔτι περιόντα γεγραφὼς καὶ διεξελθὼν, τῷ τῆς καθοσιώσεως ἐγκλήματι ἔνοχος ὕστερον γέγονεν· διὰ τοῦτο δὴ δεδιὼς τὸν θάνατον τῇ ἐκκλησίᾳ προσέφυγεν. Ὁ δὲ βασιλεὺς οὕτως ἦν περὶ τὸν Χριστιανισμὸν εὐλαβὴς, ὡς μὴ μόνον τοὺς τῆς αὐτοῦ πίστεως ἱερεῖς ὑπερτιμᾶν, ἀλλὰ γὰρ καὶ Ναυατιανοὺς τὸ 'ὁμοούσιον' φρονοῦντας ἀσμένως προσεδέχετο. Λεοντίῳ γοῦν ἐπισκόπῳ τῆς ἐν Ῥώμῃ τῶν Ναυατιανῶν ἐκκλησίας παρακαλοῦντι χάριν διδοὺς, τὸν Σύμμαχον ἀπέλυσε τοῦ ἐγκλήματος. Συγγνώμης οὖν ἀξιωθεὶς ὁ Σύμμαχος τὸν ἀπολογητικὸν λόγον εἰς τὸν αὐτοκράτορα Θεοδόσιον ἔγραψεν. Ὁ μὲν δὴ πόλεμος κατ' ἀρχὰς μεγίστην ἀπειλὴν ἐσχηκὼς, τελευτῶν ταχεῖαν ἔσχε τὴν κρίσιν.

CAP. XV.

Περὶ Φλαβιανοῦ τοῦ Ἀντιοχείας.

Περὶ δὲ τὸν αὐτὸν χρόνον περὶ τὴν Συρίας Ἀντιόχειαν τάδε ἐγένετο. Παυλίνου τελευτήσαντος, ὁ ὑπ' αὐτῷ λαὸς τὸν Φλαβιανὸν ἐξετρέπετο· καὶ διὰ τοῦτο παρασκευάζει χειροτονηθῆναι τοῦ οἰκείου μέρους Εὐάγριον. Τοῦ δὲ οὐ πολὺν ἐπιβιώσαντος χρόνον, ἕτερος εἰς τὸν τόπον αὐτοῦ οὐκέτι καθίσταται, Φλαβιανοῦ τοῦτο κατασκευάσαντος. Ὅσοι δὲ τὸν Φλαβιανὸν διὰ τὴν παράβασιν ἀπεστρέφοντο τῶν ὅρκων, κατ' ἰδίαν τὰς συναγωγὰς ἐποιοῦντο. Φλαβιανὸς δὲ, τὸ τοῦ λόγου, ' πάντα λίθον ἐκίνει,' ὑφ' αὑτῷ καὶ τούτους ποιήσασθαι· ὅπερ καὶ μικρὸν ὕστερον ἐξίσχυσε κατεργάσασθαι, τὴν ὀργὴν θεραπεύσας Θεοφίλου τότε τοῦ τῆς Ἀλεξανδρείας ἐπισκόπου, δι' οὗ καὶ κατήλλαξε Δάμασον τὸν τῆς Ῥώμης ἐπίσκοπον. Ἀμφότεροι γὰρ πρὸς Φλαβιανὸν ἐχαλέπαινον οὐ μόνον διὰ τὸ ἐπιορκηκέναι, ἀλλ' ὅτι καὶ αἰτίαν παρεῖχε τοῦ χωρίζεσθαι τοὺς ὁμόφρονας. Θεραπευθεὶς οὖν τὴν ὀργὴν Θεόφιλος, πέμψας τε Ἰσίδωρον πρεσβύτερον, καταλλάσσει λυπούμενον Δάμασον, λυσιτελεῖν εἰπὼν δι' ὁμόνοιαν τοῦ λαοῦ παριδεῖν τὸ φθάσαν Φλαβιανοῦ πλημμέλημα. Οὕτως τε τῷ Φλαβιανῷ τῆς κοινωνίας ἀποδοθείσης, ὁ ἐν Ἀντιοχείᾳ λαὸς κατὰ βραχὺ προϊόντος τοῦ χρόνου τὴν ὁμόνοιαν ἔστερξαν. Τὰ μὲν δὴ κατὰ Ἀντιόχειαν τοιοῦτον ἔσχε τὸ τέλος· οἱ γὰρ κατ' αὐτὴν Ἀρειανοὶ τῶν ἐκκλησιῶν ἐξωθηθέντες ἐν προαστείοις τῆς πόλεως τὰς συναγωγὰς ἐποιήσαντο. Ἐν τοσούτῳ δὲ καὶ Κύριλλον τὸν τῶν Ἱεροσολύμων ἐπίσκοπον τελευτήσαντα Ἰωάννης διαδέχεται.

CAP. XVI.

Περὶ τῆς ἐν Ἀλεξανδρείᾳ καθαιρέσεως τῶν εἰδωλικῶν ναῶν καὶ τῆς διὰ ταῦτα συμβουλῆς Ἑλλήνων καὶ Χριστιανῶν.

Κατὰ δὲ τὸν χρόνον τόνδε καὶ ἐν τῇ Ἀλεξανδρείᾳ τοιοῦτο πάθος ἐγένετο. Τῇ τοῦ ἐπισκόπου Θεοφίλου σπουδῇ βασιλέως ἐκέλευε πρόσταγμα λύεσθαι τοὺς ἐν Ἀλεξανδρείᾳ τῶν Ἑλλήνων ναούς, καὶ τοῦτο γίνεσθαι τῇ Θεοφίλου φροντίδι. Ταύτης τῆς ἐξουσίας δραξάμενος ὁ Θεόφιλος, παντοῖος ἐγένετο καθυβρίσαι τὰ τῶν Ἑλλήνων μυστήρια· καὶ ἀνακαθαίρει μὲν τὸ Μιθρεῖον, καταστρέφει δὲ τὸ Σαραπεῖον. Καὶ τὰ μὲν τοῦ Μιθρείου φονικὰ μυστήρια δημόσια ἐπόμπευε· τὰ δὲ τοῦ Σαράπιδος καὶ τῶν ἄλλων γέλωτος ἐδείκνυ μεστὰ, τοὺς φαλλοὺς φέρεσθαι κελεύσας διὰ μέσης τῆς ἀγορᾶς. Ταῦτα οὕτω γενόμενα ὁρῶντες οἱ κατὰ τὴν Ἀλεξάνδρειαν Ἕλληνες, καὶ μάλιστα οἱ φιλοσοφεῖν ἐπαγγελλόμενοι, τὴν λύπην οὐκ ἤνεγκαν· ἀλλὰ τοῖς πάλαι δραματουργηθεῖσι προσέθηκαν μείζονα. Μιᾷ γὰρ ὁρμῇ ἔκ τινος συνθήματος κατὰ τῶν Χριστιανῶν χωρήσαντες πάντα φόνον εἰργάζοντο· ἠμύνοντο δὲ καὶ οἱ Χριστιανοί, καὶ πᾶν κακὸν ἐπηκολούθει κακῷ· ἕως τε τοσούτου ἐξετάθη ἡ μάχη, ἕως οὗ κόρος τῶν φόνων τὸ γινόμενον ἔπαυσεν. Ἀπώλοντο γὰρ ἐν τῇ συμβολῇ τῶν μὲν Ἑλλήνων ὀλίγοι, τῶν δὲ Χριστιανῶν σφόδρα πολλοί· οἱ δὲ τραυματίαι ἐξ ἑκατέρου μέρους ἦσαν ἀναρίθμητοι. Φόβος ἐκ τῶν γεγονότων εἶχε τοὺς Ἑλληνίζοντας δεδοικότας τὴν τοῦ βασιλέως ὀργήν. Πράξαντες γὰρ ἃ ἐδόκει αὐτοῖς, καὶ ταῖς μιαιφονίαις τὸν θυμὸν ἀποσβέσαντες, ἄλλος ἀλλαχῇ κατεκρύπτοντο· πολλοὶ δὲ καὶ ἐκ τῆς Ἀλεξανδρείας ἔφυγον κατὰ τὰς πόλεις μεριζόμενοι. Ὧν ἦσαν οἱ δύο γραμματικοί, Ἑλλάδιος καὶ Ἀμμώνιος, παρ' οἷς ἐγὼ κομιδῇ νέος ὢν ἐν τῇ Κωνσταντινουπόλει ἐφοίτησα. Ἑλλάδιος μὲν οὖν ἱερεὺς τοῦ Διὸς εἶναι ἐλέγετο· Ἀμμώνιος δὲ πιθήκου. Οὕτω δὴ τοῦ κακοῦ κατασταλέντος, συνελαμβάνοντο τῷ Θεοφίλῳ πρὸς τὴν κατάλυσιν τῶν ναῶν ὅ τε τῆς Ἀλεξανδρείας ἔπαρχος καὶ ὁ ἡγούμενος τοῦ στρατιωτικοῦ τάγματος. Τὰ μὲν οὖν ἱερὰ κατεστρέφετο· τὰ δὲ ἀγάλματα τῶν θεῶν μετεχωνεύετο εἰς λεβήτια, καὶ εἰς ἑτέρας χρείας τῆς Ἀλεξανδρέων ἐκκλησίας, τοῦ βασιλέως χαρισαμένου τοὺς θεοὺς εἰς δαπανήματα τῶν πτωχῶν. Πάντας οὖν τοὺς θεοὺς συντρίψας ὁ Θεόφιλος, ἓν ἄγαλμα τοῦδε τοῦ θεοῦ ἀχώνευτον τηρεῖσθαι κελεύσας, δημοσίᾳ προέστησεν· 'ἵνα,' φησὶ, 'χρόνου προϊόντος μὴ ἀρνήσωνται οἱ Ἕλληνες τοιούτους προσκεκυνηκέναι θεούς.' Ἐπὶ τούτῳ πάνυ ἀνιώμενον οἶδα Ἀμμώνιον τὸν γραμματικόν, ὃς ἔλεγε, 'δεινὰ πεπονθέναι τὴν Ἑλλήνων θρησκείαν' ὅτι μὴ καὶ ὁ εἷς ἀνδριὰς ἐχωνεύθη, ἀλλ' ἐπὶ γέλωτι τῆς Ἑλλήνων θρησκείας φυλάττηται.' Ἑλλάδιος δὲ παρά τισιν ηὔχει, ὡς ἐννέα εἴη ἄνδρας ἐν τῇ συμπληγάδι φονεύσας. Τὰ μὲν οὖν κατὰ τὴν Ἀλεξάνδρειαν τότε τοιαῦτα ἐγένετο.

CAP. XVII.

Περὶ τῶν εὑρεθέντων ἐν τῷ τοῦ Σαράπιδος ναῷ γραμμάτων ἱερογλυφικῶν.

Ἐν δὲ τῷ ναῷ τοῦ Σαράπιδος λυομένου καὶ γυμνουμένου ηὕρητο γράμματα ἐγκεχαραγμένα τοῖς λίθοις τῷ καλουμένῳ ἱερογλυφικῷ [Val. τὰ καλούμενα ἱερογλυφικά.] ἦσαν δὲ οἱ χαρακτῆρες σταυρῶν ἔχοντες τύπους. Τούτους ὁρῶντες Χριστιανοί τε καὶ Ἕλληνες τῇ ἰδίᾳ ἑκάτεροι θρησκείᾳ προσηρμόζοντο. Χριστιανοὶ μὲν γὰρ σημεῖον τοῦ κατὰ Χριστὸν σωτηριώδους πάθους εἶναι λέγοντες τὸν σταυρὸν, οἰκεῖον εἶναι τὸν χαρακτῆρα ἐνόμιζον. Ἕλληνες δέ τι κοινὸν Χριστῷ καὶ Σαράπιδι ἔλεγον· εἰ ὁ σταυροειδὴς χαρακτὴρ ἄλλο μὲν Χριστιανοῖς, ἄλλο δὲ Ἕλλησι ποιεῖται τὸ σύμβολον. Τούτων δὲ ἀμφισβητουμένων, τινες τῶν Ἑλλήνων τῷ Χριστιανισμῷ προσελθόντες, τὰ ἱερογλυφικά τε γράμματα ἐπιστάμενοι, διερμηνεύοντες τὸν σταυροειδῆ χαρακτῆρα ἔλεγον σημαίνειν ' ζωὴν ἐπερχομένην.' Τοῦτο πλεῖον οἱ Χριστιανοὶ εἰς τὴν οἰκείαν θρησκείαν ἁρπάσαντες, ἀλαζονικώτερον διετέθησαν. Ὡς δὲ καὶ δι' ἑτέρων γραμμάτων ἱερογλυφικῶν ἐδηλοῦτο, ' τέλος ἕξειν τὸ τοῦ Σαράπιδος ἱερὸν, ὅτε σταυροειδὴς φανῇ χαρακτὴρ,' τοῦτο γὰρ εἶναι τὴν ἐπερχομένην ζωὴν, πολλῷ πλείους προσήρχοντο τῷ Χριστιανισμῷ, καὶ τὰς ἁμαρτίας ἐξομολογούμενοι ἐβαπτίζοντο. Τὰ μὲν οὖν ἐπὶ τῷ σταυροειδεῖ χαρακτῆρι γενόμενα τοιαῦτα ἀκήκοα· ἐγὼ δὲ οὔ φημι τοὺς Αἰγυπτίων ἱερεῖς τὰ περὶ τοῦ Χριστοῦ προγινώσκοντας ἀποτυπῶσαι τὸ σταυροειδὲς γράμμα. Εἰ γὰρ τὸ περὶ τῆς εἰς τὸν κόσμον καθόδου ' μυστήριον ἦν ἀποκε-Col. i. 26. κρυμμένον ἀπὸ τῶν αἰώνων καὶ ἀπὸ τῶν γενεῶν,' ὥς φησιν ὁ ἀπόστολος, καὶ ἔλαθε τὸν ἄρχοντα τῆς πονηρίας διάβολον, πολλῷ μᾶλλον τοὺς ὑπηρέτας αὐτοῦ ἱερεῖς Αἰγυπτίων τοῦτο διέφυγεν. Ἀλλ' ἡ πρόνοια παρεσκεύασε τοῦτο γενέσθαι ἐπὶ τῇ τοῦ γράμματος ζητήσει, ὅπερ καὶ ἐν τῷ ἀποστόλῳ Παύλῳ ἐπέδειξε πρότερον. Καὶ γὰρ ἐκεῖνος ὑπὸ τοῦ θείου Πνεύματος σοφὸς γεγονὼς, τῇ ὁμοίᾳ μεθόδῳ πρὸς Ἀθηναίους χρησάμενος, πολλοὺς εἰς τὴν πίστιν προσήγαγεν, ὅτε τὰ ἐπὶ τῷ βωμῷ γεγραμμένα ἀναγνοὺς τῷ ἰδίῳ λόγῳ Acts xvii. 22. προσήρμοσεν. Εἰ μὴ ἄρα τις λέγοι ἐνηργηκέναι τὸν τοῦ Θεοῦ λόγον εἰς τοὺς Αἰγυπτίων ἱερεῖς, ὥσπερ ἐπὶ τοῦ Βαλαὰμ καὶ ἐπὶ τοῦ Καϊάφα· καὶ γὰρ ἐκεῖνοι ἄκοντες περὶ τῶν ἀγαθῶν προεφήτευσαν. Τοσαῦτα μὲν περὶ τούτων εἰρήσθω.

CAP. XVIII.

Ὡς ὁ βασιλεὺς Θεοδόσιος ἐν τῇ Ῥώμῃ γεγονὼς πολλὰ τὴν πόλιν ὠφέλησε, περιελὼν τά τε ἐν τοῖς Μαγκηπείοις ληστήρια καὶ τὰ ἐν τοῖς πορνείοις ἄτοπα τῶν σείστρων.

Ὁ δὲ βασιλεὺς Θεοδόσιος ἐπ' ὀλίγον κατὰ τὴν Ἰταλίαν διατρίψας, μέγιστα τὴν Ῥωμαίων ὤνησε πόλιν· τὰ μὲν τῷ δοῦναι, τὰ δὲ τῷ περιελεῖν. Καὶ γὰρ πολλὰ ἐφιλοτιμήσατο· καὶ περιεῖλε διττὴν αἰσχύνην τῆς πόλεως· μίαν μὲν τήνδε. Ἦσαν ἐξ ἀρχαίου κατὰ τὴν μεγίστην Ῥώμην οἶκοι παμμεγέθεις, ἐν οἷς ὁ τῇ πόλει χορηγούμενος ἄρτος ἐγίνετο· οἵ τε προϊστάμενοι τούτων, οἳ ' μάγκιπες' τῇ Ῥωμαίων γλώσσῃ καλοῦνται, προϊόντος τοῦ χρόνου ληστήρια τοὺς οἴκους πεποίηνται. Ὡς γὰρ ἦσαν οἱ τῶν οἴκων μυλῶνες κατὰ βάθους τὴν θέσιν ἔχοντες, κατὰ τὸ πλευρὸν ἑκάστου οἰκήματος καπηλεῖα κατασκευάσαντες, πόρνας τε ἐν αὐτοῖς προστησάμενοι, δι' αὐτῶν ἐλοχῶντο πολλούς· τοὺς μὲν τῇ χρείᾳ τῆς τροφῆς εἰσιόντας, τοὺς δὲ καὶ δι' ἀκρασίαν αἰσχρᾶς ἡδονῆς. Ἐκ γάρ τινος μηχανῆς ἐκ τοῦ καπηλείου εἰς τὸν μυλῶνα ἐνέπιπτον· καὶ τοῦτο ἔπασχον μάλιστα οἱ ξένοι τῇ Ῥώμῃ ἐπιδημοῦντες. Ἠναγκάζοντό τε οἱ ἁλόντες ἐν τοῖς μυλῶσιν ἐργάζεσθαι· πολλοί τε κατεγήρασαν ἐν αὐτοῖς μὴ συγχωρηθέντες ὑπεξελθεῖν, τοῖς τε οἰκείοις ἑαυτῶν τοῦ τεθνηκέναι δόξαν παρεσχηκότες. Ἐν τῇ παγίδι ταύτῃ τῶν στρατιωτῶν τις τοῦ βασιλέως Θεοδοσίου ἐνέπεσεν· ἐπεὶ δὲ ὁ στρατιώτης κατάκλειστος τῷ μυλῶνι γενόμενος ἐξελθεῖν οὐκ ἠφίετο, σπασάμενος ἣν εἶχε παραξιφίδα, τοὺς κωλύοντας διεχρήσατο· οἱ δὲ φόβῳ τῶν γινομένων τὸν στρατιώτην ἀπέλυσαν. Γνοὺς ταῦτα ὁ βασιλεὺς τοὺς μάγκιπας μὲν ἐτιμωρήσατο, τοὺς δὲ ληστοδόχους οἴκους ἐκείνους καταστραφῆναι ἐκέλευσε. Μίαν μὲν δὴ τοιαύτην αἰσχύνην ὁ βασιλεὺς περιεῖλε τῆς βασιλευούσης πόλεως· ἑτέραν δὲ τοιαύτην· εἰ ἥλω ἐπὶ μοιχείᾳ γυνή, οὐ διορθώσει, ἀλλὰ προσθήκῃ τῆς ἁμαρτίας ἐτιμωροῦντο τὴν πταίσασαν. Ἐν γὰρ πορνείῳ στενῷ κατάκλειστον ποιήσαντες ἀναιδῶς ἐποίουν πορνεύεσθαι· κώδωνάς τε σείεσθαι κατὰ τὸν καιρὸν τῆς ἀκαθάρτου πράξεως ἐποίουν, ὅπως ἂν μὴ λανθάνῃ τοὺς παριόντας τὸ γινόμενον· ἀλλ' ἐκ τοῦ ἤχου τῶν σειομένων κωδώνων ἡ ἐφύβριστος τιμωρία τοῖς πᾶσιν ἐγνωρίζετο. Ταῦτα οὐκ ἤνεγκεν ὁ βασιλεὺς πυθόμενος τὴν ἀναιδῆ συνήθειαν· ἀλλὰ κατέλυσε τὰ 'σεῖστρα,' οὕτω γὰρ ὠνομάζετο τὰ τοιαῦτα πορνεῖα· τοῖς ἄλλοις ὑποπίπτειν νόμοις τὰς ἁλούσας ἐπὶ μοιχείᾳ κελεύσας. Τοιούτων μὲν δὴ φαυλοτάτων καὶ ἐφυβρίστων δύο πραγμάτων ὁ βασιλεὺς Θεοδόσιος τὴν Ῥωμαίων πόλιν ἐλευθέραν πεποίηκε. Καταστησάμενος δὲ καλῶς καὶ τὰ ἄλλα πράγματα, καταλείπει μὲν ἐν τῇ Ῥώμῃ Οὐαλεντινιανὸν βασιλεύοντα. Αὐτὸς δὲ ἅμα τῷ υἱῷ Ὀνωρίῳ ἐπὶ τὴν Κωνσταντινούπολιν ἐπορεύθη, εἰς αὐτήν τε εἰσέρχεται ἐν ὑπατείᾳ Τατιανοῦ καὶ Συμμάχου, τῇ δεκάτῃ τοῦ Νοεμβρίου μηνός.

A.D. 391.

CAP. XIX.

Περὶ τῶν ἐπὶ τῆς μετανοίας πρεσβυτέρων, ὅπως τηνικαῦτα περιῃρέθησαν.

Ὑπὸ δὲ τὸν αὐτὸν χρόνον ἔδοξε καὶ τοὺς ἐπὶ τῆς μετανοίας περιελεῖν πρεσβυτέρους τῶν ἐκκλησιῶν δι' αἰτίαν τοιαύτην. Ἀφ' οὗ Ναυατιανοὶ τῆς ἐκκλησίας διεκρίθησαν, τοῖς ἐπταικόσιν ἐν τῷ ἐπὶ Δεκίου διωγμῷ κοινωνῆσαι μὴ θελήσαντες, οἱ ἐπίσκοποι τῷ ἐκκλησιαστικῷ κανόνι τὸν πρεσβύτερον τὸν ἐπὶ τῆς μετανοίας προσέθεσαν, ὅπως ἂν οἱ μετὰ τὸ βάπτισμα πταίσαντες ἐπὶ τοῦ προβληθέντος τούτου πρεσβυτέρου ἐξομολογῶνται τὰ ἁμαρτήματα. Οὗτος ὁ κανὼν κρατεῖ μέχρι νῦν ἐν ταῖς ἄλλαις αἱρέσεσι· μόνοι δὲ οἱ τοῦ 'ὁμοουσίου' φρονήματος, καὶ οἱ τούτοις κατὰ τὴν πίστιν ὁμόφρονες Ναυατιανοί, τὸν ἐπὶ τῆς μετανοίας πρεσβύτερον παρῃτήσαντο. Ναυατιανοὶ μὲν γὰρ οὐδὲ τὴν ἀρχὴν τὴν προσθήκην ταύτην ἐδέξαντο· οἱ δὲ νῦν τῶν ἐκκλησιῶν κρατοῦντες ἕως πολλοῦ φυλάξαντες, ἐπὶ Νεκταρίου τοῦ ἐπισκόπου μετέθεσαν, τοιούτου τινὸς ἐπὶ τὴν ἐκκλησίαν συμβάντος. Γυνή τις τῶν εὐγενῶν προσῆλθεν τῷ ἐπὶ τῆς μετανοίας πρεσβυτέρῳ· καὶ κατὰ μέρος ἐξομολογεῖται τὰς ἁμαρτίας, ἃς ἐπεπράχει μετὰ τὸ βάπτισμα. Ὁ δὲ πρεσβύτερος παρήγγειλε τῇ γυναικὶ νηστεύειν καὶ συνεχῶς εὔχεσθαι, ἵνα σὺν τῇ ὁμολογίᾳ καὶ ἔργον τι δεικνύειν ἔχῃ τῆς μετανοίας ἄξιον. Ἡ δὲ γυνὴ προβαίνουσα καὶ ἄλλο πταῖσμα ἑαυτῆς κατηγόρει· ἔλεγε γὰρ, ὡς εἴη συγκαθευδήσας αὐτῇ τῆς ἐκκλησίας διάκονος. Τοῦτο ἐλεγχθὲν τὸν μὲν διάκονον τῆς ἐκκλησίας ἐκπεσεῖν παρεσκεύασε· ταραχὴ δὲ κατέσχε τὰ πλήθη· ἠγανάκτουν γὰρ οὐ μόνον

Cp. i. 10; iv. 28.

ἐπὶ τῷ γενομένῳ, ἀλλ' ὅτι καὶ τῇ ἐκκλησίᾳ βλασφημίαν ἡ πρᾶξις καὶ ὕβριν προὐξένησεν. Διασυρομένων δὲ ἐκ τούτου τῶν ἱερωμένων ἀνδρῶν, Εὐδαίμων τις τῆς ἐκκλησίας πρεσβύτερος, Ἀλεξανδρεὺς τὸ γένος, γνώμην τῷ ἐπισκόπῳ δίδωσι Νεκταρίῳ περιελεῖν μὲν τὸν ἐπὶ τῆς μετανοίας πρεσβύτερον, συγχωρῆσαι δὲ ἕκαστον τῷ ἰδίῳ συνειδότι τῶν μυστηρίων μετέχειν· οὕτω γὰρ μόνως ἕξειν τὴν ἐκκλησίαν τὸ ἀβλασφήμητον. Ταῦτα παρὰ τοῦ Εὐδαίμονος ἀκούσας ἐγὼ τῇ γραφῇ τῇδε παραδοῦναι ἐθάρρησα· ὡς γὰρ πολλάκις ἔφην πᾶσαν σπουδὴν παρ' ἑκάστου τῶν εἰδότων ἐθέμην μανθάνειν τὰ πράγματα καὶ ἀκριβῶς ἐρευνᾶν, ἵνα μὴ ἔξω τῆς ἀληθείας τι γράφοιμι. Ἐγὼ δὲ πρὸς τὸν Εὐδαίμονα πρότερον ἔφην· 'Ἡ συμβουλή σου, ὦ πρεσβύτερε, εἰ συνήνεγκεν τῇ ἐκκλησίᾳ, ἢ εἰ μὴ, Θεὸς ἂν εἰδείη· ὁρῶ δὲ ὅτι πρόφασιν παρέσχε τοῦ μὴ ἐλέγχειν ἀλλήλων τὰ ἁμαρτήματα, μηδὲ φυλάττειν τὸ τοῦ ἀποστόλου παράγγελμα τὸ λέγον, "Μηδὲ συγκοινωνεῖτε τοῖς ἔργοις τοῖς ἀκάρποις τοῦ σκότους, μᾶλλον δὲ καὶ ἐλέγχετε."' Περὶ μὲν οὖν τούτων αὐτάρκως εἰρήσθω.

CAP. XX.

Ὡς καὶ ἐν Ἀρειανοῖς, καὶ τοῖς ἄλλοις αἱρετικοῖς, σχίσματα πολλὰ γεγόνασιν.

Ἄξιον δὲ ἡγοῦμαι μὴ ἀμνημόνευτα καταλιπεῖν καὶ τὰ παρὰ τοῖς ἄλλοις γενόμενα, φημὶ δὴ Ἀρειανοῖς, καὶ Ναυατιανοῖς, καὶ τοῖς ἀπὸ Μακεδονίου καὶ Εὐνομίου τὰς προσωνυμίας εἰληφόσιν. Ἡ γὰρ ἐκκλησία διαιρεθεῖσα, ἐπὶ τῇ ἅπαξ γενομένῃ διαιρέσει οὐχ ἵστατο· ἀλλὰ στραφέντες καθ' ἑαυτῶν πάλιν ἐχώρουν· καὶ μικρᾶς καὶ εὐτελοῦς προφάσεως λαβόμενοι ἀλλήλων διεχωρίζοντο. Ὅπως μὲν οὖν, καὶ πότε, καὶ δι' ἃς αἰτίας ἕκαστοι καὶ εἰς ἑαυτοὺς διαιρέσεις πεποίηντο, προϊόντος τοῦ λόγου δηλώσομεν. Τοῦτο δὲ ἰστέον, ὡς ὁ βασιλεὺς Θεοδόσιος οὐδένα τούτων ἐδίωκε, πλὴν ὅτι τὸν Εὐνόμιον ἐν Κωνσταντινουπόλει ἐπὶ οἰκίας συνάγοντα, καὶ τοὺς συγγραφέντας αὐτῷ λόγους ἐπιδεικνύμενον, ὡς ταῖς διδασκαλίαις πολλοὺς λυμαινόμενον, εἰς ἐξορίαν πεμφθῆναι ἐκέλευσε. Τῶν μέντοι ἄλλων οὐδένα οὔτε ἔσκυλεν, οὔτε αὐτῷ κοινωνῆσαι ἠνάγκαζεν· ἀλλ' ἑκάστους συνεχώρει κατὰ τοὺς ἰδίους τόπους συνάγεσθαι, καὶ δοξάζειν τὰ τοῦ Χριστιανισμοῦ, ὡς καταλαβεῖν ἕκαστοι τὴν περὶ αὐτῶν δόξαν ἠδύναντο. Καὶ τοὺς μὲν ἄλλους ἔξω τῶν πόλεων συνεχώρησε εὐκτηρίους οἴκους κατασκευάζειν· Ναυατιανοὺς δὲ, ὡς ὁμόφρονας τῇ αὐτοῦ πίστει, ἐντὸς τῶν πόλεων τὰς ἑαυτῶν ἐκκλησίας θαρροῦντας ἔχειν ἐκέλευσεν, ὥς μοι καὶ πρότερον εἴρηται. c. 10. Περὶ ὧν μνημονεῦσαι μικρὰ εὔκαιρον εἶναι ἡγοῦμαι, ἀναλαβόντας βραχύ.

CAP. XXI.

Ὡς καὶ Ναυατιανοὶ καθ' ἑαυτοὺς ἐστασίασαν.

Τῆς ἐν Κωνσταντινουπόλει τῶν Ναυατιανῶν ἐκκλησίας ἐπὶ ἔτη A.D. 384. τεσσαράκοντα προέστη Ἀγέλιος, ἀπὸ τῶν Κωνσταντίνου χρόνων [Leg. Κωνσταντίου.] ἕως εἰς τὸ ἕκτον ἔτος τῆς βασιλείας Θεοδοσίου, ὥς που καὶ πρότερον Cp. iv. 9. ἐμνημόνευσα. Τελευτῶν δὲ χειροτονεῖ εἰς τὸν τόπον ἑαυτοῦ Σισίννιον ἐπίσκοπον· ὃς πρεσβύτερος μὲν ἦν τῶν ὑπ' αὐτῷ ταττομένων, ἐλλόγιμος δὲ ἄλλως, καὶ ὑπὸ Μαξίμου τοῦ φιλοσόφου ἅμα Cp. iii. 1. Ἰουλιανῷ τῷ βασιλεῖ τὰ φιλόσοφα παιδευθείς. Τοῦ δὲ λαοῦ τῶν Ναυατιανῶν μεμψαμένου τὴν χειροτονίαν, ὅτι μὴ μᾶλλον Μαρκιανὸν ἐπ' εὐλαβείᾳ ἐκπρέποντα ἐχειροτόνησε, δι' ὃν ἐπὶ Οὐάλεντος οἱ Ναυατιανοὶ ἀτάραχοι μεμενήκεσαν, ὁ Ἀγέλιος τὴν τοῦ λαοῦ παραμυθήσασθαι λύπην βουλόμενος, ἐπιχειροτονεῖ τὸν Μαρκιανόν. Καὶ μικρὸν ῥαΐσας τῆς νόσου πρόεισιν εἰς τὴν ἐκκλησίαν, καὶ προσεφώνει δι' ἑαυτοῦ εἰπών· 'Μαρκιανὸν μὲν,' φησὶν, 'ἔχετε μετ' ἐμέ· μετὰ δὲ Μαρκιανὸν, Σισίννιον.' Ταῦτα προειπὼν, καὶ μικρὸν ἐπιβιοὺς χρόνον ἐτελεύτησε. Μαρκιανοῦ τοίνυν ἐπισκόπου τῶν Ναυατιανῶν καθεστῶτος, διῃρέθη καὶ ἡ αὐτῶν ἐκκλησία, ἐξ αἰτίας τοιαύτης. Σαββάτιος ἀπὸ Ἰουδαίων Χριστιανίσας, ὑπὸ Μαρκιανοῦ πρὸς τὴν τοῦ πρεσβυτέρου προβληθεὶς ἀξίαν, οὐδὲν ἧττον τῇ Ἰουδαϊκῇ προλήψει δουλεύειν ἐσπούδαζε· σὺν δὲ τούτῳ καὶ τῆς ἐπισκοπῆς ὠρέγετο δράξασθαι. Προσλαβὼν οὖν τῆς ἐπιθυμίας ἑαυτοῦ συνίστορας δύο πρεσβυτέρους Θεόκτιστον καὶ Μακάριον, τὴν καινοτομηθεῖσαν ἐπὶ τῆς βασιλείας Οὐάλεντος τοῦ Πάσχα ἑορτὴν ἐν Πάζῳ κώμῃ τῆς Φρυγίας, ὥς μοι καὶ πρότερον εἴρηται, διεκδικεῖν Cp. iv. 28. ἐβουλεύετο. Καὶ πρότερον μὲν προκαλύμματι χρώμενος τῇ ἀσκήσει, τῆς ἐκκλησίας ὑπανεχώρει, 'λυπεῖσθαι' λέγων 'πρός τινας· ὑπονοεῖν γὰρ αὐτοὺς μὴ ἀξίους εἶναι τῆς τῶν μυστηρίων κοινωνίας· προϊὼν δὲ καὶ φανερὸς ἐγίνετο κατ' ἰδίαν συνάγειν βουλόμενος.

Ταῦτα γνοὺς ὁ Μαρκιανὸς ἐμέμφετο μὲν τὴν ἐπὶ τῇ χειροτονίᾳ πλάνην, ὅτι οὕτω κενοδόξους ἀνθρώπους εἰς τὸ πρεσβυτέριον προ-
[εἶναι.] ηγάγετο. Καὶ δυσφορῶν ἔλεγε, ' βέλτιον ἦν ἐπ' ἀκάνθαις τεθει-κέναι τὰς χεῖρας τὰς ἑαυτοῦ, ἢ ὅτε τοὺς περὶ Σαββάτιον εἰς τὸ πρεσβυτέριον προεβάλετο.' Παρασκευάζει δὲ σύνοδον Ναυατιανῶν
[Σαγγάρῳ.] ἐπισκόπων γενέσθαι ἐν 'Αγγάρῳ· ἐμπόριον δὲ τοῦτο ἐν Βιθυνίᾳ πλησίον τῆς Ἑλενουπόλεως κείμενον. Ἔνθα συναχθέντες μετα-πέμπονται τὸν Σαββάτιον, καὶ προτιθέναι ἐπὶ τῆς συνόδου τὰς αἰτίας τῆς λύπης ἐκέλευον. Τοῦ δὲ τὴν διαφωνίαν τῆς ἑορτῆς αἰτίαν τῆς λύπης εἶναι λέγοντος, δεῖν γὰρ ἐπιτελεῖσθαι αὐτὴν ὡς καὶ Ἰουδαῖοι παρατηροῦσι, καὶ ὡς οἱ ἐν Πάζῳ συνελθόντες ἐτύ-πωσαν, ὑπονοήσαντες οἱ τῆς συνόδου φιλοκαθεδρίας ἕνεκεν προ-φασίζεσθαι τὸν Σαββάτιον, ὅρκῳ αὐτὸν καταπφαλίζονται, ὡς οὐδέ-ποτε τὴν ἐπισκοπὴν καταδέξαιτο. Τοῦ δὲ ἐπὶ τούτοις ὁμόσαντος, ἐκφέρουσι κανόνα περὶ τῆς ἑορτῆς τοῦ Πάσχα, ὃν ἐκάλεσαν ' ἀδιά-φορον'· φήσαντες, ' μὴ ἀξιόλογον εἶναι αἰτίαν πρὸς χωρισμὸν τῆς ἐκκλησίας τὴν διαφωνίαν τῆς ἑορτῆς· μηδὲ μὴν τοὺς ἐν Πάζῳ συναχθέντας πρόκριμα τῷ καθολικῷ κανόνι γενέσθαι· καὶ γὰρ τοὺς ἀρχαίους καὶ τοὺς ἐγγὺς τῶν ἀποστόλων, διαφωνοῦντας περὶ ταύτης τῆς ἑορτῆς, κοινωνεῖν τε ἀλλήλοις, καὶ μηδαμῶς διαφέρεσθαι. Ἄλλως τε καὶ τοὺς ἐν τῇ βασιλευούσῃ Ῥώμῃ Ναυατιανοὺς μηδέ-ποτε ἠκολουθηκέναι Ἰουδαίοις· ἀλλὰ ποιοῦντας ἀεὶ μετ' ἰσημερίαν τὸ Πάσχα, μὴ διακρίνεσθαι πρὸς τοὺς οἰκείους τῆς πίστεως, τοὺς μὴ τὸν αὐτὸν τρόπον αὐτοῖς ἐπιτελοῦντας τὴν τοῦ Πάσχα ἑορτήν.' Ταῦτα καὶ τοιαῦτα πολλὰ λογισάμενοι ὁρίζουσι τὸν ἀδιάφορον, ὡς ἔφην, περὶ τοῦ Πάσχα κανόνα· ἐφ' ᾧ τε ἕκαστον μὲν κατὰ τὴν συνήθειαν ἣν ἐκ προλήψεως ἔχει, ποιεῖν τὸ Πάσχα εἰ βούλοιτο· μὴ διαφέρεσθαι δὲ πρὸς τὴν κοινωνίαν, ἀλλὰ τοὺς διαφόρως ἑορτά-ζοντας εἶναι πάλιν ἐν ὁμονοίᾳ τῆς ἐκκλησίας. Τοῦ ὅρου τοίνυν τούτου περὶ τῆς ἑορτῆς τοῦ Πάσχα παρ' αὐτῶν τότε βεβαιωθέντος, ὁ Σαββάτιος τοῖς ὅρκοις δεθεὶς, εἴποτε διαπεφωνημένη ἐγένετο ἡ τοῦ Πάσχα ἑορτὴ, αὐτὸς καθ' ἑαυτὸν προλαμβάνων ἐνήστευε, καὶ νυκτερεύων τὴν νενομισμένην τοῦ σαββάτου ἡμέραν ἐπετέλει τοῦ Πάσχα· καὶ πάλιν τῇ ἑξῆς ἅμα πᾶσι κατὰ τὴν ἐκκλησίαν συνήγετο, καὶ τῶν μυστηρίων μετελάμβανεν· ἐποίει τε τοῦτο ἐπὶ ἔτη πολλά· καὶ διὰ τοῦτο λανθάνειν τοὺς πολλοὺς οὐκ ἠδύνατο. Διὸ καί τινες

τῶν ἁπλουστέρων, καὶ μάλιστα οἱ ἐκ τῆς Φρυγίας καὶ Γαλατίας ὁρμώμενοι, νομίζοντες ἑαυτοὺς ἐκ τούτου δικαιωθήσεσθαι, ἐζήλουν τε αὐτὸν, καὶ τὸ Πάσχα τὸν ἐκείνου τρόπον ἐπετέλουν λαθραίως. Ἀλλὰ Σαββάτιος ὑστέροις χρόνοις καὶ παρασυνῆξε καθ᾽ ἑαυτὸν, μικρὰ τοῦ ὅρκου φροντίσας, καὶ τῶν ἀκολουθησάντων αὐτῷ καθέστη ἐπίσκοπος, ὡς προϊόντες δηλώσομεν. Cp. vii. 12.

CAP. XXII.

Περὶ τῶν δοξάντων τῷ συγγραφεῖ διαφωνιῶν κατά τινας τόπους περὶ τοῦ Πάσχα καὶ βαπτισμάτων καὶ νηστειῶν καὶ γάμων καὶ συνάξεων καὶ λοιπῶν ἐκκλησιαστικῶν παρατηρήσεων.

Ὃ δὲ ἡμῖν ὑποπίπτει περὶ τοῦ Πάσχα, οὐκ ἄκαιρον, ὡς ἡγοῦμαι, διὰ βραχέων εἰπεῖν· οὔ μοι δοκοῦσιν οὔτε οἱ πάλαι περὶ τῆς ἑορτῆς ταύτης εὐλόγως πεφιλονεικηκέναι, οὔτε οἱ νῦν Ἰουδαίοις ἐσπουδακότες ἀκολουθεῖν. Οὐ γὰρ εἰς νοῦν ἐβάλοντο, ὅτι τοῦ Ἰουδαϊσμοῦ μετατιθεμένου εἰς Χριστιανισμὸν, τὰ ἀκριβῆ καὶ τυπικὰ τοῦ Μωσαϊκοῦ νόμου ἐπαύσατο· καὶ τοῦτο αὐτόθεν τὴν οἰκείαν ἔχει ἀπόδειξιν. Ἰουδαΐζειν γὰρ Χριστιανοῖς οὐδὲ εἷς τοῦ Χριστοῦ νόμος ἐπέτρεψεν· ἐκ τοῦ ἐναντίου δὲ ὁ ἀπόστολος καὶ ἐκώλυσεν, οὐ μόνον τὴν περιτομὴν ἐκβάλλων, ἀλλὰ καὶ περὶ ἑορτῶν μὴ διακρίνεσθαι παραινῶν. Διὸ Γαλάταις γράφων φησί·

Λέγετέ μοι οἱ ὑπὸ νόμον θέλοντες εἶναι, τὸν νόμον οὐκ ἀκούετε ; Gal. iv. 21.

Καὶ βραχέα περὶ τούτου διαλεχθεὶς, δοῦλον μὲν δείκνυσι τὸν τῶν Ἰουδαίων λαὸν, ʽ ἐπ᾽ ἐλευθερίᾳ δὲ κεκλῆσθαι᾽ τοὺς προσεληλυθότας Gal. v. 13. Χριστῷ· παρῄνει δὲ καὶ μηδαμῶς ʽπαρατηρεῖσθαι ἡμέρας καὶ μῆνας Gal. iv. 10. καὶ ἐνιαυτούς.᾽ Ἀλλὰ καὶ ἐν τῇ πρὸς Κολοσσαεῖς μεγάλῃ φησὶ τῇ Col. ii. 16, 17. φωνῇ, σκιὰν εἶναι τὰ παραφυλάγματα· διό, φησι·

Μηδεὶς ὑμᾶς κρινέτω ἐν βρώσει, ἢ ἐν πόσει, ἢ ἐν μέρει ἑορτῆς, ἢ νουμηνίας, ἢ σαββάτου, ἅ τινά ἐστι σκιὰ τοῦ μέλλοντος.

Καὶ ἐν τῇ πρὸς Ἑβραίους δὲ, ὁ αὐτὸς ἐπισφραγιζόμενος τὰ τοι- Heb. vii. 12. αῦτα φησί·

Μετατιθεμένης γὰρ τῆς ἱερωσύνης, ἐξ ἀνάγκης καὶ νόμου μετάθεσις γίνεται.

Οὐδαμοῦ τοίνυν ὁ ἀπόστολος οὐδὲ τὰ εὐαγγέλια ʽζυγὸν δουλείας᾽ Gal. v. 1. τοῖς τῷ κηρύγματι προσελθοῦσιν ἐπέθηκαν· ἀλλὰ τὴν ἑορτὴν τοῦ

Πάσχα καὶ τὰς ἄλλας ἑορτὰς τιμᾶν, τῇ εὐγνωμοσύνῃ τῶν εὐεργετηθέντων κατέλιπον. Ὅθεν ἐπειδὴ φιλοῦσι τὰς ἑορτὰς οἱ ἄνθρωποι διὰ τὸ ἀνίεσθαι τῶν πόνων ἐν αὐταῖς, ἕκαστοι κατὰ χώρας, ὡς ἐβουλήθησαν, τὴν μνήμην τοῦ σωτηριώδους πάθους ἐξ ἔθους τινὸς ἐπετέλεσαν. Οὐ γὰρ νόμῳ τοῦτο παραφυλάττειν ὁ Σωτὴρ ἢ οἱ ἀπόστολοι ἡμῖν παρήγγειλαν· οὐδὲ καταδίκην ἢ τιμωρίαν ἢ κατάραν, ὡς ὁ Μωϋσέως νόμος τοῖς Ἰουδαίοις, καὶ ἡμῖν τὰ εὐαγγέλια ἢ οἱ ἀπόστολοι διηπείλησαν. Ἱστορικῶς δὲ μόνον πρὸς διαβολὴν Ἰουδαίων, ὅτι ἐμιαιφόνουν κατὰ τὰς ἑορτὰς, ἐν τοῖς εὐαγγελίοις καὶ καιρῷ τῶν ἀζύμων πεπονθέναι ὁ Σωτὴρ ἀναγέγραπται. Σκοπὸς μὲν οὖν γέγονε τοῖς ἀποστόλοις οὐ περὶ ἡμερῶν ἑορταστικῶν νομο· θετεῖν, ἀλλὰ βίον ὀρθὸν καὶ τὴν θεοσέβειαν εἰσηγήσασθαι. Ἐμοὶ δὲ φαίνεται, ὅτι ὥσπερ ἄλλα πολλὰ κατὰ χώρας συνήθειαν ἔλαβεν, οὕτω καὶ ἡ τοῦ Πάσχα ἑορτὴ παρ' ἑκάστοις ἐκ συνηθείας τινὸς ἰδιάζουσαν ἔσχε τὴν παρατήρησιν, διὰ τὸ μηδένα τῶν ἀποστόλων, ὡς ἔφην, μηδενὶ νενομοθετηκέναι περὶ αὐτῆς. Ὅτι δὲ ἐξ ἔθους μᾶλλον ἢ ἀπὸ νόμου παρ' ἑκάστοις ἐξ ἀρχαίου τὴν παρατήρησιν ἔλαβεν, αὐτὰ τὰ πράγματα δεικνύει. Πλεῖστοι γὰρ περὶ τὴν μικρὰν Ἀσίαν ἐξ ἀρχαίου τὴν τεσσαρεσκαιδεκάτην ἐτήρησαν, τὴν τοῦ σαββάτου ὑπεριδόντες ἡμέραν. Καὶ τοῦτο ποιοῦντες, πρὸς τοὺς ἑτέρως τὴν ἑορτὴν τοῦ Πάσχα ἐπιτελοῦντας οὐδέποτε διεφέροντο· ἕως ὁ τῆς Ῥώμης ἐπίσκοπος Βίκτωρ ἄμετρα θερμανθεὶς, ἀκοινωνησίαν τοῖς ἐν τῇ Ἀσίᾳ τεσσαρεσκαιδεκατίταις ἀπέστειλεν. Ἐφ' ᾧ γενομένῳ Εἰρηναῖος ὁ Λουγδούνου τῆς ἐν Γαλλίᾳ ἐπίσκοπος τοῦ Βίκτορος δι' ἐπιστολῆς γενναίως κατέδραμεν, μεμψάμενος μὲν αὐτοῦ τὴν θερμότητα, διδάξας δὲ, ὡς καὶ οἱ πάλαι διαπεφωνημένως ἐπιτελοῦντες τὴν τοῦ Πάσχα ἑορτὴν τῆς κοινωνίας οὐδαμῶς ἐχωρίζοντο. Καὶ ὅτι Πολύκαρπος ὁ τῆς Σμύρνης ἐπίσκοπος, ὁ ὕστερον ἐπὶ Γορδιανοῦ μαρτυρήσας, Ἀνικήτῳ τῷ ἐπισκόπῳ τῆς Ῥώμης ἐκοινώνει, μηδὲν διακρινόμενος περὶ ἑορτῆς πρὸς αὐτὸν, καίτοι καὶ αὐτὸς ἐξ ἐγχωρίου τῆς ἐν Σμύρνῃ συνηθείας, τῇ τεσσαρεσκαιδεκάτῃ τὸ Πάσχα ἐπιτελῶν, ὡς ἐν τῇ πέμπτῃ τῆς Ἐκκλησιαστικῆς Ἱστορίας Εὐσέβιος λέγει. Τινὲς μὲν οὖν, ὡς ἔφην, κατὰ τὴν μικρὰν Ἀσίαν τὴν τεσσαρεσκαιδεκάτην παρετήρουν· τινὲς δὲ περὶ τὰ ἀνατολικὰ μέρη, τὸ σάββατον μὲν τῆς ἑορτῆς ἐτήρουν, διεφώνουν δὲ περὶ τὸν μῆνα. Οἱ μὲν γὰρ Ἰουδαίοις, καίτοι τὴν ἀκρίβειαν μὴ σώζουσι, δεῖν ἕπεσθαι περὶ τῆς ἑορτῆς ἔλεγον· οἱ δὲ μετ' ἰσημερίαν ἐπετέλουν, τὸ συνεορτάζειν Ἰουδαίοις ἐκτρεπόμενοι· φάσκοντες ἀεὶ τοῦ ἡλίου ἐν Κριῷ ὄντος καθήκειν τὸ Πάσχα ἐπιτελεῖν, τῷ Ξανθικῷ μὲν κατὰ Ἀντιοχέας μηνὶ Ἀπριλλίῳ δὲ κατὰ Ῥωμαίους. Καὶ τοῦτο ποιεῖν πειθομένους, μὴ τοῖς νῦν κατὰ πάντα πεπλανημένοις Ἰουδαίοις, ἀλλὰ τοῖς ἀρχαίοις, καὶ Ἰωσήπῳ, καθὰ ἐκεῖνος ἐν τῇ τρίτῃ τῆς Ἰουδαϊκῆς Ἀρχαιολογίας φησίν. Ἀλλ' οὗτοι μὲν οὕτως πρὸς Joseph. ἑαυτοὺς διεφώνουν· πάντες δὲ οἱ λοιποὶ ἄχρι τῶν ἑσπερίων μερῶν 10. 5. καὶ αὐτοῦ ὠκεανοῦ, μετὰ ἰσημερίαν ἐξ ἀρχαίας τινὸς παραδόσεως τὸ Πάσχα ποιήσαντες εὑρίσκονται. Οὗτοι γὰρ πάντες τοῦτον ποιοῦντες τὸν τρόπον, οὐδέποτε πρὸς ἑαυτοὺς διεφώνησαν· καὶ οὐχ ὥς τινες ἐπεθρύλησαν, ἡ ἐπὶ Κωνσταντίνου σύνοδος τὴν ἑορτὴν ταύτην παρέτρεψεν. Αὐτὸς γὰρ Κωνσταντῖνος τοῖς διαφωνοῦσι περὶ ταύτης τῆς ἑορτῆς γράφων παρῄνεσεν, ὅπως ἂν αὐτοὶ ὀλίγοι ὄντες μιμῶνται τοὺς πλείονας. Ἀλλὰ τὴν μὲν ὅλην τοῦ βασιλέως Euseb. Vit. ἐπιστολὴν ἐν τῷ τρίτῳ βιβλίῳ Εὐσεβίου τῶν εἰς τὸν βίον Κων- supra, i. 9. σταντίνου εὑρήσεις. Τὸ δὲ ἐν αὐτῇ περὶ τῆς ἑορτῆς τοῦ Πάσχα μέρος τοῦτον ἔχει τὸν τρόπον·

Ἔστι τε τάξις εὐπρεπής, ἣν ἅπασαι αἱ τῶν δυτικῶν καὶ μεσημβρινῶν καὶ ἀρκτῴων μερῶν τῆς οἰκουμένης παραφυλάττουσιν ἐκκλησίαι, καί τινες τῶν κατὰ τὴν ἑῴαν τόπων. Οὗ ἕνεκεν ἐπὶ τοῦ παρόντος καλῶς ἔχειν πάντες ἡγήσαντο, καὶ αὐτὸς δὲ τῇ ὑμετέρᾳ ἀγχινοίᾳ ἀρέσειν ὑπεσχόμην, ἵν' ὅπερ δ' ἂν κατὰ τὴν Ῥωμαίων πόλιν, Ἰταλίαν τε, καὶ Ἀφρικὴν, καὶ ἅπασαν Αἴγυπτον, Ἱσπανίας, Γαλλίας, Βρεττανίας, Λιβύας, ὅλην Ἑλλάδα, Ἀσιανήν τε διοίκησιν καὶ Ποντικὴν καὶ Κιλικίαν, μιᾷ καὶ συμφώνῳ φυλάττεται γνώμῃ, ἀσμένως τοῦτο καὶ ἡ ὑμετέρα προσδέξηται σύνεσις· λογιζομένη μὴ μόνον ὡς πλείων ἐστὶ κατὰ τοὺς προειρημένους τόπους ἐκκλησιῶν ἀριθμός, ἀλλὰ καὶ ὡς τοῦτο μάλιστα κοινῇ πάντας ὁσιώτατόν ἐστι βούλεσθαι, ὅπερ καὶ ὁ ἀκριβὴς λόγος ἀπαιτεῖν δοκεῖ, καὶ οὐδεμίαν μετὰ τῆς Ἰουδαίων ἐπιορκίας ἔχειν κοινωνίαν.

Τοιαύτη μὲν ἡ τοῦ βασιλέως ἐπιστολή. Τεσσαρεσκαιδεκατῖται δέ φασιν, ὑπὸ Ἰωάννου τοῦ ἀποστόλου τὴν παρατήρησιν τῆς τεσσαρεσκαιδεκάτης παραδεδόσθαι αὐτοῖς· οἱ δὲ κατὰ τὴν Ῥώμην καὶ τὰ ἑσπέρια μέρη τοὺς ἀποστόλους Παῦλον καὶ Πέτρον τὴν ἐκεῖ παραδεδωκέναι συνήθειαν λέγουσιν. Ἀλλ' οὐδεὶς μὲν τούτων ἔγγραφον ἔχει παρασχεῖν τὴν περὶ τούτων ἀπόδειξιν· ὅτι μέντοι ἐκ συνηθείας τινὸς μᾶλλον κατὰ χώρας ἐπιτελεῖται ἡ τοῦ Πάσχα ἑορτή,

ἐκεῖθεν τεκμαίρομαι. Οὐδεμία τῶν θρησκειῶν τὰ αὐτὰ ἔθη φυλάτ-
[Val. περὶ τοῦ τει, κἂν τὴν αὐτὴν περὶ τούτων δόξαν ἀσπάζηται. Καὶ γὰρ οἱ τῆς
Θεοῦ.] αὐτῆς πίστεως ὄντες διαφωνοῦσι περὶ τὰ ἔθη πρὸς ἑαυτούς· διὸ
μικρὰ περὶ τῶν κατὰ τὰς ἐκκλησίας ἐθῶν παραθέσθαι οὐκ ἄκαιρον.
Αὐτίκα τὰς πρὸ τοῦ Πάσχα νηστείας, ἄλλως παρ' ἄλλοις φυλατ-
τομένας ἐστὶν εὑρεῖν· οἱ μὲν γὰρ ἐν Ῥώμῃ, τρεῖς πρὸ τοῦ Πάσχα
ἑβδομάδας, πλὴν σαββάτου καὶ Κυριακῆς, συνημμένας νηστεύ-
ουσιν. Οἱ δὲ ἐν Ἰλλυριοῖς καὶ ὅλῃ τῇ Ἑλλάδι, καὶ οἱ ἐν Ἀλεξ-
ανδρείᾳ, πρὸ ἑβδομάδων ἓξ τὴν πρὸ τοῦ Πάσχα νηστείαν νηστεύ-
ουσι, ʽΤεσσαρακοστὴνʼ αὐτὴν ὀνομάζοντες. Ἄλλοι δὲ παρὰ
τούτους, οἱ πρὸ ἑπτὰ τῆς ἑορτῆς ἑβδομάδων τῆς νηστείας ἀρχό-
μενοι, καὶ τρεῖς μόνας πενθημέρους ἐκ διαλειμμάτων νηστεύοντες,
οὐδὲν ἧττον καὶ αὐτοὶ ʽΤεσσαρακοστὴνʼ τὸν χρόνον τοῦτον κα-
λοῦσι. Καὶ θαυμάσαι μοι ἔπεισι, πῶς οὗτοι περὶ τὸν ἀριθμὸν
τῶν ἡμερῶν διαφωνοῦντες ʽΤεσσαρακοστὴνʼ αὐτὴν ὀνομάζουσι·
καὶ ἄλλος ἄλλον λόγον τῆς ὀνομασίας εὑρεσιλογοῦντες ἀποδιδό-
ασιν. Ἔστι δὲ εὑρεῖν οὐ μόνον περὶ τὸν ἀριθμὸν τῶν νηστειῶν
διαφωνοῦντας, ἀλλὰ καὶ τὴν ἀποχὴν τῶν ἐδεσμάτων οὐχ ὁμοίαν
ποιουμένους· οἱ μὲν γὰρ πάντῃ ἐμψύχων ἀπέχονται, οἱ δὲ τῶν ἐμ-
ψύχων ἰχθῦς μόνους μεταλαμβάνουσι. Τινὲς δὲ σὺν τοῖς ἰχθύσι
καὶ τῶν πτηνῶν ἀπογεύονται, ἐξ ὕδατος καὶ αὐτὰ κατὰ τὸν
Μωϋσέα γεγενῆσθαι λέγοντες. Οἱ δὲ καὶ ἀκροδρύων καὶ ᾠῶν
ἀπέχονται· τινὲς δὲ καὶ ξηροῦ ἄρτου μόνου μεταλαμβάνουσιν·
ἄλλοι δὲ οὐδὲ τούτου. Ἕτεροι δὲ ἄχρις ἐννάτης ὥρας νηστεύ-
[Val. ἀδιάφο- οντες διάφορον ἔχουσι τὴν ἑστίασιν· ἄλλως τε παρ' ἄλλοις φύλοις
ρον.] καὶ μυρίαι αἰτίαι οὖσαι τυγχάνουσι. Καὶ ἐπειδὴ οὐδεὶς περὶ
τούτου ἔγγραφον ἔχει δεῖξαι παράγγελμα, δῆλον ὡς καὶ περὶ
τούτου τῇ ἑκάστου γνώμῃ καὶ προαιρέσει ἐπέτρεψαν οἱ ἀπόστολοι,
ἵνα ἕκαστος μὴ φόβῳ, μηδὲ ἐξ ἀνάγκης τὸ ἀγαθὸν κατεργάζοιτο.
Τοιαύτη μὲν καὶ περὶ νηστειῶν διαφωνία κατὰ τὰς ἐκκλησίας ἐστί·
περὶ δὲ συνάξεων ἕτερα τοιαῦτα. Τῶν γὰρ πανταχοῦ τῆς οἰκου-
μένης ἐκκλησιῶν ἐν ἡμέρᾳ σαββάτων κατὰ πᾶσαν ἑβδομάδος
περίοδον ἐπιτελουσῶν τὰ μυστήρια, οἱ ἐν Ἀλεξανδρείᾳ καὶ οἱ ἐν
Ῥώμῃ ἔκ τινος ἀρχαίας παραδόσεως τοῦτο ποιεῖν παρῃτήσαντο.
Αἰγύπτιοι δὲ γείτονες ὄντες Ἀλεξανδρέων, καὶ οἱ τὴν Θηβαΐδα
οἰκοῦντες, ἐν σαββάτῳ μὲν ποιοῦνται συνάξεις· οὐχ ὡς ἔθος δὲ

Χριστιανοῖς τῶν μυστηρίων μεταλαμβάνουσι. Μετὰ γὰρ τὸ εὐωχηθῆναι καὶ παντοίων ἐδεσμάτων ἐμφορηθῆναι, περὶ ἑσπέραν προσφέροντες, τῶν μυστηρίων μεταλαμβάνουσιν. Αὖθις δὲ ἐν Ἀλεξανδρείᾳ τῇ τετράδι καὶ τῇ λεγομένῃ 'παρασκευῇ' γραφαί τε ἀναγινώσκονται, καὶ οἱ διδάσκαλοι ταύτας ἑρμηνεύουσι, πάντα τε τὰ συνάξεως γίνεται, δίχα τῆς τῶν μυστηρίων τελετῆς. Καὶ τοῦτο ἐστὶν ἐν Ἀλεξανδρείᾳ ἔθος ἀρχαῖον· καὶ γὰρ Ὠριγένης τὰ πολλὰ ἐν ταύταις ταῖς ἡμέραις φαίνεται ἐπὶ τῆς ἐκκλησίας διδάξας. Ὅς τις σοφὸς ὢν διδάσκαλος, καὶ κατιδὼν ὅτι 'τὸ ἀδύνατον τοῦ νόμου' Cp. Rom. viii. 3. Μωϋσέως ἀσθενεῖ πρὸς τὸ γράμμα ἀποδοθῆναι, τὸν περὶ τοῦ Πάσχα λόγον εἰς θεωρίαν ἀνήγαγεν· ἐν πάσχα μόνον ἀληθινὸν γεγενῆσθαι λέγων, ὅπερ ὁ Σωτὴρ ἐπετέλεσεν, ἐνεργήσας κατὰ τῶν ἀντικειμένων δυνάμεων, διὰ τοῦ προσομιλῆσαι τῷ σταυρῷ, τροπαίῳ τούτῳ κατὰ τοῦ διαβόλου χρησάμενος. Ἐν τῇ αὐτῇ δὲ Ἀλεξανδρείᾳ ἀναγνῶσται καὶ ὑποβολεῖς ἀδιάφορον εἴτε κατηχούμενοι εἰσὶν εἴτε πιστοί, τῶν πανταχοῦ ἐκκλησιῶν πιστοὺς εἰς τὸ τάγμα τοῦτο προβαλλομένων. Ἔγνων δὲ ἐγὼ καὶ ἕτερον ἔθος ἐν Θεσσαλίᾳ· γενόμενος κληρικὸς ἐκεῖ, ἣν νόμῳ γαμήσας πρὶν κληρικὸς γένηται, μετὰ τὸ κληρικὸς γενέσθαι συγκαθευδήσας αὐτῇ ἀποκήρυκτος γίνεται· τῶν ἐν ἀνατολῇ πάντων γνώμῃ ἀπεχομένων, καὶ τῶν ἐπισκόπων εἰ καὶ βούλοιντο, οὐ μὴν ἀνάγκῃ νόμου τοῦτο ποιούντων· πολλοὶ γὰρ αὐτῶν ἐν τῷ καιρῷ τῆς ἐπισκοπῆς καὶ παῖδας ἐκ τῆς νομίμης γαμετῆς πεποιήκασιν. Ἀλλὰ τοῦ μὲν ἐν Θεσσαλίᾳ ἔθους ἀρχηγὸς Ἡλιόδωρος, Τρίκκης τῆς ἐκεῖ γενόμενος, οὗ λέγεται πονήματα ἐρωτικὰ βιβλία, ἃ νέος ὢν συνέταξε, καὶ 'Αἰθιοπικὰ' προσηγόρευσε· φυλάσσεται δὲ τοῦτο τὸ ἔθος ἐν Θεσσαλονίκῃ καὶ αὐτῇ Μακεδονίᾳ καὶ Ἑλλάδι. Καὶ ἄλλο δὲ ἔθος ἐν Θεσσαλίᾳ οἶδα γινόμενον· ἐν ταῖς ἡμέραις τοῦ Πάσχα μόνον βαπτίζουσι· διὸ σφόδρα πλὴν ὀλίγων οἱ λοιποὶ μὴ βαπτισθέντες ἀποθνήσκουσιν. Ἐν Ἀντιοχείᾳ δὲ τῆς Συρίας ἡ ἐκκλησία ἀντίστροφον ἔχει τὴν θέσιν· οὐ γὰρ πρὸς ἀνατολὰς τὸ θυσιαστήριον, ἀλλὰ πρὸς δύσιν ὁρᾷ. Ἐν Ἑλλάδι δὲ καὶ Ἱεροσολύμοις καὶ Θεσσαλίᾳ τὰς ἐν ταῖς λυχναψίαις εὐχὰς παραπλησίως τοῖς ἐν Κωνσταντινουπόλει Ναυατιανοῖς ποιοῦνται. Ὁμοίως δὲ καὶ ἐν Καισαρείᾳ τῆς Καππαδοκίας καὶ ἐν Κύπρῳ, ἐν ἡμέρᾳ σαββάτου καὶ Κυριακῆς ἀεὶ περὶ ἑσπέραν μετὰ τῆς λυχναψίας οἱ πρεσβύτεροι καὶ ἐπίσκοποι τὰς γραφὰς ἑρμηνεύουσιν. Οἱ ἐν Ἑλλησπόντῳ Ναυατιανοὶ οὐχ ὁμοίως κατὰ πάντα τοῖς ἐν Κωνσταντινουπόλει ποιοῦνται τὰς εὐχὰς, παραπλησίως δὲ παρὰ πολλὰ τῇ κρατούσῃ ἐκκλησίᾳ. Καθόλου μέντοι πανταχοῦ καὶ παρὰ πάσαις θρησκείαις, τῶν εὐχῶν οὐκ ἔστιν εὑρεῖν συμφωνούσας ἀλλήλαις δύο ἐπὶ τὸ αὐτό. Πρεσβύτερος ἐν Ἀλεξανδρείᾳ οὐ προσομιλεῖ· καὶ τοῦτο ἀρχὴν ἔλαβεν, ἀφ' οὗ Ἄρειος τὴν ἐκκλησίαν ἐτάραξεν. Ἐν Ῥώμῃ πᾶν σάββατον νηστεύουσιν. Ἐν Καισαρείᾳ τῆς Καππαδοκίας τοὺς μετὰ τὸ βάπτισμα ἡμαρτηκότας ἐξωθοῦσι τῆς κοινωνίας, ὡς οἱ Ναυατιανοί· τὸ αὐτὸ δὲ καὶ Μακεδονιανοὶ ἐν Ἑλλησπόντῳ ποιοῦσι, καὶ οἱ ἐν Ἀσίᾳ Τεσσαρεσκαιδεκατῖται. Οἱ Ναυατιανοὶ οἱ περὶ Φρυγίαν διγάμους οὐ δέχονται· οἱ δὲ ἐν τῇ Κωνσταντινουπόλει οὔτε φανερῶς δέχονται οὔτε φανερῶς ἐκβάλλουσι· ἐν δὲ τοῖς ἑσπερίοις μέρεσι φανερῶς δέχονται. Αἴτιοι γὰρ, ὡς ἡγοῦμαι, τῆς τοιαύτης διαφωνίας οἱ κατὰ καιρὸν τῶν ἐκκλησιῶν προεστῶτες· οἱ δὲ ταῦτα παραλαβόντες ὡς νόμον τοῖς ἐπιγινομένοις παρέπεμψαν. Πάντα δὲ τὰ ἐν ταῖς ἐκκλησίαις ἔθη κατὰ πόλεις καὶ χώρας γενόμενα ἐγγράφειν ἐργῶδες, μᾶλλον δὲ ἀδύνατον. Ἱκανὰ μέντοι καὶ τὰ παρατεθέντα πρὸς ἀπόδειξιν τοῦ τὴν ἑορτὴν τοῦ Πάσχα ἐκ συνηθείας τινὸς κατὰ χώρας διάφορον ἐσχηκέναι τιμήν. Διὸ περιττολογοῦσιν οἱ τὴν ἐν Νικαίᾳ σύνοδον παρατρέψαι τὸ Πάσχα ἐπιθρυλήσαντες· οἱ γὰρ ἐκεῖσε συνελθόντες τοὺς λαοὺς εἰς συμφωνίαν ἄγειν ἐσπούδασαν πρὸς τοὺς πολλῷ πλείονας διαφωνοῦντας τὸ πρότερον. Ὅτι δὲ εὐθὺς ἐπὶ τῶν ἀποστολικῶν χρόνων πολλαὶ διαφωνίαι διὰ τὰ τοιαῦτα ἐγίνοντο, οὐδὲ αὐτοὺς τοὺς ἀποστόλους διέλαθεν, ὡς μαρτυρεῖ ἡ βίβλος τῶν Πράξεων. Ἐπεὶ γὰρ ἔγνωσαν οἱ ἀπόστολοι ταραχὴν ἐκ τῆς διαφωνίας τῶν ἐθνῶν κινουμένην τοῖς πιστεύουσι, πάντες ἅμα γενόμενοι θεῖον νόμον ἐθέσπισαν, ἐν τύπῳ ἐπιστολῆς καταγράψαντες. Δι' οὗ τῆς βαρυτάτης μὲν περὶ τῶν τοιούτων δουλείας τε καὶ ἐρεσχελίας τοὺς πιστεύοντας ἠλευθέρωσαν· ὑποτύπωσιν δὲ ἀσφαλῆ τῆς ὀρθῆς πολιτείας, καὶ πρὸς τὴν ἀληθῆ θεοσέβειαν ἄγουσαν ἐδίδαξαν, μόνα ὅσα ἀναγκαίως δεῖ φυλάττειν μηνύσαντες. Ἀλλ' ἡ μὲν ἐπιστολὴ ἐν ταῖς τῶν ἀποστόλων Πράξεσιν ἀναγέγραπται· οὐδὲν δὲ κωλύει καὶ ἐνταῦθα προσκεῖσθαι.

Acts xv. 23. Οἱ ἀπόστολοι καὶ οἱ πρεσβύτεροι καὶ οἱ ἀδελφοὶ, τοῖς κατὰ τὴν Ἀντιόχειαν καὶ Συρίαν καὶ Κιλικίαν ἀδελφοῖς τοῖς ἐξ ἐθνῶν, χαίρειν. Ἐπειδὴ ἠκούσαμεν ὅτι τινὲς ἐξ ἡμῶν ἐξελθόντες ἐτάραξαν ὑμᾶς λόγοις, ἀνασκευάζοντες τὰς ψυχὰς ὑμῶν, λέγοντες περιτέμνεσθαι, καὶ τηρεῖν τὸν νόμον, οἷς οὐ διεστειλάμεθα· ἔδοξεν ἡμῖν γενομένοις ὁμοθυμαδὸν, ἐκλεξαμένους ἄνδρας πέμψαι πρὸς ὑμᾶς σὺν τοῖς ἀγαπητοῖς ἡμῶν Βαρνάβᾳ τε καὶ Παύλῳ, ἀνθρώποις παραδεδωκόσι τὴν ψυχὴν αὐτῶν ὑπὲρ τοῦ ὀνόματος τοῦ Κυρίου ἡμῶν Ἰησοῦ Χριστοῦ. Ἀπεστάλκαμεν οὖν Ἰούδαν καὶ Σίλαν, καὶ αὐτοὺς διὰ λόγου ἀπαγγέλλοντας ταῦτα. Ἔδοξε γὰρ τῷ Ἁγίῳ Πνεύματι καὶ ἡμῖν μηδὲν πλέον ἐπιτίθεσθαι ὑμῖν βάρος, πλὴν τῶν ἐπάναγκες τούτων· ἀπέχεσθαι εἰδωλοθύτων, καὶ αἵματος, καὶ πνικτῶν, καὶ πορνείας· ἐξ ὧν διατηροῦντες ἑαυτοὺς, εὖ πράξετε. Ἔρρωσθε.

Ταῦτα μὲν ἔδοξε τῷ Θεῷ· τοῦτο γάρ φησιν ἡ ἐπιστολὴ, ὅτι 'ἔδοξε τῷ Ἁγίῳ Πνεύματι, μηδὲν πλέον ἐπιτίθεσθαι ὑμῖν βάρος πλὴν τῶν ἐπάναγκες' ὀφειλόντων φυλάττεσθαι. Τινὲς δὲ τούτων ἀμελήσαντες ἀδιάφορον μὲν πᾶσαν πορνείαν ἡγοῦνται, περὶ δὲ ἡμερῶν ἑορτῆς ὡς περὶ ψυχῆς ἀγωνίζονται· ἀντιστρέψαντες μὲν τὰ τοῦ Θεοῦ παραγγέλματα, καὶ νομοθετοῦντες ἑαυτοῖς, παρ' οὐδὲν δὲ τὴν τῶν ἀποστόλων νομοθεσίαν τιθέμενοι· λανθάνοντες ἑαυτοὺς, ὅτι ἐναντία οἷς τῷ Θεῷ ἔδοξε πράττουσι. Δυνατὸν μὲν οὖν τὸν περὶ τοῦ Πάσχα λόγον ἔτι πλέον ἐκτεῖναι, καὶ δεῖξαι ὡς οὐδὲ Ἰουδαῖοι τῶν περὶ τοῦ Πάσχα χρόνων τὴν ἀκρίβειαν ἢ τύπον φυλάττουσιν· ὅπως τε Σαμαρεῖς, ἀπόσχισμα ὄντες Ἰουδαίων, ἀεὶ μετ' ἰσημερίαν τὴν ἑορτὴν ταύτην ἐπιτελοῦσιν. Ἀλλὰ ἡ τοιαύτη ὑπόθεσις ἰδιαζούσης χρῄζει καὶ μακροτέρας ἐκθέσεως· ἐκεῖνο δὲ μόνον φημὶ, ὅτι οἱ φιλοῦντες Ἰουδαίοις ἀκολουθεῖν, καὶ περὶ τοὺς τύπους ἀκριβολογούμενοι, οὐδενὶ τρόπῳ τούτων ἐκπίπτειν ὀφείλουσιν. Εἰ γὰρ ὅλως ἀκριβολογεῖσθαι προῄρηνται, οὐκ ὀφείλουσιν ἡμέρας μόνον καὶ μῆνας παρατηρεῖν, ἀλλὰ καὶ τὰ ἄλλα ὅσα ὁ Χριστὸς 'ὑπὸ νόμον γενόμενος' Ἰουδαϊκῶς ἔπραττεν, ἢ ὑπέμεινεν Gal. iv. 4. ὑπὸ Ἰουδαίων ἀδικούμενος, ἢ εὐεργετῶν τοὺς πάντας τυπικῶς κατειργάζετο. Ἐν πλοίῳ εἰσελθὼν ἐδίδασκεν· εἰς ἀνώγεον οἴκημα τὸ Πάσχα εὐτρεπισθῆναι ἐκέλευσεν· ὄνον δεδεμένην λυθῆναι προσέταττεν· τὸν βαστάζοντα κεράμιον ὕδατος, σημεῖον ἐδίδου τοῖς εἰς τὸ Πάσχα σπουδάζουσι· καὶ ἄλλα ὅσα μυρία ἐν Εὐαγγελίοις γέγραπται. Καὶ τούτων οὐδὲν σωματικῶς παραφυλάττειν σπουδάζουσιν οἱ διὰ ἑορτὴν δικαιωθῆναι νομίζοντες. Οὐ γάρ τις τῶν διδασκάλων ἐκ πλοίου ποτὲ τὴν διδασκαλίαν πεποίηται· οὐκ εἰς ἀνώγεόν τις οἴκημα ἐκ παντὸς τελέσαι τὸ Πάσχα ἐσπούδασεν· οὐκ ὄνον δεδεμένην δήσαντες αὖθις ἐπέλυσαν· οὐ κεράμιον ὕδατος βαστάσαι τινὶ ἐπέτρεψαν, ἵνα τὰ σύμβολα πληρωθῇ· ταῦτα γὰρ καὶ τὰ τοιαῦτα Ἰουδαϊκὰ μᾶλλον ἡγήσαντο. Ἰουδαῖοι γὰρ τὰ συμβαίνοντα ἐν τοῖς σώμασι μᾶλλον ἢ ταῖς ψυχαῖς σῴζειν σπουδάζουσι· διὸ καὶ ἔνοχοι τῇ κατάρᾳ γίνονται, ὅτι τὸν νόμον Μωϋσέως ἐν τύποις οὐ μὴν πρὸς ἀλήθειαν ἐκλαμβάνουσιν. Οἱ δὲ φίλοι τοῖς Ἰουδαίοις ταῦτα μὲν εἰς θεωρίαν ἄγουσι· περὶ δὲ ἡμερῶν καὶ μηνῶν ἄσπονδον αἱροῦνται πόλεμον, τὴν περὶ τούτων θεωρίαν πατήσαντες· ὡς ἐξ ἀνάγκης καὶ αὐτοὺς κατὰ τοῦτο τὸ μέρος ὅμοια Ἰουδαίοις καταδικάζεσθαι, τὴν ἐκ τῆς κατάρας ψῆφον αὐτοῖς ἐπιφέροντας. Ἀλλὰ περὶ μὲν τούτων ἐξαρκεῖν ἡγοῦμαι· ἐπαναδράμωμεν δὲ εἰς τὸ προκείμενον, οὗ μικρὸν ἔμπροσθεν πεποιήμεθα μνήμην· ὡς ἡ ἐκκλησία διαιρεθεῖσα οὐκ ἐνέμεινε τῇ γενομένῃ πρώτῃ διαιρέσει· καὶ ὡς οἱ διαιρεθέντες καθ' ἑαυτῶν πάλιν ἐχώρουν, μικρᾶς τε καὶ εὐτελοῦς προφάσεως λαμβανόμενοι ἀλλήλων διεχωρίζοντο. Ναυατιανοὶ μὲν οὖν, ὡς ἔφην, διὰ τὴν τοῦ Πάσχα ἑορτὴν διῃρέθησαν· καὶ περὶ τούτου οὐ μίαν μόνην διαίρεσιν ἔχουσιν· ἄλλοι γὰρ ἄλλως κατὰ ἐπαρχίας, οὐ μόνον περὶ μηνὸς, ἀλλ' ἤδη καὶ περὶ ἑβδομάδος ἡμερῶν, καὶ περὶ ἑτέρων εὐτελῶν διαφερόμενοι, πῇ μὲν διακρίνονται, πῇ δὲ καὶ ἐπιμίγνυνται.

CAP. XXIII.

Περὶ τῶν ἐν Κωνσταντινουπόλει Ἀρειανῶν, τῶν καὶ Ψαθυριανῶν μετονομασθέντων.

Γίγνονται δὲ καὶ ἐν Ἀρειανοῖς διαιρέσεις δι' αἰτίαν τοιαύτην· αἱ καθ' ἑκάστην παρ' αὐτοῖς ἐριστικαὶ ζητήσεις εἰς ἄτοπά τινα τοὺς λόγους αὐτῶν προήγαγον. Ἐπεὶ γὰρ ἐν τῇ ἐκκλησίᾳ πεπίστευται ὁ Θεὸς Πατὴρ εἶναι Υἱοῦ τοῦ Λόγου, ζήτημα ἐνέπεσεν εἰς αὐτοὺς, εἰ δύναται καὶ πρὸ τοῦ ὑποστῆναι τὸν Υἱὸν ὁ Θεὸς καλεῖσθαι 'Πατήρ'; Ἐπεὶ γὰρ τὸν τοῦ Θεοῦ Λόγον οὐκ ἐκ Πατρὸς γεννᾶσθαι, ἀλλ' 'ἐξ οὐκ ὄντων' ὑποστῆναι ἐδόξαζον, περὶ τὸ πρῶτον καὶ ἀνωτάτω κεφάλαιον σφαλέντες εἰκότως περὶ ψιλοῦ ὀνόματος εἰς ἄτοπον φιλονεικίαν ἐξέπεσον. Δωρόθεος μὲν οὖν, ἐκ τῆς Ἀντιοχείας ὑπ' αὐτῶν μεταστᾰλεὶς, ἔλεγε μὴ δύνασθαι Πατέρα εἶναι ἢ καλεῖσθαι, μὴ ὑφεστῶτος Υἱοῦ. Μαρῖνος δὲ, ὃν ἐκ

V. 24.]   *Divisions among Arians.*   245

Θράκης πρὸ Δωροθέου κεκλήκεισαν, εὐκαίρου δραξάμενος ἀφορμῆς, —ἐλυπεῖτο γὰρ ὅτι αὐτοῦ Δωρόθεος προεκέκριτο,—τοῦ ἐναντίου λόγου προΐστατο. Διὰ τοῦτο γίνεται εἰς αὐτοὺς διαίρεσις· καὶ χωρισθέντες διὰ τὸ προλεχθὲν λεξείδιον, κατ' ἰδίαν ἑκάτερος τὰς συναγωγὰς ἐποιοῦντο· τῶν ὑπὸ Δωρόθεον ταττομένων κατὰ τοὺς οἰκείους τόπους μεινάντων· οἱ δὲ ἀκολουθήσαντες Μαρίνῳ ἰδίους κατασκευάσαντες εὐκτηρίους οἴκους τὰς συναγωγὰς ἐποιοῦντο, λέγοντες τὸν Πατέρα ἀεὶ εἶναι Πατέρα, καὶ μὴ ὑφεστῶτος τοῦ Υἱοῦ. Ἐκαλοῦντο δὲ οὗτοι 'Ψαθυριανοὶ,' ὅτι Θεόκτιστός τις ψαθυροπώλης, Σύρος τὸ γένος, διαπύρως τῷ λόγῳ τῷδε συνίστατο. Ἐπηκολούθησε δὲ αὐτοῖς καὶ Σεληνᾶς ὁ τῶν Γότθων ἐπίσκοπος, ἀνὴρ ἐπίμικτον ἔχων τὸ γένος· Γότθος μὲν ἦν ἐκ πατρὸς, Φρὺξ δὲ κατὰ μητέρα· καὶ διὰ τοῦτο ἀμφοτέραις ταῖς διαλέκτοις ἑτοίμως κατὰ τὴν ἐκκλησίαν ἐδίδασκε. Καὶ οὗτοι δὲ μικρὸν ὕστερον διῃρέθησαν, Μαρίνου πρὸς Ἀγάπιον διενεχθέντος, ὃν αὐτὸς εἰς ἐπισκοπὴν τῆς Ἐφέσου προεβέβλητο. Οὗτοι δὲ οὐ περὶ θρησκείας, ἀλλὰ περὶ προεδρίας μικροψυχήσαντες ἐπολέμουν ἀλλήλοις, τῶν Γότθων προσθεμένων τῷ Ἀγαπίῳ. Διὸ πολλοὶ τῶν ὑπ' αὐτοῖς κληρικῶν, μισήσαντες τὴν ἐκ κενοδοξίας τεχθεῖσαν μάχην αὐτοῖς, ἀποστάντες αὐτῶν τῇ 'ὁμοουσίῳ' πίστει προσέθεντο. Ἀρειανοὶ μὲν δὴ ἐπὶ τριακονταπέντε ἔτη χωρισθέντες ἀλλήλων, ὕστερον ἐπὶ τῆς βασιλείας τοῦ νέου Θεοδοσίου, κατὰ τὴν ὑπατείαν τοῦ στρατηλάτου Πλίνθα, τῆς Ψαθυριανῶν ὄντος αἱρέσεως, πεισθέντες τῆς φιλο- A.D. 419. νεικίας ἐπαύσαντο, καὶ ἡνώθησαν, ὥσπερ νόμον ὁρίσαντες, μηδέποτε μνημονεῦσαι τοῦ κεφαλαίου δι' ὃ ἐχωρίζοντο. Τοῦτο δὲ ἐν μόνῃ τῇ Κωνσταντινουπόλει ποιῆσαι δεδύνηνται· οἱ γὰρ ἐν ταῖς ἄλλαις πόλεσιν, εἴπου καὶ τυγχάνουσιν ὄντες, ἐπιμένουσι χωριζόμενοι. Τοιαῦτα μὲν καὶ περὶ τῆς ἐν Ἀρειανοῖς διαιρέσεως.

CAP. XXIV.

Ὡς καὶ Εὐνομιανοὶ πρὸς ἑαυτοὺς ἐστασίασαν, διαφόρους προσωνυμίας ἐκ τῶν προεστώτων κτησάμενοι.

Ἀλλὰ μὴν, οὐδὲ οἱ ἀπὸ Εὐνομίου ἀδιαίρετοι μεμενήκασιν· αὐτὸς μὲν γὰρ Εὐνόμιος ἤδη πρότερον Εὐδοξίου τοῦ χειροτονήσαντος αὐτὸν ἐπίσκοπον Κυζίκου κεχώριστο, πρόφασιν λαβὼν, ὅτι Ἀέτιον τὸν αὐτοῦ διδάσκαλον ἐκβληθέντα οὐ προσεδέχετο· οἱ δὲ ἀπ' αὐτοῦ εἰς διάφορα διῃρέθησαν. Πρῶτον μὲν γὰρ Θεοφρόνιός τις Καππαδόκης, ὑπὸ Εὐνομίῳ τὰ ἐριστικὰ παιδευθεὶς, καὶ παχυμερῶς τὰς Ἀριστοτέλους 'Κατηγορίας' καὶ τὸ 'περὶ ἑρμηνείας' νοήσας, συντάξας βιβλία 'περὶ τῆς γυμνασίας τοῦ νοῦ' ἐπέγραψε. Προσοχθίσας δὲ τοῖς ἑαυτοῦ ὁμοθρήσκοις, ὡς ἀποστατήσας αὐτῶν ἐκβέβληται· καὶ παρασυνάξας αὐτοῖς, ἀφ' ἑαυτοῦ ἐπώνυμον αἵρεσιν καταλέλοιπε. Καὶ ἐν τῇ Κωνσταντινουπόλει δὲ Εὐτύχιός τις ἐκ ψυχροῦ ζητήματος ἐχωρίσθη τῶν Εὐνομιανῶν, καὶ νῦν τὰς συνάξεις κατ' ἰδίαν ποιεῖται. Ὀνομάζονται οὖν οἱ μὲν Θεοφρονίῳ ἀκολουθήσαντες Εὐνομιοθεοφρονιανοί· οἱ δὲ Εὐτυχίῳ Εὐνομιοευτυχιανοί. Ὁποῖα δὲ ψυχρὰ ῥημάτιά ἐστι περὶ ὧν διαφέρονται, παραδοῦναι τῇ ἱστορίᾳ οὐκ ἄξιον εἶναι κέκρικα, ἵνα μὴ εἰς ἕτερα ἀποκλίνω τὸν λόγον· πλὴν ὅτι τὸ βάπτισμα παρεχάραξαν· οὐ γὰρ εἰς τὴν Τριάδα, ἀλλ' εἰς τὸν τοῦ Χριστοῦ βαπτίζουσι θάνατον. Γέγονε δὲ ἐπὶ χρόνον τινὰ καὶ ἐν Μακεδονιανοῖς διχόνοια, Εὐτροπίου μὲν πρεσβυτέρου ἰδίᾳ συνάγοντος, Καρτερίου δὲ μὴ συναινοῦντος αὐτῷ. Ἴσως δ' ἂν καὶ ἄλλαι τινὲς εἶεν θρησκεῖαι ἐκ τούτων γινόμεναι ἐν ταῖς ἄλλαις τῶν πόλεων. Ἐγὼ δὲ ἐν τῇ Κωνσταντινουπόλει τὰς διατριβὰς ποιούμενος, ἐν ᾗ ἐτέχθην τε καὶ ἀνετράφην, τὰ ἐν αὐτῇ γενόμενα πλατύτερον διηγοῦμαι· ὅτι τινα τούτων καὶ αὐτοψίᾳ ἱστόρησα, καὶ ὅτι λαμπρότερα τὰ ἐν αὐτῇ γενόμενα, καὶ ἄξια μνήμης καθέστηκε· ταῦτα μὲν οὖν οὐ κατὰ τὸν αὐτὸν χρόνον, ἀλλὰ κατὰ διαφόρους συνέβη γενέσθαι καιρούς. Εἰ δέ σοι φίλον ὀνόματα διαφόρων μανθάνειν αἱρέσεων, τῷ ἐπιγραφομένῳ Ἀγκυρωτῷ βιβλίῳ, ὃ συνέταξεν ὁ Κυπρίων ἐπίσκοπος Ἐπιφάνιος, ἐντυγχάνων διδάσκου. Περὶ μὲν δὴ τούτων ἀποχρώντως εἰρήσθω· τὰ δὲ δημόσια πράγματα πάλιν ἐταράττετο ἐξ αἰτίας τοιαύτης.

CAP. XXV.

Περὶ τῆς τυραννίδος Εὐγενίου, καὶ τῆς Οὐαλεντινιανοῦ τοῦ μικροῦ ἀναιρέσεως, καὶ τῆς Θεοδοσίου τοῦ βασιλέως κατὰ τοῦ τυράννου νίκης.

Κατὰ τὰ ἑσπέρια μέρη γραμματικός τις ὀνόματι Εὐγένιος, Ῥωμαϊκοὺς παιδεύων λόγους, ἀφεὶς τὰ παιδευτήρια ἐν τοῖς βασιλείοις ἐστρατεύετο, καὶ ἀντιγραφεὺς τοῦ βασιλέως καθίσταται Διὰ δὲ

V. 25.] *Theodosius defeats Eugenius.* 247

τὸ εἶναι ἐλλόγιμος πλέον τῶν ἄλλων τιμώμενος, τὴν τύχην μετρίως οὐκ ἔνεγκεν. Ἀλλὰ συνεργὸν λαβὼν Ἀρβογάστην, ὃς ἐκ τῆς [Qu. ἤνεγκεν.] μικρᾶς Γαλατίας ὁρμώμενος στρατιωτικοῦ μὲν τάγματος ἡγεμὼν ἐτύγχανεν ὤν, τὸν δὲ τρόπον χαλεπὸς καὶ μιαιφονώτατος, εἰς τυραννίδα ἀπέκλινε. Βουλεύουσιν οὖν ἄμφω φόνον κατὰ τοῦ βασιλέως Οὐαλεντινιανοῦ, τοὺς ἐπικοιτωνίτας εὐνούχους ὑπεισελθόντες. Οἱ δὲ ὑποσχέσεις μειζόνων ἢ εἶχον ἀξιωμάτων δεξάμενοι καθεύδοντα τὸν βασιλέα ἀπέπνιξαν. Εὐθὺς οὖν ὁ Εὐγένιος ἐγκρατὴς τῶν ἐν τοῖς ἑσπερίοις μέρεσι πραγμάτων γενόμενος, ἔπραττεν ὅσα εἰκὸς ἦν ὑπὸ τυράννου γίνεσθαι. Ταῦτα ἀκούσας ὁ βασιλεὺς Θεοδόσιος αὖθις ἐν φροντίσι μεγίσταις καθίστατο, δευτέρων ἀγώνων τῶν μετὰ Μάξιμον προκειμένης ὁδοῦ. Συγκροτήσας οὖν τὰς στρατιωτικὰς δυνάμεις, καὶ τὸν υἱὸν Ὀνώριον ἀναγορεύσας βασιλέα, ἐν τῇ ἑαυτοῦ τρίτῃ ὑπατείᾳ καὶ Ἀβουνδαντίου, τῇ δεκάτῃ τοῦ A.D. 393. Ἰαννουαρίου μηνὸς, αὖθις ἐπὶ τὰ ἑσπέρια μέρη μετὰ σπουδῆς ἐπορεύετο, καταλιπὼν ἀμφοτέρους υἱοὺς ἐν τῇ Κωνσταντινουπόλει βασιλεύοντας. Ἀπιόντι δὲ αὐτῷ ἐπὶ τὸν κατὰ Εὐγενίου πόλεμον πλεῖστοι τῶν πέραν τοῦ Ἴστρου βαρβάρων ἐπηκολούθουν, συμμαχεῖν κατὰ τοῦ τυράννου προαιρούμενοι. Οὐ πολλοῦ δὲ διαγενομένου χρόνου, τὰς Γαλλίας κατέλαβε σὺν δυνάμει πολλῇ· ἐκεῖ γὰρ ηὐτρεπίζετο ἔχων καὶ αὐτὸς στρατοῦ μυριάδας πολλάς. Γίνεται οὖν συμβολὴ περὶ τὸν ποταμὸν τὸν καλούμενον Φρίγδον, ὃς ἀπέχει * * Καθ' ὃ μὲν οὖν μέρος Ῥωμαῖοι πρὸς Ῥωμαίους συνεπλέκοντο, ἰσόπαλος ἦν ἡ μάχη· καθ' ὃ δὲ οἱ συμμαχοῦντες τῷ βασιλεῖ Θεοδοσίῳ βάρβαροι, κατ' ἐκεῖνο οἱ Εὐγενίου μᾶλλον ἐπεκράτουν. Ὁ δὲ βασιλεὺς ὁρῶν τοὺς βαρβάρους ἀπολλυμένους, ἐν μεγίστῳ τε ἀγῶνι γενόμενος, χαμαὶ ῥίψας ἑαυτὸν βοηθὸν ἐκάλει Θεὸν, καὶ τῆς αἰτήσεως οὐκ ἠστόχησεν. Βακούριος γὰρ ὁ στρατηλάτης αὐτοῦ τοσοῦτον ἐπερρώσθη, ὥστε σὺν τοῖς πρωταγωνισταῖς εἰσδραμεῖν, καθ' ὃ μέρος οἱ βάρβαροι ἐδιώκοντο· καὶ διαρρήσσει μὲν τὰς φάλαγγας, τρέπει δὲ εἰς φυγὴν τοὺς πρὸ βραχέως διώκοντας. Ἐπιγίνεται δὲ καὶ ἄλλο θαύματος ἄξιον· ἄνεμος γὰρ σφοδρὸς ἐπιπνεύσας τὰ πεμπόμενα βέλη παρὰ τῶν Εὐγενίου κατ' αὐτῶν περιέτρεπεν· οὐ μὴν ἀλλὰ καὶ τὰ τῶν ἀντιπάλων μετὰ σφοδροτέρας τῆς ὁρμῆς ἔφερε κατ' αὐτῶν· τοσοῦτον ἴσχυσεν ἡ τοῦ βασιλέως εὐχή. Τοῦτον δὴ τὸν τρόπον γενομένης τῆς τοῦ πολέμου τροπῆς, ὁ τύραννος προσδραμὼν τοῖς τοῦ βασιλέως ποσὶν ἐδέετο σωτηρίας τυχεῖν· ἀλλὰ πρὸς τοῖς ποσὶ τοῖς αὐτοῦ ὑπὸ τῶν στρατιωτῶν τὴν κεφαλὴν ἀπετμήθη. Ταῦτα πέπρακται τῇ ἕκτῃ τοῦ Σεπτεμβρίου μηνὸς, ἐν ὑπατείᾳ Ἀρκαδίου τὸ τρίτον καὶ Ὀνωρίου τὸ δεύτερον. Ἀρβογάστης δὲ, ὁ τῶν τηλικούτων κακῶν αἴτιος, μετὰ δύο τῆς συμβολῆς ἡμέρας φεύγων, ὡς ἔγνω οὐκ εἶναι αὐτῷ βιώσιμα, τῷ οἰκείῳ ξίφει ἑαυτὸν διεχρήσατο.

CAP. XXVI.

Ὡς μετὰ τὴν νίκην ὁ βασιλεὺς ἀρρωστήσας τὸν υἱὸν Ὀνώριον ἐν Μεδιολάνῳ μετεκαλέσατο· καὶ μικρὸν δόξας τῆς νόσου ῥαΐσαι ἱπποδρομίαν τελεσάμενος κατ᾽ αὐτὴν τὴν ἡμέραν ἐτελεύτησεν.

Ὁ δὲ βασιλεὺς Θεοδόσιος ἐκ τοῦ πολεμικοῦ μόχθου κακῶς διετέθη τὸ σῶμα· προσδοκήσας δὲ ἐκ τῆς ἐπιγενομένης ἀρρωστίας τέλος ἔχειν αὐτῷ τὰ τῆς ζωῆς, μείζονα τῆς τελευτῆς περὶ τῶν δημοσίων πραγμάτων εἶχε φροντίδα, λογιζόμενος ὅσα καταλαμβάνει κακὰ τοὺς ἀνθρώπους, βασιλέως τελευτήσαντος. Μεταπέμπεται οὖν ᾗ τάχος τὸν υἱὸν Ὀνώριον ἐκ τῆς Κωνσταντινουπόλεως, καταστῆσαι τὰ ἑσπέρια μέρη βουλόμενος. Φθάσαντος δὲ τοῦ υἱοῦ ἐν τῇ Μεδιολάνῳ, ἀνερρώσθη τῆς νόσου, ἱπποδρομίας τε ἐπινικίους ἐπιτελεῖ· καὶ πρὸ ἀρίστου μὲν ἔρρωτο, τὰς ἱπποδρομίας θεώμενος· μετὰ δὲ τὸν ἄριστον ἐξαίφνης διετέθη κακῶς. Καὶ εἰς μὲν τὴν θέαν προελθεῖν οὐκ ἴσχυσεν· τὸν δὲ υἱὸν τὴν ἱπποδρομίαν ἐπιτελέσαι κελεύσας, νυκτὸς ἐπιγενομένης ἐτελεύτησεν, ἐν ὑπατείᾳ Ὀλυβρίου καὶ Προβίνου, τῇ ἑπτακαιδεκάτῃ τοῦ Ἰαννουαρίου μηνός. Τοῦτο δὲ ἦν πρῶτον ἔτος τῆς διακοσιοστῆς ἐννενηκοστῆς τετάρτης Ὀλυμπιάδος. Ἔζησε δὲ ὁ βασιλεὺς Θεοδόσιος ἔτη ἑξήκοντα· ἐβασίλευσε δὲ ἔτη δεκαέξ. Περιέχει ἡ βίβλος χρόνον ἐτῶν δεκαέξ, μηνῶν ὀκτώ.

LIB. VI.

ΠΡΟΟΙΜΙΟΝ.

Τὸ μὲν ἐπίταγμά σου, ὦ ἱερὲ τοῦ Θεοῦ ἄνθρωπε Θεόδωρε, ἐν πέντε τοῖς προλαβοῦσι βιβλίοις διεπονησάμεθα, ὡς οἷόν τε τὴν ἀπὸ τῶν Κωνσταντίνου χρόνων ἐκκλησιαστικὴν ἱστορίαν συγγράψαντες. Ἴσθι δὲ ἡμᾶς μὴ ἐσπουδακέναι περὶ τὴν φράσιν, ἐννοήσαντας ὡς εἰ σπουδάσαιμεν καλλιλεξίᾳ χρήσασθαι, ἴσως μὲν καὶ ἀποπεσούμεθα τοῦ σκοποῦ. Εἰ δὲ καὶ ἐπιτευξόμεθα, οὐ τοιαῦτα πάντως δυνησόμεθα γράφειν, οἷα τοῖς παλαιοῖς συγγραφεῦσιν εἴρηται, δι' ὧν αὔξειν τε καὶ χείρονα ποιεῖν νομίζοιτο ἄν τις τὰ πράγματα. Ἔπειτα δὲ καὶ οὐδαμῶς οἰκοδομήσει τοὺς πολλοὺς καὶ ἰδιώτας ὁ λόγος, οἳ τὰ πράγματα βούλονται μόνον εἰδέναι, οὐ τὴν λέξιν ὡς καλῶς συγκειμένην θαυμάσαι. Ἵνα μὴ οὖν ἀμφοτέροις ἀνόνητος ἡ πραγματεία γένηται, τοῖς μὲν εὐπαιδεύτοις, ὅτι μὴ ἀξία τῇ παλαιᾷ φράσει συγκρίνεσθαι, τοῖς δὲ ἰδιώταις, ὅτι μὴ δύνανται ἐφικέσθαι τῶν πραγμάτων καλυπτομένων ὑπὸ τῆς κομψείας τοῦ λόγου, τὴν σαφεστέραν μὲν δοκοῦσαν, ταπεινοτέραν δὲ φράσιν ἐπιτηδεύσαμεν.

Ἀρχόμενοι δὲ ὅμως τοῦ ἕκτου βιβλίου ἐκεῖνο προλέγομεν, ὅτι τῶν ἐπὶ τῆς ἡμετέρας ἡλικίας γενομένων ἁπτόμενοι δεδοίκαμεν ἤδη, μὴ οὐκ ἀρέσκοντα τοῖς πολλοῖς δόξωμεν γράφειν· ἢ ὅτι κατὰ τὴν παροιμίαν, 'τὸ ἀληθές ἐστι πικρόν,' ὅτι μὴ σὺν ἐγκωμίῳ τὰ ὀνόματα ὧν φιλοῦσι παραλαμβάνομεν· ἢ ὅτι μὴ τὰς πράξεις αὐτῶν μεγαλύνομεν. Καὶ οἱ μὲν τῶν ἐκκλησιῶν ζηλωταὶ καταγνώσονται, ὅτι μὴ τοὺς ἐπισκόπους λέγομεν 'θεοφιλεστάτους' ἢ 'ἁγιωτάτους,' ἢ τὰ τοιαῦτα. Ἄλλοι δὲ καὶ φιλοπραγμονήσουσιν ἔσθ' ὅτε, ὅτι μὴ τοὺς βασιλεῖς 'θειοτάτους' καὶ 'δεσπότας,' καὶ ὅσα χρηματίζειν εἰώθασιν, ὀνομάζομεν. Ἐγὼ δὲ καὶ ἐκ τῶν τοῖς παλαιοῖς γεγραμμένων παραστήσειν ἔχων, καὶ δεικνύναι δυνάμενος, ὡς ὁ δοῦλος παρ' αὐτοῖς ἐξ ὀνόματος εἴωθε τὸν δεσπότην καλεῖν, διὰ τὴν τῶν πραγμάτων χρείαν, παρ' οὐδὲν τὸ ἀξίωμα θέμενος, καὶ τοῖς τῆς ἱστορίας νόμοις πειθόμενος, οἳ τὴν τῶν πραγμάτων ἀπαιτοῦσι διήγησιν καθαρὰν καὶ ἀληθῆ καὶ παντὸς ἀπηλλαγμένην ἐπικαλύμματος, ἐπ' αὐτὴν βαδιοῦμαι λοιπὸν τὴν ἐξήγησιν, ἅ τε αὐτὸς ἐθεασάμην συγγράφων, ἅ τε παρὰ τῶν ἑωρακότων ἠδυνήθην ν μαθεῖν, δοκιμάζων τἀληθὲς, ἐκ τοῦ μὴ παραλλάττειν κατὰ τὴν ἀπαγγελίαν τοὺς διηγουμένους αὐτά. Ἐπιπόνως δέ μοι τὸ ἀληθὲς ἐγνωρίζετο, πολλῶν τε καὶ διαφόρων ἀπαγγελλόντων· καὶ τῶν μὲν παρεῖναι λεγόντων τοῖς πράγμασι, τῶν δὲ πάντων μᾶλλον ἀξιούντων εἰδέναι.

CAP. I.

Ὡς τοῦ βασιλέως Θεοδοσίου τελευτήσαντος, τῶν υἱῶν αὐτοῦ διανειμαμένων τὴν βασιλείαν, καὶ τοῦ στρατοῦ μετ' ὀλίγον ἀπὸ τῆς Ἰταλίας ἐλθόντος, τοῦ τε Ἀρκαδίου αὐτοῖς ὑπαντήσαντος, Ῥουφῖνος ὁ ὕπαρχων πρὸς τοῖς ποσὶ τοῦ βασιλέως ὑπ' αὐτῶν ἀναιρεῖται.

Τοῦ δὴ βασιλέως Θεοδοσίου τελευτήσαντος ἐν ὑπατείᾳ Ὀλυβρίου καὶ Προβίνου, τῇ ἑπτακαιδεκάτῃ τοῦ Ἰαννουαρίου μηνὸς, οἱ αὐτοῦ υἱοὶ τὴν Ῥωμαίων ἀρχὴν διαδέχονται· καὶ Ἀρκάδιος μὲν τῶν ἑῴων, Ὀνώριος δὲ τῶν ἑσπερίων εἶχε τὸ κράτος. Τῶν ἐκκλησιῶν δὲ κατὰ τούσδε τοὺς χρόνους προειστήκεισαν ἐν μὲν τῇ βασιλευούσῃ Ῥώμῃ Δάμασος· ἐν δὲ Ἀλεξανδρείᾳ Θεόφιλος· τῶν δὲ περὶ τὰ Ἱεροσόλυμα Ἰωάννης ἐκράτει· Φλαβιανὸς δὲ τὴν Ἀντιοχέων εἶχε· κατὰ δὲ τὴν νέαν Ῥώμην Κωνσταντινούπολιν Νεκτάριος εἶχε τὸν θρόνον, καθὰ καὶ ἐν τῷ προλαβόντι βιβλίῳ ἡμῖν ἱστόρηται. Περὶ δὲ τὴν ὀγδόην τοῦ Νοεμβρίου μηνὸς, ἐν τῇ αὐτῇ ὑπατείᾳ, τὸ σῶμα Θεοδοσίου κομισθὲν τῇ νενομισμένῃ κηδείᾳ ὁ υἱὸς ἐτίμα Ἀρκάδιος. Οὐκ εἰς μακρὰν δὲ μετὰ ταῦτα τῇ εἰκάδι ἑβδόμῃ τοῦ αὐτοῦ μηνὸς καὶ ὁ στρατὸς παρῆν, ὁ ἅμα τῷ βασιλεῖ Θεοδοσίῳ κατὰ τοῦ τυράννου στρατεύσας. Ὡς οὖν ὁ βασιλεὺς Ἀρκάδιος κατὰ τὸ εἰωθὸς πρὸ τῶν πυλῶν ἀπήντησε τῷ στρατῷ, τηνικαῦτα καὶ οἱ στρατιῶται Ῥουφῖνον τὸν ὕπαρχον τοῦ βασιλέως ἀπέκτειναν. Ὑπωπτεύετο γὰρ εἰς τυραννίδα ὁ Ῥουφῖνος· καὶ δόξαν εἶχεν, ὡς αὐτὸς εἴη τοὺς Οὔννους τὸ βάρβαρον ἔθνος

VI. 2.] *John 'Chrysostom.'* 251

ἐπικαλεσάμενος εἰς τὴν Ῥωμαίων χώραν. Καὶ γὰρ ἦσαν κατ᾽ ἐκεῖνο τοῦ καιροῦ Ἀρμενίαν τε καὶ τινα μέρη τῆς ἑῴας κατατρέχοντες. Καθ᾽ ἣν μὲν οὖν ἡμέραν ὁ Ῥουφῖνος ἀνῄρητο, κατ᾽ αὐτὴν καὶ ὁ τῶν Ναυατιανῶν ἐπίσκοπος Μαρκιανὸς ἐτελεύτησε· καὶ διαδέχεται τὴν ἐπισκοπὴν Σισίννιος, οὗ καὶ ἀνωτέρω ἐμνημονεύ- Cp. v. ι . ο ἀμεν.

CAP. II.

Περὶ τῆς τελευτῆς Νεκταρίου, καὶ τῆς Ἰωάννου χειροτονίας.

Ὀλίγου δὲ διελθόντος χρόνου, καὶ Νεκτάριος ὁ τῆς Κωνσταντινουπόλεως ἐπίσκοπος ἐτελεύτησεν ἐν ὑπατείᾳ Καισαρίου καὶ Ἀτ- A.D. 397. τικοῦ περὶ τὴν εἰκάδα ἑβδόμην τοῦ Σεπτεμβρίου μηνός. Εὐθὺς οὖν σπουδὴ περὶ χειροτονίας ἐπισκόπου ἐγίνετο· καὶ ἄλλων ἄλλον ἐπιζητούντων, περί τε τούτου πολλάκις προτεθείσης βουλῆς, τέλος ἐδόκει ἐκ τῆς Ἀντιοχείας μεταπέμπεσθαι Ἰωάννην τὸν τῆς Ἀντιοχείας πρεσβύτερον· φήμη γὰρ ἐκράτει περὶ αὐτοῦ, ὡς εἴη διδακτικὸς ἐν ταυτῷ καὶ ἐλλόγιμος. Ὀλίγου οὖν διαδράσαντος χρόνου, ψηφίσματι κοινῷ ὁμοῦ πάντων, κλήρου τε φημὶ καὶ λαοῦ, ὁ βασιλεὺς αὐτὸν Ἀρκάδιος μεταπέμπεται. Διὰ δὲ τὸ ἀξιόπιστον τῆς χειροτονίας παρῆσαν ἐκ βασιλικοῦ προστάγματος πολλοί τε καὶ ἄλλοι ἐπίσκοποι, καὶ δὴ καὶ ὁ τῆς Ἀλεξανδρείας Θεόφιλος· ὅστις σπουδὴν ἐτίθετο διασύραι μὲν τὴν Ἰωάννου δόξαν, Ἰσίδωρον δὲ ὑπ᾽ αὐτῷ πρεσβύτερον πρὸς τὴν ἐπισκοπὴν προχειρίσασθαι, ὃν πάνυ ἠγάπα, ὅτι ὑπὲρ αὐτοῦ ποτε κινδυνῶδες ἐπίταγμα ἀνεδέξατο· τί δὲ τοῦτό ἐστιν, λεκτέον. Ἡνίκα ὁ βασιλεὺς Θεοδόσιος πρὸς τὸν τύραννον ἠγωνίζετο Μάξιμον, Θεόφιλος διὰ Ἰσιδώρου ξένια πέμπων βασιλεῖ, δισσὰς αὐτῷ ἐπιστολὰς ἐνεχείρισεν, ἐντειλάμενος προσενεγκεῖν τῷ νικήσαντι καὶ τὰ δῶρα καὶ τὰ γράμματα. Τούτοις διακονούμενος Ἰσίδωρος καταλαβὼν τὴν Ῥώμην τῇ νίκῃ ἐφέδρευεν· ἀλλ᾽ οὐκ εἰς μακρὰν τὸ γινόμενον ἔλαθεν, ἀναγνώστου τοῦ συνόντος αὐτῷ τὰς ἐπιστολὰς ἐπικλέψαντος. Οὗ ἕνεκεν ὁ Ἰσίδωρος ἐν φόβῳ γενόμενος, ὡς εἶχεν, ἐπὶ τὴν Ἀλεξάνδρειαν ἔφευγεν. Αὕτη πρόφασις ἦν Θεοφίλῳ τῆς ὑπὲρ Ἰσιδώρου σπουδῆς· οἱ μέντοι κατὰ τὰ βασίλεια τὸν Ἰωάννην προέκριναν. Ἐπειδὴ δὲ κατηγορίας κατὰ Θεοφίλου πολλοὶ ἀνεκίνουν, βιβλία τε κατ᾽ αὐτοῦ ἄλλος δι᾽ ἄλλην αἰτίαν τοῖς παροῦσιν ἐπισκόποις ἐδίδοσαν, ὁ προεστὼς τοῦ βασιλικοῦ κοιτῶνος Εὐτρόπιος, λαβὼν τὰς ἐγγράφους κατηγορίας, ἐπέδειξεν τῷ Θεοφίλῳ, εἰπὼν, 'ἐπιλογὴν ἔχειν, ἢ χειροτονεῖν 'Ιωάννην, ἢ τὰς κατ' αὐτοῦ κατηγορίας εἰς ἔλεγχον ἄγεσθαι·' ταῦτα φοβηθεὶς ὁ Θεόφιλος τὸν 'Ιωάννην ἐχειροτόνησε. Χειροτονηθεὶς οὖν πρὸς τὴν τῆς ἐπισκοπῆς ἱερωσύνην ἐνθρονίζεται τῇ εἰκάδι ἕκτῃ τοῦ Φεβρουαρίου μηνὸς, ὑπατείᾳ τῇ ἑξῆς, ᾗ ἐπετέλουν ἐν μὲν τῇ Ῥώμῃ ὁ βασιλεὺς Ὀνώριος, ἐν δὲ τῇ Κωνσταντινουπόλει Εὐτυχιανὸς, ὁ τότε τῶν βασιλέων ὕπαρχος. Ἐπεὶ δὲ ἐκφανὴς ὁ ἀνὴρ, ἐξ ὧν τε κατέλειπε λόγων, καὶ ἐξ ὧν πολλοῖς δεινοῖς περιέπεσεν, ἄξιον ἡγοῦμαι μὴ σιγῆσαι τὰ κατ' αὐτὸν, ἀλλ' ὡς οἷόν τε τὰ διὰ μακροτέρων λεχθησόμενα συστεῖλαι, εἰπεῖν τε ὅθεν ἦν καὶ ἐκ τίνων, καὶ ὅπως ἐπὶ τὴν ἱερωσύνην ἐκλήθη· ὅπως τε ἀφῃρέθη αὐτῆς, καὶ ὡς μετὰ θάνατον ἐτιμήθη μᾶλλον ἢ περιών.

CAP. III.

Περὶ γένους καὶ ἀγωγῆς καὶ βίου Ἰωάννου τοῦ Κωνσταντινουπόλεως ἐπισκόπου.

Ἰωάννης Ἀντιοχεὺς μὲν ἦν τῆς Κοίλης Συρίας, υἱὸς δὲ Σεκούνδου καὶ μητρὸς Ἀνθούσης, ἐξ εὐπατριδῶν τῶν ἐκεῖ· μαθητὴς δὲ ἐγένετο Λιβανίου τοῦ σοφιστοῦ, καὶ ἀκροατὴς Ἀνδραγαθίου τοῦ φιλοσόφου. Μέλλων δὲ ἐπὶ δικανικὴν ὁρμᾶν, καὶ συνιδὼν τὸν ἐν τοῖς δικαστηρίοις μοχθηρὸν καὶ ἄδικον βίον, ἐπὶ τὸν ἡσύχιον μᾶλλον ἐτρέπετο· καὶ τοῦτο ἐποίησε ζηλώσας Εὐάγριον, ὃς καὶ αὐτὸς φοιτῶν παρὰ τοῖς αὐτοῖς διδασκάλοις τὸν ἡσύχιον πάλαι βίον μετήρχετο. Εὐθύς τε καὶ μεταθεὶς τὸ σχῆμα καὶ βάδισμα, τοῖς ἀναγνώσμασι τῶν ἱερῶν γραμμάτων προσεῖχε τὸν νοῦν, καὶ συνεχεῖς ἐποιεῖτο τὰς ἐπὶ τὴν ἐκκλησίαν σπουδάς. Πείθει δὲ καὶ Θεόδωρον καὶ Μάξιμον, συμφοιτητὰς αὐτῷ ὄντας παρὰ τῷ σοφιστῇ Λιβανίῳ, καταλιπεῖν μὲν τὸν χρηματιστικὸν βίον, μετιέναι δὲ τὸν λιτόν. Ὧν Θεόδωρος μὲν ὕστερον Μοψουεστίας τῆς ἐν Κιλικίᾳ πόλεως ἐπίσκοπος γέγονε· Μάξιμος δὲ Σελευκείας τῆς ἐν Ἰσαυρίᾳ. Τηνικαῦτα οὖν οὗτοι σπουδαῖοι περὶ τὴν ἀρετὴν γενόμενοι, μαθητεύουσιν εἰς τὰ ἀσκητικὰ Διοδώρῳ καὶ Καρτερίῳ, οἵ τινες τότε μὲν ἀσκητηρίῳ προΐσταντο. Διόδωρος δὲ αὐτῶν ὕστερον ἐπίσκοπος Ταρσοῦ γενόμενος πολλὰ βιβλία συνέγραψε, ψιλῷ τῷ γράμματι τῶν θείων προσέχων γραφῶν, τὰς θεωρίας αὐτῶν ἐκτρεπόμενος. Ταῦτα μὲν οὖν περὶ τούτων· Ἰωάννην δὲ ἅμα Βασιλείῳ, τῷ τότε μὲν διακόνῳ ὑπὸ Μελετίου κατασταθέντι, μετὰ ταῦτα δὲ γενομένῳ Καισαρείας τῆς Καππαδοκῶν ἐπισκόπῳ, τὰ πολλὰ συνδιάγοντα, Ζήνων ὁ ἐπίσκοπος ἐκ τῶν Ἱεροσολύμων ὑποστρέφων ἀναγνώστην τῆς ἐν Ἀντιοχείᾳ ἐκκλησίας καθίστησιν. Ἐν τῇ τοῦ ἀναγνώστου οὖν τάξει καθεστὼς τὸν 'κατὰ Ἰουδαίων' λόγον συνέταξεν. Μετ' οὐ πολὺ δὲ καὶ τῆς τοῦ διακόνου ἀξίας παρὰ Μελετίου τυχὼν τοὺς ' περὶ ἱερωσύνης ' λόγους συνέταξεν, καὶ τοὺς 'πρὸς Σταγείριον' ἔτι μὴν καὶ τοὺς ' περὶ ἀκαταλήπτου,' καὶ τοὺς ' περὶ τῶν συνεισάκτων.' Μετὰ ταῦτα δὲ Μελετίου ἐν Κωνσταντινουπόλει τελευτήσαντος,—ἐκεῖ γὰρ παραγεγόνει διὰ τὴν Γρηγορίου τοῦ Ναζιανζηνοῦ κατάστασιν,—ἀναχωρήσας Ἰωάννης τῶν Μελετιανῶν, καὶ μήτε Παυλίνῳ συγκοινωνῶν, ἐπὶ τρεῖς ὅλους ἐνιαυτοὺς ἡσύχως διῆγεν. Ὕστερον δὲ Παυλίνου τελευτήσαντος, ὑπὸ Εὐαγρίου τοῦ διαδεξαμένου Παυλῖνον χειροτονεῖται πρεσβύτερος. Αὕτη μὲν ἡ Ἰωάννου πρὸ τῆς ἐπισκοπῆς, ὡς συντόμως εἰπεῖν, διαγωγή. Ἦν δὲ ἄνθρωπος, ὥς φασι, διὰ ζῆλον σωφροσύνης πικρότερος, καὶ ' πλέον,' ὡς ἔφη τις τῶν οἰκειοτάτων αὐτῷ ἐκ νέας ἡλικίας, ' θυμῷ μᾶλλον ἢ αἰδοῖ ἐχαρίζετο·' καὶ διὰ μὲν ὀρθότητα βίου οὐκ ἀσφαλὴς πρὸς τὰ μέλλοντα, δι' ἁπλότητα δὲ εὐχερής· ἐλευθεροστομίᾳ τε πρὸς τοὺς ἐντυγχάνοντας ἀμέτρως ἐκέχρητο· καὶ ἐν μὲν τῷ διδάσκειν πολὺς ἦν ὠφελῆσαι τὰ τῶν ἀκουόντων ἤθη, ἐν δὲ ταῖς συντυχίαις ἀλαζονικὸς τοῖς ἀγνοοῦσιν αὐτὸν ἐνομίζετο.

CAP. IV.

Περὶ Σαραπίωνος τοῦ διακόνου, καὶ ὅπως δι' αὐτὸν ὁ ἐπίσκοπος ἐχθρὸς τῷ κλήρῳ κατέστη καὶ πολέμιος.

Τοιοῦτος ὢν τὸ ἦθος, καὶ ἐπὶ τὴν ἐπισκοπὴν προβληθείς, μείζονι ἢ ἐχρῆν τῇ ὀφρύϊ κατὰ τῶν ὑπηκόων ἐκέχρητο, διορθοῦν τοὺς βίους τῶν ὑφ' αὑτῷ κληρικῶν, ὡς ᾤετο, προαιρούμενος. Εὐθὺς οὖν ἐν ἀρχῇ φανεὶς τοῖς τῆς ἐκκλησίας τραχύς, ὑπ' αὐτῶν ἐμισεῖτο· πολλοί τε πρὸς αὐτὸν ἀπηχθάνοντο, καὶ ὡς ὀργίλον ἐξέκλινον· ἐνῆγε δὲ αὐτὸν πρὸς τὸ πᾶσι προσκρούειν Σαραπίων, διάκονος ὑπ' αὐτῷ ταττόμενος. Καί ποτε παρόντων τῶν κληρικῶν, μεγάλῃ τῇ φωνῇ πρὸς τὸν ἐπίσκοπον τοιοῦτον λόγον ἐφθέγξατο· ' Οὔποτε, ὦ ἐπίσκοπε, τούτων κρατῆσαι δυνήσῃ, εἰ μὴ μιᾷ ῥάβδῳ πάντας ἐλαύνοις.' Τοῦτο λεχθὲν τὸ κατὰ τοῦ ἐπισκόπου μῖσος ἐξήγειρεν. Ὁ δὲ ἐπίσκοπος οὐκ εἰς μακρὰν πολλοὺς τῆς ἐκκλησίας ἄλλον δι' ἄλλην αἰτίαν ἐξέβαλλεν· οἱ δὲ, οἷα φιλεῖ γίνεσθαι ἐν ταῖς τοιαύταις τῶν κρατούντων ὁρμαῖς, φατρίας συνίστασαν κατ' αὐτοῦ, καὶ διαβολαῖς πρὸς τὸν δῆμον ἐκέχρηντο. Εἰς πίστιν δὲ ἦγεν τοὺς ἀκούοντας τὰ λεγόμενα τὸ μὴ βούλεσθαι τὸν ἐπίσκοπον συνεσθίειν τινὶ, μηδὲ καλούμενον ἐφ' ἑστίαν παραγίνεσθαι· ἐξ οὗ καὶ μάλιστα ἢ μείζων ἐκράτησε διαβολὴ κατ' αὐτοῦ. Καὶ τίνι μὲν σκοπῷ συνεσθίειν οὐδενὶ προῄρητο, σαφῶς οὐδεὶς ἀπαγγεῖλαι δεδύνηται· οἱ μὲν γὰρ ὑπὲρ αὐτοῦ ἀπολογεῖσθαι βουλόμενοι ἔφασκον ὡς εἴη ἐμπαθὴς, καὶ δυσφόρως τὰ σιτία προσφέροιτο, καὶ διὰ τοῦτο μόνος ἐσθίει· ἄλλοι δὲ, ὅτι δι' ὑπερβάλλουσαν ἄσκησιν τοῦτο ἐποίει. Ὅπως δὲ ἀληθείας ἂν εἶχε τὸ γινόμενον, οὐ μικρὰ συνεβάλλετο πρὸς διαβολὴν τοῖς κατηγοροῦσιν αὐτοῦ. Ὁ μέντοι λαὸς διὰ τοὺς ἐν τῇ ἐκκλησίᾳ λεγομένους ὑπ' αὐτοῦ λόγους σφόδρα συνεκρότει καὶ ἠγάπα τὸν ἄνθρωπον, μικρὰ φροντίζων τῶν κατηγορεῖν ἐπιχειρούντων αὐτοῦ. Ὁποῖοι δέ εἰσιν οἵ τε ἐκδοθέντες παρ' αὐτοῦ λόγοι καὶ οἱ λέγοντες αὐτοῦ ὑπὸ τῶν ὀξυγράφων ἐκληφθέντες, ὅπως τε λαμπροὶ, καὶ τὸ ἐπαγωγὸν ἔχοντες, τί δεῖ νῦν λέγειν, ἐξὸν τοῖς βουλομένοις αὐτοὺς ἀναλέγεσθαι, καὶ τὴν ἐξ αὐτῶν ὠφέλειαν καρποῦσθαι;

CAP. V.

Ὅτι οὐ πρὸς τοὺς ἐν τῷ κλήρῳ μόνον Ἰωάννης ἀλλὰ καὶ πρὸς τοὺς ἐν τέλει διεφέρετο· καὶ περὶ Εὐτροπίου τοῦ εὐνούχου.

Ἕως μὲν οὖν τῷ κλήρῳ μόνῳ προσέκρουεν, ἀσθενὴς ἦν ἡ σκευωρουμένη κατ' αὐτοῦ μηχανή· ἐπειδὴ δὲ καὶ πολλοὺς τῶν ἐν τέλει πέρα τοῦ προσήκοντος ἐξελέγχειν ἐπειρᾶτο, τηνικαῦτα καὶ ὁ κατ' αὐτοῦ φθόνος πλείων ἐξήπτετο. Καὶ πολλὰ μὲν ἐλέγετο κατ' αὐτοῦ· τὰ πλεῖστα δὲ λοιπὸν καὶ πίστιν ἐνεποίει τοῖς ἀκούουσι· προσθήκην δὲ τῇ διαβολῇ ἐποίει ἡ κατὰ Εὐτροπίου τότε λεχθεῖσα ὑπ' αὐτοῦ προσομιλία. Εὐτρόπιος γὰρ εὐνοῦχος, προεστὼς τοῦ βασιλικοῦ κοιτῶνος, καὶ τὴν τοῦ ὑπάτου ἀξίαν πρῶτος εὐνούχων παρὰ βασιλέως λαβὼν, ἀμύνασθαί τινας προσφεύγοντας τῇ ἐκκλη-

VI. 6.] *Hostile designs against him.* 255

σία βουλόμενος, σπουδὴν πεποίητο νόμον παρὰ τῶν αὐτοκρατόρων προτεθῆναι, κελεύοντα μηδένα προσφεύγειν ταῖς ἐκκλησίαις, ἀλλὰ καὶ τοὺς ἤδη προσφεύγοντας ἀφέλκεσθαι. Δίκη δὲ εὐθὺς ἐπηκολούθει· προὔκειτο γὰρ ὁ νόμος, καὶ μετ' οὐ πολὺ προσκρούσας τῷ βασιλεῖ ὁ Εὐτρόπιος ἐν τοῖς πρόσφυξιν ἦν. Ὁ οὖν ἐπίσκοπος, τοῦ Εὐτροπίου ὑπὸ τὸ θυσιαστήριον κειμένου καὶ ἐκπεπληγότος ὑπὸ τοῦ φόβου, καθεσθεὶς ἐπὶ τοῦ ἄμβωνος, ὅθεν εἰώθει καὶ πρότερον ὁμιλεῖν χάριν τοῦ ἐξακούεσθαι, λόγον ἐλεγκτικὸν ἐξέτεινε κατ' αὐτοῦ. Ἐφ' ᾧ πλέον ἐδόκει προσκρούειν τισίν, ὅτι τὸν ἀτυχοῦντα οὐ μόνον οὐκ ἠλέει, ἀλλ' ἐκ τοῦ ἐναντίου καὶ ἤλεγχεν. Εὐτροπίου μὲν οὖν τότε τὴν ὕπατον ἀξίαν χειρίζοντος, διά τινα πταίσματα ὁ βασιλεὺς τὴν κεφαλὴν ἀποτμηθῆναι ἐκέλευσεν· ἐκ δὲ τοῦ καταλόγου τῶν ὑπάτων περιηρέθη τὸ ὄνομα, καὶ μόνου τοῦ A.D. 399. συνυπατεύσαντος Θεοδώρου ἐγγέγραπται. Λόγος δὲ, ὅτι ὁ ἐπίσκοπος Ἰωάννης καὶ Γαϊνᾶν τὸν τηνικαῦτα στρατηλάτην τῇ συνήθει παρρησίᾳ χρώμενος ἰσχυρῶς περιύβρισεν, ὅτε μίαν ἐκκλησίαν τῶν ἐντὸς τῆς πόλεως προσνεμηθῆναι τοῖς ὁμοθρήσκοις αὐτοῦ Ἀρειανοῖς παρὰ τοῦ βασιλέως αἰτῆσαι ἐτόλμησεν. Ἄλλον τε δι' ἄλλην αἰτίαν τῶν κρατούντων ἐξήλεγχεν σὺν παρρησίᾳ πολλῇ, δι' ἣν πολλοῖς διάφορος ἦν. Ὅθεν καὶ Θεόφιλος ὁ Ἀλεξανδρείας ἐπίσκοπος εὐθὺς μετὰ τὴν χειροτονίαν ἐπενόει ὅπως αὐτὸν σκευωρήσηται, καί τισι μὲν τῶν παρόντων περὶ τούτου κρυφαίως διελέγετο· πολλοῖς δὲ καὶ τῶν μακρὰν ἀπόντων τὴν οἰκείαν διήγγειλε βούλησιν. Ἐλύπει γὰρ αὐτὸν οὐ μόνον ἡ ὑπερβάλλουσα Ἰωάννου παρρησία, ἀλλ' ὅτι καὶ Ἰσίδωρον τὸν πρεσβύτερον ὑπ' αὐτῷ ταττόμενον εἰς τὴν ἐπισκοπὴν Κωνσταντινουπόλεως προβάλλεσθαι οὐκ ἴσχυσεν. Ἐν τούτοις μὲν τὰ κατὰ Ἰωάννην τὸν ἐπίσκοπον ἦν· καὶ εὐθὺς ἐν ἀρχῇ κατ' αὐτοῦ ὤδινε τὸ κακόν· καὶ τὰ μὲν περὶ αὐτοῦ προϊόντες δηλώσομεν.

CAP. VI.

Περὶ τῆς τυραννίδος Γαϊνᾶ τοῦ Γότθου, καὶ τῆς ὑπ' αὐτοῦ γενομένης ταραχῆς ἐν Κωνσταντινουπόλει, καὶ περὶ τῆς ἀναιρέσεως αὐτοῦ.

Πρᾶγμα δὲ ἄξιον μνήμης ἐπὶ τῶνδε τῶν χρόνων γενόμενον διηγήσομαι, δεικνὺς ὅπως ἡ τοῦ Θεοῦ πρόνοια τὴν πόλιν καὶ τὰ Ῥωμαίων ἐκ μεγίστου κινδύνου παραδόξοις βοηθείαις ἐρρύσατο·

τί δέ ἐστι τοῦτο λεκτέον. Γαϊνᾶς βάρβαρος μὲν ἦν τὸ γένος· ὑπὸ Ῥωμαίοις δὲ γενόμενος καὶ στρατείᾳ προσομιλήσας, κατὰ βραχὺ δὲ προκόψας, τέλος στρατηλάτης Ῥωμαίων ἱππικῆς τε καὶ πεζικῆς ἀναδείκνυται. Ἐπιλαβόμενος δὲ τῆς τηλικαύτης δυναστείας ἑαυτὸν οὐκ ἐγίνωσκεν, οὐδὲ τὴν ἑαυτοῦ διάνοιαν κατέχειν ἠδύνατο· ἀλλὰ 'πάντα λίθον,' τὸ δὴ λεγόμενον, 'ἐκίνει,' ὅπως ἂν ὑφ' ἑαυτῷ τὰ Ῥωμαίων ποιήσειε. Καὶ πᾶν μὲν τὸ Γότθων ἔθνος ἐκ τῆς αὐτοῦ χώρας μετεπέμψατο· τοὺς δὲ αὐτῷ ἐπιτηδείους τῶν στρατιωτικῶν

[Val. ἀρχάς:] ἀριθμῶν τούτους ἔχειν παρεσκεύαζεν. Τριβιγίλδου δὲ ἑνὸς τῶν αὐτοῦ συγγενῶν χιλιαρχοῦντος τῶν ἱδρυμένων ἐν τῇ Φρυγίᾳ στρατιωτῶν, καὶ γνώμῃ Γαϊνᾶ νεωτερίσαντος, καὶ τὰ Φρυγῶν ἔθνη παντάπασιν ἀνατρέποντος, αὐτὸς ἐπιτραπῆναι ἑαυτῷ κατασκευάζει τὴν τῶν ἐκεῖ πραγμάτων φροντίδα. Ἔπειτα ὁ βασιλεὺς Ἀρκάδιος οὐδὲν προϊδόμενος ἑτοίμως ἐπέτρεψεν· καὶ ὃς εὐθὺς ἐπορεύετο τῷ μὲν λόγῳ κατὰ Τριβιγίλδου, τῷ δὲ ἔργῳ τυραννῆσαι βουλόμενος· ἦγε δὲ μεθ' ἑαυτοῦ Γότθων βαρβάρων οὐκ ὀλίγας μυριάδας· καὶ καταλαβὼν τὴν Φρυγίαν, πάντα ἀνέτρεπεν. Εὐθὺς οὖν ἐν ταραχῇ ἦν τὰ Ῥωμαίων, οὐ μόνον διὰ τὸ προσὸν τῷ Γαϊνᾷ πλῆθος βαρβάρων, ἀλλ' ὅτι καὶ τὰ τῆς ἑῴας ἐπίκαιρα μέρη κινδυνεύειν ἔμελλε. Τότε δὴ ὁ βασιλεὺς γνώμῃ χρηστῇ πρὸς τὸν παρόντα καιρὸν χρησάμενος, τέχνῃ μετῆλθε τὸν βάρβαρον· διαπεμψάμενος γοῦν πρὸς αὐτὸν, πᾶσι λόγοις καὶ ἔργοις θεραπεύειν ἕτοιμος ἦν. Τούτου δὲ ἐξαιτοῦντος δύο τῶν πρώτων τῆς συγκλήτου ἄνδρας ἀπὸ ὑπάτων, οὓς ὑπενόει ἐκκόψειν αὐτοῦ τὰς ὁρμὰς, Σατορνῖνον καὶ Αὐρηλιανὸν, ἄκων αὐτοὺς τῇ ἀνάγκῃ τοῦ καιροῦ παρεῖχεν ὁ βασιλεύς. Καὶ οἱ μὲν ὑπὲρ τοῦ κοινοῦ προαποθνήσκειν αἱρούμενοι γενναίως τῇ τοῦ βασιλέως κελεύσει ὑπήκουον· καὶ πόρρω τῆς Χαλκηδόνος ἐν χωρίῳ ἱπποδρόμῳ ἀπήντων, ἕτοιμοι πάσχειν πᾶν ὁτιοῦν ὁ βάρβαρος ἤθελεν. Ἀλλ' οὗτοι μὲν οὐδὲν φαῦλον ὑπέμειναν· ὁ δὲ ἀκκιζόμενος παρῆν ἐπὶ τὴν Χαλκηδόνα· ἀπήντα δὲ ἐκεῖσε καὶ ὁ βασιλεὺς Ἀρκάδιος. Γενόμενοί τε ἐν τῷ μαρτυρίῳ, ἔνθα τὸ σῶμα τῆς μάρτυρος Εὐφημίας ἀπόκειται, ὅρκοις ἐπιστοῦντο ἀλλήλους ὅ τε βασιλεὺς καὶ ὁ βάρβαρος, ἦ μὴν μὴ ἐπιβουλεύσειν ἀλλήλοις. Ἀλλ' ὁ μὲν βασιλεὺς, εὔορκός τις ἀνὴρ καὶ διὰ τοῦτο θεοφιλὴς, τοῖς ὅρκοις ἐνέμεινε· Γαϊνᾶς δὲ παρεσπόνδει τε καὶ τοῦ οἰκείου σκοποῦ οὐκ ἐξέβαινεν, ἀλλ' ἐμπρησμοὺς

He threatens Constantinople.

τε καὶ λαφυραγωγίας ἐμελέτα ποιήσασθαι κατά τε τῆς Κωνσταντινουπόλεως, καὶ καθ' ὅλης εἰ δύναιτο τῆς Ῥωμαίων ἀρχῆς. Βεβαρβάρωτο οὖν ἡ πόλις ὑπὸ τῶν πολλῶν μυριάδων, καὶ οἱ αὐτῆς οἰκήτορες ἐν αἰχμαλώτων μοίρᾳ ἐγένοντο. Τοσοῦτος δὲ ἦν ὁ ἐπικρεμασθεὶς τῇ πόλει κίνδυνος, ὡς καὶ κομήτην μέγιστον ἐκ τοῦ οὐρανοῦ καὶ μέχρι τῆς γῆς διήκοντα, καὶ οἷον οὐδεὶς ἐθεάσατο πρότερον, μηνύειν αὐτόν. Ὁ μέντοι Γαϊνᾶς πρῶτον μὲν ἐπειράθη ἀνέδην διαρπαγὴν τοῦ δημοσίᾳ ἐν τοῖς ἐργαστηρίοις πωλουμένου ἀργυρίου ποιήσασθαι. Ὡς δὲ φήμης προμηνυθείσης, ἐφυλάξαντο προθεῖναι ἐν ταῖς τραπέζαις τὸν ἄργυρον, αὖθις ἐπὶ ἑτέραν χωρεῖ βουλήν· καὶ νυκτὸς μὲν οὔσης, ἐκπέμπει πλῆθος βαρβάρων ἐπὶ τὸ ἐμπρῆσαι τὰ βασίλεια. Τότε δὴ καὶ ἐδείχθη περιφανῶς, ὅπως ὁ Θεὸς πρόνοιαν ἐποιεῖτο τῆς πόλεως· ἀγγέλων γὰρ πλῆθος ὤφθη τοῖς ἐπιβουλεύουσιν ἐν σχήματι ὁπλιτῶν μεγάλα ἐχόντων τὰ σώματα. Οὓς ὑποτοπήσαντες οἱ βάρβαροι ἀληθῶς εἶναι στρατὸν πολὺν καὶ γενναῖον, κατεπλάγησάν τε καὶ ὑπανεχώρησαν. Ὡς δὲ ἀγγελθὲν τοῦτο τῷ Γαϊνᾷ πέρα πίστεως κατεφαίνετο,—ἠπίστατο γὰρ μὴ παρεῖναι τὸ πολὺ τῶν Ῥωμαίων ὁπλιτικὸν, κατὰ τὰς πόλεις γὰρ ἐνίδρυτο,—πέμπει καὶ αὖθις ἑτέρους τῇ ἐχομένῃ νυκτὶ καὶ μετὰ ταῦτα πολλάκις. Ὡς δὲ καὶ διαφόρως ἀποστείλαντι τὰ αὐτὰ ἀπηγγέλλετο,—ἀεὶ γὰρ οἱ τοῦ Θεοῦ ἄγγελοι τὴν αὐτὴν τοῖς ἐπιβουλεύουσι παρεῖχον φαντασίαν,—τέλος αὐτὸς σὺν πλήθει πολλῷ προσελθὼν πεῖραν λαμβάνει τοῦ θαύματος. Ὑπονοήσας δὲ ἀληθῶς στρατιωτῶν εἶναι πλῆθος, καὶ τοῦτο δι' ἡμέρας μὲν λανθάνειν, νύκτωρ δὲ πρὸς τὴν αὐτοῦ ἐπιχείρησιν ἀντέχειν, τεχνάζεται βούλησιν, ὡς μὲν ἐνόμιζεν, Ῥωμαίους βλάπτουσαν, ἐπωφελῆ δὲ, ὡς ἡ ἔκβασις ἔδειξεν. Ὑποκρινόμενος γὰρ δαιμονᾷν, ὡς εὐξόμενος τὸ μαρτύριον τοῦ ἀποστόλου Ἰωάννου, (ἑπτὰ δὲ σημείοις ἀπέχει τοῦτο τῆς πόλεως), καταλαμβάνει. Συνεξῄεσαν δὲ αὐτῷ καὶ οἱ βάρβαροι τὰ ὅπλα κρυφαίως ἐξάγοντες, τοῦτο μὲν κεράμοις κατακρύψαντες, τοῦτο δὲ καὶ ἑτέραις χρώμενοι μηχαναῖς. Ὡς δὲ οἱ φρουροὶ τῶν πυλῶν τὸν δόλον εὑρόντες ἐκφέρεσθαι τὰ βέλη διεκώλυον, οἱ βάρβαροι τὰ ξίφη σπασάμενοι τοὺς φρουροὺς διεχρήσαντο. Θόρυβός τε ἐντεῦθεν τὴν πόλιν εἶχε δεινὸς, καὶ πᾶσιν ὁ θάνατος παρεῖναι ἐδόκει. Ἀλλ' ὅμως ἡ μὲν πόλις ἐν τῷ ἀσφαλεῖ τότε ἐγίνετο, τῶν πανταχῇ πυλῶν αὐτῆς ὠχυρωμένων. Γνώμῃ δὲ χρηστῇ ὁ βασιλεὺς ἐν καιρῷ ἐχρήσατο· καὶ φανερὸν πολέμιον κηρύξας εἶναι τὸν Γαϊνᾶν, κελεύει τοὺς ὑπολειφθέντας ἐν τῇ πόλει βαρβάρους ἀναιρεῖσθαι. Μιᾶς τε ἐν μέσῳ μετὰ τὴν τῶν πυλωρῶν ἀναίρεσιν διαγενομένης ἡμέρας, συμβάλλουσιν οἱ παρόντες στρατιῶται τοῖς βαρβάροις ἐντὸς τῶν πυλῶν περὶ τὴν ἐκκλησίαν τῶν Γότθων· ἐνταῦθα γὰρ πάντες οἱ ὑπολειφθέντες ἠθροίσθησαν. Καὶ αὐτὴν μὲν ἐμπιμπρῶσιν, ἀναιροῦσι δὲ αὐτῶν σφόδρα πολλούς· ὁ Γαϊνᾶς δὲ μαθὼν ἀνῃρῆσθαι τοὺς μὴ φθάσαντας ἐξελθεῖν τῶν πυλῶν, γνούς τε μηκέτι αὐτῷ προχωρεῖν τὰς ἀπάτας, ἄρας ἀπὸ τοῦ μαρτυρίου ἤλαυνεν ἐπὶ τὰ Θρᾴκια μέρη. Καὶ καταλαβὼν τὴν Χερρόνησον, ἐξ αὐτῆς διαπεραιοῦσθαι, καὶ καταλαμβάνειν τὴν Λάμψακον ἐσπούδαζεν, ὅπως ἂν ἐντεῦθεν τῶν ἑῴων μερῶν κρατῆσαι δυνήσηται. Ὡς δὲ ὁ βασιλεὺς ἔφθη δύναμιν ἀποστείλας διά τε γῆς καὶ θαλάσσης, ἐνταῦθα πάλιν τῆς τοῦ Θεοῦ προνοίας θαυμαστὸν ἔργον ἐδείκνυτο. Ὡς γὰρ οἱ βάρβαροι ἀποροῦντες πλοίων, σχεδίας συμπήξαντες ἐπ' αὐτῶν ἐπεραιοῦντο, αἱ τῶν Ῥωμαίων στρατιωτικαὶ νῆες ὅσον οὐδέπω παρῆσαν, ἄνεμός τε Ζέφυρος πνεῖ σφοδρός. Καὶ οἱ μὲν Ῥωμαῖοι ταῖς ναυσὶ ῥᾳδίως διεξέπλεον· οἱ δὲ βάρβαροι ἅμα τοῖς ἵπποις ἐν ταῖς σχεδίαις ὑπὸ τοῦ κλύδωνος ἀναρριπτούμενοι ἐξελικμῶντο, καὶ ἐν τῇ θαλάσσῃ διεφθείροντο· πολλοὶ δὲ καὶ ὑπὸ τῶν Ῥωμαίων ἀπώλλυντο. Οὕτω μὲν οὖν τότε πλεῖστον πλῆθος τῶν βαρβάρων ἐν τῷ διέκπλῳ ἀπώλετο· Γαϊνᾶς δὲ ἀναζεύξας, καὶ διὰ τῆς Θρᾴκης φυγῇ χρώμενος, περιπίπτει ἑτέρᾳ δυνάμει Ῥωμαίων, καὶ ἀναιρεῖται ἅμα τοῖς σὺν αὐτῷ βαρβάροις. Καὶ ταῦτα μὲν ὡς ἐν ἐπιδρομῇ περὶ Γαϊνᾶ ἀποχρώντως λελέχθω. Εἰ δέ τῳ φίλον ἀκριβῶς μαθεῖν τὰ ἐν ἐκείνῳ τῷ πολέμῳ γεγενημένα, ἐντυγχανέτω τῇ 'Γαϊνίᾳ' τοῦ σχολαστικοῦ Εὐσεβίου· ὃς ἐφοίτα μὲν τηνικαῦτα παρὰ Τρωΐλῳ τῷ σοφιστῇ, αὐτόπτης δὲ τοῦ πολέμου γενόμενος ἐν τέσσαρσι βιβλίοις ἡρωϊκῷ μέτρῳ τὰ γενόμενα διηγήσατο· καὶ προσφάτων ὄντων τῶν πραγμάτων, σφόδρα ἐπὶ τοῖς ποιήμασιν ἐθαυμάσθη. Καὶ νῦν δὲ ὁ ποιητὴς Ἀμμώνιος τὴν αὐτὴν ὑπόθεσιν ῥαψῳδήσας ἐν τῇ ἑκκαιδεκάτῃ ὑπατείᾳ τοῦ νέου Θεοδοσίου, ἣν ἅμα Φαύστῳ ἐπετέλει, ἐπὶ τοῦ αὐτοκράτορος ἐπιδειξάμενος λαμπρῶς εὐδοκίμησε· Τέλος δὲ ἔσχεν οὗτος ὁ πόλεμος ἐν τῇ ὑπατείᾳ Στελίχωνος καὶ Αὐρηλιανοῦ. Τὴν δὲ ἑξῆς ὑπατείαν ἐδίδου Φραΰϊτος, Γότθος μὲν καὶ αὐτὸς τῷ γένει, μεγάλῃ δὲ εὐνοίᾳ τῇ πρὸς Ῥωμαίους χρησάμενος, μεγάλα δὲ καὶ ἐν τῷδε τῷ πολέμῳ ἀγωνισάμενος. Διὸ καὶ τῆς τοῦ ὑπάτου ἀξίας μετέσχεν· καθ' ἣν τίκτεται τῷ βασιλεῖ Ἀρκαδίῳ υἱὸς, ὁ ἀγαθὸς Θεοδόσιος, τῇ δεκάτῃ τοῦ Ἀπριλλίου μηνός· τοσαῦτα μὲν οὖν περὶ τούτων εἰρήσθω. Τηλικούτων δὲ τότε κατειληφότων τὰ Ῥωμαίων πράγματα, οἱ τὴν ἱερωσύνην πεπιστευμένοι τοῦ ῥάπτειν καθ' ἑαυτῶν δόλους ἐφ' ὕβρει τοῦ Χριστιανισμοῦ οὐδαμῶς ἀπείχοντο. Καὶ γὰρ ἐν τούτῳ τῷ χρόνῳ ἐπαναστάσεις ἐμελέτων κατ' ἀλλήλων οἱ ἱερεῖς· ἀρχὴν δὲ τὸ κακὸν ἐκ τῆς Αἰγύπτου ἐλάμβανε δι' αἰτίαν τοιαύτην.

CAP. VII.

Περὶ τοῦ γενομένου σχίσματος μεταξὺ τοῦ Ἀλεξανδρείας Θεοφίλου καὶ τῶν μοναζόντων τῆς ἐρήμου· καὶ ὡς τὰ Ὠριγένους ὁ Θεόφιλος βιβλία ἀνεθεμάτισε.

Ἦν μικρὸν ἔμπροσθεν ζήτησις κινηθεῖσα, πότερον ὁ Θεὸς σῶμά ἐστι καὶ ἀνθρώπου ἔχει σχῆμα, ἢ ἀσώματός ἐστιν καὶ ἀπήλλακται ἀνθρωπίνου τε καὶ παντὸς, ἁπλῶς εἰπεῖν, σωματικοῦ σχήματος. Ἐκ δὲ τούτου τοῦ ζητήματος ἔριδες καὶ φιλονεικίαι παρὰ τοῖς πολλοῖς ἐγίνοντο· τῶν μὲν τούτῳ προστιθεμένων τῷ λόγῳ, τῶν δὲ τῷ ἑτέρῳ συνηγορούντων. Καὶ μάλιστα μὲν πολλοὶ τῶν ἁπλοϊκῶν ἀσκητῶν σωματικὸν καὶ ἀνθρωπόμορφον τὸν Θεὸν εἶναι ἐβούλοντο· πλεῖστοι δὲ τούτων καταγινώσκοντες ἀσώματον εἶναι τὸν Θεὸν ἔλεγον, καὶ πάσης ἐκτὸς εἶναι σωματικῆς μορφῆς ἀπεφήναντο. Οἷς καὶ Θεόφιλος συνεφώνει ὁ τῆς Ἀλεξανδρείας ἐπίσκοπος, ὡς καὶ ἐπὶ τῆς ἐκκλησίας ἐπὶ τοῦ λαοῦ καταδραμεῖν μὲν τῶν ἀνθρωπόμορφον λεγόντων τὸ Θεῖον, ἀσώματον δὲ αὐτὸν δογματίσαι τὸν Θεόν. Ταῦτα μαθόντες οἱ Αἰγυπτίων ἀσκηταὶ καταλιπόντες τὰ μοναστήρια ἐπὶ τὴν Ἀλεξάνδρειαν ἔρχονται· καὶ κατεστασίαζον τοῦ Θεοφίλου, κρίναντες ὡς ἀσεβοῦντα, καὶ ἀνελεῖν βουλόμενοι. Τοῦτο γνοὺς ὁ Θεόφιλος εἰς ἀγῶνα καθίσταται, καὶ ἐπενόει τέχνην, ὅπως ἂν διαφύγῃ τὸν ἀπειλούμενον θάνατον. Καὶ ὀφθεὶς αὐτοῖς κολακείᾳ μετῆλθε τοὺς ἄνδρας, οὕτως εἰπὼν πρὸς αὐτούς· ʻΟὕτως ὑμᾶς εἶδον, ὡς Θεοῦ πρόσωπον.ʼ Τοῦτο λεχθὲν ἐχαύνωσε τοὺς μοναχοὺς τῆς ὁρμῆς. ʻἈλλ' εἰ ἀληθεύεις,ʼ ἔφασαν, 'ὅτι τὸ τοῦ Θεοῦ πρόσωπόν ἐστιν ὡς καὶ τὸ ἡμέτερον, ἀναθεμάτισον τὰ 'Ωριγένους βιβλία· ἐξ αὐτῶν γάρ τινες διαλεγόμενοι ἐναντιοῦνται τῇ δόξῃ ἡμῶν· εἰ δὲ μὴ τοῦτο ποιήσεις, τὰ τῶν ἀσεβούντων καὶ θεομάχων ἐκδέχου παρ' ἡμῶν.' ''Αλλ' ἐγὼ,' ἔφη Θεόφιλος, ' ποιήσω τὰ δεδογμένα ὑμῖν, καὶ μὴ χαλεπαίνετε πρὸς μέ· καὶ γὰρ ἐγὼ ἀπεχθῶς ἔχω πρὸς τὰ 'Ωριγένους βιβλία, καὶ μέμφομαι τοὺς δεχομένους αὐτά.' Οὕτω μὲν οὖν τότε τοὺς μοναχοὺς ἀποκρουσάμενος, ἀπεπέμψατο· καὶ ἴσως δ' ἂν ἡ περὶ τούτου ζήτησις ἄχρι τούτου προελθοῦσα ἐπαύσατο, εἰ μὴ ἐπισυνήφθη τούτῳ ἕτερον πρᾶγμα τοιόνδε τι. Τῶν ἐν Αἰγύπτῳ ἀσκητηρίων προεστήκεισαν τέσσαρες ἄνδρες εὐλαβεῖς, Διόσκορος, 'Αμμώνιος, Εὐσέβιος, Εὐθύμιος. Οὗτοι αὐτάδελφοι μὲν ἦσαν· ' οἱ Μακροὶ' δὲ ἐκ τοῦ σώματος ὠνομάζοντο· ἦσαν δὲ καὶ βίῳ καὶ λόγῳ ἐκπρέποντες· καὶ διὰ τοῦτο πολὺς ἦν ἐν τῇ 'Αλεξανδρείᾳ περὶ αὐτῶν λόγος. Θεόφιλός τε ὁ 'Αλεξανδρείας ἐπίσκοπος πάνυ ἠγάπα καὶ ἐτίμα τοὺς ἄνδρας· διὸ καὶ ἕνα μὲν αὐτῶν τὸν Διόσκορον ἐπίσκοπον καθιστᾷ Ἑρμουπόλεως, βίᾳ ἑλκύσας· δύο δὲ ἐξ αὐτῶν παρεκάλεσε συνεῖναι αὐτῷ, καὶ μόλις μὲν ἔπεισεν· ὡς ἐπίσκοπος δὲ ὅμως καὶ προσηνάγκασεν, καὶ τῇ τῶν κληρικῶν ἀξίᾳ τιμήσας, τὴν οἰκονομίαν τῆς ἐκκλησίας αὐτοῖς ἐνεχείρισεν. Οἱ δὲ τῇ ἀνάγκῃ μὲν ἔμενον, καλῶς τῇ οἰκονομίᾳ προσέχοντες· ἠνιῶντο δὲ ὅμως, ὅτι μὴ ἐφιλοσόφουν ὡς ἤθελον, τῇ ἀσκήσει προσκείμενοι. Ἐπεὶ δὲ προϊόντος τοῦ χρόνου, καὶ προσβλάπτεσθαι τὴν ψυχὴν ἐνόμιζον, ὁρῶντες τὸν ἐπίσκοπον χρηματιστικόν τε μετερχόμενον βίον, καὶ πολλὴν σπουδὴν περὶ χρημάτων κτῆσιν τιθέμενον, καὶ διὰ ταῦτα, τὸ δὴ λεγόμενον, ' πάντα λίθον κινοῦντα,' παρῃτοῦντό τε συνεῖναι αὐτῷ, τὴν ἐρημίαν ἀγαπᾶν εἰπόντες, καὶ ταύτην προτιμᾶν τῆς ἐν ἄστει διαγωγῆς. Ὁ δέ, ἕως μὲν μὴ ἐγίνωσκε τὴν ἀληθῆ πρόφασιν, παρεκάλει προσμένειν· ἐπεὶ δὲ ἔγνω καταγινωσκόμενος ὑπ' αὐτῶν, ὀργῆς ὑποπίμπλαται, καὶ πᾶν αὐτοῖς κακὸν ἠπείλει ποιεῖν. Τῶν δὲ μικρὰ φροντισάντων τῆς ἀπειλῆς καὶ εἰς τὴν ἔρημον χωρησάντων, θερμός τις, ὡς ἔοικεν, ὁ Θεόφιλος ὢν οὐ μικρὰν ἐποιεῖτο τὴν κίνησιν κατ' αὐτῶν· ἀλλὰ σκευωρεῖσθαι πάσαις μηχαναῖς τοὺς ἄνδρας ἐσπούδαζεν. Ἐμίσει δὲ εὐθὺς καὶ τὸν αὐτῶν ἀδελφὸν Διόσκορον τὸν τῆς Ἑρμουπόλεως ἐπίσκοπον· ἐλύπει δὲ αὐτὸν ἱκανῶς τὸ προσκεῖσθαι αὐτῷ τοὺς ἀσκητὰς, καὶ

[Val. τότε.]

περὶ αὐτὸν σέβας ἔχειν πολύ. Ἐγίνωσκέ τε ὡς οὐδενὶ τρόπῳ βλάψει τοὺς ἄνδρας, εἰ μὴ τοὺς μοναχοὺς ἐκπολεμώσει αὐτοῖς· μεθόδῳ οὖν χρῆται τοιαύτῃ. Εὖ ἠπίστατο τοὺς ἄνδρας πολλάκις ἅμα αὐτῷ περὶ Θεοῦ λόγους κεκινηκότας, ὡς εἴη ὁ Θεὸς ἀσώματος, καὶ οὐδαμῶς ἀνθρωπόμορφος· ἀκολουθεῖ γὰρ ἐξανάγκης τῷ ἀνθρωπομόρφῳ τὸ ἀνθρωποπαθές· καὶ τοῦτο γεγύμνασται παρά τε τῶν παλαιοτέρων, καὶ μάλιστα παρὰ Ὠριγένους. Οὕτως ἔχων καὶ φρονῶν περὶ Θεοῦ ὁ Θεόφιλος, διὰ τὸ ἀμύνασθαι τοὺς ἐχθροὺς ἀντιστρέφων τὰ καλῶς αὐτοῖς δεδογμένα οὐκ ὤκνησεν· ἀλλὰ συναρπάζει τοὺς πλείστους τῶν μοναχῶν, ἀνθρώπους ἀκεραίους μὲν, 'ἰδιώτας δὲ τῷ λόγῳ,' τοὺς πολλοὺς δὲ ἀγραμμάτους ὄντας. 2 Cor. xi. 6. Καὶ διαπέμπεται τοῖς ἐν τῇ ἐρήμῳ ἀσκητηρίοις, 'μὴ δεῖν πείθεσθαι Διοσκόρῳ μήτε τοῖς ἀδελφοῖς αὐτοῦ, λέγουσιν ἀσώματον τὸν Θεόν. Ὁ γὰρ Θεὸς, φησὶν, κατὰ τὴν θείαν γραφὴν καὶ ὀφθαλμοὺς ἔχει, καὶ ὦτα, καὶ χεῖρας, καὶ πόδας, καθὰ καὶ οἱ ἄνθρωποι· οἱ δὲ περὶ Διόσκορον Ὠριγένει ἀκολουθοῦντες βλάσφημον δόγμα εἰσάγουσιν, ὡς ἄρα ὁ Θεὸς οὔτε ὀφθαλμοὺς, οὔτε ὦτα, οὔτε πόδας, οὔτε χεῖρας ἔχει.' Τούτῳ τῷ σοφίσματι συναρπάζει τοὺς πλείστους τῶν μοναχῶν· καὶ γίνεται διάπυρος στάσις ἐν αὐτοῖς. Ὅσοι μὲν οὖν γεγυμνασμένον εἶχον τὸν νοῦν οὐ συνηρπάγησαν ὑπὸ τοῦ σοφίσματος· ἀλλὰ καὶ τοῖς περὶ Διόσκορον καὶ Ὠριγένην ἐπείθοντο. Οἱ δὲ ἁπλούστεροι, πλείους τε ὄντες καὶ ζῆλον ἔχοντες θερμὸν, κατὰ τῶν ἀδελφῶν εὐθέως ἐχώρουν. Ἦν οὖν διαίρεσις ἐν αὐτοῖς, καὶ ἀλλήλους ὡς ἀσεβοῦντας διέσυρον· καὶ οἱ μὲν Θεοφίλῳ προσέχοντες ''Ὠριγενιαστὰς καὶ ἀσεβεῖς' ἐκάλουν τοὺς ἀδελφούς· οἱ δὲ ἕτεροι ''Ἀνθρωπομορφιανοὺς' τοὺς ὑπὸ Θεοφίλου ἀναπεισθέντας ὠνόμαζον. Ἐκ τούτου παρατριβὴ γίνεται οὐ μικρὰ, καὶ ἦν μεταξὺ τῶν μοναχῶν πόλεμος ἄσπονδος. Θεόφιλος δὲ ὡς ἔγνω προβάντα τὸν σκοπὸν, ἅμα πλήθει καταλαβὼν τὴν Νιτρίαν, ἔνθα εἰσὶ τὰ ἀσκητήρια, ἐξοπλίζει τοὺς μοναχοὺς κατά τε Διοσκόρου καὶ τῶν αὐτοῦ ἀδελφῶν· οἱ δὲ κινδυνεύσαντες ἀπολέσθαι μόλις διέφυγον. Ταῦτα κατὰ τὴν Αἴγυπτον γινόμενα ὁ Κωνσταντινουπόλεως ἐπίσκοπος Ἰωάννης τέως ἠγνόει· ταῖς διδασκαλίαις τε ἤνθει, καὶ διαβόητος ἐπὶ ταύταις ἦν. Ηὔξησε δὲ πρῶτος καὶ τὰς περὶ τοὺς νυκτερινοὺς ὕμνους εὐχὰς ἐξ αἰτίας τοιάσδε.

CAP. VIII.

Περὶ τῶν συνάξεων τῶν νυκτερινῶν ὕμνων τῶν Ἀρειανῶν, καὶ τῶν τὸ Ὁμοούσιον πρεσβευόντων, καὶ περὶ τῆς γενομένης ἐν αὐτοῖς συμβολῆς· καὶ ὅτι ἡ τῶν ἀντιφώνων ὑμνῳδία ἀπὸ Ἰγνατίου τοῦ Θεοφόρου τὴν ἀρχὴν ἔσχεν.

Οἱ Ἀρειανίζοντες, ὥσπερ ἔφημεν, ἔξω τῆς πόλεως τὰς συναγωγὰς ἐποιοῦντο. Ἡνίκα οὖν ἑκάστης ἑβδομάδος ἑορταὶ κατελάμβανον, φημὶ δὴ τό τε σάββατον καὶ ἡ Κυριακὴ, ἐν αἷς αἱ συνάξεις κατὰ τὰς ἐκκλησίας εἰώθασι γίνεσθαι, αὐτοὶ ἐντὸς τῶν τῆς πόλεως πυλῶν περὶ τὰς στοὰς ἀθροιζόμενοι, καὶ ᾠδὰς ἀντιφώνους πρὸς τὴν Ἀρειανὴν δόξαν συντιθέντες ᾖδον· καὶ τοῦτο ἐποίουν κατὰ τὸ πλεῖστον μέρος τῆς νυκτός. Ὑπὸ δὲ ὄρθρον τὰ τοιαῦτα ἀντίφωνα λέγοντες διὰ μέσης τῆς πόλεως ἐξῄεσαν τῶν πυλῶν, καὶ τοὺς τόπους ἔνθα συνῆγον κατελάμβανον. Ἐπειδὴ δὲ ἐρεθισμοὺς κατὰ τῶν τὸ 'ὁμοούσιον' φρονούντων λέγοντες οὐκ ἐπαύοντο,—πολλάκις γὰρ καὶ τοιαύτην ᾠδὴν ἔλεγον, 'Ποῦ εἰσὶν οἱ λέγοντες τὰ τρία μίαν δύναμιν;' τότε δὴ καὶ Ἰωάννης εὐλαβηθεὶς, μή τις τῶν ἁπλουστέρων ὑπὸ τῶν τοιούτων ᾠδῶν ἀφελκυσθῇ τῆς ἐκκλησίας, ἀντιτίθησιν αὐτοῖς τοὺς τοῦ ἰδίου λαοῦ, ὅπως ἂν καὶ αὐτοὶ ταῖς νυκτεριναῖς ὑμνολογίαις σχολάζοντες ἀμαυρώσωσι μὲν τὴν ἐκείνων περὶ τούτου σπουδὴν, βεβαίους δὲ τοὺς οἰκείους πρὸς τὴν ἑαυτῶν πίστιν ἐργάσωνται. Ἀλλ' ὁ μὲν σκοπὸς Ἰωάννου ἐδόκει εἶναι χρηστός· σὺν ταραχῇ δὲ καὶ κινδύνοις τὸ τέλος ἐδέξατο. Ὡς γὰρ λαμπρότεροι οἱ τοῦ 'ὁμοουσίου' ὕμνοι ἐν ταῖς νυκτεριναῖς ὑμνολογίαις ἐδείκνυντο,—ἐπινενόηντο γὰρ παρ' αὐτοῦ σταυροὶ ἀργυροῖ φέροντες φῶτα ἐκ τῶν κηρίνων λαμπάδων, τῆς βασιλίδος Εὐδοξίας παρεχούσης τὴν εἰς αὐτὰ δαπάνην,—πλῆθος ὄντες οἱ Ἀρειανίζοντες καὶ ζηλοτυπίᾳ ληφθέντες ἀμύνεσθαί τε καὶ συμπληγάδας ἐπεχείρουν ποιεῖν. Ἔτι γὰρ ἐκ τῆς παραλαβούσης δυναστείας ἔνθερμοί τε πρὸς μάχην ἦσαν, καὶ κατεφρόνουν αὐτῶν. Μὴ μελλήσαντες οὖν ἐν μιᾷ τῶν νυκτῶν συγκρούουσι· καὶ βάλλεται μὲν λίθῳ κατὰ μετώπου Βρίσων ὁ τῆς βασιλίδος εὐνοῦχος, συγκροτῶν τότε τοὺς ὑμνῳδούς· ἀπόλλυνται δὲ καί τινες τοῦ λαοῦ ἐξ ἀμφοτέρων τῶν μερῶν. Ἐφ' οἷς κινηθεὶς ὁ βασιλεὺς διεκώλυσε τοὺς Ἀρειανοὺς τὰς ὑμνολογίας ἐν τῷ δημοσίῳ ποιεῖν· καὶ τὰ μὲν λεγόμενα τοιαῦτα ἦν. Λεκτέον δὲ καὶ ὅθεν τὴν ἀρχὴν ἔλαβεν ἡ κατὰ τοὺς ἀντιφώνους ὕμνους ἐν τῇ ἐκκλησίᾳ συνήθεια. Ἰγνάτιος ὁ Ἀντιοχείας τῆς Συρίας, τρίτος ἀπὸ τοῦ ἀποστόλου Πέτρου ἐπίσκοπος, ὃς καὶ τοῖς ἀποστόλοις αὐτοῖς συνδιέτριψεν, ὀπτασίαν εἶδεν ἀγγέλων διὰ τῶν ἀντιφώνων ὕμνων τὴν ἁγίαν Τριάδα ὑμνούντων, καὶ τὸν τρόπον τοῦ ὁράματος τῇ ἐν Ἀντιοχείᾳ ἐκκλησίᾳ παρέδωκεν. Ὅθεν καὶ ἐν πάσαις ταῖς ἐκκλησίαις αὕτη ἡ παράδοσις διεδόθη· οὗτος μὲν οὖν ὁ περὶ τῶν ἀντιφώνων ὕμνων λόγος ἐστίν.

CAP. IX.

Περὶ τῶν Μακρῶν καλουμένων μοναχῶν, καὶ ὅπως δι᾽ αὐτοὺς ἄσπονδον ἔχθραν ὁ Θεόφιλος πρὸς Ἰωάννην ἐσχηκὼς καθαιρῆσαι τοῦτον ἐσπούδαζεν.

Οὐκ εἰς μακρὰν δὲ οἱ ἀπὸ τῆς ἐρήμου μοναχοὶ ἐπὶ τὴν Κωνσταντινούπολιν ἔρχονται ἅμα Διοσκόρῳ καὶ τοῖς αὐτοῦ ἀδελφοῖς. Συνῆν δὲ αὐτοῖς καὶ Ἰσίδωρος, ὁ πάλαι Θεοφίλῳ τῷ ἐπισκόπῳ φιλαίτατος, τότε δὲ ἀπεχθέστατος γενόμενος δι᾽ αἰτίαν τοιάνδε. Πέτρος τις πρωτοπρεσβύτερος ἦν τῆς ἐν Ἀλεξανδρείᾳ ἐκκλησίας· πρὸς τοῦτον ἀπεχθῶς ἐσχηκὼς ὁ Θεόφιλος τῆς ἐκκλησίας αὐτὸν ἐκβαλεῖν ἐπενόησε. Καὶ μέμψιν αὐτῷ κατήνεγκεν, ὡς εἴη τινὰ γυναῖκα Μανιχαῖαν τὴν θρησκείαν εἰς τὰ ἱερὰ μυστήρια προσδεξάμενος, μὴ πρότερον τῆς Μανιχαϊκῆς αἱρέσεως ἀποστήσας αὐτήν. Ἐπεὶ δὲ ὁ Πέτρος ἔλεγε καὶ μετατίθεσθαι τῆς θρησκείας τὴν γυναῖκα, καὶ μηδὲ παρὰ γνώμην Θεοφίλου δεδέχθαι αὐτήν, ἠγανάκτει ὁ Θεόφιλος, ὡς συκοφαντούμενος· μὴ γὰρ εἰδέναι τὸ γεγονὸς ἔλεγεν· ὁ οὖν Πέτρος Ἰσίδωρον ἐκάλει μαρτυρῆσαι αὐτῷ, ὡς οὐκ ἠγνόει τὰ περὶ τῆς γυναικὸς ὁ ἐπίσκοπος. Ἐτύγχανε δὲ κατ᾽ αὐτὸν τὸν καιρὸν ἐν τῇ βασιλευούσῃ Ῥώμῃ διάγων ὁ Ἰσίδωρος· ἐπέμπετο γὰρ παρὰ Θεοφίλου πρὸς Δάμασον τὸν Ῥώμης ἐπίσκοπον, ἐπὶ τῷ καταλλάξαι αὐτὸν πρὸς Φλαβιανὸν τὸν ἐπίσκοπον Ἀντιοχείας. Διεκρίνοντο γὰρ οἱ Μελετίῳ προσκείμενοι πρὸς Φλαβιανὸν διὰ τὸν ὅρκον, ὥς μοι καὶ πρότερον εἴρηται. Ἐπανελθὼν τοίνυν ἐκ τῆς Ῥώμης ὁ Ἰσίδωρος, καὶ πρὸς μαρτυρίαν παρὰ τοῦ Πέτρου κληθεὶς, ἔλεγεν ὡς εἴη δεχθεῖσα ἡ Μανιχαία κατὰ γνώμην τοῦ ἐπισκόπου· μεταδεδωκέναι τε αὐτῇ καὶ αὐτὸν τὰ μυστήρια. Ἐξάπτεται οὖν πρὸς ὀργὴν ὁ Θεόφιλος, καὶ ἀμφοτέρους πρὸς ὀργὴν ἀπήλασεν. Αὕτη πρόφασις γέγονε τοῦ καὶ Ἰσίδωρον ἅμα τοῖς περὶ Διόσκορον ἐλθεῖν ἐν τῇ Κωνσταντινουπόλει, ὅπως ἂν παρά τε τῷ βασιλεῖ καὶ τῷ ἐπισκόπῳ Ἰωάννῃ τὰ κατ' αὐτῶν ἐσκευωρημένα ἐξελεγχθήσηται. Μαθὼν δὲ ταῦτα ὁ Ἰωάννης ἐν τιμῇ μὲν ἦγε τοὺς ἄνδρας· καὶ τῶν εὐχῶν μετέχειν οὐκ ἐκώλυσε, κοινωνίαν δὲ τῶν μυστηρίων οὐκ ἔφη πρὸ διαγνώσεως μεταδώσειν αὐτοῖς. Ἐν τούτοις καθεστῶτος τοῦ πράγματος, ἧκει εἰς τὰς ἀκοὰς Θεοφίλου λόγος ψευδής, ὡς εἴη Ἰωάννης καὶ εἰς τὰ μυστήρια δεξάμενος αὐτοὺς καὶ ἕτοιμος πρὸς τὸ ἐπικουρῆσαι αὐτοῖς. Καὶ παντοῖος ἐγίνετο, ὅπως ἂν μὴ μόνον τοὺς περὶ Διόσκορον καὶ Ἰσίδωρον ἀμύνηται, ἀλλὰ γὰρ καὶ Ἰωάννην κατενέγκῃ τοῦ θρόνου. Διαπέμπεται οὖν κατὰ πόλεις πρὸς τοὺς ἐπισκόπους ἐπιστολάς, κρύπτων μὲν τὸν ἑαυτοῦ σκοπόν, μόνοις δὲ τοῖς Ὠριγένους βιβλίοις δῆθεν μεμφόμενος· οἷς πρὸ αὐτοῦ Ἀθανάσιος μάρτυσι τῆς οἰκείας πίστεως ἐν τοῖς κατὰ Ἀρειανῶν λόγους ἐχρήσατο πολλάκις.

CAP. X.

Ὡς καὶ Ἐπιφάνιος ὁ Κύπρου ταῖς Θεοφίλου ἀπάταις συναπαχθείς, τῷ δοκεῖν κατὰ τῶν Ὠριγένους συγγραμμάτων ἐπισκόπων σύνοδον ἐν τῇ Κύπρῳ συναγαγών, Ἰωάννῃ διεμέμψατο, χρωμένῳ ταῖς βίβλοις Ὠριγένους.

Σπένδεται δὴ φιλίαν καὶ πρὸς Ἐπιφάνιον τὸν Κωνσταντίας τῆς Κύπρου ἐπίσκοπον, πρότερον διαφερόμενος πρὸς αὐτόν· ἐμέμφετο γὰρ Ἐπιφανίῳ Θεόφιλος ὡς μικρὰ φρονοῦντι περὶ Θεοῦ, ὅτι ἀνθρωπόμορφον αὐτὸν εἶναι ἐνόμιζεν. Οὕτως οὖν Θεόφιλος ἔχων περὶ Θεοῦ, καὶ μεμφόμενος τοῖς ἀνθρωπόμορφον τὸ Θεῖον νομίζουσι, διὰ τὴν πρὸς ἑτέρους ἀπέχθειαν ἠρνεῖτο μὲν ἐν τῷ φανερῷ ἃ ἐδόξαζεν· φιλοποιεῖται δὲ τότε τὸν Ἐπιφάνιον διαφερόμενος πρὸς αὐτόν, ὡς ἐκ μετανοίας ὁμοφρονήσας κατὰ τὴν περὶ Θεοῦ δόξαν αὐτῷ. Καὶ παρασκευάζει σύνοδον ποιῆσαι τῶν ἐν Κύπρῳ ἐπισκόπων ἐπὶ τῷ διαβαλεῖν τὰ Ὠριγένους βιβλία. Ἐπιφάνιος δὲ δι' ὑπερβάλλουσαν εὐλάβειαν ἁπλοϊκὸς ὢν τὸν τρόπον ταχέως ὑπήχθη ὑπὸ τῶν Θεοφίλου γραμμάτων. Καὶ καθίσας συνέδριον τῶν ἐν τῇ νήσῳ ἐπισκόπων ἀπαγορεύει μὲν τοῦ ἀναγινώσκειν τὰ Ὠριγένους βιβλία, διαπέμπεται δὲ καὶ γράμματα πρὸς Ἰωάννην, παραινῶν ἀπέχεσθαι μὲν τῶν Ὠριγενείων ἀναγνωσμάτων, συνάγειν δὲ καὶ αὐτὸν συνέδριον, καὶ σύμψηφον κατὰ τοῦτο γίνεσθαι. Θεόφιλος τοίνυν τὸν ἐπ' εὐλαβείᾳ περιβόητον Ἐπιφάνιον συναρπάσας, καὶ γνοὺς προβάντα αὐτοῦ τὸν σκοπὸν, θαρρῶν καὶ αὐτὸς συνήγαγε πολλοὺς τῶν ἐπισκόπων. Καὶ παραπλησίαν τῷ Ἐπιφανίῳ κατὰ τῶν Ὠριγένους βιβλίων, τοῦ πρὸ διακοσίων καὶ [Val. om. καί.] περίπου ἐτῶν τελευτήσαντος, διαβολὴν ἐποιεῖτο· οὐ τοῦτον προηγουμένως ἔχων τὸν σκοπὸν, ἀλλὰ τοὺς περὶ Διόσκορον σπεύδων ἀμύνασθαι. Ἰωάννης δὲ μικρὰ φροντίσας τῶν μηνυθέντων αὐτῷ παρά τε Ἐπιφανίου καὶ αὐτοῦ Θεοφίλου, τῇ διδασκαλίᾳ τῶν ἐκκλησιῶν προσεῖχε τὸν νοῦν. Καὶ ἤνθει μὲν κατ' αὐτήν· τῆς δὲ κατ' αὐτοῦ γενομένης σκευωρίας οὐδένα λόγον ἐτίθετο. Ἐπεὶ δὲ Θεόφιλος καταφανὴς ἐγένετο τοῖς πολλοῖς σπουδάζων καθελεῖν τῆς ἐπισκοπῆς τὸν Ἰωάννην, τότε δὴ καὶ οἱ ἀπεχθῶς πρὸς Ἰωάννην ἔχοντες πρὸς τὴν κατ' αὐτοῦ σκευωρίαν ἀνεκινοῦντο. Καὶ πολλοὶ μὲν τοῦ κλήρου, πολλοὶ δὲ καὶ τῶν ἐν τέλει κατὰ τὰ βασίλεια μέγιστον ἰσχύοντες, καιρὸν εὑρηκέναι λογιζόμενοι καθ' ὃν Ἰωάννην ἀμύνωνται, μεγίστην ἐν τῇ Κωνσταντινουπόλει σύνοδον γενέσθαι παρεσκεύαζον, τοῦτο μὲν δι' ἐπιστολῶν, τοῦτο δὲ καὶ ἀγράφως διαπεμπόμενοι.

CAP. XI.

Περὶ Σεβηριανοῦ καὶ Ἀντιόχου τῶν Σύρων, ὅπως Ἰωάννου ἀπέστησαν, καὶ διὰ τίνας αἰτίας.

Ηὔξησε δὲ τὸ κατὰ Ἰωάννου μῖσος καὶ ἕτερον ἐπισυμβὰν τοιόνδε· δύο ἐπίσκοποι κατ' αὐτὸν ἤνθησαν Σύροι ὄντες τὸ γένος, Σεβηριανὸς καὶ Ἀντίοχος. Σεβηριανὸς μὲν Γαβάλων, πόλις δὲ αὕτη τῆς Συρίας· Ἀντίοχος δὲ Πτολεμαΐδος τῆς ἐν Φοινίκῃ ἐκκλησίας προειστήκει. Ἄμφω μὲν οὖν διὰ λόγων ῥητορικῶν ἤχθησαν· Σεβηριανὸς δὲ δοκῶν πεπαιδεῦσθαι, οὐ πάνυ τῇ φωνῇ τὴν Ἑλληνικὴν ἐξετράνου γλῶσσαν· ἀλλὰ καὶ Ἑλληνιστὶ φθεγγόμενος Σύρος ἦν τὴν φωνήν. Ἀντίοχος μὲν οὖν πρότερον ἐκ τῆς Πτολεμαΐδος ἐπὶ τὴν Κωνσταντινούπολιν ἐλθὼν, κατὰ τὰς ἐκκλησίας ἐπὶ χρόνον τινὰ πεπονημένως διδάξας, καὶ πολλὰ ἐκ τούτων χρηματισάμενος, ἐπὶ τὴν ἑαυτοῦ ἀνέδραμε. Σεβηριανὸς δὲ πυθόμενος μετὰ ταῦτα πολλὰ τὸν Ἀντίοχον ἐκ τῆς Κωνσταντινουπόλεως συλλέξαντα, ζηλοῦν καὶ αὐτὸς τοῦτο ἐσπούδασεν. Ἀσκηθείς τε οὖν καὶ συντάξας λόγους συχνοὺς καὶ αὐτὸς ἐπὶ τὴν Κωνσταντινούπολιν ἔρχεται. Καὶ δεχθεὶς ἀσμένως ὑπὸ Ἰωάννου, μέχρι μέν τινος ὑπέτρεχε τὸν ἄνδρα καὶ ἐκολάκευε, καὶ αὐτὸς οὐδὲν ἧττον ἀγαπώμενος καὶ τιμώμενος ἤνθει τε κατὰ τὰς διδασκαλίας, καὶ πολλοῖς τῶν ἐν τέλει καὶ δὴ καὶ αὐτῷ βασιλεῖ γίνεται γνώριμος. Ἐπειδὴ δὲ ἐν τοσούτῳ συνέβη τῆς Ἐφέσου τελευτῆσαι τὸν ἐπίσκοπον, ἀνάγκη κατέλαβε τὸν Ἰωάννην εἰς τὴν Ἔφεσον ἀπελθεῖν ἐπὶ τῷ χειροτονῆσαι ἐπίσκοπον. Καὶ γενόμενος ἐν αὐτῇ, ἄλλον τε ἄλλων προβάλλεσθαι σπουδαζόντων, καὶ σφόδρα διαπληκτιζομένων πρὸς ἑαυτοὺς περὶ ὧν ἕκαστος ἐψηφίζετο, συνιδὼν ὁ Ἰωάννης ἀμφότερα τὰ μέρη φιλονείκως διακείμενα, καὶ ἐν οὐδενὶ πείθεσθαι τῇ παραινέσει αὐτοῦ θέλοντα, ἐσπούδασεν ἀκοπιαστὶ τὴν τούτων ἔριν λῦσαι. Αὐτὸς τοίνυν Ἡρακλείδην τινα διάκονον ἑαυτοῦ, γένει Κύπριον, εἰς τὴν ἐπισκοπὴν προεβάλετο· καὶ οὕτω ἀμφότερα τὰ μέρη παυσάμενα τῆς πρὸς σφᾶς φιλονεικίας ἡσύχασαν. Ἀνάγκη οὖν γέγονε χρονίζειν τὸν Ἰωάννην κατὰ τὴν Ἔφεσον· παρέλκοντος δὲ αὐτοῦ κατ᾽ αὐτὴν, ὁ Σεβηριανὸς ἐν τῇ Κωνσταντινουπόλει ἐρασμιώτερος τοῖς ἀκροαταῖς ἐγίνετο. Καὶ ταῦτα οὐκ ἐλάνθανε μὲν τὸν Ἰωάννην, ταχέως γὰρ αὐτῷ τὰ γινόμενα διηγγέλλετο· Σαραπίωνος δὲ, οὗ καὶ πρότερον ἐποιησάμην μνήμην, ὑποβάλλοντος, καὶ ταράττεσθαι λέγοντος ὑπὸ Σεβηριανοῦ τὴν ἐκκλησίαν, πρὸς ζηλοτυπίαν ὁ Ἰωάννης προήχθη. Ὁδοῦ οὖν πάρεργον πολλὰς ἐκκλησίας Ναυατιανῶν καὶ Τεσσαρεσκαιδεκατιτῶν ἀφελὼν, ἐπὶ τὴν Κωνσταντινούπολιν ἔρχεται. Καὶ αὐτὸς μὲν πάλιν τὴν προσήκουσαν κηδεμονίαν τῶν ἐκκλησιῶν ἐποιεῖτο· Σαραπίωνος δὲ τὴν ὀφρῦν καὶ τὴν ἀλαζονείαν οὐδεὶς ὑποφέρειν ἐδύνατο. Ἐπεὶ γὰρ πολλὴν τὴν παρρησίαν παρὰ τῷ ἐπισκόπῳ Ἰωάννῃ ἐκέκτητο, πέρα τοῦ καθήκοντος πᾶσι προσεφέρετο· διὸ καὶ τὸ κατὰ τοῦ ἐπισκόπου μῖσος πλέον ἐξήπτετο. Καί ποτε τοῦ Σεβηριανοῦ παριόντος, τὴν προσήκουσαν ἐπισκόπῳ τιμὴν οὐκ ἀπένειμεν, ἀλλὰ καθήμενος διετέλει, δεικνὺς μικρὰ φροντίζειν τῆς Σεβηριανοῦ παρουσίας. Ταύτην οὐκ ἤνεγκεν ὁ Σεβηριανὸς τὴν τοῦ Σαραπίωνος καταφρόνησιν· καὶ πρὸς τούτοις μέγα ἀνακέκραγεν εἰπὼν, ‘ Εἰ Σαραπίων Χριστιανὸς ἀποθάνοι, Χριστὸς οὐκ ἐνηνθρώπησε.’ Ταύτης τῆς ἀφορμῆς ὁ Σαραπίων δραξάμενος φανερῶς ἐχθρὸν τὸν Σεβηριανὸν

τῷ Ἰωάννῃ κατέστησεν, ἀποκρύψας μὲν τὸν προσδιορισμὸν τοῦ
' εἰ Σαραπίων Χριστιανὸς ἀποθάνοι·' μόνον δὲ εἰρηκέναι εἰπὼν
τὸν Σεβηριανὸν, 'ἆρα Χριστὸς οὐκ ἐνηνθρώπησε·' καὶ τοῦ στίφους
ἑαυτοῦ μάρτυρας, ὡς ἐπὶ εἰρημένῳ τούτῳ, παρῆγε. Μὴ μελλήσας
οὖν ὁ Ἰωάννης ἐξελαύνει αὐτὸν τῆς πόλεως· καὶ γνοῦσα ταῦτα ἡ
Αὐγοῦστα Εὐδοξία μέμφεται μὲν τῷ Ἰωάννῃ, παρασκευάζει δὲ ᾗ
τάχος καλεῖσθαι τὸν Σεβηριανὸν ἐκ τῆς ἐν Βιθυνίᾳ Χαλκηδόνος.
Καὶ ὁ μὲν ὅσον οὐδέπω παρῆν· Ἰωάννης δὲ τὴν πρὸς αὐτὸν φιλίαν
ἐξέκλινε, καὶ οὐδενὶ παραινοῦντι πειθήνιος ἦν· ὡς καὶ ἡ βασίλισσα
Εὐδοξία ἐν τῇ ἐπωνύμῳ τῶν ἀποστόλων ἐκκλησίᾳ τὸν υἱὸν Θεοδό-
σιον τὸν νῦν εὐτυχῶς βασιλεύοντα, κομιδῇ τότε νήπιον ὄντα, εἰς Cp. vii. 22.
τὰ γόνατα τοῦ Ἰωάννου ἐμβαλοῦσα, καὶ ὅρκους κατ' αὐτοῦ πολλοὺς
καθορκώσασα, μόλις τὴν πρὸς Σεβηριανὸν ἔπεισε φιλίαν ἀσπά-
σασθαι. Τοῦτον μὲν οὖν τὸν τρόπον οὗτοι κατὰ τὸ φανερὸν
ἐφιλιώθησαν· ἔμενον δὲ οὐδὲν ἧττον τὴν γνώμην ὕπουλον πρὸς
ἀλλήλους φυλάττοντες· ἡ μὲν οὖν ὑπόθεσις τῆς πρὸς Σεβηριανὸν
λύπης, τοιαύτη τις ἦν.

CAP. XII.

Ὡς καὶ ἐν Κωνσταντινουπόλει εἰσελθὼν ὁ Ἐπιφάνιος συνάξεις καὶ χειροτονίας
ἐπετέλει παρὰ γνώμην τοῦ Ἰωάννου, Θεοφίλῳ χαριζόμενος.

Μετ' οὐ πολὺ δὲ ἐκ τῆς Κύπρου ὁ ἐπίσκοπος Ἐπιφάνιος ἐπὶ τὴν
Κωνσταντινούπολιν πάλιν ἔρχεται, ταῖς ὑποθήκαις Θεοφίλου πει-
σθείς· ἐπικομιζόμενος ἐν ταὐτῷ τὰ καθαιρετικὰ τῶν Ὠριγένους
βιβλίων, δι' ὧν οὐκ αὐτὸν Ὠριγένην ἀκοινώνητον εἶναι ἀπέφηνεν,
ἀλλὰ τὰ βιβλία μόνον διέβαλλεν. Προσορμίσας οὖν τῷ ἐπὶ
Ἰωάννην μαρτυρίῳ, (ἀπέχει δὲ τοῦτο ἑπτὰ σημεῖα τῆς πόλεως), καὶ
ἐξελθὼν τῆς νεὼς, σύναξίν τε ἐπιτελέσας, καὶ διάκονον χειροτονή-
σας, αὖθις εἰς τὴν πόλιν εἰσέρχεται. Καὶ τὴν μὲν προτροπὴν
Ἰωάννου ἐξέκλινε Θεοφίλῳ χαριζόμενος, ἐν ἰδιαζούσῃ δὲ καταλύει
μονῇ· καὶ συγκαλῶν τοὺς ἐπιδημοῦντας τῶν ἐπισκόπων, τὰ καθαι-
ρετικὰ τῶν βιβλίων Ὠριγένους ὑπανεγίνωσκεν· οὐκ ἔχων μέν τι
λέγειν πρὸς αὐτὰ, δοκεῖν δὲ αὐτῷ καὶ Θεοφίλῳ ἐκβαλεῖν αὐτά.[ἐδόκει, Val.]
Καί τινες μὲν αἰδούμενοι τὸν Ἐπιφάνιον προσυπέγραφον· πολλοὶ
δὲ τοῦτο ποιεῖν ἐξετρέποντο· ὧν ἦν καὶ Θεότιμος ὁ ἐπίσκοπος

Σκυθίας, ὃς πρὸς τὸν Ἐπιφάνιον τοιάδε ἀπεκρίνατο· 'Ἐγὼ,' ἔφη, 'ὦ Ἐπιφάνιε, οὔτε τὸν πάλαι καλῶς κεκοιμημένον καθυβρίζειν αἱροῦμαι· οὔτε βλάσφημον ἐπιχειρεῖν πρᾶγμα τολμῶ, ἐκβάλλων ἃ οἱ πρὸ ἡμῶν οὐκ ἠθέτησαν· ἄλλως τε, μήτε κακὴν εἶναι διδασκαλίαν ἐν τοῖς Ὠριγένους βιβλίοις εἰπών.' Προκομίσας τε βιβλίον Ὠριγένους, ὑπανέγνω, καὶ ἐδείκνυεν τὰς ἐκκλησιαστικὰς ἐκθέσεις· καὶ μετὰ ταῦτα ἐπῆγε λέγων· 'Οἱ ταῦτα ὑβρίσαντες, εἰς τὰ περὶ ὧν οἱ λόγοι ἐξυβρίσαντες ἔλαθον ἑαυτούς.' Ταῦτα μὲν ὁ ἐπ' εὐλαβείᾳ καὶ βίου ὀρθότητι περιβόητος Θεότιμος πρὸς Ἐπιφάνιον ἀπεκρίνατο.

[εἰδώς· ταῦτα εἰπών, προκομίσας τε, Val.]

CAP. XIII.

Οἷα φησὶν ὁ συγγραφεὺς ὑπὲρ Ὠριγένους.

Ἐπειδὴ δὲ οἱ φιλολοίδοροι τοὺς πολλοὺς συνήρπασαν, ὡς βλασφήμῳ μὴ προσέχειν τῷ Ὠριγένει, μικρὰ διελθεῖν περὶ τούτων οὐκ ἄκαιρον εἶναι ἡγοῦμαι. Οἱ εὐτελεῖς, καὶ ἀφ' ἑαυτῶν μὴ δυνάμενοι φαίνεσθαι, ἐκ τοῦ ψέγειν τοὺς ἑαυτῶν κρείττονας δείκνυσθαι βούλονται. Τοῦτο πέπονθε πρῶτος Μεθόδιος, τῆς ἐν Λυκίᾳ πόλεως λεγομένης Ὀλύμπου ἐπίσκοπος· εἶτα Εὐστάθιος, ὁ τῆς ἐν Ἀντιοχείᾳ πρὸς ὀλίγον ἐκκλησίας προστάς· καὶ μετὰ ταῦτα Ἀπολινάριος, καὶ τὸ τελευταῖον Θεόφιλος. Αὕτη τῶν κακολόγων τετρακτὺς, οὐ κατὰ ταὐτὸν ἐλθόντες, τὸν ἄνδρα διέβαλον· ἄλλος γὰρ δι' ἄλλο ἐπὶ τὴν κατ' αὐτοῦ κατηγορίαν ἐχώρησαν, δεικνύντες ἕκαστοι, ὡς ὃ μὴ διέβαλλον, τοῦτο πάντως ἐδέξαντο. Ἐπειδὴ γὰρ ἄλλος ἄλλου δόγματος ὁ καθ' εἷς ἐπελαμβάνοντο, δῆλον ὡς ἕκαστος ὃ μὴ ἔσκωπτεν, τοῦτο ὡς ἀληθὲς πάντως ἐδέχετο, τῷ ἀποσιωπᾶν ἐπαινῶν τοῦτο ὃ μὴ διέβαλε. Μεθόδιος μὲν οὖν πολλὰ καταδραμὼν τοῦ Ὠριγένους, ὕστερον ὡς ἐκ παλινῳδίας θαυμάζει τὸν ἄνδρα ἐν τῷ διαλόγῳ ᾧ ἐπέγραψε 'Ξενῶνα.' Ἐγὼ δέ τι καὶ πλέον ἐκ τῆς ἐκείνων αἰτιάσεως εἰς σύστασιν Ὠριγένους φημί. Οἱ γὰρ κινήσαντες ὅσαπερ ᾤοντο μέμψεως ἄξια, δι' ὧν ὡς κακῶς δοξάζοντα περὶ τῆς ἁγίας Τριάδος οὐδ' ὅλως ἐμέμψαντο, δείκνυνται περιφανῶς τὴν ὀρθὴν εὐσέβειαν μαρτυροῦντες αὐτῷ. Οὗτοι μὲν οὖν διὰ τοῦ μὴ μέμψασθαι μαρτυροῦσιν αὐτῷ· Ἀθανάσιος δὲ, ὁ τῆς 'ὁμοουσίου' πίστεως ὑπερασπιστὴς, ἐν τοῖς κατὰ Ἀρειανῶν

[ἕκαστος ;]

VI. 14.] *John remonstrates with Epiphanius.* 269

λόγοις μεγάλη τῇ φωνῇ μάρτυρα τῆς οἰκείας πίστεως τὸν ἄνδρα καλεῖ, τοὺς ἐκείνου λόγους τοῖς ἰδίοις συνάπτων, καὶ λέγων· ''Ο θαυμαστὸς,' φησὶ, 'καὶ φιλοπονώτατος Ὠριγένης, τάδε περὶ τοῦ Υἱοῦ τοῦ Θεοῦ τῇ ἡμετέρᾳ δόξῃ μαρτυρεῖ, συναΐδιον αὐτὸν λέγων τῷ Πατρί.' Ἔλαθον οὖν ἑαυτοὺς οἱ λοιδορήσαντες Ὠριγένην βλασφημήσαντες καὶ τὸν ἐπαινέτην αὐτοῦ Ἀθανάσιον. Περὶ μὲν οὖν Ὠριγένους τοσαῦτα εἰρήσθω· ἑξῆς δὲ τῆς ἱστορίας ἐχώμεθα.

Cp. Ath. de Decr. Nic.

27.

Cp. c. 9; vii. 16.

CAP. XIV.

Ὡς Ἰωάννης προσκαλεσάμενος τὸν Ἐπιφάνιον μὴ ὑπακούσαντα ἀλλὰ μᾶλλον καὶ ἐν τῇ τῶν ἀποστόλων ἐκκλησίᾳ παρασυνάγοντα, δηλοῖ αὐτῷ μεμφόμενος, ὡς παρὰ κανόνας πολλὰ πράττοντι. Ὅθεν ὁ Ἐπιφάνιος εὐλαβηθεὶς ἀνεχώρησε.

Ἰωάννης οὐκ ἠγανάκτησεν, ἐφ' οἷς παρὰ κανόνα ἐν τῇ αὐτοῦ ἐκκλησίᾳ Ἐπιφάνιος χειροτονίαν πεποίητο, ἀλλὰ παρεκάλει ἐν τοῖς ἐπισκοπικοῖς οἴκοις συμμένειν αὐτῷ. Ὁ δὲ 'οὐκ ἔφη οὐδὲ συμμένειν αὐτῷ, οὐδὲ συνεύξεσθαι, ἐὰν μὴ τοὺς περὶ Διόσκορον ἐξελάσῃ τῆς πόλεως, αὐτὸς δὲ καθυπογράψῃ τοῖς καθαιρετικοῖς τῶν Ὠριγένους βιβλίων.' Ἰωάννου δὲ ταῦτα ποιεῖν ὑπερτιθεμένου, καὶ λέγοντος 'μὴ δεῖν πρὸ καθολικῆς διαγνώσεως προπετές τι ποιεῖν,' ἐπὶ ἑτέραν βουλὴν οἱ ἀπεχθῶς πρὸς Ἰωάννην ἔχοντες τὸν Ἐπιφάνιον ἄγουσι. Κατασκευάζουσι γὰρ μελλούσης ἐν τῇ ἐκκλησίᾳ τῇ ἐπωνύμῳ τῶν ἀποστόλων συνάξεως γίνεσθαι προελθεῖν τὸν Ἐπιφάνιον, καὶ ἐπὶ τοῦ λαοῦ παντὸς διαβαλεῖν μὲν τὰ Ὠριγένους βιβλία, ἀποκηρύξαι δὲ τοὺς περὶ Διόσκορον, καὶ διασῦραι Ἰωάννην, ὡς καὶ αὐτὸν ἐκείνοις τιθέμενον. Ταῦτα ἀνηγγέλη τῷ Ἰωάννῃ· καὶ τῇ ἑξῆς τῷ Ἐπιφανίῳ τὴν ἐκκλησίαν ἤδη κατειληφότι δηλοῖ διὰ Σαραπίωνος τάδε·

[Val. Ὁ μὲν Ἰωάννης.]

[συντιθέμενον;]

Παρὰ κανόνας πράττεις πολλὰ, ὦ Ἐπιφάνιε· πρῶτον μὲν χειροτονίαν ἐν ταῖς ὑπ' ἐμὲ ἐκκλησίαις ποιησάμενος· εἶθ' ὅτι μὴ προταγεὶς παρ' ἐμοῦ ἐν αὐταῖς ἐλειτούργησας, οἰκείᾳ αὐθεντίᾳ χρησάμενος· πάλιν τε αὐτόθι προτραπεὶς παρῃτήσω, καὶ νῦν αὖθις ἐπιτρέπεις σαυτῷ. Φύλαξαι οὖν, μὴ ταραχῆς ἐν τῷ λαῷ διαγενομένης, τὸν ἐκ ταύτης κίνδυνον ἀναδέξῃ καὶ αὐτός.

[Val. πάλαι.]

Ταῦτα ἀκούσας ὁ Ἐπιφάνιος, εὐλαβηθεὶς ἀναχωρεῖ μὲν τῆς ἐκκλησίας· πολλὰ δὲ τῷ Ἰωάννῃ μεμφόμενος ἀπαίρειν ἐπὶ τὴν

Κύπρον ἐστέλλετο. Λέγουσι δέ τινες ὅτι ἀπαίρειν μέλλωι τῷ Ἰωάννῃ ταῦτα ἐδήλωσεν· ''Ελπίζω σε μὴ ἀποθανεῖν ἐπίσκοπον.' [Val. ἔλπιζε.] Ὁ δὲ ἀντεδήλωσεν, ''Ἔλπιζε μὴ ἐπιβῆναι τῆς σαυτοῦ πατρίδος.' Ταῦτα οὐκ ἔχω εἰπεῖν, εἰ ἀληθῆ ἔλεξαν οἱ ἐμοὶ ἀπαγγείλαντες· ἀμφότεροι δὲ ὅμως ταύτην ἔσχον τὴν ἔκβασιν. Οὔτε γὰρ Ἐπιφάνιος τῆς Κύπρου ἐπέβη, ἐν γὰρ τῷ πλοίῳ ἀπιὼν ἐτελεύτησεν· καὶ Ἰωάννης μικρὸν ὕστερον κατηνέχθη τοῦ θρόνου, ὡς προϊόντες δηλώσομεν.

CAP. XV.

Ὡς μετὰ τὸν ἀπόπλουν Ἐπιφανίου λόγον κατὰ γυναικῶν Ἰωάννης δημηγορήσας, καὶ διὰ τοῦτο, σπουδῇ τοῦ βασιλέως καὶ τῆς βασιλίσσης, συνόδου γενομένης ἐν Χαλκηδόνι κατ' αὐτοῦ, τῆς ἐκκλησίας ἐξωθεῖται.

Ἀποπλεύσαντος γὰρ τοῦ Ἐπιφανίου, πυνθάνεται παρά τινῶν ὁ Ἰωάννης, ὡς ἡ βασίλισσα Εὐδοξία τὸν Ἐπιφάνιον ἐξώπλισε κατ' αὐτοῦ. Καὶ θερμὸς ὢν τὸ ἦθος καὶ περὶ τὸν λόγον ἕτοιμος, μὴ μελλήσας διέξεισι ψόγον κοινῶς κατὰ πασῶν γυναικῶν ἐπὶ τοῦ λαοῦ. Ἁρπάζει τὸ πλῆθος τὸν λόγον ὡς αἴνιγμα κατὰ τῆς βασιλίδος λεχθέν· καὶ ὁ λόγος ἐκληφθεὶς ὑπὸ τῶν κακουργούντων εἰς γνῶσιν ἄγεται τῶν κρατούντων. Γνοῦσα δὲ ἡ Αὐγοῦστα, πρὸς τὸν βασιλέα τὴν οἰκείαν ὕβριν ὠδύρατο, αὐτοῦ ὕβριν εἶναι λέγουσα τὴν ἑαυτῆς. Παρασκευάζει οὖν τὸν Θεόφιλον ταχεῖαν ποιεῖσθαι σύνοδον κατ' αὐτοῦ· συγκατασκευάζει δὲ ταῦτα καὶ Σεβηριανός· ἔτι γὰρ τὴν λύπην ἐφύλαττεν. Οὐ πολὺς οὖν ἐν μέσῳ χρόνος, καὶ παρῆν Θεόφιλος πολλοὺς ἐκ διαφόρων πόλεων ἐπισκόπους κινήσας· τοῦτο δὲ καὶ τοῦ βασιλέως ἐκέλευε πρόσταγμα. Μάλιστα δὲ συνέρρεον, ὅσοι πρὸς Ἰωάννην ἄλλος δι' ἄλλην αἰτίαν λελύπηντο· παρῆσαν δὲ καὶ ὅσους τῆς ἐπισκοπῆς ἀπεκίνησε. Πολλοὺς γὰρ ὁ Ἰωάννης καθῃρήκει τῶν ἐν Ἀσίᾳ ἐπισκόπων, ὅτε διὰ τὴν Ἡρακλείδου χειροτονίαν ἀπεληλύθει ἐπὶ τὴν Ἔφεσον. Πάντες οὖν συμφωνήσαντες εἰς τὴν Χαλκηδόνα τῆς Βιθυνίας συνήρχοντο· τότε δὲ ἦν ἐπίσκοπος τῆς Χαλκηδόνος Κυρῖνος ὄνομα, γένει Αἰγύπτιος· ὅστις πολλὰ πρὸς τοὺς ἐπισκόπους ἔλεγε, 'τὸν ἀσεβῆ, τὸν ἀλαζόνα, τὸν ἀγόνατον' ἀποκαλῶν· ἥδοντο μὲν οὖν ἐπὶ τοῖς λεγομένοις οἱ ἐπίσκοποι. Μαρουθᾶς δὲ Μεσοποταμίας ἐπίσκοπος ἄκων τὸν πόδα τοῦ Κυρίνου ἐπάτησεν· ὁ δὲ ὀδυνηρῶς ἐκ τούτου διατεθεὶς συνδιαβῆναι τοῖς ἐπισκόποις ἐπὶ τὴν Κωνσταντινούπολιν· οὐ δεδύνηται· ἀλλὰ μένει μὲν αὐτὸς ἐν τῇ Χαλκηδόνι· οἱ δὲ ἄλλοι διεπεραιώθησαν. Θεοφίλῳ δὲ οὐδενὸς τῶν τῆς ἐκκλησίας ἀπαντησάντων, οὐδὲ τιμὴν τὴν εἰωθυῖαν παρεσχηκότων, φανερὸς γὰρ ἐχθρὸς ἐγινώσκετο, τῶν Ἀλεξανδρείων τὸ ναυτικὸν,—ἔτυχε γὰρ τότε παρεῖναι τὰ σιτηγοῦντα τῶν πλοίων,—ἀπαντήσαντα σὺν εὐφημίᾳ ἐδέξαντο. Ὁ δὲ παρῃτεῖτο μὲν ἐπὶ τὸν εὐκτήριον οἶκον εἰσελθεῖν· ἐν μιᾷ δὲ τῶν βασιλίδων οἰκίᾳ καταλύει, ᾗ προσωνυμία Πλακιδιαναί. Τότε ἐντεῦθεν ἀνεκινοῦντο κατὰ Ἰωάννου κατηγορίαι πολλαί· καὶ οὐκέτι μὲν τῶν Ὠριγένους βιβλίων μνεία τις ἦν· ἐπὶ ἑτέρας δὲ ἀτόπους κατηγορίας ἐτρέποντο. Τούτων δὲ οὕτω προκατεσκευασμένων, συνελθόντες οἱ ἐπίσκοποι ἐν προαστείῳ Χαλκηδόνος ᾧ ἐπώνυμον Δρῦς, καλοῦσιν εὐθὺς τὸν Ἰωάννην ἀπολογησόμενον περὶ ὧν κατηγορεῖτο. Ἐκέλευον δὲ παρεῖναι ἅμα αὐτῷ Σαραπίωνα, καὶ Τίγριν εὐνοῦχον πρεσβύτερον, καὶ Παῦλον ἀναγνώστην· καὶ γὰρ οὗτοι συγκατηγοροῦντο αὐτῷ. Ἐπεὶ δὲ ὁ Ἰωάννης τοὺς καλοῦντας ὡς ἐχθροὺς παρεγράφετο, οἰκουμενικὴν δὲ ἐπεκαλεῖτο σύνοδον, μὴ μελλήσαντες, τετράκις αὐτὸν ἐκάλεσαν. Τοῦ δὲ μὴ βουληθέντος ἀπαντῆσαι, ἀλλὰ τὰ αὐτὰ λέγοντος, κατεψηφίσαντο καὶ καθεῖλον αὐτὸν, ἄλλο μὲν οὐδὲν αἰτιασάμενοι, μόνον δὲ ὅτι καλούμενος οὐχ ὑπήκουσε. Τοῦτο ἀπαγγελθὲν περὶ ἑσπέραν πρὸς μεγίστην στάσιν ἐξῆπτε τὸ πλῆθος. Καὶ διανυκτερεύοντες οὐ συνεχώρουν ἀφέλκεσθαι τῆς ἐκκλησίας αὐτόν· ἀλλ' ἐβόων 'δεῖν κρίνεσθαι τὰ κατ' αὐτὸν ἐπὶ μείζονος συνεδρίου.' Τοῦ βασιλέως δὲ ἐκέλευε πρόσταγμα, ᾗ τάχος ἐξωθεῖσθαι αὐτὸν, καὶ ἐπ' ἐξορίαν ἀπάγεσθαι. Τοῦτο γνοὺς ὁ Ἰωάννης τῇ τρίτῃ ἡμέρᾳ μετὰ τὴν καθαίρεσιν περὶ τὸ μεσημβρινὸν ἑαυτὸν ἐξέδωκε, λαθὼν τὸ πλῆθος· ἐφυλάττετο γὰρ μή τις ταραχὴ γένηται δι' αὐτόν· καὶ ὁ μὲν ἀπήγετο.

CAP. XVI.

Ὡς τοῦ λαοῦ στασιάσαντος διὰ τὴν ἀπαγωγὴν Ἰωάννου, Βρίσων ὁ τῆς βασιλίδος εὐνοῦχος ἀποσταλεὶς πάλιν αὐτὸν ἐπανήγαγεν ἐν Κωνσταντινουπόλει.

Ὁ δὲ λαὸς ἀφόρητα ἐστασίαζεν. Οἷα δὲ ἐν τοῖς τοιούτοις φιλεῖ γίνεσθαι, πολλοὶ τῶν ἀπεχθῶς πρὸς αὐτὸν ἐχόντων ἐπὶ οἶκτον μετεβάλλοντο, καὶ συκοφαντεῖσθαι ἔλεγον, ὃν μικρῷ ἔμπροσθεν καθῃρημένον ἐπεθύμουν θεάσασθαι. Πλείους οὖν καὶ διὰ τοῦτο ἐγίνοντο οἱ καταβοῶντες καὶ τοῦ βασιλέως καὶ τῆς συνόδου τῶν ἐπισκόπων. Μάλιστα δὲ Θεοφίλῳ τῆς σκευωρίας τὴν αἰτίαν ἐτίθεσαν· οὐ γὰρ ἔτι λανθάνειν ἐπὶ τοῖς σκευωρημένοις ἐδύνατο· ἐκ πολλῶν μὲν οὖν καὶ ἄλλων τεκμηρίων, μάλιστα δὲ ὅτι τοῖς περὶ Διόσκορον τοῖς ἐπιλεγομένοις Μακροῖς εὐθὺς μετὰ τὴν Ἰωάννου καθαίρεσιν ἐκοινώνησε. Τότε δὴ καὶ Σεβηριανὸς ἐπὶ τῆς ἐκκλησίας διδάσκων εὐκαίρως ἔδοξε διασύρειν τὸν Ἰωάννην, φήσας, 'Εἰ καὶ διὰ μηδὲν ἄλλο κατέγνωστο Ἰωάννης, ἀλλ' οὖν γε ἱκανὸν ἔγκλημα πρὸς καθαίρεσιν τὸ ἀλαζονικὸν ἦθος αὐτοῦ· πάντα μὲν γὰρ τὰ ἁμαρτήματα συγχωρεῖται τοῖς ἀνθρώποις, ὑπερηφάνοις δὲ ὁ Θεὸς ἀντιτάσσεται, ὡς διδάσκουσιν αἱ θεῖαι γραφαί.' Ταῦτα λεχθέντα φιλονεικότερον ἐποίει τὸ πλῆθος· διὸ τὴν ἀνάκλησιν ταχεῖαν ὁ βασιλεὺς ἐποίησε γενέσθαι. Πεμφθεὶς οὖν Βρίσων ὁ τῆς βασιλίδος εὐνοῦχος καταλαμβάνει αὐτὸν ἐν Πρενέτῳ,—ἐμπόριον δὲ τοῦτο καταντικρὺ τῆς Νικομηδείας κείμενον,—καὶ ἀναστρέφει αὐτὸν ἐπὶ τὴν Κωνσταντινούπολιν. Ἐπεὶ δὲ ἀνακληθεὶς Ἰωάννης οὐ πρότερον εἰς τὴν πόλιν εἰσελθεῖν προῃρεῖτο, ἢ ἐν μείζονι δικαστηρίῳ ἀθωωθῆναι, ἐν προαστείῳ ὃ καλεῖται Μαριαναὶ τέως ἐπέμενε. Παρέλκοντος δὲ αὐτοῦ, καὶ μὴ βουλομένου εἰς τὴν πόλιν ἐπανελθεῖν, ἠγανάκτει τὸ πλῆθος, καὶ ᾗ τάχος βλάσφημα κατὰ τῶν κρατούντων ἠφίεσαν ῥήματα· διὸ καὶ ἀνάγκην ἐπέθηκαν τῇ ἐπανόδῳ αὐτοῦ. Ἀπαντῆσαν οὖν τὸ πλῆθος σὺν πολλῇ σεβασμίῳ τιμῇ ἐπὶ τὴν ἐκκλησίαν εὐθὺς ἄγουσι· καὶ παρεκάλουν, ἔν τε τῷ ἐπισκοπικῷ θρόνῳ καθέζεσθαι, καὶ συνήθως τῷ λαῷ τὴν εἰρήνην ἐπεύξασθαι. Τοῦ δὲ παραιτουμένου, καὶ λέγοντος ὅτι 'τοῦτο δεῖ κρίσει γενέσθαι, καὶ δεῖν τοὺς καταψηφισαμένους πάλιν ἀποψηφίσασθαι,' ἐξεκαίετο τὸ πλῆθος, ἰδεῖν αὐτὸν καθήμενον ἐν τῷ θρόνῳ ποθοῦντες, καὶ πάλιν αὐτοῦ διδάσκοντος ἀκροᾶσθαι. Ἐξίσχυσεν ὁ λαὸς ταῦτα κατεργάσασθαι· καὶ καθίσας ὁ Ἰωάννης εἰς τὸν ἐπισκοπικὸν θρόνον συνήθως μὲν τὴν εἰρήνην τῷ λαῷ ἐπηύξατο· προσαναγκασθεὶς δὲ, καὶ ἐδίδαξε. Τοῦτο πραχθὲν τοῖς ἀπεχθῶς ἔχουσι πρὸς αὐτὸν ἑτέρας σκευωρίας παρέσχεν ὑπόθεσιν· ἀλλὰ περὶ τούτου μὲν τέως ἡσύχαζον.

1 Pet. v. 5.

CAP. XVII.

Ὡς διὰ τὸ βούλεσθαι Θεόφιλον τὰ καθ' Ἡρακλείδου ἀπόντος ἐξετάζεσθαι, τοῦ Ἰωάννου ἀντιλέγοντος, συμπληγάδος γενομένης, πολλοὶ ἀπώλοντο μεταξὺ τῶν Κωνσταντινουπολιτῶν καὶ τῶν Ἀλεξανδρέων· ἐφ' οἷς φοβηθεὶς Θεόφιλος καί τινες τῶν ἐπισκόπων τῆς πόλεως ἐξεληλύθασι.

Πρότερον δὲ τὰ κατὰ τὴν χειροτονίαν Ἡρακλείδου ἀναζητεῖσθαι Θεόφιλος παρεσκεύαζεν, ὅπως, εἰ δύναιτο, ταύτην γοῦν ἀφορμὴν λάβοι πρὸς τὴν Ἰωάννου καθαίρεσιν. Ἡρακλείδης μὲν οὖν οὐ παρῆν· ἐκρίνετο δὲ ἀπὼν, ὡς εἴη τυπτήσας τινὰς ἀδίκως, ἀλύσει τε δήσας, καὶ πομπεῦσαι ποιήσας διὰ μέσης τῆς Ἐφεσίων πόλεως. Τῶν τοίνυν περὶ Ἰωάννου λεγόντων, μὴ δεῖν κατὰ ἀπόντων κριτήριον ποιεῖσθαι, οἱ ἐκ τῆς Ἀλεξανδρείας ἐφιλονείκουν, δεῖν δέχεσθαι τοὺς κατηγοροῦντας Ἡρακλείδου, εἰ καὶ κατηγοροῦσιν ἀπόντος αὐτοῦ. Στάσις οὖν ἐντεῦθεν καὶ διαπληκτισμὸς μεταξὺ τῶν Κωνσταντινουπόλεως καὶ τῆς Ἀλεξανδρείας ἐγίνετο σύντονος. Καὶ γενομένης συμπληγάδος, πολλοὶ μὲν τραύματα ἔλαβον, ὀλίγοι δὲ καὶ ἀπώλοντο. Ταῦτα εἰδὼς Θεόφιλος εὐθὺς ὡς εἶχεν ἐπὶ τὴν Ἀλεξάνδρειαν ἔφυγε· τοῦτο δὲ καὶ οἱ ἄλλοι ἐποίουν ἐπίσκοποι, πλὴν ὀλίγων οἳ τὰ Ἰωάννου ἠσπάζοντο· καὶ πάντες εἰς τὰ ἑαυτῶν φυγῇ ἀπεχώρησαν. Τούτων οὕτω γενομένων, ἐν καταγνώσει μὲν τοῖς πᾶσιν ὁ Θεόφιλος ἦν· ηὔξησε δὲ τὸ κατ' αὐτοῦ μῖσος τὸ αὖθις αὐτὸν μηδὲν ὑποστειλάμενον τὰ Ὠριγένους ἀσκεῖσθαι βιβλία. Ἐρωτηθεὶς οὖν ὑπό τινος, 'πῶς ἃ ἀπεκήρυξε, ταῦτα ἀσπάζεται πάλιν, ταῦτα ἀπεκρίνατο· 'Τὰ Ὠριγένους ἔοικε βιβλία λειμῶνι πάντων ἀνθέων· εἴ τι οὖν ἐν αὐτοῖς ἐφεύρω καλὸν, τοῦτο δρέπομαι· εἰ δέ τι μοι ἀκανθῶδες φανείη, τοῦτο ὡς κεντοῦν ὑπερβαίνω.' Τοιαῦτα Θεόφιλος ἀπεκρίνατο, μὴ λογισάμενος τὸ τοῦ σοφοῦ Σολομῶντος, ὅτι 'λόγοι σοφῶν ὡς τὰ βούκεντρα,' καὶ οὐκ ὀφείλουσι Eccles. xii. λακτίζειν πρὸς αὐτοὺς οἱ ὑπὸ τῶν θεωρημάτων κεντούμενοι. Διὰ 11. ταῦτα μὲν δὴ ἐν καταγνώσει παρὰ πᾶσιν ὁ Θεόφιλος ἦν. Διόσκορος δὲ, εἷς τῶν Μακρῶν, ὁ τῆς Ἑρμουπόλεως ἐπίσκοπος, ὀλίγον ὕστερον μετὰ τὴν Θεοφίλου φυγὴν ἐτελεύτησε· καὶ ταφῆς ἠξιώθη λαμπρᾶς, ἐν τῷ μαρτυρίῳ τῷ ἐν τῇ Δρυΐ κηδευθεὶς, ἔνθα διὰ Ἰωάννην γέγονεν ἡ σύνοδος. Ἰωάννης δὲ ταῖς διδασκαλίαις ἐσχόλαζε, καὶ χειροτονεῖ Σαραπίωνα τῆς ἐν Θρᾴκῃ Ἡρακλείας ἐπίσκοπον, δι' ὃν τὸ κατ' αὐτοῦ μῖσος ἐγήγερτο· μετ' οὐ πολὺ δὲ ταῦτα ἐπισυνέβη γενέσθαι.

CAP. XVIII.

Περὶ τῆς ἀργυρᾶς στήλης τῆς Εὐδοξίας, καὶ ὡς διὰ τοῦτο πάλιν Ἰωάννης τῆς ἐκκλησίας ἐξωσθεὶς εἰς ἐξορίαν ἀπήγετο.

Τῆς Αὐγούστης Εὐδοξίας ἀνδριὰς ἀνέστη ἀργυροῦς ἐπὶ κίονος πορφυροῦ, χλανίδα ἐνδεδυμένος· ἔστηκε δὲ οὗτος ἐπὶ βήματος ὑψηλοῦ, οὔτε ἐγγὺς οὔτε πόρρω τῆς ἐκκλησίας, ᾗ ἐπώνυμον Σοφία· ἀλλὰ διείργει ἄμφω μέση πλατείας ὁδός. Ἐπὶ τούτῳ συνήθως δημώδεις ἤγοντο παιδιαί· Ἰωάννης δὲ ὕβριν τὰ γινόμενα τῆς ἐκκλησίας νομίζων, τὴν συνήθη τε παρρησίαν ἀνακτησάμενος, πάλιν τὴν ἑαυτοῦ γλῶτταν κατὰ τῶν ταῦτα ποιούντων ἐξώπλιζε. Καὶ δέον τοὺς κρατοῦντας λόγῳ παρακλητικῷ πείθειν παῦσαι τῆς παιδιᾶς, ὁ δὲ τοῦτο μὲν οὐκ ἐποίει· καταφορικῇ δὲ τῇ γλώσσῃ χρησάμενος ἔσκωπτε τοὺς γενέσθαι ταῦτα κελεύσαντας. Ἡ δὲ βασίλισσα πάλιν εἰς ἑαυτὴν εἷλκε τὰ γενόμενα· καὶ ὕβριν ἑαυτῆς τοὺς ἐκείνου λόγους νομίζουσα, πάλιν παρασκευάζει σύνοδον ἐπισκόπων συνάγεσθαι κατ' αὐτοῦ. Αἰσθόμενος δὲ ὁ Ἰωάννης τὴν περιβόητον ἐκείνην ἐπὶ τῆς ἐκκλησίας διεξῆλθεν ὁμιλίαν, ἧς ἡ ἀρχή· ' Πάλιν Ἡρωδιὰς μαίνεται, πάλιν ταράσσεται, πάλιν ὀρχεῖται, πάλιν ἐπὶ πίνακι τὴν κεφαλὴν Ἰωάννου ζητεῖ λαβεῖν.' Τοῦτο πλέον πρὸς ὀργὴν ἐξῆψε τὴν βασιλίδα. Καὶ μετ' οὐ πολὺ παρῆσαν οἱ ἐπίσκοποι, Λεόντιος ἐπίσκοπος Ἀγκύρας τῆς μικρᾶς Γαλατίας, Ἀμμώνιος Λαοδικείας τῆς ἐν Πισιδίᾳ, Βρίσων Φιλίππων τῶν ἐν Θρᾴκῃ, Ἀκάκιος Βεροίας τῆς ἐν Συρίᾳ, καὶ ἄλλοι τινές· παρόντων δὲ τούτων, ἀνεκινοῦντο οἱ πρώην κατήγοροι. Ἰωάννης μὲν οὖν ἐθάρρει ἐπὶ τούτοις, καὶ ἠξίου ἐπιζητεῖσθαι τὰ κατηγορούμενα· τῆς δὲ ἑορτῆς τῶν γενεθλίων τοῦ Σωτῆρος ἐπελθούσης, ὁ βασιλεὺς εἰς τὴν ἐκκλησίαν συνήθως οὐκ ἀπήντα· ἀλλὰ δηλοῖ τῷ Ἰωάννῃ, ὡς οὐ πρότερον αὐτῷ κοινωνήσει πρὶν ἂν πρότερον ἀποδύσηται τὰ ἐγκλήματα. Ἐπεὶ δὲ τοῦ Ἰωάννου θαρροῦντος οἱ κατήγοροι δειλότεροι ἐδείκνυντο, οἱ παρόντες ἐπίσκοποι ἄλλο μὲν ἐρεύνων οὐδέν· μόνον δὲ τοῦτο δεῖν εἰς κρίσιν ἄγεσθαι ἔλεγον, ὅτι μετὰ τὴν καθαίρεσιν, μὴ ψηφισαμένης τῆς συνόδου αὐτῷ, εἰς τὸν θρόνον εἰσεπήδησε. Τοῦ δὲ λέγοντος, ὡς ἑξηκονταπέντε ἐπίσκοποὶ κοινωνήσαντες αὐτῷ ἐψηφίσαντο, οἱ περὶ Λεόντιον ἀντεπῆγον· ''Ἀλλὰ πλείους, ὦ 'Ιωάννη, κατεψηφίσαντό σου ἐν τῇ συνόδῳ.' Ἐπεὶ δὲ πάλιν ὁ Ἰωάννης τὸν κανόνα τοῦτον οὐ τῆς αὐτῶν ἐκκλησίας, ἀλλὰ τῶν Ἀρειανῶν εἶναι ἔλεγεν,—οἱ γὰρ ἐν τῇ Ἀντιοχείᾳ συνελθόντες ἐπὶ τῇ καθαιρέσει τῆς 'ὁμοουσίου' πίστεως, ἀπεχθείᾳ τῇ πρὸς Ἀθανάσιον τὸν κανόνα ἐξέδωκαν,—μὴ προσδεξάμενοι τὰς ἀπολογίας κατεψηφίσαντο· μὴ νοήσαντες, ὅτι τῷ κανόνι τούτῳ χρησάμενοι καὶ Ἀθανάσιον καθεῖλον. Ταῦτα πέπρακται ἐγγιζούσης τῆς ἑορτῆς τοῦ Πάσχα· δηλοῖ οὖν ὁ βασιλεὺς τῷ Ἰωάννῃ μὴ δύνασθαι εἰς τὴν ἐκκλησίαν ἐλθεῖν, ὅτι δύο αὐτοῦ κατεψηφίσαντο σύνοδοι. Ἤργει οὖν ὁ Ἰωάννης λοιπὸν, οὐδαμῶς τε εἰς τὴν ἐκκλησίαν κατήρχετο. Εὐθὺς οὖν πάντες οἱ αὐτῷ προσκείμενοι, ἐκ τῆς ἐκκλησίας ἀναχωρήσαντες, τὸ μὲν Πάσχα ἐν τῷ δημοσίῳ λουτρῷ τῷ ἐν Κωνσταντιαναῖς ἐπετέλεσαν· σὺν αὐτοῖς δὲ πολλοὶ ἐπίσκοποι καὶ πρεσβύτεροι καὶ ἄλλοι ἱερατικοῦ τάγματος. Ἐξ ἐκείνου τε κατ' ἰδίαν τὰς συναγωγὰς ἐν διαφόροις τόποις ποιούμενοι ''Ἰωαννῖται' προσηγορεύθησαν. Ἰωάννης δὲ ἐπὶ δύο μῆνας οὐδαμοῦ προέβαινεν, ἕως ὅτου βασιλέως ἐκέλευε πρόσταγμα εἰς ἐξορίαν ἀπάγεσθαι. Καὶ ὁ μὲν ἀπήγετο τῆς ἐκκλησίας ἑλκυσθείς· τινὲς δὲ τῶν Ἰωαννιτῶν κατ' αὐτὴν τὴν ἡμέραν τὴν ἐκκλησίαν ἐνέπρησαν. Καιομένης δὲ αὐτῆς, ἄνεμος ἀπηλιώτης πνεύσας καὶ τὸν οἶκον τῆς συγκλήτου γερουσίας κατέκαυσε. Τοῦτο γέγονε τῇ εἰκάδι τοῦ Ἰουνίου μηνὸς, ἐν ὑπατείᾳ Ὀνωρίου ἕκτῃ, A.D. 404. ἦν σὺν Ἀρισταινέτῳ ἐδίδου. Ὅσα μὲν οὖν διὰ τὸν γεγενημένον ἐμπρησμὸν ὁ τῆς Κωνσταντινουπόλεως ὕπαρχος, ᾧ ὄνομα ἦν Ὀπτάτος, Ἕλλην τὴν θρησκείαν ὑπάρχων, καὶ διὰ τοῦτο τοὺς Χριστιανοὺς μισῶν, κατὰ τῶν φιλούντων τὸν Ἰωάννην ἔπραξε, καὶ ὡς πολλοὺς ἐξ αὐτῶν ἐκόλασεν, παραλιπεῖν μοι δοκῶ.

Cp. ii. 8.

CAP. XIX.

* Περὶ Ἀρσακίου τοῦ μετὰ Ἰωάννην χειροτονηθέντος καὶ περὶ Κυρίνου τοῦ Χαλκηδόνος.

Ὀλίγων δὲ ἡμερῶν διελθουσῶν, χειροτονεῖται ἐπίσκοπος Κωνσταντινουπόλεως Ἀρσάκιος· ὃς ἀδελφὸς μὲν ἐγεγόνει Νεκταρίου, τοῦ πρὸ Ἰωάννου τὴν ἐπισκοπὴν καλῶς διοικήσαντος, γηραιὸς δὲ σφόδρα, ὑπὲρ γὰρ ὀγδοήκοντα ἔτη ἐτύγχανεν ὤν. Καὶ τούτου δι' ὑπερβολὴν πραότητος τὴν ἐπισκοπὴν ἡσύχως διέποντος, ὁ τῆς Χαλκηδόνος ἐπίσκοπος Κυρῖνος, οὗ τὸν πόδα ἄκων Μαρουθᾶς ὁ Μεσοποταμίας ἐπίσκοπος ἐπάτησεν, οὕτω κακῶς διετέθη, ὡς σηπεδόνα ποιῆσαι, καὶ γενέσθαι ἀνάγκην ὥστε ἀποπρισθῆναι τὸν πόδα. Οὐχ ἅπαξ δὲ τοῦτο ἐγένετο, ἀλλὰ πλειστάκις ἀπεπρίζετο· ἐπενέμετο γὰρ τὸ πάθος καὶ ὅλον τὸ σῶμα, ὥστε καὶ τὸν ἕτερον πόδα μεταλαβόντα τοῦ κακοῦ τὸ αὐτὸ ὑπομεῖναι. Τούτου χάριν δὲ πεποίημαι μνήμην, ὅτι πολλοὶ ἔφασκον διὰ τὴν εἰς Ἰωάννην βλασφημίαν ταῦτα παθεῖν τὸν Κυρῖνον, ὅτι 'ἀγόνατον' αὐτὸν συνεχῶς ἀπεκάλει, ὥς μοι καὶ πρότερον εἴρηται. Ἐπειδὴ δὲ συνέβη καὶ χάλαζαν παμμεγεθεστάτην ἐν τῇ Κωνσταντινουπόλει καὶ περὶ τὰ αὐτῆς κατενεχθῆναι προάστεια, γέγονε δὲ τοῦτο ἐν τῇ αὐτῇ ὑπατείᾳ, περὶ τὴν τριακάδα τοῦ Σεπτεμβρίου μηνὸς, τοῦτο ἔλεγον κατὰ Θεοῦ μῆνιν γενέσθαι ἐπὶ τῇ ἀκρίτῳ καθαιρέσει Ἰωάννου. Ηὔξησε δὲ τοὺς τοιούτους λόγους καὶ ἡ τῆς βασιλίδος ἐπιγενομένη τελευτή· τετάρτῃ γὰρ ἡμέρᾳ μετὰ τὸ κατενεχθῆναι τὴν χάλαζαν ἐτελεύτησεν. Ἄλλοι δὲ ἔφασκον δίκαια πεπονθέναι τὸν Ἰωάννην ἐπὶ τῇ καθαιρέσει, ὅτι πολλὰς ἐκκλησίας τῶν Ναυατιανῶν καὶ Τεσσαρεσκαιδεκατιτῶν καὶ ἄλλων τινῶν κατὰ τὴν Ἀσίαν καὶ τὴν Λυδίαν γενόμενος ἔλαβεν, ἡνίκα διὰ τὴν Ἡρακλείδου χειροτονίαν ἐπὶ τὴν Ἔφεσον ἐστάλη. Ἀλλὰ πότερον δικαία ἡ καθαίρεσις Ἰωάννου κατὰ τὸν λόγον τῶν λυπηθέντων ὑπ' αὐτοῦ ἐγένετο, ἢ Κυρῖνος δικαίαν τῆς βλασφημίας ἐδίδου δίκην, καὶ πότερον διὰ Ἰωάννην ἡ χάλαζα κατηνέχθη, καὶ ἡ βασίλισσα ἐτελεύτησεν, ἢ ταῦτα δι' ἑτέρους ἐγίνετο λόγους, ἢ καὶ δι' ἀμφότερα, Θεὸς ἂν εἰδείη, ὁ τῶν κρυπτῶν γνώστης, ὁ καὶ αὐτῆς τῆς ἀληθείας κριτὴς δίκαιος· ἐγὼ δὲ τὰ τότε θρυλούμενα ἔγραψα.

CAP. XX.

Ὡς μετὰ Ἀρσάκιον Ἀττικὸς τὸν Κωνσταντινουπόλεως θρόνον κατέσχεν.

Ἀρσάκιος δὲ οὐ πολὺν ἐπεβίω τῇ ἐπισκοπῇ χρόνον· τῇ γὰρ ἑξῆς ὑπατείᾳ, ἥτις ἦν Στελίχωνος τὸ δεύτερον καὶ Ἀνθεμίου, περὶ τὴν ἑνδεκάτην τοῦ Νοεμβρίου μηνὸς ἐτελεύτησε. Περισπουδάστου δὲ πολλοῖς γενομένης τῆς ἐπισκοπῆς, καὶ διὰ τοῦτο πολλοῦ διαδρα-

μόντος χρόνου, τῇ ἑξῆς ὑπατείᾳ, ἥτις ἦν Ἀρκαδίου τὸ ἕκτον, καὶ A.D. 406.
Πρόβου, προεβλήθη εἰς τὴν ἐπισκοπὴν ἀνὴρ εὐλαβὴς, ᾧ ὄνομα ἦν
Ἀττικός· ὃς τὸ μὲν γένος ἐκ Σεβαστείας τῆς Ἀρμενίας κατῆγεν·
ἀσκητικὸς δὲ τὸν βίον ἐκ νέας ἡλικίας, καὶ ἄλλως μετὰ τοῦ μετρίως
πεπαιδεῦσθαι πλέον φυσικῶς φρόνιμος ἦν· ἀλλὰ περὶ μὲν τούτου
μικρὸν ὕστερον λέξω.

CAP. XXI.

Περὶ τῆς Ἰωάννου ἐν ἐξορίᾳ πρὸς Κύριον ἀναλύσεως.

Ἰωάννης δὲ ἐπὶ τὴν ἐξορίαν ἀπαγόμενος ἐν Κομάνοις τοῦ Εὐ-
ξείνου Πόντου ἐτελεύτησε, τῇ τεσσαρεσκαιδεκάτῃ τοῦ Σεπτεμβρίου
μηνὸς, τῇ ἑξῆς ὑπατείᾳ, ἥτις ἦν Ὀνωρίου τὸ ἕβδομον καὶ Θεοδο- A.D. 407.
σίου τὸ δεύτερον. Ἀνὴρ, ὡς καὶ πρότερον ἔφην, διὰ ζῆλον Cp. c. 3.
σωφροσύνης θυμῷ πλέον ἢ αἰδοῖ χαριζόμενος, καὶ διὰ σωφρο-
σύνην παρρησιαιτέρᾳ διὰ βίου τῇ γλώσσῃ χρησάμενος. Θαυμά-
σαι δέ μοι ἔπεισι, πῶς τοσοῦτον ζῆλον σωφροσύνης ἀσκῶν ἐν
προσομιλίαις αὐτοῦ καταφρονεῖν τῆς σωφροσύνης ἐδίδαξε. Μιᾶς
γὰρ μετὰ τὸ βάπτισμα παρὰ τῆς συνόδου τῶν ἐπισκόπων μετανοίας
τοῖς ἐπταικόσι δοθείσης, αὐτὸς ἀπετόλμησεν εἰπεῖν, 'Χιλιάκις
μετανοήσας εἴσελθε.' Ἐφ' ᾗ διδασκαλίᾳ πολλοὶ μὲν τῶν γνωρί-
μων αὐτοῦ κατέγνωσαν· μάλιστα δὲ Σισίννιος ὁ τῶν Ναυατιανῶν
ἐπίσκοπος, ὃς καὶ λόγον ὑπεναντίον τοῦ λεχθέντος συνέγραψεν,
καὶ γενναίως αὐτοῦ διὰ τοῦτο κατέδραμεν· ἀλλὰ ταῦτα μὲν ἤδη
πρότερον ἐγεγόνει.

CAP. XXII.

Περὶ Σισιννίου ἐπισκόπου Ναυατιανῶν, οἷα φησὶ προσωμιληκέναι πρὸς
Ἰωάννην.

Περὶ δὲ Σισιννίου βραχέα διεξελθεῖν, οὐκ ἄκαιρον εἶναι ἡγοῦ-
μαι. Ἀνὴρ ἦν, ὡς πολλάκις ἔφην, ἐλλόγιμος, καὶ τὰ φιλόσοφα Cp. v. 10, 21.
ἄκρως μαθών· διαλεκτικῆς δὲ σφόδρα ἐπεμελεῖτο, καὶ τὰ ἱερὰ
γράμματα ἄκρως ἑρμηνεύειν ἠπίστατο· ὡς καὶ Εὐνόμιον τὸν αἱρε-
τικὸν πολλάκις αὐτοῦ φυγεῖν τὴν ἐπὶ τῇ διαλέξει δεινότητα. Τὴν
δὲ δίαιταν ἦν οὐ λιτός· ἀλλ' ἐν ἄκρᾳ σωφροσύνῃ πολυτελεῖ ταύτῃ

ἐκέχρητο· τρυφῶν τε ἐν ἐσθῆτι λευκῇ, καὶ δὶς τῆς ἡμέρας ἐν λουτροῖς δημοσίοις λουόμενος διετέλει. Καὶ ποτὲ ἐρομένου αὐτὸν τινὸς, ' τοῦ χάριν ἐπίσκοπος ὢν δὶς λούοιτο τῆς ἡμέρας,' ' Ἐπειδὴ τρίτον οὐ φθάνει,' ἀπεκρίνατο. Ἄλλοτε δὲ ' Ἀρσάκιον τὸν ἐπίσκοπον κατὰ τιμὴν ὁρῶν, ἠρωτήθη ὑπό τινος τῶν περὶ Ἀρσάκιον, ' διὰ τί ἀνοίκειον ἐπισκόπῳ ἐσθῆτα φοροίη, καὶ ποῦ γέγραπται λευκὰ τὸν ἱερωμένον ἀμφιέννυσθαι.' Ὁ δὲ, ' Σὺ πρότερον,' ἔφη, ' εἰπὲ ποῦ γέγραπται μέλαιναν ἐσθῆτα φορεῖν τὸν ἐπίσκοπον.' Τοῦ δὲ ἐρωτήσαντος ἐν ἀπόρῳ γενομένου πρὸς τὴν ἀντερώτησιν, ἀπήγαγεν ὁ Σισίννιος· ' Ἀλλὰ σὺ μὲν οὐκ ἄν,' ἔφη, ' δεῖξαι δυνήσῃ, ὡς δεῖ τὸν ἱερωμένον μέλανα ἀμφιέννυσθαι· ἐμοὶ δὲ καὶ ὁ Σολομὼν παρῄ-

Eccles. ix. 8. νεσε λέγων, " Ἑστωσάν σοι ἱμάτια λευκά· " καὶ ὁ Σωτὴρ ἐν τοῖς
Matt. xvii. 2, εὐαγγελίοις λευκῇ φαίνεται ἐσθῆτι χρησάμενος· οὐ μὴν ἀλλὰ καὶ
&c.
Μωϋσῆν καὶ Ἠλίαν λευκοφοροῦντας τοῖς ἀποστόλοις ἔδειξεν.' Ταῦτα δὴ καὶ ἄλλα πολλὰ ἑτοίμως εἰπὼν τὰ μέγιστα ἐπὶ τῶν παρόντων ἐθαυμάσθη. Λεοντίου δὲ τοῦ Ἀγκύρας τῆς ἐν τῇ μικρᾷ Γαλατίᾳ ἐπισκόπου Ναυατιανῶν ἐκκλησίαν ἀφαιρουμένου, καὶ τῇ Κωνσταντινουπόλει ἐπιδημοῦντος, ὁ Σισίννιος ἐλθὼν παρ' αὐτὸν παρεκάλει ἀποδοῦναι τὴν ἐκκλησίαν. Ὁ δὲ θερμῶς ἀπήντησε καὶ φησὶ πρὸς αὐτόν· ' Ὑμεῖς,' φησὶν, ' οἱ Ναυατιανοὶ οὐκ ὀφείλετε ἐκκλησίας ἔχειν, τὴν μετάνοιαν ἀναιροῦντες καὶ τὴν φιλανθρωπίαν τοῦ Θεοῦ ἀποκλείοντες.' Ταῦτα καὶ τὰ τοιαῦτα πλείονα τοῦ Λεοντίου κακῶς τοὺς Ναυατιανοὺς λέγοντος, ἔφη ὁ Σισίννιος· ' Καὶ μὴν οὐδεὶς οὕτω μετανοεῖ ὡς ἐγώ.' Τοῦ δὲ πάλιν ἐπάγοντος,
[Om. ἔφη.] ' Πῶς μετανοεῖς;' ἔφη ὁ Σισίννιος, "Ὅτι σὲ εἶδον,' ἀπεκρίνατο. Ἰωάννου δέ ποτε τοῦ ἐπισκόπου ἐγκαλοῦντος αὐτῷ, καὶ λέγοντος ὅτι ' οὐ δύναται ἡ πόλις δύο ἐπισκόπους ἔχειν,' ὁ Σισίννιος ἔφη, ' Οὐδὲ γὰρ ἔχει.' Τοῦ δὲ Ἰωάννου χαλεπήναντος καὶ φήσαντος, ' Ὁρᾷς ὅτι μόνος εἶναι βούλει ἐπίσκοπος,' ὁ Σισίννιος, ' Οὐ τοῦτο,' ἔφη, ' λέγω, ἀλλ' ὅτι ἐγὼ παρὰ σοὶ μόνῳ οὐκ εἰμὶ ἐπίσκοπος, ὃς τοῖς ἄλλοις εἰμί.' Ὁ δὲ Ἰωάννης πρὸς τὸ λεχθὲν ἀγανακτήσας, ' Ἀλλ' ἐγώ σε,' ἔφη, ' παύσω προσομιλεῖν· αἱρετικὸς γὰρ ὑπάρ-
[τοῦτο.] χεις.' Πρὸς δὴ τούτῳ χαριέντως ὁ Σισίννιος ὑπήντησεν· ' Ἀλλ' ἐγὼ,' ἔφη, ' καὶ μισθοὺς παρέξω, εἴ με τηλικούτου καμάτου ἀπαλλάξειας.' Διαμαλαχθεὶς δὲ ἐκ τῆς ἀποκρίσεως ὁ Ἰωάννης, ' Ἀλλ' οὐκ ἄν σε,' ἔφη, ' παύσω τοῦ προσομιλεῖν ἐγώ, εἴ σε ὅλως τὸ

λέγειν λυπεῖ.' Οὕτω μὲν οὖν ἕτοιμος πρὸς τὰς ἀποκρίσεις καὶ χαρίεις ἦν ὁ Σισίννιος. Γράφειν δὲ ταῦτα καὶ ἀπομνημονεύειν τὰ εἰρημένα αὐτῷ, μακρὸν ἂν εἴη· διὸ καὶ δι' ὀλίγων ἐπέδειξα οἷος ἦν, ἀρκεῖν ἡγησάμενος. Ἐκεῖνο δέ φημι, ὅτι διὰ παίδευσιν περιβόητος ἦν· καὶ διὰ ταύτην πάντες ἐφεξῆς οἱ ἐπίσκοποι ἠγάπων τε καὶ ἐτίμων αὐτόν· οὐ μὴν ἀλλὰ καὶ πάντες οἱ τῆς συγκλήτου περιφανεῖς ἔστεργόν τε αὐτὸν καὶ ἐθαύμαζον. Καὶ πολλὰ μὲν αὐτῷ βιβλία συγγέγραπται· λεξιθηρεῖ δὲ ἐν αὐτοῖς, καὶ ποιητικὰς παραμίγνυσι λέξεις· λέγων δὲ μᾶλλον, ἢ ἀναγινωσκόμενος ἐθαυμάζετο· προσῆν γὰρ αὐτῷ χάρις τῷ τε προσώπῳ καὶ τῇ φωνῇ, καὶ τῷ σχήματι καὶ τῷ βλέμματι καὶ τῇ ὅλῃ κινήσει τοῦ σώματος. Ἠγαπᾶτο οὖν καὶ διὰ ταῦτα παρὰ πασῶν τε τῶν θρησκειῶν, καὶ μάλιστα παρὰ τοῦ ἐπισκόπου Ἀττικοῦ. Καὶ τὰ μὲν περὶ Σισιννίου ἐξαρκεῖν ἡγοῦμαι.

CAP. XXIII.

Περὶ τῆς Ἀρκαδίου τοῦ βασιλέως τελευτῆς.

Τελευτᾷ δὲ οὐ πολὺ μετὰ τὴν Ἰωάννου τελευτὴν ὁ βασιλεὺς Ἀρκάδιος, ἀνὴρ πρᾷος καὶ ἡσύχιος, καὶ πρὸς τῷ τέλει τῆς ζωῆς θεοφιλοῦς δόξαν κτησάμενος ἐξ αἰτίας τοιᾶσδε. Ἐν τῇ Κωνσταντινουπόλει οἶκός ἐστι μέγιστος, Καρύαν ἔχων ἐπώνυμον· ἔστι γὰρ ἐν τῇ αὐλῇ τοῦ οἴκου δένδρον καροία, ἐφ' ἧς κρεμασθῆναι λόγος τὸν μάρτυρα Ἀκάκιον καὶ τελειωθῆναι· δι' ἣν αἰτίαν καὶ οἰκίσκος τῷ δένδρῳ παρῳκοδομήθη εὐκτήριος. Τοῦτον ἱστορῆσαι ὁ βασιλεὺς Ἀρκάδιος βουληθείς, εἰς αὐτὸν παρεγένετο· εὐξάμενός τε αὖθις ἀπεχώρει. Πάντες δὲ οἱ περιοικοῦντες τὸν εὐκτήριον οἶκον ἐπὶ τῷ θεάσασθαι τὸν βασιλέα συνέτρεχον. Καὶ οἱ μὲν ἔξω τῆς οἰκίας γενόμενοι προκαταλαβεῖν τὰς παρόδους ἐσπούδαζον, ἀφ' ὧν φανερώτερόν τε τοῦ βασιλέως τὸ πρόσωπον καὶ τὴν περὶ αὐτὸν δορυφορίαν ἡγοῦντο θεάσασθαι· ἄλλοι δὲ ἐπηκολούθουν, ἕως ἅπαντες σὺν γυναιξὶ καὶ παιδίοις ἐκτὸς τοῦ οἴκου ἐγένοντο· καὶ μετὰ τοῦτο εὐθὺς ὁ περικείμενος τῷ εὐκτηρίῳ μέγιστος οἶκος ἅπας κατέπεσεν. Ἐκ δὴ τούτου βοὴ σὺν θαύματι ἐπηκολούθει, ὡς ἡ τοῦ βασιλέως εὐχὴ τοσούτους τῆς ἀπωλείας ἐρρύσατο· τοῦτο μὲν οὕτως ἐγένετο.

Καταλιπὼν δὲ τὸν υἱὸν Θεοδόσιον ὀκταετῆ τυγχάνοντα ἐτελεύτησεν ἐν ὑπατείᾳ Βάσσου καὶ Φιλίππου, τῇ πρώτῃ τοῦ Μαΐου μηνός· τοῦτο δὲ ἦν ἔτος δεύτερον τῆς διακοσιοστῆς ἐνενηκοστῆς ἑβδόμης Ὀλυμπιάδος· συμβασιλεύσας μὲν τῷ πατρὶ Θεοδοσίῳ ἔτη δεκατρία, μετὰ δὲ τὴν τελευτὴν τοῦ πατρὸς ἔτη δεκατέσσαρα· ζήσας ἔτη τριακονταέν. Περιέχει ἡ βίβλος χρόνον ἐτῶν δώδεκα, μηνῶν ἕξ.

Ἐν ἄλλοις ἀντιγράφοις εὕρηται ταῦτα κείμενα, οὐχ ὡς λείποντα, ἀλλὰ κατὰ τρόπον ἄλλον φράσεως ὄντα. Συνείδομεν οὖν ὡς καλόν ἐστι ταῦτα παραθέσθαι· τούτου χάριν ταῦτα παρεθήκαμεν ἐνταῦθα.

Ἐπειδὴ δὲ ἐν τοσούτῳ συνέβη τῆς Ἐφέσου τελευτῆσαι τὸν ἐπίσκοπον, ἀνάγκη κατέλαβε τὸν Ἰωάννην εἰς τὴν Ἔφεσον ἀπελθεῖν ἐπὶ τὸ χειροτονῆσαι ἐπίσκοπον. Καὶ γενόμενος ἐν αὐτῇ, ἄλλων τε ἄλλον προβαλέσθαι σπουδαζόντων, αὐτὸς Ἡρακλείδην τινὰ διάκονον ἑαυτοῦ, γένει Κύπριον, εἰς τὴν ἐπισκοπὴν προεβάλετο. Γενομένης δὲ ἐπὶ τούτῳ στάσεως ἐν τῇ Ἐφέσῳ, ὡς οὐκ ἀξίου πρὸς τὴν ἐπισκοπὴν τοῦ Ἡρακλείδου, ἀνάγκη γέγονε χρονίζειν τὸν Ἰωάννην κατὰ τὴν Ἔφεσον. Παρέλκοντος δὲ αὐτοῦ κατ' αὐτήν, ὁ Σεβηριανὸς ἐν τῇ Κωνσταντινουπόλει ἐρασμιώτερος τοῖς ἀκροαταῖς ἐγίνετο. Καὶ ταῦτα οὐκ ἐλάνθανε τὸν Ἰωάννην· ταχέως γὰρ αὐτῷ τὰ γινόμενα διηγγέλλετο παρὰ Σαραπίωνος, ὃ πάνυ ἠγαπᾶτο παρὰ τοῦ Ἰωάννου, καὶ πᾶσαν τὴν περὶ τὸ ἐπισκόπειον φροντίδα ἐκεχείριστο, διὰ τὸ εὐλαβὲς αὐτοῦ καὶ ἐν πᾶσι πιστὸν καὶ περὶ πάντα νηφάλεον καὶ σπουδαῖον περὶ τὴν τοῦ ἐπισκόπου συγκρότησιν. Ἀλλ' οὐκ εἰς μακρὰν Ἰωάννης ἐπὶ τὴν Κωνσταντινούπολιν ἔρχεται. Καὶ αὐτὸς μὲν πάλιν τὴν προσήκουσαν κηδεμονίαν τῶν ἐκκλησιῶν ἐποιεῖτο· μεταξὺ δὲ Σαραπίωνος τοῦ διακόνου καὶ Σεβηριανοῦ τοῦ ἐπισκόπου πολλή τις ἦν μικροψυχία· τοῦ μὲν Σαραπίωνος ἀντικειμένου τῷ Σεβηριανῷ διὰ τὸ ἐθέλειν αὐτὸν ἐν ταῖς διαλέξεσι παρευδοκιμεῖν τοῦ Ἰωάννου, τοῦ δὲ Σεβηριανοῦ ζηλοῦντος τὸν Σαραπίωνα διὰ τὸ προσκεῖσθαι αὐτῷ Ἰωάννην τὸν ἐπίσκοπον, καὶ πᾶσαν τὴν φροντίδα ἐγχειρισθῆναι τοῦ ἐπισκοπείου. Οὕτω δὲ πρὸς ἀλλήλους ἐχόντων, συνέβη τὴν κακίαν τοῦ μίσους ἐπὶ πλεῖον προελθεῖν ἐξ αἰτίας τοιᾶσδε. Ποτὲ γὰρ τοῦ Σεβηριανοῦ παριόντος, τὴν προσήκουσαν ἐπισκόπῳ τιμὴν ὁ Σαραπίων οὐκ ἀπένειμεν· ἀλλὰ καθήμενος διετέλει, ἢ μὴ ἑωρακὼς αὐτόν, ὡς ὕστερον ἐπὶ τοῦ συνεδρίου μεθ' ὅρκων ἐβεβαιοῦτο, ἢ μικρὰ φροντίσας ὡς κατὰ ἐπισκόπου παρουσίας, καθὼς ἔλεγε Σεβηριανὸς, οὐκ ἔχω λέγειν· ὁ Θεὸς μόνος ἴστω. Τότε δὲ Σεβηριανὸς οὐκ ἤνεγκε τὴν τοῦ Σαραπίωνος καταφρόνησιν, ἀλλὰ παρ' αὐτὰ καὶ πρὸ κοινῆς διαγνώσεως συνεδρίου, μεθ' ὅρκου κατακρίνει τὸν Σαραπίωνα, καὶ οὐ μόνον τῆς ἀξίας τοῦ διακόνου ἀποκηρύττει, ἀλλὰ καὶ τῆς ἐκκλησίας αὐτῆς· μαθὼν ταῦτα Ἰωάννης βαρέως ἤνεγκεν. Τοῦ δὲ πράγματος μετὰ ταῦτα ζητουμένου ἐπὶ συνεδρίου, καὶ τοῦ Σαραπίωνος ἀπολογουμένου καὶ πιστουμένου τὸ μὴ ἑωρακέναι, ἀλλὰ καὶ μάρτυρας παράγοντος, τὸ μὲν κοινὸν τῶν συνεληλυθότων ἐπισκόπων συνεγίνωσκε, καὶ παρεκάλει τὸν Σεβηριανὸν δέξασθαι ἀπολογούμενον τὸν Σαραπίωνα. Ὁ δὲ ἐπίσκοπος Ἰωάννης πρὸς πληροφορίαν Σεβηριανοῦ ἀφορίζει τὸν Σαραπίωνα, ἑβδομάδα ἀποστήσας τῆς τιμῆς τοῦ διακόνου· καίτοι ἐν πᾶσι τοῖς πράγμασι δεξιὰν χεῖρα ἔχων αὐτὸν, καὶ περὶ τὰς ἐκκλησιαστικὰς ἀποκρίσεις ὀξύτατον καὶ σπουδαῖον ὄντα. Σεβηριανὸς δὲ οὐδ' οὕτως ἐπείθετο· ἀλλὰ παντοίοις ἐγίνετο τελείως ἀποκηρυχθῆναι τῆς διακονίας τὸν Σαραπίωνα καὶ τῆς κοινωνίας. Λυπηθεὶς σφόδρα ἐπὶ τούτοις Ἰωάννης, καὶ ἀναστὰς ἀπὸ τοῦ συνεδρίου, κατέλιπε τοῖς παροῦσιν ἐπισκόποις τὰ τῆς δίκης, εἰρηκὼς πρὸς αὐτούς, ' Τὸ παριστάμενον ὑμῖν καταξιώσατε αὐτοὶ διαλαβόντες καὶ κρίναντες ὁρίσαι, ἐγὼ γὰρ παραιτοῦμαι τὴν μεταξὺ αὐτῶν διάγνωσιν.' Τούτων λεχθέντων ὑπὸ Ἰωάννου, καὶ ἀναστάντος αὐτοῦ, ὁμοίως καὶ τὸ κοινὸν τοῦ συνεδρίου ἀναστὰν κατέλιπεν οὕτω τὰ τῆς δίκης, καταμεμφόμενοι μᾶλλον Σεβηριανὸν διὰ τὸ μὴ εἶξαι τοῖς ῥηθεῖσι παρὰ τοῦ ἐπισκόπου Ἰωάννου. Τοῦ λοιποῦ δὲ οὐκέτι εἰς συντυχίαν τὸν Σεβηριανὸν Ἰωάννης ἐδέξατο· ἀλλ' εἰς τὴν πατρίδα τὴν αὐτοῦ ἐκδημεῖν αὐτὸν παρεκελεύετο, δηλώσας αὐτῷ τοιάδε· ' Οὐκ ἔστι χρήσιμον,' φησὶ, ' ὦ Σεβηριανὲ, ἐν τοσούτῳ χρόνῳ τὴν ἐμπιστευθεῖσάν σοι παροικίαν ἀπρονόητον καὶ ἐκτὸς ἐπισκόπου τυγχάνειν· διὸ σπεύσας κατάλαβε τὰς ἐκκλησίας σου, καὶ μὴ ἀμέλει τοῦ χαρίσματος τοῦ ἐν σοί.' Ἤδη δὲ στειλαμένου αὐτοῦ ἐπὶ τὴν ὁδοιπορίαν, γνοῦσα ταῦτα ἡ Αὐγοῦστα Εὐδοξία μέμφεται μὲν τῷ Ἰωάννῃ· παρασκευάζει δὲ ᾗ τάχος καλεῖσθαι τὸν Σεβηριανὸν ἐκ τῆς ἐν Βιθυνίᾳ Χαλκηδόνος. Καὶ ὁ μὲν ὅσον οὐδέπω παρῆν· Ἰωάννης δὲ τὴν πρὸς αὐτὸν φιλίαν ἐξέκλινε, καὶ οὐδενὸς παρακαλοῦντος ἐπείθετο. Ἕως ἡ βασίλισσα

Εὐδοξία ἐν τῇ ἐπωνύμῳ τῶν ἀποστόλων ἐκκλησίᾳ τὸν υἱὸν Θεοδόσιον τοῦτον τὸν νέον, τότε κομιδῇ νήπιον ὄντα, εἰς τὰ γόνατα τοῦ Ἰωάννου ἐμβαλοῦσα, καὶ ὅρκους κατ' αὐτοῦ πολλοὺς καθορκώσασα, μόλις τὴν πρὸς Σεβηριανὸν ἔπεισε φιλίαν ἀσπάσασθαι. Τοῦτον μὲν οὖν τὸν τρόπον· καὶ τὰ ἑξῆς.

LIB. VII.

CAP. I.

Ὡς τοῦ βασιλέως Ἀρκαδίου τελευτήσαντος, καὶ καταλιπόντος τὸν υἱὸν Θεοδόσιον ὀκταετῆ, Ἀνθέμιος ὕπαρχος τὴν τῶν ὅλων διοίκησιν ἐποιεῖτο.

Τοῦ δὴ βασιλέως Ἀρκαδίου τελευτήσαντος τῇ πρώτῃ τοῦ Μαΐου μηνὸς, ἐν ὑπατείᾳ Βάσσου καὶ Φιλίππου, Ὀνώριος μὲν ὁ αὐτοῦ ἀδελφὸς τὰ ἑσπέρια διεῖπε μέρη· ὑπὸ δὲ τῷ υἱῷ τῷ νέῳ Θεοδοσίῳ ὀκταετεῖ τυγχάνοντι τὰ τῆς ἑῴας ἐτάττετο· Ἀνθεμίου τοῦ ὑπάρχου τὴν διοίκησιν ποιουμένου τῶν ὅλων, ὃς ἔγγονος μὲν ἦν Φιλίππου τοῦ Παῦλον τὸν ἐπίσκοπον ἐπὶ Κωνσταντίου ἐκβαλόντος τῆς ἐκκλησίας, ἀντεισαγαγόντος δὲ Μακεδόνιον. Οὗτος τὰ μεγάλα τείχη τῇ Κωνσταντινουπόλει περιεβάλετο· φρονιμώτατος δὲ τῶν τότε ἀνθρώπων καὶ ἐδόκει καὶ ἦν, καὶ ἀβούλως ἔπραττεν οὐδέν· ἀλλὰ ἀνεκοινοῦτο πολλοῖς τῶν γνωρίμων περὶ τῶν πρακτέων, μάλιστα δὲ Τρωΐλῳ τῷ σοφιστῇ, ὃς μετὰ τῆς οὔσης αὐτῷ σοφίας καὶ κατὰ τὴν πολιτικὴν φρόνησιν τῷ Ἀνθεμίῳ ἐφάμιλλος ἦν· διὸ σχεδὸν πάντα τῇ συμβουλῇ Τρωΐλου ἐπράττετο.

CAP. II.

Περὶ Ἀττικοῦ τοῦ Κωνσταντινουπόλεως ἐπισκόπου, ὁποῖος ἦν τὸ ἦθος.

Τοῦ τοίνυν βασιλέως ὄγδοον ἔτος ἄγοντος, τρίτον ἔτος εἶχεν Ἀττικὸς τοῦτο ἐν τῇ Κωνσταντινουπόλει διαπρέπων· ἀνὴρ, ὡς φθάσαντες εἴπομεν, μετὰ τοῦ πολὺ πεπαιδεῦσθαι εὐλαβής τε καὶ φρόνιμος· διὸ καὶ τὰς ἐκκλησίας ἐπὶ αὐτοῦ συνέβη εἰς μέγα ἐπιδοῦναι. Οὐ γὰρ μόνον 'τοὺς οἰκείους τῆς πίστεως' συνεκρότει, ἀλλὰ καὶ τοὺς αἱρεσιώτας τῇ φρονήσει κατέπληττε· καὶ σκύλλειν μὲν αὐτοὺς οὐδαμῶς ᾑρεῖτο, φοβεῖν δὲ ἐπιχειρῶν αὖθις αὐτοῖς πρᾶον ἑαυτὸν ἐπεδείκνυεν. Ἀλλὰ μὴν οὔτε λόγων ἠμέλει· ἐπόνει γὰρ περὶ τὰ τῶν παλαιῶν ἀναγνώσματα, διανυκτερεύων ἐν αὐτοῖς· διὸ καὶ οὐκ ἐξενοφωνεῖτο παρὰ τῶν φιλοσόφων ἢ σοφιστῶν. Ἦν δὲ καὶ τοῖς ἐντυγχάνουσι χαρίεις τε καὶ ἐπαγωγός, καὶ τοῖς λυπουμένοις συνεστύγναζε· καὶ ἁπλῶς κατὰ τὸν ἀπόστολον 'τοῖς πᾶσι τὰ πάντα ἐγίνετο.' Καὶ πρότερον μὲν ἡνίκα ἐν τῷ πρεσβυτερίῳ ἐτάττετο, ἐκμαθὼν οὓς καὶ ἐπόνει λόγους ἐπ' ἐκκλησίας ἐδίδασκε· μετὰ δὲ ταῦτα σὺν τῇ φιλοπονίᾳ καὶ παρρησίαν κτησάμενος, ἐξ αὐτοσχεδίου καὶ πανηγυρικωτέραν τὴν διδασκαλίαν ἐποιεῖτο. Οὐ μὴν τοιοῦτοι ἦσαν οἱ λόγοι ὡς καὶ παρὰ τῶν ἀκροατῶν σπουδάζεσθαι ἢ γραφῇ παραδίδοσθαι. Περὶ μὲν οὖν ἤθους αὐτοῦ καὶ τρόπου καὶ παιδεύσεως ἀποχρώντως εἰρήσθω· ὅσα μέντοι μνήμης ἄξια ἐπὶ τῶν αὐτοῦ χρόνων ἐγένετο, διηγήσομαι.

CAP. III.

Περὶ Θεοδοσίου καὶ Ἀγαπητοῦ τῶν ἐν Συνάδοις ἐπισκοπησάντων.

Ἐν Συνάδῳ πόλει τῆς Πακατιανῆς Φρυγίας, Θεοδόσιός τις ἐπίσκοπος ἦν, ὃς τοὺς ἐν αὐτῇ αἱρετικούς,—πολλοὶ δὲ ἐν αὐτῇ ὄντες ἐτύγχανον τῆς Μακεδονιανῶν θρησκείας,—συντόνως ἐδίωκεν· ἐξελαύνων αὐτοὺς οὐ μόνον τῆς πόλεως, ἀλλὰ δὴ καὶ τῶν ἀγρῶν. Καὶ τοῦτο ἐποίει, οὐκ εἰωθὸς διώκειν τῇ ὀρθοδόξῳ ἐκκλησίᾳ, οὔτε μὴν ζήλῳ τῆς ὀρθῆς πίστεως, ἀλλὰ φιλαργυρίας πάθει δουλεύων ἐκ τῶν αἱρετικῶν χρήματα συλλέγειν ἐσπούδαζεν. Διὸ πάντα ἐκίνει κατὰ τῶν τὰ Μακεδονίου φρονούντων, τὰς χεῖρας ἐξοπλίζων τῶν ὑφ' αὑτῷ κληρικῶν· καὶ μυρίαις κατ' αὐτῶν χρώμενος μηχαναῖς· οὐδὲ τοῦ δικαστηρίοις αὐτοὺς προσδεσμεῖν ἀπήλλακτο· μάλιστα δὲ τὸν ἐπίσκοπον αὐτῶν, ᾧ ὄνομα ἦν Ἀγαπητός, διαφόρως ἐτάραττε. Ἐπειδὴ δὲ οἱ τῆς ἐπαρχίας ἄρχοντες οὐδαμῶς ἐξαρκεῖν αὐτῷ πρὸς τιμωρίαν ἐδόκουν, ἀναδραμὼν ἐπὶ τὴν Κωνσταντινούπολιν ἐπαρχικῶν προσταγμάτων ἐδέετο. Ἐν ὅσῳ οὖν ὁ Θεοδόσιος ἐν τῇ Κωνσταντινουπόλει διὰ ταῦτα παρεῖλκεν, ὁ Ἀγαπητός, ὃν προεστάναι τῆς Μακεδονίου θρησκείας ἔφην, ἐπὶ ἀγαθὴν ἦλθεν ἀπόνοιαν. Βουλευσάμενος γὰρ ἅμα τῷ αὐτοῦ κλήρῳ παντί, καὶ προσκαλεσάμενος τὸν ὑφ' αὑτῷ λαόν, πείθει τὴν τοῦ 'ὁμοουσίου' πίστιν προσδέξασθαι. Καὶ τοῦτο καταστήσας, εὐθὺς ὡς εἶχε σὺν πλήθει πολλῷ, μᾶλλον δὲ σὺν παντὶ τῷ λαῷ, ἐπὶ τὴν ἐκκλησίαν ὥρμησεν· εὐχήν τε ἐπιτελέσας, καταλαμβάνει τὸν θρόνον ἐν ᾧ εἰώθει ὁ Θεοδόσιος προκαθέζεσθαι. Ἑνώσας δὲ τὸν λαὸν καὶ τοῦ λοιποῦ τὴν τοῦ 'ὁμοουσίου' πίστιν διδάσκων, τῶν ὑπὸ Σύναδα ἐκκλησιῶν ἐγκρατὴς ἐγένετο. Τούτων οὕτω γενομένων, ἐφίσταται μετ' οὐ πολὺ Θεοδόσιος, τὴν ἐπαρχικὴν βοήθειαν ἐπαγόμενος· οὐδέν τε τῶν γενομένων εἰδὼς, ὡς εἶχεν ἐπὶ τὴν ἐκκλησίαν ἐχώρει· ἐξελαθεὶς δὲ ἐξ αὐτῆς παρὰ πάντων ὁμοῦ, αὖθις ἐπὶ τὴν Κωνσταντινούπολιν πάλιν ἐπορεύετο. Γενόμενός τε ἐν αὐτῇ ἐπὶ τοῦ ἐπισκόπου Ἀττικοῦ τὰ καθ' ἑαυτὸν ἀπωδύρετο, ὡς παραλόγως εἴη τῆς ἐπισκοπῆς ἐκβληθείς. Ἀττικὸς δὲ γνοὺς πρᾶγμα λυσιτελῶς ἀποβὰν τῇ ἐκκλησίᾳ, τὸν μὲν Θεοδόσιον λόγῳ παρεμυθήσατο, πείσας ἀνεξικάκως τὸν ἡσύχιον βίον ἀσπάζεσθαι, προκρίνειν τε τὰ κοινὰ τῶν ἰδίων διδάξας. Γράφει τε τῷ Ἀγαπητῷ, ἔχεσθαι τῆς ἐπισκοπῆς μηδὲν ἐκ τῆς Θεοδοσίου λύπης ἀνιαρὸν ὑφορώμενον.

CAP. IV.

Περὶ τοῦ ἰαθέντος ἐν τῷ θείῳ βαπτίσματι Ἰουδαίου παραλυτικοῦ ὑπὸ Ἀττικοῦ τοῦ ἐπισκόπου.

Ἐν μὲν οὖν τοῦτο χρηστὸν ἐπὶ τῶν Ἀττικοῦ χρόνων τῇ ἐκκλησίᾳ ὑπῆρξεν· οὔτε δὲ θαυμάτων ἢ ἰαμάτων ἢ τῶν χρόνων τούτων κατάστασις ἄμοιρος ἦν. Ἰουδαῖος γάρ τις παραλυτικὸς ὢν ἐκ πολλῶν ἐτῶν ἐπὶ κλίνης κατέκειτο, καὶ πάσης ἰατρικῆς εἰς αὐτὸν γυμνασθείσης, καὶ πάσης Ἰουδαϊκῆς εὐχῆς οὐδὲν ἐπ' αὐτῷ δυνηθείσης, τέλος προστρέχει τῷ Χριστιανικῷ βαπτίσματι, τούτῳ μόνῳ ἀληθινῷ ἰατρῷ χρήσασθαι πιστεύσας. Τοῦτο καταφανὲς τῷ ἐπισκόπῳ Ἀττικῷ ταχέως ἐγίνετο· κατηχήσας οὖν αὐτὸν, καὶ τὴν εἰς Χριστὸν ἐλπίδα εὐαγγελισάμενος, κομισθῆναι σὺν τῇ κλίνῃ κελεύει ἐπὶ τὸ φωτιστήριον. Ὁ δὲ παραλυτικὸς Ἰουδαῖος εἰλικρινεῖ πίστει τὸ βάπτισμα δεξάμενος, ἀπὸ τῆς κολυμβήθρας τοῦ βαπτιστηρίου ἀναληφθεὶς, εὐθὺς ἀπήλλακτο τοῦ νοσήματος, καὶ τοῦ λοιποῦ ἐν τοῖς ὑγιαίνουσιν ἦν. Ταύτην τὴν θεραπείαν ἡ τοῦ Χριστοῦ δύναμις καὶ ἐπὶ τοῖς ἡμετέροις καιροῖς δεῖξαι τοῖς ἀνθρώποις ἠθέλησε· δι' ἣν Ἕλληνες μὲν πολλοὶ πιστεύσαντες ἐβαπτίσθησαν· Ἰουδαίους δὲ, καίπερ 'σημεῖα ζητοῦντας,' οὐδὲ τὰ γινόμενα σημεῖα προσηγάγετο. Τοιαῦτα μὲν οὖν παρὰ τοῦ Χριστοῦ τοῖς ἀνθρώποις ὑπῆρχε χρηστά.

1 Cor. i. 22.

CAP. V.

Ὅπως Σαββάτιος ὁ ἐξ Ἰουδαίων, Ναυατιανῶν πρεσβύτερος, ἀπέστη τῶν ὁμοδοξούντων αὐτῷ.

Πολλοὶ δὲ παρ' οὐδὲν ταῦτα τιθέμενοι, τῇ αὐτῶν μοχθηρίᾳ ἐσχόλαζον· οὐ γὰρ μόνον Ἰουδαῖοι τοῖς γινομένοις τεραστίοις ἠπίστουν, ἀλλὰ δὴ καὶ οἱ φιλοῦντες ἐκείνοις ἀκολουθεῖν ἐφάμιλλα αὐτοῖς φρονοῦντες ἠλέγχθησαν. Σαββάτιος μὲν οὖν, οὐ μικρὸν ἔμπροσθεν ἐμνήσθημεν, μὴ βουλόμενος ἐν τῷ οἰκείῳ τάγματι τοῦ πρεσβυτερείου μένειν, ἐπισκοπεῖν δὲ ἐξ ἀρχῆς σπεύδων, ὑπὸ τοὺς αὐτοὺς χρόνους τῆς Ναυατιανῶν ἐκκλησίας ἀνεχώρησε, πρόφασιν τὴν παρατήρησιν τοῦ Ἰουδαϊκοῦ Πάσχα ποιούμενος. Παρασυνάγων οὖν τῷ ἐπισκόπῳ ἑαυτοῦ Σισιννίῳ ἐν τόπῳ τῆς πόλεως, ᾧ προσωνυμία Ξηρόλοφος, ἐν ᾧ νῦν ἡ ἀγορὰ Ἀρκαδίου ὀνομάζεται, πρᾶγμα ἐτόλμησε πολλῶν κινδύνων ἄξιον. Ἐν ἡμέρᾳ γὰρ συνάξεως τοῦ εὐαγγελίου περιοχὴν ἀναγινώσκων ἐν ᾧ λέλεκται, ὅτι, 'Ἦν δὲ ἡ ἑορτὴ ἡ λεγομένη τῶν Ἰουδαίων Πάσχα,' προστίθησι τὰ μηδαμῶς μήτε γεγραμμένα, μήτε ἀκουσθέντα ποτέ· ἔστι δὲ ταῦτα· 'Ἐπικατάρατος,' φησὶν, 'ὁ ἔξω ἀζύμων τὸ Πάσχα ποιήσας.' Τοῦτο ἀκουσθὲν διεδόθη εἰς τοὺς πολλούς· καὶ συναρπασθέντες οἱ ἀκέραιοι τῶν παρὰ Ναυατιανοῖς λαϊκῶν πρὸς αὐτὸν ἐχώρουν. Οὐ μὴν ἀπώνατο τοῦ σοφίσματος· εἰς κακὸν γὰρ τέλος αὐτῷ τὰ τῆς πλαστογραφίας κατέστρεψε. Μετ' οὐ πολὺ γὰρ τὴν ἐκ προλήψεως ἑορτὴν ἐπετέλει· καὶ συνέρρεον πρὸς αὐτὸν ἐξ ἔθους πολλοί· καὶ τὴν ἐξ ἔθους παννυχίδα ποιούντων, θόρυβός τις δαιμόνιος ἐνέπεσεν εἰς αὐτούς, ὡς ἄρα Σισίννιος ὁ αὐτῶν ἐπίσκοπος σὺν πολλῷ πλήθει ἔρχεται κατ' αὐτῶν. Καὶ ταραχῆς γενομένης, οἷα εἰκὸς, ἐν νυκτὶ καὶ στενῷ τόπῳ ἀποληφθέντες ἑαυτοὺς συνέτριψαν· ὡς ἀπολέσθαι ἐξ αὐτῶν ὑπὲρ τοὺς ἑβδομήκοντα ἀνθρώπους. Τοῦτο γενόμενον πολλοὺς τοῦ Σαββατίου ἀπέστησε· τινὲς δὲ αὐτῷ παρέμειναν τῇ ἀγροικικῇ προλήψει κρατούμενοι. Ἀλλὰ Σαββάτιος μὲν, ὡς ἐπὶ τὴν ἐπίορκον παρῆλθεν ἐπισκοπὴν, μικρὸν ὕστερον λέξομεν.

CAP. VI.

Περὶ τῶν προεστώτων τηνικαῦτα τῆς τῶν Ἀρειανῶν δόξης.

Δωρόθεος δὲ ὁ τῆς Ἀρειανῆς προεστὼς θρησκείας, ὃν ἐκ τῆς Ἀντιοχείας ἐπὶ τὴν Κωνσταντινούπολιν μετενηνέχθαι ὑπὸ τῶν Ἀρειανῶν ἀνωτέρω ἐμνημονεύσαμεν, ἑκατὸν πρὸς τοῖς δεκαεννέα ἐπιβιοὺς ἔτη ἐτελεύτησεν ἐν ὑπατείᾳ Ὀνωρίου τὸ ἕβδομον καὶ Θεοδοσίου Αὐγούστου τὸ δεύτερον, τῇ ἕκτῃ τοῦ Νοεμβρίου μηνός. Μετὰ δὲ τοῦτον τῆς Ἀρειανῆς θρησκείας προέστη Βάρβας· ἐπὶ τούτου δὴ τοῦ Βάρβα, δύο ἀνδρῶν ἐλλογίμων ἡ τῶν Ἀρειανῶν θρησκεία ηὐτύχησε, τὴν ἀξίαν τοῦ πρεσβυτέρου ἐχόντων· Τιμόθεος θατέρῳ ὄνομα, τῷ δὲ ἑτέρῳ Γεώργιος. Ἀλλὰ Γεώργιος μὲν μᾶλλον τὴν Ἑλληνικὴν κατωρθώκει παίδευσιν· Τιμόθεος δὲ πάλιν τὰ ἱερὰ ἠσκεῖτο γράμματα. Καὶ μὴν καὶ τὰ Ἀριστοτέλους καὶ Πλάτωνος ἀεὶ μετὰ χεῖρας εἶχεν ὁ Γεώργιος· Τιμόθεος δὲ τὸν Ὠριγένην ἀνέπνεεν· καὶ δημοσίᾳ τὰ ἱερὰ ἑρμηνεύων γράμματα, οὐδὲ τῆς Ἑβραίων γλώσσης ἄμοιρος ἦν. Καὶ Τιμόθεος μὲν ἤδη πρότερον τῆς Ψαθυριανῶν θρησκείας ἦν· Γεώργιος δὲ ὑπὸ Βάρβα κεχειροτόνητο. Τῷ δὴ Τιμοθέῳ καὶ αὐτὸς ἐντετύχηκα, καὶ ἔγνων ὅπως τοῖς ἐπερωτῶσιν ἕτοιμος ἦν ἀποκρίνεσθαι, διαλύων ὅσα ἀσαφῆ κατὰ τὰ θεῖα εὑρίσκοιτο λόγια· πανταχοῦ τε τὸν Ὠριγένην ἐκάλει ὡς ἀληθῆ μάρτυρα τῶν ὑπ' αὐτοῦ λεγομένων. Θαυμάσαι οὖν μοι ἔπεισι, πῶς οὗτοι οἱ ἄνδρες τῇ Ἀρειανῶν θρησκείᾳ παρέμειναν, ὧν ὁ μὲν τὸν Πλάτωνα ἀεὶ μετὰ χεῖρας εἶχεν, ὁ δὲ τὸν Ὠριγένην ἀνέπνεεν. Οὐδὲ γὰρ Πλάτων τὸ δεύτερον καὶ τὸ τρίτον αἴτιον, ὡς αὐτὸς ὀνομάζειν εἴωθεν, ἀρχὴν ὑπάρξεως εἰληφέναι φησί· καὶ Ὠριγένης συναΐδιον πανταχοῦ ὁμολογεῖ τὸν Υἱὸν τῷ Πατρί. Πλὴν εἰ καὶ τῇ ἑαυτῶν ἐκκλησίᾳ παρέμειναν, ἀλλ' ὅμως τὴν Ἀρειανὴν θρησκείαν λεληθότως ἐπὶ τὸ κρεῖσσον μετέθεσαν· πολλὰς γὰρ τῶν Ἀρείου βλασφημιῶν ταῖς οἰκείαις διδασκαλίαις ἐξέβαλον. Ἀλλὰ περὶ μὲν τούτων τοιαῦτα εἰρήσθω· οὐκ εἰς μακρὰν δὲ καὶ Σισιννίου τοῦ Ναυατιανῶν ἐπισκόπου τελευτήσαντος ἐν τῇ αὐτῇ ὑπατείᾳ, χειροτονεῖται Χρύσανθος, περὶ οὗ μικρὸν ὕστερον λέξομεν.

CAP. VII.

Ὡς Θεόφιλον τὸν Ἀλεξανδρείας ἐπίσκοπον Κύριλλος διεδέξατο.

Μετ᾽ οὐ πολὺ δὲ καὶ Θεόφιλος ὁ τῆς Ἀλεξανδρείας ἐπίσκοπος ληθαργικῷ πάθει περιπεσὼν ἐτελεύτησεν ἐν ὑπατείᾳ Ὀνωρίου τὸ ἔννατον καὶ Θεοδοσίου τὸ πέμπτον, τῇ πεντεκαιδεκάτῃ τοῦ Ὀκτωβρίου μηνός. Ἐπιμάχου δὲ γενομένης καὶ ἐνταῦθα τῆς ἐπισκοπῆς, οἱ μὲν ἐζήτουν ἐνθρονισθῆναι Τιμόθεον ἀρχιδιάκονον· οἱ δὲ Κύριλλον, ὃς ἦν ἀδελφιδοῦς Θεοφίλου. Στάσεως δὲ διὰ τοῦτο μεταξὺ τοῦ λαοῦ κινηθείσης, συνελαμβάνετο τῷ μέρει Τιμοθέου ὁ τοῦ στρατιωτικοῦ τάγματος ἡγεμὼν Ἀβουνδάτιος. Διὸ τρίτῃ ἡμέρᾳ μετὰ τὴν τελευτὴν Θεοφίλου ὁ Κύριλλος ἐνθρονισθεὶς, ἐπὶ τὴν ἐπισκοπὴν ἀρχικώτερον Θεοφίλου παρῆλθε· καὶ γὰρ ἐξ ἐκείνου ἡ ἐπισκοπὴ Ἀλεξανδρείας πέρα τῆς ἱερατικῆς τάξεως καταδυναστεύειν τῶν πραγμάτων ἔλαβε τὴν ἀρχήν. Εὐθέως οὖν Κύριλλος τὰς ἐν Ἀλεξανδρείᾳ Ναυατιανῶν ἐκκλησίας ἀποκλείσας, πάντα μὲν αὐτῶν τὰ ἱερὰ κειμήλια ἔλαβεν· τὸν δὲ ἐπίσκοπον αὐτῶν Θεόπεμπτον πάντων ὧν εἶχεν ἀφείλετο.

CAP. VIII.

Περὶ Μαρουθᾶ τοῦ Μεσοποταμίας ἐπισκόπου, καὶ ὡς δι᾽ αὐτοῦ ὁ Χριστιανισμὸς ἐν Περσίδι διεπλατύνθη.

Ὑπὸ δὲ τὸν αὐτὸν τοῦτον χρόνον καὶ τὸν ἐν Περσίδι Χριστιανισμὸν πλατυνθῆναι συνέβη ἐξ αἰτίας τοιᾶσδε. Μεταξὺ Ῥωμαίων καὶ Περσῶν συνεχεῖς ἀεὶ πρεσβεῖαι γίνονται· διάφοροι δέ εἰσιν αἰτίαι, δι᾽ ἃς συνεχῶς παρ᾽ ἀλλήλους πρεσβεύονται. Χρεία δὴ οὖν καὶ τότε ἤγαγεν, ὥστε Μαρουθᾶν τὸν Μεσοποταμίας ἐπίσκοπον, οὗ μικρὸν ἔμπροσθεν μνήμην πεποιήμεθα, πεμφθῆναι παρὰ τοῦ βασιλέως Ῥωμαίων πρὸς τὸν βασιλέα Περσῶν. Ὁ δὲ βασιλεὺς τῶν Περσῶν πολλὴν εὐλάβειαν παρὰ τῷ ἀνδρὶ εὑρηκὼς, διὰ τιμῆς ἦγεν αὐτὸν, καὶ ὡς ὄντως θεοφιλεῖ προσεῖχεν. Τοῦτο γινόμενον ὑπέκνιζε τοὺς μάγους, οἳ πολὺ παρὰ τῷ Περσῶν βασιλεῖ ἰσχύουσιν· ἐδεδοίκεισαν γὰρ, μὴ τὸν βασιλέα Χριστιανίζειν πείσῃ. Καὶ γὰρ κεφαλαλγίαν αὐτοῦ χρονίαν, ἣν οἱ μάγοι θεραπεῦσαι μὴ δεδύνηνται, ταύτην ὁ Μαρουθᾶς εὐχαῖς ἐθεράπευσε. Βουλεύονται οὖν ἀπάτην οἱ μάγοι· καὶ ἐπειδὴ οἱ Πέρσαι τὸ πῦρ σέβουσιν, εἰώθει δὲ ὁ βασιλεὺς ἐν οἴκῳ τινὶ τὸ διηνεκῶς καιόμενον πῦρ προσκυνεῖν, ὑπὸ γῆν κατακρύψαντες ἄνθρωπον, καθ' ὃν εἰώθει καιρὸν ὁ βασιλεὺς εὔχεσθαι, παρεσκεύασαν ἀναφθέγγεσθαι, ' ἔξω βάλλεσθαι δεῖν τὸν βασιλέα, ἠσεβηκέναι γὰρ, ὅτι τὸν τῶν Χριστιανῶν ἱερέα νομίζει θεοφιλῆ.' Ταῦτα ἀκούσας ὁ Ἰσδιγέρδης, (τοῦτο γὰρ ὄνομα τῷ Περσῶν βασιλεῖ,) αἰδούμενος μὲν, ἀποπέμπεσθαι δ' οὖν ὅμως τὸν Μαρουθᾶν ἐβούλετο. Μαρουθᾶς δὲ ἀληθῶς θεοφιλὴς ἄνθρωπος εὐχαῖς προσέκειτο, δι' ὧν εὑρίσκει τὸν παρὰ τῶν μάγων γενόμενον δόλον. Τῷ οὖν βασιλεῖ, 'Μὴ παίζου,' ἔφη, 'βασιλεῦ· ἀλλ' εἰσελθὼν, ὅτε τῆς φωνῆς ἀκούσεις, ὀρύξας [ἀκούσῃς.] τὸν δόλον εὑρήσεις· οὐ γὰρ τὸ πῦρ φθέγγεται, ἀλλὰ ἀνθρώπων κατασκευὴ τοῦτο ποιεῖ.' Πείθεται τῷ Μαρουθᾷ ὁ Περσῶν βασιλεὺς, καὶ αὖθις εἰσῄει εἰς τὸν οἰκίσκον, ὅπου ἦν τὸ ἄσβεστον πῦρ. Ἐπεὶ δὲ αὖθις ἀκούει τῆς αὐτῆς φωνῆς, ὀρύττεσθαι τὸν τόπον ἐκέλευσε· καὶ ὁ προπέμπων τὴν νομισθεῖσαν θεοῦ φωνὴν ἐξηλέγχετο. Περιοργὴς οὖν γενόμενος ὁ βασιλεὺς τὸ τῶν μάγων γένος ἀπεδεκάτωσε· τούτου γενομένου, εἶπεν τῷ Μαρουθᾷ, ἔνθα ἂν βούλοιτο, κτίζειν ἐκκλησίας· ἐκ τούτου παρὰ Πέρσαις ὁ Χριστιανισμὸς ἐπλατύνετο. Τότε μὲν οὖν Μαρουθᾶς ἀποχωρήσας τῶν Περσῶν, αὖθις ἐπὶ τὴν Κωνσταντινούπολιν ἐπανέρχεται· οὐκ εἰς μακρὰν δὲ πάλιν πρεσβείας ἕνεκεν ἀντεπέμπετο. Αὖθίς τε οἱ μάγοι σκευωρίας ἐπενοοῦντο, ὅπως ἂν μηδαμῶς τὸν ἄνδρα προσδέχοιτο ὁ βασιλεύς· ἐπενόησάν τε δυσωδίαν τινὰ κατασκευαστὴν, ὅθεν ὁ βασιλεὺς εἰώθει προσέρχεσθαι· διαβολῇ τε ἐχρῶντο, ὡς ἄρα ταύτην οἱ τῷ Χριστιανισμῷ συνόντες εἰργάσαντο. Ὡς δὲ ὁ βασιλεὺς, ἤδη πρότερον ὑπόπτους ἔχων τοὺς μάγους, σπουδαιότερον ἀνεζήτει τοὺς δράσαντας, αὖθις ἐξ αὐτῶν ἀνηυρίσκοντο οἱ τῆς κακῆς ὀδμῆς ποιηταί. Διὸ καὶ αὖθις πολλοὺς αὐτῶν ἐτιμωρήσατο· Μαρουθᾶν δὲ διὰ πλείονος ἦγε τιμῆς. Καὶ ἠγάπα μὲν Ῥωμαίους, καὶ τὴν πρὸς αὐτοὺς φιλίαν ἠσπάζετο· μικρὸν δὲ ἐδέησε καὶ Χριστιανίσαι αὐτὸν, πεῖραν δεδωκότος ἑτέραν τοῦ Μαρουθᾶ, σὺν Ἀβλάᾳ τῷ ἐπισκόπῳ Περσίδος. Ἄμφω γὰρ τὸν ὀχλοῦντα δαίμονα τῷ υἱῷ τοῦ βασιλέως ἀπήλασαν, νηστείαις καὶ προσευχαῖς σχολάσαντες. Καὶ ὁ Ἰσδιγέρδης μὲν ἔφθασε τελευτῆσαι, πρὶν τελείως

Χριστιανίσαι· εἰς δὲ τὸν υἱὸν αὐτοῦ Βαραράνην ἧκεν ἡ βασιλεία· ἐφ' οὗ αἱ μεταξὺ Ῥωμαίων καὶ Περσῶν σπονδαὶ διελύθησαν, ὡς ὀλίγον ὕστερον λέξομεν.

CAP. IX.

Οἱ κατὰ τούσδε τοὺς χρόνους ἐν Ἀντιοχείᾳ καὶ Ῥώμῃ ἐπισκοπήσαντες.

Περὶ δὲ τοὺς αὐτοὺς χρόνους κατὰ τὴν Ἀντιόχειαν Φλαβιανοῦ τελευτήσαντος, Πορφύριος τὴν ἐπισκοπὴν διεδέξατο· μετὰ δὴ Πορφύριον αὖθις Ἀλέξανδρος τῆς ἐκεῖσε ἐκκλησίας προέστη. Κατὰ δὲ τὴν Ῥωμαίων, Δάμασον ἐπὶ δεκαοκτὼ ἔτη τῆς ἐπισκοπῆς κρατήσαντα Σιρίκιος διεδέξατο· Σιρικίου δὲ δεκαπέντε ἔτη κρατήσαντος, Ἀναστάσιος ἐπὶ ἔτη τρία τῆς ἐκκλησίας ἐκράτησε· μετὰ δὲ Ἀναστάσιον Ἰνοκέντιος· ὃς πρῶτος τοὺς ἐν Ῥώμῃ Ναυατιανοὺς ἐλαύνειν ἤρξατο, πολλάς τε αὐτῶν ἐκκλησίας ἀφείλετο.

CAP. X.

Ὡς κατὰ τόνδε τὸν χρόνον ἡ Ῥώμη ὑπὸ βαρβάροις γέγονεν, Ἀλαρίχου ταύτην πορθήσαντος.

Ὑπὸ δὲ τὸν αὐτὸν τοῦτον χρόνον καὶ τὴν Ῥώμην ὑπὸ βαρβάρων ἁλῶναι συνέβη. Ἀλάριχος γάρ τις βάρβαρος, ὑπόσπονδος ὢν Ῥωμαίοις, καὶ τῷ βασιλεῖ Θεοδοσίῳ εἰς τὸν κατὰ Εὐγενίου τοῦ τυράννου πόλεμον συμμαχήσας, καὶ διὰ τοῦτο Ῥωμαϊκῇ ἀξίᾳ τιμηθείς, οὐκ ἤνεγκε τὴν εὐτυχίαν. Ἀλλὰ βασιλεύειν μὲν οὐ προείλετο· ἀναχωρήσας δὲ τῆς Κωνσταντινουπόλεως, ἐπὶ τὰ ἑσπέρια μέρη διέβαινε· γενόμενος δὲ ἐπὶ τὰ Ἰλλυριῶν εὐθὺς πάντα ἀνέτρεπε. Διαβαίνοντι δὲ αὐτῷ Θεσσαλοὶ ἀντέστησαν περὶ τὰς ἐκβολὰς τοῦ Πηνειοῦ ποταμοῦ, ὅθεν δι' ὄρους Πίνδου ἐπὶ Νικόπολιν τῆς Ἠπείρου διαβῆναι ἐστί· καὶ συμβαλόντες περὶ τρισχιλίους ἀνεῖλον οἱ Θεσσαλοί. Μετὰ δὲ ταῦτα πᾶν τὸ παραπεσὸν ἀφανίζοντες οἱ σὺν αὐτῷ, τέλος καὶ τὴν Ῥώμην κατέλαβον· καὶ πορθήσαντες αὐτήν, τὰ μὲν πολλὰ τῶν θαυμαστῶν ἐκείνων θεαμάτων κατέκαυσαν· τὰ δὲ χρήματα δι' ἁρπαγῆς ἔλαβον· καὶ πολλοὺς τῆς συγκλήτου βουλῆς διαφόροις δίκαις ὑποβαλόντες ἀπώλεσαν. Καταπαίζων τε τῆς βασιλείας ἀναδείκνυσι βασιλέα, ὀνόματι Ἄτταλον· ὃν μίαν μὲν ἡμέραν ὡς βασιλέα δορυφορούμενον προϊέναι ἐκέλευε, τὴν δὲ ἄλλην ἐν δούλου τάξει φαίνεσθαι παρεσκεύαζεν. Καὶ ταῦτα καταπραξάμενος εἰς φυγὴν ἐτράπη, φήμης αὐτὸν ἐν φόβῳ καταστησάσης, ὡς εἴη ὁ βασιλεὺς Θεοδόσιος δύναμιν ἀποστείλας τὴν αὐτῷ πολεμήσουσαν. Τὰ μὲν οὖν τῆς φήμης οὐκ ἦν πεπλασμένα· ἀληθῶς γὰρ ἡ δύναμις ἐπορεύετο· κἀκεῖνος τὴν φήμην οὐχ ὑπομείνας, ἀλλ᾽, ὡς ἔφην, ἀποδρὰς ᾤχετο. Λέγεται δὲ ὡς ἀπιόντι αὐτῷ ἐπὶ τὴν Ῥώμην εὐλαβής τις ἀνήρ, μοναχὸς τὸν βίον, παρῄνει, 'μὴ ἐπιχαίρειν ἐν τηλικούτοις κακοῖς, μηδὲ χαίρειν φόνοις καὶ αἵμασιν.' Ὁ δέ, 'Οὐκ ἐγώ,' ἔφη, 'ἐθελοντὴς ἐπὶ τὰ ἐκεῖ πορεύομαι· ἀλλά τις καθ᾽ ἑκάστην ὀχλεῖ μοι βασανίζων, καὶ λέγων, "Ἄπιθι, τὴν Ῥωμαίων πόρθησον πόλιν."' Τοσαῦτα μὲν καὶ περὶ τούτου.

CAP. XI.

Περὶ τῶν ἐν Ῥώμῃ ἐπισκοπησάντων.

Μετὰ δὲ Ἰνοκέντιον Ζώσιμος τῆς ἐν Ῥώμῃ ἐκκλησίας ἐπὶ δύο ἔτη ἐκράτησε· καὶ μετὰ τοῦτον δὲ Βονιφάτιος ἔτη τρία τῆς ἐκκλησίας προέστη· ὃν Κελεστῖνος διεδέξατο. Καὶ οὗτος ὁ Κελεστῖνος τὰς ἐν Ῥώμῃ Ναυατιανῶν ἐκκλησίας ἀφείλετο, καὶ τὸν ἐπίσκοπον αὐτῶν Ῥουστικούλαν κατ᾽ οἰκίας ἐν παραβύστῳ συνάγειν ἠνάγκασεν. Ἄχρι γὰρ τούτου Ναυατιανοὶ μεγάλως ἐπὶ τῆς Ῥώμης ἤνθησαν, ἐκκλησίας πλείστας ἔχοντες, καὶ λαὸν πολὺν συναθροίζοντες. Ἀλλ᾽ ὁ φθόνος καὶ τούτων ἥψατο, τῆς Ῥωμαίων ἐπισκοπῆς ὁμοίως τῇ Ἀλεξανδρέων πέρα τῆς ἱερωσύνης ἐπὶ δυναστείαν ἤδη πάλαι προελθούσης. Καὶ διὰ τοῦτο οὐδὲ τοὺς ὁμοφρονοῦντας οἱ ἐπίσκοποι ἐπ᾽ ἀδείας συνάγεσθαι συνεχώρησαν· ἀλλὰ πάντα λαβόντες αὐτῶν, μόνον διὰ τὴν ὁμοφροσύνην ἐπαινοῦσιν αὐτούς. Οὐ μὴν οἱ ἐν Κωνσταντινουπόλει τοῦτο πεπόνθασιν· ἀλλὰ μετὰ τοῦ στέργειν αὐτοὺς καὶ ἔνδον πόλεως συνάγειν εἴασαν, ὡς δὴ πρότερον ἤδη ταῦτα ἱκανῶς ἔφην.

Cp. v. 10; vi. 22.

CAP. XII.

Περὶ Χρυσάνθου τοῦ Ναυατιανῶν ἐν Κωνσταντινουπόλει ἐπισκόπου.

Σισιννίου δὲ τελευτήσαντος, Χρύσανθος καθειλκύσθη εἰς τὴν ἐπισκοπήν· ὃς υἱὸς μὲν ἦν Μαρκιανοῦ τοῦ γενομένου Ναυατιανῶν ἐπισκόπου πρὸ Σισιννίου. Ἐκ νέας δὲ ἡλικίας κατὰ τὰ βασίλεια στρατευσάμενος, ὕστερον ἐπὶ τοῦ μεγάλου Θεοδοσίου τοῦ βασιλέως ὑπατικὸς τῆς Ἰταλίας γενόμενος, μετὰ ταῦτα καὶ βικάριος τῶν Βρεττανικῶν νήσων καταστὰς ἐθαυμάσθη ἐπὶ ταῖς διοικήσεσι. Προβὰς δὲ τῇ ἡλικίᾳ, καὶ καταλαβὼν τὴν Κωνσταντινούπολιν, σπεύδων δὲ ἔπαρχος γενέσθαι πόλεως, εἰς τὴν ἐπισκοπὴν ἄκων εἱλκύσθη. Σισιννίου γὰρ ἐν καιρῷ τελευτῆς μνείαν αὐτοῦ ὡς ἐπιτηδείου πρὸς τὴν ἐπισκοπὴν ποιησαμένου, ὁ Ναυατιανῶν λαὸς ὡς νόμον τὴν ἐκείνου φωνὴν λαβὼν, καὶ ἄκοντα βιαίως ἕλκειν ἐπεχείρουν. Τοῦ δὴ Χρυσάνθου φυγόντος, Σαββάτιος καιρὸν νομίσας εὑρηκέναι εὔκαιρον, ἐν ᾧ τῶν ἐκκλησιῶν ἐγκρατὴς γένηται, κατασκευάζει χεῖρας ἐπιθεῖναι αὐτῷ τινὰς ἀσήμους, τὸν ὅρκον ὃν ὀμωμόκει παρ᾽ οὐδὲν θέμενος. Ἐν δὲ τοῖς χειροτονήσασιν αὐτὸν ἦν καὶ Ἑρμογένης, ὃς ἐπὶ βλασφήμοις συγγράμμασιν ὑπ᾽ αὐτοῦ μετὰ κατάρας ἐκκεκήρυκτο. Οὐ μὴν αὐτῷ ὁ σκοπὸς τέλος ἐδέξατο· μισήσας γὰρ αὐτοῦ ὁ λαὸς τὸ δύστροπον, ὅτι πάντα σκοπὸν τοῦ παρεισδῦναι εἰς τὴν ἐπισκοπὴν ἔπραττε, παντοίως ἐγένετο ἀνερευνῶν τὸν Χρύσανθον· ὃν καὶ εὑρόντες περὶ Βιθυνίαν κρυπτόμενον, πρὸς τὴν ἐπισκοπὴν ἑλκύσαντες προεβάλοντο. Οὗτος ὁ ἀνὴρ φρόνιμος ἐν ταὐτῷ καὶ σώφρων, εἰ καί τις ἄλλος, ὑπῆρχε· καὶ σφόδρα τὰς Ναυατιανῶν ἐκκλησίας ἐν τῇ Κωνσταντινουπόλει συνεκρότησέν τε καὶ ηὔξησε. Καὶ πρῶτος τοῖς πτωχοῖς οἴκοθεν χρυσίον διένειμεν· ἀπό τε τῶν ἐκκλησιῶν οὐδὲν ἐδέξατο, πλὴν κατὰ Κυριακὴν δύο ἄρτους τῶν εὐλογιῶν ἐλάμβανεν. Οὕτω δὲ ἦν περὶ τὴν ἑαυτοῦ ἐκκλησίαν σπουδαῖος, ὡς καὶ Ἀβλάβιον τὸν ἑαυτοῦ γεννηότατον ῥήτορα τοῦ σοφιστοῦ Τρωίλου συλλαβεῖν, καὶ πρὸς τὴν τοῦ πρεσβυτέρου τάξιν προχειρίσασθαι· οὗ γλαφυραὶ προσομιλίαι καὶ σύντονοι φέρονται. Ἀλλ᾽ Ἀβλάβιος μὲν ὕστερον τῆς ἐν Νικαίᾳ τῶν Ναυατιανῶν ἐκκλησίας ἐπίσκοπος κατέστη, ἐν ταὐτῷ καὶ σοφιστεύων ἐν ταύτῃ.

CAP. XIII.

Περὶ τῆς ἐν Ἀλεξανδρείᾳ γενομένης μάχης μεταξὺ Χριστιανῶν καὶ Ἰουδαίων, καὶ τῆς τοῦ ἐπισκόπου Κυρίλλου πρὸς τὸν ὕπαρχον Ὀρέστην διαφορᾶς.

Ὑπὸ δὲ τὸν αὐτὸν τοῦτον χρόνον καὶ τὸ Ἰουδαίων ἔθνος τῆς Ἀλεξανδρείας ἐξελαθῆναι ὑπὸ τοῦ ἐπισκόπου Κυρίλλου συνέβη δι' αἰτίαν τοιάνδε. Ὁ Ἀλεξανδρέων δῆμος πλέον τῶν ἄλλων δήμων χαίρει ταῖς στάσεσιν· εἰ δέ ποτε καὶ προφάσεως ἐπιλάβηται, εἰς ἀφόρητα καταστρέφει κακά· δίχα γὰρ αἵματος οὐ παύεται τῆς ὁρμῆς. Ἔτυχε δὲ τότε στασιάζειν αὐτὸ τὸ πλῆθος πρὸς ἑαυτὸ οὐ δι' ἀναγκαίαν τινὰ πρόφασιν, ἀλλὰ διὰ τὸ ἐπιπολάζον ἁπάσαις ταῖς πόλεσι κακὸν, φημὶ δὴ τὸ σπουδάζειν περὶ τοὺς ὀρχηστάς. Ἐπειδὴ γὰρ ἐν ἡμέρᾳ σαββάτου ὀρχούμενος πλείονας ὄχλους συνήθροιζε, τῷ Ἰουδαίους ἀργοῦντας ἐν αὐτῇ, μὴ τῇ ἀκροάσει τοῦ νόμου ἀλλὰ τοῖς θεατρικοῖς σχολάζειν, ἐπίμαχος τοῖς τοῦ δήμου μέρεσιν ἡ ἡμέρα κατέστη. Καὶ τούτου τρόπον τινὰ ὑπὸ τοῦ ὑπάρχου τῆς Ἀλεξανδρείας ἐν τάξει καταστάντος, οὐδὲν ἧττον ἔμειναν οἱ Ἰουδαῖοι τοῖς τοῦ ἑτέρου μέρους ἀντιπαθοῦντες· καὶ ἀεὶ μὲν πολέμιοι πανταχοῦ τοῖς Χριστιανοῖς καθεστῶτες, ἔτι δὲ πλέον διὰ τοὺς ὀρχηστὰς ἐκπεπολέμωντο καθ' ἑαυτῶν. [κατ' αὐτῶν. Val.] Καὶ δὴ τότε Ὀρέστου τοῦ τῆς Ἀλεξανδρείας ἐπάρχου ' πολιτείαν' ἐν τῷ θεάτρῳ ποιοῦντος,—οὕτω δὲ ὀνομάζειν εἰώθασιν τὰς δημοτικὰς διατυπώσεις,—παρῆσαν καὶ τοῦ ἐπισκόπου Κυρίλλου οἱ σπουδασταὶ, τὰς γινομένας παρὰ τοῦ ἐπάρχου διατυπώσεις γνῶναι βουλόμενοι. Ἦν δὲ ἐν αὐτοῖς τις ἀνὴρ ὀνόματι Ἱέραξ, ὃς γραμμάτων μὲν τῶν πεζῶν διδάσκαλος ἦν, διάπυρος δὲ ἀκροατὴς τοῦ ἐπισκόπου Κυρίλλου καθεστώς, καὶ περὶ τὸ κρότους ἐν ταῖς διδασκαλίαις αὐτοῦ ἐγείρειν ἦν σπουδαιότατος. Τοῦτον τοίνυν τὸν Ἱέρακα τὸ πλῆθος τῶν Ἰουδαίων ἐν τῷ θεάτρῳ θεασάμενοι κατεβόων εὐθὺς, ὡς ' δι' οὐδὲν ἄλλο παραβάλλει τῷ θεάτρῳ, ἢ ἵνα στάσιν τῷ δήμῳ ἐμβάλοι.' Ὀρέστης δὲ καὶ πρότερον μὲν ἐμίσει τὴν δυναστείαν τῶν ἐπισκόπων, c. 7. ὅτι παρῃροῦντο πολὺ τῆς ἐξουσίας τῶν ἐκ βασιλέως ἄρχειν τεταγμένων· μάλιστα δὲ ὅτι καὶ ἐποπτεύειν αὐτοῦ τὰς διατυπώσεις Κύριλλος ἐβούλετο· ἁρπάσας οὖν τὸν Ἱέρακα δημοσίᾳ ἐν τῷ θεάτρῳ βασάνοις ὑπέβαλλεν. Τοῦτο γνοὺς ὁ Κύριλλος μεταπέμπεται τοὺς Ἰουδαίων πρωτεύοντας, καὶ ὅσα εἰκὸς, εἰ μὴ παύσαιντο κατὰ Χριστιανῶν στασιάζοντες, διηπείλησε. Τὸ δὲ πλῆθος τῶν Ἰουδαίων τῆς ἀπειλῆς αἰσθόμενον φιλονεικότερον γέγονε· καὶ μηχανὰς ἐπενόουν ἐπὶ βλάβῃ τῶν Χριστιανῶν, ὧν τὴν κορυφαιοτάτην καὶ αἰτίαν τοῦ ἐξελαθῆναι αὐτοὺς τῆς Ἀλεξανδρείας γενομένην διηγήσομαι. Σύνθεμα δόντες ἑαυτοῖς, δακτυλίου φόρεμα ἐκ φοίνικος γεγονὸς φλοιοῦ θαλλοῦ, νυκτομαχίαν κατὰ τῶν Χριστιανῶν ἐπενόησαν. Καὶ ἐν μιᾷ τῶν νυκτῶν κηρύσσειν κατὰ τὰ κλίματα τῆς πόλεως τινὰς παρεσκεύασαν βοῶντας, ὡς 'ἡ ἐπώνυμος Ἀλεξάνδρου ἐκκλησία πᾶσα πυρὶ καίοιτο.' Τοῦτο ἀκούσαντες Χριστιανοὶ ἄλλος ἀλλαχόθεν συνέτρεχεν, ὡς τὴν ἐκκλησίαν περισώσοντες· οἵτε Ἰουδαῖοι εὐθὺς ἐπετίθεντο καὶ ἀπέσφαττον ἀλλήλων μὲν ἀπεχόμενοι, δεικνύντες τοὺς δακτυλίους· τοὺς δὲ προσπίπτοντας τῶν Χριστιανῶν ἀναιροῦντες. Γενομένης δὲ ἡμέρας, οὐκ ἐλάνθανον οἱ τὸ ἄγος ἐργασάμενοι· ἐφ' ᾧ κινηθεὶς ὁ Κύριλλος σὺν πολλῷ πλήθει ἐπὶ τὰς συναγωγὰς τῶν Ἰουδαίων παραγενόμενος,—οὕτω γὰρ τοὺς εὐκτηρίους αὐτῶν ὀνομάζουσι τόπους,—τὰς μὲν ἀφαιρεῖται, τοὺς δὲ ἐξελαύνει τῆς πόλεως, καὶ τὰς οὐσίας αὐτῶν διαρπαγῆναι ὑπὸ τοῦ πλήθους ἀφείς. Οἱ μὲν οὖν Ἰουδαῖοι, ἐκ τῶν Ἀλεξάνδρου τοῦ Μακεδόνος χρόνων οἰκήσαντες τὴν πόλιν, τότε αὐτῆς γυμνοὶ ἅπαντες ἀπανέστησαν, καὶ ἄλλοι ἀλλαχοῦ διεσπάρησαν. Ἀδαμάντιος δὲ ἰατρικῶν λόγων σοφιστὴς, ἐπὶ τὴν Κωνσταντινούπολιν ὁρμήσας, καὶ τῷ ἐπισκόπῳ προσφυγὼν Ἀττικῷ, ἐπαγγειλάμενός τε Χριστιανίζειν αὖθις ὑστέρῳ χρόνῳ τὴν Ἀλεξάνδρειαν ᾤκησεν. Ὁ τοίνυν τῆς Ἀλεξανδρέων ἔπαρχος Ὀρέστης σφόδρα ἐπὶ τῷ γενομένῳ ἐχαλέπηνε· καὶ πένθος μέγα ἐτίθετο τηλικαύτην πόλιν οὕτως ἄρδην τοσούτων ἐκκενωθῆναι ἀνθρώπων· διὸ καὶ τὰ γενόμενα ἀνέφερε βασιλεῖ. Κύριλλος δὲ καὶ αὐτὸς τὰς Ἰουδαίων πλημμελείας γνωρίμους καθιστῶν βασιλεῖ οὐδὲν ἧττον καὶ περὶ φιλίας πρὸς Ὀρέστην ἐπρεσβεύετο· τοῦτο γὰρ ὁ λαὸς τῶν Ἀλεξανδρέων αὐτὸν ποιεῖν κατηνάγκαζεν. Ἐπεὶ δὲ τοὺς περὶ φιλίας λόγους Ὀρέστης οὐ προσεδέχετο, τὴν βίβλον τῶν εὐαγγελίων ὁ Κύριλλος προΐσχετο, διὰ ταύτης γοῦν καταιδέσειν τὸν Ὀρέστην ἡγούμενος. Ὡς δὲ οὐδὲ τούτῳ τῷ τρόπῳ ὁ Ὀρέστης ἐμαλάσσετο, ἀλλ' ἔμενε μεταξὺ αὐτῶν ἄσπονδος πόλεμος, τάδε ἐπισυνέβη γενέσθαι.

CAP. XIV.

Ὡς οἱ κατὰ τὴν Νιτρίαν μοναχοὶ εἰς Ἀλεξάνδρειαν ὑπὲρ Κυρίλλου κατελθόντες πρὸς τὸν ὕπαρχον Ὀρέστην ἐστασίασαν.

Τῶν ἐν τοῖς ὄρεσι τῆς Νιτρίας μοναχῶν τινες ἔνθερμον ἔχοντες φρόνημα ἀπὸ Θεοφίλου ἀρξάμενοι, ὅτε αὐτοὺς ἐκεῖνος κατὰ τῶν περὶ Διόσκορον ἀδίκως ἐξώπλισε, ζῆλόν τε τότε κτησάμενοι προ-

VII. 15.] *Death of Ammonius.*

θύμως καὶ ὑπὲρ Κυρίλλου μάχεσθαι προηροῦντο. Ἀφέμενοι οὖν τῶν μοναστηρίων ἄνδρες περὶ τοὺς πεντακοσίους, καὶ καταλαβόντες τὴν πόλιν, ἐπιτηροῦσιν ἐπὶ τοῦ ὀχήματος προϊόντα τὸν ἔπαρχον. Καὶ προσελθόντες ἀπεκάλουν 'θύτην καὶ Ἕλληνα,' καὶ ἄλλα πολλὰ περιύβριζον. Ὁ δὲ ὑποτοπήσας σκευωρίαν αὐτῷ παρὰ Κυρίλλου γίνεσθαι, ἐβόα 'Χριστιανός τε εἶναι, καὶ ὑπὸ Ἀττικοῦ τοῦ ἐπισκόπου ἐν τῇ Κωνσταντινουπόλει βεβαπτίσθαι.' Ὡς δὲ οὐ προσεῖχον τοῖς λεγομένοις οἱ μοναχοὶ εἷς τις ἐξ αὐτῶν Ἀμμώνιος ὄνομα λίθῳ βάλλει τὸν Ὀρέστην κατὰ τῆς κεφαλῆς. Καὶ πληροῦται μὲν αἵματι ὅλος ἐκ τοῦ τραύματος· ὑποχωροῦσι δὲ οἱ ταξεῶται πλὴν ὀλίγων, ἄλλος ἀλλαχοῦ ἐν τῷ πλήθει διαδύναντες, τὸν ἐκ τῆς βολῆς τῶν λίθων θάνατον φυλαττόμενοι. Ἐν τοσούτῳ δὲ συνέρρεον οἱ τῶν Ἀλεξανδρέων δῆμοι, ἀμύνασθαι τοὺς μοναχοὺς ὑπὲρ τοῦ ἐπάρχου προθυμούμενοι· καὶ τοὺς μὲν ἄλλους πάντας εἰς φυγὴν ἔτρεψαν, τὸν Ἀμμώνιον δὲ συλλαβόντες παρὰ τὸν ἔπαρχον ἄγουσιν· ὃς δημοσίᾳ κατὰ τοὺς νόμους ἐξετάσει αὐτὸν ὑποβαλὼν ἐπὶ τοσοῦτον ἐβασάνισεν, ὡς ἀποκτεῖναι. Οὐκ εἰς μακρὰν δὲ καὶ τὰ γενόμενα γνώριμα τοῖς κρατοῦσι κατέστησεν· οὐ μὴν ἀλλὰ καὶ Κύριλλος τὰ ἐναντία ἐγνώριζε βασιλεῖ, τοῦ δὲ Ἀμμωνίου τὸ σῶμα ἀναλαβὼν καὶ ἐν μιᾷ τῶν ἐκκλησιῶν ἀποθέμενος, ὄνομα ἕτερον αὐτῷ ἐπιθεὶς 'Θαυμάσιον' ἐπεκάλεσε, καὶ 'μάρτυρα' χρηματίζειν ἐκέλευσεν, ἐγκωμιάζων αὐτοῦ ἐπ' ἐκκλησίας τὸ φρόνημα, ὡς ἀγῶνα ὑπὲρ εὐσεβείας ἀνελομένου. Ἀλλ' οἱ σωφρονοῦντες, καίπερ Χριστιανοὶ ὄντες, οὐκ ἀπεδέχοντο τὴν περὶ τούτου Κυρίλλου σπουδήν. Ἠπίσταντο γὰρ προπετείας δίκην δεδωκέναι τὸν Ἀμμώνιον, οὐ μὴν ἀνάγκῃ ἀρνήσεως Χριστοῦ ἐναποθανεῖν ταῖς βασάνοις· διὸ καὶ Κύριλλος κατὰ βραχὺ τῷ ἡσυχάζειν λήθην τοῦ γινομένου εἰργάσατο. Ἀλλ' οὐχ ἕως τούτου ἔστη τὸ δεινὸν τῆς μεταξὺ Κυρίλλου καὶ Ὀρέστου φιλονεικίας· ἀπέσβεσε γὰρ ταύτην ἕτερόν τι ἐπισυμβὰν τοῖς φθάσασι παραπλήσιον.

CAP. XV.

Περὶ Ὑπατίας τῆς φιλοσόφου.

Ἦν τις γυνὴ ἐν τῇ Ἀλεξανδρείᾳ, τοὔνομα Ὑπατία· αὕτη Θέωνος μὲν τοῦ φιλοσόφου θυγάτηρ ἦν· ἐπὶ τοσοῦτον δὲ προύβη παιδείας, ὡς ὑπερακοντίσαι τοὺς κατ᾽ αὐτὴν φιλοσόφους, τὴν δὲ Πλατωνικὴν ἀπὸ Πλωτίνου καταγομένην διατριβὴν διαδέξασθαι, καὶ πάντα τὰ φιλόσοφα μαθήματα τοῖς βουλομένοις ἐκτίθεσθαι· διὸ καὶ οἱ πανταχόθεν φιλοσοφεῖν βουλόμενοι κατέτρεχον παρ᾽ αὐτήν. Διὰ τὴν προσοῦσαν αὐτῇ ἐκ τῆς παιδεύσεως σεμνὴν παρρησίαν καὶ τοῖς ἄρχουσι σωφρόνως εἰς πρόσωπον ἤρχετο· καὶ οὐκ ἦν τις αἰσχύνη ἐν μέσῳ ἀνδρῶν παρεῖναι αὐτήν· πάντες γὰρ δι᾽ ὑπερβάλλουσαν σωφροσύνην πλέον αὐτὴν ᾐδοῦντο καὶ κατεπλήττοντο. Κατὰ δὴ ταύτης τότε ὁ φθόνος ὡπλίσατο· ἐπεὶ γὰρ συνετύγχανε συχνότερον τῷ Ὀρέστῃ, διαβολὴν τοῦτ᾽ ἐκίνησε κατ᾽ αὐτῆς παρὰ τῷ τῆς ἐκκλησίας λαῷ, ὡς ἄρα εἴη αὕτη ἡ μὴ συγχωροῦσα τὸν Ὀρέστην εἰς φιλίαν τῷ ἐπισκόπῳ συμβῆναι. Καὶ δὴ συμφρονήσαντες ἄνδρες τὸ φρόνημα ἔνθερμοι, ὧν ἡγεῖτο Πέτρος τις ἀναγνώστης, ἐπιτηροῦσι τὴν ἄνθρωπον ἐπανιοῦσαν ἐπὶ οἰκίαν ποθέν· καὶ ἐκ τοῦ δίφρου ἐκβαλόντες, ἐπὶ τὴν ἐκκλησίαν ᾗ ἐπώνυμον Καισάριον συνέλκουσιν, ἀποδύσαντές τε τὴν ἐσθῆτα ὀστράκοις ἀνεῖλον· καὶ μεληδὸν διασπάσαντες, ἐπὶ τὸν καλούμενον Κιναρῶνα τὰ μέλη συνάραντες πυρὶ κατηνάλωσαν. Τοῦτο οὐ μικρὸν μῶμον Κυρίλλῳ καὶ τῇ Ἀλεξανδρέων ἐκκλησίᾳ εἰργάσατο· ἀλλότριον γὰρ παντελῶς τῶν φρονούντων τὰ Χριστοῦ φόνοι καὶ μάχαι καὶ τὰ τούτοις παραπλήσια. Καὶ ταῦτα πέπρακται τῷ τετάρτῳ ἔτει τῆς Κυρίλλου ἐπισκοπῆς, ἐν ὑπατείᾳ Ὀνωρίου τὸ δέκατον, καὶ Θεοδοσίου τὸ ἕκτον, ἐν μηνὶ Μαρτίῳ, νηστειῶν οὐσῶν.

CAP. XVI.

Ὡς πάλιν Ἰουδαῖοι πρὸς Χριστιανοὺς πόλεμον συμμίξαντες δίκας ἔτισαν.

Ὀλίγον δὲ μετὰ τόνδε τὸν χρόνον Ἰουδαῖοι πάλιν ἄτοπα κατὰ Χριστιανῶν πράξαντες δίκην δεδώκασιν. Ἐν Ἰνμεστάρ, οὕτω καλουμένῳ τόπῳ, ὃς κεῖται μεταξὺ Χαλκίδος καὶ Ἀντιοχείας τῆς ἐν Συρίᾳ, Ἰουδαῖοι συνήθως ἑαυτοῖς παίγνια ἐπετέλουν τινά. Καὶ πολλὰ ἐν τῷ παίζειν ἄλογα ποιοῦντες, ὑπὸ μέθης ἐξαχθέντες, Χριστιανούς τε καὶ αὐτὸν τὸν Χριστὸν ἐν τοῖς παιγνίοις διέσυρον· γελῶντές τε τὸν σταυρὸν καὶ τοὺς ἐπηλπικότας ἐπὶ τῷ Ἐσταυρωμένῳ, καὶ τοιοῦτόν τι ἐπενόησαν. Παιδίον Χριστιανὸν συλλαβόμενοι σταυρῷ προσδήσαντες ἀπεκρέμασαν· καὶ πρῶτον μὲν καταγελῶντες καὶ χλευάζοντες διετέλουν· μετ' οὐ πολὺ δὲ καὶ τῶν φρενῶν ἐκστάντες τὸ παιδίον ἠκίσαντο, ὥστε καὶ ἀνελεῖν. Ἐπὶ τούτῳ χαλεπὴ μὲν συμπληγὰς μεταξὺ αὐτῶν τε καὶ Χριστιανῶν ἐγίνετο· γνώριμον δὲ τοῦτο τοῖς κρατοῦσι καταστὰν, ἐπεστάλη τοῖς κατὰ τὴν ἐπαρχίαν ἄρχουσιν, ἀναζητῆσαι τοὺς αἰτίους καὶ τιμωρήσασθαι· καὶ οὕτως οἱ ἐκεῖ Ἰουδαῖοι δίκην ἔδοσαν, ὧν παίζοντες ἐκακούργησαν.

CAP. XVII.

Περὶ Παύλου ἐπισκόπου Ναυατιανῶν, καὶ περὶ τοῦ γεγονότος παραδόξου σημείου ὑπ' αὐτοῦ μέλλοντος βαπτίζειν τὸν ἀπατεῶνα Ἰουδαῖον.

Κατὰ δὲ τὸν χρόνον τόνδε καὶ ὁ τῶν Ναυατιανῶν ἐπίσκοπος Χρύσανθος, ἐπὶ ἑπτὰ ἔτη τῶν ὑφ' αὐτὸν ἐκκλησιῶν προστὰς, ἐτελεύτησεν ἐν ὑπατείᾳ Μοναξίου καὶ Πλίνθα, ἕκτῃ καὶ εἰκάδι A.D. 419. Αὐγούστου μηνός. Διεδέξατο δὲ τὴν ἐπισκοπὴν Παῦλος· ὃς πρότερον μὲν λόγων Ῥωμαϊκῶν διδάσκαλος ἦν, μετὰ δὲ ταῦτα πολλὰ χαίρειν τῇ Ῥωμαϊκῇ φράσας φωνῇ, ἐπὶ τὸν ἀσκητικὸν ἐτράπη βίον· καὶ συστησάμενος ἀνδρῶν σπουδαίων μοναστήριον, οὐκ ἀλλοιότερον τῶν ἐν τῇ ἐρήμῳ μοναχῶν διετέλει. Τοιοῦτον γὰρ αὐτὸν ἐγὼ κατέλαβον ὄντα, οἵους ὁ Εὐάγριος φησὶ δεῖν εἶναι See iv. 23. τοὺς ἐν ταῖς ἐρήμοις διατρίβοντας μοναχούς. Πάντα γὰρ ἐκείνους μιμούμενος διετέλει, τὴν συνεχῆ νηστείαν, τὸ ὀλίγα φθέγγεσθαι, τὴν ἀποχὴν τῶν ἐμψύχων· τὰ πολλὰ δὲ καὶ οἴνου καὶ ἐλαίου ἀπείχετο. Ἀλλὰ μὴν καὶ περὶ τοὺς πτωχοὺς σπουδαῖος, εἰ καί τις ἄλλος, ἐγένετο· τοὺς ἐν φυλακαῖς ἀόκνως ἐπεσκέπτετο· ὑπὲρ πολλῶν δὲ καὶ τοὺς ἄρχοντας παρεκάλει, οἳ καὶ ἑτοίμως ὑπήκουον διὰ τὴν προσοῦσαν εὐλάβειαν τῷ ἀνδρί. Καὶ τί με δεῖ μηκύνειν τὰ κατ' αὐτόν; ἔρχομαι γὰρ λέξων πρᾶγμα ἐν ταῖς χερσὶν αὐτοῦ γενόμενον ἄξιον τοῦ ἐν γραφῆς παραδοθῆναι μνήμῃ. Ἰουδαῖός τις ἀπατεὼν Χριστιανίζειν ὑποκρινόμενος πολλάκις ἐβαπτίζετο, καὶ διὰ ταύτης τῆς τέχνης χρήματα συνελέγετο. Ὡς δὲ πολλὰς αἱρέσεις τῇ τέχνῃ ἠπάτησε,—καὶ γὰρ Ἀρειανῶν καὶ Μακεδονιανῶν ἐδέξατο βάπτισμα,—μηκέτι ἔχων οὓς ἀπατήσειεν, τέλος ἧκει καὶ πρὸς τὸν Ναυατιανῶν ἐπίσκοπον Παῦλον· καὶ τοῦ βαπτίσματος ἐπιθυμεῖν εἰπὼν, διὰ τῆς αὐτοῦ χειρὸς παρεκάλει τούτου τυχεῖν.

Ὁ δὲ ἀποδέχεται μὲν αὐτοῦ τὴν προαίρεσιν· οὐ πρότερον δὲ ἔφη δώσειν τὸ βάπτισμα, εἰ μὴ κατηχηθείη τὸν περὶ τῆς πίστεως λόγον, μετὰ τοῦ νηστείαις σχολάσαι ἡμέρας πολλάς. Ὁ οὖν Ἰουδαῖος, παρὰ γνώμην νηστεύειν ἀναγκαζόμενος, σπουδαιότερον ἐνέκειτο βαπτισθῆναι παρακαλῶν. Ἐπεὶ δὲ ὁ Παῦλος ἐπικείμενον λυπεῖν οὐκ ἔτι ἐβούλετο τῇ παρολκῇ, εὐτρεπίζει τὰ πρὸς τὸ βάπτισμα. Ἐσθῆτά τε αὐτῷ λαμπρὰν ὠνησάμενος, καὶ τὴν κολυμβήθραν τοῦ βαπτιστηρίου πληρωθῆναι κελεύσας, ἦγεν ἐπ' αὐτὴν τὸν Ἰουδαῖον, ὡς βαπτίσων αὐτόν· Θεοῦ δέ τις ἀόρατος δύναμις ἀφανὲς τὸ ὕδωρ κατέστησεν. Ἐπεὶ δὲ ὅ τε ἐπίσκοπος καὶ οἱ παρόντες, οὐδὲν ὑπολογισάμενοι οἷον ἐγένετο, ὑπέλαβον ἐκρεῦσαι τὸ ὕδωρ διὰ τοῦ ὑποκειμένου πόρου, ὅθεν καὶ εἰώθασιν αὐτὸ ἐκπέμπειν, πάλιν ἐπλήρουν τὴν κολυμβήθραν, ἀκριβῶς πανταχόθεν τὰς ἐκροίας αὐτῆς ἀσφαλισάμενοι· αὖθις δὲ προσαγομένου αὐτῇ τοῦ Ἰουδαίου, αὖθις ἀφανὲς τὸ ὕδωρ ἐγένετο. Τότε δὴ ὁ Παῦλος, ''Ἡ κακουργεῖς,' ἔφη, ' ὦ ἄνθρωπε, ἢ ἀγνοῶν ἤδη τοῦ βαπτίσματος ἔτυχες.' Συνδρομῆς οὖν ἐπὶ τῷ τεραστίῳ γενομένης, ἐπέγνω τις τὸν Ἰουδαῖον, ὃς ᾔδει αὐτὸν ὑπὸ Ἀττικοῦ τοῦ ἐπισκόπου βεβαπτισμένον. Τοῦτο μὲν οὖν τὸ τεράστιον ἐν ταῖς χερσὶ τοῦ ἐπισκόπου τῶν Ναυατιανῶν Παύλου ἐγένετο.

CAP. XVIII.

Ὡς τοῦ βασιλέως τῶν Περσῶν Ἰσδιγέρδου τελευτήσαντος, αἱ μεταξὺ Ῥωμαίων καὶ Περσῶν σπονδαὶ διελύθησαν, καὶ πόλεμος ἰσχυρὸς γέγονεν, ἡττηθέντων τῶν Περσῶν.

Τοῦ δὴ βασιλέως Περσῶν Ἰσδιγέρδου, ὃς τοὺς ἐκεῖ Χριστιανοὺς οὐδαμῶς ἐδίωκε, τελευτήσαντος, ὁ υἱὸς αὐτοῦ Βαραράνης ὄνομα, τὴν βασιλείαν διαδεξάμενος, καὶ ὑπὸ τῶν μάγων ἀναπεισθεὶς, χαλεπῶς τοὺς Χριστιανοὺς ἤλαυνε, τιμωρίας καὶ στρέβλας Περσικὰς διαφόρους ἐπάγων αὐτοῖς. Πιεζόμενοι οὖν ὑπὸ τῆς ἀνάγκης οἱ ἐν Πέρσαις Χριστιανοὶ προσφεύγουσι Ῥωμαίοις, δεόμενοι μὴ παρορᾶν αὐτοὺς φθειρομένους. Ἀττικὸς δὲ ὁ ἐπίσκοπος ἀσμένως τοὺς ἱκετεύοντας προσδέχεται, παντοίως δὲ ἦν ὅσα δυνατὸν ἐπαμύνειν αὐτοῖς, γνώριμά τε τῷ βασιλεῖ Θεοδοσίῳ καθιστᾷ τὰ γενόμενα. Ἔτυχε δὲ κατὰ τοῦτον τὸν καιρὸν καὶ ἄλλης ἕνεκα αἰτίας λυπεῖσθαι Ῥωμαίους πρὸς Πέρσας· ἐπειδὴ Πέρσαι, οὓς παρὰ Ῥωμαίων χρυσορύκτας ἐπὶ μισθῷ λαβόντες ἔσχον, ἀποδοῦναι οὐκ ἤθελον· καὶ ὅτι τὰ φορτία τῶν ἐμπόρων Ῥωμαίων ἀφείλοντο. Συλλαμβάνεται οὖν ἐκείνη τῇ λύπῃ καὶ ἡ τῶν ἐκεῖ Χριστιανῶν πρὸς Ῥωμαίους καταφυγή. Εὐθὺς γὰρ ὁ Πέρσης πρεσβείας ἔπεμπε τοὺς φυγάδας ἐξαιτούμενος· Ῥωμαῖοι δὲ οὐδαμῶς προεξέδοσαν τοὺς προσφεύγοντας αὐτοῖς, οὐ μόνον ὡς ἱκέτας σώζειν ἐθέλοντες, ἀλλὰ γὰρ ὑπὲρ τοῦ Χριστιανισμοῦ πάντα ποιεῖν προθυμούμενοι. Διὸ καὶ πολεμεῖν μᾶλλον Πέρσαις ᾑροῦντο, ἢ περιορᾶν ἀπολλυμένους Χριστιανούς. Λυθεισῶν οὖν διὰ τοῦτο τῶν σπονδῶν, πόλεμος συνεκροτήθη δεινὸς, περὶ οὗ μικρὰ ἐπιδραμεῖν οὐκ ἄκαιρον εἶναι ἡγοῦμαι. Φθάσας ὁ Ῥωμαίων βασιλεὺς ἀποστέλλει μερικὴν δύναμιν, ἧς ἦρχεν ὁ στρατηγὸς Ἀρδαβούριος· ὃς διὰ τῆς Ἀρμενίων χώρας ἐμβαλὼν τῇ Περσίδι, μίαν αὐτῆς τῶν ἐπαρχιῶν Ἀζαζηνὴν καλουμένην ἐπόρθει. Ἀπήντα δὲ αὐτῷ Ναρσαῖος στρατηγὸς τοῦ Περσῶν βασιλέως σὺν δυνάμει Περσικῇ· συμβαλὼν δὲ καὶ ἡττηθεὶς φυγῇ ἀνεχώρησεν· ἔγνω τε λυσιτελεῖν διὰ Μεσοποταμίας εἰς τὴν Ῥωμαίων χώραν ἀφύλακτον οὖσαν ἀπροόπτως ἐμβαλεῖν, καὶ τοῦτον τὸν τρόπον ἀμύνασθαι Ῥωμαίους. Οὐ μὴν τὸν Ῥωμαίων στρατηγὸν ἡ βουλὴ Ναρσαίου διέλαθε· λαφυραγωγήσας οὖν ᾗ τάχος τὴν Ἀζαζηνὴν, ἐπὶ τὴν Μεσοποταμίαν καὶ αὐτὸς ἐπορεύθη. Διόπερ ὁ Ναρσαῖος, καὶ αὐτὸς πολλὴν παρασκευάσας δύναμιν, ὅμως οὐκ ἴσχυσεν εἰς τὴν Ῥωμαίων ἐμβαλεῖν. Καταλαβὼν δὲ τὴν Νίσιβιν,—πόλις δὲ αὕτη μεθόριος Πέρσαις ἀνήκουσα,—ἐκ ταύτης τῷ Ἀρδαβουρίῳ ἐδήλου, κατὰ συνθήκας ποιεῖσθαι τὸν πόλεμον, ὁρίσαι τε τόπον καὶ ἡμέραν τῇ συμβολῇ. Ὁ δὲ τοῖς ἐλθοῦσιν, ''Ἀπαγγείλατε,' ἔφη, ' Ναρσαίῳ, "Οὐχ ὅτε σὺ θέλεις πολεμήσουσι Ῥωμαίων βασιλεῖς."' Πάσῃ δὲ δυνάμει παρασκευάσασθαι τὸν Πέρσην ἐννοῶν ὁ βασιλεὺς, Θεῷ τὴν ὅλην τοῦ πολέμου ἀναθεὶς ἐλπίδα, μεγίστην προσεξαπέστειλε δύναμιν. Ὅτι δὲ πιστεύσας ὁ βασιλεὺς εὐθὺς εὕρετο τὴν παρ' αὐτοῦ εὐεργεσίαν, ἐκεῖθεν γέγονε δῆλον. Τῶν ἐν τῇ Κωνσταντινουπόλει ἐν ἀγωνίᾳ ὄντων, καὶ ἐν ἀμφιβολίᾳ τῆς ἐκ τοῦ πολέμου τύχης καθεστώτων, ἄγγελοι Θεοῦ περὶ τὴν Βιθυνίαν τοῖς ἐπὶ τὴν Κωνσταντινούπολιν κατ' οἰκείαν χρείαν πορευομένοις ὀφθέντες ἀπαγγέλλειν ἐκέλευον, θαρρεῖν τε καὶ εὔχεσθαι, καὶ πιστεύειν Θεῷ ὡς Ῥωμαῖοι νικήσουσιν· αὐτοὶ γὰρ βραβευταὶ τοῦ πολέμου πεπέμφθαι παρὰ

Θεοῦ ἔφασκον. Τοῦτο ἀκουσθὲν οὐ μόνον τὴν πόλιν ἐπέρρωσεν, ἀλλὰ καὶ τοὺς στρατιώτας θαρραλεωτέρους εἰργάσατο. Ἐπεὶ οὖν, ὡς ἔφην, ἐπὶ τὴν Μεσοποταμίαν ἐκ τῆς Ἀρμενίων χώρας ὁ πόλεμος μετενήνεκτο, οἱ Ῥωμαῖοι τοὺς ἐν τῇ Νισιβηνῶν πόλει κατακλεισθέντας Πέρσας ἐπολιόρκουν. Πύργους τε ξυλίνους συμπήξαντες ἐκ μηχανῆς τινος βαδίζοντας προσῆγον τείχεσι, καὶ πολλοὺς τειχομαχοῦντας τῶν ἀμύνασθαι σπευδόντων ἀνῄρουν. Βαραράνης δὲ ὁ Περσῶν βασιλεὺς πυθόμενος καὶ τὴν ὑπ' αὐτῷ Ἀζαζηνῶν χώραν πεπορθῆσθαι, καὶ πολιορκεῖσθαι τοὺς συγκλεισθέντας ἐν τῇ Νισιβηνῶν πόλει, πάσῃ μὲν δυνάμει δι' ἑαυτοῦ ἀπαντᾶν παρεσκευάζετο· καταπλαγεὶς δὲ τὴν Ῥωμαίων δύναμιν, Σαρακηνοὺς ἐκάλεσε πρὸς βοήθειαν, ὧν ἦρχεν Ἀλαμούνδαρος, ἀνὴρ γενναῖος καὶ πολεμικός· ὅστις πολλὰς μυριάδας τῶν Σαρακηνῶν ἐπαγόμενος, θαρρεῖν ἔλεγε τῷ Περσῶν βασιλεῖ· οὐκ εἰς μακρὰν δὲ αὐτῷ Ῥωμαίους τε παραστήσεσθαι ἐπηγγέλλετο, καὶ τὴν ἐν Συρίᾳ παραδώσειν Ἀντιόχειαν. Οὐ μὴν τέλος αὐτῷ τὰ τῆς ἐπαγγελίας διεδέξατο· Θεὸς γὰρ τοῖς Σαρακηνοῖς ἄλογον φόβον ἐνέβαλε· καὶ νομίσαντες ἐπιέναι αὐτοῖς Ῥωμαίων δύναμιν, ἐν θορύβῳ γενόμενοι, οὐκ ἔχοντες ὅποι φύγωσιν, εἰς τὸν ποταμὸν Εὐφράτην ἔνοπλοι ἔρριπτον ἑαυτούς· εἰς ὃν περὶ τὰς δέκα μυριάδας ἀνδρῶν πνιγόμενοι διεφθάρησαν. Τοῦτο μὲν οὖν τοιοῦτο· οἱ δὲ τὴν Νίσιβιν πολιορκοῦντες Ῥωμαῖοι, πυθόμενοι ὡς ὁ βασιλεὺς Περσῶν πλῆθος ἐλεφάντων ἐπάγοιτο, περιδεεῖς γενόμενοι, πάσας τὰς τῆς πολιορκίας μηχανὰς ἐμπρήσαντες, εἰς τοὺς οἰκείους ὑπεχώρησαν τόπους. Ὅσαι μὲν οὖν συμβολαὶ μετὰ ταῦτα γεγόνασι, καὶ ὅπως Ἀρεόβινδος ἕτερος τῶν Ῥωμαίων στρατηγὸς τὸν γενναιότατον τῶν Περσῶν μονομαχήσας ἀπέκτεινεν, ἢ ὅπως Ἀρδαβούριος τοὺς ἑπτὰ γενναίους στρατηγοὺς τῶν Περσῶν ἐνεδρεύσας ἀνεῖλεν, ἢ τινὰ τρόπον Βιτιανὸς ἄλλος Ῥωμαίων στρατηγὸς τοὺς ὑπολειφθέντας τῶν Σαρακηνῶν κατηγωνίσατο, παραλιπεῖν μοι δοκῶ, ἵνα μὴ πολὺ τοῦ προκειμένου παρεκβαίνειν δοκῶ.

CAP. XIX.

Περὶ Παλλαδίου τοῦ ταχυδρόμου.

Τὰ μέντοι γενόμενα ταχέως τῷ βασιλεῖ Θεοδοσίῳ ἐγνωρίζετο· ὅπως δὲ ὁ βασιλεὺς τὰ πόρρω γινόμενα ταχέως ἐμάνθανε διηγήσομαι. Ηὐτύχησεν ἀνδρὸς γενναίου ψυχήν τε καὶ σῶμα· ὄνομα ἦν αὐτῷ Παλλάδιος· οὗτος τοσοῦτον ἱππέων ἤλαυνεν, ὡς ἐν τρισὶν ἡμέραις καταλαμβάνειν τοὺς τόπους τοὺς ὁρίζοντας τὴν χώραν Ῥωμαίων τε καὶ Περσῶν, καὶ αὖθις ἐν τοσαύταις ἐπὶ τὴν Κωνσταντινούπολιν παραγίνεσθαι. Διέβαινε δὲ οὗτος ὁ ἀνὴρ ταχύτατα καὶ κατὰ πάντα τὰ τῆς οἰκουμένης μέρη, ἔνθα αὐτὸν ὁ αὐτοκράτωρ ἀπέστελλε. Καί ποτε τῶν ἐλλογίμων τις περὶ αὐτοῦ τοιοῦτον λόγον ἐφθέγξατο ' Οὗτος ὁ ἀνὴρ μεγίστην οὖσαν τὴν Ῥωμαίων ἀρχὴν μικρὰν ἔδειξε τῇ ταχυτῆτι.' Κατεπλήττετο δὲ καὶ ὁ Περσῶν βασιλεὺς ταῦτα περὶ τοῦ ἀνδρὸς πυνθανόμενος· ἀλλὰ περὶ μὲν δὴ Παλλαδίου τοσαῦτα εἰρήσθω.

CAP. XX.

Ὅπως πάλιν οἱ Πέρσαι κατὰ κράτος ὑπὸ Ῥωμαίων ἡττήθησαν.

Ὁ δὲ βασιλεὺς τῶν Ῥωμαίων ἐν τῇ Κωνσταντινουπόλει διατρίβων, γνούς τε τὴν ἐναργῶς ἐκ Θεοῦ παρασχεθεῖσαν νίκην, οὕτως ἦν ἀγαθὸς ὡς καὶ εὐτυχῶς πραξάντων τῶν ὑπ' αὐτῷ ὅμως εἰρήνην ἀσπάζεσθαι. Πέμπει οὖν Ἡλίωνα, ἄνδρα ὃν πάνυ διὰ τιμῆς ἦγεν, εἰρήνην σπείσασθαι πρὸς Πέρσας ἐντειλάμενος. Γενόμενος δὲ Ἡλίων ἐν Μεσοποταμίᾳ, ἔνθα τὴν τάφρον οἱ Ῥωμαῖοι πρὸς οἰκείαν φυλακὴν ἐπεποίηντο, πέμπει πρεσβευτὴν περὶ εἰρήνης Μαξιμῖνον, ἄνδρα ἐλλόγιμον, ὃς τοῦ στρατηγοῦ Ἀρδαβουρίου συγκάθεδρος ἦν. Οὗτος παρὰ τὸν τῶν Περσῶν βασιλέα γενόμενος, περὶ εἰρήνης πεπέμφθαι ἔλεγεν οὐ παρὰ τοῦ βασιλέως Ῥωμαίων, ἀλλὰ παρὰ τῶν αὐτοῦ στρατηγῶν, οὔτε γὰρ γινώσκεσθαι παρὰ τοῦ βασιλέως τόνδε τὸν πόλεμον ἔφασκεν· εὐτελῆ δὲ αὐτῷ καὶ γνωσθέντα νομίζεσθαι. Τοῦ δὲ Πέρσου ἑτοίμως τὴν πρεσβείαν δέξασθαι προαιρουμένου,—ἔκαμνε γὰρ αὐτῷ ἡ στρατιὰ ὑπὸ λιμοῦ,—παρελθόντες οἱ καλούμενοι παρ' αὐτοῖς ' ἀθάνατοι,'—ἀριθμὸς δέ ἐστιν οὗτος μυρίων γενναίων ἀνδρῶν,—μὴ πρότερον ἔφασαν τὴν εἰρήνην προσδέξασθαι, πρὶν ἂν αὐτοὶ ἀφυλάκτοις οὖσι νῦν τοῖς Ῥωμαίοις ἐπιθῶνται. Πείθεται ὁ βασιλεύς, καὶ τὸν μὲν πρεσβευτὴν συγκλείσας ἐφύλαττεν· ἐκπέμπει δὲ τοὺς ἀθανάτους ἐνέδραν τοῖς Ῥωμαίοις ποιήσοντας· οἳ καὶ παραγενόμενοι, εἰς δύο τε τάγματα μερισθέντες, μεσολαβεῖν ἔγνωσαν τῶν Ῥωμαίων μοῖράν τινα. Οἱ δὲ Ῥωμαῖοι τὸ μὲν ἐν τάγμα τῶν Περσῶν καθορῶντες, πρὸς τὴν αὐτῶν ὁρμὴν ηὐτρεπίζοντο· τὸ δὲ ἕτερον αὐτοῖς οὐ καθωρᾶτο· ἐξαίφνης γὰρ προσέβαλλον. Μελλούσης δὲ γίνεσθαι συμβολῆς, ἐκκύπτει κατά τινα Θεοῦ πρόνοιαν ἐκ γεωλόφου τινὸς στρατὸς Ῥωμαίων, ὑπὸ Προκοπίῳ τῷ στρατηλάτῃ ταττόμενος· ὃς κατιδὼν μέλλοντας κινδυνεύειν τοὺς ὁμοφύλους, ἐπιτίθεται κατὰ νώτου τῶν Περσῶν, καὶ μεσολαβοῦνται οἱ πρὸ μικροῦ τοὺς Ῥωμαίους μεσολαβήσαντες. Τούτους οὖν σύμπαντας οἱ Ῥωμαῖοι ἐν βραχεῖ διαφθείραντες, ἐπὶ τοὺς ἐκ τῆς ἐνέδρας ἐπιόντας ἐτράπησαν, ὁμοίως τε καὶ τούτους σύμπαντας κατηκόντισαν. Οὕτω μὲν οὖν οἱ λεγόμενοι παρὰ Πέρσαις 'ἀθάνατοι' θνητοὶ πάντες ἐδείχθησαν, δίκην εἰσπραξαμένου τοῦ Χριστοῦ Πέρσας, ἀνθ' ὧν πολλοὺς αὐτοῦ τῶν θεραπευτῶν εὐσεβεῖς ἄνδρας ἀπέκτειναν. Ὁ δὲ βασιλεὺς τῶν Περσῶν γνοὺς τὸ ἀτύχημα, προσποιεῖται μὲν μὴ εἰδέναι τὰ γενόμενα· δέχεται δὲ τὴν πρεσβείαν, εἰπὼν πρὸς τὸν πρεσβευτήν, 'Οὐ Ῥωμαίοις εἴκων τὴν εἰρήνην ἀσπάζομαι, ἀλλὰ σοὶ χάριν διδούς, ὅτι σε φρονιμώτατον πάντων Ῥωμαίων κατέλαβον.' Οὕτω μὲν καὶ διὰ τοὺς ἐν Περσίδι γενόμενος Χριστιανοὺς ὁ πόλεμος κατεστάλη, ὃς γέγονεν ἐν ὑπατείᾳ τῶν δύο Αὐγούστων, Ὁνωρίου τὸ τρισκαιδέκατον καὶ Θεοδοσίου τὸ δέκατον, τετάρτῳ ἔτει τῆς τριακοσιοστῆς Ὀλυμπιάδος· ἐπαύσατο δὲ καὶ ὁ ἐν Περσίδι κατὰ Χριστιανῶν διωγμός.

CAP. XXI.

Οἷα τοῖς τῶν Περσῶν αἰχμαλώτοις Ἀκάκιος Ἀμίδης ἐπίσκοπος πεποίηκε.

Τότε δὴ καὶ Ἀκάκιον τὸν τῆς Ἀμίδης ἐπίσκοπον πρᾶξις ἀγαθὴ περιφανέστερον πεποίηκε τοῖς πᾶσιν. Ὡς γὰρ οἱ Ῥωμαίων στρατιῶται τοὺς αἰχμαλώτους Περσῶν, οὓς τὴν Ἀζαζηνὴν πορθήσαντες ἔλαβον, ἀποδοῦναι τῷ Περσῶν βασιλεῖ κατ' οὐδένα τρόπον ἐβούλοντο, λιμῷ τε οἱ αἰχμάλωτοι ἐφθείροντο, περὶ τοὺς ἑπτακισχιλίους ὄντες τὸν ἀριθμόν, καὶ ταῦτα οὐ μικρῶς ἐλύπει τὸν βασιλέα τῶν Περσῶν, τότε ὁ Ἀκάκιος οὐ παρεῖδε ταῦτα γινόμενα· συγκαλέσας δὲ τοὺς ὑφ' αὑτῷ κληρικοὺς ἄνδρας ἔφη· "Ὁ Θεὸς ἡμῶν οὔτε δίσκων οὔτε ποτηρίων χρῄζει, οὔτε γὰρ ἐσθίει, οὔτε πίνει, ἐπεὶ μὴ δὲ προσδεής ἐστιν· ἐπεὶ τοίνυν πολλὰ κειμήλια χρυσᾶ τε καὶ

VII. 22.] *Character of Theodosius II.* 303

ἀργυρᾶ ἡ ἐκκλησία ἐκ τῆς εὐγνωμοσύνης τῶν προσηκόντων αὐτῇ κέκτηται, προσήκει ἐκ τούτων ῥύσασθαί τε τῶν στρατιωτῶν τοὺς αἰχμαλώτους, καὶ διαθρέψαι αὐτούς.' Ταῦτα καὶ ἄλλα πλείονα τούτοις παραπλήσια διεξελθὼν, χωνεύει μὲν τὰ κειμήλια· τιμήματα δὲ τοῖς στρατιώταις ὑπὲρ τῶν αἰχμαλώτων καταβαλὼν, καὶ διαθρέψας αὐτοὺς, εἶτα δοὺς ἐφόδια, τῷ οἰκείῳ ἀπέπεμψε βασιλεῖ. Αὕτη ἡ τοῦ θαυμαστοῦ Ἀκακίου πρᾶξις πλέον τὸν Περσῶν βασιλέα κατέπληττεν, ὅτι ἀμφότερα Ῥωμαῖοι μεμελετήκασι πολέμῳ τε καὶ εὐεργεσίᾳ νικᾶν. Φασὶν δὲ ὡς καὶ ἐπιθυμήσειεν ὁ Περσῶν βασι- [ἐπεθύμησεν, Val.] λεὺς εἰς ὄψιν ἐλθεῖν αὐτῷ τὸν Ἀκάκιον, ἐφ' ᾧτε καὶ τῆς θέας ἀπολαῦσαί τ' ἀνδρὸς, καὶ τοῦτο γενέσθαι τοῦ βασιλέως Θεοδοσίου [τοῦ?] κελεύσαντος. Τῆς οὖν ἐκ Θεοῦ νίκης τοῖς Ῥωμαίοις ὑπαρξάσης, πολλοὶ τῶν ἐν λόγοις ἀνθούντων εἰς τὸν βασιλέα βασιλικοὺς ἔγραφον λόγους, δημοσίᾳ τε τούτους παρῄεσαν. Καὶ δὴ καὶ ἡ τοῦ βασιλέως γαμετὴ ἡρωϊκῷ μέτρῳ ποιήματα ἔγραφεν· ἦν γὰρ ἐλλόγιμος· Λεοντίου γὰρ τοῦ σοφιστοῦ τῶν Ἀθηνῶν θυγάτηρ οὖσα, ὑπὸ τῷ πατρὶ ἐπαιδεύθη, καὶ διὰ λόγων ἐληλύθει παντοίων. Ταύτην ἡνίκα ὁ βασιλεὺς ἔμελλεν ἄγεσθαι, Χριστιανὴν ὁ ἐπίσκοπος Ἀττικὸς ποιήσας ἐν τῷ βαπτίζειν ἀντὶ Ἀθηναΐδος Εὐδοκίαν ὠνόμασεν. Πολλοὶ μὲν οὖν, ὡς ἔφην, βασιλικοὺς ἔλεγον λόγους· ὁ μέν τις τῷ βασιλεῖ γνώριμος βουλόμενος γενέσθαι· ὁ δέ τις τὴν οἰκείαν ἐν λόγοις δύναμιν εἰς πολλοὺς ἄγειν ἐσπουδακὼς, μηδαμῶς ἀγνοεῖσθαι θέλων ἣν πολλοῖς πόνοις παιδείαν ἐκτήσατο.

CAP. XXII.

Περὶ τῶν προσόντων καλῶν τῷ βασιλεῖ Θεοδοσίῳ τῷ νέῳ.

Ἐγὼ δὲ οὔτε τῷ βασιλεῖ γνωρισθῆναι σπουδάζων, οὔτε λόγων ἐπίδειξιν ποιήσασθαι βουλόμενος, αὐτὰ ψιλὰ μετὰ τῆς ἀληθείας τὰ προσόντα καλὰ τῷ βασιλεῖ ἀπομνημονεῦσαι προῄρημαι· ἐπεὶ καὶ τῷ σιγῆσαι αὐτὰ οὕτως ὄντα χρηστὰ ζημίαν κρίνω μὴ γνωσθέντα [Al. τό.] τοῖς μεθ' ἡμᾶς. Πρῶτον μὲν γὰρ, ἐν βασιλείᾳ τεχθεὶς καὶ τραφεὶς, οὐδὲν ἐκ τῆς ἀνατροφῆς εἶχε βλακῶδες· ἀλλ' οὕτως ἦν φρόνιμος, ὡς τοῖς ἐντυγχάνουσι νομίζεσθαι διάπειραν πολλῶν εἰληφέναι πραγμάτων. Καρτερικὸς δὲ οὕτως ἦν, ὡς καὶ κρύος καὶ καῦμα γενναίως ὑπομένειν· νηστεύειν τε τὰ πολλὰ, καὶ μάλιστα τὰς καλουμένας τετράδας καὶ παρασκευὰς ἡμέρας· καὶ τοῦτο ἐποίει ἄκρως Χριστιανίζειν ἐσπουδακώς. Οὐκ ἀλλοιότερα δὲ ἀσκητηρίου κατέστησε τὰ βασίλεια· αὐτὸς τοιγαροῦν ταῖς ἑαυτοῦ ἀδελφαῖς ὀρθρίζων, ἀντιφώνους ὕμνους εἰς τὸ θεῖον ἔλεγε. Διὸ καὶ τὰ ἱερὰ γράμματα ἀπὸ στήθους ἀπήγγειλεν· ἐντυγχάνουσι γοῦν τοῖς ἐπισκόποις, ὡς ἱερεὺς πάλαι καθεστὼς, ἐκ τῶν γραφῶν διελέγετο· συνῆγε δὲ καὶ τὰς βίβλους τὰς ἱερὰς, καὶ ὅσας οἱ ἑρμηνεῖς αὐτῶν συνέγραψαν, μᾶλλον ἢ Πτολεμαῖος ὁ Φιλάδελφος πρότερον. Τὸ ἀνεξίκακον καὶ φιλάνθρωπον πάντας ἀνθρώπους ὑπερηκόντιζεν. Ἰουλιανὸς μὲν γὰρ ὁ βασιλεὺς, καίπερ φιλοσοφεῖν ἐπαγγειλάμενος, ὅμως οὐκ ἤνεγκε τὴν ὀργὴν κατὰ τῶν ἐν Ἀντιοχείᾳ αἰνιξαμένων αὐτόν· ἀλλὰ βασάνους μεγίστας τῷ Θεοδώρῳ προσήγαγεν. Θεοδόσιος δὲ πολλὰ χαίρειν τοῖς Ἀριστοτέλους φράσας συλλογισμοῖς, τὴν δι' ἔργων ἤσκει φιλοσοφίαν, ὀργῆς τε κρατῶν καὶ λύπης καὶ ἡδονῆς· καὶ οὐδένα τῶν ἠδικηκότων ἠμύνατο· ἀλλ' οὐδὲ ὅλως αὐτὸν ὀργιζόμενόν τις τεθέαται. Καί ποτέ τινος τῶν γνωρίμων αὐτὸν ἐρομένου, ' Διὰ τί μηδένα τῶν ἀδικούντων θανάτῳ ποτὲ ἐζημίωσας ;' ' Εἴθε,' φησὶ, ' δυνατὸν ἦν καὶ τοὺς τελευτήσαντας ἐπαναγαγεῖν εἰς τὴν ζωήν.' Πρὸς ἄλλον δὲ περὶ τοῦ αὐτοῦ ἐρωτήσαντα, ' Οὐ μέγα,' ἔφη, ' οὐδὲ δυσχερὲς, ἄνθρωπον ὄντα ἀποθανεῖν· ὅτι μηδὲ Θεῷ μόνῳ τὸν ἅπαξ θανόντα ἐκ μετανοίας ἀνακαλέσασθαι.' Οὕτω δὲ τοῦτο βεβαίως αὐτῷ κατώρθωτο, ὥστε εἴποτέ τις ἄξια κεφαλικῆς ἐπλημμέλησε τιμωρίας, οὐδ' ἄχρι τῆς πόλεως τῶν πυλῶν τὴν ἐπὶ θανάτῳ ἀπήγετο, καὶ ἡ ἐκ τῆς φιλανθρωπίας εὐθὺς ἀνάκλησις εἴπετο. Κυνήγια δέ ποτε ἐν τῷ ἀμφιθεάτρῳ τῆς Κωνσταντινουπόλεως ἐπιτελοῦντος αὐτοῦ, ὁ δῆμος κατεβόα, δεινῷ θηρίῳ ἕνα τῶν εὐφυῶν παραβόλων μάχεσθαι· ὁ δὲ πρὸς αὐτοὺς, ' Οὐκ οἴδατε,' ἔφη, ' ὅτι ἡμεῖς φιλανθρώπως εἰθίσμεθα θεωρεῖν ;' καὶ τοῦτο εἰπὼν, τοῦ λοιποῦ τὸν δῆμον φιλανθρώπως θεᾶσθαι ἐπαίδευσεν. Οὕτω δὲ ἦν εὐσεβὴς, ὥστε πάντας μὲν τοὺς τῷ Θεῷ ἱερωμένους τιμᾶν, ἐξαιρέτως δὲ οὓς ἐπυνθάνετο ἐπ' εὐλαβείᾳ πλέον ἐκπρέποντας. Λέγεται δὲ ὅτι τοῦ Χεβρῶν ἐπισκόπου ἐν Κωνσταντινουπόλει τελευτήσαντος, σάγιον ἐπιζητῆσαι, καὶ σφόδρα ἐρρυπωμένον περιβαλέσθαι, πιστεύσας μεταλαβεῖν τι ἐκ τῆς τοῦ τελευτήσαντος ἁγιότητος. Δυσχειμέρου δέ ποτε γενομένου τοῦ ἔτους, τὰ συνήθη καὶ ὡρισμένα τῶν ἐν τῷ ἱπποδρομίῳ θεαμάτων διὰ τὸν δῆμον ταῦτα ἐπιζητοῦντα ἀναγκαίως ἐπετέλει. Ὡς δὲ πεπληρωμένου ἀνδρῶν ἱπποδρόμου ἐπέτεινεν ὁ χειμὼν πολλοῦ νιφετοῦ καταρραγέντος, τότε δὴ τὴν ἑαυτοῦ γνώμην ὁ βασιλεὺς, οἵαν εἶχε περὶ τὸ θεῖον, δήλην καθίστησι, τῷ δήμῳ προσφωνήσας διὰ τῶν κηρύκων· 'Ἀλλὰ πολλῷ κρεῖσσον,' ἔφη, ' καταφρονήσαντας τῆς θέας κοινῇ πάντας λιτανεῦσαι Θεὸν, ὅπως ἀβλαβεῖς τοῦ ἐπικειμένου χειμῶνος φυλαχθείημεν.' Καὶ οὔπω πᾶν εἴρητο τὸ ἔπος, καὶ σὺν χαρᾷ μεγίστῃ ἐν τῷ ἱπποδρόμῳ λιτανεύοντες, ὕμνους ἐκ συμφωνίας πάντες ἀνέπεμπον τῷ Θεῷ· καὶ ὅλη μὲν ἡ πόλις μία ἐκκλησία ἐγένετο· βασιλεὺς δὲ μέσος ἐξήρχετο τῶν ὕμνων, ἐν ἰδιωτικῷ σχήματι πορευόμενος. Καὶ τῆς ἐλπίδος οὐχ ἥμαρτεν· ὁ ἀὴρ γὰρ εἰς τὸ εὐδιεινὸν μετεβάλλετο· καὶ ἐκ σιτοδείας ἡ τοῦ Θεοῦ φιλανθρωπία εὐετηρίαν παρεῖχε τοῖς σύμπασιν. Εἰ δέ ποτε πόλεμος ἐκινεῖτο, κατὰ τὸν Δαβὶδ τῷ Θεῷ προσέφευγεν, εἰδὼς αὐτὸν τῶν πολέμων εἶναι ταμίαν· καὶ εὐχῇ τούτους κατώρθου. Αὐτίκα γοῦν ὀλίγον μετὰ τὸν πρὸς Πέρσας πόλεμον τοῦ βασιλέως Ὀνωρίου τελευτήσαντος, ἐν ὑπατείᾳ Ἀσκληπιοδότου καὶ Μαριανοῦ, A.D. 423. τῇ πεντεκαιδεκάτῃ τοῦ Αὐγούστου μηνὸς, ὅπως τὸν τύραννον Ἰωάννην Θεῷ πιστεύσας ἐτροπώσατο, διηγήσομαι. Ἄξια γὰρ μνήμης κρίνω τὰ τότε γενόμενα· ὅτι οἷα ἐπὶ Μωϋσέως τοῖς Ἑβραίοις ὑπῆρξε τὴν ἐρυθρὰν θάλασσαν διαβαίνουσι, τοιαῦτα καὶ τοῖς αὐτοῦ στρατηγοῖς, ἡνίκα αὐτοὺς ἐπὶ τὸν τύραννον ἔπεμψεν· ἅπερ διὰ βραχέων ἐκθήσομαι, τὸ μέγεθος αὐτῶν ἰδίας πραγματείας δεόμενον ἑτέροις παρείς.

CAP. XXIII.

Περὶ Ἰωάννου τοῦ τυραννήσαντος ἐν Ῥώμῃ, μετὰ θάνατον Ὀνωρίου τοῦ βασιλέως· καὶ ὅπως αὐτὸν ὁ Θεὸς ταῖς εὐχαῖς Θεοδοσίου καμφθεὶς χερσὶ τοῦ Ῥωμαϊκοῦ στρατοῦ παραδέδωκε.

Τελευτήσαντος δὴ τοῦ βασιλέως Ὀνωρίου, μαθὼν ὁ αὐτοκράτωρ Θεοδόσιος κρύπτει μὲν τὸ γενόμενον, καὶ ἄλλοτε ἄλλως τοὺς πολλοὺς ἀπεπλάνα. Ὑποπέμπει δὲ λαθραίως στρατιώτην εἰς Σαλῶνας (πόλις δὲ αὕτη τῆς Δαλματίας)· ἵνα εἰ συμβῇ τι νεωτερισθῆναι περὶ τὰ ἑσπέρια μέρη, μὴ πόρρωθεν ὦσιν οἱ ἀμυνόμενοι· καὶ τοῦτο οὕτως προευτρεπίσας, τότε καταφανῆ τὸν θάνατον τοῦ θείου πεποίηκεν. Ἐν τοσούτῳ δὲ Ἰωάννης, πρωτοστάτης ὢν τῶν βασιλικῶν ὑπογραφέων, μὴ ἐνεγκὼν τὴν εὐτυχίαν τῆς ἰδίας ἀξίας, τὴν βασιλείαν ἁρπάζει, καὶ πρεσβείας ἀποστέλλει πρὸς τὸν αὐτοκράτορα Θεοδόσιον, δεχθῆναι εἰς βασιλέα δεόμενος. Ὁ δὲ τοὺς μὲν πρεσβευτὰς εἰς φρουρὰν κατέστησεν· ἐξαποστέλλει δὲ τὸν στρατηλάτην Ἀρδαβούριον, ὃς καὶ ἐν τῷ Περσικῷ πολέμῳ τὰ μέγιστα ἠγωνίσατο. Οὗτος εἰς τὰς Σαλῶνας παραγενόμενος, ἔπλει ἐξ αὐτῆς ἐπὶ τὴν Ἀκυλήϊαν, καὶ χρῆται τύχῃ καθὼς ἐνομίζετο, ἠτύχει δὲ ὡς ὕστερον ἐδείχθη. Ἄνεμος γὰρ οὐκ αἴσιος πνεύσας εἰς τὰς χεῖρας αὐτὸν ἐνέβαλε τοῦ τυράννου· ὃς συλλαβὼν αὐτὸν, ἤλπιζεν εἰς ἀνάγκην καταστῆσαι τὸν αὐτοκράτορα, ὥστε ψηφίσασθαι καὶ ἀναδεῖξαι αὐτὸν βασιλέα, εἰ σώζεσθαι τὸν στρατηλάτην προῃρεῖτο. Ἀληθῶς τε ἐν ἀγῶνι ἦν ὅ τε βασιλεὺς ταῦτα πυθόμενος, καὶ ὁ ἐπὶ τὸν τύραννον ἀποσταλεὶς στρατιώτης, μήτι πάθῃ κακὸν ὑπὸ τοῦ τυράννου ὁ Ἀρδαβούριος. Ἄσπαρ δὲ ὁ τοῦ Ἀρδαβουρίου υἱὸς μαθὼν καὶ τὸν πατέρα παρὰ τοῦ τυράννου κατέχεσθαι, καὶ πολλὰς μυριάδας βαρβάρων ἐπὶ συμμαχίᾳ τοῦ τυράννου παρεῖναι εἰδὼς, οὐκ ἔσχεν ὅ, τι καὶ πράξειεν. Τότε δὴ καὶ τοῦ θεοφιλοῦς βασιλέως εὐχὴ πάλιν ἐξίσχυεν· ἄγγελος γὰρ Θεοῦ ἐν σχήματι ποιμένος ὁδηγεῖ τὸν Ἄσπαρα καὶ τοὺς σὺν αὐτῷ, καὶ ἄγει διὰ τῆς παρακειμένης τῇ Ῥαβέννῃ λίμνης,—ἐν ταύτῃ γὰρ τῇ πόλει ὁ τύραννος διατρίβων εἶχε τὸν στρατηγὸν,—ὅθεν οὐδεὶς οὐδὲ πώποτε διαβεβηκέναι ἱστόρητο. Τότε δὴ καὶ ὁ Θεὸς τὴν ἄβατον βατὴν ἀπειργάσατο· διαβάντες γὰρ διὰ ξηρᾶς τὸ τῆς λίμνης ὕδωρ, ἀνεῳγμένας τε τὰς πύλας εὑρόντες τῆς πόλεως, ἐγκρατεῖς τοῦ τυράννου ἐγένοντο. Τότε δὴ ὁ εὐσεβέστατος βασιλεὺς ἣν εἶχε περὶ τὸ θεῖον εὐλάβειαν ἐπεδείξατο· ἱπποδρομίας γὰρ ἐπιτελοῦντι ἐμηνύθη ἀνῃρῆσθαι ὁ τύραννος· προσφωνεῖ οὖν τῷ δήμῳ, 'Δεῦρο μᾶλλον, εἰ δοκεῖ,' ἔφη, 'παρέντες τὴν τέρψιν, ἐπὶ τὸν εὐκτήριον οἶκον γενόμενοι εὐχαριστηρίους εὐχὰς τῷ Θεῷ ἀναπέμψωμεν, ἀνθ' ὧν ἡ αὐτοῦ χεὶρ καθεῖλε τὸν τύραννον.' Ταῦτα εἴρητο· καὶ τὰ μὲν τῆς θέας ἐπέπαυτό τε καὶ ἠμέλητο· διὰ μέσου δὲ τοῦ ἱπποδρόμου πάντες συμφώνως ἅμα αὐτῷ εὐχαριστηρίως ψάλλοντες, ἐπὶ τὴν ἐκκλησίαν τοῦ Θεοῦ ἐπορεύοντο· καὶ ὅλη μὲν ἡ πόλις μία ἐκκλησία ἐγίνετο· ἐν δὲ τῷ εὐκτηρίῳ τόπῳ γενόμενοι ἐκεῖ διημέρευον.

[Val. ὡς εἰά.]

CAP. XXIV.

Ὡς μετὰ τὴν ἀναίρεσιν τοῦ τυράννου Ἰωάννου, Οὐαλεντινιανὸν τὸν Κωνσταντίου καὶ Πλακιδίας τῆς αὐτοῦ θείας ὁ βασιλεὺς Θεοδόσιος βασιλέα τῆς Ῥώμης ἀνέδειξε.

Τοῦ δὲ τυράννου ἀναιρεθέντος, ἔμφροντις ἦν ὁ αὐτοκράτωρ Θεοδόσιος, τίνα τῶν ἑσπερίων μερῶν ἀναδείξειε βασιλέα. Ἦν δὲ ἀνεψιὸς αὐτῷ κομιδῇ νέος, Οὐαλεντινιανὸς ὄνομα, ἐκ Πλακιδίας τῆς αὐτοῦ θείας γενόμενος· ἥτις θυγάτηρ μὲν ἦν Θεοδοσίου τοῦ μεγάλου βασιλέως, Ἀρκαδίου δὲ καὶ Ὀνωρίου τῶν δύο Αὐγούστων ἀδελφή· πατρὸς δὲ ἦν ὁ Οὐαλεντινιανὸς Κωνσταντίου, ὃς ὑπὸ Ὀνωρίου βασιλεὺς ἀναδειχθεὶς, καὶ βραχὺν αὐτῷ χρόνον συμβασιλεύσας, εὐθὺς ἐτελεύτησε. Τοῦτον τὸν ἀνεψιὸν Καίσαρα καταστήσας, ἐπὶ τὰ ἑσπέρια μέρη ἀνέπεμψε, τῇ μητρὶ αὐτοῦ Πλακιδίᾳ τὴν φροντίδα τῶν πραγμάτων ἐπιτρέψας. Σπεύδων δὲ καὶ αὐτὸς καταλαβεῖν τὴν Ἰταλίαν, ὥστε τὸν μὲν ἀνεψιὸν ἀναγορεῦσαι βασιλέα, παρὼν δὲ τῇ αὐτοῦ φρονήσει παιδεῦσαι τοὺς ἐκεῖ μὴ ὑπονεύειν τοῖς τυράννοις ῥᾳδίως, ἄχρι τῆς Θεσσαλονίκης γενόμενος, ὑπ' ἀρρωστίας διεκωλύθη. Πέμψας οὖν τὸν βασιλικὸν στέφανον τῷ ἀνεψιῷ διὰ τοῦ πατρικίου Ἡλίωνος, αὐτὸς ἐπὶ τὴν Κωνσταντινούπολιν ἐξυπέστρεψεν. Ἀλλὰ περὶ μὲν τούτων ἐξαρκεῖν ἡγοῦμαι τὴν διήγησιν.

CAP. XXV.

Περὶ τῆς Ἀττικοῦ διοικήσεως τῶν ἐκκλησιῶν, καὶ ὅτι τὸ ὄνομα Ἰωάννου τοῖς διπτύχοις τῆς ἐκκλησίας ἐνέταξε, καὶ ὅτι τὸν ἑαυτοῦ θάνατον προέγνω.

Ἀττικὸς δὲ ὁ ἐπίσκοπος θαυμαστῶς πως τὰ τῶν ἐκκλησιῶν ηὔξησε πράγματα· φρονήσει μὲν αὐτὰ διοικῶν, ταῖς διδασκαλίαις δὲ τὸν λαὸν ἐπὶ τὴν ἀρετὴν προτρέπων. Συνιδὼν δὲ διαιρουμένην τὴν ἐκκλησίαν διὰ τὸ τοὺς Ἰωαννίτας ἔξω αὐτῆς συνάγεσθαι, μνείαν Ἰωάννου ἐν ταῖς εὐχαῖς ἐκέλευσε ποιεῖσθαι, ὡς καὶ τῶν ἄλλων ἐπισκόπων τῶν κεκοιμημένων εἰώθει γίνεσθαι, διὰ τοῦτο πολλοὺς ἐπανελθεῖν εἰς τὴν ἐκκλησίαν ἐλπίσας. Οὕτω δὲ ἦν μεταδοτικὸς, ὡς μὴ μόνον τῶν ἐν ταῖς αὐτοῦ παροικίαις πτωχῶν προνοεῖν, ἀλλὰ καὶ ταῖς ἀστυγείτοσι τῶν πόλεων χρήματα πέμπειν πρὸς παραμυθίαν τῶν δεομένων. Καλλιοπίῳ γοῦν πρεσβυτέρῳ τῆς Νικαέων ἐκκλησίας τριακοσίους ἀποστείλας χρυσίνους τάδε ἐπέστειλεν·

Καλλιοπίῳ Ἀττικὸς ἐν Κυρίῳ χαίρειν.

Ἔμαθον μυρίους ἐν τῇ πόλει πεινῶντας δεῖσθαι τοῦ παρὰ τῶν εὐσεβούντων ἐλέου· μυρίους δὲ λέγω τὸ πλῆθος, οὐ τὸν ἀκριβῆ δηλῶν ἀριθμόν. Ἐπεὶ τοίνυν αὐτὸς μὲν ἔχω λαβὼν ἀριθμὸν παρὰ τοῦ δαψιλεῖ τῇ χειρὶ διδόντος τοῖς οἰκονομοῦσι καλῶς, συμβαίνει δέ τινας ἀπορεῖσθαι δοκιμασίας χάριν τῶν ἐχόντων μέν, μὴ παρεχόντων δὲ τούτοις, λαβών, ὦ φίλη μοι κεφαλή, τούτους τοὺς τριακοσίους χρυσίνους, ἀνάλωσον ὅπως ἂν θελήσῃς. Βουλήσῃ δέ που πάντως τοῖς αἰσχυνομένοις τὴν αἴτησιν, ἀλλ' οὐχὶ τοῖς ἐμπορίαν διὰ βίου τὴν γαστέρα προτεθεικόσι. Διδοὺς τοίνυν μηδὲ θρησκείαν λογίσῃ κατὰ τοῦτο τὸ μέρος, ἑνὸς καὶ μόνου γενόμενος, τοῦ τρέφειν τοὺς πεινῶντας, ἀλλὰ μὴ λογιστεύειν τοὺς τὸν ἡμέτερον τρόπον μὴ φρονοῦντας.

Οὕτω μὲν δὴ τῶν δεομένων καὶ πόρρωθεν ὄντων ἐφρόντιζεν· οὐ μὴν ἀλλὰ καὶ τὰς δεισιδαιμονίας τινῶν ἐκκόπτειν ἐσπούδαζεν. Πυθόμενος γοῦν ποτὲ τοὺς διὰ τὸ Ἰουδαϊκὸν Πάσχα Ναυατιανῶν χωρισθέντας, τὸ σῶμα τοῦ Σαββατίου ἐκ τῆς Ῥόδου μετακομίσαντας,—ἐν αὐτῇ γὰρ τῇ νήσῳ περιορισθεὶς ἐτελεύτησε,—καὶ θάψαντας, ἐπὶ τῷ τάφῳ εὔχεσθαι, πέμψας διὰ τῆς νυκτὸς εἰς ἕτερον τάφον τὸ τοῦ Σαββατίου σῶμα κρυβῆναι ἐκέλευσεν· οἱ δὲ συνήθως ἐλθόντες, καὶ ἀνορωρυγμένον τὸν τάφον εὑρόντες, τοῦ λοιποῦ σέβειν τὸν τάφον ἐπαύσαντο. Ἦν δὲ καὶ περὶ τὴν θέσιν τῶν ὀνομάτων φιλόκαλος· ἐπίνειον γοῦν ἐπὶ τῷ στόματι τοῦ Εὐξείνου Πόντου κείμενον, ἐξ ἀρχαίου τε ' Φαρμακέα' καλούμενον, ' Θεραπείας' ὠνόμασεν, ἵνα μὴ τὰς συνάξεις ἐκεῖ ποιούμενος δυσφήμῳ ὀνόματι ὀνομάζῃ τὸν τόπον. Καὶ ἄλλο δὲ προάστειον τῆς Κωνσταντινουπόλεως ' Ἀργυρόπολιν' ὠνόμασεν ἐξ αἰτίας τοιαύτης. Χρυσόπολις ἐπίνειον ἀρχαῖόν ἐστιν, ὃ κεῖται μὲν ἐν ἀρχῇ τοῦ Βοσπόρου· μέμνηνται δὲ αὐτοῦ πολλοὶ τῶν παλαιῶν συγγραφέων, καὶ Στράβων τε καὶ ὁ Δαμασκηνὸς Νικόλαος, καὶ ὁ ἐν λόγοις τε θαυμαστὸς Ξενοφῶν ἔν τε τῇ ἕκτῃ τῆς Κύρου Ἀναβάσεως καὶ ἐν τῇ πρώτῃ τῶν Ἑλληνικῶν φησὶ περὶ αὐτῆς, ὅτι ' Ἀλκιβιάδης ἀποτειχίσας αὐτὴν δεκατευτήριον ἐν αὐτῇ κατέστησε· τὰς γὰρ δεκάτας οἱ ἀπὸ τοῦ Πόντου πλέοντες ἐν αὐτῇ παρεῖχον.' Κατιδὼν οὖν ὁ Ἀττικὸς τὸν καταντικρὺ Χρυσοπόλεως τόπον εὐτερπῆ τυγχάνοντα, ' πρέπειν' ἔφη ' τοῦτον Ἀργυρόπολιν ὀνομάζεσθαι,' καὶ ῥηθεὶς ὁ

His character and sayings.

λόγος εὐθὺς τὴν ἐπωνυμίαν ἐκράτυνεν. Τινῶν δὲ λεγόντων πρὸς αὐτὸν, μὴ ὀφείλειν Ναυατιανοὺς ἔνδον συνάγειν τῶν πόλεων, ' Οὐκ οἴδατε,' εἶπεν, ' ὅσα ἡμῖν διωκομένοις ἐπὶ Κωνσταντίου καὶ Οὐάλεντος συμπεπόνθασιν ; ἄλλως τε,' ἔφη, ' καὶ μάρτυρες τῆς πίστεως ἡμῶν καθεστήκασι· πάλαι γὰρ τῆς ἐκκλησίας χωρισθέντες, οὐδὲν περὶ τὴν πίστιν ἐκαινοτόμησαν.' Ἐν Νικαίᾳ δέ ποτε διὰ χειροτονίαν ἐπισκόπου γενόμενος, Ἀσκληπιάδην τε τὸν ἐκεῖ Ναυατιανῶν ἐπίσκοπον γηραιὸν ὄντα ἰδὼν ἠρώτησε, ' Πόσους ἐνιαυτοὺς ἐπίσκοπος ὢν τυγχάνεις ;' τοῦ δὲ ' πεντήκοντα ' εἰπόντος, ' Εὐδαίμων,' ἔφη, ' τυγχάνεις, ὦ ἄνθρωπε, τοσούτου χρόνου " καλοῦ ἔργου " [1 Tim. iii. 1.] ἐπιμελούμενος.' Πρὸς δὲ τὸν αὐτὸν Ἀσκληπιάδην, ' Ἐγὼ,' ἔφη, ' τὸν μὲν Ναύατον ἐπαινῶ· τοὺς Ναυατιανοὺς δὲ οὐκ ἀποδέχομαι.' Ξενοφωνηθεὶς δὲ ὁ Ἀσκληπιάδης, ' Πῶς τοῦτο,' ἔφη, ' λέγεις, ἐπίσκοπε ;' ' Ἐκεῖνον μὲν,' ἔφη ὁ Ἀττικὸς, ' ἐπαινῶ, ὅτι τοῖς ἐπιθύσασι κοινωνῆσαι οὐχ εἵλετο· τοῦτο γὰρ ἂν καὶ αὐτὸς ἐγὼ ἐποίησα· τοὺς δὲ Ναυατιανοὺς οὐκ ἐπαινῶ, ὅτι περὶ εὐτελῶν πταισμάτων τῆς κοινωνίας τοὺς λαϊκοὺς ἀποκλείουσι.' Πρὸς ταῦτα ὁ Ἀσκληπιάδης, ' Ἐκτὸς,' ἔφη, ' τοῦ ἐπιθῦσαι, καὶ ἄλλαι πολλαὶ κατὰ τὰς γραφὰς εἰσὶν " ἁμαρτίαι πρὸς θάνατον," δι' ἃς ὑμεῖς μὲν [1 John v. 17.] τοὺς κληρικοὺς, ἡμεῖς δὲ καὶ τοὺς λαϊκοὺς ἀποκλείομεν, Θεῷ μόνῳ [Cp. i. 10; iv. 28.] τὴν συγχώρησιν αὐτῶν ἐπιτρέποντες.' Προέγνω δὲ Ἀττικὸς καὶ τὴν ἑαυτοῦ τελευτήν· ἀναχωρῶν γοῦν τῆς Νικαίας πρὸς Καλλιόπιον τὸν ἐκεῖ πρεσβύτερον, ' Σπεῦδε,' ἔφη, ' πρὸ φθινοπώρου ἐπὶ τὴν Κωνσταντινούπολιν, εἰ βούλει με αὖθις ζῶντα θεάσασθαι· εἰ γὰρ βραδύνεις, οὐ καταλήψῃ μέ.' Καὶ τοῦτο εἰπὼν οὐ διήμαρτεν· ἐν γὰρ τῷ εἰκοστῷ πρώτῳ ἔτει τῆς ἐπισκοπῆς ἑαυτοῦ, τῇ δεκάτῃ τοῦ Ὀκτωβρίου μηνὸς ἐτελεύτησεν, ἐν ὑπατείᾳ Θεοδοσίου τὸ ἐνδέ- [A.D. 425.] κατον καὶ Οὐαλεντινιανοῦ Καίσαρος τὸ πρῶτον. Ὁ μέντοι βασιλεὺς Θεοδόσιος ἐκ τῆς Θεσσαλονίκης ὑποστρέψας, τὴν ἐκκομιδὴν αὐτοῦ οὐ κατέλαβεν· ἔφθασε γὰρ πρὸ μιᾶς ἡμέρας τῆς εἰσόδου τοῦ αὐτοκράτορος Ἀττικὸς παραδοθεὶς τῇ ταφῇ. Οὐκ εἰς μακρὰν δὲ καὶ ἀναγόρευσις τοῦ νέου Οὐαλεντινιανοῦ ἐμηνύθη, περὶ τὴν τρίτην καὶ εἰκάδα τοῦ αὐτοῦ μηνὸς Ὀκτωβρίου.

CAP. XXVI.

Περὶ Σισιννίου τοῦ μετὰ Ἀττικὸν Κωνσταντινουπόλεως ἐπισκοπήσαντος.

Ἐγένετο δὲ μετὰ τὴν τελευτὴν Ἀττικοῦ πολλὴ φιλονεικία περὶ χειροτονίας ἐπισκόπου, ἄλλων ἄλλον ζητούντων· τινὲς μὲν γὰρ, φησὶ, Φίλιππον τὸν πρεσβύτερον ἐζήτουν· τινὲς δὲ Πρόκλον· καὶ οὗτος δὲ πρεσβύτερος ἦν. Κοινῇ δὲ πᾶς ὁ λαὸς ἐπόθει γίνεσθαι Σισίννιον· ὅς τις πρεσβύτερος μὲν ἦν καὶ αὐτὸς, ἐν οὐδεμιᾷ δὲ τῶν ἐντὸς τῆς πόλεως ἐκκλησιῶν ἐτέτακτο, ἀλλ' ἐν προαστείῳ τῆς Κωνσταντινουπόλεως, ᾧ ἐπώνυμον Ἐλαία, τὴν ἱερωσύνην ἐκεκλήρωτο· ὅπερ καταντικρὺ μὲν κεῖται τῆς πόλεως, ἐν αὐτῷ δὲ ἐξ ἔθους ἡ ἀναλήψιμος τοῦ Σωτῆρος ἐπιτελεῖται πάνδημος ἑορτή. Πόθον δὲ εἶχον τοῦ ἀνδρὸς πάντες οἱ λαϊκοὶ, ὅτι ἐπ' εὐλαβείᾳ περιβόητος ἦν, καὶ μάλιστα ὅτι τοὺς πτωχοὺς 'ὑπὲρ δύναμιν' ἐσπούδαζεν. Κατεκράτησεν οὖν ἡ τῶν λαϊκῶν σπουδή· καὶ χειροτονεῖται Σισίννιος τῇ εἰκάδι ὀγδόῃ τοῦ Φεβρουαρίου μηνὸς, τῇ ἑξῆς ὑπατείᾳ, ἥτις ἦν Θεοδοσίου τὸ δωδέκατον καὶ Οὐαλεντινιανοῦ τοῦ νεωτέρου Αὐγούστου τὸ δεύτερον. Ἐπὶ τούτῳ Φίλιππος ὁ πρεσβύτερος, ὅτι αὐτοῦ προεκρίθη ἕτερος, πολλὰ τῆς χειροτονίας καθήψατο ἐν τῇ πεπονημένῃ αὐτῷ 'Χριστιανικῇ ἱστορίᾳ,' διαβάλλων καὶ τὸν χειροτονηθέντα καὶ τοὺς χειροτονήσαντας, καὶ πολλῷ πλέον τοὺς λαϊκούς· τοιαῦτα τε εἶπεν, οἷα οὐκ ἂν ἑλοίμην παραδοῦναι γραφῇ, ἐπεὶ κἀκεῖνον οὐκ ἀποδέχομαι τῆς προπετείας, τοιαῦτα γραφῇ παραδοῦναι τολμήσαντα· μικρὰ δὲ περὶ αὐτοῦ εἰπεῖν οὐκ ἄκαιρον εἶναι ἡγοῦμαι.

CAP. XXVII.

Περὶ Φιλίππου πρεσβυτέρου τοῦ ἀπὸ Σίδης.

Φίλιππος Σιδίτης μὲν ἦν τὸ γένος· Σίδη δὲ πόλις τῆς Παμφυλίας, ἀφ' ἧς ὥρμητο καὶ Τρωΐλος ὁ σοφιστὴς, οὗ καὶ συγγενῆ ἑαυτὸν εἶναι ἐσεμνύνετο. Διάκονος δὲ ἦν, ἐπεὶ τὰ πολλὰ τῷ ἐπισκόπῳ Ἰωάννῃ συνῆν· ἐφιλοπόνει δὲ καὶ περὶ λόγους, καὶ πολλὰ καὶ παντοῖα βιβλία συνῆγε· ζηλώσας δὲ τὸν Ἀσιανὸν τῶν λόγων χαρακτῆρα, πολλὰ συνέγραφε, τά τε τοῦ βασιλέως Ἰουλιανοῦ 'κατὰ Χριστιανῶν' βιβλία ἀνασκευάζων, καὶ 'Χριστιανικὴν

VII. 28.]   *Philip of Side.*   311

ἱστορίαν ' συνέθηκεν· ἣν ἐν τριάκοντα ἐξ βιβλίοις διεῖλεν· ἕκαστον δὲ βιβλίον εἶχε τόμους πολλούς, ὡς τοὺς πάντας ἐγγὺς εἶναι χιλίους· ὑπόθεσις δὲ ἑκάστου τόμου ἰσάζει τῷ τόμῳ. Τὴν μὲν οὖν πραγματείαν ταύτην οὐκ ' ἐκκλησιαστικὴν ' ἱστορίαν, ἀλλὰ ' Χριστιανικὴν ' ἐπέγραψεν· πολλὰς δὲ συνεισφέρει ὕλας εἰς αὐτὴν, δεικνύναι βουλόμενος μὴ ἀπείρως ἔχειν ἑαυτὸν τῶν φιλοσόφων παιδευμάτων· διὸ καὶ συνεχῶς γεωμετρικῶν τε καὶ ἀστρονομικῶν καὶ ἀριθμητικῶν καὶ μουσικῶν θεωρημάτων ποιεῖται μνήμην, ἐκφράσεις τε λέγων νήσων καὶ ὀρέων καὶ δένδρων καὶ ἄλλων τινῶν εὐτελῶν. Δι' ὧν καὶ χαύνην τὴν πραγματείαν εἰργάσατο· διὸ καὶ, ὡς νομίζω, ἀχρεῖον αὐτὴν καὶ ἰδιώταις καὶ εὐπαιδεύτοις πεποίηκεν· οἱ ἰδιῶται μὲν γὰρ τὸ κεκομψευμένον τῆς φράσεως ἰδεῖν οὐκ ἰσχύουσιν, οἱ δὲ εὐπαίδευτοι τῆς ταυτολογίας καταγινώσκουσιν. Ἀλλ' ἕκαστος μὲν περὶ τῶν βιβλίων ὡς ἔχει γνώμης κρινέτω· ἐγὼ δὲ ἐκεῖνό φημι, ὅτι τοὺς χρόνους τῆς ἱστορίας συγχέει. Μνημονεύσας γὰρ τῶν τοῦ αὐτοκράτορος Θεοδοσίου χρόνων, αὖθις ἐπὶ τοὺς Ἀθανασίου τοῦ ἐπισκόπου χρόνους ἀνέδραμεν· καὶ τοῦτο ὡς πλεῖστον ποιεῖ. Καὶ τοσαῦτα μὲν περὶ Φιλίππου· ὁ δὲ ἐπὶ Σισιννίου γέγονεν, ἀναγκαῖον εἰπεῖν.

CAP. XXVIII.

Ὡς Πρόκλον Κυζίκου ἐπίσκοπον ὁ Σισίννιος ἐχειροτόνησεν· οἱ δὲ Κυζικηνοὶ τοῦτον οὐ προσεδέξαντο.

Τοῦ Κυζικηνῶν ἐπισκόπου τελευτήσαντος, ὁ Σισίννιος Πρόκλον ἐχειροτόνησε πρὸς ἐπισκοπὴν τῆς Κυζίκου· μέλλοντος οὖν διάγειν ἐπ' αὐτὴν, φθάνουσιν οἱ Κυζικηνοί, καὶ χειροτονοῦσι ἄνδρα ἀσκητικὸν, ᾧ ὄνομα ἦν Δαλμάτιος. Καὶ τοῦτο ἐποίησαν ἀμελήσαντες τοῦ νόμου τοῦ κελεύοντος, παρὰ γνώμην τοῦ ἐπισκόπου Κωνσταντινουπόλεως χειροτονίαν ἐπισκόπου μὴ γίνεσθαι· ἠμέλησαν δὲ τοῦ νόμου τούτου, ὡς Ἀττικῷ μόνῳ εἰς πρόσωπον παρασχεθέντος. Ἔμενεν οὖν ὁ Πρόκλος οἰκείας μὲν ἐκκλησίας μὴ προεστὼς, ἐν δὲ ταῖς ἐκκλησίαις τῆς Κωνσταντινουπόλεως κατὰ τὰς διδασκαλίας ἀνθῶν· ἀλλὰ περὶ μὲν τούτου κατὰ χώραν ἐροῦμεν. Σισίννιος δὲ οὐδὲ δύο ὅλους ἐνιαυτοὺς ἐπιβιοὺς τῇ ἐπισκοπῇ ἐτελεύτησεν ἐν ὑπα- A.D. 427. τείᾳ Ἱερίου καὶ Ἀρδαβουρίου, τῇ εἰκάδι τετάρτῃ τοῦ Δεκεμβρίου μηνός. Ἀνὴρ ἐπὶ σωφροσύνῃ μὲν καὶ βίῳ ὀρθῷ καὶ φιλοπτωχίᾳ περιβόητος· τὸ δὲ ἦθος εὐπρόσιτός τε καὶ ἄπλαστος, καὶ διὰ τοῦτο ἀπραγμονέστερος· διὸ καὶ τοῖς φιλοπράγμοσιν λυπηρὸς ἦν, καὶ ἀδρανείας δόξαν ἔλαβε παρ᾽ αὐτοῖς.

CAP. XXIX.

Ὡς μετὰ τὴν τελευτὴν Σισιννίου, Νεστόριον ἐκ τῆς Ἀντιοχείας μεταπεμψάμενοι ἐπίσκοπον Κωνσταντινουπόλεως πεποιήκασιν, ὃς εὐθὺς ἐφωράθη ὁποῖος ἦν.

Μετὰ δὲ τὴν τελευτὴν Σισιννίου ἐδόκει τοῖς κρατοῦσι μηδένα μὲν διὰ τοὺς κενοσπουδαστὰς ἐκ τῆς ἐκκλησίας εἰς τὴν ἐπισκοπὴν προχειρίζεσθαι· καίτοι πολλῶν μὲν τὸν Φίλιππον, πολλῶν δὲ τὸν Πρόκλον χειροτονηθῆναι σπευδόντων. Ἐπήλυδα δὲ ἐκ τῆς Ἀντιοχείας καλεῖν ἐβούλοντο· ἦν γάρ τις ἐκεῖ Νεστόριος τοὔνομα, τὸ μὲν γένος Γερμανικεύς· εὔφωνος δὲ ἄλλως καὶ εὔλαλος· διὸ καὶ ὡς προσεπιτήδειον εἰς διδασκαλίαν ἔγνωσαν μεταπέμπεσθαι. Τριμήνου οὖν διαδραμόντος, ἄγεται ἐκ τῆς Ἀντιοχείας ὁ Νεστόριος· ὅστις ἐπὶ σωφροσύνῃ μὲν παρὰ τοῖς πλείστοις ἐκηρύττετο· ὁποῖος δὲ ἦν ἐν τοῖς ἄλλοις τὸ ἦθος, ἀπὸ τῆς πρώτης αὐτοῦ διδασκαλίας τοὺς εὖ φρονοῦντας οὐκ ἔλαθε. Χειροτονηθεὶς γὰρ τῇ δεκάτῃ τοῦ

A.D. 428. Ἀπριλλίου μηνὸς, ἐν ὑπατείᾳ Φλήκος καὶ Ταύρου, εὐθὺς ἐκείνην τὴν περιβόητον ἀφῆκε φωνὴν, ἐπὶ τοῦ λαοῦ παντὸς πρὸς τὸν βασιλέα τὸν λόγον ποιούμενος. 'Δός μοι,' φησὶν, 'ὦ βασιλεῦ, καθαρὰν τὴν γῆν τῶν αἱρετικῶν, κἀγώ σοι τὸν οὐρανὸν ἀντιδώσω· συγκάθελέ μοι τοὺς αἱρετικοὺς, κἀγὼ συγκαθελῶ σοι τοὺς Πέρσας.' Ταῦτα λεχθέντα, εἰ καί τινες τῶν πολλῶν πρὸς τοὺς αἱρετικοὺς ἀπεχθῶς ἔχοντες ἡδέως ἐδέχοντο, ἀλλ᾽ οὖν γε, ὡς ἔφην, τοὺς εἰδότας ἐκ λόγου γνώμην τεκμήρασθαι οὐκ ἔλαθεν οὐδὲ τὸ κοῦφον τῆς διανοίας, οὐδὲ τὸ θυμικὸν ἐν ταὐτῷ καὶ κενόδοξον· ὅτι μηδὲ τὸ βραχύτατον εἰς ὑπέρθεσιν ἀνασχόμενος εἰς τοιούτους προήχθη λόγους· ἀλλ᾽ εἰ δεῖ κατὰ τὴν παροιμίαν εἰπεῖν, 'μηδὲ τοῦ τῆς πόλεως ὕδατος ἤδη γευσάμενος' διάπυρος διώκτης ἐδείκνυτο. Πέμπτῃ γε οὖν μετὰ τὴν χειροτονίαν ἡμέρᾳ εὐκτήριον τῶν Ἀρειανῶν, ἐν ᾧ ἐν παραβύστῳ ηὔχοντο, καθελεῖν βουλόμενος, εἰς ἀπόνοιαν αὐτοὺς ἤλασεν. Ὁρῶντες γὰρ καθαιρούμενον τὸν εὐκτήριον τόπον, πῦρ ἐμβαλόντες ὑφῆψαν αὐτόν· ἐπινεμηθὲν δὲ τὸ πῦρ καὶ τὰς παρακειμένας οἰκίας ἀνήλωσε· θόρυβός τε ἐκ τούτου κατὰ τὴν πόλιν ἐγένετο, καὶ οἱ Ἀρειανοὶ πρὸς ἄμυναν ηὐτρεπίζοντο· ἀλλὰ τὸ μὲν κακὸν προβῆναι εἰς ἔργον οὐ συνεχώρησεν ὁ τὴν πόλιν ἀεὶ φυλάσσων Θεός. 'Πυρκαϊὰν' δὲ τοῦ λοιποῦ ἀπεκάλουν αὐτὸν οὐ μόνον οἱ τῶν αἱρέσεων, ἀλλ' ἤδη καὶ οἱ οἰκεῖοι τῆς πίστεως· οὐ γὰρ ἐπαύετο, ἀλλὰ κατὰ τῶν αἱρέσεων τεχναζόμενος, τὸ ἐπ' αὐτῷ τὴν πόλιν ἀνέτρεψε. Καὶ γὰρ Ναυατιανοὺς σκύλλειν ἐπειρᾶτο, ὑποκνιζόμενος ἐφ' οἷς ὁ Ναυατιανῶν ἐπίσκοπος Παῦλος ἐπ' εὐλαβείᾳ περιβόητος ἦν· ἀλλ' οἱ κρατοῦντες παραινέσει κατέστελλον αὐτοῦ τὴν ὁρμήν. Ὅσα δὲ περὶ Ἀσίαν, Λυδίαν τε καὶ Καρίαν κακὰ τοῖς Τεσσαρεσκαιδεκατίταις ἐποίησε, καὶ ὁπόσοι δι' αὐτὸν πολλοὶ περὶ Μίλητον καὶ Σάρδεις ἐν τῇ γενομένῃ στάσει ἀπέθανον, παραλιπεῖν μοι δοκῶ. Ὁποίαν μὲν οὖν καὶ διὰ ταῦτα καὶ διὰ τὴν ἄθυρον αὐτοῦ γλῶσσαν δίκην ἔδωκε, μετ' ὀλίγον ἐρῶ.

CAP. XXX.

Τίνα τρόπον ἐπὶ τοῦ νέου Θεοδοσίου Βουργουνζίωνες ἐχριστιάνισαν.

Πρᾶγμα μέντοι περὶ τόνδε τὸν χρόνον ἄξιον μνήμης γενόμενον διηγήσομαι. Ἔθνος ἐστὶ βάρβαρον πέραν τοῦ ποταμοῦ Ῥήνου ἔχον τὴν οἴκησιν, Βουργουνζίωνες καλοῦνται· οὗτοι βίον ἀπράγμονα ζῶσιν ἀεί· τέκτονες γὰρ σχεδὸν πάντες εἰσίν· καὶ ἐκ ταύτης μισθὸν λαμβάνοντες ἀποτρέφονται. Τούτοις συνεχῶς τὸ ἔθνος τῶν Οὔννων ἐπερχόμενον, ἐλεηλάτει τὴν χώραν αὐτῶν, καὶ πολλοὺς πολλάκις αὐτῶν ἀνῄρουν· οἱ δὲ ὑπὸ ἀμηχανίας ἀνθρώπῳ προσφεύγουσιν οὐδενί, θεῷ δέ τινι ἐπιτρέψαι ἑαυτοὺς ἐβούλοντο. Κατὰ νοῦν δὲ λαμβάνοντες ὅτι Ῥωμαίων ὁ Θεὸς ἰσχυρῶς τοῖς φοβουμένοις αὐτὸν βοηθεῖ, κοινῇ γνώμῃ πάντες ἐπὶ τὸ πιστεῦσαι τῷ Χριστῷ ἐληλύθασιν· γενόμενοί τε ἐν πόλει μιᾷ τῆς Γαλλίας παρακαλοῦσιν ὑπὸ τοῦ ἐπισκόπου τυχεῖν Χριστιανικοῦ βαπτίσματος. Ὁ δὲ ἐπὶ ἑπτὰ ἡμέρας παρασκευάσας νηστεῦσαι αὐτοὺς, καὶ τὴν πίστιν κατηχήσας αὐτοὺς, τῇ ὀγδόῃ ἡμέρᾳ βαπτίσας ἀπέλυσε. Θαρραλέοι οὖν οὗτοι κατὰ τῶν τυράννων ἐπορεύοντο· καὶ τῆς ἐλπίδος οὐχ ἥμαρτον. Τοῦ γὰρ βασιλέως τῶν Οὔννων ὑπὸ ἀδηφαγίας ἐν νυκτὶ διαρραγέντος, ᾧ ὄνομα Οὔπταρος ἦν, οἱ Βουργουνζίωνες ἀστρατηγήτοις ἐπιθέμενοι, ὀλίγοι τε πρὸς σφόδρα πολλοὺς συμβαλόντες, ἐνίκησαν· τρισχίλιοι γὰρ μόνοι περὶ τοὺς μυρίους κατήνεγκαν· καὶ ἐξ ἐκείνου τὸ ἔθνος διαπύρως ἐχριστιάνισεν. Ὑπὸ δὲ τοῦτον τὸν χρόνον καὶ Βάρβας ὁ τῶν Ἀρειανῶν ἐπίσκοπος ἐτελεύτησεν, ἐν ὑπατείᾳ Θεοδοσίου τὸ τρισκαιδέκατον καὶ Οὐαλεντινιανοῦ τὸ τρίτον, τῇ εἰκάδι τετάρτῃ τοῦ Ἰουνίου μηνός· καὶ καθίσταται εἰς τὸν τόπον αὐτοῦ Σαββάτιος· περὶ μὲν δὴ τούτων τοσαῦτα εἰρήσθω.

A.D. 430.

CAP. XXXI.

Οἷα πεπόνθασιν ὑπὸ Νεστορίου Μακεδονιανοί.

Νεστόριος μέντοι παρὰ τὸ εἰωθὸς τῇ ἐκκλησίᾳ πράττων καὶ ἄλλως ἐν τοῖς τοιούτοις ἑαυτὸν μισεῖσθαι ἐποίει, ὡς τὰ ὑπ' αὐτοῦ γενόμενα δείκνυσιν. Ἐν Γέρμῃ γὰρ πόλει τοῦ Ἑλλησπόντου Ἀντώνιος ἐπίσκοπος ὤν, καὶ πειθόμενος τῇ Νεστορίου περὶ τοὺς αἱρετικοὺς ὁρμῇ, Μακεδονιανοὺς ἐλαύνειν ἐσπούδαζε, πρόσχημα ἀπολογίας τὴν τοῦ πατριάρχου πρόσταξιν λαμβάνων. Οἱ οὖν Μακεδονιανοὶ μέχρι μέν τινος τὸν σκυλμὸν ὑπέμενον· ἐπεὶ δὲ αὐτοὺς ὁ Ἀντώνιος σφοδρότερον ἔσκυλλε, μηκέτι φέροντες τὸ ἄχθος εἰς χαλεπὴν ἀπόνοιαν τρέπονται· ὑποπέμψαντές τε ἄνδρας ἐν δευτέρῳ τὸ ἀγαθὸν τοῦ ἡδέος τιθεμένους ἀναιροῦσιν αὐτόν. Τοῦτο τὸ μύσος τῶν Μακεδονιανῶν ἐργασαμένων, ὁ Νεστόριος ὑπόθεσιν τῆς ἰδίας ὁρμῆς ἔλαβε τὰ γενόμενα· πείθει τε τοὺς κρατοῦντας τὰς ἐκκλησίας αὐτῶν ἀφελέσθαι. Ἀφῃρέθησαν οὖν ἥ τε ἐν Κωνσταντινουπόλει πρὸ τοῦ παλαιοῦ τείχους τῆς πόλεως, καὶ ἡ ἐν Κυζίκῳ, καὶ ἄλλαι πολλαὶ ὧν ἔσχον ἐν τοῖς ἐν Ἑλλησπόντῳ ἀγροῖς· τινὲς δὲ αὐτῶν προσεχώρησαν τῇ ἐκκλησίᾳ, τοῦ 'ὁμοουσίου' τῇ πίστει συνθέμενοι. Ἀλλὰ 'φιλοίνοις,' ὥς φησιν ἡ παροιμία, 'οἶνος οὐ λείπει, οὐδὲ φιλονείκῳ μάχη·' καὶ Νεστορίῳ τοίνυν φιλονεικοῦντι ἐξελαύνειν ἄλλους, αὐτὸν ἐξελαθῆναι τῆς ἐκκλησίας συνέπεσεν ἐξ αἰτίας τοιαύτης.

[Val. μιμεῖσθαι.. ἐπ' αὐτοῦ.]

CAP. XXXII.

Περὶ Ἀναστασίου πρεσβυτέρου, δι' οὗ καὶ Νεστόριος εἰς τὸ δυσσεβεῖν κατηνέχθη.

Συνῆν αὐτῷ Ἀναστάσιος πρεσβύτερος, ἅμα αὐτῷ ἐκ τῆς Ἀντιοχείας σταλείς· τοῦτον διὰ τιμῆς εἶχε πολλῆς, καὶ ἐν τοῖς πράγμασι συμβούλῳ ἐχρῆτο. Καί ποτε ἐπ' ἐκκλησίας ὁ Ἀναστάσιος διδάσκων ἔφη, 'Θεοτόκον τὴν Μαρίαν καλείτω μηδείς· Μαρία γὰρ ἄνθρωπος ἦν· ὑπὸ ἀνθρώπου δὲ Θεὸν τεχθῆναι ἀδύνατον.' Τοῦτο ἀκουσθὲν πολλοὺς κληρικούς τε καὶ λαϊκοὺς ἐν ταὐτῷ πάντας ἐτάραξεν· ἦσαν γὰρ πάλαι διδαχθέντες θεολογεῖν τὸν Χριστόν, καὶ μηδαμῶς αὐτὸν τῆς οἰκονομίας, ὡς ἄνθρωπον, χωρίζειν ἐκ τῆς θεότητος, πειθόμενοι τῇ τοῦ ἀποστόλου φωνῇ λεγούσῃ, 'Εἰ καὶ 2 Cor. v. 16. ἐγνώκαμεν κατὰ σάρκα Χριστόν, ἀλλὰ νῦν οὐκέτι γινώσκομεν·' καί, 'Διὸ ἀφέντες τὸν περὶ Χριστοῦ λόγον, ἐπὶ τὴν τελειότητα φερώ- Heb. vi. 1. μεθα.' Ταραχῆς οὖν, ὡς ἔφην, ἐν τῇ ἐκκλησίᾳ γενομένης, ὁ Νεστόριος τὸν τοῦ Ἀναστασίου λόγον κυρώσασθαι σπεύδων,—οὐ γὰρ ἐξελέγχεσθαι ὡς βλάσφημον τὸν παρ' αὐτοῦ τιμώμενον ἤθελε, —συνεχῶς περὶ τούτου ἐπὶ τῆς ἐκκλησίας ἐδίδασκε, φιλονεικότερόν τε περὶ αὐτοῦ τὰς ζητήσεις ποιούμενος, καὶ πανταχοῦ τὴν λέξιν τοῦ 'Θεοτόκος' ἐκβάλλων. Διὸ τῆς περὶ τούτου ζητήσεως παρ' ἄλλοις ἄλλως ἐκδεχθείσης, διαίρεσις ἐν τῇ ἐκκλησίᾳ ἐγένετο· καὶ ὥσπερ ἐν νυκτομαχίᾳ καθεστῶτες νῦν μὲν ταῦτα ἔλεγον, νῦν δὲ τὰ ἕτερα· συγκατετίθεντό τε ἐν ταὐτῷ καὶ ἠρνοῦντο. Νεστόριος δὲ δόξαν παρὰ τοῖς πολλοῖς εἶχεν, ὡς ψιλὸν ἄνθρωπον λέγων τὸν Κύριον, καὶ ὡς Παύλου τοῦ Σαμοσατέως καὶ Φωτεινοῦ τὸ δόγμα εἰς τὴν ἐκκλησίαν ἄγων. Ἀλλὰ περὶ μὲν τούτου τοσαύτη ἐκινήθη ζήτησις καὶ ταραχὴ, ὡς καὶ συνόδου οἰκουμενικῆς δεηθῆναι. Ἐγὼ δὲ ἐντυχὼν τοῖς παρὰ Νεστορίου λόγοις ἐκδοθεῖσιν ἀγνοοῦντα ἐφευρίσκω τὸν ἄνδρα· καὶ μετ' ἀληθείας ἐρῶ· οὐδὲ γὰρ οὔτε ἀπεχθανόμενος πρὸς αὐτὸν ὧν εἶχεν ἐλαττωμάτων ἐμνήσθην, οὔτε χαριζόμενός τισιν ἐλαττονοῦντα ὧν ἐφεῦρον ἐκθήσομαι. Οὔ μοι δοκεῖ ὁ Νεστόριος οὔτε τὸν Σαμοσατέα Παῦλον ζηλῶν οὔτε μὴν Φωτεινόν, μηδ' ὅλως ψιλὸν ἄνθρωπον λέγειν τὸν Κύριον· ἀλλὰ τὴν λέξιν μόνην ὡς τὰ μορμολύκια πεφόβηται. Καὶ τοῦτο πέπονθεν ὑπὸ ὀμαθίας πολλῆς· φυσικῶς γὰρ εὔλαλος ὤν, πεπαιδεῦσθαι μὲν ἐνομίζετο, τῇ δὲ ἀληθείᾳ ἀνάγωγος ἦν· καὶ τὰς τῶν παλαιῶν ἑρμηνέων βίβλους ἀπηξίου μανθάνειν· τυφούμενος γὰρ ὑπὸ τῆς εὐγλωττίας οὐκ ἀκριβῶς προσεῖχε τοῖς παλαιοῖς, ἀλλὰ πάντων κρείττονα ἐνόμιζεν ἑαυτόν. Αὐτίκα γοῦν ἠγνόησεν, ὅτι ἐν τῇ καθολικῇ Ἰωάννου γέγραπτο ἐν τοῖς παλαιοῖς ἀντιγράφοις, ὅτι [γέγραπται.] 'πᾶν πνεῦμα ὃ λύει τὸν Ἰησοῦν ἀπὸ τοῦ Θεοῦ οὐκ ἔστι.' Ταύτην 1 John iv. 3. γὰρ τὴν διάνοιαν ἐκ τῶν παλαιῶν ἀντιγράφων περιεῖλον οἱ χωρίζειν ἀπὸ τοῦ τῆς οἰκονομίας ἀνθρώπου βουλόμενοι τὴν θεότητα. Διὸ καὶ οἱ παλαιοὶ ἑρμηνεῖς αὐτὸ τοῦτο ἐπεσημήναντο, ὥς τινες εἶεν ῥᾳδιουργήσαντες τὴν ἐπιστολήν, λύειν ἀπὸ τοῦ Θεοῦ τὸν ἄνθρωπον θέλοντες· συνανείληπται δὲ ἡ ἀνθρωπότης τῇ θεότητι· καὶ οὐκέτι εἰσὶ δύο, ἀλλὰ ἕν. Τοῦτο θαρροῦντες οἱ παλαιοὶ ' Θεοτόκον ' τὴν Μαρίαν λέγειν οὐκ ὤκνησαν· οὕτω γὰρ καὶ ὁ Παμφίλου Εὐσέβιος Euseb. Vit. ἐν τῷ τρίτῳ λόγῳ τῷ εἰς τὸν βίον Κωνσταντίνου κατὰ λέξιν ταῦτα Con. iii. 43. φησί·

Καὶ γὰρ καὶ γέννησιν ὑπομένειν ὁ 'μεθ' ἡμῶν Θεὸς' δι' ἡμᾶς ἠνέσχετο· καὶ τόπος αὐτοῦ τῆς ἐνσάρκου γεννήσεως ὀνομαστὶ παρ' Ἑβραίοις ἡ Βηθλεὲμ ἐκηρύττετο. Διὸ δὴ καὶ ἡ βασίλισσα Ἑλένη ἡ θεοφιλεστάτη τῆς Θεοτόκου τὴν κύησιν μνήμασι θαυμασίοις κατεκόσμει, παντοίως τὸ τῇδε ἱερὸν ἄντρον φαιδρύνουσα.

Cp. Orig. Καὶ Ὠριγένης δὲ ἐν τῷ πρώτῳ τόμῳ τῶν εἰς τὴν πρὸς Ῥωμαίους Comm. in Rom. l. i. 5. τοῦ ἀποστόλου ἐπιστολὴν ἑρμηνεύων πῶς 'Θεοτόκος' λέγεται πλατέως ἐξήτασε. Φαίνεται τοίνυν ὁ Νεστόριος ἀγνοήσας τὰς πραγματείας τῶν παλαιῶν· διὸ καθὼς ἔφην, τὴν λέξιν μόνην περιΐσταται. Ἐπεὶ ὅτι ψιλὸν οὐ λέγει ἄνθρωπον τὸν Χριστόν, ὡς Φωτεινὸς ἢ Παῦλος ὁ Σαμοσατεύς, καὶ αἱ ἐκδοθεῖσαι αὐτοῦ προσομιλίαι διδάσκουσιν· ὡς οὐδαμοῦ τὴν τοῦ Θεοῦ Λόγου ὑπόστασιν ἀναιρεῖ, ἀλλὰ πανταχοῦ ἐνυπόστατον αὐτὸν ὁμολογεῖ καὶ ἐνούσιον. Οὐ μὴν ὡς Φωτεινὸς καὶ ὁ Σαμοσατεὺς ἀναιρεῖ αὐτοῦ τὴν ὕπαρξιν· τοῦτο γὰρ καὶ Μανιχαῖοι καὶ οἱ ἀπὸ Μοντανοῦ δογματίζειν ἐτόλμησαν. Οὕτω μὲν οὖν τὸν Νεστόριον φρονοῦντα εὑρίσκω ἐγώ, ἔκ τε ὧν ἀνέγνων αὐτοῦ λόγων, καὶ ἀφ' οὗ οἱ ἐρασταὶ αὐτοῦ λέγουσιν. Οὐ μικρὰν μέντοι ταραχὴν τῇ οἰκουμένῃ ἡ ψυχρολογία Νεστορίου ἐκίνησεν.

CAP. XXXIII.

Περὶ τοῦ γενομένου μύσους ἐν τῷ θυσιαστηρίῳ τῆς μεγάλης ἐκκλησίας ὑπὸ τῶν φυγάδων δούλων.

Καὶ τούτων γενομένων, ἐπισυνέβη μυσαρόν τι πρᾶγμα κατὰ τὴν ἐκκλησίαν γενέσθαι. Οἰκέται γὰρ ἑνὸς τῶν μεγάλα δυναμένων, βάρβαροι ὄντες τὸ γένος, ἀπηνοῦς τοῦ δεσπότου πειρώμενοι, τῇ ἐκκλησίᾳ προσφεύγουσι· καὶ ξιφηροῦντες εἰς τὸ θυσιαστήριον εἰσεπήδησαν· παρακαλούμενοί τε ἐξελθεῖν οὐδενὶ τρόπῳ ἐπείθοντο, ἀλλ' ἐμποδὼν ταῖς ἱεραῖς λειτουργίαις ἐγίνοντο. Ἐπί τε ἡμέρας πολλὰς τὰ ξίφη γυμνὰ κατέχοντες, ἕτοιμοι πρὸς τὸ ἀμύνασθαι πάντα τὸν προσιόντα ἐγίνοντο· καὶ δὴ ἕνα τῶν κληρικῶν ἀποσφάξαντες, καὶ ἄλλον τραυματίαν ποιήσαντες, τέλος ἐπικατέσφαξαν ἑαυτούς. Καί τις τῶν παρόντων οὐ καλὸν ἔλεγε σημαίνειν τὸν μολυσμὸν τοῦ ναοῦ, ἐπιλέγων ἀρχαίου τινὸς ποιητοῦ δύο ἰάμβους·

Σημεῖα γὰρ τὰ τοιαῦτα γίνεσθαι φιλεῖ,
Ὅταν ἐν ναοῖς ἐγκατασκήψῃ μῦσος.

Καὶ τῆς δόξης ὁ εἰπὼν οὐ διήμαρτεν· τὴν διαίρεσιν γὰρ, ὡς ἔοικεν, ἐσήμαινε τοῦ λαοῦ, καὶ καθαίρεσιν τοῦ αἰτίου τῆς διαιρέσεως.

CAP. XXXIV.

Περὶ τῆς ἐν Ἐφέσῳ τὸ πρότερον κατὰ Νεστορίου συναθροισθείσης συνόδου.

Οὐ πολὺς γὰρ ἐν μέσῳ χρόνος, καὶ τοὺς πανταχόθεν ἐπισκόπους πρόσταγμα τοῦ βασιλέως εἰς τὴν Ἐφεσίων συνιέναι ἐκέλευσεν. Εὐθὺς οὖν μετὰ τὴν τοῦ Πάσχα ἑορτὴν ὁ Νεστόριος σὺν πολλῇ δυνάμει ὄχλων παρῆν εἰς τὴν Ἔφεσον, εὑρίσκει τε πολλοὺς τῶν ἐπισκόπων συνεληλυθότας ἐκεῖ. Ὁ δὲ τῆς Ἀλεξανδρείας Κύριλλος μικρὸν ὑστερήσας, περὶ τὴν Πεντηκοστὴν ἀπήντησεν· πέμπτῃ δὲ μετὰ τὴν Πεντηκοστὴν ἡμέρᾳ καὶ Ἰουβενάλιος ὁ τῆς Ἱεροσολύμων ἐπέστη· Ἰωάννου δὲ τοῦ Ἀντιοχείας βραδύναντος, οἱ παρόντες ἀνεκίνουν τὸ ζήτημα. Καὶ Κύριλλος ὁ τῆς Ἀλεξανδρείας ἀκροβολισμούς τινας ἐποιεῖτο τῶν λόγων, Νεστόριον ταράττειν βουλόμενος· καὶ γὰρ ἀπεχθῶς εἶχε πρὸς αὐτόν. Καὶ δὴ πολλῶν θεολογούντων τὸν Ἰησοῦν, 'Ἐγὼ,' ἔφη Νεστόριος, 'τὸν γενόμενον διμηνιαῖον καὶ τριμηνιαῖον οὐκ ἂν Θεὸν ὀνομάσαιμι· καὶ διὰ τοῦτο καθαρὸς εἰμὶ ἀπὸ τοῦ αἵματος ὑμῶν, καὶ ἀπὸ τοῦ νῦν πρὸς ὑμᾶς οὐκ ἐλεύσομαι·' καὶ ταῦτα εἰπὼν, μετὰ τῶν λοιπῶν ἐπισκόπων ἠθροίζετο, οἳ τῇ αὐτοῦ ἠκολούθουν γνώμῃ. Διῃροῦντο οὖν οἱ παρόντες εἰς δύο τμήματα· οἱ οὖν περὶ Κύριλλον συνέδριον ποιησάμενοι, ἐκάλεσαν τὸν Νεστόριον· ὁ δὲ οὐχ ὑπήκουσεν, εἰς τὴν παρουσίαν Ἰωάννου τοῦ Ἀντιοχέως ὑπερτιθέμενος. Οἱ δὲ περὶ Κύριλλον τὰς προσομιλίας Νεστορίου, ἃς περὶ τοῦ ζητήματος εἰρήκει, πολλάκις ὑπαναγνόντες, ἐξ αὐτῶν τε κρίναντες εὐτόνως βλασφημήσαντα εἰς τὸν Υἱὸν τοῦ Θεοῦ, καθεῖλον αὐτόν. Τούτου γενομένου, οἱ περὶ Νεστόριον ἕτερον καθ' ἑαυτοὺς συνέδριον ποιησάμενοι, καθαιροῦσι Κύριλλον, καὶ σὺν αὐτῷ Μέμνονα τὸν τῆς Ἐφέσου ἐπίσκοπον. Οὐκ εἰς μακρὰν δὲ καὶ μετὰ ταῦτα ἐπέστη Ἰωάννης ὁ τῆς Ἀντιοχείας ἐπίσκοπος· καὶ γνοὺς τὰ γενόμενα, ἀπήχθετο πρὸς Κύριλλον, ὡς αἴτιον τῆς γεγενημένης ταραχῆς, τὸ θερμῶς ποιῆσαι τὴν Νεστορίου καθαίρεσιν· Κύριλλος δὲ ἅμα καὶ Ἰουβεναλίῳ ἀμυνόμενος τὸν Ἰωάννην, καθαιρεῖ καὶ αὐτόν. Τούτων δὴ τότε οὕτω συμπεφυρμένων, γνοὺς ὁ Νεστόριος εἰς κοινωνίαν προβᾶσαν τὴν φιλονεικίαν, ἐκ μεταμελείας 'Θεοτόκον' τὴν Μαρίαν ἐκάλει, λέγων, 'Λεγέσθω,' φησὶ, 'καὶ "Θεοτόκος" ἡ Μαρία, καὶ παυσάσθω τὰ λυπηρά.' Ἀλλ' οὐδεὶς αὐτὸν ἐκ μετανοίας ταῦτα λέγοντα προσεδέξατο· διὸ καὶ ἄχρι νῦν καθῃρημένος εἰς ἐξορίαν πεμφθεὶς εἰς τὴν Ὄασιν κατοικεῖ. Ἡ μὲν οὖν τότε γενομένη σύνοδος τοιοῦτον ἔσχε τὸ τέλος· καὶ πέπρακται μὲν ταῦτα ἐν ὑπατείᾳ Βάσσου καὶ Ἀντιόχου, τῇ εἰκάδι ὀγδόῃ τοῦ Ἰουνίου μηνός. Ἰωάννης δὲ καταλαβὼν τὴν Ἀντιόχειαν, καὶ πολλοὺς συναγαγὼν ἐπισκόπους, καθαιρεῖ Κύριλλον ἤδη κατειληφότα τὴν Ἀλεξάνδρειαν· μικρόν τε ὕστερον λύσαντες τὴν ἔχθραν, συνέβησάν τε εἰς φιλίαν καὶ ἀλλήλοις τοὺς θρόνους ἀπέδοσαν. Μετὰ δὲ τὴν Νεστορίου καθαίρεσιν δεινὴ ἐν τῇ Κωνσταντινουπόλει ταραχὴ κατὰ τὰς ἐκκλησίας ἐγένετο· διῃρέθη γὰρ ὁ λαὸς διὰ τὴν, ὡς φθάσας εἶπον, ψυχρολογίαν αὐτοῦ. Κοινῇ μέντοι ψήφῳ πάντες οἱ κληρικοὶ αὐτὸν 'ἀνεθεμάτισαν·' οὕτω γὰρ οἱ Χριστιανοὶ καλεῖν εἰώθαμεν τὴν κατὰ τοῦ βλασφήμου ψῆφον, ὅταν αὐτὴν ὥσπερ ἐν στήλῃ ἀναστήσαντες φανερὰν τοῖς ἅπασι καταστήσωμεν.

CAP. XXXV.

Ὡς μετὰ τὴν καθαίρεσιν Νεστορίου, τὸν Πρόκλον τινῶν βουλομένων ἐνθρονίσαι, προχειρίζονταί τινες τῶν ἐπισκόπων Μαξιμιανὸν τῆς Κωνσταντινουπόλεως ἐπίσκοπον.

Πάλιν περὶ ἐπιλογῆς ἐπισκόπων ζήτησις ἦν· καὶ πολλοὶ μὲν Φίλιππον, οὗ καὶ ἤδη ἐπεμνήσθημεν, πλείους δὲ τὸν Πρόκλον ἐπελέγοντο. Καὶ ἐκράτησεν ἂν ἡ Πρόκλου γνώμη, εἰ μή τινες τῶν μεγάλα δυναμένων ἐκώλυσαν, φήσαντες κανόνα ἐκκλησιαστικὸν κωλύειν τὸν ὀνομασθέντα τινὸς πόλεως ἐπίσκοπον εἰς ἑτέραν μεταφέρεσθαι πόλιν· τοῦτο λεχθὲν καὶ πιστευθὲν τὸν λαὸν ἡσυχάζειν ἠνάγκαζεν. Τετραμηνιαίου δὲ διαδραμόντος χρόνου μετὰ τὴν Νεστορίου καθαίρεσιν, προχειρίζεται πρὸς τὴν ἐπισκοπὴν Μαξιμιανὸς ὄνομα, ἀνὴρ ἀσκητικὸς μὲν τὸν βίον, ἐν τοῖς πρεσβυτέροις δὲ καὶ αὐτὸς ἐτέτακτο. Οὗτος ὑπόληψιν εὐλαβείας πάλαι ἐκέκτητο, διότι οἰκείοις ἀναλώμασι κατεσκευάκει μνήματα, ὥστε ἐν αὐτοῖς τοὺς εὐλαβεῖς τελευτῶντας κηδεύεσθαι· ἦν δὲ καὶ 'ἰδιώτης τῷ λόγῳ,' καὶ ἀπραγμονέστερον ζῆν προαιρούμενος.

CAP. XXXVI.

Παραδείγματα δι' ὧν, ὡς δοκεῖ, κατασκευάζει ὁ συγγραφεὺς ἀκώλυτον εἶναι τὴν ἀπὸ θρόνου εἰς θρόνον μετάθεσιν.

Ἐπειδὴ δέ τινες ἐπιφημίσαντες ἐκκλησιαστικὸν κανόνα ἐκώλυσαν τὸν Πρόκλον ἐνθρονισθῆναι, ἤδη τῆς Κυζίκου ὀνομασθέντα ἐπίσκοπον, βούλομαι περὶ τούτου βραχέα εἰπεῖν. Οὔ μοι δοκοῦσιν ἀληθεῦσαι οἱ τότε ταῦτα λέγειν ἐπιχειρήσαντες, ἀλλ' ἢ κατασκευάσασθαι φθόνῳ τῷ πρὸς τὸν Πρόκλον, ἢ ἀγνοεῖν καὶ τοὺς κανόνας καὶ τὰ πολλάκις χρειωδῶς ἐν ταῖς ἐκκλησίαις γενόμενα. Εὐσέβιος γοῦν ὁ Παμφίλου ἐν τῇ ἕκτῃ τῆς Ἐκκλησιαστικῆς Ἱστορίας Ἀλέξανδρον μιᾶς τῶν ἐκ Καππαδοκίας πόλεων ἐπίσκοπον ὄντα, εὐχῆς ἕνεκα ἐπὶ τὰ Ἱεροσόλυμα παραγενόμενον, κατασχεθῆναι ὑπὸ τῶν Ἱεροσολυμιτῶν φησὶ, καὶ εἰς τόπον Ναρκίσσου τοῦ ἐπισκόπου ἐνθρονισθῆναι, καὶ τοῦ λοιποῦ τῆς ἐκεῖ ἐκκλησίας διὰ βίου προστῆναι. Οὕτω μὲν οὖν παρὰ τοῖς παλαιοτέροις ἡμῶν ἀδιάφορον ἦν ἀπὸ πόλεως εἰς πόλιν μετάγειν ἐπίσκοπον, ὁσάκις χρεία ἐκάλει. Εἰ δὲ δεῖ καὶ τὸν περὶ τούτου κανόνα τῇδε συζεῦξαι τῇ συγγραφῇ, δειχθήσεται ὅπως αὐτοῦ κατεψεύσαντο οἱ τὸν Πρόκλον ἐνθρονισθῆναι κωλύσαντες. Ἔστι δὲ ὁ κανὼν οὗτος·

C. of Antioch, can. 18.
[ἐξ αὐτοῦ.]

Εἴ τις ἐπίσκοπος χειροτονηθεὶς εἰς παροικίαν μὴ ἀπέλθοι εἰς ἣν ἐχειροτονήθη, οὐ παρὰ τὴν αὐτοῦ αἰτίαν, ἀλλ' ἤτοι παρὰ τὴν τοῦ λαοῦ παραίτησιν ἢ δι' ἑτέραν αἰτίαν, οὐκ ἐξ ἀνάγκης γενομένην, τοῦτον μετέχειν τῆς τιμῆς καὶ τῆς λειτουργίας, μόνον μηδὲν παρενοχλοῦντα τοῖς πράγμασι τῆς ἐκκλησίας, ἔνθα ἂν συνάγοιτο. Ἐκδέχεσθαι δὲ αὐτὸν ὅπερ ἂν ἡ τῆς ἐπαρχίας σύνοδος κρίνασα τὸ παριστάμενον ὁρίσῃ.

Οὗτος μὲν οὖν ὁ κανών. Ὅτι δὲ πολλοὶ ἐπίσκοποι καὶ ἀπὸ ἑτέρων πόλεων εἰς ἄλλας μετηνέχθησαν διὰ τὰς κατὰ καιρὸν τῶν ἐκκλησιῶν χρείας, αὐτῶν τῶν μετενεχθέντων τὰ ὀνόματα παραθήσομαι. Περιγένης ἐν Πάτραις ἐχειροτονήθη ἐπίσκοπος· καὶ ἐπειδὴ οἱ τῆς προειρημένης πόλεως αὐτὸν οὐκ ἐδέχοντο, ὁ τῆς Ῥώμης ἐπίσκοπος ἐκέλευσεν αὐτὸν ἐνθρονισθῆναι ἐν Κορίνθῳ τῇ μητροπόλει, τοῦ ἐκεῖ ἐπισκόπου τελευτήσαντος· καὶ τῆς ἐκεῖ ἐκκλησίας διὰ βίου προέστη. Γρηγόριος ὁ Ναζιανζηνὸς πρότερον Σασίμων μιᾶς τῶν ἐν Καππαδοκίᾳ πόλεων ἐπίσκοπος ἦν, εἶτα γέγονε Ναζιανζοῦ. Μελίτιος πρότερον τῆς ἐν Σεβαστείᾳ προέστη ἐκκλησίας, καὶ μετὰ ταῦτα τῆς ἐν Ἀντιοχείᾳ προέστη. Δοσίθεον τὸν Σελευκείας ἐπίσκοπον Ἀλέξανδρος ὁ Ἀντιοχείας ἐπίσκοπος εἰς Ταρσὸν τῆς Κιλικίας μετήγαγεν. Ὁ Ῥεβερέντιος ἀπὸ Ἀρκῶν τῆς Φοινίκης μετὰ ταῦτα μετηνέχθη εἰς Τύρον. Ἰωάννης ἀπὸ Γόρδου τῆς Λυδίας μετηνέχθη ἐν Προκονήσῳ, καὶ τῆς ἐκεῖ προέστη ἐκκλησίας. Παλλάδιος ἀπὸ Ἑλενουπόλεως μετηνέχθη εἰς Ἄσπουνα. Ἀλέξανδρος ἀπὸ Ἑλενουπόλεως μετηνέχθη εἰς Ἀδριανούς. Θεόφιλος ἀπὸ Ἀπαμείας τῆς ἐν Ἀσίᾳ μετηνέχθη εἰς Εὐδοξιούπολιν, τὴν τὸ παλαιὸν Σαλαμβρίαν καλουμένην. Πολύκαρπος ἀπὸ Σεξανταπρίστων τῆς Μυσίας μετηνέχθη εἰς Νικόπολιν τῆς Θράκης. Ἱερόφιλος ἀπὸ Τραπεζουπόλεως τῆς Φρυγίας μετηνέχθη εἰς Πλωτινούπολιν τῆς Θράκης. Ὄπτιμος ὁ ἀπὸ Ἀγδαμείας τῆς Φρυγίας μετηνέχθη εἰς Ἀντιόχειαν τῆς Πισιδίας. Σιλβανὸς ἀπὸ Φιλιππουπόλεως τῆς Θράκης μετηνέχθη εἰς Τρωάδα. Καὶ τοσούτων μὲν ἐπὶ τοῦ παρόντος ἐκ τῶν οἰκείων πόλεων εἰς ἑτέρας μετατεθέντων αὐτάρκως ἐμνημονεύσαμεν. Περὶ δὲ Σιλβανοῦ τοῦ ἀπὸ Φιλιππουπόλεως τῆς Θράκης μετενεχθέντος εἰς Τρωάδα, χρήσιμον βραχέα μνημονεῦσαι νομίζω.

CAP. XXXVII.

Περὶ Σιλβανοῦ τοῦ ἀπὸ Φιλιππουπόλεως εἰς Τρωάδα μετενεχθέντος.

Σιλβανὸς ῥήτωρ μὲν ἐγεγόνει πρότερον Τρωίλου τοῦ σοφιστοῦ· ἀκριβῶς δὲ Χριστιανίζειν ἐσπουδακώς, καὶ τὸν ἀσκητικὸν βίον ἀσκῶν, τρίβωνα φορεῖν οὐ προῄρητο. Μετὰ ταῦτα δὲ αὐτὸν Ἀττικὸς ὁ ἐπίσκοπος συλλαβὼν ἐπίσκοπον τῆς Φιλιππουπόλεως κατέστησεν. Ὁ δὲ τρεῖς ἐνιαυτοὺς ἐν τῇ Θρᾴκῃ διαγαγών, καὶ μὴ ὑποφέρων τὸ κρύος,—λεπτὸν γὰρ εἶχε πάνυ καὶ ἀσθενὲς τὸ σῶμα,—παρεκάλεσε τὸν Ἀττικόν, ὥστε εἰς τόπον αὐτοῦ ἕτερον χειροτονῆσαι· φήσας, δι' οὐδὲν ἕτερον ἢ διὰ τὸ κρύος παραιτεῖσθαι τὴν ἐν Θρᾴκῃ διαγωγήν. Ἑτέρου οὖν διὰ τοῦτο ἀντικατασταθέντος, ἔμενεν ὁ Σιλβανὸς ἐν τῇ Κωνσταντινουπόλει, τὸν ἀσκητικὸν βίον ἄκρως μετερχόμενος. Τοσοῦτον δὲ ἄτυφος ἦν, ὡς τὰ πολλὰ ἐν τοσούτῳ πλήθει τῆς τηλικαύτης πόλεως ἀπὸ χορτίνων σανδαλίων προέρχεσθαι. Χρόνου δέ τινος διαγενομένου, ὁ τῆς ἐν Τρωάδι προεστὼς ἐκκλησίας ἐτελεύτησεν· διὸ παρῆσαν οἱ Τρῶες ζητοῦντες ἐπίσκοπον. Ἀττικοῦ δὲ διασκεπτομένου τίνα χειροτονήσει, συνέβη τὸν Σιλβανὸν ἐπὶ θέαν παρεῖναι αὐτοῦ. Ὁ δὲ θεασάμενος αὐτόν, εὐθὺς τὴν φροντίδα ἐπέθετο, καὶ πρὸς τὸν Σιλβανόν, 'Οὐκέτι πρόφασιν ἔχεις,' φησί, 'τοῦ ἀποφυγεῖν ἐκκλησίας φροντίδα, ἡ γὰρ Τρωὰς κρυμὸν οὐκ ἔχει· ἀλλ' ἰδού σοι τόπος εὔκαιρος πρὸς τὴν τοῦ σώματος ἀσθένειαν ἐκ Θεοῦ εὐτρεπίζεται· μὴ μέλλε οὖν, ἀδελφέ, ἀλλ' ἐπὶ τὴν Τρωάδα πορεύου.' Μετέστη οὖν ἐκεῖ ὁ Σιλβανός· καὶ θαῦμα ἐν ταῖς χερσὶν αὐτοῦ γενόμενον διηγήσομαι. Ναῦς ἀχθοφόρος μεγίστη ἡ τοὺς μεγάλους κομίζουσα κίονας,—'πλατὴν' αὐτὴν ὀνομάζουσι,—νεωστὶ κατεσκεύαστο ἐν τῷ τῆς Τρωάδος αἰγιαλῷ· ταύτην τε ἔδει καθέλκεσθαι εἰς τὴν θάλασσαν. Πολλῶν τε καλωδίων καὶ πολυπληθίας ἀνδρῶν ἑλκόντων αὐτήν, οὐδαμῶς ἐκινεῖτο ἡ ναῦς. Ἐπεὶ δὲ τοῦτο πολλαῖς ἡμέραις ἐγίνετο, ᾠήθησαν δαιμόνιον κατέχειν τὴν ναῦν· καὶ γενόμενοι παρὰ τὸν ἐπίσκοπον Σιλβανόν, παρεκάλουν αὐτὸν εὐχὴν ἐπὶ τοῦ τόπου τελέσαι· οὕτω γὰρ μόνως τὴν ναῦν καθελκυσθῆναι ἐπίστευσαν. Ὁ δὲ μετριοφρονῶν ἁμαρτωλὸν ἑαυτὸν ἀπεκάλει, καὶ ἔλεγε 'τὸ ἔργον δικαίου εἶναί τινος, οὐ μὴν ἑαυτοῦ.' Ἐκλιπαρησάντων δ' οὖν, ἧκε παρὰ τὸν αἰγιαλόν· εὐχήν τε ἐκτελέσας ἥψατο ἑνὸς τῶν σχοινίων, καὶ τοῦ ἔργου παρεκελεύσατο ἔχεσθαι· τῶν δὲ βραχὺν ὠθισμὸν ποιησαμένων, δρομαία ἡ ναῦς ἐπὶ τὴν θάλασσαν ἐπορεύετο. Τοῦτο τὸ θαῦμα ἐν ταῖς χερσὶ Σιλβανοῦ γενόμενον πάντας τοὺς κατὰ τὴν ἐπαρχίαν εἰς εὐλάβειαν ἦγεν. Ἦν δὲ Σιλβανὸς καὶ τὰ ἄλλα ἀνὴρ ἀγαθός· κατιδὼν γοῦν τοὺς κληρικοὺς ἐμπορίαν ποιουμένους τὰς τῶν δικαζομένων ἐρεσχελίας, οὐδένα τὸν τοῦ κλήρου δικαστὴν ἐδίδου ποτέ· ἀλλὰ τὰ βιβλία τῶν δεομένων δεχόμενος, παρεκάλει ἕνα τῶν πιστῶν λαϊκῶν, ὃν ᾔδει φιλοῦντα τὸ δίκαιον· κἀκείνῳ ἐγχειρίσας τὴν ἀκρόασιν, τοὺς δικαζομένους τῆς ἐρεσχελίας ἀπήλλασσεν· καὶ διὰ ταῦτα γοῦν μεγίστην εὔκλειαν παρὰ πᾶσιν ἐκέκτητο. Τὰ μὲν οὖν περὶ Σιλβανοῦ, εἰ καὶ ἐν παρεκβάσει εἴρηται, ἀλλ' οὐκ ἀχρείως ἡγοῦμαι μνήμην αὐτῶν γεγονέναι· ἐπανέλθωμεν δὲ ὅθεν ἐξέβημεν. Μαξιμιανοῦ τοίνυν προχειρισθέντος εἰς τὴν ἐπισκοπὴν ἐν ὑπατείᾳ Βάσσου καὶ Ἀντιόχου, περὶ τὴν εἰκάδα πέμπτην τοῦ Ὀκτωβρίου μηνὸς, τὰ τῶν ἐκκλησιῶν ἡσύχαζε πράγματα.

CAP. XXXVIII.

Περὶ τῶν ἐν Κρήτῃ Ἰουδαίων, ὅπως ἐχριστιάνισαν τηνικαῦτα πολλοί.

Περὶ δὲ τὸν χρόνον τοῦτον πολλοὶ τῶν ἐν Κρήτῃ Ἰουδαίων ἐχριστιάνισαν διὰ πάθος τοιόνδε· ἀπατεών τις Ἰουδαῖος ὑπεκρίνατο εἶναι Μωϋσῆς· πεπέμφθαι δὲ ἔλεγεν ἐκ τῶν οὐρανῶν, ὅπως ἂν τοὺς τὴν νῆσον οἰκοῦντας Ἰουδαίους ἐκβάλῃ διὰ τῆς θαλάσσης ἀγαγών· αὐτὸς γὰρ εἶναι ἔλεγεν ὁ καὶ τὸν Ἰσραὴλ πάλαι διὰ τῆς ἐρυθρᾶς θαλάσσης σώσας. Ἐφ' ὅλον οὖν ἐνιαυτὸν περιῄει καθ' ἑκάστην τῆς νήσου πόλιν· καὶ τοὺς ἐν αὐταῖς οἰκοῦντας Ἰουδαίους τὰ τοιαῦτα πιστεύειν ἀνέπειθε. Παρῄνει τε πάντα τὰ χρήματα καὶ τὰ κτήματα καταλιπεῖν· ἄξειν γὰρ αὐτοὺς διὰ ξηρᾶς τῆς θαλάσσης εἰς τὴν γῆν τῆς ἐπαγγελίας ὑπισχνεῖτο. Οἱ δὲ ταῖς τοιαύταις ἐλπίσι βουκολούμενοι πάντων μὲν τῶν ἔργων ἠμέλουν· κατεφρόνουν δὲ καὶ ὧν ἐκέκτηντο, τοῖς ἐπιτυχοῦσιν ἀφέντες λαμβάνειν αὐτά. Ἐπειδὴ δὲ ἦν ἡμέρα ἣν ὁ ἀπατεὼν Ἰουδαῖος 'σήμαινεν, ἡγεῖτο μὲν αὐτὸς, ἠκολούθουν δὲ οἱ σύμπαντες ἅμα γυναιξὶ καὶ τῇ μικρᾷ ἡλικίᾳ. Ἄγει οὖν αὐτοὺς ἐπί τι ἀκρωτήριον

Paul, Novatian bishop.

ἐπὶ τῆς θαλάσσης ἐκνεῦον, καὶ κυβιστᾶν κατ' αὐτῆς ἐκέλευε. Τοῦτο οὖν ἐποίουν οἱ πρότεροι τῷ κρημνῷ προσπελάσαντες, καὶ εὐθὺς ἔθνησκον, τοῦτο μὲν τοῖς κρημνοῖς προσρηγνύμενοι, τοῦτο δὲ καὶ εἰς τὸ ὕδωρ ἀποπνιγόμενοι. Καὶ πλείους ἂν διεφθάρησαν, εἰ μὴ Θεοῦ προνοήσαντος παρέτυχον ἄνδρες Χριστιανοὶ, ἁλιεῖς τε καὶ ἔμποροι, οἳ τοὺς μὲν πνιγομένους ἀνέλκοντες ἔσωζον, τότε τῆς ἀνοίας αἴσθησιν ἐν τῷ κακῶς πάσχειν λαμβάνοντας· τοὺς δὲ ἄλλους ἀνεῖργον ῥίπτειν ἑαυτοὺς, μηνύοντες τὴν ἀπώλειαν τῶν πρότερον ῥιψάντων ἑαυτοὺς, οἳ καὶ γνόντες τότε τὴν ἀπάτην, ἐμέμφοντο μὲν τὴν ἄκριτον ἑαυτῶν πίστιν. Τὸν δὲ ψευδομωϋσῆν ἀνελεῖν σπεύδοντες, συλλαβεῖν οὐ δεδύνηνται· ἀφανὴς γὰρ ἐγένετο, ὑπόνοιάν τε παρέσχε τοῖς πλείοσιν, ὡς εἴη δαίμων ἀλάστωρ, ἀνθρώπου σχῆμα ὑποδὺς, ἐπὶ λύμῃ τοῦ ἐκεῖ ἔθνους αὐτῶν. Διὰ δὲ τόδε τὸ πάθος πολλοὶ τότε τῶν ἐν τῇ Κρήτῃ Ἰουδαίων χαίρειν τῷ Ἰουδαϊσμῷ φράσαντες, τῇ πίστει τοῦ Χριστιανισμοῦ προσεχώρησαν.

CAP. XXXIX.

Περὶ τοῦ γεγονότος ἐμπρησμοῦ ἐν τῇ Ναυατιανῶν ἐκκλησίᾳ.

Μικρὸν δὲ μετὰ τόνδε τὸν χρόνον Παῦλος ὁ τῶν Ναυατιανῶν ἐπίσκοπος θεοφιλοῦς ὄντως ἀνδρὸς δόξαν ἐκτήσατο, καὶ πολλῷ πλεῖον ἧς ἐκέκτητο πρότερον. Συμβὰν γὰρ ἐμπρησμὸν γενέσθαι χαλεπώτατον, καὶ οἷος οὐδεπώποτε ἐγεγόνει πρότερον, πολὺ γὰρ μέρος τῆς πόλεως τὸ πῦρ κατηνάλωσεν, ὡς καὶ τὰ μέγιστα τῶν ὠρείων ἀπολέσθαι, καὶ τὸ δημόσιον, ᾧ ἐπώνυμον ἐστὶν Ἀχιλλεὺς, τέλος ἐπινεμόμενον τὸ πῦρ καὶ τῇ Ναυατιανῶν ἐκκλησίᾳ τῇ κειμένῃ πλησίον τοῦ Πελαργοῦ προσέβαλεν. Ἐπεὶ δὲ ὁ ἐπίσκοπος Παῦλος κινδυνεύουσαν τὴν ἐκκλησίαν ἑώρα, εἰσπηδήσας εἰς τὸ θυσιαστήριον Θεῷ τὰ κατὰ τὴν ἐκκλησίαν τῆς σωτηρίας ἐπέτρεπε· καὶ οὐ διέλιπεν εὐχόμενος ὑπέρ τε τῆς πόλεως καὶ τοῦ εὐκτηρίου τόπου. Θεὸς δὲ ἄρα ἐπήκουσε τοῦ ἀνδρὸς, ὡς τὸ ἔργον ἀπέδειξεν· τὸ γὰρ πῦρ εἰς τὸν εὐκτήριον διὰ πασῶν θυρῶν καὶ θυρίδων εἰσπεσὸν οὐδὲν ἐλυμήνατο. Ἀλλὰ πολλὰ μὲν τῶν πέριξ γειτνιαζόντων ἠφάνιζεν· αὐτὸν δὲ ἦν ἰδεῖν ἐν μέσῳ ὅλῳ πυρὶ νικῶντα αὐτοῦ τὴν ὑπερβάλλουσαν ἔκκαυσιν. Καὶ τούτου ἐπὶ δύο νυχθήμερα γενομένου, ἀπεσβέσθη μὲν ὁ σύμπας ἐμπρησμὸς πολλὰ μέρη καταναλώσας τῆς πόλεως· ἡ δὲ ἐκκλησία ἑωρᾶτο ἀκέραιος. Καὶ τόγε θαυμαστὸν, ὅτι μηδὲ καπνοῦ ἴχνος ἦν ἰδεῖν ἐν τοῖς ξύλοις ἢ τοίχοις αὐτῆς. Τοῦτο μὲν οὖν γέγονε περὶ τὴν ἑπτακαιδεκάτην τοῦ Αὐγούστου μηνὸς, ἐν ὑπατείᾳ Θεοδοσίου τὸ τεσσαρεσκαιδέκατον καὶ Μαξίμου. Ναυατιανοὶ δὲ σῶστρα τῆς ἐκκλησίας ἐξ ἐκείνου καθ' ἕκαστον ἔτος ἐπιτελοῦσι περὶ τὴν ἑπτακαιδεκάτην τοῦ Αὐγούστου μηνὸς, εὐχαριστηρίους εὐχὰς πέμποντες τῷ Θεῷ. Σχεδόν τε πάντες διὰ τὸ ἐπ' αὐτῆς συμβὰν θαῦμα τιμῶσιν ἐξ ἐκείνου τὸν τόπον, καὶ ὡς ἀληθῶς ἅγιον προσκυνοῦσιν, οὐ μόνον Χριστιανοὶ ἀλλὰ καὶ τῶν Ἑλληνιζόντων οἱ πλείονες. Τοσαῦτα μὲν περὶ τούτων.

CAP. XL.

Ὡς Μαξιμιανὸν ἐπίσκοπον διαδέχεται Πρόκλος.

Μαξιμιανὸς δὲ δύο ἐνιαυτοὺς πρὸς τοῖς πέντε μησὶν ἡσύχως τῆς ἐκκλησίας προστὰς ἐτελεύτησεν ἐν ὑπατείᾳ Ἀρεοβίνδου καὶ Ἄσπαρος, τῇ δωδεκάτῃ τοῦ Ἀπριλλίου μηνός. Συνέβη δὲ ἐν αὐτῇ τὴν ἑβδομάδα εἶναι τῶν νηστειῶν, τὴν γειτνιάζουσαν τῇ τοῦ Πάσχα ἑορτῇ· ἡμέρα δὲ ἦν καλουμένη πέμπτη. Τότε δὴ καὶ ὁ βασιλεὺς Θεοδόσιος σοφῶς τοῦ πράγματος προενόησεν. Ἵνα γὰρ μὴ πάλιν περὶ ἐπιλογῆς ἐπισκόπου ζήτησις ᾖ, καὶ ταραχὴν τῇ ἐκκλησίᾳ κινήσῃ, μὴ μελλήσας, ἀλλ' ἔτι κειμένου τοῦ σώματος Μαξιμιανοῦ, τοῖς παροῦσιν ἐπισκόποις ἐνθρονίσαι τὸν Πρόκλον ἐπέτρεψεν. Τούτῳ γὰρ καὶ τοῦ ἐπισκόπου τῆς Ῥωμαίων Κελεστίνου ἐπιστολαὶ παροῦσαι ἐγίνοντο σύμψηφοι, ἃς ἐκεῖνος ἀπεστάλκει Κυρίλλῳ τε τῷ Ἀλεξανδρείας καὶ Ἰωάννῃ τῷ Ἀντιοχείας καὶ Ῥούφῳ τῷ Θεσσαλονίκης, διδάσκων ὡς οὐδὲν κωλύει τόν τε ἑτέρας πόλεως ὀνομασθέντα ἢ καὶ ὄντα ἐπίσκοπον εἰς ἄλλην μετατίθεσθαι. Ἐνθρονισθεὶς οὖν ὁ Πρόκλος τὴν ἐκκομιδὴν τοῦ Μαξιμιανοῦ σώματος ἐποιήσατο· καιρὸς δὲ ἤδη καὶ περὶ αὐτοῦ βραχέα διεξελθεῖν.

CAP. XLI.

Περὶ Πρόκλου ἐπισκόπου, ὁποῖος τις ἦν.

Πρόκλος ἐκ πρώτης ἡλικίας ἀναγνώστης ἐτύγχανεν ὤν, ἐφοίτα τε εἰς διδασκάλους, καὶ ῥητορικῆς ἐγίνετο ζηλωτής· τελέσας δὲ εἰς ἄνδρα τὰ πολλὰ παρῆν τῷ ἐπισκόπῳ Ἀττικῷ, ὑπογραφεὺς αὐτοῦ τῶν λόγων γενόμενος. Προκόψαντα δὲ αὐτὸν καὶ ἐν τῇ τάξει τῆς διακονίας Ἀττικὸς προηγάγετο· ἀξιωθεὶς δὲ καὶ πρεσβυτερίου, ὡς προεῖπον, ὑπὸ Σισιννίου πρὸς τὴν Κυζίκου ἐπισκοπὴν προ- Cp. c. 28. εβλήθη. Ταῦτα μὲν ἤδη πρότερον ἐγένετο· τότε δὴ τῆς ἐν Κωνσταντινουπόλει ἐκκλησίας τὸν θρόνον ἐκληρώθη. Ἦν δὲ ἀνὴρ ἀγαθὸς τὸ ἦθος, εἰ καί τις ἄλλος· ὑπὸ γὰρ τῷ Ἀττικῷ παιδευθεὶς πάντα αὐτοῦ τὰ χρηστὰ ἐμιμήσατο· τὴν δὲ ἀνεξικακίαν πλέον ἢ ἐκεῖνος ἐξήσκησεν. Ὁ μὲν γὰρ τοῖς αἱρεσιώταις φοβερὸν ἐν καιρῷ ἑαυτὸν ἐπεδείκνυεν, οὗτος δὲ προσηνὴς τοῖς πᾶσιν ἐγίνετο· τούτῳ δὲ μᾶλλον αὐτοὺς ἢ βίᾳ προσάγεσθαι προνοῶν. Αἵρεσιν [δή. Val.] γὰρ οὐδεμίαν σκύλλειν αἱρούμενος, τὸ ἀξίωμα τῆς πραότητος τῇ ἐκκλησίᾳ φυλάξας ἀπέδωκε, κατὰ τοῦτο τὸ μέρος τὸν βασιλέα μιμούμενος Θεοδόσιον. Ἐκείνῳ μὲν γὰρ ἐκέκριτο κατὰ τῶν ὑπαιτίων μὴ χρήσασθαι τῇ βασιλικῇ ἐξουσίᾳ· τούτῳ δέ, μικρὰ φροντίσαι τῶν μὴ φρονούντων περὶ Θεοῦ, ᾗ ἐφρόνει αὐτός.

CAP. XLII.

Ὅτι πολὺν καταβάλλεται λόγον ὁ συγγραφεὺς περὶ τῆς καλοκαγαθίας τοῦ Cp. c. 22.
βασιλέως Θεοδοσίου τοῦ νέου.

Ἐπὶ τούτοις μὲν οὖν, καὶ ὁ βασιλεὺς αὐτὸν ἀπεδέχετο· καὶ γὰρ αὐτὸς τοῖς ἀληθῶς ἱερωμένοις ἐφάμιλλος ἦν, καὶ οὐδαμοῦ τοὺς διώκειν ἐθέλοντας ἀπεδέχετο. Τολμήσας δ' ἂν εἴποιμι, ὅτι τῇ πραότητι καὶ πάντας τοὺς ἀληθῶς ἱερωμένους ἐνίκα· καθάπερ ἡ βίβλος τῶν Ἀριθμῶν ἐπὶ Μωϋσέως φησί, 'Καὶ ὁ ἄνθρωπος Num. xii. 3. Μωϋσῆς πρᾷος σφόδρα παρὰ πάντας τοὺς ἀνθρώπους τοὺς ὄντας ἐπὶ τῆς γῆς,' τουτέστι καὶ νῦν εἰπεῖν, ὅτι ὁ βασιλεὺς Θεοδόσιος πρᾷος σφόδρα παρὰ πάντας τοὺς ἀνθρώπους τοὺς ὄντας ἐπὶ τῆς γῆς. Διὰ ταύτην γὰρ αὐτοῦ τὴν πραότητα καὶ ὁ Θεὸς τοὺς πολεμίους αὐτῷ δίχα πολεμικῶν ἀγώνων ὑπέταττεν· ὡς ἔδειξεν τά τε κατὰ τοῦ τυράννου Ἰωάννου τρόπαια, καὶ ἡ ἐπιγενομένη μετὰ ταῦτα τῶν βαρβάρων ἀπώλεια. Οἷα γὰρ τοῖς πάλαι δικαίοις ὑπῆρχε παρὰ Θεοῦ, τοιαῦτα καὶ ἐπὶ τῶνδε τῶν χρόνων τῷ θεοφιλεστάτῳ βασιλεῖ παρεῖχεν ὁ τῶν ὅλων Θεός. Καὶ οὐ κολακείᾳ ταῦτα γράφω, ἀλλὰ μετὰ τῆς ἀληθείας τὰ πᾶσι γενόμενα γνώριμα παραθήσομαι.

CAP. XLIII.

Ὁποῖα πεπόνθασιν οἱ βάρβαροι οἱ τῷ τυράννῳ Ἰωάννῃ συμμαχήσαντες.

Μετὰ γὰρ τὴν τοῦ τυράννου ἀναίρεσιν οἱ βάρβαροι, οὓς ἐκεῖνος πρὸς βοήθειαν κατὰ Ῥωμαίων ἐκάλεσεν, ἕτοιμοι ἦσαν καταρέχειν τὰ Ῥωμαίων πράγματα. Ταῦτα ὁ βασιλεὺς πυθόμενος, συνήθως τὴν περὶ τούτων φροντίδα ἐπέτρεψε τῷ Θεῷ· εὐχαῖς τε σχολάσας οὐκ εἰς μακρὰν ἐξήνυσεν ἃ ἐζήτει λαβεῖν· οἷα γὰρ δὴ καὶ ἐγένετο τοῖς βαρβάροις καλὸν ἐπακοῦσαι. Θνήσκει μὲν αὐτῶν ὁ ἔξαρχος, ᾧ ὄνομα ἦν Ῥούγας, βληθεὶς κεραυνῷ· λοιμός τε ἐπιλαβόμενος τὸ πλεῖστον τῶν ὑπ' αὐτῷ ἀνθρώπων διέφθειρε· καὶ οὐ τοῦτο μόνον ἐξήρκεσεν· ἀλλὰ γὰρ καὶ πῦρ ἐξ οὐρανοῦ κατελθὸν πολλοὺς τῶν ὑπολειφθέντων ἀνάλωσεν. Καὶ τοῦτο εἰς δέος μέγιστον τοὺς βαρβάρους κατέστησεν, οὐ τοσοῦτον ὅτι πρὸς ἔθνος γενναῖον τὸ Ῥωμαίων ὅπλα ἀνταίρειν ἐτόλμησαν, ἀλλ' ὅτι πλέον ὑπὸ ἰσχυροῦ Θεοῦ βοηθουμένους ἐφεύρισκον. Τότε δὴ καὶ ὁ ἐπίσκοπος Πρόκλος ἐκ τοῦ Ἰεζεκιὴλ προφητείαν, ἐπ' ἐκκλησίας διδάσκων, τῇ γενομένῃ ἐκ Θεοῦ σωτηρίᾳ προσαρμόσας ἱκανῶς ἐθαυμάσθη. Ἡ δὲ προφητεία ἔστιν αὕτη·

Καὶ σὺ, υἱὲ ἀνθρώπου, προφήτευσον ἐπὶ Γὼγ ἄρχοντα, Ῥὼς, Μοσὸχ, καὶ Θόβελ. Κρινῶ γὰρ αὐτὸν θανάτῳ καὶ αἵματι, καὶ ὑετῷ κατακλύζοντι καὶ λίθοις χαλάζης. Καὶ πῦρ καὶ θεῖον βρέξω ἐπ' αὐτὸν, καὶ ἐπὶ πάντας τοὺς μετ' αὐτοῦ, καὶ εἰς ἔθνη πολλὰ μετ' αὐτοῦ. Καὶ μεγαλυνθήσομαι, καὶ ἐνδοξασθήσομαι, καὶ γνωσθήσομαι ἐναντίον πολλῶν ἐθνῶν· καὶ γνώσονται ὅτι ἐγὼ εἰμὶ ὁ Κύριος.

Σφόδρα μὲν οὖν, ὡς ἔφην, ἐθαυμάσθη ἐπὶ τούτοις ὁ Πρόκλος. Τῷ δέ γε βασιλεῖ διὰ τὴν πρᾳότητα καὶ ἄλλα μὲν πλεῖστα παρεῖχεν ἡ τοῦ Θεοῦ πρόνοια· ἐν δὲ κἀκεῖνο.

CAP. XLIV.

Ὡς ὁ βασιλεὺς Οὐαλεντινιανὸς ὁ νέος Εὐδοξίαν ἔγημε τὴν θυγατέρα Θεοδοσίου.

Ἦν αὐτῷ θυγάτηρ ἐκ τῆς γαμετῆς Εὐδοκίας, ὄνομα Εὐδοξία· ταύτην Οὐαλεντινιανὸς ὁ ἀνεψιὸς, ὁ ὑπ' αὐτοῦ τῶν ἑσπερίων μερῶν καταστὰς βασιλεὺς, ᾔτησε πρὸς γάμον λαβεῖν. Ὡς δὲ ὁ βασιλεὺς ἐπένευσε Θεοδόσιος, καὶ ἐβουλεύοντο ἐν μεσαιχμίῳ που τοὺς γάμους τελέσαι, ἐδόκει δὲ μερισαμένους τὴν ὁδὸν ἐν τῇ Θεσσαλονίκῃ τοῦτο ποιῆσαι, μηνύει Οὐαλεντινιανὸς, 'μὴ σκύλλεσθαι, αὐτὸς γὰρ ἥξειν εἰς τὴν Κωνσταντινούπολιν.' Ἀσφαλισάμενος οὖν τὰ ἑσπέρια μέρη αὐτὸς ἐπὶ τὴν Κωνσταντινούπολιν παραγίνεται τοῦ γάμου χάριν. Οὗ ἐπιτελεσθέντος ἐν ὑπατείᾳ Ἰσιδώ- A.D. 436. ρου καὶ Σινάτορος, λαβὼν τὴν γαμετὴν, αὖθις ἐπὶ τὰ ἑσπέρια μέρη ἀνέδραμεν· τοιοῦτο μὲν οὖν καὶ τόδε τῷ βασιλεῖ εὐτύχημα γέγονεν.

CAP. XLV.

Ὡς ὁ ἐπίσκοπος Πρόκλος πέπεικε τὸν βασιλέα τὸ σῶμα Ἰωάννου μετακομίσαι εἰς Κωνσταντινούπολιν ἀπὸ τῆς ἐξορίας, καὶ ἐν τῇ τῶν ἀποστόλων ἐκκλησίᾳ καταθέσθαι.

Οὐκ εἰς μακρὰν δὲ μετὰ τόνδε τὸν χρόνον καὶ ὁ ἐπίσκοπος Πρόκλος τοὺς χωριζομένους διὰ τὴν τοῦ ἐπισκόπου Ἰωάννου καθαίρεσιν ἐπανήγαγε, φρονήσει παραμυθησάμενος τὴν λύπην αὐτῶν· τί δὲ τοῦτο ἦν λεκτέον. Τὸ σῶμα Ἰωάννου ἐν Κομάνοις τεθαμμένον, βασιλέα πείσας, τριακοστῷ πέμπτῳ ἔτει μετὰ τὴν καθαίρεσιν, εἰς τὴν Κωνσταντινούπολιν μετεκόμισε. Καὶ μετὰ πολλῆς τιμῆς δημοσίᾳ πομπεύσας αὐτὸ εἰς τὴν ἐπώνυμον τῶν Ἀποστόλων ἐκκλησίαν ἀπέθετο. Πεισθέντες οὖν ἐπὶ τούτῳ οἱ δι' αὐτὸν χωριζόμενοι τῇ ἐκκλησίᾳ ἡνώθησαν· καὶ γέγονεν τῇ ἑξκαιδεκάτῃ A.D. 438. ὑπατείᾳ τοῦ βασιλέως Θεοδοσίου, περὶ τὴν ἑβδόμην καὶ εἰκάδα τοῦ Ἰαννουαρίου μηνός. Θαυμάσαι δέ μοι ἔπεισι, πῶς ὁ φθόνος Ὠριγένους μὲν τελευτήσαντος ἥψατο, Ἰωάννου δὲ ἐφείσατο. Ὁ μὲν γὰρ μετὰ διακόσια ἔτη που τῆς ἑαυτοῦ τελευτῆς ὑπὸ Θεοφίλου ἀκοινώνητος γέγονεν· Ἰωάννης δὲ τριακοστῷ πέμπτῳ ἔτει μετὰ τὴν τελευτὴν εἰς κοινωνίαν ὑπὸ Πρόκλου ἐδέχθη. Τοσοῦτον Πρόκλος Θεοφίλου τῷ τρόπῳ διήνεγκεν· ἀλλὰ ταῦτα μὲν ὅπως γέγονέ τε καὶ ἀεὶ γίνεται, τοὺς σωφρονοῦντας οὐ διαφεύγει.

CAP. XLVI.

Περὶ τοῦ θανάτου Παύλου τοῦ Ναυατιανῶν ἐπισκόπου, καὶ τοῦ μετ' αὐτὸν χειροτονηθέντος Μαρκιανοῦ.

Ὀλίγον δὲ μετὰ τὴν τοῦ σώματος Ἰωάννου ἀπόθεσιν καὶ Παῦλος ὁ τῆς τῶν Ναυατιανῶν ἐκκλησίας ἐτελεύτησεν, ἐν ὑπατείᾳ τῇ αὐτῇ, περὶ τὴν μίαν καὶ εἰκάδα τοῦ Ἰουλίου μηνός. Ὃς τῇ ἑαυτοῦ ἐκκομιδῇ πάσας τὰς διαφόρους αἱρέσεις τρόπον τινὰ μίαν ἐκκλησίαν εἰργάσατο. Πᾶσαι γὰρ αὐτοῦ τὸ σῶμα ἄχρι τοῦ μνήματος σὺν ψαλμῳδίαις παρέπεμπον, ἐπείπερ καὶ ζῶν διὰ βίου ὀρθότητα πάσαις ἐπέραστος ἦν. Ἐπεὶ δὲ Παῦλος ἄξιον μνήμης τελευτᾶν μέλλων διεπράξατο, χρειῶδες εἶναι ἡγοῦμαι τῇδε τῇ ἱστορίᾳ αὐτὸ προσθεῖναι, πρὸς ὠφέλειαν τῶν ἐντυγχανόντων αὐτῇ. Ὅτι μὲν γὰρ ἀρρωστῶν τῇ συνήθει τῆς ἀσκήσεως διαίτῃ ἐχρῆτο, μηδαμῶς παρεκβαίνων αὐτὴν, καὶ ὡς οὐ διέλιπε τὰς εὐχὰς ἀόκνως ἐκτελῶν, παραλιπεῖν μοι δοκῶ, ἵνα μὴ περὶ τοῦτο διατρίβων ἀμαυρώσω τὴν ἀξίαν μνήμης, ὡς ἔφην, καὶ ἐπωφελῆ πρᾶξιν αὐτοῦ. Τίς δέ ἐστιν ἤδη λεκτέον· μέλλων τελευτᾶν, πάντας τοὺς τῶν ὑπ' αὐτὸν ἐκκλησιῶν ἱερωμένους μεταπεμψάμενος, 'Φροντίσατε,' ἔφη, ' ἀναδεῖξαί τινα ἐπίσκοπον, ἕως ἔτι ἐν πνέουσιν εἰμί· ἵνα μὴ μετὰ ταῦτα ταραχὴν αἱ ἐκκλησίαι ὑμῶν ὑπομείνωσι.' Τῶν δὲ λεγόντων, 'μὴ αὐτοῖς τὴν περὶ τούτου ψῆφον ἐπιτρέπειν, ἄλλος γὰρ ἄλλο κριτήριον ἔχοντες οὐδαμῶς τὸν αὐτὸν ὀνομάσαιμεν, ἀλλ' αὐτόν σε ἀναδεικνύναι ὃν βούλει αἱρούμεθα.' 'Οὐκοῦν,' ἔφη ὁ Παῦλος, 'ἔγγραφόν μοι τὴν ὁμολογίαν ταύτην ἐπίδοτε, ὅτι τοῦτον αἱρεῖσθε, ὃν ἂν ἐγὼ αὐτὸς ψηφισαίμην.' Τῶν δὲ τοῦτο ποιησάντων καὶ ὑπογραψάντων, αὐτὸς ἀνακαθίσας τῆς κλίνης καὶ λαθὼν τοὺς παρόντας ἐνέγραψεν ὄνομα Μαρκιανοῦ· ὃς ἐν μὲν τῇ τῶν πρεσβυτέρων τάξει ἐτέτακτο, καὶ ὑπ' αὐτῷ τὸν ἀσκητικὸν ἐπαιδεύετο βίον, ἀπεδήμει δὲ τηνικαῦτα. Εἶτα σφραγίσας αὐτὸς, καὶ τοὺς πρώτους τοῦ πρεσβυτερίου ἐπισφραγίσαι ποιήσας, παρέθετο τοῦτο τὸ βιβλίον Μάρκῳ, ὅστις ἐν Σκυθίᾳ Ναυατιανῶν ἐπίσκοπος ἦν, τότε δὲ ἐπεδήμει τῇ πόλει· καὶ τάδε ἔφη πρὸς αὐτόν· ' Εἰ μὲν θέλει Θεὸς ἔτι με περιεῖναι εἰς τόνδε τὸν βίον, τήνδε μοι παρακαταθήκην φυλάξας ἀπόδος· εἰ δέ με δοκεῖ αὐτῷ μεταστῆσαι, ἐν τούτῳ εὑρήσεις τὸν ὑπ' ἐμοῦ μετ' ἐμὲ ψηφισθέντα ἐπίσκοπον.' Ταῦτα εἰπὼν ἐτελεύτησε. Τρίτῃ οὖν μετὰ τὴν τελευτὴν ἡμέρᾳ ἀνελίξαντες τὸ βιβλίον ἐπὶ πλήθους πολλοῦ, καὶ εὑρόντες τὸ Μαρκιανοῦ ὄνομα, πάντες μὲν ' ἄξιον εἶναι ' ἐβόων· καὶ μὴ μελλήσαντες ἐξαπέστειλαν τοὺς συλληψομένους αὐτόν. Οἱ δὲ δόλῳ ἀγαθῷ ἐν Τιβερίου πόλει τῆς Φρυγίας διάγοντα συλλαβόντες ἄγουσι, καὶ περὶ τὴν μίαν καὶ εἰκάδα τοῦ αὐτοῦ μηνὸς χειροτονηθέντα ἐνθρονίζουσι. Ταῦτα μὲν οὖν ἐπὶ τοσοῦτον εἰρήσθω.

CAP. XLVII.

Ὡς ὁ βασιλεὺς Θεοδόσιος Εὐδοκίαν τὴν ἑαυτοῦ γαμετὴν εἰς τὰ Ἱεροσόλυμα ἐξαπέστειλε.

Ὁ μέντοι βασιλεὺς Θεοδόσιος χαριστηρίους εὐχὰς ἀνθ' ὧν εὐηργέτητο προσέφερε τῷ Θεῷ· καὶ ταῦτα ἐποίει ἐξαιρέτοις τιμαῖς γεραίρων τὸν Χριστόν. Καὶ τὴν γαμετὴν Εὐδοκίαν ἐπὶ τὰ Ἱεροσόλυμα ἔπεμπεν· καὶ γὰρ αὐτὴ ταύτην εὐχὴν ἐπιτελέσειν ἐπηγγέλλετο, ἐὰν τὴν θυγατέρα γαμηθεῖσαν ἐπόψηται. Ἀλλὰ αὕτη μὲν καὶ τὰς περὶ Ἱεροσόλυμα ἐκκλησίας καὶ πάσας τὰς ἐν ταῖς ἀνατολικαῖς πόλεσι ποικίλως ἐτίμησεν, ἔν τε τῷ ἀπιέναι καὶ αὖθις ἐπανιοῦσα.

CAP. XLVIII.

Περὶ Θαλασσίου τοῦ Καισαρείας Καππαδοκίας ἐπισκόπου.

Πρόκλος δὲ ὁ ἐπίσκοπος κατὰ τὸν αὐτὸν τοῦτον χρόνον, περὶ τὴν ἑπτακαιδεκάτην ὑπατείαν τοῦ βασιλέως, πράγματι θαυμαστῷ ἐπεχείρησε, καὶ οἷον οὐδεὶς τῶν πάλαι ἐπισκόπων πεποίηκε. Φίρμου γὰρ τοῦ ἐπισκόπου ἐν Καισαρείᾳ τῆς Καππαδοκίας τελευτήσαντος, παρῆσαν Καισαρεῖς ζητοῦντες ἐπίσκοπον. Ὡς δὲ διεσκέπτετο τίνα πρὸς τὴν ἐπισκοπὴν προχειρίσαιτο, συνέβη κατὰ θέαν αὐτοῦ ἐν ἡμέρᾳ σαββάτων πάντας τοὺς τῆς γερουσίας συγκλητικοὺς ἐπὶ τὴν ἐκκλησίαν παρεῖναι. Ἐν οἷς ἦν καὶ Θαλάσσιος, ἀνὴρ τὴν ὕπαρχον χειρίσας ἀρχὴν τῶν ἐν Ἰλλυρικοῖς ἐθνῶν τε καὶ πόλεων. Μέλλοντι δὲ αὐτῷ, ὡς φήμη ἐκράτει, τὴν τῶν ἑῴων μερῶν ἐγχειρίζεσθαι παρὰ τοῦ βασιλέως φροντίδα, ἐπιβαλὼν χεῖρα ὁ Πρόκλος ἀντὶ ὑπάρχου ἐπίσκοπον τῆς Καισαρείας ἀνέδειξεν. Ἀλλὰ τὰ μὲν κατὰ τὰς ἐκκλησίας οὕτω προέκοπτεν· ἡμεῖς δὲ ἐνταῦθά που τὴν ἱστορίαν καταπαύσαντες, ἐν εἰρήνῃ διάγειν τὰς πανταχοῦ ἐκκλησίας καὶ πόλεις καὶ ἔθνη εὐχόμεθα. Εἰρήνης γὰρ οὔσης, ὑπόθεσιν οἱ ἱστοριογραφεῖν ἐθέλοντες οὐχ ἕξουσιν· ἐπεὶ καὶ ἡμεῖς, ὦ ἱερὲ τοῦ Θεοῦ ἄνθρωπε Θεόδωρε, τὸ ἐπίταγμά σου ἐν ἑπτὰ βιβλίοις ἐκτείναντες, οὐκ ἂν ηὐπορήσαμεν ὑποθέσεως, εἰ οἱ φιλοῦντες τὰς στάσεις ἡσυχάζειν προῄρηντο. Περιέχει ἡ ἱστορία ἡ ἑβδόμη χρόνον ἐτῶν τριάκοντα δύο· ἡ δὲ πᾶσα τῆς ἑπτατόμου ὑπόθεσις περιέχει χρόνον ἐτῶν ἑκατὸν τεσσαράκοντα· ἀρξαμένη δὴ ἀπὸ τοῦ πρώτου ἔτους τῆς διακοσιοστῆς ἑβδομηκοστῆς πρώτης Ὀλυμπιάδος, ἐν ᾗ ἀνηγορεύθη βασιλεὺς Κωνσταντῖνος, καταπαύσασα δὲ ἐπὶ τὸ δεύτερον

A.D. 439. ἔτος τῆς τριακοσιοστῆς πέμπτης Ὀλυμπιάδος, ἐν ᾗ ἡ ἑπτακαιδεκάτη ὑπατεία τοῦ βασιλέως Θεοδοσίου δέδοτο.

Τέλος ἐκκλησιαστικῆς ἱστορίας Σωκράτους σχολαστικοῦ.

INDEX.

(*Some unimportant proper names are omitted.*)

A.

ABLAAS, bishop in Persia, p. 289.
Ablavius, Novatian, 292.
Absolution, 29.
Abundantius, 288.
Acacius, bishop of Amida, 302.
Acacius, bishop of Beroea, 274.
Acacius, bishop of Cæsarea, 67; maintains the 'Homoion,' 124; accepts the 'Homoousion,' 170; party of, 122, 133, 170.
Acacius, martyr, 121, 279.
Acesius, Novatian bishop, 29.
Achillas, bishop of Alexandria, 4.
Achillas, companion of Arius, 6.
Acolyths, 13.
Adamantius, Jewish physician, 294.
Ædesius, 40.
Aetius, heresiarch, 107, 109, 151, 178.
Africa, church in, 130.
Africanus, 108.
'Against the Christians,' Julian's book called, 164.
Agapetus, 284.
Agapius, Arian bishop, 245.
Agelius, Novatian bishop, 118, 180, 223, 226, 235.
Alamanni, the, 219, 225.
Alamundar, Saracen, 300.
Alaric, 290.
Alexander, bishop of Alexandria, 5-8, 21, 34, 49.
Alexander, bishop of Antioch, 290, 320.
Alexander, bishop of Constantinople, 60, 67.
Alexander, bishop of Jerusalem, 319.
Alexander, the Paphlagonian, 118.
Alexandria, bishops of, begin to domineer in civil affairs, 288; Church customs of, 240; Councils of, 5, 96, 145; wheat-supplies from, 74, 271.
Alexandrians, turbulence of, 191, 293.
Almsgiving, care in, 388.
'Altar,' the holy table so called, 241, 255; usually set towards the east, 241; sanctuary so called, 54, 317, 323.
Alypius, presbyter, 51.
Amachius, 155.
'Ambon,' the, 255.
Ambrose, St., 207, 226.
Ammon, monk, 192.
Ammonius, bishops so named, 99.
Ammonius, companion of Athanasius, 197.
Ammonius, Nitrian monk, 293.
Ammonius, Pagan grammarian, 230.
Ammonius, poet, 258.
Ammonius, one of the Tall Brothers, 260.
Ammonius, bishop of Laodicea, 274.
Amphilochius, bishop of Iconium, 221.
Amphion, bishop of Nicomedia, 33.
Amphitheatre, sports of the, 304.
'Anastasia,' churches so called, 119, 219.
Anastasian baths, the, 180.
Anastasius, bishop of Rome, 290.
Anastasius, confidant of Nestorius, 315.
Anathematisms, 6, 16, 72, 81, 101.
'Ancoratus,' the book called, 246.

Index.

Andragathius, philosopher, 252.
Andragathius, murderer of Gratian, 226, 228.
Angels, visions of, 257, 299, 306.
Anianus, Semi-Arian bishop, 127.
Anicetus, bishop of Rome, 238.
Anomœans, the, 133, 171.
'Anomoion,' the, 84, 124, 133, 151.
Anthemius, 283.
'Anthropomorphic' language in Scripture, 167, 261; controversy about, 259–261.
Antichrist, 5.
Antioch, Councils of, 68, 133, 170; a canon of, 275, 320; creed of, 71, 125, 151, 176; dignity of see of, 222; schism of, 132, 144, 150, 218, 222, 229.
Antiochenes, irritable temper of, 159.
Antiochus, bishop of Ptolemais, 265.
Antiphonal singing, 263, 304.
Antiquity, appeal to, 224.
Antonius, bishop of Germa, 314.
Antony, St., 43, 193; sayings of, 196, 200.
Aphaca, 38.
Aphrodite, temples of, 36, 38.
Apollinaris, bishop of Hierapolis, 145.
Apollinaris the elder, 134.
Apollinaris of Laodicea, 134, 156, 268; heresy of, 135, 145.
'Apostle, the,' name for St. Paul, 7, 85, 157, 178, 199, 231, 284, 315.
'Apostles,' church of, 63, 267, 327.
Apostles, Council of, 242; mission-fields of, 39.
Apotheoses, Pagan, 168.
Appeals to a higher court, 127.
Applauding a preacher, 293.
Aratus, 158.
Arbitration by bishop's authority, 322.
Arbogastes, 247.
Arcadius, accession of, 250; character of, 256; death of, 279.
Archdeacon, office of, 288.
Archelaus, the Consular, 54.
Archelaus, opponent of Manes, 45.
Ardaburius, 299, 306.
Arian controversy, rise of, 5; misunderstandings in, 47; revival of, 65.
Arians, divisions of the, 133, 224, 244; inconsistency of, 134, 217; persecution by, 97, 118, 187, 192.

Ariminum, Council of, 109–116, 151, 183, 185.
Aristotle, study of, 107, 246.
Arius, opinions of, 5, 6, 20; seeming hypocrisy of, 50, 107; death of, 61; what led him into error, 5, 210.
Arrenius (Herennius), bishop of Jerusalem, 134.
Arsacius, bishop of Constantinople, 275.
Arsenius, Meletian bishop, story of, 53.
Arsenius, monk, 194.
Ascension, feast of the, 310.
Ascetic life, the, 193, 252, 255, 297, 321, 328.
Ascholius, bishop of Thessalonica, 219.
Asclepas, bishop of Gaza, 75, 92.
Asclepiades, Novatian bishop, 309.
Aspar, 306.
Asterius, Arian, 59.
Astrology, 70.
Athanaric, 210, 223.
Athanasius, St., early life of, 14, 34; election of, 34; exiles of, 58, 73, 97, 154, 186; death of, 191; historical writings of, 64; quoted, 98, 111, 147, 197, 269; his 'Synodicon,' 33; praise of his character, 190.
Athens, school of, 138, 203.
Attalus, a mock-emperor, 290.
Atticus, bishop of Constantinople, 277, 298, 303, 307.
Aurelian, senator, 256.
Auxanon, Novatian, 31, 118.
Auxentius, Arian bishop of Milan, 110, 113, 207.
Azazene, captives from, ransomed, 302.

B.

BABYLAS, St., relics of, 159.
Bacurius, 43, 247.
Baptism, customs respecting, 241, 285, 298, 313; form of, altered by some Arians, 246; name given at, 303; great sins after, treatment of, 29, 204, 233, 242, 277, 309.
Barbas, Arian, 287.
Basil, bishop of Ancyra, 92, 100, 104, 122; deposed by Acacius, 130.

Index.

Basil, St., account of, 201; quoted, 197.
Baths, public, 179, 278.
'Begotten, not made,' 19.
Beryllus, heresy of, 145.
Berytus, school of, 134, 203; see of, 5.
Bethlehem, cave at, 37, 316.
Bishops, benediction given by, 272; respect shown to, 266; thrones used by, 131, 272, 285; dress of, 130, 278; only one in a city, 278; not to interfere with each other, 221, 269; strife at election of, 206, 207, 251, 312, 319, 328; translation of, irregular, 131, but not absolutely forbidden, 319; contentiousness of many, 47, 215, 259; departed, mention of, in Church service, 307; laymen suddenly made, 207, 329.
Boniface, bishop of Rome, 291.
Brison, bishop of Philippi, 274.
Brison, the eunuch, 262, 272.
Britain, Christians of, 25; government of, 292.
Brothers, 'the Tall,' 260, 263.
Buddas, 44.
Burgundians, conversion of, 313.
Burning of eighty clerics, 188.
Byzantium, 35.

C.

CABALS against a bishop, 254.
'Cæsars, the,' Julian's work called, 141.
Caius, Arian bishop, 110.
Callicrates, bishop of Claudiopolis, 170.
Callinicus, Meletian, 51.
Calliopius, presbyter, 308.
Callistus, poet, 163.
'Camp,' used for court, 49.
'Canon,' list of clergy called, 233.
Canons, 32, 69, 77, 218, 236, 268.
Carterius, ascetic, 252.
Carterius, Macedonian, 246.
Carya, building called, 279.
'Cataphrygians,' the, 113.
'Catechising,' 17, 285, 298, 313.
Catechumens, 207, 241.
Celestine, bishop of Rome, 291, 324.

Ceremonial law, the, abrogated, 237.
Chalcedon, walls of, destroyed, 179.
Chalice, story of the broken, 52.
Chanters, order of, 241.
Chrestus, bishop of Nicæa, 33.
Christ, God and Man, 168, 315; human feelings belonging to, 149.
Christianity, brought into contempt by controversies, 9.
Christmas, feast of, 274.
Chrysanthus, Novatian bishop, 291.
Chrysostom, St., see 'John.'
Church and State, relations of, 215.
Churches, at Alexandria, 73, 92, 98, 141, 144, 288, 294, 296; at Ancyra, 278; at Antioch, 68, 175, 218, 229; at Bethlehem, 37; in Ethiopia ('India'), 40; at Chalcedon, 256, 273; at Constantinople, 35, 68, 77, 120, 121, 131, 174, 180, 219, 255, 257, 265, 267, 269, 274, 315, 317, 323, 327; at Cyzicus, 152; at Edessa, 189; at Heliopolis, 38; in Iberia, 42; at Jerusalem, 36, 56, 329; at Mamre, 38; at Milan, 207; at Nicæa, 13; at Rome, 196, 291; at Seleucia, 123.
Clergy, the married, 30, 241.
Clement of Alexandria, 108, 145.
Cloak, the philosopher's, 140, 170, 321.
Cœnobitic life, the, 195.
Co-eternity of the Son of God, 7, 87, 108, 223, 269.
Co-inherence, the Divine, 83
Comana, death of Chrysostom at, 277.
Compact of clergy at Antioch, 218.
Constans, 62, 67, 75, 79, 88, 96.
Constantia, sister of Constantine, 3, 48.
Constantine the Great, conversion of, 2; letters of, 10, 22-28, 49, 51, 57; death of, 62.
Constantine II., 62, 66, 67.
Constantinople, foundation of, 35; populousness of, 188, 321; school of, 137; Councils held at, 59, 128, 220, 274; wealth of Church of, 132; dignity and power of see of, 221, 311; disturbances at, 74, 121, 273; well supplied, 189; fortified, 283.
Constantius I., 2.

Index.

Constantius II., accession of, 65; letters of, 89, 92, 115; persecutes, 96, 107; death of, 135.
Constantius, father of Julian, 136.
Controversial temper, the, 165.
Corinth, see of, subject to Rome, 320.
Corinthians, First Epistle to, 193.
Cornelius, bishop of Rome, 204.
Council, an Œcumenical, first summons of, 13; appeal to, 271.
Councils, the largest, convoked by Emperors, 216; provincial, 222.
Creed, original form of Nicene, 16, 18, 182; of Cæsarea, 17; of four Eastern bishops, 79; the 'Long,' 80; the 'Dated,' 110; revised form of same, 128; of Acacius, 124.
Creeds, of Antioch, 71; Sirmian, 101, 103; list of Arian, 129.
Cross, appearance of the, in the sky, 2, 100; discovery of the true. 36.
Crosses, appearance of on Jews' cloaks, 161; hieroglyphic, 231; processional, 262.
Crucifixion of a boy, 296; of Christians at Alexandria, 142.
Ctesiphon, siege of, 162.
Cubricus, 44.
Cucusus, 96.
Cyprus, council of bishops of, 264.
Cyril, bishop of Alexandria, early proceedings of, 288, 293–296; opposes Nestorius, 317.
Cyril, bishop of Jerusalem, 118, 126, 134, 161, 220.
Cyrinus, bishop of Chalcedon, 270, 276.
Cyrus, bishop of Berœa, 47.

D.

Dalmatius, ascetic, 311.
Dalmatius, the father, 136.
Dalmatius, the son, 53, 95.
Damasus, bishop of Rome, 192, 206, 263.
Daniel, prophecy of, 161.
Daphne, 159.
Deacons, bidding of prayer by, 73; messengers of bishops, 27, 144.
Decentius, 106.
Decian persecution, the, 29, 204, 233.

'Definitions,' decrees of a council called, 60, 123, 205.
Demophilus, Arian bishop of Constantinople, 110, 187, 219.
Deposition of clerics, 97, 233, 254.
Didymus, 'the Blind,' 197, 200.
Didymus, a monk, 194.
Digamists, 242.
Diocæsarea, Jews' revolt at, 106.
'Dioceses,' aggregates of provinces, 25, 27, 221.
Diocletian, abdication of, 1; persecution under, 153.
Diodore, bishop of Taurus, 222, 252.
Dionysius, an ex-consular, 53.
Dionysius, metropolitan of 'Italy,' 109.
Dioscorus, one of the Tall Brothers, 260, 273.
Discipline, the Novatian, 29, 204, 242.
Disputation, religious, bad effect of, 39, 47, 165, 223.
Ditheism, disclaimed, 83; condemned, 101.
Divination, Pagan, 154, 190.
Dominica, wife of Valens, 203, 216.
Domitianus, prefect, 106.
Dorotheus, bishop of Arians of Antioch, 217; of Constantinople, 227.
Dositheus, bishop, 320.
Dracilianus, 28.
Dracontius, Semi-Arian bishop, 130.
Drownings in the Orontes, 175, 189.

E.

Earthquakes, 72, 121, 161, 175, 181.
Easter, not instituted by Apostles, 238; question as to right time of, 12, 24, 205, 236, 238, 286; vigil of, 236, 286; week of, 98.
Eastern and Western Churches, division between, 87.
Ecclesiastical history, bound up with civil, 214; fit style for, 136.
Ecebolius, professor, apostate, 137, 153, 162.
'Economy,' used for Christ's Manhood, 82, 85, 135, 316.

Edessa, Catholics of, 189; study of Greek at, 69; Athanasius's presbyters at, 89.
Eleusius, Semi-Arian, bishop of Cyzicus, 118, 125, 129, 152, 221; temporary weakness of, 177.
Elpidius, Semi-Arian, bishop of Satala, 130.
Empedocles, theory of, 44.
Ephesus, Council of, 317; school of, 136; visit of Chrysostom to, 266.
Epicureans, the, 157.
Epimenides, 158.
Epiphanius, bishop of Salamis, 246, 264, 267, 269.
Epiphanius, Pagan sophist, 134.
Equinox, Jews keep Passover before, 236, 239.
'Eternal Fatherhood,' the, denied by Arius, 6; verbally admitted by some later Arians, 245.
Eucharist, the, usually celebrated on Sunday and Saturday, 240, 292; usually received fasting, 240; not administered to heretics, 263; nor to persons under censure, 264.
Eudæmon, Meletian, 51.
Eudæmon, presbyter, 234.
Eudocia, wife of Theodosius II., 303, 328.
Eudoxia, wife of Arcadius, 262, 270, 274.
Eudoxia, daughter of Theodosius II., 327.
Eudoxius, bishop of Germanicia, 80; of Antioch, 109; of Constantinople, 131; profane speech of, 131; really Anomœan, 186; death of, 187.
Eugenius, usurper, 246.
Eulalius, bishop of Cæsarea, 130.
'Eulogiæ,' 292.
Eunomians, the, 108, 216, 224, 234, 245.
Eunomius, Anomœan, bishop of Cyzicus, 108, 177, 186, 202, 277; words of, quoted, 178; banished, 234.
Eunuchs, influence of, at court, 65.
Euphemia, martyr, 256.
Euphronius, bishop of Antioch, 69.
Euripides, 158.
Eusebia, wife of Constantius, 138.

Eusebius, bishop of Cæsarea, 1, 46, 92, 167, 238; quoted, 13, 15, 17, 85, 239, 316, 319; refuses see of Antioch, 48; death of, 67; defence of his orthodoxy, 85.
Eusebius, bishop of Emisa, 47, 69.
Eusebius, bishop of Nicomedia, 5; supports Arius, 9; recantation of, 33; intrigues, 51, 65; bishop of Constantinople, 68; death of, 73.
Eusebius, bishop of Vercellæ, 109, 144, 150.
Eusebius, eunuch, Arian, 65, 140.
Eusebius, 'Scholasticus,' 258.
Eusebius, one of the Tall Brothers, 260.
Eustathius, bishop of Antioch, 47, 187, 268.
Eustathius, bishop of Sebastia (Sebaste), 130, 182.
Eustolium, 97.
Euthymius, one of the Tall Brothers, 260.
Eutropius, chamberlain, 252, 254.
Eutropius, Macedonian, 246.
Eutychianus, Novatian monk, 31.
Eutychius, Anomœan, 246.
Euzoius, companion of Arius, 49; Arian bishop of Antioch, 132, 135, 150, 175, 191, 198, 211.
Evagrius, ascetic writer, 146, 195, 297.
Evagrius, bishop of Catholics of Constantinople, 187.
Evagrius, bishop of Mitylene, 127.
Evagrius, successor of Paulinus, 229.
Evening service, 241.
Excommunication, 127, 134, 238, 292.
Exemption of clergy from civil office, 93, 128.
Exile of bishops under Constantius, 99, 117, 127.
Exorcism, 199.
'Expansion and contraction,' Marcellus's theory of, 102.
'Exposition,' a doctrinal formula called, 101, 125, 129.
'Exucontians,' the, 133.

F.

FASTING, before baptism, 298, 313; in distress, 60; various customs as to, 240; prescribed at certain times

130, 303, 324; on Sundays, forbidden, 130; as penance, 233.
Fatalism, Manichean, 44.
Felix, Arian bishop at Rome, 117.
Festivals, Christian, origin of, 238.
Fire, Persian worship of, 289.
Firmus, bishop of Cæsarea, 329.
Flavian, bishop of Antioch, 218, 222, 229, 290.
Flight from persecution, defended, 147, 220.
Font, the, 298.
Forcible consecration, 197, 260.
'Fortune,' goddess of, 152.
Franks, invasion by the, 72.
Fravitus, the Goth, 258.
Fritigernes, Gothic chief, 210.
Frumentius, missionary bishop, 40.
Funeral rites, 62, 222, 250, 273, 324, 327, 328.

G.

GAINAS, the Goth, 256.
Galates, son of Valens, 202.
Galatians, Epistle to the, 237.
Galerius, 2.
'Galilæans,' Christians called by Julian, 152.
Galla, wife of Theodosius I., 209.
Gallus, Cæsar, 100, 106, 136.
Gangra, Council of, 130.
Gaul, bishops of, confirmed in orthodoxy, 151.
'Generation, the Eternal,' 108.
George, Arian bishop at Alexandria, 72, 100, 122; persecutes, 98, 134; murder of, 142.
George, Arian bishop of Laodicea, 47, 69, 97, 133, 134.
George, Arian presbyter, 287.
Germanius, Arian bishop, 110.
Gladiatorial games, 37.
'Gnostic,' used in good sense, 195.
'God,' name of, applied by Arians to Christ, 103, 110, 124, 128.
Gold, used for churches, 28; for sacred vessels, 302.
Gospels, book of the, 294.
Goths, Christians among, 38, 129; many adopt Arianism, 210; war of, with Valens, 211.
Grammarians, 134, 137, 156, 230, 246.

Gratian, emperor, 181, 208, 216; murder of, 226.
Greek literature, studied by Christians, 69, 156, 287.
Gregory, Arian bishop at Alexandria, 70, 72, 74.
Gregory, St., bishop of Neocæsarea, 203.
Gregory, St., of Nazianzus, 195, 201; bishop of Sasima, 320; of Constantinople, 218; resigns, 221; quoted, 165, 197.
Gregory, St., of Nyssa, 203, 221, 222.

H.

HADES, descent of Christ into, 110, 128.
Hadrianople, battle of, 213.
Harpocration, bishop of Cyna, 33.
Hebrew, study of, 287.
Hebrews, Epistle to the, ascribed to St. Paul, 199, 237.
Helena, mother of Constantine, visit of, to Jerusalem, 35.
Helena, sister of Constantius, 138.
Helenopolis, 35, 62.
Helion, Roman envoy, 301, 307.
Heliodorus, Thessalian bishop, 241.
Heliopolis, Paganism at, 38.
Helladius, bishop of Cæsarea in Cappadocia, 221.
Helladius, Pagan grammarian, 230.
'Hellenising Christianity,' a, Manicheism called, 44.
Hellespont, the, a stronghold of Macedonianism, 133, 176.
Heraclides, bishop of Ephesus, 266.
Heraclius, bishop of Jerusalem, 134.
Heraclius, a Pagan priest, ordained, 130.
Heresy, why allowed to arise, 45.
Heretics, hostility towards, 312.
Hermit life, the, 32, 212.
Hermogenes, general, 74.
Hermogenes, Novatian bishop, 292.
Hierax, schoolmaster, 293.
Hieroglyphics in the Serapeum, 230.
Hilary, bishop of Jerusalem, 134.
Hilary, St., bishop of Poictiers, 151.
Himerius, 201.
Hippodrome, sports of the, 205, 213, 248, 305.
Holy Spirit, Divinity of the, 133, 145.

'Homoion,' the, 110, 124, 126, 128, 133, 182.
'Homoiousion,' the, 103, 132.
'Homoousion,' the, in Nicene Creed, 16, 185; discussion of sense of, 16, 19, 47; accepted, 171, 185; rejected, 123, 151, 217.
Honorius, emperor, 226, 250; death of, 305.
Hosius, bishop of Cordova, 10, 33, 84, 100, 105, 145.
Huns, the, 210, 250, 313.
Hymns, 262, 305.
Hypatia, murder of, 296.
Hypatianus, bishop of Heraclea, 100.
'Hypostasis,' at Nicæa, 16, 185; question as to use of, 146; rejected by Acacians, 129; used for 'Essence,' 5, 16, 80, 81, 101, 151, 185; for 'Person,' 47, 72, 146.

I.

IBERIANS, conversion of the, 41.
Ignatius, St., tradition as to, 263.
Illyricum, free from Arianism, 219.
'Image of the Father,' Christ the, 71.
'Immortals,' Persian troops called, 301.
'Indians, interior' (Ethiopians), conversion of, 50.
Inferiority of the Son, asserted by Arians, 103.
Inmestar, Jewish 'sports' at, 296.
Innocent, bishop of Rome, 290.
Innovation, doctrinal, to be avoided, 115, 145.
Irenæus, St., bishop of Lyons, 145, 238.
Irenæus, grammarian, 146.
'Irene,' church of, 35, 60, 77.
Irene, virgin, 31.
Ischyras, pretended presbyter, 52; made a bishop, 84.
Isdigerdes, king of Persia, 289.
Isidore, monk, 194.
Isidore, presbyter of Alexandria, 251.
Ision, 51.
Italy, bishops of, persecuted by Constantius, 116.

J.

JERUSALEM, condition of, under Constantine, 36; Arian council of, 56; Catholic council of, 94; churches at, 36, 56; pilgrimages to, 319, 329.
Jewish impostors, stories of, 297, 322.
Jews, attempt of, to rebuild Temple, 161; irregular observance of Passover by, 25, 239, 243; expelled from Alexandria, 293; in Crete, many converted, 322; murder of a Christian boy by, 296; not converted by healing of a paralytic Jew, 285.
'Joannites,' the, 275, 307.
John Achaab (Arcaph), Meletian, 55.
John, bishop of Antioch, 317, 324.
John (Chrysostom), bishop of Constantinople, early life of, 252; temper of, 253, 270, 274; expulsions of, 271, 275; death of, 277; remains of, brought home, 327.
John, bishop of Jerusalem, 229.
John, usurper, 305.
Josephus, 'Antiquities' of, 239.
Jovian, early life of, 153; accession of, 163; character of, 170; death of, 172.
Judaizing, not consistent with Christianity, 243.
Judgments of God, mysterious, 45.
Julian, early life of, 107, 136, 166; accession of, 139; policy of, towards Christians, 152; death of, 162; refutation of panegyric on, 164.
Julius, bishop of Rome, 69, 73, 75, 78, 84, 95, 107; quoted, 90.
Justina, wife of Valentinian I., 208; hostile to Ambrose, 225.
Juvenal, bishop of Jerusalem, 317.

K.

KINGDOM of Christ, everlasting, 79, 80, 82, 101.
Knowledge, complete, of God, Arius denies the Son to have, 6; Eunomius declares men to have, 178.

L.

Laity, right of, in episcopal elections, 68, 235, 251; at Nicæa, 14.
Lamps, prayers at lighting of, 241.
Lampsacus, Council of, 174.
Lauricius, a commander, at Council of Seleucia, 122.
Law, forms of, 55; study of, 203, 252.
Layman, a, made arbitrator, 322.
Lent, 98; varieties of usage as to, 240.
Leonas, Count, at Council of Seleucia, 122.
Leontius, bishop of Ancyra, 274.
Leontius, bishop of Antioch, 97, 109.
Leontius, bishop of Comana, 170.
Leontius, Novatian bishop at Rome, 228.
Leontius, bishop of Tripolis, 127.
Leontius, professor, 303.
Libanius, 137, 159, 164, 169, 252.
Liberius, bishop of Rome, 107, 117, 174, 182; letter of, 184.
Library, a large, 310.
Libya, 20, 99.
Licinius, emperor, 2; persecutes, 3, 26; death of, 4.
Linen vestments, 51.
Logic, study of, 5, 14, 108, 157, 178, 200, 277.
Logos, the Divine, eternal and uncreate, 7; personal, 81, 316.
Lucifer, bishop of Caliaris, 144, 150.
Lucius, Arian bishop at Alexandria, 144, 191; persecutes, 192, 212; expelled, 213, 217.
Lucius, bishop of Hadrianople, expelled, 75; death of, 97.
Lyons, tragic events at, 105, 226.

M.

Macarius, bishop of Jerusalem, 33, 36.
Macarius, monk, 'the Alexandrian,' 195, 199.
Macarius, monk, 'the Egyptian,' 195, 199.
Macarius, Novatian, 235.
Macarius, presbyter, 52, 55.
Macedonians, the, party of, 9, 23, 132, 151, 174, 297; deputation of, adopt Nicene Creed, 182; relapse and reject it, 217, 221.
Macedonius, bishop of Constantinople, 68, 76; persecutes, 97, 118; deposed, 129; heresy of, 133.
Macedonius, bishop of Mopsuestia, 55, 80.
Macedonius, martyr, 155.
'Macrostich,' a creed called, 80.
'Made out of nothing,' Arians assert the Son to be, 6, 20.
Magi, the, 289, 298.
Magic, 53, 70, 130, 137, 141, 190.
Magnentius, usurper, 95, 105.
Magnus, quæstor, 186.
Magnus, treasurer, 191.
Mamre, Pagan altar at, 38.
Manichæus (Manes), 44.
Manicheans, 98, 216, 263, 316.
Mantinium, persecution at, 120.
Marathonius, bishop of Nicomedia, 118, 132.
Marcellus, bishop of Ancyra, 75, 80, 84, 97; heresy of, 59, 82, 84, 87, 183.
Marcian, a Novatian bishop, 235.
Marcian, another Novatian bishop, 328.
Marcian, Novatian presbyter, 180.
Marcian, Semi-Arian, bishop of Lampsacus, 220.
Marcionites, 183.
Marcus, bishop of Arethusa, 79, 101.
Marcus, Novatian bishop, 328.
Mareotes, district called, 52, 55.
Marinus, Arian bishop at Constantinople, 227, 244.
Maris, Arian bishop of Chalcedon, 14, 16, 51, 73, 79, 128; reply of, to Julian, 152.
Marriage, condemnation of, heretical, 130; not allowed after ordination, 30.
Martyrdom, eagerness for, 190.
Martyrius, 80.
'Martyry,' a church called, 189.
Maruthas, bishop of Mesopotamia, 270, 288.
Mary, the Blessed Virgin, 102, 315.

Index.

Mavia, queen of Saracens, 211.
Maxentius, emperor, 2.
Maximian, bishop of Constantinople, 319.
Maximian, (Herculius), emperor, 1.
Maximin, 'Cæsar,' 2.
Maximin, envoy to Persia, 301.
Maximus, bishop of Jerusalem, 69, 94, 117.
Maximus, bishop of Seleucia, 253.
Maximus of Ephesus, philosopher, 137, 162, 235.
Maximus, usurper, 43, 225, 228, 251.
Meletians, the, 9, 22, 51.
Meletius, bishop of Antioch, 131, 150, 202, 217, 254, 320; death of, 222.
Meletius, bishop of Lycopolis, schism of, 9, 20-22.
Memnon, bishop of Ephesus, 318.
Menedemus, martyr under Valens, 188.
Meropius, philosopher, 39.
Merum, martyrs at, 155.
Methodius, bishop of Olympus, 268.
Metrodorus, philosopher, 39.
Metrophanes, bishop of Byzantium, 60.
Milan, Councils of, 108, 114; dissension at, 207.
Miracles, 31, 41, 43, 199, 204, 289, 297, 321, 324.
'Misopogon,' the book called, 159.
Mithra, sanctuary of, 141, 229.
Modestus, prefect, 188.
'Monarchia,' the, 82.
Monasticism, extension of, 118, 203, 297.
Monks of Egypt, 192; many of them ignorant, 261.
Montanism, 47, 112, 316.
Mopsucrene, Constantius dies at, 135.
Moses, bishop of Saracens, 212.
'Mother,' the Church called, 50.
Mulvian (Milvian) bridge, battle of, 3.
Mursa, battle near, 105.
'Mutability,' moral, ascribed by Arians to the Son, 6, 20.
'Mysteries, the,' a name for the Eucharist, 29, 118, 204, 234, 265.
Mythology, the Pagan, impure, 168.

N.

NAILS of the Cross, the, 37.
Names, ill-omened, change of, 308.
Narcissus, bishop of Jerusalem, 319.
Narcissus, bishop of Neronias, 70, 79, 97.
Narsæus, Persian general, 299.
Nectarius, bishop of Constantinople, 221, 223, 228, 233, 251.
Nepotian, usurper, 96.
Nestorius, bishop of Constantinople, 312; controversy stirred up by, 315; deposed, 318.
Nestorius, governor, 94.
'New Jerusalem,' the, 36, 56.
Nicæa, Council of, 13; Creed of, 18, 183.
Nicè, Arian Council at, 117, 183.
Nicene faith, Arian schemes for subverting, 70, 84; *de jure* inviolable, 113, 125, 184.
Nicocles, grammarian, 137.
Nicomedia, an imperial abode, 8, 62; earthquake at, 121.
Nile, Athanasius on the, 154; inundation of the, 37.
Nisibis, 164, 300.
Nitria, monks of, 193, 261, 294.
Nocturnal services, 262.
'Non-scriptural terms,' question as to use of, 103.
Novatianism, principle of, 29, 204, 309.
Novatians, orthodox as to faith, 29, 118, 180, 223, 228, 233, 309; persecuted by Arians, 118, 180; otherwise oppressed, 266, 276, 278, 288, 291, 313; alter their Easter, 205; dissensions of, 235, 308.

O.

OAK, Council of the, 271.
Oasis, the, a place of exile, 99, 318.
Oaths, 61, 178, 205, 218, 236, 256, 281.
Olympius, Thracian bishop, 97.
'Once the Son was not,' Arian formula, 6, 19, 20.
'Open Question,' canon of the, 236.
Optar, king of Huns, 314.

Optatus, Pagan prefect, 275.
Optimus, bishop of Antioch in Pisidia, 221, 320.
'Oracles, the Christian,' New Testament so called, 108.
Oracles, Pagan, 38, 159, 168, 179.
Ordination, necessity of, 52; refused to the lapsed, 59; the Holy Spirit conveyed by, 126.
Orestes, prefect, 293.
Origen, 87, 133, 145, 166, 200, 201, 203, 241, 264, 265, 267, 273, 287, 316, 327; defence of his orthodoxy, 268.
'Origenists,' 261, 264.
Otreius, bishop of Melitene, 221.
'Ousia,' in Nicene Creed, 16; question as to use of, 146; rejected by Acacians, 103, 111, 128; accepted, not in 'Greek' sense, 171.

P.

PAGANISM, 137, 141, 154, 168, 230.
Palladius, the courier, 301.
Palladius, monk, 198.
Palladius, prefect, persecutor in Egypt, 191.
Pambos, monk, 194.
Pamphilus, 145, 204.
Pancratius, bishop of Pelusium, 100.
Paphlagonia, Arian violence in, 120; temperament of people of, 205.
Paphnutius, bishop, speech of, at Nicæa, 30.
Pasinicus, bishop of Zena (Zela), 170.
'Patriarchs,' 221, 314.
'Patripassians,' 82, 183, 185.
Patrophilus, Arian bishop, 58, 69, 122, 131.
Paul, bishop of Constantinople, 68, 73, 77, 84, 88, 92; death of, 97; his remains brought home, 222.
Paul, bishop of Novatians of Constantinople, 297, 328.
Paul, bishop of Tyre, 54.
Paul, reader, 271.
Paul of Samosata, heresy of, 59, 81, 85, 100, 103, 183, 315.
Paul, St., at Athens, 231; his opposition to Judaisers, 237.

Paulinus, bishop at Antioch, 144, 150, 217, 218, 222, 229, 253; piety of, 175.
Paulinus, bishop of Treves, 109.
Pazum, Novatian Council of, 205, 236.
Pelagius, bishop of Laodicea, 221.
Penance, 153, 277.
Penitentiary's office, abolition of, 233.
Pentapolis, 20
Pentecost, 98, 317.
Perigenes, bishop of Patræ, then of Corinth, 320.
Persecution, defined, 153; against the spirit of the Church, 284.
Persia, a bishop of, at Nicæa, 13; Christianity extended in, 288; persecution of Christians in, 298; wars with, 95, 153, 162, 298.
Personality of the Word, 82, 316.
Peter I., bishop of Alexandria, 4, 9.
Peter II., bishop of Alexandria, 191, 213.
Peter, brother of Basil, 203.
Peter, chief presbyter of Alexandria, 263.
Peter, reader, murderer of Hypatia, 296.
Philip, prefect, 76, 283.
Philip of Side, 310.
Philippopolis, Arian Council of, 84.
Philosopher, Julian's claim to be a, 141, 304.
Philosophers, disagreement among, 11, 209; many resort to Julian, 140.
Philosophy, studied by Christians, 157, 200, 201, 235, 284; applied to ascetic life, 41, 195.
Philumenus, 52.
Photinus, bishop of Sirmium, heresy of, 80, 100, 104, 315.
Phrygians, temperament of, 205.
Pior, monk, 194.
'Pious frauds,' 329.
Piterus, monk, 194.
Placidia, mother of Valentinian III., 307.
Placilla (Flaccilla), wife of Theodosius I., 226.
Placitus (Placillus), bishop of Antioch, 69.
Plato, 162, 165, 268, 287.

Pleading for criminals, 297.
Plotinus, 296.
'Pneumatomachi,' the, 133.
Polycarp, St., bishop of Smyrna, 238.
Polytheism, Arians charged with, 47.
Poor, charity bestowed on the, 78, 308, 310.
Porphyry, bishop of Antioch, 290.
Porphyry, writings of, against Christianity, 23, 164.
'Porphyry Pillar,' the, 37.
Possession, demoniacal, 199, 289.
Prayer, cases of efficacy of, 247, 289, 305, 323.
Prayers, diverse customs as to, 242.
Preaching, 254, 265, 284, 311, 312, 326.
Presbyter, an Arian, influence of, 48.
Presbyters, priestly functions of, 52; benediction given by, 130; not allowed to preach at Alexandria, 242; representing absent bishops, 13, 171.
'President,' name for a bishop, 80, 97, 100, 145, 150, 211.
'Priesthood,' used for episcopate, 69.
Princes, massacre of, 195.
Proclus, bishop of Constantinople, 311, 319, 324, 325, 327.
Procopius, general, 302.
Procopius, usurper, 175.
Prohæresius, 201.
Protogenes, bishop of Sardica, 84.
Protopresbyter, office of the, 263.
Proverbs quoted, 68, 162, 229, 249, 312, 314.
Providence, denied by Epicureans, 157; mysterious counsels of, 45.
Provinces, ecclesiastical, 221.
Provincial governors, oppression of Christians by, 155.
Psalmody, 73, 159, 328.
Psamathia, 52.
'Psathyrians,' the, 245.
Psilanthropism, 59, 80, 85, 315.
Public conveyances, 49, 89.

Q.

QUARTODECIMANS, 238, 242, 266, 276, 313.
Queen, an Iberian, story of, 41.
Quibbles used by Arians, 133.

R.

READERS, order of, 123, 137, 223, 241, 251, 253, 271, 325.
Reunion of Christians, attempt at, by Theodosius, 223.
Rhetoric, study of, 137, 200, 201, 297, 321, 325.
Romans, Epistle to the, 157, 178.
Rome, authority of church and see of, 69, 75; bishops of, begin to domineer, 291; church of SS. Peter and Paul at, 197; scandals at, suppressed, 232; taking of, 290; visit of Athanasius to, 73, 197.
Rufinus, ecclesiastical writer, 31, 35, 41, 64, 160, 199, 203.
Rufinus, prefect, slain, 250.
Rufus, bishop of Thessalonica, 324.
Rugas, barbarian chief, 326.
Rumours, false, spread of, 227.
Rusticola, Novatian bishop at Rome, 291.

S.

SABBATIUS, Novatian, 235; secession of, 286; becomes bishop, 292; death of, 308.
Sabellianism, 5, 47, 70, 82, 84, 100, 146, 183, 185, 210.
Sabinus, Macedonian, author of a collection of canons, 15, 23, 76, 78, 122, 151, 171, 192.
Sallust, prefect, 160.
Samaritans, 243.
Sanctuary, privilege of, 228, 255, 317.
Sangarum, Novatian Council at, 236.
Saracens, conversion of, 212; join with Persians, 300.
Sardica, Council of, 83, 92, 94, 96.
Sarmatians, conversion of, 38; war with, 183, 207.
Saturday, usually a festival, 240, 262, 329.
Saturninus, senator, 256.
Scetis, monks of, 193.
Scriptures, copies, of, 27; study of, 69, 252; what they do not teach, 157; learnt by heart, 200, 304; literal sense of, 167, 252; mystical sense of, 197, 220, 241; diffi-

culties in, 166; quoted on opposite sides, 205; read and explained in church, 241; comments on the, 304.
Scythians, a bishop of, at Nicæa, 13; a Novatian bishop among, 329; temperament of, 205.
Scythianus, 44.
Sebastian, a commander, 98.
Sects, tendency of, to subdivide, 244.
Secundus, Arian, bishop of Ptolemais, 16, 20.
Selenas, bishop of Goths, 245.
Seleucia, Council of, 121, 151, 176.
Semi-Arian language, 71, 79, 80, 101, 151.
Sepulchre, the holy, concealed and discovered, 36.
Serapeum, despoiled, 143; destroyed by Theophilus, 230.
Serapion, bishop of Antioch, 145.
Serapion, bishop of Thmuis, 197.
Serapion, deacon, 253, 266.
Serapis, worship of, 37.
Severa, wife of Valentinian, 208.
Severianus, bishop of Gabala, 265.
Severus, Cæsar, 2.
Sicily, council in, 185.
Silvanus, Semi-Arian, bishop of Tarsus, 123, 170, 182.
Silvanus, bishop of Troas, 321.
Silvanus, usurper, 106.
'Silver statue,' the, 274.
Siricius, bishop of Rome, 290.
Sirmium, Council of, 100; creeds of, 101.
Sisinnius, bishop of Constantinople, 310–312, 329.
Sisinnius, Novatian bishop, 223, 235, 251, 277; sayings of, 278.
Slaves, 130, 317.
Smyrna, Macedonian synod of, 182.
Socrates, author of the 'History,' birth of, 246; personal recollections of, 32, 118, 230, 241, 287.
Socrates, philosopher, 157.
Sophia, St., church of, 77, 131, 274.
Sophistry of Arians, 108, 133, 201.
Sophronius, Semi-Arian, bishop of Pompeiopolis, 130; speeches of, 125, 151.
Soul, a rational, in Christ, 135, 145.
Spiritual interpretation, 220.

Spyridon (Spyridion), bishop of Trimithus, 30.
Stephen, bishop of Antioch, 97.
'Stewardship of the Church,' 260.
Style, a simple, adopted, 136, 249.
Sycæ, a church removed to, 119.
Symmachus, 228.
Synods, see Councils.
Syrianus, a commander, 72.

T.

TABLE, the holy, 52, 60.
Tarsus, Council prevented from meeting at, 186.
Tatianus, martyr, 155.
Temples, Pagan, closed, 3, 140, 155, 170; destroyed, 3, 38, 229.
Terebinthus, 44.
Thalassius, bishop of Cæsarea, 329.
'Thalia,' the, of Arius, 23.
Theatrical entertainments, 205, 293.
Themistius, philosopher, 171, 209.
Theoctistus, 'the cake-seller,' 245.
Theodore, bishop of Heraclea, 55, 73, 79.
Theodore, bishop of Mopsuestia, 252.
Theodore, confessor, 160.
Theodore, martyr, 188.
Theodore, to whom the 'History' is dedicated, 64, 249, 330.
Theodosius, bishop of Philadelphia, 127.
Theodosius, bishop of Synada, 284.
Theodosius I., accession of, 216; baptism of, 219; death of, 248.
Theodosius II., character of, 303, 325.
Theodotus, bishop of Laodicea, 134.
Theodulus, bishop of Chæretapi, 127.
Theodulus, martyr, 155.
Theodulus, Thracian bishop, 97.
Theognis, Arian bishop of Nicæa, 14, 16, 33, 46, 51, 65.
Theon, father of Hypatia, 295.
Theonas, Arian bishop of Marmarica, 6, 20.
Theophilus, bishop of Alexandria, 197, 226, 229, 259–261, 263; character of, 260, 273; plot of, against Chrysostom, 265, 273; death of, 288.

Theophilus, Semi-Arian, bishop of Castabali, 170, 182.
Theophilus, bishop of the Goths, 129.
Theophronius, Anomœan, 246.
Theotimus, Scythian bishop, 267.
'Theotocos,' title of, 315.
Thessalonica, 77, 219.
Thessaly, rigid Church rules in, 241.
'Theta,' names beginning with, 190.
Thomas, St., church of, at Edessa, 189.
Thracians, temperament of, 205.
Tigris, presbyter, 271.
Time-servers, 171.
Timotheus, archdeacon, 288.
Timotheus, Arian presbyter, 287.
Timotheus, bishop of Alexandria, 213, 217, 220, 226.
Titles, given to bishops and emperors, 249.
Toleration, plea for, 209; practised, 171, 174, 234, 266, 325.
Torture, infliction of, 98, 99, 118, 160, 298.
Tradition, Catholic, 145.
Translation of bishops, question of, 319, 324.
Transmigration of souls, theory of, 162.
Treves, Athanasius exiled to, 58.
Trinity, the Holy, co-essential, 135; perfect, 83; unity in, 5, 47, 225.
Tritheism, disowned, 81; condemned, 102.
Troilus, professor, 258, 283, 310.
Truth, historical, hard to ascertain, 250.
Tyre, Council of, 53.

U.

ULPHILAS, bishop of the Goths, 129, 210.
Unity in the Church desirable, 25, 29, 223.
Uranius, bishop of Tyre, 122, 127.
Urbanus, martyr under Valens, 188.
Ursacius, Arian bishop of Singidunum, 51, 55, 58, 95, 110, 113, 115.
Ursinus, 206.
Usage, varieties of ritual, 240.

V.

'VACANT bishop,' a, 305.
Valens, Arian bishop of Mursa, 51, 55, 58, 95, 110, 113, 115.
Valens, emperor, early life of, 153; accession of, 173; begins to persecute, 175; death of, 213.
Valentinian I., early life of, 153; accession of, 173; death of, 208.
Valentinian II., accession of, 208; murder of, 247.
Valentinian III., 307, 327.
Vararanes, king of Persia, persecutes, 298.
Various reading, a case of, 316.
Verbal disputes, 47.
Vessels, sacred, 52, 302.
Vetranio, 96.
Vigils, 286.
Vincent, delegate from Rome, 33.
Violence, deeds of, unfit for Christians, 212, 296.
Virgins, 37; torture inflicted on, 98.
Vito, delegate from Rome, 33.

W.

Wednesday and Friday, observance of, 241, 304.
Western Church, thrown into confusion by Constantius, 117.
White garments, worn by new-baptized, 298.
Wild beasts, power of monks over, 198.
'Wisdom,' the Divine, 6.

Z.

'Zealots,' 249.
Zeno, bishop of Jerusalem, 253.
Zosimus, bishop of Rome, 291.

www.ingramcontent.com/pod-product-compliance
Lightning Source LLC
Chambersburg PA
CBHW071226230426
43668CB00011B/1328